1948 | 2018
70 ANOS DA
DECLARAÇÃO
UNIVERSAL
DOS DIREITOS
HUMANOS

ELOISA DE SOUSA ARRUDA
FLÁVIO DE LEÃO BASTOS PEREIRA
ORGS.

1948 | 2018
70 ANOS DA DECLARAÇÃO UNIVERSAL DOS DIREITOS HUMANOS

ELOISA DE SOUSA ARRUDA
FLÁVIO DE LEÃO BASTOS PEREIRA
ORGS.

SUMÁRIO

9	**A DECLARAÇÃO UNIVERSAL DOS DIREITOS HUMANOS BASE PARA A PAZ MUNDIAL** JORGE PEREZ
11	**OS 70 ANOS DA DECLARAÇÃO UNIVERSAL DOS DIREITOS HUMANOS** GABRIEL CHALITA
15	**UM TESTEMUNHO DE GRATIDÃO** ANTONIO CARLOS DA PONTE ELOISA DE SOUSA ARRUDA
16	**DECLARAÇÃO UNIVERSAL DOS DIREITOS HUMANOS**
24	**DIGNIDADE HUMANA E A PROTEÇÃO PENAL SUFICIENTE AOS GRUPOS VULNERÁVEIS: A IMPOSSIBILIDADE DA ADOÇÃO DE INSTITUTOS DESPENALIZADORES** ALEXANDRE ROCHA ALMEIDA DE MORAES GUILHERME DE CASTRO GERMANO
60	**O ESTATUTO DE ROMA E A REFORMA DO CÓDIGO PENAL BRASILEIRO (PLS Nº 236/2012): FORÇA NORMATIVA E NUANCES REGULATÓRIAS SOBRE GÊNERO NA TIPIFICAÇÃO DO CRIME DE GENOCÍDIO** ARTHUR ROBERTO CAPELLA GIANNATTASIO GABRIELA WERNER OLIVEIRA CÁSSIO EDUARDO ZEN
88	**TRANSITIONAL JUSTICE IN GERMANY** ASTRID BETZ
98	**ATUALIDADE E IMPORTÂNCIA DA DECLARAÇÃO UNIVERSAL DOS DIREITOS HUMANOS: DIREITOS HUMANOS NA PÓS-MODERNIDADE** BELISÁRIO DOS SANTOS JR.
114	**A INTERNACIONALIZAÇÃO DOS DIREITOS HUMANOS: O DESAFIO DO DIREITO A TER DIREITOS** CELSO LAFER
130	**A PROTEÇÃO DOS DIREITOS HUMANOS DE MIGRANTES E REFUGIADOS NAS CIDADES** ELOISA DE SOUSA ARRUDA
152	**O PAPEL INSPIRADOR DA DECLARAÇÃO UNIVERSAL DOS DIREITOS HUMANOS NA CONSTRUÇÃO HISTÓRICA DOS DIREITOS DE CRIANÇAS E ADOLESCENTES** FELIPE CHIARELLO DE SOUZA PINTO MICHELLE ASATO JUNQUEIRA ANA CLAUDIA POMPEU TOREZAN ANDREUCCI
176	**TRANSITIONAL JUSTICE IN COLOMBIA: AN INTRODUCTION TO THE SPECIAL JURISDICTION FOR PEACE** FABIÁN RAIMONDO
196	**DECLARAÇÃO UNIVERSAL DOS DIREITOS HUMANOS: DESAFIOS CONTEMPORÂNEOS** FLÁVIA PIOVESAN

Page	Title
220	A DECLARAÇÃO UNIVERSAL DOS DIREITOS HUMANOS E SEU IMPACTO NOS DIREITOS DOS POVOS INDÍGENAS: DIÁLOGOS ENTRE O SISTEMA GLOBAL E O SISTEMA INTERAMERICANO DE DIREITOS HUMANOS FLÁVIO DE LEÃO BASTOS PEREIRA ORLANDO VILLAS BÔAS FILHO
246	REFLEXOS DA DECLARAÇÃO UNIVERSAL DOS DIREITOS HUMANOS NAS RELAÇÕES PRIVADAS COM ELEMENTOS ESTRANGEIROS GUSTAVO FERRAZ DE CAMPOS MONACO
262	REFLEXIONES SOBRE LA PROTECCIÓN JUDICIAL FRENTE A MEDIDAS RESTRICTIVAS DE DERECHOS FUNDAMENTALES DURANTE LA INVESTIGACIÓN PENAL EN COLOMBIA JOHN E. ZULUAGA TABORDA
274	DIREITOS HUMANOS: ELAM VITAL DAS SOCIEDADES AVANÇOS E DEFICIÊNCIAS NO BRASIL JOSÉ GREGORI
288	A DECLARAÇÃO UNIVERSAL DOS DIREITOS HUMANOS: PARTICIPAÇÃO POPULAR, CIDADANIA E DIREITOS DA PESSOA IDOSA LÚCIA THOMÉ REINERT
300	A DECLARAÇÃO UNIVERSAL DE DIREITOS HUMANOS E OS CORRESPONDENTES PROCEDIMENTOS: DO INTERNACIONAL AO NACIONAL LUIZ GUILHERME ARCARO CONCI KONSTANTIN GERBER
314	A DECLARAÇÃO UNIVERSAL DOS DIREITOS DO HOMEM E SEUS ANTECEDENTES MARCELO FIGUEIREDO
332	OS SEDENTOS DE JUSTIÇA, O PORTAL DOS DIREITOS HUMANOS E A ORDEM PENAL INTERNACIONAL MARCOS ZILLI
354	DIREITOS HUMANOS E A OUVIDORIA PÚBLICA MARIA LUMENA BALABEN SAMPAIO
368	LA DUDH, EL BIG BANG DE LOS DERECHOS HUMANOS PAMELA MALEWICZ
378	IGUALDADE DE GÊNERO E ACESSO À JUSTIÇA: O QUE MUDOU DESDE A DECLARAÇÃO UNIVERSAL DE DIREITOS HUMANOS? PAULA MONTEIRO DANESE
394	O BIODIREITO E OS 70 ANOS DA DECLARAÇÃO UNIVERSAL DE DIREITOS HUMANOS RENATA DA ROCHA
416	OS DIREITOS SOCIAIS E A DIGNIDADE DA PESSOA HUMANA NA DECLARAÇÃO UNIVERSAL DE DIREITOS HUMANOS RICARDO PIRES CALCIOLARI
434	O ESTUDO DO HOLOCAUSTO EM TEMPOS DE INTOLERÂNCIA SAMUEL FELDBERG
440	SEM AS MULHERES, OS DIREITOS NÃO SÃO HUMANOS SILVIA PIMENTEL

PORTINARI PINTANDO GUERRA E PAZ COM COLABORADORA PARA ONU / 1955
ACERVO PORTINARI

A DECLARAÇÃO UNIVERSAL DOS DIREITOS HUMANOS BASE PARA A PAZ MUNDIAL

> *Não se trata de saber quais e quantos são esses direitos, qual é sua natureza e seu fundamento, se são direitos naturais ou históricos, absolutos ou relativos, mas sim qual é o modo mais seguro para garanti-los, para impedir que, apesar das solenes declarações, eles sejam continuamente violados.*
> NORBERTO BOBBIO

A Declaração Universal dos Direitos Humanos foi adotada pela Organização das Nações Unidas em 10 de dezembro de 1948, em Paris, na qual se estabeleceram as bases para a paz mundial após os horrores da Segunda Grande Guerra. Foi traduzida no maior número de línguas superando textos religiosos ou clássicos da literatura. Esse documento foi uma grande influência para as Constituições do pós-guerra e fortaleceu a noção de dignidade humana como fundamento axiológico do Estado contemporâneo.

A Declaração constitui, juntamente com os Pactos Internacionais dos Direitos Civis e Políticos, e sobre Direitos Econômicos, Sociais e Culturais, aprovados em 1966, a Carta Internacional dos Direitos Humanos. A partir desse conjunto de manifestações a preocupação internacional com a dignidade humana espraiou-se significativamente.

A universalização dos direitos humanos, então, visava tornar-se uma realidade com inúmeros outros documentos internacionais reafirmando seus princípios. Dentre eles destacamos a Convenção para a Prevenção e a Repressão do Crime de Genocídio (1948), a Convenção Internacional sobre a Eliminação de Todas as Formas de Discriminação Racial (1965), a Convenção sobre a Eliminação de Todas as Formas de Discriminação contra as Mulheres (1979), a Convenção sobre os Direitos da Criança(1989) e a Convenção sobre os Direitos das Pessoas com Deficiência (2006), entre outros. Desde 1948 foram mais de 80 tratados e declarações sobre Direitos Humanos.

Os desafios em tornar efetivos os Direitos Humanos estão longe de ser superados. Vivenciamos graves ofensas em inúmeras situações, como no caso de perseguições religiosas e ondas migratórias, e não faltam aqueles que apontam ou impõem severos óbices para a sua concretização. Vemos que essa Declaração, já com 70 anos, merece ser lida com vigor reflexivo e crítico.

Este ano, a Constituição da República Federativa do Brasil completa 30 anos de sua promulgação, ocorrida em 5 de outubro de 1988. Fortemente influenciada pelas ações internacionais que a precederam, destacou-se pelo elenco de direitos fundamentais ao estabelecer, como seu fundamento, a integridade da pessoa humana. E bem assim, outras nações do mundo seguiram esse exemplo, a destacar o fim último do Estado em garantir a dignidade aos seres humanos.

A luta pelos Direitos Humanos é também a luta pela eficácia dos princípios e fundamentos constitucionais, aos quais a Declaração impôs caráter universal. Em tempos como os atuais, liberdade, igualdade e fraternidade são valores que, presentes desde o Iluminismo buscam cristalizar-se em textos normativos como os apresentados nesta edição, mas que necessitam, sobretudo, de força fáctica.

A Imprensa Oficial do Estado de São Paulo, na celebração dos 70 anos da Declaração Universal dos Direitos Humanos, traz a público esta coletânea na esperança de que ela seja lida, vivenciada e, sobretudo, posta em prática.

JORGE PEREZ
DIRETOR-PRESIDENTE DA IMPRENSA OFICIAL DO ESTADO DE SÃO PAULO

OS 70 ANOS DA DECLARAÇÃO UNIVERSAL DOS DIREITOS HUMANOS

"A inumanidade que se causa a um outro destrói a humanidade em mim."
KANT

"A mão que afaga é a mesma que apedreja."
AUGUSTO DOS ANJOS

Honra-me, profundamente, o convite para prefaciar a obra coletiva que celebra os 70 anos da Declaração Universal dos Direitos Humanos.

A iniciativa da Imprensa Oficial do Estado de São Paulo, sob a presidência do ilustre jurista professor doutor Jorge Perez, é demonstração concreta do quanto prezamos as conquistas advindas deste evento fundante. A professora doutora Eloisa de Sousa Arruda, com profícua trajetória no Ministério Público, no Poder Executivo, na Universidade e em outros cantos do continente, escolheu pensadores do Direito de olhares diversos, fitos, entretanto, em uma paisagem comum. Os textos nos convidam a caminhar por entre os diversos direitos advindos de uma matriz primeira. A Declaração Universal dos Direitos Humanos é um alicerce erguido, por meio de tratados internacionais e pelas legislações de cada país, com os tijolos do respeito ao ser humano sem o cimentar dos preconceitos.

As duas grandes guerras trouxeram o horror à humanidade, especialmente por conta da experiência totalitária. Debruçaram-se homens e mulheres sobre seus feitos ou malfeitos extasiados pela capacidade que tem o humano de dizimar o humano. Os milhões de mortos fizeram nascer a face da compaixão. Certamente. Quando naquele abril de 1945, na Conferência que fundava a Organização das Nações Unidas, as bestialidades foram sendo conhecidas – a tortura, o aniquilamento, a humilhação, o extermínio –, surgiu uma brisa nova, um confluir de aspirações de nações de Ocidente e do Oriente, em um momento único, de construir um documento que escrevesse uma história capaz de nunca mais assistir a tais acontecimentos.

Quem era levado a um campo de concentração? Por que era levado? Quem deveria morrer e quem deveria viver? Quem determinava a impureza ou a pureza dos humanos? Quem mandava e quem obedecia? Um único homem não é capaz de tamanha destruição. Por que os outros o seguiam? Como os meios de comunicação se comunicavam? Em que acreditavam? E os juízes? E os políticos? E os pensadores? Há duas palavras que, certamente, contaminam o pensamento humano e impedem a visão correta dos fatos: preconceito e precipitação. O preconceito é a formação incorreta de um pensamento, é a destruição do equilíbrio necessário ao conhecimento, é a locomotiva que conduz tantas ações equivocadas. Sofriam preconceito os judeus, os homossexuais, os ciganos, as pessoas com deficiência, entre outros. E por quê? Porque não havia um conceito. Não havia e não há nada que justifique tamanha aberração do pensar humano. E vidas desperdiçadas foram o resultado da hedionda empreitada. E quem apoiou? Os preconceituosos, certamente. Mas uma outra categoria, também. Os precipitados. Os que ficaram embriagados com o discurso ultranacionalista que visava proteger o mundo do inimigo externo. Erro que marcou o nazismo e os fascismos todos. O que diz o líder carismático é pouco questionado por quem escuta. Quanto mais radical, mais rapidamente aumenta o séquito de adeptos. Precipitados.

Não havia dúvida de que os direitos básicos de milhões de pessoas foram violados nas duas grandes guerras, não havia dúvidas de que era preciso preservar as gerações futuras de flagelos semelhantes. E aqui não estamos falando de precipitação, mas de conhecimento e de grandeza de alma. Estamos falando de compromisso civilizatório, de maturidade humana, de ética da responsabilidade que nos faz ver o amanhã mesmo sabendo que nele não estaremos. Um amor ágape, um pensar coletivo para os próximos 70 ou 700 anos.

Era preciso reafirmar a fé nos direitos fundamentais, a esperança de que a dignidade do ser humano é um valor inegociável, a caridade de uns para com os outros independentemente de variações espaciais ou temporais. Os filhos das nações grandes ou pequenas precisavam ser protegidos.

A Declaração Universal dos Direitos Humanos é uma recomendação cuja força narrativa e concreta ultrapassa as questões jurídicas, mas nelas interfere. Fosse a preocupação apenas jurídica — não querendo reduzir o conceito nobre do que é jurídico —, o documento não seria aprovado por unanimidade, com apenas algumas abstenções. O caráter é moral. É político. Na semântica correta, é humano. É recomendação para que os humanos protejam os humanos dos próprios humanos. É a consciência de que há momentos de obscurantismo moral em que a busca do poder pode levar à destruição de parte da humanidade.

O que foi a Guerra Fria senão um receio diuturno de que uma irritação qualquer de um dos lados acionasse o início de uma destruição inimaginável com as novas armas de guerra? O que nos faz felizes nos faz, também, infelizes. É assim na paixão. É assim na razão. A razão humana foi capaz de avanços impressionantes nas ciências a serviço do conforto e da evolução. O mundo sem navios ou sem aviões era um mundo mais distante. A proximidade trouxe, entretanto, riscos. Navios e aviões se tornam máquinas de destruição em massa em uma guerra. Aviões não-tripuláveis correm menos riscos e geram mais riscos. A indústria de armas foi além. Atômica. Nuclear. Os mísseis de longa distância nascem de um botão apertado por mão humana. Mão que deveria apertar outra para celebrar a paz, a conquista civilizadora da proteção do direito de todos.

Quem protege o mais frágil? Quem protege o que fracassou? Quem protege o mais vulnerável? Quem protege as minorias? O discurso do mais forte, do mais puro, do melhor é sempre perigoso. Quem é o melhor? Voltamos à horrenda questão dos campos de concentração: quem decide quem é puro e quem é impuro?

Feliz ano de 1948.

"Considerando que o reconhecimento da dignidade inerente a todos os membros da família humana e dos seus direitos iguais e inalienáveis constitui o fundamento da liberdade, da justiça e da paz do mundo (...)" é o início dos inícios.

Tratar uns aos outros como membros da família humana evidenciam os ventos que sopravam naqueles tempos. A justiça e a paz no mundo não são matérias de utopias apenas, são uma construção contínua e vigilante. Vez ou outra, surgem vozes totalitárias com discursos sedutores que confundem os precipitados. É preciso estar atento.

Daqui a 70 anos, celebraremos os 140 anos da Declaração Universal dos Direitos Humanos. O que escreverão os que nos sucederão? Olharão para os dias passados e dirão o quê? Teremos conseguido melhorar o mundo? Os mundos real e virtual conseguirão coexistir? O que se escreverá sobre a bioética e sobre a inteligência artificial? O que teremos feito com os refugiados, com os expulsos do seu chão de nascimento? Continuarão sendo despejados? Morrerão nas travessias? Mulheres e homens compreenderão que as diferenças não significam desigualdades? Crianças e adolescentes serão protegidos? Compreenderemos que violência não se combate com violência nem com demagógicos discursos de políticos precipitados e preconceituosos?

Como estará o mundo daqui a 70 anos?

Os invisíveis se tornarão visíveis? Os fracassos serão compreendidos como atitude humana? Os animais não fracassam, porque são programados instintivamente. Mulheres e homens são livres. Por isso fracassam. Por isso caem. Por isso levantam. A mão que tem o poder de apertar o tal botão da arma de destruição tem também o poder de estendê-la ao que caiu e que ainda não conseguiu levantar.

A esperança de um próximo balanço analítico, porém, não pode atenuar a ação daqueles inspirados pela lufada de ar civilizatório trazida pela Declaração Universal dos Direitos Humanos. O futuro é amanhã, e o mundo se vê novamente com a experiência totalitária ensaiando sua reentrada. Que estes textos sejam o combustível para a coragem que precisamos para resistir a todo e qualquer retrocesso.

GABRIEL CHALITA
PROFESSOR E ESCRITOR. DOUTOR EM FILOSOFIA DO DIREITO,
MEMBRO DA ACADEMIA BRASILEIRA DE EDUCAÇÃO
E PRESIDENTE DA ACADEMIA PAULISTA DE LETRAS

UM TESTEMUNHO DE GRATIDÃO

Na condição de Diretor do Centro de Estudos e Aperfeiçoamento Funcional da Escola Superior do Ministério Público do Estado de São Paulo e de então Secretária Municipal de Justiça e Defesa da Cidadania há algum templo planejávamos a realização de um simpósio e o lançamento de uma obra comemorativos dos 30 anos da Constituição Cidadã e dos 70 anos da Declaração dos Direitos do Homem.

As duas cartas assim como os grandes autores dessa obra guardam muito em comum: uma história construída sob a perspectiva de respeito incondicional da pessoa humana.

O respeito, em todas as suas formas e acepções, à dignidade humana representa muito mais que uma limitação modal ao Estado e às instituições sociais públicas e privadas: é a essência de um modo de pensar e agir. Muito mais do que um dos fundamentos da República, a dignidade da pessoa humana é, e será, sempre uma obra em constante construção, sedimentada no compromisso inquebrantável com uma sociedade mais justa igualitária e fundada no respeito à diversidade e valoração do ser humano, como razão maior.

Nesse sentido, festejamos a concretização desse projeto e a celebração dessa obra escrita por várias mãos por pensadores e profissionais que tiveram a trajetória de vida pautada no compromisso com um mundo mais justo, fraterno, solidário e igualitário em oportunidades e concretização de sonhos.

Um testemunho de gratidão à Organização das Nações Unidas e à Imprensa Oficial do Estado de São Paulo por terem, desde o início, abraçado essa ideia e por compartilharem dessa causa.

ANTONIO CARLOS DA PONTE
ELOISA DE SOUSA ARRUDA

DECLARAÇÃO UNIVERSAL DOS DIREITOS HUMANOS
ADOTADA E PROCLAMADA PELA ASSEMBLÉIA GERAL DAS
NAÇÕES UNIDAS (RESOLUÇÃO 217 A III) EM 10 DE DEZEMBRO 1948

PREÂMBULO

Considerando que o reconhecimento da dignidade inerente a todos os membros da família humana e de seus direitos iguais e inalienáveis é o fundamento da liberdade, da justiça e da paz no mundo,

Considerando que o desprezo e o desrespeito pelos direitos humanos resultaram em atos bárbaros que ultrajaram a consciência da humanidade e que o advento de um mundo em que mulheres e homens gozem de liberdade de palavra, de crença e da liberdade de viverem a salvo do temor e da necessidade foi proclamado como a mais alta aspiração do ser humano comum,

Considerando ser essencial que os direitos humanos sejam protegidos pelo império da lei, para que o ser humano não seja compelido, como último recurso, à rebelião contra a tirania e a opressão,

Considerando ser essencial promover o desenvolvimento de relações amistosas entre as nações,

Considerando que os povos das Nações Unidas reafirmaram, na Carta, sua fé nos direitos fundamentais do ser humano, na dignidade e no valor da pessoa humana e na igualdade de direitos do homem e da mulher e que decidiram promover o progresso social e melhores condições de vida em uma liberdade mais ampla,

Considerando que os Países-Membros se comprometeram a promover, em cooperação com as Nações Unidas, o respeito universal aos direitos e liberdades fundamentais do ser humano e a observância desses direitos e liberdades,

Considerando que uma compreensão comum desses direitos e liberdades é da mais alta importância para o pleno cumprimento desse compromisso,

Agora portanto a Assembléia Geral proclama a presente Declaração Universal dos Direitos Humanos como o ideal comum a ser atingido por todos os povos e todas as nações, com o objetivo de que cada indivíduo e cada órgão da sociedade tendo sempre em mente esta Declaração, esforce-se, por meio do ensino e da educação, por promover o respeito a esses direitos e liberdades, e, pela adoção de medidas progressivas de caráter nacional e internacional, por assegurar o seu reconhecimento e a sua observância universais e efetivos, tanto entre os povos dos próprios Países-Membros quanto entre os povos dos territórios sob sua jurisdição.

ARTIGO 1

Todos os seres humanos nascem livres e iguais em dignidade e direitos. São dotados de razão e consciência e devem agir em relação uns aos outros com espírito de fraternidade.

ARTIGO 2

1. Todo ser humano tem capacidade para gozar os direitos e as liberdades estabelecidos nesta Declaração, sem distinção de qualquer espécie, seja de raça, cor, sexo, língua, religião, opinião política ou de outra natureza, origem nacional ou social, riqueza, nascimento, ou qualquer outra condição.

2. Não será também feita nenhuma distinção fundada na condição política, jurídica ou internacional do país ou território a que pertença uma pessoa, quer se trate de um território independente, sob tutela, sem governo próprio, quer sujeito a qualquer outra limitação de soberania.

ARTIGO 3

Todo ser humano tem direito à vida, à liberdade e à segurança pessoal.

ARTIGO 4

Ninguém será mantido em escravidão ou servidão; a escravidão e o tráfico de escravos serão proibidos em todas as suas formas.

ARTIGO 5

Ninguém será submetido à tortura, nem a tratamento ou castigo cruel, desumano ou degradante.

ARTIGO 6

Todo ser humano tem o direito de ser, em todos os lugares, reconhecido como pessoa perante a lei.

ARTIGO 7

Todos são iguais perante a lei e têm direito, sem qualquer distinção, a igual proteção da lei. Todos têm direito a igual proteção contra qualquer discriminação que viole a presente Declaração e contra qualquer incitamento a tal discriminação.

ARTIGO 8

Todo ser humano tem direito a receber dos tribunais nacionais competentes remédio efetivo para os atos que violem os direitos fundamentais que lhe sejam reconhecidos pela constituição ou pela lei.

ARTIGO 9

Ninguém será arbitrariamente preso, detido ou exilado.

ARTIGO 10

Todo ser humano tem direito, em plena igualdade, a uma justa e pública audiência por parte de um tribunal independente e imparcial, para decidir seus direitos e deveres ou fundamento de qualquer acusação criminal contra ele.

ARTIGO 11

1.Todo ser humano acusado de um ato delituoso tem o direito de ser presumido inocente até que a sua culpabilidade tenha sido provada de acordo com a lei, em julgamento público no qual lhe tenham sido asseguradas todas as garantias necessárias à sua defesa.

2. Ninguém poderá ser culpado por qualquer ação ou omissão que, no momento, não constituíam delito perante o direito nacional ou internacional. Também não será imposta pena mais forte de que aquela que, no momento da prática, era aplicável ao ato delituoso.

ARTIGO 12

Ninguém será sujeito à interferência na sua vida privada, na sua família, no seu lar ou na sua correspondência, nem a ataque à sua honra e reputação. Todo ser humano tem direito à proteção da lei contra tais interferências ou ataques.

ARTIGO 13

1. Todo ser humano tem direito à liberdade de locomoção e residência dentro das fronteiras de cada Estado.

2. Todo ser humano tem o direito de deixar qualquer país, inclusive o próprio e a esse regressar.

ARTIGO 14

1. Todo ser humano, vítima de perseguição, tem o direito de procurar e de gozar asilo em outros países.

2. Esse direito não pode ser invocado em caso de perseguição legitimamente motivada por crimes de direito comum ou por atos contrários aos objetivos e princípios das Nações Unidas.

ARTIGO 15

1. Todo ser humano tem direito a uma nacionalidade.

2. Ninguém será arbitrariamente privado de sua nacionalidade, nem do direito de mudar de nacionalidade.

ARTIGO 16

1. Os homens e mulheres de maior idade, sem qualquer restrição de raça, nacionalidade ou religião, têm o direito de contrair matrimônio e fundar uma família. Gozam de iguais direitos em relação ao casamento, sua duração e sua dissolução.

2. O casamento não será válido senão com o livre e pleno consentimento dos nubentes.

3. A família é o núcleo natural e fundamental da sociedade e tem direito à proteção da sociedade e do Estado.

ARTIGO 17

1. Todo ser humano tem direito à propriedade, só ou em sociedade com outros.

2. Ninguém será arbitrariamente privado de sua propriedade.

ARTIGO 18

Todo ser humano tem direito à liberdade de pensamento, consciência e religião; esse direito inclui a liberdade de mudar de religião ou crença e a liberdade de manifestar essa religião ou crença pelo ensino, pela prática, pelo culto em público ou em particular.

ARTIGO 19

Todo ser humano tem direito à liberdade de opinião e expressão; esse direito inclui a liberdade de, sem interferência, ter opiniões e de procurar, receber e transmitir informações e idéias por quaisquer meios e independentemente de fronteiras.

ARTIGO 20

1. Todo ser humano tem direito à liberdade de reunião e associação pacífica.

2. Ninguém pode ser obrigado a fazer parte de uma associação.

ARTIGO 21

1. Todo ser humano tem o direito de tomar parte no governo de seu país diretamente ou por intermédio de representantes livremente escolhidos.

2. Todo ser humano tem igual direito de acesso ao serviço público do seu país.

3. A vontade do povo será a base da autoridade do governo; essa vontade será expressa em eleições periódicas e legítimas, por sufrágio universal, por voto secreto ou processo equivalente que assegure a liberdade de voto.

ARTIGO 22

Todo ser humano, como membro da sociedade, tem direito à segurança social, à realização pelo esforço nacional, pela cooperação internacional e de acordo com a organização e recursos de cada Estado, dos direitos econômicos, sociais e culturais indispensáveis à sua dignidade e ao livre desenvolvimento da sua personalidade.

ARTIGO 23

1. Todo ser humano tem direito ao trabalho, à livre escolha de emprego, a condições justas e favoráveis de trabalho e à proteção contra o desemprego.

2. Todo ser humano, sem qualquer distinção, tem direito a igual remuneração por igual trabalho.

3. Todo ser humano que trabalha tem direito a uma remuneração justa e satisfatória que lhe assegure, assim como à sua família, uma existência compatível com a dignidade humana e a que se acrescentarão, se necessário, outros meios de proteção social.

4. Todo ser humano tem direito a organizar sindicatos e a neles ingressar para proteção de seus interesses.

ARTIGO 24

Todo ser humano tem direito a repouso e lazer, inclusive a limitação razoável das horas de trabalho e a férias remuneradas periódicas.

ARTIGO 25

1. Todo ser humano tem direito a um padrão de vida capaz de assegurar a si e à sua família saúde, bem-estar, inclusive alimentação, vestuário, habitação, cuidados médicos e os serviços sociais indispensáveis e direito à segurança em caso de desemprego, doença invalidez, viuvez, velhice ou outros casos de perda dos meios de subsistência em circunstâncias fora de seu controle.

2. A maternidade e a infância têm direito a cuidados e assistência especiais. Todas as crianças, nascidas dentro ou fora do matrimônio, gozarão da mesma proteção social.

ARTIGO 26

1. Todo ser humano tem direito à instrução. A instrução será gratuita, pelo menos nos graus elementares e fundamentais. A instrução elementar será obrigatória. A instrução técnico-profissional será acessível a todos, bem como a instrução superior, esta baseada no mérito.

2. A instrução será orientada no sentido do pleno desenvolvimento da personalidade humana e do fortalecimento do respeito pelos direitos do ser humano e pelas liberdades fundamentais. A instrução promoverá a compreensão, a tolerância e a amizade entre todas as nações e grupos raciais ou religiosos e coadjuvará as atividades das Nações Unidas em prol da manutenção da paz.

3. Os pais têm prioridade de direito na escolha do gênero de instrução que será ministrada a seus filhos.

ARTIGO 27

1. Todo ser humano tem o direito de participar livremente da vida cultural da comunidade, de fruir as artes e de participar do progresso científico e de seus benefícios.

2. Todo ser humano tem direito à proteção dos interesses morais e materiais decorrentes de qualquer produção científica literária ou artística da qual seja autor.

ARTIGO 28

Todo ser humano tem direito a uma ordem social e internacional em que os direitos e liberdades estabelecidos na presente Declaração possam ser plenamente realizados.

ARTIGO 29

1. Todo ser humano tem deveres para com a comunidade, na qual o livre e pleno desenvolvimento de sua personalidade é possível.

2. No exercício de seus direitos e liberdades, todo ser humano estará sujeito apenas às limitações determinadas pela lei, exclusivamente com o fim de assegurar o devido reconhecimento e respeito dos direitos e liberdades de outrem e de satisfazer as justas exigências da moral, da ordem pública e do bem-estar de uma sociedade democrática.

3. Esses direitos e liberdades não podem, em hipótese alguma, ser exercidos contrariamente aos objetivos e princípios das Nações Unidas.

ARTIGO 30

Nenhuma disposição da presente Declaração poder ser interpretada como o reconhecimento a qualquer Estado, grupo ou pessoa, do direito de exercer qualquer atividade ou praticar qualquer ato destinado à destruição de quaisquer dos direitos e liberdades aqui estabelecidos.

ELEANOR ROOSEVELT COM A CÓPIA AMPLIADA
DA DECLARAÇÃO UNIVERSAL DOS DIREITOS HUMANOS
BETTMANN / *GETTY IMAGES*

24 DIGNIDADE HUMANA E A PROTEÇÃO PENAL SUFICIENTE AOS GRUPOS VULNERÁVEIS: A IMPOSSIBILIDADE DA ADOÇÃO DE INSTITUTOS DESPENALIZADORES

ALEXANDRE ROCHA ALMEIDA DE MORAES
Promotor de Justiça (MPSP), Mestre e Doutor em Direito Penal (PUC/SP).

GUILHERME DE CASTRO GERMANO
Analista Jurídico do MPSP, Pós-Graduado em Direto Penal pela ESMP/SP, Graduado em Direito pela FDUSP.

RESUMO

O presente estudo almeja identificar as possibilidades de criação de requisitos diferenciados para a aplicação dos institutos previstos na Lei n. 9.099/1995 aos delitos que tutelem bens jurídicos titularizados por grupos de vulnerabilidade constitucionalmente reconhecida. Para tal objetivo, busca-se apontar, por meio da análise dos julgamentos das ADIs 3.096/DF e 4.424/DF, fundamentos comuns utilizados pelo Supremo Tribunal Federal quando exerceu o controle de constitucionalidade sobre os artigos 94 do Estatuto do Idoso e 41 da Lei Maria da Penha. A partir dessa análise, e considerando que o ordenamento jurídico possui outros diplomas que concretizam comando constitucional de especial proteção, objetiva-se sistematizar os fundamentos comuns elencados e, com alicerce neles, identificar os limites constitucionais para a alteração das condições de aplicação dos institutos despenalizadores aos tipos penais que protegem indivíduos em situação de vulnerabilidade.

ABSTRACT

The present study seeks to analyze the creation of specific requirements for the application of the institutes of the 9099/1995 law to crimes that shield legal interests possessed by groups whose vulnerability is recognized by the constitution. Through an analysis of the ADIs 3.096/DF and 4.424/DF, the study seeks to identify common grounds used by the Federal Supreme Court when exercising judicial review over articles 94 of the Elderly Rights Statute and 41 of the Maria da Penha Law. Based on this analysis, and considering that in the Brazilian legal system there are additional constitutional commands of special protection, it aims to identify the constitutional limits for the alteration of the conditions for the application of decriminalization institutes to the crimes that protect vulnerable individuals. The study concludes that such legislative changes are only constitutional if they increase the protection of vulnerable individuals.

PALAVRAS-CHAVE
GRUPOS VULNERÁVEIS, PROTEÇÃO INTEGRAL, LEI Nº 9.099/1995. ESTATUTO DO IDOSO, LEI MARIA DA PENHA.

KEYWORDS
VULNERABLE GROUPS. INTEGRAL PROTECTION. 9.099/1995 LAW. ELDERLY RIGHTS STATUTE. MARIA DA PENHA LAW.

SUMÁRIO

Introdução. 1. A Lei dos Juizados e seu histórico despenalizador. 2. A aplicação da Lei nº 9.099/1995 ao Estatuto do Idoso: proteção constitucional e proteção legislativa deficiente. 3. A Lei Maria da Penha e o afastamento da Lei nº 9.099/1995: proteção legislativa como concretização da proteção constitucional. Conclusão. Referências.

1. INTRODUÇÃO

Como o cidadão é, na acertada lição de Tobias Barreto, a forma social do homem e o Estado é a forma social do povo[1], o "Estado Democrático e Social de Direito" é, tanto para o Direito Penal, quanto para a concepção dos novos gestores da moral média, uma razoável justificativa[2].

Adotada e proclamada pela Assembleia Geral das Nações Unidas em 10 de dezembro de 1948, a Declaração dos Direitos do Homem, marco regulatório de uma política mundial de respeito à dignidade humana, prevê em seu art. 7º a igualdade material; em seu artigo 8º, a efetividade na busca judicial no enfrentamento de qualquer tipo de discriminação que viole a Declaração; e em seu art. 22 o Direito de todos, como membros da sociedade, ao Direito social da segurança.

A essência desses dispositivos contempla, atualmente, o núcleo duro das garantias fundamentais e, portanto, cláusulas essenciais e pétreas das cartas constitucionais dos modelos de Estado Social e Democrático de Direito.

Shecaira e Corrêa Jr., por exemplo, acreditam que o Poder Constituinte de 1988 sintetizou nesse conceito os princípios do Estado Social e do Estado Liberal[3]. Mir Puig, analisando dispositivo semelhante da Constituição espanhola, afirma que através da fórmula "Estado Democrático de Direito" a Constituição empregou uma terminologia consagrada que aponta a uma concepção sintética de Estado, ou seja, o produto da união dos princípios do Estado Liberal e do Estado Social. Segundo o penalista espanhol, *"a imagem resultante do Estado supõe uma recuperação de seus componentes básicos isoladamente considerados, o que permite inferir uma terceira característica da fórmula constitucional denominada democracia"*.[4]

Da mesma forma Luisi esclarece que

> Ao incorporar os princípios do Estado liberal do Estado social, e ao conciliá-los, as Constituições modernas renovam, de um lado, as garantias individuais, mas introduzem uma série de normas destinadas a tornar concretas, ou seja, 'reais', a liberdade e a igualdade dos cidadãos, tutelando valores de interesse geral como os pertinentes ao trabalho, à saúde, à assistência social, à atividade econômica, ao meio ambiente, à educação, à cultura etc.[5]

---

1. BONFIM, Edílson Mougenot. *Direito Penal da Sociedade*. São Paulo: Oliveira Mendes, Livraria Del Rey, 1997, p. 35.
2. MOARES, Alexandre Rocha Almeida de. *Direito Penal Racional: Propostas para a Construção de uma Teoria da Legislação e para uma Atuação Criminal Preventiva*. Curitiba: Juruá, 2016, p.52.
3. SHECARIA, Sérgio Salomão; CORRÊA JUNIOR, Alceu. *Teoria da Pena: Finalidades, Direito Positivo, Jurisprudência e Outros Estudos de Ciência Criminal*. São Paulo: Revista dos Tribunais, 2002. p. 49.
4. MIR PUIG, Santiago. *El Derecho Penal en el Estado Social y Democrático de Derecho*. Barcelona: Ariel, 1994. p. 31.
5. LUISI, Luiz. *Os Princípios Constitucionais Penais*. 2. ed. Porto Alegre: Sergio Antonio Fabris, 2003. p. 9.
6. CANOTILHO, José Joaquim Gomes. *Direito Constitucional e Teoria da Constituição*. 7. ed. Lisboa: Almedina, 2003. p. 94-96.

Portanto, ao lado da transição do Estado Liberal ao Estado Social, também se coloca a evolução do Estado de Direito ao Estado democrático de Direito. Segundo Canotilho,

> O Estado de Direito, em sua configuração inicial, buscou limitar o poder, submetendo seu exercício ao ordenamento jurídico. A inserção do elemento democrático viabilizou que à limitação do poder fosse acrescentada a necessidade de sua legitimação, que se dá por meio do reconhecimento da soberania popular[6].

No Estado Democrático de Direito não basta a concepção negativa de liberdade. A efetivação do princípio democrático implica a liberdade positiva, fundada na participação política.[7]

Ocorre que, paradoxalmente, o constitucionalismo contemporâneo está centrado naquilo que se chamou de "totalitarismo constitucional", ou seja, na ideia de constituição programática e que tem como bom exemplo a Constituição brasileira de 1988.

Fala-se em "totalitarismo constitucional" ou "cartas dirigentes" na medida em que os textos sedimentam um importante conteúdo social, estabelecendo normas programáticas (metas e programas a serem atingidos pelo Estado), destacando a ideia de Constituição dirigente.[8]

Com as denominadas cartas dirigentes buscava-se conformar a realidade fática – quase um "refazer o mundo" – por meio das normas constitucionais, as quais, além de terem eficácia imediata, vinculariam os Poderes Executivo, Legislativo e Judiciário de maneira antes nunca experimentada na ciência e na prática jurídica.[9]

Com precisão, assinala Cavalcanti:

> Além das transformações verificadas no âmbito dos Direitos fundamentais, importa frisar que a passagem do Estado liberal para o Estado social impulsionou mudanças nas atividades estatais, aumentando o oferecimento de prestações públicas pelo ente estatal. À medida que o Estado percebeu ser insustentável manter a separação abissal existente entre ele e a sociedade, apregoada pelo Estado abstencionista, foi sendo impelido a assumir tarefas até antão exercidas por entes sociais, como a Igreja, fundações e outras instituições[10].

Ao assumir a responsabilidade de proporcionar o desenvolvimento de uma justiça social, intervindo na economia e visando à igualdade entre os indivíduos, o Estado passou a atuar positivamente, incrementando o rol de prestações sociais.[11]

Entre outras consequências visíveis, a Constituição limitadora deu espaço ao texto fundamentador da neocriminalização.

---

7. Ibid., pp. 95
8. Ibid., pp. 94-96.
9. MARQUES NETO, Agostinho Ramalho. Canotilho e a Constituição Dirigente. 2. ed. Rio de Janeiro: Renovar, 2005. p. 72.
10. CAVALCANTI, Eduardo Medeiros. Crime e Sociedade complexa. Campinas: LZN, 2005, p. 116.
11. MOARES, Direito Penal Racional..., p. 45.

De forma similar a esses novos tempos, Tratados Internacionais garantistas e de proteção da dignidade da pessoa humana (como a Convenção Americana sobre Direitos Humanos que instituiu o Pacto de *São José da Costa Rica* e a Convenção sobre a Tortura) agora convivem no ordenamento contemporâneo com Tratados que demandam, em prol da segurança coletiva e da eficiência repressiva, a criminalização de novas condutas.

Com efeito, o Brasil, em defesa da dignidade da pessoa humana, é signatário, *ex vi*, dos seguintes Tratados Internacionais: Convenção para a Prevenção e Punição do Crime de Genocídio (Ratificada pelo Brasil em 15/4/1952), Convenção Internacional sobre a Eliminação de Todas as Formas de Discriminação Racial (Ratificada pelo Brasil em 27/3/1968), Convenção sobre a Eliminação de Todas as Formas de Discriminação contra a Mulher (Ratificada pelo Brasil em 1º/2/1984), Convenção contra a Tortura e outros Tratamentos ou Penas Cruéis, Desumanas ou Degradantes (Ratificada pelo Brasil em 28/9/1989), Convenção sobre os Direitos da Criança (Ratificada pelo Brasil em 24/9/1990). De outra parte, tanto a Convenção de Palermo (Decreto nº 5.015/04) quanto a Convenção de Mérida (Decreto nº 5.687/06) impõem ao país a obrigação de criminalizar condutas, respectivamente, relativas às organizações criminosas e ao combate efetivo à corrupção.

Isso tudo desencadeou um enorme processo de penalização, seja pela existência de novos mandados de criminalização[12] que, de outra parte, demandou a adoção de outros tipos de política criminal mais céleres e informais (como a Lei dos Juizados Especiais), sem que isso fosse planejado num sistema codificado, com proporcionalidade de penas e valoração adequada dos interesses e bens da vida objeto de tutela estatal.

Em verdade, o ambiente propício para a existência das ordens de criminalização é o próprio Estado Democrático de Direito, pois essas cláusulas de penalização somente se justificam em um sistema no qual a supremacia constitucional e a separação de poderes se apresentem de maneira efetiva e não apenas formal: *"os mandados se justificam num regime de normalidade institucional e democrática, própria dos Estados de Direito, ou Democráticos de Direito, nos quais há distinção entre normas constitucionais e leis ordinárias e entre os exercentes dos poderes legislativo e executivo".*[13]

Shecaira e Corrêa Jr. argumentam, no entanto, que por se tratar de um Estado Social e Democrático de Direito, que representa a fusão entre o Estado Liberal e o Estado Social, há que se acrescentar uma terceira característica – a democracia –, *"não há de se cogitar de sanção penal desregrada, arbitrária e sem limites"*[14].

ALEXANDRE ROCHA
ALMEIDA DE MORAES
GUILHERME DE CASTRO GERMANO

12. "Os mandados de criminalização indicam matérias sobre as quais o legislador ordinário não tem a faculdade de legislar, mas a obrigatoriedade de tratar, protegendo determinados bens ou interesses de forma adequada e, dentro do possível, integral". (cf. DA PONTE, Antonio Carlos. *Crimes eleitorais*. São Paulo: Saraiva, 2008. p. 152)

13. GONÇALVES, Luiz Carlos dos. *Mandados Expressos de Criminalização e a Proteção de Direitos Fundamentais na Constituição Brasileira de 1988*. São Paulo: Fórum, 2008. p. 154; Gonçalves, aliás, defende que configuram cláusulas pétreas (*op. cit.*, p. 193).

14. SHECARIA, Sérgio Salomão; CORRÊA JUNIOR, Alceu, *op. cit.*, pp. 8-9.

Se é certa essa assertiva, não é menos correto intuir que, ao incorporar bens difusos e sociais como objeto de proteção constitucional, não existe mais na forma pura a clássica dialética Estado opressor *versus* indivíduo oprimido: aparecem agora as vítimas concretas, individuais, difusas ou tutoras de direitos comuns coletivos e individuais homogêneos que reivindicam espaço de proteção digna e suficiente como qualquer pessoa humana. A sociedade, por intermédio de novos gestores da moral média, agora clama legitimamente por proteção.

Delineando essa passagem do Estado Liberal ao Estado Social, consolidado no modelo democrático constitucional hoje em voga, Cavalcanti também indaga como isso influiu para a exagerada corrida criminalizadora:

> *O Estado passou a ser visto como o próprio instrumento de mudança social, a intervir em todas as esferas consideradas essenciais à propulsão do bem comum. Em termos precisos: criar empregos e não apenas distribuir as riquezas, gerenciar a economia e não apenas corrigir distorções, fomentar a saúde, a educação, a cultura e a moradia, vale dizer, fazer com que a mão invisível do mercado seja substituída pela mão bem visível da Providência do Estado*[15].

É evidente, de qualquer sorte, que bens jurídicos não expressamente consagrados na Constituição Federal passaram a ser tutelados pelo Direito Penal, cabendo, inclusive, legitimação científica no sentido de que devem obedecer, primeiramente, aos direitos e garantias individuais da pessoa humana, sendo expressamente vedada qualquer violação por parte do Estado na aplicação da sanção. Ademais, será a relevância atribuída pela sociedade a um bem jurídico que o torna suscetível de tutela penal: somente os bens jurídicos entendidos como bens jurídicos penais possibilitam a sua tutela através do Direito Penal.[16]

A indicação de quais sejam os bens jurídicos de relevância penal está a cargo do legislador. Ocorre que o surgimento de bens supraindividuais ou espiritualizados apresentam uma conflituosidade que contrapõe grupos, como se verifica na proteção do meio ambiente, das relações de consumo, na proteção da saúde pública, da economia popular, da infância e juventude, do idoso e da mulher em condição de vulnerabilidade etc.[17]

A Constituição Federal de 1988, portanto dirigente e subproduto desse modelo de Estado Social e Democrático, contemplou em seu texto diversos segmentos sociais historicamente fragilizados, reconhecendo sua vulnerabilidade e legando a eles especial proteção, cuja efetivação caberia não somente ao poder público, mas também a toda a sociedade. Como exemplos, podemos citar a proteção à criança e ao adolescente, ao idoso, à pessoa deficiente e à mulher vítima de violência doméstica, entre outros.

---

15. CAVALCANTI, *op. cit.*, p. 116-117.
16. BELLO, Enzo. *Perspectivas para o Direito Penal e para um Ministério Público Republicano.* Rio de Janeiro: Lúmen Júris, 2007, p. 264.
17. Id.
18. MOARES, *Direito Penal Racional...*, p. 20.
19. REALE, Miguel. *Lições Preliminares de Direito.* 21. ed. São Paulo: Saraiva, 1994, p. 02.

A palavra *lei*, segundo a sua etimologia mais provável, refere-se à ligação, liame, laço, relação, o que se completa com o sentido nuclear de *jus*, que invoca a ideia de jungir, unir, ordenar, coordenar.[18]

Daí a sempre nova lição de um antigo brocardo: *ubi societas, ibi jus* (onde está a sociedade está o Direito).

Como lembra Reale, a recíproca também é verdadeira: *ubi jus, ibi societas*, não se podendo conceber qualquer atividade social desprovida de forma e garantia jurídicas, nem qualquer regra jurídica que não se refira, ao menos em tese, à sociedade.[19]

Por simetria, o "Direito Penal real" não é, portanto, um programa ou um projeto pedagógico de educação em abstrato de uma sociedade, mas o resultado de valores que espontaneamente não são respeitados. O Direito Penal é, por excelência, um retrato das mazelas de um povo. Tal assertiva é ainda mais contundente quando se constata que as tradicionais formas de controle social estão em crise[20].

A Revolução Industrial trouxe, como bônus à humanidade, entre outros, uma medicina mais avançada, a produção de vacinas em série, a prevenção de patologias e o consequente e gradual aumento da expectativa de vida, tornando "idosos" um nicho social que passou a demandar proteção após a sucessivas constatações de fatos que implicavam violência sob todos os aspectos (físico, psicológico, moral, patrimonial etc.).

A invenção da pílula e outras bandeiras evidentemente legítimas do movimento feminista passaram a demandar um papel de igualdade concreta e material de gênero (ainda em fase de consolidação), explicitando todas as formas de violência praticadas contra a mulher, herança de uma sociedade historicamente machista e patriarcal.

Essas mudanças sociais deram azo a Tratados Internacionais e dispositivos constitucionais nas novas cartas dirigentes e, consequentemente, aos microssistemas jurídicos infraconstitucionais, cujo conteúdo contempla, inclusive, normas penais incriminadoras (*ubi societas, ibi jus*).

Uma das mazelas, contudo, dessa hipertrofia penal é, evidentemente, a descodificação da legislação penal e a falta de ponderação adequada de sanções aos diferentes bens alçados à proteção jurídica.

Seria ideal que se buscasse a unidade política, integração social e unificação do conhecimento do Direito: a *"codificação traduziria, assim, a ideia de completude da lei escrita, fora da qual o Direito não poderia exprimir-se"*[21], uma vez

---

20. MORAES, *Direito Penal Racional...*, p. 320.
21. ALLAND, Denis; RIALS, Stéphane. *Dicionário da Cultura Jurídica*. Tradução de Ivone Castilho Benedetti, São Paulo: Martins Fontes, 2012, p. 228.

que na lição de Bobbio "*todo ordenamento jurídico busca unidade, ser sistemático e ser completo, evitando lacunas e antinomias*".[22]

Ocorre que os tradicionais paradigmas que serviram bem ao modelo de Estado de Direito dos séculos 19 e 20 não se encaixam mais para formar a peça articulada de que necessita o Estado contemporâneo para a execução de políticas públicas efetivas.

Assim, avalia Bittar, perdem significação, entre outros, a própria ideia de que a codificação representaria uma obra científico-legislativa,

> *Obra-prima do saber jurídico, com disciplina única e sistemática das matérias por ele versadas, insuscetíveis de lacunas e de erronias, possibilitando a exegese harmônica do sistema, quando se sabe que os códigos possuem o mesmo potencial de dessincronia com as mudanças sociais que os demais textos normativos*[23].

Com efeito, a descodificação do Direito traduz, como a própria designação expressivamente sugere, uma '*fuga dos códigos*':

> *O que as sociedades contemporâneas pretendem, no campo da legislação, é transferir das majestáticas comissões codificadoras para os pequenos, mas ativos, grupos intermediários, situados a meio-termo entre o cidadão eleitor e o Estado, a definição dos estatutos jurídicos mais adequados às reivindicações de cada grupo*[24].

Daí surgirem distintos universos legislativos, de menor porte, denominados de "microssistemas". Nesse contexto, o "*Código seria uma colcha de retalhos de todas as cores, sem funcionalidade numa sociedade que, na segunda metade do século passado, eliminou as condições políticas da codificação*".[25]

É certo, contudo, que a justificativa para microssistemas ou ordenamentos próprios, via de regra, justificam-se pelos ordenamentos que contemplam leis penais latentes que contêm qualquer função manifesta não punitiva (assistencial, tutelar, protetiva, pedagógica, sanitária etc.), como se dá para os grupos vulneráveis no país.

O processo legislativo vem fomentando a proliferação de microssistemas penais, justificando legislações extravagantes específicas, onde normalmente um parlamentar ou um grupo pequeno de parlamentares amparado pelos grupos interessados se intitula "patrono" da nova lei. Isso carrega, sem que seja perceptível à maioria, metodologias e técnicas legislativas diferenciadas, sem qualquer simetria com os demais microssistemas e com o Código ainda existente[26], demandando, evidentemente, hercúleo trabalho de hermenêutica dos tribunais.

A título ilustrativo, bastaria a comparação da técnica legislativa do Código de Trânsito Brasileiro, do Estatuto do Desarmamento e da Lei de Crimes

---

22. BOBBIO, Norberto. *Teoria do Ordenamento Jurídico*. 6. ed. Brasília: UNB, 1982, pp. 34-35.
23. BITTAR, Eduardo C. B. *O Direito na Pós-modernidade*. 3. ed. São Paulo: Atlas, 2014, p. 144-145.
24. OLIVEIRA, Adriane Stoll de. *A codificação do Direito*. Jus Navigandi, Teresina, a. 7, n. 60, 1 nov. 2002. Disponível em: <http://jus.com.br/artigos/3549>. Acesso em: 6 nov. 2017.
25. Id.
26. MOARES, Direito Penal Racional..., p. 238.

Ambientais para se supor que, não fosse o idioma, estar-se-ia tratando de leis de diferentes países e culturas.

Ocorre que quando o processo é pautado pela emergência, instantaneidade e efemeridade, o tempo do Direito revela-se descontínuo e incerto, *"factual para dizer tudo, entregue aos acasos das relações de força e às contingências políticas"*, para usar a expressão de OST.[27]

De igual modo e, tomados como referência no presente artigo, merece destaque a elaboração de estatutos protetivos de grupos vulneráveis, leis essas que, oriundas de comandos constitucionais, muitas vezes não se esgotam na seara criminal, mas também regulam de forma interdisciplinar o especial cuidado dos diversos ramos da legislação com esses setores da sociedade, almejando a tutela de interesses difusos, coletivos e individuais homogêneos.

Em particular, ressalta-se a Lei nº 11.340/2006, popularmente conhecida como *"Lei Maria da Penha"*, e a Lei nº 10.741/2003, conhecida como "Estatuto do Idoso", diplomas que concretizam mandamentos constitucionais de igualdade de gênero e combate à violência doméstica, bem como o amparo integral às pessoas idosas, respectivamente.

Não obstante, e por motivos distintos, também se destaca como marco revolucionário no ordenamento pátrio a Lei nº 9.099/1995, também fundada em comando constitucional, nos termos do art. 98, inciso I, da Lei Fundamental.

Apesar de distanciar-se dos demais diplomas mencionados na medida em que não busca a proteção de determinado grupo específico, trata-se de diploma muito celebrado por ter introduzido maior celeridade, informalidade e oralidade ao processo penal, dando-lhe feição negocial e voltando-se também para a busca da composição entre as partes e da solução consensual para os conflitos, tudo como alternativa ao encarceramento de indivíduos por crimes de menor gravidade. Nessa toada, institui o rito sumaríssimo e as medidas despenalizadoras para delitos reputados de *"menor potencial ofensivo"*.

Cotejando-se as leis mencionadas, bem como os comandos constitucionais que as orientam, desde logo se percebe que a compatibilização entre o sistema despenalizador da Lei dos Juizados e a doutrina de proteção integral a bens jurídicos almejada pela Lei Maria da Penha e pelo Estatuto do Idoso demanda redobrada atenção diante dos bens da vida envolvidos.

Note-se, portanto, que ambos os diplomas se distinguem das demais normas concretizadoras da proteção integral de grupos vulneráveis (como o

27. OST, François. *O Tempo do Direito*. Tradução de Maria Fernanda de Oliveira. Lisboa: Instituto Piaget, 1999, p. 239-240.

DIGNIDADE HUMANA E A PROTEÇÃO PENAL SUFICIENTE AOS GRUPOS VULNERÁVEIS: A IMPOSSIBILIDADE DA ADOÇÃO DE INSTITUTOS DESPENALIZADORES

Estatuto da Criança e do Adolescente), por modificarem explícita e textualmente os critérios gerais da Lei dos Juizados.

Entretanto, a diferenciação normativa entre os critérios gerais da Lei n. 9.099/95 e aqueles especificamente voltados para determinados delitos, questão aparentemente restrita aos crimes contra idosos e de violência doméstica contra a mulher, revela efetiva tensão sistêmica entre a aplicação dos institutos despenalizadores e as leis vocacionadas à especial proteção de grupos vulneráveis e hipossuficientes.

Assim e considerando que as lições tiradas das Leis nº 11.340/06 e nº 10.741/03 podem ser indiscutivelmente aplicadas à persecução penal dos demais crimes voltados à tutela de hipossuficientes (igualdade material), indaga-se: seria possível que o legislador alterasse indiscriminadamente a incidência da Lei n. 9.099/95 aos crimes que protegem grupos vulneráveis, inclusive conferindo tratamento mais benéfico aos agentes que atentam de qualquer forma contra esses indivíduos que precisam de proteção integral e especial?

Esse o cerne da presente discussão: uma breve análise, sem a pretensão de esgotar o tema, das possibilidades de aplicação imediata ou remota (por futura alteração legislativa) dos institutos previstos na Lei nº 9.099/95 aos delitos tipificados em estatutos protetivos de grupos de reconhecida vulnerabilidade, tomando por base o entendimento fixado pelo Supremo Tribunal Federal em casos objeto de proteção do Estatuto do Idoso e da Lei Maria da Penha.

Isso porque a aparente contradição jurisprudencial entre ambos – uma vez que na primeira situação a Suprema Corte restringiu a disposição legal que ampliava o alcance dos institutos despenalizadores aos crimes cometidos contra idosos, ao passo que na segunda hipótese manteve disposição legal que afastava por completo a Lei dos Juizados do processamento de crimes cometidos com violência à mulher – em verdade revelou uma tendência da Corte em garantir maior efetividade na proteção aos grupos vulneráveis, permitindo, em algumas hipóteses, a restrição da Lei nº 9.099/95 pelo legislador e, em outras, vedando a ampliação de seu alcance.

A partir dessas premissas, tomando de arrimo os fundamentos comuns adotados ao julgamento das Ações Diretas de Inconstitucionalidade nº 3.096/DF e nº 4.424/DF, pretende-se identificar diretrizes uniformes fixadas pelo Supremo Tribunal Federal quanto à possibilidade de, sem entrar em conflito com a Constituição, serem criados requisitos diferenciados para a aplicação da Lei n. 9.099/95 a tipos penais voltados para a proteção de bens jurídicos ligados a grupos vulneráveis.

2. A LEI DOS JUIZADOS E SEU HISTÓRICO DESPENALIZADOR

A Lei nº 9.099/95 provocou intensas transformações na realidade do processo penal brasileiro. Isto porque, ao submeter as contravenções penais e diversos crimes previstos no ordenamento ao procedimento sumaríssimo, possibilitando, ainda, a aplicação de institutos despenalizadores, buscou maior celeridade na concretização da resposta jurisdicional, criou alternativas ao encarceramento, buscou contemplar algum protagonismo à vítima, incluindo-a como beneficiária direta da composição de danos, bem como mitigou o princípio da obrigatoriedade da ação penal, ampliando as possibilidades de transação por parte do Ministério Público.

Algumas dessas características se afigurem positivas e pertinentes aos dias atuais. Forçoso, contudo, reconhecer que o Brasil, desde 1988, e precisamente em 1995 com a legislação infraconstitucional, institucionalizou um modelo de Política Criminal que no Processo Penal implicaria a renúncia à busca da verdade real para dar ênfase à verdade negociada.

Entre outros fatores, sentencia Hassemer, *"a possibilidade de se permitir acordos no Direito Penal até um determinado ponto, se oferecem como medida processual penal para a superação do Direito Penal moderno"*.[28]

Com efeito, uma série de mecanismos para a solução de litígios foi criada, com base na visão utilitária de informalidade, celeridade, abreviatura do processo e de busca de uma Justiça supostamente mais eficiente, como a criação da composição civil, transação penal e da suspensão condicional do processo, assim como os Juizados Especiais Criminais, voltados para as chamadas pequenas causas e para os delitos, ficticiamente, considerados de menor potencial ofensivo pela Lei federal nº 9.099, de setembro de 1995.

Estabeleceu o legislador no art. 62 da Lei nº 9.099/95 que o "processo" (sem necessário contraditório, ampla defesa e devido processo legal) deve ser orientado pelos critérios da oralidade, informalidade, economia processual e celeridade, objetivando, sempre que possível, a reparação dos danos sofridos pela vítima e a aplicação de pena não privativa de liberdade.

Na Argentina, a informalização ou simplificação dos procedimentos penais foi adotada com a Lei nº 24.825/99, que incorporou ao Título II do Livro III do Código Procesal Penal de la Nación o Capítulo IV, art. 431 bis, tratando do chamado juízo abreviado.

O fundamento da instauração do mecanismo procedimental do juízo abreviado é justamente a impossibilidade de o sistema judicial penal dar conta da grande quantidade de casos em tramitação: "diante da impossibilidade de julgar todos os delitos que chegam até o Judiciário, e do fato de que a

ALEXANDRE ROCHA
ALMEIDA DE MORAES
GUILHERME DE CASTRO GERMANO

28. HASSEMER, Winfried. *Direito Penal Libertário*. Belo Horizonte: Del Rey, 2007, pp. 204-205.

solução prática era a prescrição, optou-se por substituir o princípio da verdade real pelo da verdade consensuada"[29].

Além disso, o juízo abreviado reuniria a discricionariedade acusatória e, em certa medida, a decisão sobre a existência do fato punível e sobre o tipo e tamanho da pena, faculdade que, quando o caso vai ao juízo comum, estariam na margem de liberdade do Ministério Público, mas com controle jurisdicional.

Esse modelo, aliás, rompendo a tradição dos países de Civil Law, já é objeto de profundo pesar na Europa continental, como se infere da contundente crítica de Schünemann.[30]

Para exemplificar a ficção equivocada de se supor como de menor potencial ofensivo qualquer infração penal pela quantidade de pena e, pois, fomentar a nova criminalização de forma meramente simbólica e com proteção jurídica deficiente, vale ressaltar que a Lei nº 12.373/12 acrescentou, em recente alteração ao Código Penal brasileiro, o art. 154-A ao Código Penal, criminalizando a conduta de invadir dispositivo informático alheio, conectado ou não à rede de computadores, mediante violação indevida de mecanismo de segurança e com o fim de obter, adulterar ou destruir dados ou informações sem autorização expressa ou tácita do titular do dispositivo ou instalar vulnerabilidades para obter vantagem ilícita.

A aparente proteção jurídico-penal é mais uma vez simbólica: penas de detenção de três meses a um ano e multa. Da mesma forma, se da invasão resultar a obtenção de conteúdo de comunicações eletrônicas privadas, segredos comerciais ou industriais, informações sigilosas, assim definidas em lei, ou o controle remoto não autorizado do dispositivo invadido, ou seja, conduta evidentemente mais grave, as penas serão de reclusão de seis meses a dois anos e multa.

Em síntese, ainda que se trate de conduta mais grave, tanto uma quanto outra se submete ao regime jurídico dos Juizados Especiais Criminais, permitindo o instituto da transação penal previsto no art. 76 da Lei nº 9.099/95.

Tal qual já sucedera anteriormente em outros países (*ex vi* na Alemanha, Itália e Portugal), também aqui se intensificou o questionamento do princípio da obrigatoriedade, pela descrença cada vez maior na ideia de o Estado ser apto a investigar e processar.

> Percebeu-se, principalmente pelos estudos de Criminologia, que não há condições de, com eficácia, ser dada vazão à imensa demanda da criminalidade, sendo assim utópica a ideia de que se possa perseguir todos os infratores e puni-los adequadamente. Cresceram, por consequência, os movimentos doutrinários tendentes a sugerir aberturas na rigidez do princípio da indisponibilidade por

---

29. AZEVEDO, Rodrigo Ghiringhelli de. *Tendências do Controle Penal na Época Contemporânea: reformas penais no Brasil e na Argentina*. Disponível em:<http://www.scielo.br/o?script=sci_&pid=S0102-88392004000100006>. Acesso em: 20 nov. 2017.

30. Nesse sentido: SCHÜNEMANN, Bernd. Bernd. *Temas actuales y permanentes del Derecho penal después del milenio*. Madri: Tecnos, 2002, pp. 293-295.

duas vias diversas: o avanço para o princípio da oportunidade ou alterações procedimentais que permitissem evitar o processo, suspendê-lo ou encerrá-lo antecipadamente [31].

Esse novo modelo de Política Criminal pautado pela mitigação da obrigatoriedade da ação penal pública, pela negociação e pela abreviatura do processo ganhou roupagens diversas e variáveis que integram o gênero "Direito Penal de segunda velocidade".

Silva Sánchez sustenta que são basicamente oito as causas desse movimento de dilatação do Direito Penal: (I) a efetiva aparição de novos riscos; (II) a sensação social de insegurança; (III) a configuração de uma sociedade de "sujeitos passivos"; (IV) a identificação da maioria social com a vítima do delito; (V) o descrédito de outras instâncias de proteção; (VI) os gestores "atípicos" da moral; (VII) a atitude da esquerda: a Política Criminal social-democrata na Europa; e (VIII) um fator colateral: o desprezo pelas formas[32].

Trata-se de modelo que representa uma renúncia à teoria do delito como *"teoria geral e uniforme do ilícito penal"*.[33]

Defendendo a razoabilidade de um Direito Penal mais distante do núcleo duro e no qual se imponham penas mais próximas às sanções administrativas, Silva Sánchez entende como legítima a flexibilização do modelo de imputação:

> *Contudo, para que atingisse tal nível de razoabilidade, realmente seria importante que a sanção fosse imposta por uma instância judicial penal, de modo que preservasse (na medida do possível) os elementos de estigmatização social e de capacidade simbólico-comunicativa próprios do Direito Penal.*[34]

Como pedra angular do novo procedimento, surge a figura da infração penal de menor potencial ofensivo, prevista ao art. 61 do referido diploma e definida com base em critério objetivo, pois abarcou todas as contravenções penais e, no caso dos crimes, lastreou-se com base na pena máxima cominada.

Nesse sentido, destaca-se que o legislador previu, na redação original do dispositivo, serem infrações penais de menor potencial ofensivo as contravenções penais e os crimes cuja pena máxima não ultrapassasse um ano. Posteriormente, com a edição da Lei dos Juizados Especiais Federais, Lei nº 10.259/01, muitos passaram a entender derrogado o primitivo art. 61 da Lei nº 9.099/95, estendendo-se a pena máxima até dois anos. Por fim, a Lei nº 11.313/06 encerrou qualquer discussão, estabelecendo a atual redação do art. 61 e assentando o conceito vigente de infração penal de menor potencial ofensivo, qual seja *"as contravenções penais e os crimes a que a lei comine pena máxima não superior a 02 (dois) anos, cumulada ou não com multa"*.

---

31. FERNANDES, Antonio Scarance. *Ministério Público e a Justiça Consensual*. In: ALVES, Airton Buzzo; RUFINO, Almir Gasquez; SILVA, José Antonio Franco da (Orgs.). *Funções Institucionais do Ministério Público*. São Paulo: Saraiva, 2001, p. 162.
32. SILVA SÁNCHEZ, Jesús-Maria. *A Expansão do Direito Penal: Aspectos da política criminal nas sociedades pós-industriais*. Tradução de Luiz Otavio de Oliveira Rocha. São Paulo: Revista dos Tribunais, 2002, v. 11. Série as Ciências Criminais no Século XXI. No mesmo sentido: BELLO, Enzo. *Perspectivas para o Direito Penal e para um Ministério Público Republicano*. Rio de Janeiro: Lumen Juris, 2007, p. 229.
33. Id. p. 232.34. SILVA SÁNCHEZ, Jesús-Maria, *op. cit.*, p. 147.
34. SILVA SÁNCHEZ, Jesús-Maria, *op. cit.*, p. 147.

Destaque-se que as alterações mencionadas se operaram nas legislações que regulam o Juizado Especial Criminal e o rito sumaríssimo de forma geral, estabelecendo critérios genéricos para todos os delitos previstos no ordenamento jurídico, indistintamente. Logo, sem uma revisão de preceitos secundários de normas pensados para outro tempo social e sem qualquer valoração e ponderação de bens jurídicos, a definição fictícia de "menor potencial ofensivo" levou em consideração aspectos objetivos, padecendo, por exemplo, de vício de constitucionalidade diante da proteção deficiente de bens jurídicos ligados a grupos especialmente vulneráveis.

Entretanto, é importante perceber que, mesmo quando a discussão ainda se dava em termos gerais e objetivos, pautando-se pela quantidade de pena que poderia ensejar a qualificação de qualquer delito como infração de menor potencial ofensivo, a doutrina especializada já apontava a necessidade de que a razoabilidade pautasse a atuação do legislador, indicando que este não deveria categorizar crimes graves como delitos passíveis de aplicação dos institutos despenalizadores.

Este é o entendimento defendido por Demercian e Maluly:

> O art. 98, inciso I, da Constituição Federal, quando fala em infrações de menor potencial ofensivo, não dá uma "carta branca" ao legislador para que inclua, neste rol, o que bem entender, inclusive condutas de elevado potencial ofensivo. Tratando-se de norma de eficácia limitada, é certo que há necessidade de lei, mas ela não pode destoar da exigência constitucional de que sejam infrações potencialmente menos ofensivas.[35]

Em igual sentido é a doutrina de Grinover, Magalhães Gomes Filho, Scarance Fernandes e Gomes:

> Assim, não há impedimento a que leis posteriores possam prever outras infrações de menor potencial ofensivo, utilizando os mesmos critérios da pena máxima e do procedimento especial da Lei 9.099, ou critérios diferentes, como o da natureza da infração. Não pode o texto constitucional, que atribui de forma ampla ao legislador federal poder para definir as infrações de menor potencial ofensivo, ficar preso à Lei 9.099/95 e aos seus critérios. O que não se admite é, em desrespeito ao princípio da proporcionalidade, considerar dessa natureza infração grave e que, pelo sistema, mereça punição rigorosa, como, por exemplo, o delito de roubo.[36]

Raciocínio similar desenvolveu Bitencourt, ressaltando, inclusive, o risco de violação ao direito de defesa:

A utilização indiscriminada ou a elevação exagerada do conceito de infração penal de menor potencial ofensivo implicará a violação de inúmeras garantias penais-constitucionais, tais como o devido processo legal, a ampla

---

[35] DEMERCIAN, Pedro Henrique; MALULY, Jorge Assaf. *Teoria e prática dos juizados especiais criminais*. 4. ed. Rio de Janeiro: Forense, 2008, p. 87.

[36] GRINOVER, Ada Pellegrini; GOMES FILHO, Antônio Magalhães, *et al*. *Juizados especiais criminais: comentários à Lei 9.099, de 26/9/1995*. 5. ed. São Paulo: Revista dos Tribunais, 2005, p. 71.

defesa e a presunção de inocência. Com efeito, a autorização excepcional da Constituição Federal, permitindo transação penal, limita-se às infrações de menor potencial ofensivo, que exigem congruência, isto é, que sejam efetivamente de pequena potencialidade lesiva.[37]

Outrossim, imprescindível asseverar que o efeito despenalizador da Lei nº 9.099/95 não se esgota com as infrações de menor potencial ofensivo, sujeitas ao rito sumaríssimo, composição civil de danos e transação penal. Isto porque a lei também prevê, em seu art. 89, a figura da suspensão condicional do processo, bem como determina, em seu art. 88, que *"dependerá de representação a ação penal relativa aos crimes de lesões corporais leves e lesões culposas"*.

Apresentadas todas essas considerações, salienta-se, ainda, que a Lei nº 9.099/95 possui *status* de lei ordinária e sua aplicação se projeta, em tese, para todo o resto do ordenamento com ela compatível. Logo, em qualquer diploma que criminalize condutas, pode ser presumido o seu emprego, desde que observados os seus parâmetros e a pena abstratamente cominada.

Nesse ponto, como já mencionado, a Lei Maria da Penha e o Estatuto do Idoso apresentam particularidade, vez que ambos trazem regras próprias para a incidência dos institutos da Lei nº 9.099/1995 aos delitos por eles abordados, em detrimento dos parâmetros gerais que a própria lei dos juizados prevê. Embora os tradicionais mecanismos de resolução de conflito aparente entre normas não pareçam oferecer outra solução senão aceitar tais alterações específicas, afinal, ambas em leis especiais e posteriores, tem-se que o Supremo Tribunal Federal, ao analisar a questão, adotou, de forma acertada, outros fundamentos para interpretar a aplicação destes dispositivos que alteravam os requisitos para a adoção dos institutos despenalizadores.

3. A APLICAÇÃO DA LEI Nº 9.099/1995 AO ESTATUTO DO IDOSO: PROTEÇÃO CONSTITUCIONAL E PROTEÇÃO LEGISLATIVA DEFICIENTE

O Estatuto do Idoso, introduzido pela Lei nº 10.741/2003, concretiza mandamento constitucional inscrito ao art. 230 da Constituição Federal, que por sua vez preceitua ser dever da família, sociedade e Estado *"amparar as pessoas idosas, assegurando sua participação na comunidade, defendendo sua dignidade e bem-estar e garantindo-lhes o direito à vida."* Interessante notar que a própria Lei Maior legou ao legislador infraconstitucional definir quem seria considerado idoso, fixando o estatuto mencionado, em seu art. 1º, "pessoas com idade igual ou superior a 60 (sessenta) anos".

Ademais, nota-se que a Lei nº 10.741/03 expressamente reconhece a essa parcela da população a "proteção integral" em seu art. 2º, bem como a

---

[37] BITENCOURT, Cezar Roberto. *Juizados especiais criminais federais: análise comparativa das Leis 9.099/95 e 10.259/2001*. São Paulo: Saraiva, 2003, p. 8.

"absoluta prioridade" na efetivação de diversos direitos, em seu art. 3º. Evidente, portanto, tratar-se de grupo especialmente protegido pelo ordenamento jurídico, ante sua vulnerabilidade.

Destaque-se que o Estatuto almeja concretizar a proteção deste grupo hipossuficiente regulando diversos ramos do direito, visando a proporcionar maior amparo ao idoso, individualmente ou coletivamente, em várias esferas do ordenamento.

Nesse sentido, aborda direitos fundamentais, entre os quais alimentos, saúde, habitação e transporte, estabelece medidas de proteção, cria normas a serem observadas por entidades de atendimento, institui infrações administrativas e normas para facilitar o acesso à justiça, além regras para a proteção judicial dos interesses difusos, coletivos e individuais indisponíveis ou homogêneos e, por fim, dispõe sobre crimes praticados contra a pessoa idosa.

Voltando-se aos últimos dispositivos, referentes à tutela penal dos interesses de idosos, e especialmente ao art. 94, a Lei nº 10.741/03 estabelece que *"aos crimes previstos nesta Lei, cuja pena máxima privativa de liberdade não ultrapasse 04 (quatro) anos, aplica-se o procedimento previsto na Lei n. 9.099, de 26 de setembro de 1995, e, subsidiariamente, no que couber, as disposições do Código Penal e do Código de Processo Penal"*.

Adentra-se, portanto, a um dos casos em estudo, vez que o legislador alterou os requisitos genéricos previstos na Lei nº 9.099/95, prevendo que o seu procedimento seria aplicável para os delitos previstos no Estatuto do Idoso e apenados com até quatro anos de privação de liberdade, extrapolando o limite de dois anos previsto na lei dos juizados.

Tal dispositivo provocou, desde sua edição, intenso debate doutrinário, afinal, poderia ser facilmente interpretado como maior complacência da legislação com aqueles que delinquissem contra idoso, contrariando o objetivo almejado pelo estatuto e pela Constituição. Por exemplo, tomando-se por base um delito cuja pena máxima cominada ultrapasse dois anos e possuísse conduta correspondente tipificada na Lei nº 10.741/03, seria mais benéfico ao infrator, em vez de cometer crime contra indivíduo com menos de 60 anos, praticá-lo contra idoso, pois nesse caso poderia ser beneficiado por uma transação penal. Completamente irrazoável e ilógico.

Diversos posicionamentos doutrinários sobre a aplicação do art. 94 ganharam destaque, conforme elencados por Amico e Câmara:

> *Para solucionar o impasse, diversas correntes de pensamento foram firmadas: 1. Foi derrogado o artigo 61 da Lei nº 9.099/95 que já havia sido alterado pelo artigo 2º da Lei nº 10.259, de 12 de julho de 2001, e em face da lei nova, foi modificada a definição de menor poder ofensivo, passando a ser todos os delitos*

> *cuja pena máxima abstrata não ultrapasse 4 (quatro) anos, da competência do Juizado Especial Criminal; 2. Aos crimes definidos pela Lei nº 10.741/03, desde que a pena máxima abstrata prevista não ultrapasse 4 (quatro) anos, é somente aplicável o procedimento sumaríssimo previsto na lei dos Juizados Especiais Criminais; 3. A todos os crimes previstos na Lei nº 10.741/03, desde que a pena máxima abstrata prevista não ultrapasse 4 (quatro) anos, é somente aplicável o procedimento sumaríssimo, sendo ampliada a competência do Juizado Especial Criminal; 4. O artigo 94 não alargou o rol das infrações penais de menor potencial ofensivo, sendo o limite de dois anos mantido [...] não cabendo a incidência de qualquer instituto despenalizado inserido na Lei nº 9.099/95, por não se ajustar o disposto na lei à norma constitucional (artigo 230), o que implica a sua inconstitucionalidade; 5. O artigo 94 transformou em infração penal de menor potencial ofensivo todos os crimes previstos no Estatuto do Idoso, cujo máximo da pena privativa de liberdade não exceda a quatro anos, devendo o procedimento tramitar perante o Juizado Especial Criminal.[38]*

Note-se que alguns doutrinadores chegaram ao extremo de sustentar que o art. 94 do Estatuto do Idoso deveria ser entendido como uma alteração superveniente do próprio conceito de infração de menor potencial ofensivo da Lei n. 9.099/95, irradiando, portanto, sobre todo o ordenamento jurídico e autorizando a aplicação do rito sumaríssimo e dos institutos despenalizadores para todo e qualquer crime apenado com até quatro anos de privação de liberdade. Nesse sentido, também escreveu Joppert:

> *Não é difícil concluir, portanto, que ainda que involuntariamente o legislador acabou por promover um alargamento ainda maior na conceituação de infração de menor lesividade, englobando todos os crimes cujas penas máximas não ultrapassem 4 anos, sejam eles de competência da Justiça federal ou estadual, estejam eles inseridos ou não no título VI da Lei nº 10.741/03. Assim sendo, devem ser considerados tacitamente derrogados o art. 61 da Lei 9.099/95, bem como o art. 2º, parágrafo único, da Lei 10.259/01.[39]*

Por outro lado, segmentos da doutrina, em posição mais razoável e condizente com o espírito legal e constitucional de proteção especial e integral, atentaram-se à distinção entre a aplicação do procedimento sumaríssimo e o emprego dos institutos despenalizadores. Por esta lógica, a redação legal do art. 94 tão somente autorizaria o uso do rito para o processamento de delitos tipificados na Lei nº 10.741/03 e com reprimenda até quatro anos, mantendo-se o alcance da composição civil e transação penal somente aos crimes com pena máxima de até dois anos, nos termos da regra geral da Lei nº 9.099/95.

Trata-se de posição que, mantendo interpretação textual da regra, contempla o objetivo maior do estatuto, tendo em vista que o uso do rito, apenas, seria mais benéfico à vítima, em função da celeridade e de sua idade.

---

38. AMICO, Carla Campos; CÂMARA, Rodrigo Martins da. *Aplicação do procedimento da Lei nº 9.099/95 aos crimes invocados no artigo 94 do Estatuto do Idoso*. Boletim IBCCRIM, São Paulo, v. 12, n. 146, p. 10-11., jan. 2005.

39. JOPPERT, Alexandre Couto. *Ampliação do conceito de infração de menor potencial ofensivo e Lei 10.741/03 - Estatuto do Idoso*. Revista da EMERJ, Rio de Janeiro, v. 7, n. 26, p. 287-291, 2004.

Nesse sentido, é o escólio de Damásio:

> Estaria a lei nova ampliando o rol dos delitos de menor afetação jurídica? Acreditamos que não. O art. 94 somente pretendeu imprimir à ação penal por crimes contra o idoso, com sanção abstrata máxima não superior a 4 anos, o procedimento da Lei n° 9.099/95, conferindo maior rapidez ao processo. Não seria razoável que, impondo um tratamento penal mais rigoroso aos autores de crimes contra o idoso, contraditoriamente viesse permitir a transação penal, instituto de despenalização (art. 76 da Lei dos Juizados Especiais Criminais). A ampliação do limite máximo viria permitir a concessão da roupagem de infrações de menor afetação jurídica a delitos de gravidade, como aborto consentido, furto e receptação simples, rapto, abandono material, contrabando etc.[40]

No mesmo sentido, escreveu Ansanelli Junior, rebatendo o posicionamento de que o conceito geral de infração de menor potencial ofensivo teria sido alterado pelo Estatuto:

> Com o devido respeito, assim não pensamos. O que o legislador fez foi estipular que, em relação aos crimes da lei 10.741, em que a pena em abstrato não ultrapasse o limite de quatro anos, dever-se-á seguir o rito previsto na lei 9.099/95, e não a aplicação da transação penal e suspensão condicional do processo, como sustentado.[41]

Finalmente, no ano de 2010, o Supremo Tribunal Federal se debruçou sobre a matéria ao julgar a Ação Direta de Inconstitucionalidade de n° 3.096, do Distrito Federal:

> AÇÃO DIRETA DE INCONSTITUCIONALIDADE. ARTIGOS 39 E 94 DA LEI 10.741/2003 (ESTATUTO DO IDOSO). RESTRIÇÃO À GRATUIDADE DO TRANSPORTE COLETIVO. SERVIÇOS DE TRANSPORTE SELETIVOS E ESPECIAIS. APLICABILIDADE DOS PROCEDIMENTOS PREVISTOS NA LEI 9.099/1995 AOS CRIMES COMETIDOS CONTRA IDOSOS. 1. No julgamento da Ação Direta de Inconstitucionalidade 3.768/DF, o Supremo Tribunal Federal julgou constitucional o art. 39 da Lei nº 10.741/2003. Não conhecimento da ação direta de inconstitucionalidade nessa parte. 2. Art. 94 da Lei n. 10.741/2003: interpretação conforme à Constituição do Brasil, com redução de texto, para suprimir a expressão "do Código Penal e". Aplicação apenas do procedimento sumaríssimo previsto na Lei nº 9.099/95: benefício do idoso com a celeridade processual. Impossibilidade de aplicação de quaisquer medidas despenalizadoras e de interpretação benéfica ao autor do crime. 3. Ação direta de inconstitucionalidade julgada parcialmente procedente para dar interpretação conforme a Constituição do Brasil, com redução de texto, ao art. 94 da Lei nº 10.741/2003.[42]

Cumpre destacar que a ação não foi conhecida na parte em que questionava a constitucionalidade do art. 39 do Estatuto do Idoso, referente a gratuidades no transporte coletivo público, uma vez que a matéria já havia sido apreciada em oportunidade anterior. Logo, cingiu-se o julgado em comento

---

40. JESUS, Damásio Evangelista de. *Juizados especiais criminais, ampliação do rol dos crimes de menor potencial ofensivo e Estatuto do Idoso*. Revista Síntese de direito penal e processual penal, Porto Alegre, v. 4, n. 23, p. 5-7., dez./jan. 2004.

41. ANSANELLI JUNIOR, Angelo. *Comentários ao Estatuto do Idoso*. Boletim do Instituto de Ciências Penais, Belo Horizonte, v. 3, n. 47, p. 7-8., jun. 2004.

a analisar a constitucionalidade do art. 94 e, consequentemente, a possibilidade de o legislador infraconstitucional ampliar as possibilidades de aplicação dos dispositivos da Lei n. 9.099/95 aos delitos contra idosos na Lei nº 10.741/03 tipificados.

De início, notabiliza-se que a ação foi julgada parcialmente procedente para dar interpretação conforme a Constituição ao art. 94. Isto porque restou vencido o entendimento isolado do Ministro Marco Aurélio Mello, que defendia ser o dispositivo integralmente inconstitucional, nos termos postulados pela Procuradoria-Geral da República.

Preferiu a maioria da Corte, portanto, manter o dispositivo atacado, entendendo ser a interpretação conforme medida suficiente para adequar o art. 94 do Estatuto do Idoso à ordem constitucional. Nesse sentido, é o voto da Relatora e Ministra Cármen Lúcia:

> *Todavia, não parece haver necessidade de se declarar a inconstitucionalidade do dispositivo questionado, por ser possível dar ao art. 94 da Lei n. 10.741/2003 interpretação conforme a Constituição da República [...] estabelecendo-se que seria aplicável apenas o procedimento sumaríssimo previsto na Lei n. 9.099/95 aos crimes mencionados – seção III, art. 77 e seguintes. O idoso seria, então, beneficiado com a celeridade processual, mas o autor do crime não seria beneficiado com eventual conciliação ou transação penal.*[43]

Constata-se, portanto, que o Supremo Tribunal Federal, nos termos da regra geral inscrita na Lei nº 9.099/95, possibilitou a aplicação do rito sumaríssimo e dos institutos despenalizadores aos delitos apenados com até dois anos de pena privativa de liberdade, entre os tipificados na Lei nº 10.74/2003, permitindo aos apenados com reprimendas corporais entre dois e quatro anos apenas a aplicação do procedimento sumaríssimo.

Desta forma, ao não suprir por completo o art. 94 do ordenamento jurídico, asseverou a possibilidade de o legislador modificar, em outros diplomas normativos e para crimes específicos, o cabimento dos institutos previstos na Lei dos Juizados e até mesmo o conceito de infração de menor potencial ofensivo. Contudo, na mesma oportunidade, afastou interpretação que ampliava as hipóteses de aplicação da composição civil e transação penal nos crimes do Estatuto do Idoso.

Desses posicionamentos adotados pelo Supremo Tribunal Federal, é possível extrair entendimento de que é viável ao legislador alterar os limites de aplicação dos institutos previstos na Lei nº 9.099/95 em leis específicas, desde que não versem sobre condutas lesivas a grupos vulneráveis, eis que implicariam deficiente proteção a esses grupos, tornando insuficiente a proteção aos bens jurídicos por eles titularizados.

---

42. BRASIL. Supremo Tribunal Federal. Tribunal Pleno. Ação Direta de Inconstitucionalidade 3.096/DF. Relatora Ministra Cármen Lúcia. Julgado em 16/06/2010. Publicado no DJ de 03/09/2010. Disponível em <http://www.stf.jus.br/portal/processo/verProcessoAndamento.asp?numero=3096&classe=ADI&origem=AP&recurso=0&tipoJulgamento=M>. Acesso em: 30 set. 2017.43. Ibid., p 142.

43. Ibid., p 142. 44. Ibid., p 140

Destaque-se, ademais, que as potenciais benesses ao seio familiar e comunitário que adviriam da busca de soluções autocompositivas e transacionais para os delitos contra o idoso não justificam o alargamento da aplicação desses institutos, raciocínio que certamente pode ser estendido a outros grupos vulneráveis.

Aliás, essa tese de que a maior celeridade e possibilidade de composição social seriam mais benéficas chegou a ser levantada nas informações prestadas pelo Congresso Nacional nos autos da mencionada ação:

> A vantagem da aplicação dessa lei consiste na celeridade de seu procedimento e maior possibilidade de composição social por meio de penas alternativas e substitutivas. A ampliação da pena máxima de um ano prevista nessa lei, para que o crime seja considerado de menor potencial ofensivo, para quatro anos, é socialmente benéfica, considerando que em muitos delitos praticados contra idosos o agente é pessoa da família.[44]

Ao afastar tais argumentos, afinal, o STF reconheceu que as soluções de composição, nesse caso, efetivamente desguarneceriam a proteção ao vulnerável, subvertendo a lógica do sistema mais protetivo.

Ademais, não se pode olvidar que, em muitos casos, o contexto doméstico se revela abusivo ao idoso, que acaba tendo sua vulnerabilidade exacerbada no seio familiar. Logo, a adoção indiscriminada de medidas despenalizadoras acarretaria o risco de tornar inócua a maior proteção, possibilitando reduzir a resposta a crimes contra idosos ao famigerado pagamento de cestas básicas pelo parente infrator, solução que frequentemente se adotava nas hipóteses de violência doméstica contra a mulher até o advento da Lei Maria da Penha.

Outrossim, destacam os julgadores que a ausência dos institutos da Lei nº 9.099/95 não acarretam a automática aplicação da pena privativa de liberdade, permanecendo viável a substituição por penas restritivas de direito. Portanto, o afastamento das soluções autocompositivas e transacionais não se confunde com a defesa do encarceramento indiscriminado, conforme salientado pelo Ministro Ayres Britto:

> E não se argumente que a transação penal – um desses benefícios despenalizadores – é também de interesse da pessoa idosa. Interesse que estaria consubstanciado na possibilidade de aplicação de penas alternativas àquelas de privação da liberdade de locomoção quando o infrator for parente do próprio idoso (situação que se apresenta em vários dos crimes tipificados na Lei nº 10.741/2003). É que permanecerá viável a substituição de pena, mesmo sem o benefício da transação penal, nos termos do art. 44 do Código Criminal.[45]

---

44. Ibid., p. 140.
45. Ibid., p. 167.
46. Ibid., p. 154. 47. MELLO, Celso Antônio Bandeira de. O conteúdo jurídico do princípio da igualdade. 3. ed. São Paulo: Malheiros, p 22.

Registre-se que a aplicação dos institutos despenalizadores não pode ser interpretada como restrita à proteção dos familiares do idoso, podendo facilmente beneficiar terceiros estranhos ao núcleo familiar.[46]

Além disso, destacaram os Ministros que a criação de requisitos diferenciados para a aplicação dos institutos da Lei nº 9.099/95 acaba por estabelecer distinção legal entre os indivíduos, porque discrimina positivamente, da população em geral, determinadas pessoas que cometem crimes contra idosos, propiciando a essas tratamento jurídico mais favorável que o dispensado aos demais criminosos.

É certo que existem situações nas quais se justifica que o ordenamento jurídico estabeleça tratamento diferenciado para grupos materialmente desiguais. Todavia, para que não se viole o princípio da isonomia, tal discriminação deve ser baseada em desequiparação fática, fundamento constitucional e critério que justifique logicamente o *discrímen*. Nesse sentido, convém lembrar a valiosa lição de Bandeira de Mello:

> *Para que um discrímen legal seja conivente com a isonomia, consoante visto até agora, impende que concorram quatro elementos: a) Que a desequiparação não atinja de modo atual e absoluto um só indivíduo; b) Que as situações ou pessoas desequiparadas pela regra de direito sejam efetivamente distintas entre si, vale dizer, possuam características, traços, nelas residentes, diferençados; c) Que exista, em abstrato, uma correlação lógica entre os fatores diferenciais existentes e a distinção de regime jurídico em função deles, estabelecida pela norma jurídica; d) Que, in concreto, o vínculo de correlação suprarreferido seja pertinente em função dos interesses constitucionalmente protegidos, isto é, resulte em diferenciação de tratamento jurídico fundada em razão valiosa — ao lume do texto constitucional — para o bem público.*[47]

No caso em tela, todavia, o que se verifica é exatamente o oposto. Se prevalecesse o entendimento de que o art. 94 da Lei nº 10.741/03 abarcava todos os institutos despenalizadores, certamente restaria estabelecida distinção desproporcional, vulnerando a igualdade material. Grupos de criminosos que não são materialmente distintos dos demais infratores seriam indevidamente favorecidos e se inverteria frontalmente o comando constitucional sobre o tema, subvertendo a lógica da doutrina de proteção integral ao idoso.

Foi esse o entendimento do Supremo Tribunal Federal, reconhecendo que a norma impugnada poderia, em clara afronta ao princípio da isonomia, criar uma discriminação desproporcional, desfavorecendo um grupo de pessoas ao qual a própria Constituição Federal de 1988 concede especial proteção e agraciando um grupo de criminosos em função das vítimas por eles escolhidas. Expressando esse posicionamento, sentenciou o Ministro Ayres Britto:

---

47. MELLO, Celso Antônio Bandeira de. *O conteúdo jurídico do princípio da igualdade*. 3. ed. São Paulo: Malheiros, p 22.

48. BRASIL. Supremo Tribunal Federal. Tribunal Pleno. Ação Direta de Inconstitucionalidade 3.096/DF. Relatora Ministra Cármen Lúcia. Julgado em 16/6/2010. Publicado no DJ de 03/9/2010. Disponível em <http://www.stf.jus.br/portal/processo/verProcessoAndamento.asp?numero=3096&classe=ADI&origem=AP&recurso=0&tipoJulgamento=M>. Acesso em: 30 set. 2017

Sendo assim, também considero inconstitucional a interpretação do dispositivo legal ora impugnado, na medida em que estenda aos agentes criminosos os benefícios despenalizadores da Lei nº 9.099/1995. Isso por afronta ao invariável sentido tutelar da Constituição, na matéria, assim como aos postulados da proporcionalidade e razoabilidade, além do princípio da isonomia (art. 5º, CF). É que autores de crimes do mesmo potencial ofensivo serão submetidos a tratamentos diversos, sendo que o tratamento mais benéfico está sendo paradoxalmente conferido ao agente que desrespeitou o bem jurídico mais valioso: a incolumidade e dignidade do próprio idoso.[48]

Firmadas tais premissas, o que se observa do julgamento da ADI nº 3.096/DF, vedando a extensão dos institutos despenalizadores aos delitos apenados com pena privativa de liberdade acima de dois anos, é a inconstitucionalidade de qualquer ampliação do alcance da Lei nº 9.099/95 que torne mais abrangente a possibilidade de composição civil e transação penal sobre delitos cometidos contra grupos vulneráveis, em comparação com os demais tipos penais.

4. A LEI MARIA DA PENHA E O AFASTAMENTO DA LEI Nº 9.099/1995: PROTEÇÃO LEGISLATIVA COMO CONCRETIZAÇÃO DA PROTEÇÃO CONSTITUCIONAL

A Lei nº 11.340/2006, também conhecida como Lei Maria da Penha em referência à vítima de um notório caso de violência doméstica e a sua luta em tribunais internacionais pela responsabilização da inércia do Estado brasileiro, concretiza o comando insculpido ao art. 226, § 8º, da Constituição Federal: *"O Estado assegurará a assistência à família na pessoa de cada um dos que a integram, criando mecanismos para coibir a violência no âmbito de suas relações"*.

Trata-se de diploma vocacionado à proteção integral da mulher vítima de violência de gênero, doméstica e familiar, abarcando diversos ramos do direito e introduzindo novos institutos legais, como as medidas protetivas de urgência, em nítido caráter de tutela a um grupo de reconhecida vulnerabilidade.

Todavia, ao contrário de outros estatutos protetivos, a exemplo da própria Lei nº 10.741/03, a Lei Maria da Penha não se volta precipuamente à tipificação das mais diversas condutas que agridem o grupo vulnerável e seus integrantes[49], mas sim se refere a delitos já existentes no ordenamento quando cometidos com qualquer espécie de violência de gênero, doméstica e familiar contra a mulher.

Nesse sentido, verifica-se que o art. 41 afasta integralmente a aplicação da Lei nº 9.099/95 aos delitos cometidos nesse contexto, ao passo que os artigos 12, inciso I, e 16 mencionam expressamente o conceito de representação da ofendida. Consequentemente, a aplicação conjunta destes

---

49. Destaque-se que até a recente alteração introduzida pela Lei 13.641/2018, que criou o crime de "Descumprimento de Medidas Protetivas de Urgência", a Lei Maria da Penha não tipificava conduta alguma.

dispositivos motivou divergências quanto à necessidade de representação para o processamento de lesões corporais leves ou culposas, uma vez que o caráter de ação pública condicionada à representação advém do art. 88 da Lei dos Juizados.

Quando o Supremo Tribunal Federal se debruçou sobre a constitucionalidade da Lei Maria da Penha, desenvolveu interpretação similar à observada no Estatuto do Idoso. Isso porque, no que pese a Corte ter declarado o maior alcance do art. 41 da Lei nº 11.340/06, não o restringindo como fez com o art. 94 da Lei n. 10.741/03, tem-se que o raciocínio empregado para atingir tais conclusões foi o mesmo: sobre delitos que protegem bens jurídicos ligados a grupos vulneráveis, a aplicação dos institutos despenalizadores pode se revelar desproporcional e atentar contra a isonomia e a igualdade material.

A diferença é que, no caso da Lei Maria da Penha, essa premissa reforçou o conteúdo da norma que afastava a Lei nº 9.099/95, ao invés de restringir regra que ampliava sua incidência.

Em outras palavras, o Supremo Tribunal Federal, tanto ao fixar interpretação do art. 94 do Estatuto do Idoso vedando a aplicação dos institutos despenalizadores aos delitos que não se enquadram na definição de infração de menor potencial, quanto ao confirmar que o artigo 41 da Lei Maria da Penha afasta por completo a incidência da Lei nº 9.099/95 aos crimes praticados com violência doméstica e familiar contra a mulher, inclusive no que tange à necessidade de representação, desenvolveu linha interpretativa uniforme e coerente, limitando as possibilidades de ampliação do campo de incidência da Lei nº 9.099/95 a tipos penais que tenham vulneráveis por sujeitos passivos.

Esse foi o entendimento extraído da Ação Direta de Inconstitucionalidade nº 4.424/DF:

> AÇÃO PENAL – VIOLÊNCIA DOMÉSTICA CONTRA A MULHER – LESÃO CORPORAL – NATUREZA. A ação penal relativa a lesão corporal resultante de violência doméstica contra a mulher é pública incondicionada – considerações. [...]
>
> DECISÃO: O Tribunal, por maioria e nos termos do voto do Relator, julgou procedente a ação direta para, dando interpretação conforme aos artigos 12, inciso I, e 16, ambos da Lei nº 11.340/2006, assentar a natureza incondicionada da ação penal em caso de crime de lesão, pouco importando a extensão desta, praticado contra a mulher no ambiente doméstico, contra o voto do Senhor Ministro Cezar Peluso (Presidente).[50]

Pretendia a Procuradoria-Geral da República ver atribuída interpretação conforme a Constituição nos artigos 12, inciso I, 16 e 41 da Lei Maria da Penha para declarar inaplicável a Lei nº 9.099/95 aos crimes que aquele diploma se refere, consequentemente asseverando que o delito de lesão corporal leve ou culposa praticado contra a mulher em ambiente domésti-

---

50. BRASIL. Supremo Tribunal Federal. Tribunal Pleno. Ação Direta de Inconstitucionalidade 4.424/DF. Relator Ministro Marco Aurélio. Julgado em 9/2/2012. Publicado no DJ de 1º/8/2014. Disponível em <http://www.stf.jus.br>. Acesso em: 30 set. 2017.51. Ibid. p. 34.

co é processado mediante ação penal pública incondicionada, e restringir a aplicação dos artigos 12, inciso I, e 16 da Lei nº 11.340/06 às ações penais cujos crimes estejam previstos em leis diversas da Lei dos Juizados.

Logo, a celeuma consistia em entender se a vedação ao emprego dos dispositivos da Lei nº 9.099/95 acarretaria a desnecessidade de representação para o processamento dos crimes de lesões corporais leves e culposas. Isto é, para além da impossibilidade de transação penal, composição civil e suspensão condicional do processo, buscava-se declarar o afastamento de todo e qualquer reflexo da Lei dos Juizados, uma vez que essa lei, em seu art. 88, tornou tais delitos passíveis de ação penal pública condicionada à representação.

Como já aludido, a Corte julgou procedente a ADI, dando interpretação conforme aos artigos mencionados e assentando a natureza incondicionada da ação penal nos delitos em comento. Para tal, empregou não somente o mesmo mecanismo, a interpretação conforme, mas também se valeu de argumentos muito similares à fundamentação da ADI nº 3.096.

De início, ressalta-se que a temática da isonomia foi bastante destacada na fundamentação dos votos, de forma análoga à ADI de nº 3.096. Entretanto, se no caso da Lei nº 10.741/03 considerou-se a ampliação do alcance dos institutos despenalizadores privilégio desproporcional e injustificado a grupo de infratores, também acarretando violação à igualdade entre idosos e os demais segmentos da sociedade, considerou-se o afastamento por completo da Lei nº 9.099/95 um reflexo da busca por igualdade material.

É dizer, considerando a situação de hipossuficiência e reconhecida vulnerabilidade da mulher quando sujeita a qualquer tipo de violência, a verdadeira isonomia entre essa vítima e as demais somente pode ser alcançada por meio de medidas que ampliam a proteção estatal, inclusive por meio da política criminal. Logo, o legislador, ao afastar a incidência da Lei dos Juizados aos delitos de violência doméstica, agiu em conformidade com o princípio constitucional da isonomia, atendendo à necessidade de concretização da igualdade material.

Nesse sentido, se destaca excerto do voto da Ministra Rosa Weber:

> *Condicionar a instauração da ação penal à representação da ofendida, no caso de lesão corporal leve praticada com violência doméstica contra a mulher, afronta o princípio da isonomia (art. 5º, I, da Lei Maior). A situação especial da mulher vítima de violência exige uma resposta especial do Estado, consistindo, a ação penal condicionada à representação, na espécie, em proteção insuficiente do Estado à vítima desse tipo de violência, uma vez inócua a remediar a situação de desequilíbrio de fato da mulher, em relação a outras vítimas do mesmo tipo penal, com delineamento, inclusive, de situação de discriminação indireta (art. 5º, XLI, da CF).*[51]

---
51. Ibid. p. 34.

Note-se também a parábola de que se vale o Ministro Ayres Britto para ilustrar a temática: "Bem, assim como Lacordaire disse que entre fracos e fortes, ou seja, entre hipossuficientes e hiperssuficientes, a liberdade é que escraviza e a lei é que liberta, há uma fábula conhecidíssima: a mesma liberdade para lobos e cordeiros é excelente para os lobos".[52]

Ainda como paralelo ao Estatuto do Idoso, evoca-se a noção de proporcionalidade na fixação do discrímen, pois se no caso da Lei nº 10.741/03 ele era desproporcional, nessa hipótese ele é plenamente justificado, considerando que resulta na concretização da isonomia diante de uma situação de evidente desigualdade.

Nesse esteio:

> (...) Ofensa ao princípio da igualdade, ao lhe ser conferido, tomada a pessoa da vítima como critério, tratamento processual penal diferenciado, respondeu esta Corte, à primeira, que não haveria falar em ofensa ao postulado isonômico. A situação de desequilíbrio de fato enfrentada pela mulher, e que a Lei Maria da Penha veio enfrentar, justifica o discrímen.[53]

Além disso, destaca-se que a Ministra Rosa Weber expressamente abordou a similitude entre as interpretações constitucionais cabíveis para a Lei Maria da Penha e para o Estatuto do Idoso, inclusive citando a ementa da ADI nº 3.096 e asseverando que no caso da Lei nº 10.741/03 o *discrímen* não era proporcional, desprotegendo bem jurídico que a Constituição tutela com maior zelo, ao passo que na Lei nº 11.340/06 a discriminação é afirmativa:

> No precedente, a Corte conferiu ao art. 94 do ESTATUTO DO IDOSO interpretação conforme a Constituição, com redução de texto, para assentar que a aplicação da Lei 9.099/1995 aos crimes com pena máxima superior a dois anos e inferior a quatro, quando praticados contra o idoso se restringe ao rito célere, o que vem em benefício do idoso. Afastou a extensão, aos crimes com pena superior a dois anos e inferior a quatro, praticados contra o idoso, das medidas despenalizadoras da Lei 9.099/1995, porque se estaria estabelecendo fator de discrímen desproporcional, uma vez que o crime praticado contra o bem jurídico que se quis tutelado com maior zelo, o crime contra o idoso, receberia tratamento diferenciado, mas favorável ao agente, em franca desproporcionalidade em relação ao mesmo crime, quando não praticado contra o idoso, sem razão que o justificasse. Cuidou-se, pois, de expungir da ordem constitucional, discriminação injustificada, porque caminhava em sentido oposto à tutela pretendida. Diferentemente, a discriminação afirmativa que se projeta da Lei Maria da Penha se faz acompanhar de razão que, na exata medida em que se presta a compensar a discriminação de fato cuja existência reconhece, a justifica, prestando reverência ao princípio da igualdade consagrado no artigo 5º, I, da Constituição da República.[54]

---

52. *Ibid*, p. 79.
53. *Ibid*, p. 38.
54. *Ibid*, p. 48.

DIGNIDADE HUMANA E A PROTEÇÃO
PENAL SUFICIENTE AOS GRUPOS
VULNERÁVEIS: A IMPOSSIBILIDADE
DA ADOÇÃO DE INSTITUTOS
DESPENALIZADORES

55. Na Alemanha, a decisão paradigmática foi a "Schwangerschaftsabbruch I" (ALEMANHA, 2005, 266 p.ss.), do Tribunal Constitucional Alemão, em 25/2/1975. Nela, julgou-se inconstitucional o § 218a, introduzido ao Código Penal Alemão pela 5a Lei de Reforma do direito penal de 1974 (5. StrRG), o qual criava uma dirimente especial no aborto, sempre que realizado por um médico, com a concordância da grávida, e desde que não tivessem passado 12 semanas desde a concepção (se estivesse assim configurado, estaria excluída a antijuridicidade da conduta dos eventuais agentes. Quando questionada a constitucionalidade da "Solução de Prazo" (a denominação faz menção ao período de 12 semanas a partir da gravidez em que seria lícito abortar) por 193 membros da Câmara Federal e por certos governos estaduais, o Tribunal Constitucional Federal Alemão (BverfG) passou à sua análise, sustentando, de forma inaugural, a existência de mandados constitucionais implícitos de criminalização.

56. MORAES, Alexandre Rocha Almeida de. *A Política Criminal pós-88: O Ministério Público e a Dualidade entre Garantismos Positivo e Negativo*. In: SABELLA, Walter Paulo; DAL POZZO, Antônio Araldo Ferraz; BURLE FILHO, José Emmanuel (Coords.). *Ministério Público – Vinte e cinco anos do novo perfil constitucional*. Malheiros, 2013., p. 750-791.

57. Nesse sentido: FELDENS, Luciano. *Deveres de Proteção Penal na Perspectiva dos Tribunais Internacionais de Direitos Humanos*. Revista Brasileira de Direitos Fundamentais e Justiça, v. 01, 2007, p. 222.

58. MOARES, Direito Penal Racional..., p. 151. 59. O STF posicionou-se, pela primeira vez, acerca do tema, quando do julgamento do Recurso Extraordinário 418.376/MS16. Discutia-se, em síntese, se a negativa de equiparação do instituto da união estável ao casamento, para fins de incidência da hipótese especial de extinção de punibilidade nos tipos penais componentes dos "crimes contra os costumes", consubstanciada no art. 107, inc. VII do CP, ocasionava uma violação ao art. 226, § 3°, da CRFB de 1988.

60. SARLET, Ingo Wolfgang. *Constituição e proporcionalidade: o direito penal e os direitos fundamentais entre a proibição de excesso e de insuficiência*. Revista da Ajuris, ano XXXII, n° 98, junho/2005, p. 107.

Nota-se, ademais, que o julgado em questão admite expressamente a possibilidade de inconstitucionalidade por violação ao princípio da proteção deficiente ou insuficiente, filiando-se a ideia de que a Carta Maior também pode ser violada quando o legislador deixa de efetivamente proteger bens jurídicos por ela previstos.

Se, de um lado, o Estado-legislador deve proteger o cidadão contra os excessos e arbítrios (garantismo no sentido negativo ou proibição de excesso – Übermassverbot), esse mesmo Estado não deve pecar por eventual proteção deficiente (garantismo no sentido positivo, representado pelo princípio da proporcionalidade como proibição de proteção deficiente – Üntermassverbot), nos exatos termos em que fez, de modo vanguardista, o Tribunal Constitucional da Alemanha no acórdão BverfGE 88, 203.[55]

A proporcionalidade passa, assim, a ser vista não somente como limite material ao direito de punir, mas também como a proibição da proteção deficiente do bem jurídico.[56]

A vedação da proteção deficiente encerra, nesse contexto, uma aptidão operacional que permite ao intérprete determinar se um ato estatal – eventualmente retratado em uma omissão, total ou parcial – vulnera um direito fundamental.[57]

É justamente nesse aspecto que a observação dos mandados de criminalização constantes em Tratados Internacionais de caráter rigorista implica, no caso brasileiro, a passagem do art. 5º para o art. 6º da Constituição, isto é, na proteção dos direitos sociais, dentre os quais a segurança pública.[58]

Esse garantismo denominado 'positivo' já encontra, aliás, ilustração no próprio Supremo Tribunal Federal:

> *Quanto à proibição de proteção insuficiente, a doutrina vem apontando para uma espécie de garantismo positivo, ao contrário do garantismo negativo (que se consubstancia na proteção contra os excessos do Estado) já consagrado pelo princípio da proporcionalidade. A proibição de proteção insuficiente adquire importância na aplicação dos direitos fundamentais de casos em que o Estado não pode abrir mão da proteção do direito penal para garantir a proteção de um direito fundamental* [59]

Esta dupla face do princípio da proporcionalidade também é ressaltada por Sarlet:

> *A noção de proporcionalidade não se esgota na categoria da proibição de excesso, já que abrange, [...], um dever de proteção por parte do Estado, inclusive quanto a agressões contra direitos fundamentais provenientes de terceiros, de tal sorte que se está diante de dimensões que reclamam maior densificação, notadamente no que diz com os desdobramentos da assim chamada proibição de insuficiência no campo jurídico-penal e, por conseguinte, na esfera da política criminal, onde encontramos um elenco significativo de exemplos a serem explorados.*[60]

Em sentido similar, aduz Streck:

> É preciso ampliar a visão do direito penal da Constituição na perspectiva de uma política integral de proteção dos direitos, o que significa entender o garantismo não somente no sentido negativo como limite do sistema punitivo (proteção contra o Estado), mas, sim, também, como garantismo positivo. [...] Dizendo de outro modo, depois de sua fase absenteísta, em que o Direito tinha uma função meramente ordenadora, o estado pode/deve ser visto, hoje, como, "amigo dos direitos humanos-fundamentais". Afinal, é no Estado – mormente em países de modernidade tardia – que encontramos as possibilidades do resgate das promessas da modernidade. E, a partir da busca desse desiderato, previsto amplamente no texto compromissário e dirigente da Constituição, é que podem ser encontrados os limites do sentido e os sentidos do limite do direito penal, através do teorema da proporcionalidade que sustenta (ess)a sua (nova) função no Estado Democrático (e Social) de Direito, em dois pilares: a (ampla) possibilidade de sindicância de índole constitucional não somente de normas penais violadoras da cláusula de proibição do excesso (Ubermassverbot), como também das normas penais que violam o princípio da proporcionalidade por proteção deficiente (Untermassverbot).[61]

Associa-se à concepção de garantismo sob um viés social e integral, reconhecendo que a preservação de direitos constitucionalmente previstos também demanda a devida repressão de ações que contra eles atentem. Se essa premissa é válida para todos os mandados constitucionais de criminalização, não cabendo ao legislador optar por tipificar ou não, mas sim garantir que a concretização dessa tipificação constitucionalmente ordenada seja adequada e proteja o bem jurídico em questão, mais certa ainda a sua aplicação quando a criminalização se dá em favor de grupos sociais vulneráveis, aptos a receber proteção integral.

É dizer, o comando constitucional de que se protejam determinados bens jurídicos de forma suficiente fundamenta a possibilidade de que o legislador afaste a aplicação da Lei nº 9.099/95 para delitos cometidos contra grupos vulneráveis, como fez na LEI MARIA PENHA, bem como fundamenta a impossibilidade de que o legislador amplie a incidência da lei despenalizante à persecução de crimes do tipo, como tentou fazer no ESTATUTO DO IDOSO.

Voltando-se à análise do teor do julgamento ADI de nº 4.424/DF, relevante ressaltar a ponderação da Ministra Rosa Weber:

> A proteção insuficiente nega eficácia, por conseguinte, ao art. 226, § 8º, da Constituição da República, pelo qual o Estado se obrigou a assegurar assistência à família na pessoa de cada um dos que a integram e coibir a violência no âmbito familiar. O que se questiona no feito, a meu juízo, não é a opção de política criminal do legislador, mas a validade, perante a ordem jurídica constitucional, de uma determinada interpretação do texto legislado, mormente quando se faz presente interpretação alternativa que, na tese do autor, ao contrário da interpretação impugnada, confere densidade normativa aos preceitos constitucionais invocados.[62]

---

[61]. STRECK, Lenio Luiz. *Da proibição de excesso (übermassverbot) à proibição de proteção deficiente (untermassverbot): de como não há blindagem contra normas penais inconstitucionais.* Revista do Instituto de Hermenêutica Jurídica, Porto Alegre, n. 2, 2004, p. 283.

[62]. BRASIL. Supremo Tribunal Federal. Tribunal Pleno. Ação Direta de Inconstitucionalidade 4.424/DF. Relator Ministro Marco Aurélio. Julgado em 09/02/2012. Publicado no DJ de 01/08/2014. Disponível em <http://www.stf.jus.br>. Acesso em: 30 set. 2017, p. 34.

Também reconhecendo expressamente a incidência do princípio da vedação da proteção deficiente, afirmou o Ministro Luiz Fux que

> Uma Constituição que assegura a dignidade humana (art. 1º, III) e que dispõe que o Estado assegurará a assistência à família na pessoa de cada um dos que a integram, criando mecanismos para coibir a violência no âmbito das suas relações (art. 226, § 8º), não se compadece com a realidade da sociedade brasileira, em que salta aos olhos a alarmante cultura de subjugação da mulher. A impunidade dos agressores acabava por deixar ao desalento os mais básicos direitos das mulheres, submetendo--as a todo tipo de sevícias, em clara afronta ao princípio da proteção deficiente (Untermassverbot). Longe de afrontar o princípio da igualdade entre homens e mulheres (art. 5º, I, da Constituição), a Lei nº 11.340/06 estabelece mecanismos de equiparação entre os sexos, em legítima discriminação positiva que busca, em última análise, corrigir um grave problema social. Ao contrário do que se imagina, a mulher ainda é subjugada pelas mais variegadas formas no mundo ocidental [,,,] Por óbvio, todo discrímen positivo deve se basear em parâmetros razoáveis, que evitem o desvio de propósitos legítimos para opressões inconstitucionais, desbordando do estritamente necessário para a promoção da igualdade de fato. Isso porque somente é possível tratar desigualmente os desiguais na exata medida dessa desigualdade.[63]

Outrossim, e em mais uma similaridade com o julgamento da ADI de n. 3.096, depreende-se dos fundamentos lançados ao Acórdão que a vulnerabilidade das mulheres em situação de violência doméstica e familiar resta exacerbada no meio familiar e comunitário. Portanto, os benefícios à coletividade que adviriam da aplicação dos institutos despenalizadores devem ser vistos com cautela, visto que não superam os potenciais malefícios ao grupo fragilizado.

Nesse sentido, foi o posicionamento do Relator e Ministro Marco Aurélio:

> Sob o ponto de vista feminino, a ameaça e as agressões físicas não vêm, na maioria dos casos, de fora. Estão em casa, não na rua. Consubstanciam evento decorrente de dinâmicas privadas, o que, evidentemente, não reduz a gravidade do problema, mas a aprofunda, no que acirra a situação de invisibilidade social. Na maior parte dos assassinatos de mulheres, o ato é praticado por homens com quem elas mantiveram ou mantêm relacionamentos amorosos.[64]
>
> (...) Não se coaduna com a razoabilidade, não se coaduna com a proporcionalidade, deixar a atuação estatal a critério da vítima, a critério da mulher, cuja espontânea manifestação de vontade é cerceada por diversos fatores da convivência no lar, inclusive a violência a provocar o receio, o temor, o medo de represálias.[65]

Por fim, observa-se que em momento algum entenderam os julgadores pela imutabilidade dos requisitos previstos na Lei dos Juizados, tampouco vedaram a criação de hipóteses diferenciadas para delitos específicos, desde que tais inovações não entrem em conflito com os demais fundamentos elencados.

---

63. Ibid., p. 58.
64. Ibid., p. 9.
65. Ibid., p. 12.

Nessa toada, destaque-se a consideração feita pela Ministra Rosa Weber quanto à possibilidade de alteração dos critérios gerais fixados na Lei nº 9.099/95 para outros diplomas normativos, uma vez que nada impede que o legislador autorize que outros delitos venham a ingressar no rol de crimes que admitem composição civil, transação penal ou suspensão condicional do processo:

> Ora, a qualificação de determinados crimes como de "menor potencial ofensivo" foi deixada ao alvedrio do legislador que, ao elaborar e atualizar a política criminal, valora as condutas penalmente imputáveis, definindo o que avalia deva ser inserido ou não no conceito. Se a duração da pena máxima imputada a uma dada conduta tipificada foi e é um critério utilizado pelo legislador para assim proceder, nada impede que dele extraia exceções com base em critérios outros ou que venha a definir novos critérios para empreender essa conceituação. E a escolha do legislador na elaboração de um diploma normativo não o vincula na elaboração de novas leis. No julgamento mencionado, entendeu-se, pois, que aproveite ao legislador da Lei Maria da Penha, no exercício de uma reavaliação do tratamento conferido aos crimes praticados com violência doméstica contra a mulher, excluí-los do conceito de infrações penais de menor potencial ofensivo, não se aplicando, assim, o critério objetivo da duração máxima da pena nestes casos porque eleito outro fator para a determinação do seu tratamento em termos de política criminal.[66]

É verdade que tal assertiva é feita, no caso, com o intuito de justificar a proibição de que tais institutos sejam aplicados à violência doméstica, nos termos do art. 41 da Lei Maria da Penha. Todavia, o raciocínio empregado é de que, não restando o legislador vinculado pelos ditames da Lei nº 9.099/95, nada impediria que o conceito de infração de menor potencial ofensivo fosse eventualmente alterado, cabendo a ressalva: desde que isso não viole o princípio da isonomia, tampouco acarrete proteção insuficiente.

Note-se, pois, que as limitações de cunho constitucional apontadas no presente estudo não retiram do legislador sua competência para elaborar regras quanto à incidência dos institutos despenalizadores na persecução penal de delitos cometidos contra vulneráveis. O que se observa, no entanto, é que tal normatização deve observar balizas fixadas na Carta de 1988, não podendo acarretar proteção deficiente ao bem jurídico ou atentar contra a isonomia, seja criando distinções desarrazoadas que favoreçam os agressores, seja deixando de concretizar a igualdade material entre os grupos fragilizados e os demais setores da sociedade que demandam especial e diferenciada proteção.

Tais assertivas, além de cumprir a essência dos dispositivos constitucional e infraconstitucionais, significam dar efetividade a proteção da dignidade humana contemplada na Declaração de Direitos dos Homens que completa 70 anos. Afinal, reza o art. 28 que:

66. *Ibid.*, p. 38.

TODA A PESSOA TEM DIREITO A QUE REINE, NO PLANO SOCIAL E NO PLANO INTERNACIONAL, UMA ORDEM CAPAZ DE TORNAR PLENAMENTE EFECTIVOS OS DIREITOS E AS LIBERDADES ENUNCIADAS NA PRESENTE DECLARAÇÃO.

Por fim, como se defende que qualquer tentativa futura de proteção deficiente no sentido apontado padecerá de vício de inconstitucionalidade, vale uma singela e breve alusão aos textos contidos nas Resoluções n. 181/17 e n. 183/17[67] do Conselho Nacional do Ministério Público, que contemplaram a possibilidade de não persecução penal (autêntica política de barganha) para crimes cuja pena mínima cominada seja inferior a quatro anos.

Não obstante o reconhecimento do princípio da discricionariedade ou oportunidade da ação penal pública ser condizente com as políticas criminais que vêm sendo praticadas no mundo inteiro, o Ministério Público, que tem o monopólio da ação pública e age como substituto processual e por legitimação extraordinária na defesa de bens de terceiros, também deve respeitar a proporcionalidade sob a ótica da vedação da proteção deficiente.

Nesse sentido, no que pese as vedações do cabimento da proposta previstas no parágrafo do art. 18 (não for cometido com violência ou grave ameaça à pessoa, não ser hediondo ou equiparado, nem objeto de incidência da Lei Maria da Penha, dentre outras), é preciso que o Ministério Público adote uma Política Criminal uniforme e coerente com seu papel de tutor dos interesses sociais, máxime de pessoas vulneráveis, não aplicando, por exemplo, este tipo de política de não persecução a idosos e outros grupos hipossuficientes e vulneráveis, sob pena de incorrer na mesma inconstitucionalidade que historicamente atacou em juízo.

5. CONCLUSÕES

Considerando o exposto ao longo do presente artigo, máxime pelo teor do julgamento das Ações Diretas de Inconstitucionalidade nº 3.096 e nº 4.424, é possível identificar uma série de fundamentos comuns utilizados pelo Supremo Tribunal Federal para analisar as possibilidades de alteração dos critérios gerais da Lei nº 9.099/1995 especificamente para tipos penais que tutelem bens jurídicos ligados a grupos de vulnerabilidade reconhecida constitucionalmente.

Ressalte-se que esses apontamentos desenvolvidos com base na análise da jurisprudência dessa Corte sobre a constitucionalidade dos dispositivos do Estatuto do Idoso e da Lei Maria da Penha podem ser projetados para todos os diplomas que concretizem mandamentos constitucionais de especial proteção às coletividades vulneráveis.

---

67. Art. 18. Não sendo o caso de arquivamento, o Ministério Público poderá propor ao investigado acordo de não persecução penal, quando, cominada pena mínima inferior a 4 (quatro) anos e o crime não for cometido com violência ou grave ameaça a pessoa, o investigado tiver confessado formal e circunstanciadamente a sua prática, mediante as seguintes condições, ajustadas cumulativa ou alternativamente: I – reparar o dano ou restituir a coisa à vítima, salvo impossibilidade de fazê-lo; II – renunciar voluntariamente a bens e direitos, indicados pelo Ministério Público como instrumentos, produto ou proveito do crime; III – prestar serviço à comunidade ou a entidades públicas por período correspondente à pena mínima cominada ao delito, diminuída de um a dois terços, em local a ser indicado pelo Ministério Público; IV – pagar prestação pecuniária, a ser estipulada nos termos do art. 45 do Código Penal, a entidade pública ou de interesse social a ser indicada pelo Ministério Público, devendo a prestação ser destinada preferencialmente àquelas entidades que tenham como função proteger bens jurídicos iguais ou semelhantes aos aparentemente lesados pelo delito; V – cumprir outra condição estipulada pelo Ministério Público, desde que proporcional e compatível com a infração penal aparentemente praticada.

Isso porque a Constituição Federal não distingue a forma como se deve garantir a proteção integral de cada grupo abarcado. Pelo contrário, o que se observa na legislação pátria é a formação de microssistema, revelando que todos esses segmentos da sociedade devem ser tutelados de forma semelhante e efetiva, ainda que respeitadas as particularidades de cada um. Logo, qualquer dispositivo que altere a incidência da Lei nº 9.099/1995 sobre tipo penal que ampare bem jurídico titularizado por vulneráveis demandará controle de constitucionalidade análogo ao exercido sobre as Leis nº 10.741/2003 e nº 11.340/2006, buscando-se uniformidade sistêmica.

Portanto, caso alterações do tipo eventualmente fossem feitas em leis como o Estatuto da Criança e do Adolescente, Estatuto da Pessoa com Deficiência, Lei dos Crimes Resultantes de Preconceito de Raça ou de Cor, entre outros, as diretrizes comuns ora reconhecidas no entendimento do Supremo Tribunal Federal demandariam aplicação para a análise da constitucionalidade dos novos dispositivos legais, conclui-se:

1. O legislador possui discricionariedade para modificar os requisitos para a aplicação dos institutos previstos na Lei n. 9.099/1995 ao processamento de delitos específicos, inclusive aqueles que protegem grupos de vulnerabilidade constitucionalmente reconhecida, desde que a modificação implique maior proteção.

2. A proteção a bens jurídicos ligados a grupos vulneráveis não se esgota na mera criminalização de condutas a eles lesivas, exigindo também que essa criminalização efetivamente os proteja. Nesse sentido, o desdobramento do princípio da proporcionalidade em vedação à proteção insuficiente é citado textualmente na ADI nº 4.424/DF e, embora não o seja na nº ADI 3.096/DF, tem-se que a fundamentação dela é compatível com a daquela. Logo, tornar deficiente a proteção ao bem jurídico titularizado por grupo vulnerável é inconstitucional por sua evidente desproporcionalidade, além de violar flagrantemente tratados internacionais e a própria Declaração Universal dos Direitos Humanos.

3. A proteção ao bem jurídico titularizado por categoria que reclama proteção especial e integral deve ser mais eficiente do que o amparo ao equivalente titularizado por todo e qualquer indivíduo de forma indiscriminada. Logo, tornar mais aptos à aplicação de institutos despenalizadores os crimes que têm como sujeitos passivos indivíduos hipossuficientes e vulneráveis, em comparação aos demais delitos do ordenamento, acarreta violação ao princípio da igualdade material.

4. Os impactos da Lei nº 9.099/1995 sobre o processamento de crimes contra vulneráveis são distintos a depender do instituto analisado, diferenciando-se o rito sumaríssimo, a necessidade de representação para lesões corporais leves e culposas, a composição dos danos civis, a transação penal e a suspensão condicional do processo.

5. Os institutos despenalizadores da composição de danos civis e de transação penal efetivamente reduzem o grau de proteção penal ao bem jurídico, mor-

DIGNIDADE HUMANA E A PROTEÇÃO PENAL SUFICIENTE AOS GRUPOS VULNERÁVEIS: A IMPOSSIBILIDADE DA ADOÇÃO DE INSTITUTOS DESPENALIZADORES

mente se titularizado por grupos de pessoas vulneráveis. Essa limitação não é justificada pelo maior benefício familiar ou comunitário que potencialmente acarretariam, em especial porque, em muitas vezes, as agressões a indivíduos em situação de vulnerabilidade se dão no seio da família ou comunidade. Logo, é inconstitucional ampliar a incidência da composição civil e da transação penal especificamente para abarcar maior número de delitos que protejam vulneráveis.

6. A suspensão condicional do processo, lastreada na pena mínima e por isso não abordada nas ADIs nos 3.096 e 4.424, segue a mesma lógica dos demais institutos despenalizadores e, portanto, caso o legislador optasse por aumentar, para delitos que se destinem a proteger grupos vulneráveis, o mínimo de pena cominada apta a receber tal benesse, produziria norma inconstitucional, aplicando-se o mesmo raciocínio empregado para a composição de danos civis e para a transação penal.

7. O procedimento sumaríssimo não necessariamente reduz o grau de proteção ao bem jurídico. Ao contrário, pode favorecer sua tutela efetiva, eis que mais célere, a exemplo do que se decidiu quanto à sua aplicação aos delitos contra o idoso na ADI nº 3.096. Todavia, caso o legislador opte por afastar também o caráter sumaríssimo do rito, a exemplo do ocorrido na Lei Maria da Penha, não incorrerá em medida inconstitucional.

8. A necessidade de representação para a ação penal relativa aos crimes de lesões corporais leves e lesões culposas, nos termos do art. 88 da Lei nº 9.099/95, refere-se aos delitos tipificados no Código Penal, não desprotegendo grupos vulneráveis de forma específica, eis que terão o direito de escolha sobre o futuro da persecução penal. Ademais, nenhum elemento da ADI nº 4.424 permite dizer que o art. 88 é inconstitucional em si mesmo, limitando-se a asseverar que ele não incide sobre os crimes cometidos em contexto de violência doméstica contra a mulher por expressa disposição da Lei Maria da Penha. Portanto, manter ou não o condicionamento à representação da ação penal pública para esses delitos, quando praticados contra indivíduo pertencente a grupo vulnerável, insere-se na esfera de discricionariedade do legislador, desde que adotada a mesma cautela da Lei Maria da Penha, ou seja, que a renúncia do direito de representação ocorra em juízo como medida de se evitar qualquer tipo de melindre ou constrangimento.

9. É certo que o legislador possui discricionariedade para alterar os requisitos para a aplicação dos institutos previstos na Lei n. 9.099/95 aos delitos tipificados ou referidos em outros diplomas normativos. Entretanto, se esses crimes protegerem grupos vulneráveis, essa alteração tão somente pode aumentar o grau de proteção ao bem jurídico e jamais diminuí-lo.

10. Como se defende que qualquer tentativa futura de proteção deficiente no sentido apontado padecerá de vício de inconstitucionalidade, o Ministério Público, em eventual aplicação do acordo de não persecução penal previsto nas Resoluções nº 181/17 e nº 183/17 - CNMP, deve adotar uma Política Criminal coerente e uniforme de não formulação de proposta quando se tratar de crimes contra pessoas vulneráveis, sob pena de incorrer na mesma inconstitucionalidade que historicamente questiona em juízo.

REFERÊNCIAS BIBLIOGRÁFICAS

ALLAND, Denis; RIALS, Stéphane. Dicionário da Cultura Jurídica. Tradução de Ivone Castilho Benedetti, São Paulo: Martins Fontes, 2012. p. 228.

AMICO, Carla Campos; CÂMARA, Rodrigo Martins da. Aplicação do procedimento da Lei nº 9.099/95 aos crimes invocados no artigo 94 do Estatuto do idoso. Boletim IBCCRIM, São Paulo, v. 12, n. 146, p. 10-11., jan. 2005.

ANSANELLI JUNIOR, Angelo. Comentários ao Estatuto do Idoso. Boletim do Instituto de Ciências Penais, Belo Horizonte, v. 3, n. 47, p. 7-8., jun. 2004.

AZEVEDO, Rodrigo Ghiringhelli de. Tendências do Controle Penal na Época Contemporânea: reformas penais no Brasil e na Argentina. Disponível em: <http://www.scielo.br/scielo.php?script=sci_arttext&pid=S0102-88392004000100006>. Acesso em: 20 nov. 2017.

BELLO, Enzo. Perspectivas para o Direito Penal e para um Ministério Público Republicano. Rio de Janeiro: Lumen Júris, 2007. p. 264.

BITENCOURT, Cezar Roberto. Juizados especiais criminais federais: análise comparativa das Leis 9.099/95 e 10.259/2001. São Paulo: Saraiva, 2003.

BITTAR, Eduardo C. B. O Direito na Pós-modernidade. 3. ed. São Paulo: Atlas, 2014.

BOBBIO, Norberto. Teoria do Ordenamento Jurídico. 6. ed. Brasília: UNB, 1982.

BONFIM, Edílson Mougenot. Direito Penal da Sociedade. São Paulo: Oliveira Mendes, Livraria Del Rey, 1997.

BRASIL. Supremo Tribunal Federal. Tribunal Pleno. Ação Direta de Inconstitucionalidade 3.096/DF. Relatora Ministra Cármen Lúcia. Julgado em 16/06/2010. Publicado no DJ de 03/09/2010. Disponível em <http://www.stf.jus.br/portal/processo/verProcessoAndamento.asp?numero=3096&classe=ADI&origem=AP&recurso=0&tipoJulgamento=M>. Acesso em: 30 set. 2017.

BRASIL. Supremo Tribunal Federal. Tribunal Pleno. Ação Direta de Inconstitucionalidade 4.424/DF. Relator Ministro Marco Aurélio. Julgado em 9/2/2012. Publicado no DJ de 1º/8/2014. Disponível em <http://www.stf.jus.br>. Acesso em: 30 set. 2017.

CANOTILHO, José Joaquim Gomes. Direito Constitucional e Teoria da Constituição. 7. ed. Lisboa: Almedina, 2003.

CAVALCANTI, Eduardo Medeiros. Crime e Sociedade Complexa. Campinas: LZN, 2005.

DA PONTE, Antonio Carlos. Crimes eleitorais. São Paulo: Saraiva, 2008.

DELMANTO, Roberto; DELMANTO JUNIOR, Roberto; DELMANTO, Fabio Machado de Almeida. Leis penais especiais comentadas. 2. ed. São Paulo: Saraiva, 2014.

DEMERCIAN, Pedro Henrique; MALULY, Jorge Assaf. Teoria e prática dos juizados especiais criminais. 4. ed. Rio de Janeiro: Forense, 2008.

DIAS, Maria Berenice. A efetividade da Lei Maria da Penha. Revista Brasileira de Ciências Criminais, São Paulo, v. 15, n. 64, p. 297-312., jan./fev. 2007.

FELDENS, Luciano. A constituição penal: a dupla face da proporcionalidade no controle de normas penais. Porto Alegre: Livraria do Advogado, 2005.

_____. Deveres de Proteção Penal na Perspectiva dos Tribunais Internacionais de Direitos Humanos. Revista Brasileira de Direitos Fundamentais e Justiça, v. 01, 2007.

FERNANDES, Antonio Scarance. Ministério Público e a Justiça Consensual. In: ALVES, Airton Buzzo; RUFINO, Almir Gasquez; SILVA, José Antonio Franco da (Orgs.). Funções Institucionais do Ministério Público. São Paulo: Saraiva, 2001.

GONÇALVES, Luiz Carlos dos. Mandados Expressos de Criminalização e a Proteção de Direitos Fundamentais na Constituição Brasileira de 1988. São Paulo: Fórum, 2008.

GRINOVER, Ada Pellegrini; GOMES FILHO, Antônio Magalhães, et al. Juizados especiais criminais: comentários à Lei nº 9.099, de 26/9/1995. 5. ed. São Paulo: Revista dos Tribunais, 2005.

HASSEMER, Winfried. Direito Penal Libertário. Belo Horizonte: Del Rey, 2007.

JESUS, Damásio Evangelista de. Juizados especiais criminais, ampliação do rol dos crimes de menor potencial ofensivo e Estatuto do Idoso. Revista Síntese de direito penal e processual penal, Porto Alegre, v. 4, n. 23, p. 5-7., dez./jan. 2004.

JOPPERT, Alexandre Couto. Ampliação do conceito de infração de menor potencial ofensivo e lei 10.741/03 - Estatuto do Idoso. Revista da EMERJ, Rio de Janeiro, v. 7, n. 26, p. 287-291., 2004.

LUISI, Luiz. Os Princípios Constitucionais Penais. 2. ed. Porto Alegre: Sergio Antonio Fabris, 2003.

MARQUES NETO, Agostinho Ramalho. Canotilho e a Constituição Dirigente. 2. ed. Rio de Janeiro: Renovar, 2005.

MELLO, Celso Antônio Bandeira de. O conteúdo jurídico do princípio da igualdade. 3. ed. São Paulo: Malheiros, 2000.

MIR PUIG, Santiago. El Derecho Penal en el Estado Social y Democrático de Derecho. Barcelona: Ariel, 1994.

MOARES, Alexandre Rocha Almeida de. Direito Penal Racional: Propostas para a Construção de uma Teoria da Legislação e para uma Atuação Criminal Preventiva. Curitiba: Juruá, 2016.

_____ A Política Criminal pós-88: O Ministério Público e a Dualidade entre Garantismos Positivo e Negativo. In: SABELLA, Walter Paulo; DAL POZZO, Antônio Araldo Ferraz; BURLE FILHO, José Emmanuel (Coords.). Ministério Público – Vinte e cinco anos do novo perfil constitucional. Malheiros, 2013, pp. 750-791.

NUCCI, Guilherme de Souza. Leis penais e processuais penais comentadas: v. 1. 8. ed. v.1. Rio de Janeiro: GEN, 2014.

OLIVEIRA, Adriane Stoll de. A codificação do Direito. Jus Navigandi, Teresina, a. 7, nº 60, 1 nov. 2002. Disponível em: <http://jus.com.br/artigos/3549>. Acesso em: 6 nov. 2017.

OST, François. O Tempo do Direito. Tradução de Maria Fernanda de Oliveira. Lisboa: Instituto Piaget, 1999.

REALE, Miguel. Lições Preliminares de Direito. 21. ed. São Paulo: Saraiva, 1994.

SARLET, Ingo Wolfgang. Constituição e proporcionalidade: o direito penal e os direitos fundamentais entre a proibição de excesso e de insuficiência. Revista da Ajuris, ano XXXII, nº 98, junho/2005.

SCHÜNEMANN, Bernd. Bernd. Temas actuales y permanentes del Derecho penal después del milenio. Madri: Tecnos, 2002.

SHECARIA, Sérgio Salomão; CORRÊA JUNIOR, Alceu. Teoria da Pena: Finalidades, Direito Positivo, Jurisprudência e Outros Estudos de Ciência Criminal. São Paulo: Revista dos Tribunais, 2002.

SILVA SÁNCHEZ, Jesús-Maria. A Expansão do Direito Penal: Aspectos da política criminal nas sociedades pós-industriais. Tradução de Luiz Otavio de Oliveira Rocha. São Paulo: Revista dos Tribunais, 2002, v. 11. Série as Ciências Criminais no Século XXI. No mesmo sentido: BELLO, Enzo. Perspectivas para o Direito Penal e para um Ministério Público Republicano. Rio de Janeiro: Lumen Juris, 2007.

STRECK, Lenio Luiz. Da proibição de excesso (übermassverbot) à proibição de proteção deficiente (untermassverbot): de como não há blindagem contra normas penais inconstitucionais. Revista do Instituto de Hermenêutica Jurídica, Porto Alegre, n. 2, 2004.

BETTMAN / GETTY IMAGES

60 O ESTATUTO DE ROMA E A REFORMA DO CÓDIGO PENAL BRASILEIRO (PLS Nº 236/2012): FORÇA NORMATIVA E NUANCES REGULATÓRIAS SOBRE GÊNERO NA TIPIFICAÇÃO DO CRIME DE GENOCÍDIO[1]

ARTHUR ROBERTO CAPELLA GIANNATTASIO
Professor de Direito em Tempo Integral; Doutor em Direito Internacional pela Faculdade de Direito da Universidade de São Paulo – Largo São Francisco; Pós-doutorado no *Max-Planck-Institut für ausländisches öffentliches Recht und Völkerrecht*.

GABRIELA WERNER OLIVEIRA
Professora da Faculdade de Direito da Universidade de Passo Fundo; Doutora em Direito Internacional pela Faculdade de Direito da Universidade de São Paulo – Largo São Francisco.

CÁSSIO EDUARDO ZEN
Professor da Faculdade de Pinhais; Doutor em Direito Internacional pela Faculdade de Direito da Universidade de São Paulo – Largo São Francisco.

RESUMO

O presente texto analisou a interação normativa entre o Estatuto de Roma e o PLS 236/2012 no que se refere à proposta de tipificação do crime de genocídio com base em critérios de gênero (orientação sexual e identidade de gênero). A partir de uma pesquisa qualitativa baseada em fontes primárias, as quais foram analisadas a partir de uma chave analítica fornecida pela teoria *queer* e pela noção de força normativa, foi possível constatar que a proteção penal de grupos marginalizados por questões de gênero desaparece de forma injustificada do PLS. Essa ausência revela dois problemas fundamentais: na interação normativa entre os documentos, é necessário um aprendizado regulatório mútuo que estimule novos consensos normativos, seja para reconhecer questões de gênero (norma penal de inclusão), seja para garantir a aplicabilidade da norma penal por meio da definição de conceitos socialmente indeterminados (norma penal de definição e de interpretação).

PALAVRAS-CHAVE
FORÇA NORMATIVA, ESTATUTO DE ROMA, REFORMA DO CÓDIGO PENAL BRASILEIRO, GENOCÍDIO, TEORIA *QUEER*.

1. INTRODUÇÃO

São muito conhecidas as análises sobre a força normativa de atos praticados por Organizações Internacionais (OI). Nessas discussões, evidencia-se a influência de normas jurídicas internacionais na agenda normativa nacional, nas políticas públicas domésticas e nas decisões judiciárias dentro da esfera estatal (BOGDANDY, GOLDMANN & VENZKE, 2017; FARIA, 2008; GOLDMANN, 2008; HABERMAS, 2001).

A constatação da influência de normas internacionais em parâmetros legislativos nacionais não é assim nova. Todavia, inovadoras são as reflexões mais recentes nos estudos em Direito Internacional, as quais sugerem que esta interação entre normas nacionais e internacionais (i) nem sempre resulta em signos que indicam de forma evidente um progresso local (FARIA, 2008; HARDT & NEGRI, 2000; KRONCKE, 2016; PEÑA & LAFER, 1978; ONUMA, 2016; SKOUTERIS, 2010), e (ii) nem sempre ocorreu unicamente em sentido unilateral, privilegiando uma ou outra fonte normativa – seja a nacional, seja a internacional (DELMAS-MARTY, 2004; GIANNATTASIO, 2018a). Há assim mais e mais um diálogo entre as ordens normativas em uma via de mão dupla, segundo a qual maneiras de agir e de pensar distintas afloram e influenciam de forma inovadora a própria ordem internacional (LORCA, 2015; OBREGÓN, 2006; ONUMA, 2016; RAJAGOPAL, 2003).

No ano do 20º (vigésimo) aniversário do Estatuto de Roma (17/7/1998)[2] e do 70º (septuagésimo) aniversário da Declaração Universal de Direitos Humanos da ONU (DUDH) (10-12-1948), este texto estabelece uma relação entre o Estatuto de Roma e a atual Reforma do Código Penal Brasileiro (CPB). O objetivo dessa aproximação consiste em verificar as nuances regulatórias adotadas na atual proposta de Reforma do CPB que, iniciada pelo Projeto de Lei do Senado (PLS) n. 236/2012, pretende introduzir na ordem jurídica brasileira o tipo penal do crime de genocídio (art. 459) como espécie de crime contra os Direitos Humanos (DH).

A convergência temática do combate internacional e nacional ao genocídio como forma de proteção de Direitos Humanos de grupos marginalizados mostra o progressivo e positivo reforço da complementaridade das perspectivas regulatórias nacionais e internacionais. Com isso se conseguem visualizar os desafios e as possibilidades enfrentadas e vivenciadas pela sociedade brasileira e a pela comunidade internacional na proteção de DH inaugurada pela DUDH.

A interação entre o Estatuto de Roma e o PLS é evidenciada, não apenas pela criação do tipo penal com mesmo nome (genocídio), nem mesmo somente pela replicação quase literal ou parafraseada de dispositivos do Estatuto de Roma (arts. 6 a 8) de forma mais ou menos dispersa no texto do PLS – seja no Título XVI, referente aos Crimes contra os Direitos Humanos (arts. 458 a 503), seja no Título XVII, referente aos Crimes de Guerra (arts. 504 a 541). A própria justificativa do PLS sinaliza essa consciência: a reforma das normas penais deve levar a sério que "não somos mais uma sociedade que pouco participa do conserto [sic] das nações" (SARNEY, 2012, p. 33445).

Há assim clara pretensão de inovação na ordem jurídica nacional partir desse contato com normas internacionais. Afinal, a experiência normativa do Estatuto de Roma permitira "prote[ger] minorias [... como forma de produzir] um ordenamento legal mais justo e sintonizado com as expectativas da sociedade brasileira" (SARNEY, 2012, p. 33447). A própria Comissão Temporária de Estudo da Reforma do Código Penal (CTERCP) reconheceu, em seu parecer sobre o PLS, que houve inspiração direta no Estatuto de Roma na criação dos crimes contra humanidade e dos crimes de guerra (BRASIL. Senado Federal. CTERCP, 2013, p. 34-5).

---

1. Parte das reflexões deste texto deriva de pesquisas realizadas no interior do Projeto de Pesquisa O Tribunal Constitucional Internacional e seu Desenho Institucional como uma Autoridade Pública Internacional: A Defesa da Democracia e da Liberdade Política por meio do Direito Público Internacional, o qual obteve financiamento por Auxílio-Regular à Pesquisa da Fundação de Amparo à Pesquisa do Estado de São Paulo (FAPESP) Processo n. 2016/20983-7.

2. Aprovado pelo Congresso Nacional por meio do Decreto Legislativo nº 112, de 6 de junho de 2002 e promulgado no Brasil em 25/9/2002 por meio do Decreto n. 4.388/2002, e em vigor internacional desde 1º/7/2002.

O ESTATUTO DE ROMA E A REFORMA DO CÓDIGO PENAL BRASILEIRO (PLS Nº 236/2012): FORÇA NORMATIVA E NUANCES REGULATÓRIAS SOBRE GÊNERO NA TIPIFICAÇÃO DO CRIME DE GENOCÍDIO

Uma rápida comparação dos dois textos normativos aponta uma diferença nítida. Há deliberada inclusão de um novo perfil de sujeito passível de práticas genocidas no PLS. Com efeito, diferentemente do que ocorre na previsão do Estatuto de Roma, não apenas "*a national, ethnical, racial or religious group*" (art. 6) pode ser vítima de genocídio, o PLS insere "[...] idade, idioma, origem [...] nativa ou social, deficiência, identidade de gênero ou orientação sexual [e] opinião política [...]" (art. 459 do PLS n. 236/2012, conforme sua redação original) como critérios que permitam identificar um grupo como possíveis vítimas de práticas genocidas.

Há assim a inclusão de uma perspectiva de gênero e de orientação sexual na construção do tipo penal de genocídio no PLS – o que não consta do próprio Estatuto de Roma. A presença de determinados grupos de pressão durante a negociação deste (LIPPI, 2013) não apenas implicou a exclusão da possibilidade de gênero e orientação sexual serem critérios para definir um grupo como potencial vítima de crime de genocídio (art. 6 do Estatuto de Roma), como também a previsão de que, nos crimes contra a humanidade, a noção de gênero dentro de uma visão binária: "*the two sexes, male and female, within the context of society. The term 'gender' does not indicate any meaning different from the above.*" (art. 7, 3, do Estatuto de Roma).

Nesse sentido, diante da iniciativa local que pretende ampliar o leque de possibilidades de aplicação deste tipo penal nas decisões judiciárias brasileiras sobre casos envolvendo genocídio, este texto examina a solução legislativa adotada pelo texto original do PLS no que se refere à incorporação de um discurso de proteção de gênero por meio da tipificação de práticas genocidas como violência contra orientação sexual e identidade de gênero.

O objetivo desta análise consiste em analisar os debates legislativos em curso sobre o tema e, com isso, verificar os limites da influência normativa do Estatuto de Roma no desenvolvimento da racionalidade legislativa nacional sobre o novo tipo penal. Ao mesmo tempo, pretende-se compreender como a solução normativa nacional pode revitalizar uma discussão outrora silenciada sobre o tema, com o objetivo de influenciar nas discussões sobre uma eventual Reforma do próprio Estatuto de Roma.

Dessa forma, o presente texto está dividido em 3 (três) partes. A primeira parte (2.) esclarece os materiais e os métodos utilizados, indicando se tratar de uma pesquisa qualitativa baseada em fontes primárias e secundárias (2.1), as quais foram analisadas dentro de uma chave de leitura preocupada em mapear a extensão da força normativa internacional (2.2) e interpretadas a partir do recurso à teoria *queer* incorporada nos estudos em Direito Internacional (2.3). A segunda parte (3.) evidencia a força normativa do Estatuto de Roma sobre o atual PLS e, para isso, verifica de maneira integrada as previsões normativas do PLS sobre o tipo penal de genocídio como forma de violência contra orientação sexual e identidade de gênero (3.1), e enfatiza as variações no tempo das principais discussões no Poder Legislativo brasileiro em torno da proposta original do PLS sobre o tema (3.2). Por fim, a terceira parte (4.) retoma as divergências regulatórias entre o PLS e o Estatuto de Roma e sugere que a interação normativa nacional e internacional pode contribuir para a discussão sobre a vigente perspectiva regulatória internacional em torno do crime de genocídio a partir de uma contribuição de origem nacional.

2. MATERIAIS E MÉTODO UTILIZADOS
2.1 PESQUISA QUALITATIVA DE FONTES PRIMÁRIAS E SECUNDÁRIAS

O presente texto se baseia em uma pesquisa qualitativa sobre fontes primárias sobre a proposta de tipificação na ordem jurídica brasileira do crime de genocídio como violência contra orientação sexual e identidade de gênero por meio do PLS nº 236/2012.

Mostrou-se necessário resgatar o processo de formação da convicção legislativa sobre a Reforma do CPB, dentro dos limites estabelecidos pela análise deste texto. Com isso, seria possível verificar se e de que modo há influência de um discurso jurídico fundado na experiência normativa do Estatuto de Roma na Reforma do CPB, bem como a maneira pela qual essas discussões legislativas nacionais podem ou não revitalizar o debate internacional por ora silenciado no âmbito do Tribunal Penal Internacional (TPI).

Assim, optou-se por recorrer a registros documentais das discussões legislativas e dos resultados delas, ou melhor, textos (i) jurídico-normativos: (a) internacional atualmente em vigor (Estatuto de Roma), (b) nacional (1) em vigor: as Leis nº 2889/1956 (tipifica o crime de genocídio) e nº 8.072/1990 (crimes hediondos), e (2) não em vigor e em fase discussão, a saber, (ǽ) a versão original do PLS nº 236/2012, e (ß) as emendas apresentadas ao PLS nº 236/2012, naquilo que se relacionam com o problema aqui investigado; e (ii) não normativos relativos às discussões parlamentares sobre o PLS nº 236/2012, a saber, (1) a justificação de apresentação do PLS, (2) a justificação das emendas pertinentes, e (3) o parecer sobre a proposta original de Reforma do CPB, naquilo que interessa ao presente estudo.

2.2 FORÇA NORMATIVA DO DIREITO: AMPLITUDE DAS INTERAÇÕES ENTRE ORDENS NORMATIVAS

Toda norma jurídica — nacional ou internacional — extrai sua obrigatoriedade a partir da conjugação de três elementos estruturais: o valor normativo, o alcance normativo e a garantia normativa (CARDIA & GIANNATTASIO, 2016, p. 137-8). Esses três pilares estão presentes em toda e qualquer norma jurídica e constituem o fundamento estrutural daquilo que se chama força normativa, isto é, da condição que a norma ela própria tem para assegurar a sua observância por seus destinatários (DURAN, 2013, p. 189-91).

O valor normativo se refere à dimensão da legalidade de uma norma, isto é, à capacidade de o mandamento se expressar linguisticamente como uma orientação de dever-ser (norma) revestido de juridicidade (nacional ou internacional) (GIANNATTASIO, 2009). O alcance normativo está relacionado à dimensão da legitimidade da norma, isto é, à capacidade de ela se tornar eficaz por ser reconhecida pelos destinatários como adequada a um procedimento nomogenético que a torna próxima de atender a determinado bem ou valor considerando socialmente relevante (ALEXY, 2001, p. 215; FARIA, 1978, 1984; FERRAZ JR., 1998, 2001; VIEHWEG, 2008, p. 98-100). A garantia normativa consiste nos mecanismos de *enforcement* da norma, isto é, nos mecanismos que visam a assegurar o cumprimento da norma por seus destinatários mediante dissuasão, punição ou promoção de condutas (BOBBIO, 2007, p. 2 e 14).

É a partir da conjugação desses três elementos que a norma jurídica adquire Poder, ou seja, a capacidade de influenciar na esfera decisória de outra entidade (LUHMANN, 1985). Quanto mais evidente a percepção de que a legalidade, a legitimidade e os mecanismos de *enforcement* da norma estão consolidados, conhecidos e reconhecidos socialmente, maior será sua força normativa (DURAN, 2013, p. 189-91).

Enquanto mecanismo prático que preserva maneiras de agir e de pensar consideradas relevantes para a persistência da sociedade ela mesma (GIANNATTASIO, 2018b), o Direito recorre a diferentes tipos de garantias normativas como forma de estabelecer um Poder dissuasório, punitivo ou promocional: (i) *hard power*, isto é, o uso da força coercitiva (violência física) e de constrições econômicas, e (ii) *soft power*, isto é, a cultura, a informação e o próprio direito (LAÏDI, 2008, p. 63-93). Se o Direito nacional usualmente é associado ao monopólio legal da violência (*hard power* coercitivo), o Direito Internacional é reconhecido por privilegiar mecanismos soft power e, no máximo, recorrer ao *hard power* econômico (BOGDANDY, GOLDMANN & VENZKE, 2017; KELSEN, 2011).

Não é lugar aqui para diferenciar cada um destes mecanismos de garantia normativa. Para os objetivos deste texto, basta se debruçar sobre aquele mais diretamente relacionado com o mapeamento da extensão da força normativa internacional sobre a estrutura regulatória nacional atualmente em discussão no Poder Legislativo brasileiro: o *soft power* do Direito Internacional baseado no próprio discurso jurídico ele mesmo.

Nesse sentido, entende-se que a linguagem jurídica é um instrumento que busca construir condições de possibilidade de cumprimento de uma norma jurídica. O Direito pode operar como instrumento de garantia normativa do próprio Direito precisamente porque ele se trata de um discurso voltado não apenas a estabelecer uma regulação de condutas, mas principalmente uma função estrutural de organização de relações (BOBBIO, 2007, p. 14-6; UNGER, 2004). Em outras palavras, para além de uma dimensão beaviorista, o Direito exerce uma função organizacional por meio de regras sobre regras (BADIN, GIANNATTASIO & CASTRO, 2017; BOBBIO, 2007).

No campo do Direito Internacional, a criação de espaços mais ou menos regulamentados para a solução pacífica (negociação, bons ofícios, conciliação, mediação, congressos e conferências) e **não pacífica** (arbitragem, comissões, órgãos judiciais) são exemplos de conhecidos mecanismos de juridificação da política, os quais asseguram o cumprimento da norma jurídica internacional por meio do discurso **não violento** do Direito (GIANNATTASIO, 2015). Mas não apenas.

Além desses espaços institucionalizados para a solução de controvérsias, o Direito Internacional também assegura seu cumprimento por meio da reorientação estrutural das diferentes regulações jurídicas nacionais. Em outras palavras, as normas jurídicas internacionais podem operar como centros de inspiração deontológica e sugerir caminhos para a alteração de normas jurídicas nacionais – aproximação entre direito nacional e Direito Internacional.

No caso de uma regulação jurídica penal, as modificações normativas usualmente ocorrem em diferentes dimensões estruturais. Isso ocorre porque as normas penais não se esgotam no estabelecimento de uma norma de comportamento (sujeito ativo, sujeito passivo e verbo indicativo de ação) associada a uma norma de sanção (punição do sujeito ativo – restrição de direitos, de liberdade ou multa – por ter desempenhado a conduta prevista na norma). Na verdade, as normas penais envolvem uma estrutura ainda mais ampla e abrangem normas de processo, normas de organização judicial, normas de inclusão/exclusão, normas de políticas públicas, normas principiológicas, normas de definição e de **intepretação**, entre outras (MACHADO et al., 2015, p. 19; PIRES et al., 2010, p. 11-5).

Deste modo, as fontes primárias relacionadas à dimensão normativa deste estudo foram analisadas dentro dessa última perspectiva de força normativa do Direito Internacional (*soft power* do discurso jurídico). Nesse sentido, dentro desse leque normativo estrutural penal amplo para além de uma simples norma de comportamento, buscou-se compreender na proposta de Reforma do CPB uma interação entre direito nacional e Direito Internacional que pôde – e pode – produzir um espectro de modificação abrangente das duas ordens jurídicas.

Em outros termos, pretende-se aqui mapear as espécies de normas penais adotadas pela Reforma do CPB quando da tipificação do crime de genocídio baseado em discriminação de orientação sexual e de identidade de gênero, e como tais espécies de normas penais podem implicar uma interação normativa de mão dupla.

2.2 FORÇA NORMATIVA DO DIREITO: AMPLITUDE DAS INTERAÇÕES ENTRE ORDENS NORMATIVAS

Toda norma jurídica – nacional ou internacional – extrai sua obrigatoriedade a partir da conjugação de três elementos estruturais: o valor normativo, o alcance normativo e a garantia normativa (CARDIA & GIANNATTASIO, 2016, p. 137-8). Esses três pilares estão presentes em toda e qualquer norma jurídica e constituem o fundamento estrutural daquilo que se chama força normativa, isto é, da condição que a norma ela própria tem para assegurar a sua observância por seus destinatários (DURAN, 2013, p. 189-91).

O **valor normativo** se refere à dimensão da **legalidade** de uma norma, isto é, à capacidade de o mandamento se expressar linguisticamente como uma orientação de dever-ser (norma) revestido de juridicidade (nacional ou internacional) (GIANNATTASIO, 2009). O **alcance normativo** está relacionado à dimensão da **legitimidade** da norma, isto é, à capacidade de ela se tornar eficaz por ser reconhecida pelos destinatários como adequada a um procedimento nomogenético que a torna próxima de atender a determinado bem ou valor considerando socialmente relevante (ALEXY, 2001, p. 215; FARIA, 1978, 1984; FERRAZ JR., 1998, 2001; VIEHWEG, 2008, p. 98-100). A **garantia normativa** consiste nos mecanismos de enforcement da norma, isto é, nos mecanismos que visam a assegurar o cumprimento da norma por seus destinatários mediante dissuasão, punição ou promoção de condutas (BOBBIO, 2007, p. 2 e 14).

É a partir da conjugação desses três elementos que a norma jurídica adquire Poder, ou seja, a capacidade de influenciar na esfera decisória de outra entidade (LUHMANN, 1985). Quanto mais evidente a percepção de que a legalidade, a legitimidade e os mecanismos de *enforcement* da norma estão consolidados, conhecidos e reconhecidos socialmente, maior será sua força normativa (DURAN, 2013, p. 189-91).

Enquanto mecanismo prático que preserva maneiras de agir e de pensar consideradas relevantes para a persistência da sociedade ela mesma (GIANNATTASIO, 2018b), o Direito recorre a diferentes tipos de garantias normativas como forma de estabelecer um Poder dissuasório, punitivo ou promocional: (i) *hard power*, isto é, o uso da força coercitiva (violência física) e de constrições econômicas, e (ii) *soft power*, isto é, a cultura, a informação e o próprio direito (LAÏDI, 2008, p. 63-93). Se o direito nacional usualmente é associado ao monopólio legal da violência (*hard power* coercitivo), o Direito Internacional é reconhecido por privilegiar mecanismos *soft power* e, no máximo, recorrer ao *hard power* econômico (BOGDANDY, GOLDMANN & VENZKE, 2017; KELSEN, 2011).

Não é lugar aqui para diferenciar cada um destes mecanismos de garantia normativa. Para os objetivos deste texto, basta se debruçar sobre aquele mais diretamente relacionado com o mapeamento da extensão da força normativa internacional sobre a estrutura regulatória nacional atualmente em discussão no Poder Legislativo brasileiro: o *soft power* do Direito Internacional baseado no próprio discurso jurídico ele mesmo.

Nesse sentido, entende-se que a linguagem jurídica é um instrumento que busca construir condições de possibilidade de cumprimento de uma norma jurídica. O Direito pode operar como instrumento de garantia normativa do próprio Direito precisamente porque ele se trata de um discurso voltado não apenas a estabelecer uma regulação de condutas, mas principalmente uma função estrutural de organização de relações (BOBBIO, 2007, p. 14-6; UNGER, 2004). Em outras palavras, para além de uma dimensão behaviorista, o Direito exerce uma função organizacional por meio de regras sobre regras (BADIN, GIANNATTASIO & CASTRO, 2017; BOBBIO, 2007).

No campo do Direito Internacional, a criação de espaços mais ou menos regulamentados para a solução pacífica (negociação, bons ofícios, conciliação, mediação, congressos e conferências) e **não pacífica** (arbitragem, comissões, órgãos judiciais) são exemplos de conhecidos mecanismos de juridificação da política, os quais asseguram o cumprimento da norma jurídica internacional por meio do discurso **não violento** do Direito (*GIANNATTASIO, 2015*). Mas não apenas.

Além desses espaços institucionalizados para a solução de controvérsias, o Direito Internacional também assegura seu cumprimento por meio da reorientação estrutural das diferentes regulações jurídicas nacionais. Em outras palavras, as normas jurídicas internacionais podem operar como centros de inspiração deontológica e sugerir caminhos para a alteração de normas jurídicas nacionais – aproximação entre direito nacional e Direito Internacional.

No caso de uma regulação jurídica penal, as modificações normativas usualmente ocorrem em diferentes dimensões estruturais. Isso ocorre porque as normas penais não se esgotam no estabelecimento de uma norma de comportamento (sujeito ativo, sujeito passivo e verbo indicativo de ação) associada a uma norma de sanção (punição do sujeito ativo – restrição de direitos, de liberdade ou multa – por ter desempenhado a conduta prevista na norma). Na verdade, as normas penais envolvem uma estrutura ainda mais ampla e abrangem normas de processo, normas de organização judicial, normas de inclusão/exclusão, normas de políticas públicas, normas principiológicas, normas de definição e de intepretação, entre outras (MACHADO et al., 2015, p. 19; PIRES et al., 2010, p. 11-5).

Deste modo, as fontes primárias relacionadas à dimensão normativa deste estudo foram analisadas dentro dessa última perspectiva de força normativa do Direito Internacional (*soft power* do discurso jurídico). Nesse sentido, dentro desse leque normativo estrutural penal amplo para além de uma simples norma de comportamento, buscou-se compreender na proposta de Reforma do CPB uma interação entre direito nacional e Direito Internacional que pôde – e pode – produzir um espectro de modificação abrangente das duas ordens jurídicas.

Em outros termos, pretende-se aqui mapear as espécies de normas penais adotadas pela Reforma do CPB quando da tipificação do crime de genocídio baseado em discriminação de orientação sexual e de identidade de gênero, e como tais espécies de normas penais podem implicar uma interação normativa de mão dupla.

2.3 RECONHECIMENTO E TEORIA *QUEER* NO DIREITO INTERNACIONAL

A inclusão de teorias de gênero nas discussões sobre o saber e o fazer o Direito Internacional se torna cada vez mais central nos estudos puros e aplicados sobre a disciplina (GIANNATTASIO, MOROSINI & BADIN, 2019).

Do ponto de vista aplicado usualmente se destaca a atuação de OIs voltadas à proteção e à promoção DH, sendo comum a referência às medidas jurídicas adotadas para promover a igualdade de gênero no Sistema Europeu de Direitos Humanos nas décadas de 1960-1990 por meio do combate à criminalização da homossexualidade entre homens no Reino Unido e na Irlanda (DELMAS-MARTY, 2004, p. 68-70). Ao lado deste sistema regional, também se destaca a ação da ONU e de outras OIs nos últimos anos no sentido de influenciar as normas nacionais no que se refere ao combate a todas as formas de violência e de discriminação baseadas em orientação sexual ou identidade de gênero[3].

Do ponto de vista teórico, não se pode ignorar um diálogo originário com a crítica feminista ao Direito Internacional, a qual denuncia o machocentrismo epistemológico da disciplina (CHARLESWORTH, CHINKIN & WRIGHT, 1991; OTTO, 2006). Nesta perspectiva, a abordagem feminista revela um desafio duplo à disciplina: (i) garantir institucionalmente a paridade jurídica

---

3. Seria impossível esgotar as referências normativas sobre o tema em uma nota de rodapé. Mencionam-se aqui exemplificativamente as Resoluções do *UN Human Rights Council* (2011, 2014, 2016) e a Declaração Conjunta do Sistema ONU (ILO *et al.*, 2015), entre outros documentos.

internacional entre mulheres e homens, e (ii) adotar uma chave analítica que permitiria ao Direito Internacional se conciliar consigo mesmo (objetivos e pressupostos) fora de um padrão do gênero masculino (OTTO, 2006, p. 355-6). A inserção de uma perspectiva de gênero amplia essa crítica e inclui dimensões adicionais para o questionamento do discurso tradicional sobre o Direito Internacional (OTTO, 2018).

A teoria *queer* compartilha do diagnóstico feminista de haver uma epistemologia marcada por um exercício de Poder que privilegia um único gênero sexual. Todavia, baseada na constatação de que o gênero deriva de um processo individual de dragar continuamente de dentro de si (*to drag*) a forma externa que, diante dos padrões estabelecidos, materializa por atos repetitivos em seu próprio corpo a autocompreensão ético-política individual acerca do próprio gênero (BUTLER, 1990, p. 31-3 e 136-8, 1993, p. 9-14), a teoria *queer* ultrapassa a denúncia sobre a epistemologia machocêntrica por indicar outras instâncias de exclusão baseada em gênero.

A performance social de gênero é a manifestação individual que atualiza a própria maneira de se expressar o gênero. Atualizar opera aqui em seu sentido duplo: ato perlocucionário, a identidade de gênero ao mesmo tempo se coloca em ato e se renova a cada momento em que é expressa e repetida perante a sociedade enquanto performance (BUTLER, 1990, p. 24-5, 33, 137 e 141, 1993, p. 14; FABIÃO, 2008; FÉRAL, 2008; LEHMANN, 2007, p. 223-240, 2013, p. 874-5). Em outras palavras, a identidade de gênero se mostra dentro de uma relação ativa: (i) recepção e imitação das diversas formas pré-estabelecidas socialmente de expressão da identidade de gênero (*mimese*) e, ao mesmo tempo, (ii) cunhagem individual que contribui para uma expansão qualitativa inexaurível (*performance*) de tais formas pré-estabelecidas (BUTLER, 1990, p. 16-7 e 136-8, 1993, p. x, 2, 15-6, 30-1, 68-70 e 75-6).

Dentro desse prisma, todas as identidades de gênero se apresentam como um processo individual *drag* – a montagem a partir da reunião dos diferentes signos de identificação de gênero socialmente dispersos *(BUTLER, 1990, p. 24-5, 33 e 136-40, 1993, p. 73-4)*. Reafirmar a correspondência de sua própria identidade de gênero com os signos socialmente atribuídos ao sexo biológico recebido no nascimento (performance *cis*-**gênero**) seria assim o produto de um processo tão drag quanto a afirmação de uma identidade de gênero que diverge dos signos socialmente atribuídos ao sexo biológico recebido no nascimento (*performance trans*-**gênero**) (BUTLER, 1990, p. 33, 70, 136-8 e 140-1).

Para a teoria *queer*, as possibilidades de orientação sexual se localizam assim além dos padrões da heterossexualidade, do mesmo modo que as possibilidades de identidade de gênero se mostram em miríade muito mais ampla do que o binarismo mulher ou homem (BUTLER, 1990, p. 138, 1993, p. 11-2).

Há com isso uma perturbação social profunda diante da performance **trans**, pois esta resiste e nega uma ordem geral que naturaliza e autoriza apenas as formas sexuais adequadas a uma tradição de exercício de poder sobre o corpo (BUTLER, 1990, p. 32, 128-30, 135-8 e 140, 1993, p. 15, 49 e 91; HARDT & NEGRI, 2000, p. 22-41, 210-8 e 361-4; LEHMANN, 2013, o. 876).

A performance *trans*-gênero rememora assim o inominável e desconcerta: desconsidera e desnaturaliza as proibições sociais relacionadas ao gênero e à sexualidade por meio da materialização e da desmaterialização nos corpos de padrões de gênero hegemônicos (objetos) e de padrões de gênero **não hegemônicos** (abjetos) (BUTLER, 1990, p. 28, 33-4, 129-30 e 137-8, 1993, p. 12-4, 21-2, 49-50, 65 e 90-1). A teoria *queer* indica haver, com isso, marginalizações sociais no sentido de favorecer performances de gênero *cis* e ignorar, punir e marginalizar performances de gênero **trans** (BUTLER, 1990, p. 135 e 139-40, 1993, p. 7-8; OTTO, 2018, p. 6).

Os estudos em teoria *queer* indicam assim a importância de prestar atenção nas fissuras sociais promovidas pelas performances **trans**, visto que elas questionam a ordem social ao revelarem outros *bodies that matter* em sentido duplo. Para além do binarismo mulher-homem ou da unidade de orientação **heterossexual**, a teoria *queer* aponta que (i) há outras formas de corporais que **materializam** *(to materialize)* diferentes identidades de gênero e orientações sexuais, (ii) todas essas formas corporais importam *(to matter)* de forma igual. Por esse motivo deve haver um processo político amplo de reconhecimento de todos esses corpos como pares sociais (BUTLER, 1993, p. x-xi, 16, 21, 30 e 51-2).

Nesse sentido, neste estudo, o uso da teoria *queer* sobre o Direito Internacional orienta para desenvolver e aplicar uma perspectiva crítica que note, na construção e na aplicação deste, momentos de hesitação social onde houve silenciamento ou projeção de vozes que buscaram promover o reconhecimento jurídico de novos *bodies that matter* derivados de performances **trans** (OTTO, 2018, p. 5). É de acordo com essa preocupação que foram analisadas fontes primárias e secundárias levantadas para o presente estudo.

3. GENOCÍDIO E GÊNERO NO TEXTO ORIGINAL DO PLS 236/2012

Antes de tratar especificamente da tipificação do crime de genocídio proposta pelo texto original do PLS (3.1), efetua-se aqui o mapeamento geral dessa previsão normativa no interior da Reforma do CPB. Entende-se ser importante verificar como a parte geral do PLS se conecta com a tipificação do genocídio, pois iso permitirá visualizar não apenas o impacto proposto pelo PLS sobre normas de comportamento relacionados ao genocídio, mas também sobre outros tipos normativos penais quando da regulação do crime de genocídio.

O PLS foi apresentado em 9/7/2012 pelo Senador José SARNEY (2012), após conclusão dos trabalhos pela Comissão de Juristas, liderada pelo ministro Gilson DIPP. Nesta data, o texto foi encaminhado para a CTERCP, a qual realizou série de audiências públicas que lastrearam a proposição de 806 (oitocentas e seis) emendas (BRASIL. Senado Federal. CTERCP, 2013, p. 62-3). A CTERCP finalizou seus trabalhos em 17/12/2013, quando apresentou seu parecer técnico e apresentou uma nova versão do PLS, a qual foi encaminhada para a Comissão de Constituição, Justiça e Cidadania do Senado Federal, sob a relatoria do Senador Antonio Anastasia.

A última movimentação do PLS foi o ato de 27/9/2017, o qual convocou a realização de nova audiência pública para discutir a Parte Geral da nova versão do PLS, a qual foi realizada em 6/11/2017. A discussão sobre o PLS parece estar longe de ter sido finalizada: desde a última versão, até hoje, foram propostas 83 (oitenta e três) emendas – as quais serão mencionadas abaixo (3.2). Ademais, o PLS precisa seguir todo o procedimento legislativo constitucionalmente previsto – incluindo, aí, a discussão pela Câmara dos Deputados – para eventualmente ser levado à sanção ou ao veto (parcial ou total) pelo Presidente da República (arts. 61, 65 e 66 da CF-88).

A análise a seguir se centra no texto original do PLS sobre a tipificação do crime de genocídio em razão de violência baseada em orientação sexual ou em identidade de gênero (3.1) para, em seguida, analisar as modificações legislativas atualmente em curso sobre esse tipo penal (3.2).

3.1 PROPOSTA DE REGULAÇÃO JURÍDICA PENAL DE GENOCÍDIO COM BASE EM GÊNERO: AMPLITUDE DE UNIVERSO NORMATIVO
3.1.1 PARA ALÉM DA TIPIFICAÇÃO DA CONDUTA DE GENOCÍDIO

O crime de genocídio foi introduzido originalmente na ordem jurídica brasileira por meio do art. 1º da Lei nº 2.889/1956, em conjunto com os crimes de associação para a prática de genocídio (art. 2º da mesma Lei) e instigar a prática de genocídio (art. 3º da mesma Lei). Ainda que com alterações – como será visto a seguir, tipos penais com o mesmo nome foram incluídos nos arts. 459, *caput* (genocídio), art. 459, parágrafo único (instigar) e 460 (associar) do PLS.

Os dispositivos acima se encontram na Parte Especial do novo CPB – mais especificamente dentro do Capítulo I (Crimes contra a Humanidade), o qual está localizado, por sua vez, no Título XVI (Crimes contra os Direitos Humanos). Nesse sentido, o reformador propôs originalmente que os crimes de genocídio (art. 459, *caput*), instigar a prática de genocídio (art. 459, parágrafo único) e de associar-se para o genocídio (art. 460) são espécies de crimes contra a humanidade[4], os quais são ainda subtipos de crimes contra os Direitos Humanos[5/6]. Todavia, a Parte Geral do PLS estabelece algumas

ARTHUR ROBERTO
CAPELLA GIANNATTASIO
GABRIELA WERNER OLIVEIRA
CÁSSIO EDUARDO ZEN

4. Dentro da noção geral de crimes contra a humanidade, o PLS coloca os três crimes aqui mencionados ao lado dos crimes de extermínio (art. 461), escravidão (art. 462), gravidez forçada (art. 463), transgenerização forçada (art. 464), privação de liberdade em violação de direito fundamental (art. 465), desaparecimento forçado de pessoa (art. 466) e segregação racial – *apartheid* (art. 467), além dos crimes contra a vida (arts. 121 a 128) e os crimes conta a dignidade sexual (arts. 180 a 189), quando presentes as circunstâncias de crimes contra a humanidade (art. 458, parágrafo único). Sobre as condições que caracterizam os crimes contra a humanidade, v. item 3.2.2, infra.

5. Ao lado dos crimes de tortura (Capítulo II, art. 468), de tráfico de pessoas (Capítulo III, art. 469), contra a memória social (Capítulo IV, arts. 470 e 471), de racismo e resultantes de preconceito e discriminação (Capítulo V, arts. 472 a 474), contra grupos vulneráveis (Capítulo VI), tais como pessoas com deficiência (Seção I, arts. 475 a 477), idosos (Seção II, arts. 478 a 485), índios (Seção III, arts. 486 e 487) e crianças e adolescentes (Seção IV, arts. 488 a 503).

6. Diferentes, portanto, dos crimes de guerra, previstos de forma autônoma no Título XVII do PLS, em seus arts. 504 a 541 do PLS.

diretrizes normativas adicionais sobre esses tipos penais, as quais em grande parte não foram previstas anteriormente pela Lei nº 2.889/1956.

Em primeiro lugar, o art. 7º, inciso III, expressamente prevê a possibilidade de aplicar extraterritorialmente a lei penal brasileira, de forma incondicionada, a crimes de genocídio cometidos fora do território nacional *"quando a vítima ou o agente for brasileiro, ou o agente se encontrar em território nacional e não for extraditado"*. Essa **previsão normativa** elucida uma opção deliberada de **política criminal** pelo reformador de punir brasileiros e não brasileiros que cometam genocídio dentro e fora do território nacional, ou de proteger brasileiros que tenham sido vítimas de genocídio fora no território nacional.

Em segundo lugar, o art. 37, parágrafo único, afirma ser manifestamente ilegal a ordem de superior hierárquico para o cometimento de genocídio e que, por esse motivo, a obediência hierárquica não pode ser invocada como excludente de punibilidade daquele que pratica o genocídio sob o comando de alguém. Nesse sentido, nos termos do art. 37, o autor da ordem para cometer genocídio e o subordinado executor dessa ordem são ambos passíveis de punição pela prática de genocídio. Há aqui uma **norma penal de definição** e de interpretação (considera-se manifestamente ilegal a ordem para praticar genocídio), a qual está associada a uma **norma penal de inclusão** (autor da ordem de prática de genocídio e seu executor são ambos considerados sujeitos ativos do crime de genocídio).

Na linha do art. 1º, parágrafo único, da Lei nº 8.072/1990 (crimes hediondos), o art. 56, inciso XVI do PLS classifica todos os crimes contra a humanidade – incluindo, aí, o crime de genocídio – como crimes hediondos. Nestes termos, do mesmo modo que os arts. 2º e 3º da Lei nº 8.072/1990 previam um regime de execução penal mais estrito para réus condenados por prática de crime hediondo (p. ex., pena inicialmente em regime fechado, progressão da pena mais dificultada), por definir o genocídio como crime hediondo, a redação original do PLS também prevê em seus arts. 47, incisos III e IV e 56, § 1º, um regime de execução penal mais rigoroso. Há aqui também uma **norma penal de definição** e de interpretação (genocídio é crime hediondo), a qual está por sua vez associada a uma **norma penal de processo de execução.**

Ademais, lembre-se a previsão de responsabilidade penal de pessoas jurídicas proposta pelos arts. 41 a 44 da Reforma do CPB. Na esteira do que é feito por outros diplomas legais brasileiros (p. ex., Lei nº 9.605/1998), o PLS estabelece expressamente a possibilidade de pessoas jurídicas serem consideradas sujeitos ativos na prática de crimes, sem prejuízo da responsabilidade penal de pessoas físicas. E, nesse sentido, o art. 41, *caput*, do PLS estabelece que as pessoas jurídicas podem ser penalmente responsáveis por "atos praticados contra a administração pública, a ordem econômica, o sistema financeiro e o meio ambiente".

Ainda que não se refira diretamente ao crime de genocídio, percebe-se uma ausência expressa da possibilidade de pessoas jurídicas serem rés em ações penais envolvendo o crime de genocídio ou outros crimes contra a humanidade. Em outras palavras, há neste PLS uma **norma penal de inclusão/exclusão** de sujeitos ativos: do mesmo modo que estabelece como possíveis sujeitos ativos pessoas jurídicas (art. 41) – inclusive com previsão de penas distintas às atribuídas às pessoas físicas (arts. 42 a 44 e arts. 45 a 70), o texto original do PLS reflete uma política criminal que restringe a extensão da responsabilidade penal de pessoas jurídicas: elas não podem ser consideradas potenciais sujeitos ativos de crime de genocídio.

Assim, é evidente que a Reforma do CPB confere contornos regulatórios à tipificação do genocídio mais amplos do que a simples previsão de comportamentos puníveis (genocídio, instigar genocídio ou associar-se para praticar genocídio) e a previsão de punição correspondente (prisão, sem prejuízo das penas correspondentes aos outros crimes). Há um universo de normas processuais, de definição e de interpretação, de exclusão/inclusão e de política criminal que aparecem na redação original do PLS que orbita em torno da previsão do crime de genocídio e que sinaliza a amplitude do tratamento penal dado pelo reformador para o combate do crime de genocídio.

3.1.2 GENOCÍDIO BASEADO EM GÊNERO: UM CRIME CONTRA A HUMANIDADE

Naquilo que se refere especificamente à regulação jurídica penal proposta pelo PLS referente ao crime de genocídio como forma de violência baseada em orientação sexual ou identidade de gênero (art. 459, *caput*)[7], é importante notar que a tipificação perpassa a clássica estrutura de norma penal (norma de comportamento + norma de sanção).

Com efeito, na linha do previsto pelo art. 1º, alíneas a, b, c, d e e, da Lei nº 2.889/1956, o texto original do PLS define no art. 459, incisos I a V, como comportamentos caracterizadores de prática genocida "matar alguém", "ofender a integridade física ou mental de alguém", "impedir ou dificultar um ou mais nascimentos, no seio de determinado grupo", "submeter alguém à condição de vida desumana ou precária", ou "transferir, compulsoriamente, criança ou adolescente do grupo ao qual pertence para outro". Ainda que o texto da Lei nº 2.889/1956 seja ligeiramente distinto, pode-se perceber grosso modo que o tipo de ação associado ao genocídio em cada um dos textos normativos é semelhante[8].

[7]. Não se tratará assim de outro tipo penal proposto pelo PLS que não seja o de genocídio. Deixa-se assim de mencionar as condutas de instigação ao genocídio e de associação para a prática de genocídio.

[8]. O sentido das diferenças entre o texto atualmente em vigor (Lei n. 2.889/1956) e o texto do PLS será examinado no item 4., infra.

O ESTATUTO DE ROMA E A REFORMA DO CÓDIGO PENAL BRASILEIRO (PLS Nº 236/2012): FORÇA NORMATIVA E NUANCES REGULATÓRIAS SOBRE GÊNERO NA TIPIFICAÇÃO DO CRIME DE GENOCÍDIO

A Lei nº 2.889/1956 estabelece para cada conduta uma punição diferente, por correspondência a tipos penais aparentemente semelhantes no CPB atualmente em vigor: (i) para a ação de "matar membros do grupo" (art. 1º, alínea a), a pena consiste em "reclusão, de 12 a 30 (doze a trinta anos)" (art. 121, § 2º, CPB); (ii) para a ação de "causar lesão grave à integridade física ou mental de membros do grupo" (art. 1º, alínea b), a pena consiste em "reclusão, de 2 a 8 (dois a oito) anos" (art. 129, §2º, CPB); (iii) para a ação de "submeter intencionalmente o grupo a condições de existência capazes de ocasionar-lhe a destruição física total ou parcial", a pena consiste em "reclusão, de 10 a 15 (dez a quinze) anos" (art. 270 do CPB); (iv) para a ação de "adotar medidas destinadas a impedir os nascimentos no seio do grupo", a pena consiste em " reclusão, de 3 a 10 (três a dez) anos" (art. 125 do CPB); e (v) para a ação de *"efetuar a transferência forçada de crianças do grupo para outro grupo", a pena consiste em " reclusão, de 1 a 3 (um a três) anos"* (art. 148 do CPB). Por outro lado, diferentemente do que ocorre com a atual Lei nº 2.889/1956, o texto original do PLS optou por propor uma sanção comum a todas as condutas típicas caracterizadoras do genocídio: *"prisão, de vinte a trinta anos, sem prejuízo das penas correspondentens aos outros crimes"*.

Ainda que haja visíveis diferenças regulatórias entre a Lei nº 2.889/1956 e o PLS sobre esses dois aspectos, não é o caso de examiná-las aqui. Mais importante do que isso, há que se perceber na proposta de tipificação do crime de genocídio no PLS a replicação da **estrutura clássica de norma penal** já seguida anteriormente: a associação de diferentes condutas dentro de uma categoria única e aglutinadora de crime (**norma de comportamento**) a uma punição (**norma de sanção**). Todavia, não se pode ignorar a presença de outros tipos normativos que tornam qualitativamente mais interessantes as inovações jurídicas apresentadas.

Na Reforma do CPB, o crime de genocídio é espécie de crime contra a humanidade – o que, conforme o texto original do art. 458, *caput*, do PLS, consiste atos *"praticados no contexto de ataque sistemático dirigido contra população civil, num ambiente de hostilidade ou de conflito generalizado, que corresponda a uma política de Estado ou de uma organização"*.

A proposta de criminalização de uma conduta genocida pelo PLS estabelece assim uma **norma penal de definição**, a qual orienta a interpretação do caso concreto. Com efeito, é condição de caraterização de uma prática como genocida a existência de verificável política deliberada de uma entidade (pública ou privada) contra a população civil, dentro de uma situação de conflito. Essa delimitação de ambiente de possibilidade de prática de genocídio determinada pelo reformador restringe assim o âmbito de aplicação do tipo penal de genocídio – um elemento comum a todos os crimes contra a humanidade.

Mesmo que com uma redação ligeiramente distinta, do mesmo modo que no art. 1º, caput, da Lei nº 2.889/1956, o PLS determina como requisito para caracterizar o crime de genocídio "o propósito de destruir, total ou parcialmente, um grupo". Os dois diplomas apresentam assim como elemento constitutivo da ação genocida um elemento mental claro de intencionalmente aniquilar um grupo (*genus*). Neste aspecto, as duas normas penais compartilham um mesmo elemento comportamental específico: o claro objetivo de atingir um grupo (**norma de comportamento**). Todavia, há algumas distinções que devem ser enfatizadas.

Além dos grupos constantes do art. 1º, *caput*, da Lei nº 2.889/1956 "*nacional, étnico, racial ou religioso*", o *caput* do art. 459 do PLS adiciona elementos de "[...] *idade, idioma, origem* [...] *nativa ou social, deficiência, identidade de gênero ou orientação sexual* [e] *opinião política* [...]" para caracterizar um grupo. Há neste dispositivo uma **norma penal** de claro intento **de inclusão** por meio da qual o reformador propõe a introdução de grupos usualmente não percebidos como potenciais sujeitos passivos de crime de genocídio. Naquilo que interessa aos objetivos deste estudo, deve-se dar destaque à preocupação em caracterizar como grupo pessoas que sofram tais violências em virtude de orientação sexual ou identidade de gênero.

Não se trata da única previsão normativa no PLS explícita sobre tais grupos sociais. O art. 77, inciso III, alínea b, da Parte Geral do PLS, estabelece que como circunstância agravante de pena "ter o agente cometido o crime [... por] preconceito de [...] orientação sexual e identidade de gênero [...]". Ademais, ainda que se possa pensar sobre a aplicação do art. 461 (extermínio) por este se referir genericamente a "grupo de pessoas", outras normas do PLS expressamente tipificam comportamentos que têm por objetivo atingir pessoas em virtude de questão de gênero: (i) o art. 468, inciso I, alínea c (tortura em razão de discriminação ou preconceito de gênero e identidade ou orientação sexual); e (ii) o art. 472 (crimes resultantes de preconceito e discriminação de gênero e identidade ou orientação sexual).

Há assim outras **normas penais de comportamento e de punição** que se refletem na preocupação em assegurar uma maior proteção a pessoas que têm seus direitos violados em razão dessas duas questões de gênero. E, se um dos objetivos dessa Reforma é lidar "com novos desafios, novas invenções, novos conceitos e novas ameaças" (SARNEY, 2012, p. 33445), a inclusão de tais grupos como potenciais sujeitos passivos de diversas práticas criminosas pode ser considerada, na linha da justificação do PLS, como um mecanismo de atender às demandas protetivas de um "povo que sofreu significativas transformações" (SARNEY, 2012, p. 33445).

Segundo a justificação, apesar das virtudes do PLS, seria necessário ainda um aperfeiçoamento dele por parte dos parlamentares (SARNEY, 2012, p. 33446). O que será visto no item a seguir, dentro do recorte temático aqui proposto sobre a relação entre gênero e genocídio.

3.2 DISCUSSÕES PARLAMENTARES SOBRE GENOCÍDIO E GÊNERO NO PLS

Quando da apresentação do Parecer Técnico n. 1.576/2013 pela CTERCP, o referido documento apontou terem sido realizadas cinco audiências públicas sobre diferentes temas relativos ao PLS. Todavia, em nenhuma delas a temática da regulação de genocídio, de gênero e da relação entre eles estabelecida pela Reforma do CPB parece ter sido especificamente levantada: diagnóstico do CP, Parte Geral, crimes contra o patrimônio, contra a propriedade imaterial e crimes cibernéticos, crimes contra a pessoa e sistema penitenciário e penas alternativas foram os temas das audiências públicas realizadas (BRASIL. Senado Federal. CTERCP, 2013, p. 62-3). Em outras palavras, parece ter havido uma despreocupação em trazer a público a regulação dada pelo PLS sobre o tema analisado pelo presente estudo.

Do mesmo modo, o mesmo documento reconhece a preocupação do PLS de promover, por meio de uma racionalidade penal, a proteção de grupos vulneráveis e o combate a discriminações e preconceitos. Todavia, quando o referido documento se propõe a discutir tais temas, ele parece não considerar orientação sexual e identidade de gênero como elementos que podem caracterizar membros de grupos vulneráveis ou passíveis de discriminação ou preconceito. O parecer enfatiza como tais pessoas com deficiência, idosos, crianças e adolescentes e índios, bem como raça, cor, etnia e religião. Há a menção genérica a "outros", mas sem maiores especificações (BRASIL. Senado Federal. CTERCP, 2013, p. 74-8). Aqui também parece ter havido um silêncio quando da discussão da regulação dada pelo PLS ao tema discutido por este trabalho — mesmo quando os tópicos gerais tocassem de maneira mais direta a proteção de grupos usualmente marginalizados.

O mesmo parecer também não desenvolve considerações mais detalhadas quando se destina a examinar e aprovar (ou rejeitar) propostas de alteração aos tipos penais de crimes contra a humanidade apresentados pelo texto original do PLS. Não há qualquer discussão ou observação sobre (i) a inclusão de questões de gênero (orientação sexual ou identidade de gênero) como elemento caracterizador de grupo passível de sofrer práticas genocidas, ou (ii) sobre o sentido a ser atribuído a orientação sexual ou identidade de gênero. O comentário se limita a discutir a imprescritibilidade de tais crimes e a necessidade de prever tal tipificação em território brasileiro como forma de adequar o direito doméstico ao Direito Internacional Penal previsto no Estatuto de Roma – sob pena de julgamento deste indivíduo pelo próprio TPI (BRASIL. Senado Federal. CTERCP, 2013, p. 275-7).

Ao final, o parecer técnico apenas realoca o crime de genocídio para um capítulo próprio (novo Capítulo II do Título XVII), a fim de não enquadrar o genocídio dentro da categoria de crime contra a humanidade. Ele seria apenas uma das modalidades de crimes contra os DH – e nada mais do que isso. Como expressamente indica o referido parecer, essa realocação ocorreu *"sem alteração de texto"* (BRASIL. Senado Federal. CTERCP, 2013, p. 308).

A leitura das explicações acima aparentemente indicaria que questões de gênero (orientação sexual e identidade de gênero) permaneceriam sendo um critério de identificação de grupo como passível de práticas genocidas. As únicas alterações consistiriam em (i) renumeração do dispositivo, que passaria a ser regulado pelo art. 480 – e não mais o art. 459 (modificação não normativa), e (ii) em virtude do apontado em item anterior [9], descaracterização do genocídio como um crime hediondo – por não ser mais um crime contra a humanidade (**modificação de norma penal de definição e de processo de execução**).

Todavia, não se pode deixar de notar que, apesar do que foi dito acima, o parecer final sobre o PLS alterou profundamente a previsão normativa – pelo menos no que se refere ao tema aqui examinado (BRASIL. Senado Federal. CTERCP, 2013, p. 452). O novo at. 480 do PLS indica que o genocídio (i) consiste em praticar as condutas anteriormente examinadas [10] (**manutenção da norma penal de comportamento**), (ii) será punido com o mesmo rigor anteriormente indicado (**manutenção na norma penal de punição**), mas (iii) é caracterizado por ser dirigido a um rol de grupos sociais distinto do anterior: apenas *"em razão de sua nacionalidade, idade, idioma, origem étnica, racial, nativa ou social, deficiência, opinião política ou religiosa"* (**modificação da norma de inclusão/exclusão**).

Entende-se assim que nessa nova versão do PLS aprovada pela CTERCP, questões de gênero (orientação sexual e identidade de gênero) foram desvinculadas da possibilidade de caracterizar um grupo passível de práticas genocidas. Essa medida foi adotada sem qualquer menção expressa à exclusão de tais critérios e sem qualquer indicação de propostas que argumentaram contra tal proposta.

Deste modo, o silenciamento da possibilidade de proteger tais grupos de práticas genocidas por meio de um discurso jurídico penal ocorreu, assim, aparentemente sem uma razoável justificação jurídica. Mais do que isso: no momento em que o documento poderia ter apresentado uma justificativa,

---

9. V. item 3.1.1, supra.
10. V. item 3.1.2, supra.

ele afirma exatamente o contrário: que a redação original foi integralmente mantida, tendo havido apenas uma renumeração e um deslocamento entre capítulos de um mesmo título.

Após a nova versão do PLS apresentada pelo Parecer Técnico, foram apresentadas 83 (oitenta e três) emendas à proposta de Reforma do CPB. A primeira data de 10/2/2014 e, a última, de 9/4/2015. Até o presente momento, nenhuma delas foi aprovada ou rejeitada, estando assim em fase de análise e de discussão.

Das emendas analisadas, 18 (dezoito)[11] tratam de algum tema relacionado a questões de gênero (orientação sexual ou identidade de gênero) – preconceito por questões de gênero, terrorismo por questões de gênero, tortura baseado em questões de gênero, injúria qualificada baseada em questões de gênero, entre outras. Nestas, busca-se (i) acrescentar agravante ou qualificadora por ter ocorrido com base em questões de gênero (p.ex., emendas 21, 22, 23, 29, 58, 59, 60, 62, 63 e 64), ou (ii) re-incluir questões de gênero em tipos penais em que a punição de práticas criminosas baseadas em gênero "já havia sido prevista na redação original do Anteprojeto da Comissão de Juristas mas que, inexplicavelmente, foi excluída na Comissão Especial de Senadores. Urge recuperá-la" (SUPLICY, 2014, p. 2) – argumento que reaparece na emenda 65.

É importante observar que nenhuma das emendas até então apresentadas discute o tema da tipificação do crime de genocídio baseado em violência de gênero (orientação sexual ou identidade de gênero), tal qual proposto pelo texto original do PLS. Na verdade, nenhuma das emendas até então proposta versa mesmo sobre qualquer proposta de modificação da nova versão da tipificação do crime de genocídio. Constata-se, assim, um silenciamento injustificado de diferentes iniciativas de proteção de grupos marginalizados por questões de gênero por meio de normas penais – principalmente no que se refere ao crime de genocídio.

4. A EXPERIÊNCIA REGULATÓRIA BRASILEIRA E POSSÍVEIS INTERAÇÕES NORMATIVAS COM O ESTATUTO DE ROMA

4.1 PROXIMIDADES E DIFERENÇAS NAS REGULAÇÕES SOBRE GENOCÍDIO

A análise dos itens anteriores permite perceber algumas inovações regulatórias em relação à lei ainda em vigor no Brasil no que se refere ao combate do crime de genocídio. Há todo um complexo normativo (punitivo, interpretativo, inclusão/exclusão, execução, entre outras normas), o qual não interessa para o presente texto. Basta notar uma clara perspectiva de ampliação da abrangência regulatória por meio de (i) **norma penal de definição**, e (ii) **norma penal de inclusão**.

11. Emendas 21, 22, 23, 29, 57, 58, 59, 60, 61, 62, 63, 64, 65, 69, 70, 71, 72 e 73.

Com efeito, se na Lei nº 2.889/1956 era necessário que a ação de destruição de parte ou da totalidade de um grupo se materializasse em "*membros do grupo*", isto é, mais de uma pessoa, no PLS não há necessidade de mais de uma pessoa do grupo ser atingida: basta que este único "*alguém*" – nas palavras do art. 459 do PLS – seja atingido de tal forma que se possa depreender materialmente de forma clara a intenção de destruir, no todo ou em parte, o grupo ao qual ela pode ser associada (**norma penal de definição**). Do mesmo modo, na Lei nº 2.889/1956, gênero não é um critério apto a definir um grupo passível de práticas genocidas – o que é expressamente admitido pelo art. 459, *caput*, do PLS (**norma penal de inclusão**).

Mas quais as proximidades e as diferenças em relação à regulação estabelecida pelo Estatuto de Roma?

Em uma primeira leitura dos dois diplomas, se percebe que o texto do PLS reproduz de forma mais ou menos livre, em tradução quase que literal, o art. 6 do Estatuto de Roma, o qual tipifica o crime de genocídio[12]. E, do mesmo modo como ocorre com o Estatuto, não há a possibilidade de pessoas jurídicas serem consideradas potenciais sujeitos ativos de crimes internacionais[13]. Ao mesmo tempo, nessa mesma leitura inicial, não se pode ignorar uma outra divergência entre as disposições normativas, no que se refere à classificação: enquanto no Estatuto de Roma, o crime de genocídio é um tipo penal autônomo em relação aos crimes contra a humanidade, no PLS os genocídio é entendido como espécie de crime contra a humanidade. O reformador brasileiro adotou uma terminologia distinta, a qual entende o genocídio, como os demais crimes contra a humanidade, como um crime contra os Direitos Humanos.

Além dessas diferenças superficiais, há diferenças mais específicas: há aqui também uma ampliação da abrangência regulatória por meio de (i) **norma penal de definição**, e (ii) **norma penal de inclusão**. É no interior desta divergência que se poderá compreender possibilidades de interações normativas.

O PLS inova igualmente em relação ao Estatuto de Roma, pois não exige que o intento destrutivo, em todo ou em parte, de um grupo se materialize por meio de ações diretas contra "*members of the group*": basta atingir materialmente um único "alguém", com o propósito de aniquilar um grupo (**norma penal de definição**). Do mesmo modo, o PLS também inova no sentido de ampliar o espectro na inclusão de uma perspectiva de gênero: orientação sexual e identidade de gênero são critérios que, de acordo com o art. 459, *caput*, permitem definir um grupo passível de serem vítimas de práticas criminosas de caráter genocida (**norma penal de inclusão**).

---

12. Essa reprodução em texto quase que literalmente traduzido não ocorre apenas no que se refere à previsão penal do genocídio. Os demais crimes contra a humanidade e os crimes de agressão, tal qual previstos no texto original do PLS, seguem de perto a redação trazida para condutas previstas dos arts. 7 (crimes contra a humanidade) e 8 (crimes de guerra) do Estatuto de Roma.

13. Se o PLS previu a possibilidade de punição de pessoas jurídicas, como visto acima, essas não estão incluídas dentre os possíveis sujeitos ativos de crimes contra a humanidade e crimes de guerra. Apesar de as negociações em torno do Estatuto de Roma terem levantado essas discussões – principalmente entre França (a favor) e a Alemanha (contra), a versão final do Estatuto excluiu a possibilidade de pessoas jurídicas serem judicializadas perante o TPI (ZEN, 2018, ver também UNITED NATIONS, 1998). Do mesmo modo, a última versão da proposta do PLS rediscute a possibilidade de pessoas jurídicas serem consideradas penalmente responsáveis; v. nesse sentido as Emendas 5, 11 e 16, que não são objeto de estudo por este texto: restrição de tal responsabilidade apenas para crimes ambientais e desde que resulte de atos ultra vires societatis. Discussão interessante, para futuras investigações conjuntas.

Há assim uma tentativa de inovar no discurso jurídico sobre a temática do gênero, ampliando as experiências regulatórias nacional e internacional sobre o genocídio e sobre a proteção de grupos vulneráveis em virtude de violência baseada em critérios de gênero. Por outro lado, identifica-se uma mudança profunda na redação do projeto original do PLS. Houve um reiterado silêncio sobre a condição de vulnerabilidade de pessoas perseguidas por questões de gênero durante os principais momentos da discussão Parlamentar sobre a Reforma do CPB. Apesar de ter sido previsto originalmente no PLS, o tema não recebeu maiores atenções nas discussões sob égide do Senado – seja em seu documento final *(Parecer Técnico 1756/2013)*, seja nas discussões posteriores a ele (emendas).

A **eliminação injustificada de normas penais de inclusão** de medidas protetivas a grupos marginalizados por questões de gênero (orientação sexual e identidade de gênero) quando da aprovação da versão final pela CTERCP parece ter ocorrido em diferentes tipos penais – tendência que se repete na proposta de tipificação do crime de genocídio. Ao mesmo tempo, nenhuma das emendas até então propostas busca instaurar novamente uma norma penal que inclua questões de gênero como critério de definição de grupo passível de ser atingido por práticas genocidas.

4.2 DE ROMA AO PLS, DO PLS A ROMA?

Quando da justificação de apresentação do PLS, foi indicado que se tratava de uma proposta de regulação atenta aos **"nossos novos valores"**, de modo que a ordem jurídica brasileira *"pudesse se ajustar melhor a um mundo cujas relações sociais ocorrem de forma mais exposta, difundida e fragmentada" (SARNEY, 2012, p. 33446)*. A Reforma do CPB surge expressamente em um contexto de percepção da necessidade de combater tratamentos discriminatórios contra grupos vulneráveis, afirmando que *"não somos mais uma sociedade que tolera, ou mesmo feche os olhos, para tratamentos discriminatórios em relação às mulheres, a outras etnias, a outras crenças religiosas ou às pessoas portadoras de necessidades especiais. Passamos a ser uma sociedade democrática" (SARNEY, 2012, p. 33445)*.

Evidentemente se nota que a justificação do PLS em momento algum menciona identidade de gênero e orientação sexual de forma expressa. Todavia, não se pode ignorar ser clara a intenção em aprimorar *"[o] tratamento e [a] proteção das minorias" (SARNEY, 2012, p. 33447)*, sem haver aqui qualquer restrição a um ou outro tipo de minoria. Aliás, os únicos pontos de discordância *"por uma questão de consciência e de religião" (SARNEY, 2012, p. 33447)* apresentados pelo autor da justificação em relação ao texto original do PLS não se refere a temas de proteção de minorias. Antes, se referem aos temas *"da eutanásia, das causas de exlusão de crime nos tipos de aborto e da exclusão de crime no caso de porte de drogas e seu plantio para uso"* (SARNEY, 2012, p. 33446-7).

Não parece haver uma tendência à exclusão, no interior da regulação penal proposta pelo texto originário do PLS, da identidade de gênero e da orientação sexual como critérios identificadores de grupos em situação de vulnerabilidade. Todaiva, é sintomático notar que, em sua redação original, em momento algum o PLS se preocupou em definir o sentido atribuído às expressões **identidade de gênero e orientação sexual**.

Dito de outro modo, seja na Parte Geral, seja na Parte Especial, não houve preocupação por parte do reformador em incluir uma **norma penal de definição ou de interpretação** do sentido a ser atribuído a tais termos. A ausência de tal disposição significa, por um lado, uma opção deliberada do reformador por não promover antecipadamente qualquer exclusão regulatória de grupos sociais que potencialmente possam ser compreendidos no futuro dentro de uma outra expressão. Por outro lado, essa indefinição regulatória pode macular a eficácia protetiva desse tipo penal em relação a tais grupos.

Com efeito, ao tornar tais grupos conceitos abertos, o PLS promove uma abrangência de inclusão desmedida: o que são, para a ordem jurídica penal brasileira, identidade de gênero e orientação sexual? Como compreender, dentro de uma perspectiva *queer*, a abrangência dada pelo reformador a outros corpos que importam, por materializarem possibilidades de orientações sexuais e de identidade de gênero historicamente marginalizadas?

Essa opção regulatória contrasta com a solução dada pelos legisladores do Estatuto de Roma. Como se sabe, neste Tratado a noção de gênero adotada opera dentro de dentro de uma visão binária: *"the two sexes, male and female, within the context of society. The term 'gender' does not indicate any meaning different from the above."* (art. 7, 3, do Estatuto de Roma). Apesar de esta disposição se referir aos crimes contra a humanidade, há uma opção deliberada em determinar uma **norma penal** que promova um sentido **interpretativo**, o qual restringe a possibilidade de se ampliar o espectro de sujeitos passivos de práticas criminosas.

Essa discussão é relevante no interior de uma política criminal abrangente, a qual ultrapassa a dimensão da simples conexão entre normas de comportamento normas de sanção. Para criar condições de eficácia dessas normas abertas, o sentido de tais expressões precisaria ser definido posteriormente em pelo menos dois outros foros: (i) um político, em âmbito parlamentar, durante as discussões posteriores sobre o próprio projeto, e, em caso de permanente indefinição, (ii) outro jurídico, quando da aplicação de tais normas pelos diferentes membros do Sistema de Justiça brasileiro. Relegar a definição pública do reconhecimento política do espectro de performances **trans** abrangidas pela proteção penal im-

O ESTATUTO DE ROMA E A REFORMA DO CÓDIGO PENAL BRASILEIRO (PLS Nº 236/2012): FORÇA NORMATIVA E NUANCES REGULATÓRIAS SOBRE GÊNERO NA TIPIFICAÇÃO DO CRIME DE GENOCÍDIO

plica atribuir a essas duas esferas jurídicas (política e técnica) a possibilidade de definir a amplitude da paridade social concedida a tais grupos pela ordem jurídica brasileira.

A análise acima empreendida focalizou nas discussões parlamentares em torno do crime de genocídio, especificamente no que se refere às questões de gênero. Como foi possível notar, a utilização do Direito Penal como ultima *ratio* jurídica para sancionar violações de direitos de grupos identificados por critérios de gênero (orientação sexual e identidade de gênero) parece ser um tema ativo nas pautas das discussões parlamentares (proposição de emendas). Contudo, elas não se ocupam de retomar a associação entre questões de gênero e genocídio (**re-introduzir normas de inclusão**), nem se preocupam em determinar, como ocorreu no Estatuto de Roma, uma **norma penal de interpretação** que permita estabelecer condições de possibilidade de aplicação dos diversos tipos penais previstos na Reforma do CPB.

A carência dessas duas normas penais é relevante para compreender os limites da tutela penal de grupos marginalizados socialmente em virtude de questões de gênero. Isso porque ela sinaliza um silenciamento não declarado de reconhecimento de demandas vinculadas a questões de gênero, não apenas por excluir questões de gênero como critério de aplicação do tipo penal de genocídio com relação a tais grupos, mas principalmente por uma ausência de estabelecer um padrão regulatório que permita a aplicação de outros tipos penais que precisam ser aplicados com base em critérios relacionados à orientação sexual ou à identidade de gênero.

Dentro de uma perspectiva baseada na teoria *queer*, talvez não se concordar com a solução adotada pelo Estatuto de Roma em associar, nos crimes contra a humanidade, a noção de gênero a uma dimensão binária. Todavia, a experiência normativa do Estatuto de roma é relevante na medida em que reflete uma preocupação sincera em garantir a aplicabilidade de normas penais. Nestes termos, ainda que a tipificação do crime de genocídio tenha excluído grupos identificados com questões de gênero, a ausência de uma norma de definição de tais critérios poderá minar a aplicabilidade dos outros tipos penais.

Dentro dessa perspectiva, em uma interação normativa entre os documentos, pode-se notar ainda a necessidade de um aprendizado regulatório em caráter duplo a partir de uma perspectiva *queer*. Por um lado, estimular novos consensos normativos que reconheçam identidade de gênero para além do binarismo mulher-homem (**norma penal de inclusão**). Por outro lado, estimular consensos normativos adicionais que garantam a aplicabilidade do discurso protetivo penal por meio da definição mais precisa de conceitos indeterminados presentes em hipóteses normativas (**norma penal de definição e de interpretação**).

REFERÊNCIAS BIBLIOGRÁFICAS

5.1 FONTES PRIMÁRIAS

BRASIL. Senado Federal. Projeto de Lei n. 236, Diário do Senado Federal, a. LXVII, n. 106, p. 33260-444, 12 de Julho de 2012.

_____. Senado Federal. Comissão Temporária de Estudo da Reforma do Código Penal (CTERCP). Parecer n. 1.576, de 17 de Dezembro de 2013.

INTERNATIONAL LABOUR ORGANIZATION (ILO); UNITED NATIONS HUMAN RIGHTS OFFICE OF THE HIGH COMMISSIONER (OHCHR); UNITED NATIONS DEVELOPMENT PROGRAM (UNDP); UNITED NATIONS EDUCATIONAL, SCIENTIFIC AND CULTURAL ORGANIZATION (UNESCO); UNITED NATIONS POPULATION FUND (UNFP); UNITED NATIONS HIGH COMMISSIONER FOR REFUGEES (UNHCR); UNITED NATIONS CHILDREN'S FUND (UNICEF); UNITED NATIONS OFFICE ON DRUGS AND CRIME (UNODC); UNITED NATIONS ENTITY FOR GENDER EQUALITY AND WOMEN EMPOWERMENT (UN WOMEN); WORLD FOOD PROGRAMME (WFP); WORLD HEALTH ORGANIZATION (WHO) & JOINT UNITED NATIONS PROGRAMME ON HIV/AIDS (UNAIDS). Ending Violence and Discrimination against Lesbian, Gay, Bisexual, Transgender and Intersex People, 2015.

SARNEY, José. Justificação, Diário do Senado Federal, a. LXVII, n. 106, p. 33445-7, 12 de Julho de 2012.

SUPLICY, Marta. Emenda n. 57 ao PLS 236/2012, de 12 de Dezembro de 2014.

UNITED NATIONS. Diplomatic Conference of Plenipotentiaries on the Establishment of an International Criminal Court. Rome 15 June – 17 July 1998. Working Paper on article 23, paragraphs 5 and 6. (A/Conf.183.C.1/WGGP/L.5/Rev.2).

_____. Human Rights Council. Human Rights, Sexual Orientation and Gender Identity, 2011. (A/HRC/RES/17/19).

_____. Human Rights, Sexual Orientation and Gender Identity, 2014. (A/HRC/RES/27/32).

_____. Protection against Violence and Discrimination based on Sexual Orientation and Gender Identity, 2016. (A/HRC/RES/32/2).

5.2 FONTES SECUNDÁRIAS

ALEXY, Robert. Teoria da Argumentação Jurídica. São Paulo: Landy, 2001.

BADIN, Michelle; GIANNATTASIO, Arthur & CASTRO, Douglas. O Caso Didático no Ensino do Direito Internacional: Um Instrumento para um Aprendizado Interdisciplinar com Relações Internacionais, Meridiano 47, v. 18, p. 1-17, 2017.

BOBBIO, Norberto. A Função Promocional do Direito. In: Norberto BOBBIO. Da Estrutura à Função. Barueri: Manole, p. 1-22, 2007.

BOGDANDY, Armin von; GOLDMANN, Matthias & VENZKE, Ingo. From Public International to International Public Law: Translating World Public Opinion into International Public Authority, European Journal of International Law, v. 28, n. 1, p. 115-45, 2017.

BUTLER, Judith. Gender Trouble. London/New York: Routledge, 1990.

_____. Bodies that Matter. New York/London, Routledge, 1993.

CARDIA, Ana Cláudia & GIANNATTASIO, Arthur. O Estado de Direito Internacional na Condição Pós-Moderna: A Força Normativa dos Princípios de Ruggie sob a Perspectiva de uma Radicalização Institucional. In: Marcelo BENACCHIO (Coord.); Diogo VAILATTI & Eliete DOMINIQUINI (Orgs.). A Sustentabilidade da Relação entre Empresas Transnacionais e Direitos Humanos. Curitiba/Brasília/São Paulo: CRV/CNPq/UniNove, p. 127-146, 2016.

CHARLESWORTH, Hilary; CHINKIN, Christine & WRIGHT, Shelley. Feminist Approaches to International Law, American Journal of International Law, v. 85, n. 4, p. 613-45, 1991.

DELMAS-MARTY, Mireille. Por um Direito Comum. São Paulo: Martins Fontes, 2004.

DURAN, Camila. A Moldura Jurídica da Política Monetária. São Paulo: Saraiva/DIREITO GV, 2013.

FABIÃO, Eleonora. Performance e Teatro: Poéticas e Políticas da Cena Contemporânea, Sala Preta, v. 8, p. 235-46, 2008.

FÉRAL, Josette. Por uma Poética da Performatividade: O Teatro Performativo, Sala Preta, v. 8, p. 197-210, 2008.

FARIA, José. Poder e Legitimidade. São Paulo: Perspectiva, 1978.

_____. Direito e Conjuntura. São Paulo: Saraiva/DIREITO GV, 2008.

_____. Retórica Política e Ideologia Democrática. Rio de Janeiro: Graal, 1984.

FERRAZ JR., Tercio. Função Social da Dogmática Jurídica. São Paulo: Max Limonad, 1998.

_____. Introdução ao Estudo do Direito. 3 ed. São Paulo: Atlas, 2001.

GIANNATTASIO, Arthur. A Opinio Iuris Sive Necessitatis: Do Elemento Subjetivo Consuetudinário à Intersubjetividade Jurídica. In: Paulo CASELLA & André RAMOS (Org.). Direito Internacional: Estudos em Homenagem a Adherbal Meira Mattos. São Paulo: Quartier Latin, p. 575-617, 2009.

_____. A juridificação de conflitos políticos no direito internacional público contemporâneo: uma leitura política da paz pelo direito de Hans Kelsen a partir do pensamento político de Claude Lefort, Revista de Direito Internacional, v. 12, p. 57-76, 2015.

_____. The Interaction between International and Domestic Legal Orders: Framing the Debate according to the Post-Modern Condition of International Law, German Law Journal, v. 19, p. 1-20, 2018a.

_____. Fundamentos de uma análise sociológica crítica das instituições jurídicas internacionais: negatividade e política na metodologia dos estudos em Direito Internacional no Brasil, Revista Brasileira de Estudos Políticos, v. 116, p. 113-158, 2018b.

GIANNATTASIO, Arthur; MOROSINI, Fabio & BADIN, Michelle. Abordagens de Gênero: Alguns de seus Principais Aportes para o Campo do Direito Internacional. In: Michelle BADIN; Fabio MOROSINI & Arthur GIANNATTASIO (Org.). Direito Internacional em Leituras Críticas – Textos e Comentários. Coimbra: Almedina, 2019. [no prelo]

GOLDMANN, Matthias. Inside Relative Normativity: From Sources to Standard Instruments for the Exercise of International Public Authority, German Law Journal, v. 9, n. 11, p. 1865-1908, 2008.

HABERMAS, Jürgen. A Constelação Pós-Nacional. São Paulo: Littera Mundi, 2001.

HART, Michael & NEGRI, Antonio. Empire. Cambridge: Harvard University, 2000.

KELSEN, Hans. Paz pelo Direito. São Paulo: WMF Martins Fontes, 2011.

KRONCKE, Jedidiah. The Futility of Law and Development. Oxford: Oxford University, 2016.

LAÏDI, Zaki. La Norme sans la Force. 2 ed. Paris: SciencesPo, 2008.

LIPPI, Camila. Negociando Gênero na Conferência de Roma: O Papel da Sociedade Civil, Cadernos de Direito, v. 13, p. 67-82, 2013.

_____. Teatro Pós-Dramático, Doze Anos Depois, Revista Brasileira de Estudos da Presença, v. 3, n. 3, p. 859-78, 2013.

LORCA, Arnulf. Mestizo International Law. Cambridge: Cambridge University, 2015.

LUHMANN, Niklas. Poder. Brasília: UnB, 1985.

MACHADO, Marta; MATSUDA, Fernanda; GIANNATTASIO, Arthur; COUTO, Maria; TOZI, Thalita; SILVA, Mariana; PRZYBYLSKI, Larissa & CHRYSSAFIDIS, Larissa. A Violência Doméstica Fatal: O Problema do Feminicídio Íntimo no Brasil. Brasília: Ministério da Justiça (MJ)/Secretaria de Reforma do Judiciário (SRJ), 2015.

OBREGÓN, Liliana. Completing Civilization: Creole Consciousness and International Law in Nineteenth-Century Latin America. In: Anne ORFORD (Org.). International Law and its Others. Cambridge: Cambridge University, p. 247-64, 2006.

ONUMA, Yasuaki. Direito Internacional em Perspectiva Transcivilizacional. Belo Horizonte: Arraes, 2016.

OTTO, Diane. Lost in Translation: Re-scripting the Sexed Subjects of International Human Rights. In: Anne ORFORD (Ed.). International Law and its Others. Cambridge: Cambridge University, p. 318-56, 2006.

_____. Introduction. In: Diane OTTO (Ed.). Queering International Law. Abingdon/New York: Routledge, p. 1-11, 2018.

PEÑA, Felix & LAFER, Celso. Argentina e Brasil nas Relações Internacionais. São Paulo: Duas Cidades, 1978.

PIRES, Álvaro; MACHADO, Maíra; FERREIRA, Carolina; PARENT, Colette; MATSUDA, Fernanda & LUZ, Yuri. Análise das Justificativas para a Produção de Normas Penais. Brasília: Secretaria de Assuntos Legislativos do Ministério da Justiça (SAL/MJ)/Programa das Nações Unidas para o Desenvolvimento no Brasil (PNUD Brasil)/Escola de Direito de São Paulo da Fundação Getulio Vargas (FGV DIREITO SP), 2010.

RAJAGOPAL, Balakrishnan. International Law from Below. Cambridge: Cambridge University, 2003.

SKOUTERIS, Thomas. The Notion of Progress in International Law Discourse. The Hague: TMC Asser, 2010.

UNGER, Roberto. O Direito e o Futuro da Democracia. São Paulo: Boitempo, 2004.

VIEHWEG, Theodor. Tópica e Jurisprudência. Porto Alegre: Sergio Antonio Fabris, 2008.

ZEN, Cassio. Lacunas do Direito Internacional Criminal e a Responsabilidade de Pessoas Jurídicas. Tese (Doutorado em Direito Internacional). São Paulo: Faculdade de Direito da Universidade de São Paulo – Largo São Francisco, 2018.

FAROUK BATICHE / GETTY IMAGES

88 TRANSITIONAL JUSTICE IN GERMANY

ASTRID BETZ

Pesquisadora Associada ao Centro de Documentação do Período Nazista e ao Memorial dos Julgamentos de Nuremberg (Departamento de Educação e Pesquisa). Estudou História, Literatura Alemã e Francesa na Friedrich Wilhelm University em Bonn, recebeu seu Mestrado pela Ludwig Maximilian University em Munique, onde estudou Teatro, Literatura Alemã e Francesa. Trabalhou como membro da equipe acadêmica no projeto de pesquisa "Authenticity and Colonialism", patrocinado pela German Research Foundation. Redigiu seu doutorado sobre o tema Staging the Pacific – The Construction of Authenticity publicado em 2003.

De 2005 a 2012 desenvolveu diversos seminários cinematográficos sobre a propaganda e antissemitismo. Desde a abertura do Memorial dos Julgamentos de Nuremberg em 2010, vem desenvolvendo o Programa Educacional do Memorial. Em 2015 organizou para os professores da Bavaria, em cooperação com o Centro de Educação Bávaro, o seminário 70 Years Nuremberg Trial – The Idea of Teaching and Learning in 1945

Seventy years ago the Universal Declaration of Human Rights was proclaimed by the United Nations General Assembly in Paris on 10 December 1948. It was drafted by representatives of different legal and cultural backgrounds from all regions of the world. The Universal Declaration of Human Rights (UDHR) is a milestone document in the history of human rights. It is a common standard of achievements for all peoples and all nations. It sets out, for the first time, fundamental human rights to be universally protected and it has been translated into over 500 languages.

1. HUMAN RIGHTS AND INTERNATIONAL CRIMINAL LAW

The Human Rights Commission, which was entrusted with this task by the United Nations after its founding in June 1945, took up this work in January 1947, only a few months after the end of the International Military Tribunal (IMT) that gave extensive evidence of the Nazi war crimes. The IMT had its permanent seat in Berlin, but the trial took place in Nuremberg from 20th November 1945 to 1st October 1946. So **Nuremberg has become the birthplace of International Criminal Law, since it was in Nuremberg that** the four allied governments – United States of America, Great Britain, Soviet Union and France – put on trial 22 high ranking representatives of the Nazi regime. They installed the International Military Tribunal. The term "international and military" have to be defined carefully. Military might be related to the situation that Germany at that time after the Second World War was occupied and divided in four zones, which were ruled by the victorious military powers USA, Soviet Union, Great Britain and France. The judges of the International Military Tribunal were appointed by their respective governments. Only the soviet judges were military judges and this tribunal did not prosecute exclusively military personnel.[1] The term "international" relates not only to the four victorious powers leading the trial, but also to 19 other countries that had endorsed the London Statute signed on 8 August 1945.[2] The London Statute established the composition of the court and the charges. So we can speak of an "internationally supported court."[3] Nineteen defendants were found guilty of a combination or of at least one of the four counts: conspiracy, crimes against peace, war crimes and crimes against humanity. In the end three defendants were acquitted, twelve defendants were sentenced to death, seven received prison sentences. The judges of the International Military Court were largely independent – not following the suggestion of the representatives of the Soviet Union, who had categorically demanded the death sentence – and took their decisions up according to the individual guilt of the defendants presented by the prosecution largely through documents.

A few weeks after the Nuremberg Trial, the United Nations decided to make legal principles of the London Statute and of the judgements of the IMT universally binding international law and in July 1950, the UN "International Law Commission" agreed on the text of these "Nuremberg Principles." The IMT had broken new ground in legal terms. For the first time not only the state as a whole was called to account, but charges were filed against its leading representatives, politicians, members of the military and economic leaders as well as individual organisations.

The Human Rights Commission that was working on the Human Rights declaration finally proclaimed in December 1948. The shock over the horrible Nazi barbarity was recent and was by no means only felt in those states that were directly affected by the war and occupation. Johannes Morsink, a professor of political philosophy, demonstrated in his basic studies of the origin of the "Universal Declaration of Human Rights", that the delegates from the Arab, Asian, African and Latin American countries also expressed their horror as the extent of the crimes and the destructive intent behind them came to light.[4] **The crimes of National Socialism were thus understood worldwide as providing an impetus for a global human rights response.** The second sentence of the preamble makes such a direct reference to Nazi crimes by listing among the reasons for the necessity of the United Declaration of Human Rights, that "disregard and contempt for human rights have resulted in barbarous acts which have outraged the conscience of mankind."[5]

Hitler had denounced "the conscience" in "Mein Kampf" as a "Jewish invention" and a category of no use to a master race. To Hitler human rights were for "notorious weaklings" who moan and complain over the Nazi interference with sacred human rights. He further wrote, "No, there is only one sacred human right, and this human right is at the same time the most sacred duty, namely: to ensure that the blood remains pure…"[6] In Hitler's conscious and radical denial of human rights is the contrast between barbarity and humanity expressed in its simplest and at the same time deepest form, which all human rights teaching can use as its starting point.

1. Only three of the 24 defendants had been members of the German Armed Force.
2. Abyssinia, Australia, Belgium, Denmark, Greece, Haiti, Honduras, India, Yugoslavia, Luxembourg, New Zealand, the Netherlands, Norway, Panama, Paraguay, Poland, Czechoslovakia, Uruguay and Venezuela.
3. Claudia Steur, The Trial of Mayor War Criminals in Nuremberg, Berlin 2006, p. 124.
4. See Johannes Morsink, https://www.jstor.org/stablet762543?seq=1#page_scan_tab_contents;
5. https://www.ohchr.org/EN/UDHR/Documents/UDHR_Translations/eng.pdf;
6. http://learning-from-history.de/sites/default/files/book/attach/hitler-mein-kampf-human-rights.pdf

But the debate of the drafters of the human rights declaration of 1948 was not limited to this general level of confrontation between barbarity and humanity. **The members were on the most part schooled in international law,** and thus they intended to formulate very clearly the rights of man, leaving no doubts for the future over which rights were protected. The comprehensive body of evidence assembled by the United Nations War Crimes Commission for the Nuremberg Trials was available to the delegates of the Human Rights Commission and its staff. Nearly every article of the United Declaration of Human Rights shows that individual delegates referred to known Nazi crimes during the debates. Therefore they sought a formulation that appeared to them at least normatively capable of precluding this type of crime in the future. One of the most difficult lessons for the by then adjourned Nuremberg Military Tribunals was the lack of norms under international law for many factual scenarios that "modern civilization cannot tolerate", as expressed by the American prosecutor Robert H. Jackson in the opening speech of the Nuremberg Trial. To Jackson "the true complainant before the chambers of this court (...) was civilization."

2. GERMANY SLOWLY SETTING UP NEW RULES

The constitution of **Germany**, the so called "Grundgesetz", which came into effect in May 8, 1949, only five months after the Universal Declaration of Human Rights had been proclaimed and only a month after the last Follow up Trial held in the Nuremberg Palace of Justice had ended, puts a particular emphasis on **human rights**. "Human dignity is inviolable", is being interpreted as protecting the sum of human rights. The constitution guarantees all rights from the Universal Declaration of Human Rights which itself is not legally binding. The ratification of the European Convention on Human Rights allows citizens to appeal to the European Court of Human Rights.

Freedom of speech is guaranteed by the German constitution. However, incitement of the people (Volksverhetzung) is a crime, defined as spreading hate against or insult against a part of the population. In 1994, a paragraph explicitly forbidding denial of Nazi crimes was added.

The collapse of 1945 was the beginning of the liberation from an ideology of hatred that divided people into Master race and slaves, a way towards love for all people. The general recognition of human rights and freedoms as they are formulated in the Universal Declaration of Human Rights from December 10, 1948 emerged from this. Their recognition by all people for all people created the basis for the possibility of peace. If one is to understand the historical process that led to the formulation of the UDHR as a direct reaction to the NS crimes, one can critically analyze this process, and then use this analysis in the teaching of human rights.

In Germany it took many years to learn how to deal with the Nazi past. In the fifties and in the sixties it depended on individual initiatives of lawyers, educators, teachers, journalists etc. to deal with the past. The majority was interested in building up new, economically strong states, focussing on the future of the two countries. In the Federal Republic – so called West Germany – the courts reacted to any attempts at prosecuting Nazi crimes by suspending numerous cases, acquitting defendants and generally imposing light sentences. In the German Democratic Republic – so called Eastern Germany – the state doctrine attempted to distance it self both from National Socialism and the Federal Republic. In both parts former followers of National Socialism could easily adapt to new circumstances and continue their careers.[7] The peace keeping process and cold war politics helped to see the necessity more in actual politics than in remembering activities. This changed slowly in the eighties and after the reunification in 1990.

In 1998 Germany became one of the signatory states shaping and signing the Rome Statute, the legal basis for the International Criminal Court. Now, twenty years later we celebrate the twentieth anniversary of the adoption of the Rome Statute, the founding treaty of the International Criminal Court, which seeks to protect people from genocide, crimes against humanity, war crimes and the crime of aggression.

States Parties play a crucial role in the support of the Rome Statute[8]: "The ordinary way of prosecuting human rights violations would be through the national channels; only if the national bodies are unable or unwilling to prosecute can and will the ICC prosecutor takes over.[9] This is the principle of complementarity that is substantial for the ICC. In order to be compatible to the Rome set of law, many states have transformed the crimes in Art. 6-8 Rome Statute into national law. Germany has adopted a Code of International Crimes. To address the complicated issues and problems in the frame of an open discussion, the foreign office of Germany followed the idea to found the Nuremberg Academy Nuremberg Principles academy that organises regularly conferences for experts working in the field of International Criminal Law and Human Rights in Nuremberg in 2014.

At the historic site of the Nuremberg Trials, the International Academy Nuremberg Principles was created in 2014, a worldwide forum for current topics in international criminal law. The Academy's work focuses on

[7]. See Sanya Romeike, Transitional Justice in Germany after 1945 and 1990, Occasional Paper No. 1 of the International Nuremberg Principles Academy, Nurermberg 2016

[8]. https://www.stiftungevz.de/fileadmin/user_upload/EVZ_Uploads/Publikationen/Englisch/evz_publ_mrb_25-81.pdf; p.5. The military law of most civilized nations incorporates the doctrine of "manifest illegality." This doctrine requires soldiers to disobey orders that are "manifestly illegal" or grossly immoral. It was used in the Nuremberg and Tokyo Trials, in cases that have come before the Yugoslavia and Rwanda Tribunals, and has been incorporated into the Rome Statute of the International Criminal Court. Article 33 of the Rome Statute asserts that acting on the orders of a superior "shall not relieve that person of criminal responsibility unless … the order was not manifestly unlawful." 22 In other words, soldiers cannot escape criminal responsibility for manifestly unlawful orders simply because they are orders. This doctrine can only reasonably be applied to all persons across cultures if they possess the ability to recognize when an act is manifestly unlawful. Their conscience (inner voice, moral intuition, faculty or sense) tells them an act is "manifestly illegal" only because it is obviously immoral.

interdisciplinary research, in-service training and human rights education, with the goal of promoting legality, legitimacy and acceptance of international criminal law. This heritage must be maintained and developed further: nobody is above law, anybody can be held responsible for his or her actions. In October 2018, the so called Nuremberg Forum, celebrated the 20th Anniversary of the Rome Statute: Law, Justice and Politics by discussing the future development and direction of the International Criminal Court with experts, including judges, prosecutors and decision makers from all over the world.

3. HOW NUREMBERG BECAME CITY OF HUMAN RIGHTS?

Dealing with the past in sense of historical education started on the Former Nazi Party Rally Grounds in Nuremberg in the eighties. The first temporary exhibition about the Nazi Party Rallies and the Propaganda of Nazi Ideology was opened in 1985, forty years after the end of World War Two, in the building of the Zeppelin Tribune. As there was no permanent access, it became quite clear to the city community that there was a great need for a permanent exhibition that was developed in the nineties.

Another step towards a visible sign of Human Rights acceptance in the former city of the "Nuremberg Race Laws"[10] was made in 1993. It was the "Way of Human Rights", a work of the Israeli artist Dani Karavan that was inaugurated in October 1993 in a festive ceremony. The impressive installation of 27 round pillars about 8 metres high and a mighty archway is located immediately in front of the main entrance of the Germanic National Museum in the inner city of Nuremberg. Each pillar is inscribed with one article of the Universal Declaration of Human Rights. Each article is engraved in German and another language to emphasize of the Universality of human rights. Dani Karavans impressive urban highlight linking two sections of the Germanic National Museum constitutes a direct link to the entanglement of Nuremberg during the time of National Socialism and the city's resulting humanitarian obligations.

Two years later in 1995 the Nuremberg International **Human Rights Award** was presented for the first time. A jury with high-ranking international members and the support given by the United Nations, the UNESCO and renowned NGOs, have contributed to this award today being one of the respected international human rights prices. Those who have received the award so far, are all activists who at high personal risk fight for the protection of human rights in their countries. They come from all regions of the world, including Russia, Tunesia, Mexico, Pakistan, Uzbeskistan, Mauretania, Iran, Colombia, Uganda, Bangladesch and Syria. A high-ranking

---

9. *https://www.uni-marburg.de/icwc/dateien/can-criminalprosecutionbetheanswer.pdf*, p. 1476

10. The Law for the Protection of German Blood and German Honour prohibited marriages and extramarital intercourse between Jews and Germans, and forbade the employment of German females under 45 in Jewish households.

jury, comprising prominent human rights activists, representatives of the United Nations and important NGOs, safeguards international interest both from politics and media. The Human Rights Office has kept in touch with most award winners, and supported their projects to the best of its abilities.

In 2001 finally a permanent exhibition about the Nazi Party Rallies and the propaganda of the NS ideology was opened. The exhibition **"Fascination and Terror"** seated in the former Congress Hall, originally planned for the so called elite of the Nazi Party Rally participants, is by now internationally well known. 270 000 visitors per year come to see the exhibition in the documentation centre. In addition to the permanent exhibition "Fascination and Terror" the **"Educational Forum"** which offers a number of public and private conferences and discussions started working in the modern part of the building on top of the old part of the building. It was designed by the Austrian architect Günther Domenig, who offered his architecture as a statement of reflexion about the Nazi period. Next to topics closely associated with the location, such as NS propaganda, NS architecture, or "Nuremberg Laws", some lectures directly related to human rights are presented by the Nuremberg Human Rights Center and the Human Rights Office of the City of Nuremberg in the "Educational Forum".

In 2010 the Federal Government of Germany, the State of Bavaria and the City of Nuremberg opened the Memorium Nuremberg Trials, a permanent exhibition that informs about the Nuremberg Trial as the birthplace of International Criminal Law and as well about the heritage of the Nuremberg Trials in its national and international context. Right from the beginning the responsibles for the organization of the trial were aware of the historic importance of this trial and wanted to ensure international attention. Beside the Eichmann trial in Jerusalem it might be the best reported trial in history. In 2012, the International Criminal Court started its work in the Hague. The Memorium Nuremberg Trials illustrates the link between the Nuremberg Trials and the current work of the International Criminal Court.

Located in the eastern part of the Palace of Justice, it links historical documentation and future orientated education. Today travellors from all over the world visit the Memorium Nuremberg Trials, allowing access to courtroom 600 on days, when there are no court sessions and explaining the careful thoughts and strategies that developed International Criminal Law in an exhibition focussing on different perspectives of the Nuremberg Trials and their heritage.

However we all can and we should learn from each other. In Nuremberg it was the Israeli artist Dani Karavan who pushed for the awareness of human rights as an answer to National Socialism with his "Street of Human Rights", created in 1993 in a prominent public location. Dani Karavan became one of the permanent Jury Members of the Human Rights Price Jury. This year he received and accepted the honory citizenship of the City of Nuremberg, a generous gesture of an artist, who lost family members in the Holocaust to accept the citizenship of a city that has become emblematic for the deprivation of rights.

Since the opening of this impressive row of columns, each of which contains an article of the Universal Declaration of Human Rights (UDHR), human rights education has become an important part of extracurricular education as well as a part of school curriculum in Nuremberg. The Nuremberg Human Rights Centre can look back upon more than twentyfive years of continuous work in this area. Central to this work is the link between the Street of Human Rights location and the most important human rights document, the UDHR.

Arising with the birth of every human being is his own human dignity and another basic principle of human rights, their indivisibility. A defining feature of the indivisibility is the ban on any kind of discrimination. This rule is stated in Article 2 clearly, together with a full list of reasons on which it is not permissible to discriminate: Everyone is entitled to all the rights and freedoms set forth in this Declaration, without distinction of any kind, such as race, colour, sex, language, religion, political or other opinion, national or social origin, property, birth or other status.[11]

This special emphasis on the equality of all human beings sets the UDHR apart from earlier declarations, most notably those of the French and American Revolutions. This new emphasis was also the result of the extreme consequences of the policy of systematic discrimination during NS rule. The exhibition at the Documentation Centre of the Nazi Party Rally Grounds devotes considerable attention to the topic of racial discrimination. This can also be linked to the teaching of human rights, which becomes all the more relevant and at the same time disturbing, since the best known manifestation of racist NS policy is again tied to Nuremberg: the so-called "Nuremberg Laws".

The "Race Laws", which were passed in Nuremberg during the NS-Congress in 1935 deserve an analysis for the better understanding of the destructive character of such discriminating laws. Nuremberg was also the site of the trial against Leo Katzenberger, businessman and president of the Israeli Congregation. This trial was based on the "Race Laws" and on the "Ordinance against the Parasites of the People". Leo Katzenberger

[11] http://www.un.org/en/universal-declaration-human-rights/

was condemned to death and executed in 1942. Discrimination mostly affects more than one person. Not only Leo Katzenberger stood before Judge Rothaug in Nuremberg in courtroom 600, but also the "aryan" photographer Irene Scheffler. Discrimination affects also those who do not want their personal freedom to be ruled by discriminatory laws. The Race Laws affected Jews and Non-Jews alike, if only with dramatically different consequences. This fact can be applied very well to present-day issues of discrimination. Many citizens have seen or are aware of discrimination. Unlike other Human Rights issues such as torture or the death penalty, discrimination is a subject about which also young people have their own experience. Learning about the brutal interventions of the Nazis in the private life of "normal" citizens because of their race or ideology, allows young people to see connections to their own world. These connections will constitute the foundation of their understanding of the human rights concept. There is a danger of downplaying the racial crimes of National Socialism, but this can be countered by providing factual information that builds upon the powerful impact created by the Exhibition in the Documentation Centre Former Nazi Party Rally Grounds as well as in the Memorium Nuremberg Trials.

At this point within human rights instruction, it is appropriate to consider the basic mechanisms of a discriminatory policy and its potential consequences. A universal principle of "Indivisibility of Discrimination" is contained in the Nuremberg Laws. This principle describes negatively what we positively would like to convey as the "indivisibility of human rights". One cannot uphold human rights only for a certain group of people and deny them for others. The rights denied to some are always violations of everybody's rights, including one's own.

The human rights approach starts with the concept of rights, i.e. from a normative entitlement recognised by society. The central issue of human rights is not, however, that we enforce only our own rights. The question is not whether we are right, but rather whether we have rights, and thus can formulate our needs, requirements, desires and interests such as to make them compatible with those of others, thereby making them generally accepted and thus enforceable. This is why it is called the "Universal" Declaration of Human Rights. This is why in 1948 a comprehensive international system of human rights instruments was created, which has also been incorporated into most national constitutions and codes of law.

The application of human rights is not primarily an act of charity, but necessary to defend our own human rights and dignity. The violation of the human rights of others always amounts to a general violation and a violation of our own rights as well. Human rights are therefore not, as Hitler said, for "weaklings". They are the expression of the self awareness of humans that are capable, thorough communication and cooperation, to harmonize their own interests with those of others. The message of human rights education should also make this clear: repression and violence are the strengths of the weak. True strength is the courageous and conscious safeguarding of human rights – for oneself and for others.

Let me conclude with the words of the German philosopher Immanuel Kant, who expressed the central idea behind the protection of human rights by nothing less than that every person "is obliged (...) to recognise the DIGNITY of every other man's HUMANITY." Since the respect and protection of human rights are based on the dignity of each and every individual, each and every one of us shares responsibility for this universal communal project.

ATUALIDADE E IMPORTÂNCIA DA DECLARAÇÃO UNIVERSAL DOS DIREITOS HUMANOS: DIREITOS HUMANOS NA PÓS-MODERNIDADE

BELISÁRIO DOS SANTOS JR.
Advogado; membro da Comissão Internacional de Juristas; Secretário da Justiça e da Defesa da Cidadania do Estado de São Paulo (1995-2000); coordenou a implantação do Programa Estadual de Direitos Humanos de São Paulo; advogado integrante de Rubens Naves Santos Junior Advogados.

Where, after all, do universal rights begin?
In small places, close to home.
Unless these rights have meaning there,
They have little meaning anywhere .
Eleanor Roosevelt[1]

SUMÁRIO

Breves considerações sobre DDHH e origem da ONU e da Declaração Universal. Notas sobre a natureza jurídica da Declaração. A evolução dos Direitos Humanos. Os direitos humanos na Pós-Modernidade. A característica do individualismo excessivo. A questão da linguagem violadora dos Direitos Humanos. Estratégias para superar a crise dos Direitos Humanos. Direito ao desenvolvimento. Memória e verdade. Há esperança?

1. BREVE HISTÓRICO DA DECLARAÇÃO UNIVERSAL

Abril de 1945. Quando os líderes das grandes potências chegaram em São Francisco (EUA), quase ao final da Segunda Guerra Mundial, para a Conferência que fundaria a Organização das Nações Unidas, entre seus objetivos não se encontrava a defesa e a promoção dos Direitos Humanos (DDHH).

Mas, seguramente, na lembrança de todos estavam presentes os horrores da II Grande Guerra e a depressão e a violação aos Direitos básicos de tantos milhões de pessoas.

Ao longo da Conferência foram sendo liberadas as notícias das brutalidades ocorridas nos campos de concentração, extermínios em larga escala de populações civis, e isso deu um sentido de urgência, favorecendo a inclusão no documento básico da Conferência, a Carta das Nações Unidas, de referências ao tema, não só no preâmbulo, como se vê

> NÓS, OS POVOS DAS NAÇÕES UNIDAS, RESOLVIDOS
> a preservar as gerações vindouras do flagelo da guerra, que por duas vezes, no espaço da nossa vida, trouxe sofrimentos indizíveis à humanidade, e a *reafirmar a fé nos direitos fundamentais do homem, na dignidade e no valor do ser humano, na igualdade de direito dos homens e das mulheres*[2], assim como das nações grandes e pequenas, e a estabelecer condições sob as quais a justiça e o respeito às obrigações decorrentes de tratados e de outras fontes do direito internacional possam ser mantidos, e a promover o progresso social e melhores condições de vida dentro de uma liberdade ampla.[3]

...como também entre os propósitos da organização que nascia:

> 3. Conseguir uma cooperação internacional para resolver os problemas internacionais de caráter econômico, social, cultural ou humanitário, *e para promover e estimular o respeito aos direitos humanos e às liberdades fundamentais para todos, sem distinção de raça, sexo, língua ou religião*[4].

Entre outros órgãos, foi criado o ECOSOC, Conselho Econômico Social, em cujas responsabilidades se incluía a de criar comissões para os assuntos econômicos e sociais e a proteção dos direitos humanos, assim como outras comissões que forem necessárias para o desempenho de suas funções[5].

No uso dessas atribuições e após a reunião da ONU em Londres (janeiro de 1946), o ECOSOC convocou uma "comissão nuclear" para estruturar e estabelecer a missão de uma Comissão de Direitos Humanos[6], que incluía nove membros, entre eles Eleanor Roosevelt (EUA) e René Cassin (França). Essa Comissão, presidida por Eleanor Roosevelt, tomou a estratégica decisão de afirmar como primeiro trabalho de uma Comissão de Direitos Humanos o de redigir o rascunho de uma carta internacional de direitos e de recomendar os meios para implementá-la.

A ideia inicial (e visionária) de Eleanor Roosevelt e de seu grupo era o de ter uma declaração e um pacto[7] que obrigasse as nações e delas pudesse ser cobrado. As idas e vindas do projeto de declaração foram tantas e tão longas, com tantos ataques e contra-ataques entre as maiores potências, revisões e dezenas de emendas, que Eleanor passou a sustentar que seria melhor aprovar uma declaração com força de acordo internacional em torno de um "*standard*" comum de realização dos DDHH para todas as nações. Naquelas condições, um tratado poderia ser impossível de obter. Já havia sido uma vitória a possibilidade de inclusão de referências aos direitos econômicos, sociais e culturais.

10 de dezembro de 1948. Afinal, apenas com a abstenção da antiga URSS e aliados, da Arábia Saudita e da África do Sul, foi aprovada por unanimidade (48 v.s. 0), a Declaração Universal dos Direitos Humanos, como a conhecemos hoje.

2. NATUREZA JURÍDICA E OUTRAS CONSIDERAÇÕES SOBRE A DECLARAÇÃO UNIVERSAL

A Assembleia Geral da ONU em 1948 proclama a Declaração Universal como *"o ideal comum a ser atingido por todos os povos e todas as nações"*, com o objetivo de que cada indivíduo e cada órgão da sociedade, com os olhos na Declaração, se esforce, por meio do ensino e da educação, para respeitar e promover os direitos e liberdade ali afirmados, e se comprometa a adotar progressivamente medidas de caráter nacional e internacional, para assegurar seu reconhecimento e sua observância.

---

1. *Onde, afinal de contas, os direitos universais começam?/Em pequenos lugares, perto de casa/ A menos que esses direitos tenham significado lá,/Eles terão pouco significado em qualquer lugar* (tradução livre), apud john f. Sears, "Eleanor Roosevelt and the Universal Declaration of Human Rights", caderno comemorativo editado pelo Departamento Suíço de Assuntos Estrangeiros, por ocasião do 60º aniversário da Declaração Universal, Genebra, Suíça, 2008, p. 4.

2. Pesquisas históricas da Universidade de Londres registram a importante participação na conferência da cientista brasileira Bertha Lutz e de delegadas latino-americanas por ela lideradas, na insistência para inclusão de menção à igualdade de gênero na Carta.

3. Carta das Nações Unidas, preâmbulo, https://nacoesunidas.org/wp-content/uploads/2017/11/A-Carta-das-Na%C3%A7%-C3%B5es-Unidas.pdf.

4. Capítulo 1- Propósitos e Princípios, n. 3;

5. Artigo 68 da Carta.

6. A ideia de uma Comissão de Direitos Humanos havia aflorado durante a redação da Carta das Nações Unidas, mas havia sido afastada pelos Estados Unidos.

7. Os Pactos Internacionais de Direitos Civis e Políticos e de Direitos Econômicos, Sociais e Culturais, apenas muitos anos depois, seriam aprovados pela Assembleia Geral da ONU, em 1966.

ATUALIDADE E IMPORTÂNCIA
DA DECLARAÇÃO UNIVERSAL
DOS DIREITOS HUMANOS:
DIREITOS HUMANOS NA
PÓS-MODERNIDADE

Assim, em primeiro lugar, a Declaração é uma recomendação. Uma recomendação de caráter especial por criar obrigações de caráter moral e político, não jurídico, para os Estados-membros[8]. No entanto, segundo Eleanor Roosevelt, a Declaração Universal, somada à Carta das Nações Unidas, tinha a potencialidade de se tornar a Magna Carta Internacional para toda a humanidade em todas as partes do mundo.

Os esforços para a forja da Carta das Nações Unidas e da Declaração Universal resultaram em um **consenso internacional, ainda que de caráter momentâneo**, de extraordinária importância. A junção em um mesmo documento de valores éticos reconhecidos tanto no oriente quanto no ocidente, de direitos e liberdades civis e políticos, quanto de direitos econômicos, sociais e culturais, e ainda de deveres para com a comunidade e da necessidade de cooperação para com todos os Estados, fazem da Declaração Universal um documento único.

De certa forma, a Declaração também funciona como obstáculo ético à prática de condutas contrárias ao que ali se predica. Nenhum Estado pode, legitimamente, estatuir normas que violem o núcleo essencial de direitos nela estabelecidos[9].

Lindgren Alves[10] faz importantes considerações sobre a efetividade da Declaração como recomendação e sobre a impossibilidade de relativização do que ali se dispôs com base em considerações de ordem religiosa ou cultural:

> *"As afirmações de que a Declaração Universal é documento de interesse apenas ocidental, irrelevante e inaplicável em sociedades com valores histórico-culturais distintos, são, porém, falsas e perniciosas. Falsas porque todas as Constituições nacionais redigidas após a adoção da Declaração pela Assembleia Geral da ONU nela se inspiram ao tratar dos direitos e liberdades fundamentais, pondo em evidência, assim, o caráter hoje universal de seus valores. Perniciosas porque abrem possibilidades à invocação do relativismo cultural como justificativa para violações concretas de direitos já internacionalmente reconhecidos."*

O que realmente importa hoje, 70 anos depois daquela histórica noite de 10 de dezembro, no Palais de Chaillot, Paris, considerações jurídicas à parte, é que a Declaração Universal funcionou efetivamente como "pedra angular de todo o moderno movimento de direitos humanos"[11].

A afirmação da Declaração como ideal ético e sua tessitura mesclando direitos e liberdades civis e políticos com direitos econômicos, sociais e culturais antecipa a noção de interdependência entre os direitos e liberdades declarados. Cada um desses direitos e cada categoria deles exige para sua existência real o reconhecimento e a vigência dos demais.

---

8. Eduardo Muylaert Antunes, Natureza Jurídica da Declaração Universal dos Direitos Humanos, in Revista dos Tribunais, São Paulo, vol. 61, n. 446, p. 27-35, dez. de 1972.

9. Declaração, artigo XXX.

10. J.A. LINDGREN ALVES, *Os direitos humanos como tema global*, Brasília, Perspectiva, 1994, p.8.

11. JOHN F. SEARS, *ob. cit.*, p. 11.

> *La libertad solo existe cuando puede ser ejercida por um hombre liberado del temor, de la miséria, de la hambre, de la inseguridad y de la incultura. Pero, a la inversa, los derechos econômicos, sociales y culturales, unicamente poseen um sentido integral que respeta plenamente la dignidade humana, si pueden ser ejercidos por um hombre libre, sobre el que no se ejerza la arbitrariedad, el despotismo y la discriminación* [12].

A intuição do caráter progressivo dos DDHH como em constante evolução está afirmada ao final do preâmbulo, quando se enuncia a necessidade de adoção de medidas em permanente avanço para o reconhecimento e observância desses direitos.

A busca da universalização dos direitos humanos se enuncia dos *consideranda* do Documento e da sua própria natureza e do consenso internacional em torno dela estabelecido. Depois, notadamente ao longo dos anos, foi sendo legitimada pela recepção do texto da Declaração por inúmeras constituições nacionais, adoção de pactos e recomendações de caráter global.

A universalização veio firmemente reafirmada no ponto 5 da Declaração e Programa de ação da Conferência de Viena de 1993 sobre os Direitos Humanos:

> 5. Todos os Direitos Humanos são universais, indivisíveis, interdependentes e inter-relacionados. A comunidade internacional deve considerar os Direitos Humanos, globalmente, de forma justa e equitativa, no mesmo pé e com igual ênfase. Embora se deva ter sempre presente o significado das especificidades nacionais e regionais e os diversos antecedentes históricos, culturais e religiosos, compete aos Estados, independentemente dos seus sistemas políticos, econômicos e culturais, promover e proteger todos os Direitos Humanos e liberdades fundamentais.

A Declaração foi também adotada como linguagem de resistência de grupos opositores a regimes de arbítrio.

Confira-se que no terceiro considerando do Preâmbulo está encartado o assim chamado "direito de rebelião", significativa premonição para os tempos futuros em que a implementação dos DDHH exigiria a organização da sociedade, a resistência estruturada do povo ante governos arbitrários e, até, em casos determinados, a via armada:

> "Considerando essencial que os direitos da pessoa sejam protegidos pelo império da lei, para que a pessoas não seja compelida, como último recurso, à rebelião contra a tirania e a opressão."

Interessante anotar que, logo no artigo 1º, ao afirmar categoricamente a liberdade, a igualdade e a fraternidade como imanentes à comunidade humana e a cada um de seus integrantes, a Declaração revela sua inspiração no Bill of Rights de 1976 de Virgínia e na Declaração dos Direitos do Homem e do Cidadão de 1789.

---

12. HECTOR GROSS ESPIELL, *Derechos Humanos, Direito Internacional Humanitario y Dertecho Internacional de los Refugiados*, in: Etudes et essais sur le droit international humanitaire et sur les príncipes de la Croix-Rouge, Genève, Martinus Nijhoff Publishers, 1984, p. 702.

ATUALIDADE E IMPORTÂNCIA DA DECLARAÇÃO UNIVERSAL DOS DIREITOS HUMANOS: DIREITOS HUMANOS NA PÓS-MODERNIDADE

A historicidade dos direitos humanos reflete-se também na estrutura da Declaração:

> "...(D)eve-se observar que as reflexões da filosofia contemporânea sobre a essência histórica da pessoa humana, conjugadas à comprovação do fundamento científico da evolução biológica, deram sólido fundamento à tese do caráter histórico (mas não meramente convencional) dos direitos humanos, tornando, portanto, sem sentido a tradicional querela entre partidários de um direito natural estático e imutável e os defensores do positivismo jurídico, para os quais fora do Estado não há direito.
>
> A Declaração Universal dos Direitos Humanos, aprovada unanimemente pela Assembleia Geral das Nações Unidas em 10 de dezembro de 1948, condensou toda a riqueza dessa longa elaboração teórica, ao proclamar, em seu artigo VI, que todo homem tem direito de ser, em todos os lugares, reconhecido como pessoa [13]"

De outro lado, o caráter internacional dos direitos humanos leva a outra consequência importante, que Lindgren Alves chama de "legitimidade da preocupação internacional".

> "Erigida gradualmente a partir da proclamação da Declaração Universal de 1948, e reconhecida consensualmente por toda a comunidade internacional no artigo 4º da Declaração de Viena, a legitimidade da preocupação internacional com os direitos humanos parece ser hoje ponto pacífico. Os países mais monitorados, inclusive aqueles objeto de supervisão por relator especial ostensivo da CDH, têm, sim, com frequência, questionado e, até, repudiado, a forma em que se dá o acompanhamento. Mas nenhum deles tem atualmente levantado objeções à legitimidade das atenções internacionais." [14]

Essa legitimidade levou a construções jurídicas notáveis como a da "jurisdição universal" e a de "crime de lesa humanidade" em matéria penal. A Corte Permanente de Justiça Internacional assinalou já em 1927 que se o princípio da territorialidade do Direito Penal serve de fundamento em todas as legislações, não é menos certo que quase todas elas estendem sua ação a atos cometidos fora de seu território[15]. A territorialidade não é, assim, um princípio absoluto de Direito Penal Internacional.

A jurisdição universal, em determinados casos de crimes internacionais ou de graves violações de direitos humanos, ainda que praticadas no território de um único país, implica na possibilidade da comunidade internacional acionar seus mecanismos de investigação e punição, desde que o país onde a violação ocorreu não o tenha feito a contento.

Ainda que os tribunais internacionais entendam que a jurisdição internacional é uma norma devidamente cristalizada no costume internacional, não precisando ser prevista em um tratado internacional, o fato é que inúmeros tratados de direitos humanos e de Direito Internacional Humanitário a preveem.

---

13. FABIO KONDER COMPARATO, *Afirmação Histórica dos Direitos Humanos*. Saraiva, São Paulo, 2003, p. 22.
14. LINDGREN ALVES, *ob cit.* P. 136.
15. Corte Permanente de Justiça Internacional, sentença de 7 de setembro de 1927, Caso S.S. Lotus (França x Turquia), Series A, N. 10 (1927), p. 20.

Essa obrigação está presente na Convenção Internacional contra a Tortura, e outros Tratamentos ou Penas, Cruéis, Desumanos ou Degradantes (art. 7), Convenção Internacional para Proteção de todas as pessoas contra as desaparições forçadas (arts. 9 e 11), Convenção Interamericana para Prevenir e Sancionar a Tortura (art. 12), Convenção Interamericana sobre a Desaparição Forçada de Pessoas (art. IV), Princípios Relativos a uma Eficaz prevenção e investigação das execuções extrajudiciais (Princípio 18), Convenção para Prevenção e Sanção do delito de Genocídio, entre outras normas internacionais.

Anote-se a recente decisão da Corte Interamericana de Direitos Humanos, no caso Herzog [16], que condenou o Brasil a indenizar as vítimas indiretas do caso, proporcionando-lhe direito ao acesso à Justiça e à verdade e determinando a reabertura imediata da investigação sobre a execução do jornalista brasileiro nas dependências do DOI-CODI II, em 1975, em São Paulo:

Confira-se esta passagem da importante sentença da Corte IDH:

> Desde 1945 varios países han iniciado juicios por crímenes de lesa humanidad em aplicación del princípio de jurisdicción universal. Por ejemplo, el Tribunal Constitucional Español estableció que el princípio de jurisdicción universal (en relación con el genocídio) forma parte del derecho internacional, y genera obligacions a los Estados. De la misma manera, la Audiencia Nacional española há admitido a trámite denúncias por genocídio, terrorismo y tortura cometidos en Guatemala entre 1978 y 1986 y también denúncias por presunto genocidio en Tibet, aunque con posteridad archivó dichas causas. Asimismo, en el caso Scilingo, la Audiencia Nacional española detalló la aplicación de la jurisdicción universal para crímenes de lesa humanidad respecto a un ciudadano argentino. Em Francia, Italia y Alemania, fueron iniciadas causas involucrando crímenes de lesa humanidad .

E ainda, tratando dos crimes de lesa-humanidade, esta outra passagem prevenindo as consequências de o Brasil não punir os autores da morte do jornalista:

> "Brasil, por su parte, se expresó favorablemente a la jurisdicción universal ante la Asanblea General de Naciones Unidas. Para Brasil, "el objetivo de la jurisdicción universal es impedir la impunidad de los responsables de delitos sumamente graves previstos em el derecho internacional los cuales, por su transcendência, sacuden la conciencia de toda la humanidad y conculcannormas imperativas del derecho internacional. Como fundamento de la jurisdicción, su naturaleza es excepcional en comparación con los princípios más consolidados de la territorialidad y la nacionalidad. A pesar de que el ejercicio de la jurisdicción corresponde primordialmente al Estado del territorio en virtud del princípio de igualdad soberana de los Estados, la lucha contra la impunidad respecto de los delitos más graves es una obligación recogida em numerosos tratados internacionales. La jurisdicción universal solo debe ejercerse de plena conformidad con el derecho internacional; debe ser subsidiaria de la legislación nacional y limitarse a delitos específicos; y no debe ejercerse de manera arbitraria o para satisfacer interesses *ajenos a la justicia, em particular objetivos políticos* [17]"

---

16. Corte IDH, Caso Herzog e outros vs. Brasil, sentença de 15 de março de 2018.

17. Manifestação da delegação brasileira na Assembleia Geral da ONU, 12ª sessão do 70º período de sessões, 5 de novembro de 2015, parágrafo. 62. Cf . *http://undocs.org/es/A/C.6/70/SR.12.*

ATUALIDADE E IMPORTÂNCIA DA DECLARAÇÃO UNIVERSAL DOS DIREITOS HUMANOS: DIREITOS HUMANOS NA PÓS-MODERNIDADE

O fato é que, a partir da Declaração, pedra angular do moderno movimento dos DDHH, como acima referido, erigiu-se, tijolo a tijolo, um desenho lógico e encadeado de avanços, passando pelos Pactos Internacionais[18], com força obrigatória para as partes e com sistemas bastante bem arquitetados de implementação e monitoramento dos DDHH.

3. A DECLARAÇÃO NA PÓS-MODERNIDADE

A declaração foi promulgada ao início da guerra fria. A existência de blocos de países em oposição ideológica, criadora da divisão Leste-Oeste, levou a que o bloco liderado pelos EUA defendesse com preponderância os valores enucleados em torno dos direitos civis e políticos e o bloco da URSS levando em conta sua origem socialista proclamasse a preponderância dos direitos econômicos, sociais e culturais. Isto se refletiu na concepção, na redação e na própria adesão aos Pactos Internacionais.

A adoção de dois pactos separados refletiu um pouco esse duplo olhar para os direitos, como se disse acima, rompendo com a indicação da indivisibilidade contida na Declaração Universal, pelas lógicas conflitantes do capitalismo e do socialismo.

Essa indivisibilidade entre os direitos das várias gerações viria a ser reforçada pela Conferência de Viena, no ponto 5 de sua Declaração atrás reproduzido, como também na afirmação do desenvolvimento como direito síntese de todos os direitos e, juntamente com a democracia, a base da paz para a comunidade internacional:

> 8. A democracia, o desenvolvimento e o respeito pelos Direitos Humanos e pelas liberdades fundamentais são interdependentes e reforçam-se mutuamente. A democracia assenta no desejo livremente expresso dos povos em determinar os seus próprios sistemas políticos, econômicos, sociais e culturais e a sua participação plena em todos os aspectos das suas vidas...
>
> ... A comunidade internacional deverá apoiar o reforço e a promoção da democracia, do desenvolvimento e do respeito pelos Direitos Humanos e pelas liberdades fundamentais no mundo inteiro.
>
> 9. A Conferência Mundial sobre Direitos Humanos reafirma que os países menos desenvolvidos empenhados no processo de democratização e de reformas econômicas, muitos dos quais se situam em África, deverão ser apoiados pela comunidade internacional, por forma a serem bem-sucedidos na sua transição para a democracia e para o desenvolvimento econômico.
>
> 10. A Conferência Mundial sobre Direitos Humanos reafirma o direito ao desenvolvimento, conforme estabelecido na Declaração sobre o Direito ao Desenvolvimento, enquanto direito universal e inalienável e parte integrante dos Direitos Humanos fundamentais. Conforme estabelecido na Declaração sobre o Direito ao Desenvolvimento, a pessoa humana é o sujeito central do desenvolvimento. O desenvolvimento facilita o gozo de todos os Direitos

---

18. Os Pactos Internacionais de Direitos Civis e Políticos e de Direitos Econômicos Sociais e Culturais, foram assinados em 1966, mas só entraram em vigência somente dez anos mais tarde.

Humanos, mas a falta de desenvolvimento não pode ser invocada para justificar a limitação de Direitos Humanos internacionalmente reconhecidos. Os Estados devem cooperar entre si para assegurar o desenvolvimento e eliminar os obstáculos que lhe sejam colocados.

Aliás, deve-se dizer que bipolaridade Leste/Oeste não abarcava todos os aspectos das relações políticas vigentes, pelo que os países do Terceiro Mundo se articularam na dicotomia Norte/Sul, o que se refletiu, em sede de direitos humanos, não só no reforço à reivindicação da autodeterminação dos povos, como principalmente na edificação de uma nova enunciação dos direitos humanos, vinculados a uma nova ordem econômico-social mais justa e solidária, de que avultam os direitos à paz e ao desenvolvimento[19].

O uso do termo pós-modernidade intensificou-se com a queda do muro de Berlim em novembro de 1989 e se presta também para configurar esse momento do fim do comunismo na Europa.

Alguns preferem modernidade líquida ou realidade ambígua, multiforme, com fragmentação do tempo e do espaço. A pós-modernidade seria a lógica cultural do capitalismo tardio. O Estado que era impulsionador de políticas públicas passa a ser simples gestor da competitividade[20]. A política passa a ser desacreditada porque é ineficaz. Passa-se a votar contra, e não mais a favor... Perdem valor os direitos políticos. Perdem valor os direitos civis.

Desconfia-se das metanarrativas, das grandes narrativas universalizantes, das ideologias, das práticas universalizantes. Prepondera o individualismo.

O estado nacional perde importância. A noção de soberania se relativiza. Tudo se relativiza. Para bem e para mal. A globalização supera o iluminismo. Os próprios direitos sociais se relativizam em nome da eficiência. É uma constatação.

Revogou-se o discurso do politicamente correto, fórmula pedagógica de evitar ofensas devidas ao preconceito há muito latente em muitos de nós, substituído pelo retorno de linguagem desrespeitosa a minorias e a grupos de fragilidade reconhecida. As redes sociais são palco ideal para essa nova retórica ofensiva e violadora da convivência. É claro que houve exageros. Rotular de racista uma mera discordância no plano das ideias ou da ação pode ser um absurdo[21]. No entanto, como bem anota a pesquisadora de Harvard, Moira Weigel, autora de "Um álibi para o autoritarismo", "o discurso contra o politicamente correto é uma retórica que inviabiliza o debate democrático"[22].

Substituiu-se um discurso universal em favor dos direitos humanos, vigente sem contrastes até o final dos anos 90, que "funcionavam como última utopia, capaz de orientar o mundo na direção do progresso social"[23], pelo

---

19. Conf. J.A. LINDGREN ALVES, ob. Cit. P. XXIX e XXX.
20. Conf. J.A. LINDGREN ALVES, *Os Direitos Humanos na Pós Modernidade*. Perspectiva, 2005, p.26.
21. Conf. entrevista de José Augusto LINDGREN-ALVES ao Estado de S.Paulo, 29/7/2018, *https://internacional.estadao.com.br/noticias/geral,rotular-de-racista-uma-discordancia-e-absurdo,70002419679*.
22. Cf. entrevista a El Pais (Brasil), 8 de setembro de 2018.
23. Cf. LINDGREN ALVES, entrevista citada; *http://www.latinobarometro.org/documentos/LATBD_INFORME_LATINOBAROMETRO_2010.pdf*.

discurso de ódio, claro, afrontoso aos direitos humanos, favorável à tortura, à pena de morte, às execuções extrajudiciais, contrário ao desarmamento, contrário à política e aos políticos, contrário a minorias, refugiados, enfim aos menos favorecidos, saudosista de períodos de ditadura e de sua violência institucional. Afinal, há um pensamento que prevalece em pontos da América Latina no sentido de que *"un poco de mano dura nos hace falta"*, como constatou a pesquisa Latinobarômetro[24], ainda que haja uma explicação mais razoável para essa expressão[25].

O discurso de ódio disfarça-se muitas vezes de favorável a bandeiras caras à cidadania, como a democracia, o combate à corrupção, a necessidade de punição aos criminosos, inclusive com emprego de penas-limite, como a prisão fechada. Mas o ódio revela-se também quando o discurso se volta contra a amplitude da garantia do *habeas corpus*, as prerrogativas profissionais dos advogados e mesmo com a falsa confusão entre a pessoa do criminoso e a de seu defensor, e a inadmissível restrição ao princípio constitucional da presunção da inocência e contra os direitos humanos, de uma forma geral.

Há uma verdadeira "maré vazante" para a temática dos direitos humanos, hoje, segundo CELSO LAFER[26]. Para o notável pensador, existe hoje uma geografia de paixões que vai relativizando a relevância dos direitos humanos.

4. ESTRATÉGIAS PARA SUPERAÇÃO DO MOMENTO CONTRÁRIO À LINGUAGEM DOS DIREITOS HUMANOS

De outra parte, é forçoso reconhecer que a falta de vigência universal dos mais comezinhos direitos, como direito a uma alimentação saudável, direito à água e ao saneamento, se de um lado motivou certo grau de insatisfação com a democracia, de outra parte provocou ações internacionais de importância, como o estabelecimento de **Metas do Milênio**, e agora os **Objetivos de Desenvolvimento Sustentável**, a serem cumpridas pelos países como estratégia de desenvolvimento, e ainda ativou o reconhecimento do direito à água de beber segura e limpa e mais recentemente, como direito autônomo, o direito ao saneamento, vistos como essenciais ao desenvolvimento e à saúde.

E os números constatados no curso dessas iniciativas universais parecem dar conta do acerto da **estratégia** das Nações Unidas em integrar, aos inúmeros pactos e tratados, objetivos bem concebidos, com metas progressivas em temas essenciais que, cumpridas, darão conta de avanços nas respectivas áreas.

---

24. "La democracia tiene que poder garantizar el que sus ciudadanos no tengan temor a ser víctimas de un delito. La demanda por "mano dura" en ese sentido no es otra cosa que el pleno funcionamiento de un estado de derecho donde la ley impera en las calles para asegurarles a las personas la libertad de circular", idem.

25. http://www.latinobarometro.org/documentos/LA-TBD_INFORME_LATINOBAROMETRO_2010.pdf.

26. CELSO LAFER, Jornal do Advogado, OAB São Paulo, ano XLIV, AGO 2018, NÚMERO 441, pp.14 E 15.

27. Declaração sobre o Direito ao Desenvolvimento - Biblioteca Virtual de ...*www.direitoshumanos.usp.br > Acervo > Direito ao Desenvolvimento*.

É o próprio direito ao desenvolvimento em progresso. O Direito ao desenvolvimento, após sucessivas pistas dadas na Declaração Universal (art. XXII), Declaração sobre preconceitos sociais da Unesco em 1978, em resoluções da ONU (em 1981, p.ex.), foi finalmente estabelecido como direito inalienável em 1986 (Declaração sobre o Direito ao Desenvolvimento[27]).

Mas a dimensão fundamental aparece no artigo 2º

Igualmente, a Constituição da República estabeleceu o desenvolvimento como objetivo fundamental (artigo 3º, ao lado da erradicação da pobreza e da redução das desigualdades sociais e regionais).

Confira-se a importância dos temas e sua clara e concreta identificação com os direitos previstos nos Pactos Internacionais, sendo que os temas, as metas e prazos envolvidos tiveram negociação igualmente árdua.

> ARTIGO 1º
>
> §1º O direito ao desenvolvimento é um direito humano inalienável, em virtude do qual toda pessoa e todos os povos estão habilitados a participar do desenvolvimento econômico, social, cultural e político, para ele contribuir e dele desfrutar, no qual todos os direitos humanos e liberdades fundamentais possam ser plenamente realizados.
>
> §2º O direito humano ao desenvolvimento também implica a plena realização do direito dos povos à autodeterminação que inclui, sujeito às disposições relevantes de ambos os Pactos Internacionais sobre Direitos Humanos, o exercício de seu direito inalienável à soberania plena sobre todas as sua riquezas e recursos naturais.

Mas a dimensão fundamental aparece no artigo 2º

> ARTIGO 2º
>
> §1º A pessoa humana é o sujeito central do desenvolvimento e deveria ser participante ativo e beneficiário do direito ao desenvolvimento.
>
> §2º Todos os seres humanos têm responsabilidade pelo desenvolvimento, individual e coletivamente, levando-se em conta a necessidade de pleno respeito aos seus direitos humanos e liberdades fundamentais, bem como seus deveres para com a comunidade, que sozinhos podem assegurar a realização livre e completa do ser humano e deveriam por isso promover e proteger uma ordem política, social e econômica apropriada para o desenvolvimento.
>
> §3º Os Estados têm o direito e o dever de formular políticas nacionais adequadas para o desenvolvimento, que visem ao constante aprimoramento do bem-estar de toda a população e de todos os indivíduos, com base em sua participação ativa, livre e significativa, e no desenvolvimento e na distribuição equitativa dos benefícios daí resultantes.

Igualmente, a Constituição da República estabeleceu o desenvolvimento como objetivo fundamental (artigo 3º, ao lado da erradicação da pobreza e da redução das desigualdades sociais e regionais).

Confira-se a importância dos temas e sua clara e concreta identificação com os direitos previstos nos Pactos Internacionais, sendo que os temas, as metas e prazos envolvidos tiveram negociação igualmente árdua.

Confiram-se alguns números, segundo a própria ONU[28]:

• De 1990 para 2014-2016 o número de pessoas vivendo em extrema pobreza diminuiu mais da metade, de 1,9 bilhão para 836 milhões;

• Globalmente, a proporção de pessoas subnutridas em regiões em desenvolvimento caiu quase pela metade no mesmo período, embora ainda haja 795 milhões de pessoas subnutridas;

• A cada dia, morrem 17 mil crianças a menos do que em 1990, porém mais de seis milhões de crianças ainda morrem a cada ano, antes do seu quinto aniversário;

• Globalmente, a mortalidade materna caiu quase 50% desde 1990;

• Em 2014, havia 13,6 milhões de pessoas com acesso à terapia antirretroviral, um aumento em relação a apenas 800 mil em 2003;

• Entre os jovens de 15 a 24 anos, a taxa de alfabetização melhorou globalmente, de 83% para 91% entre 1990 e 2015.

• Em 2015, 91% da população global está usando uma fonte de água potável aprimorada, comparado a 76% em 1990. Contudo, 2,5 bilhões de pessoas não têm acesso a serviços de saneamento básico, como banheiros ou latrina e ainda diariamente, uma média de cinco mil crianças morre de doenças evitáveis relacionadas à água e ao saneamento.

Assim, a estratégia de criar prazos e metas tem sido importante, mas os números da miséria e da pobreza ainda permanecem aterradores.

---

28. *https://nacoesunidas.org/conheca-os-novos--17-objetivos-de-desenvolvimento-sustenta-vel-da-onu/.*

A fórmula de identificar os direitos humanos com as profundas necessidades da cidadania universal, pode ser uma das estratégias para reverter o questionamento hodierno da necessidade de preservar a noção universal de Direitos Humanos.

Outra estratégia será a de retomar e atualizar os **programas de direitos humanos** tal como surgidos da Conferência de Viena.

Falando sobre o **Programa Estadual de Direitos Humanos de São Paulo**[29], usei uma vez a imagem "*... em busca da solidariedade perdida*":[30]

Em suma, o PEDH foi elaborado para conciliar o novo discurso pelos direitos humanos, fundado nos princípios da indivisibilidade e da universalidade, com a necessária prática que deve informar o respeito e a promoção dos direitos humanos neste final, ou melhor dizendo, neste início de novo milênio.

O Estado afirma sua responsabilidade de implantar programas de governo condizente com o patamar de civilização atual, mas cria canais de viabilização da democracia participativa. Estado e sociedade estabelecem o dever de mútua convivência, como o determina a Declaração Americana de Direitos e Deveres dos Cidadãos e vão além, ao decidir somar esforços na construção de todos os pontos.

Há participações que estão anunciadas, atores sociais citados especialmente, mas sempre haverá espaço para entidades, universidades, ONGs e indivíduos outros aportarem sua colaboração.

A luta pela cidadania, é uma luta contra preconceitos, uma luta contra o individualismo exacerbado, em favor da solidariedade ativa.

O PEDH é um dos anúncios dessa solidariedade

E os planos de direitos humanos, em suas várias instâncias, nacional, estadual ou mesmo municipal, podem deflagrar solidariedades inimaginadas, em torno de problemas que todos reconhecem como existentes, independentemente de cores partidárias, ideológicas ou religiosas. Aí, em função da sinergia provocada pela grave situação e pela inexistência das barreiras mencionadas, poderá surgir o pretexto para soluções criativas, econômicas e legitimadas socialmente.

A derradeira estratégia, aqui pensada pelo limite do espaço e do tempo, reside em atividades de exercício dos direitos à memória e à verdade.

Na 28ª. Conferência Cume de Chefes de Estado, os Estados membros e associados do MERCOSUL adotaram declaração reafirmando o direito à verdade de que são titulares as vítimas de graves violações de direitos humanos e seus familiares.

---

29. Conferir o Decreto n. 42.209/97, que instituiu o Programa: *www.pge.sp.gov.br/centrodeestudos/.../dh/.../pndhlei42209.htm*;

30. Belisário dos Santos Jr., "O verso e o reverso da cidadania na criação de um plano de direitos humanos" in: "*CIDADANIA, VERSO E REVERSO*" – vários autores – Imprensa Oficial de São Paulo, 1997/8, p. 16/17.

A Comissão Interamericana de Direitos Humanos desenvolveu sua doutrina sobre o direito à verdade, com base nos fundamentos do direito internacional de direitos humanos, fundando-o na Declaração Americana de Direitos Humanos (artigo 1.1 – obrigação de respeitar os direitos; 8.1 – acesso à justiça; 13 –liberdade de pensamento e expressão; e 25 – proteção judicial).

Hoje, a Comissão assim define esse direito: "conhecer a verdade íntegra, completa e pública sobre os fatos ocorridos, suas circunstâncias específicas e quem participaram deles".

Já tive a oportunidade de lembrar[31] que o direito à verdade encontra historicamente suas primeiras fontes normativas no direito internacional humanitário e inicialmente esteve circunscrito à situação de pessoas mortas e desaparecidas em conflitos armados[32] e que, fruto da evolução da doutrina e da jurisprudência dos tribunais, foi reconhecido como um dos direitos fundamentais das vítimas de graves violações de direitos humanos. Este direito e a correspondente obrigação do Estado estão hoje consagradas em vários instrumentos internacionais de direitos humanos[33].

A Assembleia Geral da Organização dos Estados Americanos, em sua Resolução "O direito à verdade" de 2006, reconheceu "o direito que assiste às vítimas de violações manifestas aos direitos humanos e violações graves ao direito internacional humanitário, assim como às suas famílias e à sociedade, em seu conjunto, de conhecer a verdade sobre tais violações da maneira mais completa possível, em particular a identidade dos autores e as causas, os fatos e as circunstâncias em que se produziram".[34]

As atividades de memória decorrem basicamente do direito a saber e divulgar a verdade sobre fatos históricos violadores dos direitos humanos.

Nesse sentido, dão exemplo a Ordem dos Advogados do Brasil, o Núcleo de Preservação da Memória Política, com a colaboração do Ministério Público Federal, e de doação de acervo de sustentações orais pelo Superior Tribunal Militar, além de outras colaborações, estão se dedicando à iniciativa de constituição do *Memorial da Luta pela Justiça – Advogados brasileiros contra a ditadura*.[35] Uma iniciativa que pode repercutir em distintos lugares e de formas diversas.

Lembrar é missão do presente, para a construção do futuro.

5. EM CONCLUSÃO

O reconhecimento da crise dos direitos humanos implica repensar a democracia e como a temos aplicado. Lindgren Alves diz ser essa crise o *"aspecto mais simbólico do desapontamento geral do mundo com a democracia existente"*.

---

31. Direito à Memória e Verdade, Belisario dos Santos Jr., *in*: Memória e Justiça, Ed. Museu da República, vários autores.
32. Cf. IMPUNIDAD Y GRAVES VIOLACIONES DE DERECHOS HUMANOS- Guia para Profesionales n. 3; Ed. Comisión Internacional de Juristas, Genebra, 2008.
33. Cf. Resolução 60/147 da Assembléia Geral da ONU, de 16/12/2005, sobre **Princípios e diretrizes básicos sobre o direito das vítimas de violações manifestas de normas internacionais** e de violações graves do direito internacional humanitário a interpor recursos e obter reparações; **Princípios reitores das Nações Unidas para Migrações Forçadas Internas** (documento Nações Unidas E/CN.4/1998/53/Add. 2) e **Conjunto atualizado de princípios para promoção e proteção dos direitos humanos mediante a luta contra a impunidade**.
34. Resolução AG/RES. 2175 (XXXVI-0/06), O direito à verdade, de 6 de junho de 2006.
35. Memorial da Luta pela Justiça — OAB SP *www.oabsp.org.br/memorial*.

Por essa razão, em vez de seguir os arautos do fim da democracia, vamos tratar de uni-la de uma vez e para sempre ao efetivo cumprimento dos direitos humanos, notadamente ao direito à educação e ao desenvolvimento, sem esquecer dos princípios da solidariedade, inclusive internacional, e dos direitos à memória e à verdade. É a nossa esperança de constituir a sociedade fraterna, justa e livre e de corresponder aos ideais que animaram a **Declaração Universal de Direitos Humanos de 1948.**

FINE ART IMAGES / HERITAGE IMAGES / GETTY IMAGES

114 A INTERNACIONALIZAÇÃO DOS DIREITOS HUMANOS: O DESAFIO DO DIREITO A TER DIREITOS[1]

CELSO LAFER

Possui graduação em Direito pela Faculdade de Direito da Universidade de São Paulo, mestrado em Ciência Política pela Cornell University, e doutorado em Ciência Política pela Cornell University. Atualmente professor titular da Universidade de São Paulo, Conselheiro do Centro de Direito Internacional, Membro da Sociedade Brasileira de Direito Internacional, Membro do Comitê Consultivo Superior do Instituto de Direito Econômico Internacional da Universidade de Georgetown, Membro do Conselho Fundador do Instituto DNA Brasil, Membro da The American Society of International Law, Membro da Inter-American Dialogue, Membro fundador do Instituto Latino-Americano, Presidente da Diretoria do Fundação Cultural Ema Gordon Klabin, Membro do Centro Brasileiro de Relações Internacionais.

1. INTRODUÇÃO

1.1 A TEMÁTICA DOS DIREITOS HUMANOS

Tenho muita satisfação de abrir este ciclo de conferências sobre Direitos Humanos promovido e organizado pela Universidade Federal do Ceará. Justamente por ser esta conferência a primeira de um ciclo creio que, para a boa compreensão da matéria, cabe inserir o tema que me foi confiado no contexto geral da temática dos direitos humanos.

Neste sentido vale a pena começar elencando alguns pontos básicos sobre o significado dos direitos humanos. Trata-se, em primeiro lugar, de um processo histórico de afirmação de um valor: o da dignidade da pessoa humana que, como todo valor, tem, ao mesmo tempo, um suporte na realidade e aponta para um dever-ser, na lição de Miguel Reale.

Este valor tem uma genealogia: o estoicismo, o Velho Testamento, o cristianismo, o direito natural moderno, etc. A sua base, no entanto, é a modernidade, ou seja, a ideia de que o ser humano, na sua dignidade própria, não se dilui no "*holismo*" hierárquico do todo social, com fundamento numa concepção orgânica de sociedade. Possui, portanto, para falar na linguagem jurídica, direitos subjetivos.

Este processo exprime, na sua historicidade, uma afirmação de novos modos de convivência coletiva, assinalados pela passagem do dever dos súditos para o direito do cidadão como aponta Bobbio em *A Era dos Direitos*.

Neste sentido, os direitos humanos inauguram a plenitude da *perspectiva ex parte populi*, delimitando a perspectiva *ex parte principis* e impondo restrições à discricionariedade da "**razão de estado**" dos governantes. Daí a conexão e o inter-relacionamento entre direitos humanos e democracia e entre direitos humanos e o estado de direito, que enseja a garantia da sua tutela.

Lembro que a linguagem dos direitos foi a da resistência civil ao regime autoritário de 1964 no Brasil; foi a dos dissidentes soviéticos ao arbítrio do regime comunista; foi a do "*civil rights movement*" à iniquidade da discriminação racial nos EUA e a do combate ao "*apartheid*" na África do Sul; foi e é a do movimento feminista ao postular a igualdade de gênero, para dar alguns exemplos de como o processo de afirmação dos direitos humanos não é nem uma marcha triunfal nem uma causa perdida. É a História de um combate, como aponta Danièle Lochak em seu *Les Droits de l'homme*, um combate que muda de acordo com os contextos e as circunstâncias, mas que continua na ordem do dia para quem tem a crença no valor da dignidade humana.

Nesta História existem etapas do processo de afirmação dos direitos humanos que vou sumariar. São as da positivação, generalização, especificação e internacionalização. A positivação é, em síntese, a conversão da aspiração em prol dos direitos humanos em direito positivo. É isto que permite a tutela jurídica dos valores da dignidade da pessoa humana.

A positivação foi acompanhada pelo reconhecimento de uma graduação hierárquica da importância do valor dos direitos humanos. Daí a constitucionalização dos direitos humanos como uma das características do estado de direito. Isto é fruto de uma política do Direito historicamente promovida e irradiada pela Declaração de Direitos da Revolução Americana e Francesa. Assim, o capítulo dos direitos e garantias fundamentais assegurados por "**cláusula pétrea**" na Constituição de 1988 é disso um exemplo.

A primeira geração de direitos positivados foram os civis e políticos. São o legado da importância atribuída à liberdade no século 19 e da visão do mundo do liberalismo que, em síntese, entende que o governo é para o indivíduo e não o indivíduo para o governo e que a liberdade requer a distribuição de poder econômico, cultural e político entre os governados e exige limitações impostas pelo Direito à discricionariedade do poder dos governantes.

A segunda geração de direitos positivados foram os econômicos, sociais e culturais. São o fruto do legado do socialismo e dos imperativos da justiça social que se inseriram na agenda política no século 19 e no século 20. Trata-se, em síntese, da exigência de igualdade concreta como resposta à crítica ao formalismo jurídico por meio do reconhecimento do valor da pessoa humana, tanto como "**pessoa moral**" como também como "**pessoa social**". É o que, no plano do direito positivo, surge com a Revolução Mexicana na América Latina e na Constituição de Weimar da Alemanha, na Europa. Daí um direito de crédito do indivíduo de participar do "**bem-estar social**", ou seja, daquilo que a espécie humana, num processo coletivo, vai acumulando através do tempo. Este é o fundamento de um Estado de **bem-estar social**, que vai saldando estes créditos do indivíduo em nome da coletividade.

A convergência das duas gerações de direitos são a expressão do que Bobbio formularia, no pós Segunda Guerra Mundial, como a aspiração ético-política de "**socialismo liberal**", que associa liberdade e igualdade com plena consciência dos equívocos e barbaridades do "**socialismo real**".

1. Conferência pronunciada em 23 de agosto de 2005 em Fortaleza, na Universidade Federal do Ceará. Foi publicada na Revista do Tribunal Regional Federal – 3ª Região. Nº 75 – Jan/Fev/2006 pp. 37-54 e em Filosofia e Direitos Humanos; Odilio Alves Aguiar, Celso de Moraes Pinheiro, Karen Franklin, orgs. Fortaleza, Editora Universidade Federal do Ceará UFC, 2006 pp. 13-32.

A INTERNACIONALIZAÇÃO DOS DIREITOS HUMANOS: O DESAFIO DO DIREITO A TER DIREITOS

A terceira geração de direitos surge no plano internacional. São os direitos de titularidade coletiva, mais recentes, os considerados direitos de solidariedade. Por exemplo, o direito à paz, ao desenvolvimento. São uma consequência da unificação, para o bem e para o mal, da humanidade, trazida pela revolução intelectual, técnica e econômica que deu, no século 20, uma unidade planetária ao campo estratégico-diplomático, como aponta Raymond Aron.

O antecedente dos direitos de titularidade coletiva é o princípio das nacionalidades que, no Direito Internacional Público, na Carta da ONU, foi formulado como o direito da autodeterminação dos povos. Tem a sua origem na afirmação da soberania popular como novo critério de legitimidade no plano interno e internacional. O ponto de partida é o modelo da Revolução Francesa e a postulação de uma coincidência ou pelo menos de uma convergência entre os direitos humanos e os direitos dos povos. Foi o reconhecimento deste critério de legitimidade que subsequentemente lastreou, no século 20, no plano internacional, a descolonização.

A etapa da positivação, no seu momento inicial, é convergente com a etapa da generalização. Esta tem como característica a tutela jurídica dos destinatários genéricos, ou seja, o ser humano, o cidadão. Daí o princípio da igualdade perante a lei e o seu corolário – o princípio da não discriminação, que são o pórtico do templo dos direitos humanos, no dizer de René Cassin – um dos redatores da **Declaração Universal de 1948** – pois denegam e contestam hierarquias hereditárias consagradas no antigo regime dos sistemas monárquicos pré-Revolução Francesa. Um exemplo, no plano do direito positivo, da generalização, é o *caput* do art. 5º da Constituição de 1988.

A etapa da especificação, como aponta Bobbio, representa a passagem do tratamento do ser humano em abstrato para o ser humano em situação. Por exemplo: velhos, crianças, mulheres, consumidores, deficientes físicos. Este processo determina de maneira mais concreta os destinatários da tutela jurídica dos direitos e garantias.

A Constituição de 1988, no desdobramento do art. 5º, exprime de maneira muito nítida o impulso do processo de especificação, como mostra José Afonso da Silva no seu **Curso de Direito Constitucional,** e eu procurei contextualizar no meu livro *A Internacionalização dos Direitos Humanos, Constituição, Racismo e Relações Internacionais.*

Finalmente, a etapa da internacionalização representa a positivação, no plano internacional, pelo Direito Internacional Público, dos direitos humanos. Este é o tema central da minha exposição. Na minha abordagem, vou me valer de um conceito clássico do Direito – o das fontes materiais, como tal concebidos, o conjunto de fenômenos de ordem social, econômica ou científica ou então da natureza ideológica, (por exemplo: engajamento moral, religioso, político) que conduzem a existência, a criação ou a modificação de normas na ordem jurídica para recorrer à formulação do excelente *Dicionário de Direito Internacional Público*, publicado sob a direção de Jean Salmon.

2. A INTERNACIONALIZAÇÃO DOS DIREITOS HUMANOS – SEU ANTECEDENTE CONCEITUAL NA REFLEXÃO KANTIANA

No plano teórico, a antecipação do tema dos direitos humanos no âmbito internacional se encontra na obra de Kant. Isto se articula por meio do entrelaçamento da *Ideia de uma História Universal de um ponto de vista cosmopolita*, do **Projeto de Paz Perpétua, da Doutrina do Direito e do Conflito das Faculdades** (2ª parte).

Para Kant, a história humana só pode ter unidade, regularidade e continuidade teleológica quando considerada sob um ângulo universal e não na perspectiva de um estado. Daí a importância da razão abrangente da humanidade e o caráter circunscrito de que se reveste a razão de estado.

É neste contexto que se deve compreender os níveis do jurídico analisados no **Projeto de Paz Perpétua**, por Kant. Kant discute o *jus civitatis* do direito interno; o *jus gentium* do direito internacional público que rege as relações dos estados entre si, a ele agregando o *jus cosmopoliticum*. O direito cosmopolita, para Kant, diz respeito aos seres humanos e aos Estados em suas relações exteriores e sua interdependência como cidadãos de um Estado universal da humanidade.

A conjetura de um direito cosmopolita é a grande inovação conceitual trazida por Kant para a leitura da realidade internacional, como lembrou Sérgio Vieira de Mello, que foi o Alto Comissário da ONU para Direitos Humanos. Tem como fundamento o direito à hospitalidade universal e, como condição para sua efetivação, uma época da História em que a violação do direito ocorrida num ponto da terra vier a ser sentida em todos os outros.

Kant, no *Conflito das Faculdades*, fala dos sinais premonitórios (*signum rememorativum, demonstrativum, prognosticum*) que apontam para o progresso do gênero humano. Para Bobbio estes sinais do tempo, ao modo kantiano, têm uma das suas vertentes na atenção dada aos direitos humanos, não só no plano interno mas também no plano internacional. É por isso que o livro de Bobbio se intitula *A Era dos Direitos*, pois vislumbra ele, na nossa época, uma sensibilidade mais ampla para a violação dos direitos humanos em todos os quadrantes.

Hannah Arendt, nas suas *Lições sobre a Filosofia Política* de Kant aponta que, no trato da História, o interesse de Kant é o futuro e o futuro é o futuro da espécie. Não é, realço eu, o dos Estados ou das grandes potências, portadoras do Espírito Universal, à maneira de Hegel. Hannah Arendt também observa, nas suas Lições que, se no centro da Filosofia Moral de Kant está o indivíduo, no centro de sua Filosofia da História está a humanidade. É o cidadão do mundo, o espectador universal que avalia, pela ideia que tem do todo, se num caso específico, nos eventos, está se verificando progresso. Realça ela, igualmente, que o direito à hospitalidade universal é o direito comum à face da terra, concebido como o dado da existência humana que caracteriza a existência cosmopolita.

3. A FASE INICIAL DA INTERNACIONALIZAÇÃO DOS DIREITOS HUMANOS

Observo que o primeiro momento dos direitos humanos no plano internacional foi distinto do que se verificou no plano interno, e não é a expressão de uma preocupação com o futuro da espécie na lógica de um direito cosmopolita, **kantianamente** atento a uma razão abrangente da humanidade. A sua "**fonte material**" obedeceu a lógica política da agenda internacional. Esta, por sua vez, não foi a das agendas internas, acima descritas, no sumário da etapa da positivação. É o que aponta Nicolas Valticos e eu tive a oportunidade de desenvolver nos meus livros *Desafios – Ética e Política* e *Comércio, Desenvolvimento e Direitos Humanos*.

Assim, por exemplo, no século 19, cabe lembrar o empenho na proibição do tráfico de escravos, fruto da ação inglesa e da esquadra britânica, voltada para a abolição da escravatura, como uma instituição incompatível com a modernidade política e econômica. Como se sabe, este foi um dos grandes temas da agenda diplomática do Brasil-Império no seu relacionamento com a Grã-Bretanha. Outro exemplo é o da intervenção da humanidade, ou seja, intervenção em favor de nacionais de outros estados vítimas de violações flagrantes e atrozes dos direitos humanos. Foi o que praticou a Inglaterra em favor dos gregos em 1830.

Também data do século 19 o início do direito internacional humanitário com a criação da Cruz Vermelha. É o "*jus in bello*", voltado para o tratamento, a proteção e a assistência das vítimas militares e civis das guerras, que se expressou na Convenção de Genebra de 1864. Neste contexto se insere igualmente o esforço de disciplinar o uso da força, como foi o caso das balas explosivas, na forma da Declaração de São Petersburgo de 1868 que o Brasil subscreveu. Assim, um dos objetivos do direito internacional humanitário foi e é o de restringir os meios usados em guerras, para evitar, ao máximo, o sofrimento humano.

No século 20, no pós Primeira Guerra Mundial, na Conferência de Paz de Paris da qual o Brasil participou, foi criada a Sociedade das Nações. Esta teve como fonte material a tentativa de dar, por meio da experiência e das técnicas do Direito Constitucional, uma estabilidade à organização da comunidade internacional – uma estabilidade percebida como indispensável à luz do desastre humano que foi a escala de destrutividade da primeira grande guerra. Este esforço trouxe no seu bojo uma maior abertura à temática dos direitos humanos no plano internacional.

A Sociedade das Nações concebeu um regime jurídico próprio de tutela das minorias e dos refugiados, um problema significativo que surgiu com o desmembramento dos impérios multinacionais (austro-hungaro, otomano e russo). A este problema, que assinala uma dissociação entre os direitos humanos e os direitos dos povos, voltarei mais adiante.

A temática dos direitos humanos está contemplada, de forma modesta, no art. 23 do **Pacto da Sociedade das Nações**. Este menciona o tratamento equitativo de populações indígenas e se refere ao tráfico de mulheres e crianças, ao tráfico de ópio e outras drogas nocivas e à importância da fiscalização do comércio de armas e munições. Em outras palavras representa uma abertura ao direito à diversidade e lida com crimes transfronteiras, inserindo na agenda a importância da cooperação penal internacional que tem significado para a tutela da dignidade da pessoa humana.

Um dos desdobramentos jurídicos do pós Primeira Guerra Mundial e da criação da Sociedade das Nações, foi a OIT – a Organização Internacional do Trabalho – uma organização internacional especializada, voltada para a padronização e harmonização, em nível adequado, das condições de trabalho, mediante a negociação e celebração de convenções internacionais. São fontes materiais que levaram à OIT e às suas atividades a ideia do pacifismo social, a inquietação operária, a importância de dar uma resposta política ao desafio da Revolução Russa e o problema do assim chamado "*dumping* social", ou seja, as condições de trabalho no mundo e a concorrência internacional em matéria de comércio. Neste sentido, no plano internacional, a positivação dos direitos econômicos e sociais antecede a dos direitos civis e políticos.

4. A INTERNACIONALIZAÇÃO DOS DIREITOS HUMANOS NO PÓS SEGUNDA GUERRA MUNDIAL

A Carta da ONU como um texto jurídico que aspira a uma "**constitucionalização**" das relações internacionais – e cuja fonte material foi buscar "**preservar as gerações vindouras do flagelo da guerra**" – é muito mais abrangente, em matéria de direitos humanos, do que foi o Pacto da Sociedade das Nações que é o seu antecedente jurídico. Com efeito, é com a Carta da ONU que os direitos humanos passam a ser, para recorrer a uma formulação de J. A. Lindgren Alves, um tema global inserido na agenda internacional. Adquirem uma hierarquia axiológica que comporta um paralelismo com o que vinha ocorrendo no plano interno, na experiência do direito constitucional.

Os direitos humanos estão mencionados no Preâmbulo da Carta e contemplados no art. 1º, § 3º, como um dos propósitos da ONU. O art. 13, § 1 b dá à Assembleia Geral competência para proceder a estudos e recomendações voltados para favorecer o pleno gozo dos direitos humanos e das liberdades fundamentais por parte de todos os povos sem distinção de raça, língua ou religião. O art. 55c, no trato da cooperação internacional, registra que uma das suas funções é a de criar condições para o respeito universal e efetivo dos direitos humanos. O art. 62.2 diz que entre as atribuições do Conselho Econômico e Social estão as de fazer recomendações destinadas a promover o respeito e a observância dos direitos humanos. O art. 68 dá ao Conselho Econômico e Social a competência para criar comissões, inclusive para a proteção dos direitos humanos. Esta é, aliás, a base jurídica da Comissão de Direitos Humanos da ONU.

Em síntese: a Carta da ONU tem uma amplitude que o Pacto da Sociedade das Nações não tinha. Representou um **"direito novo"** axiologicamente sensível a uma visão kantiana, seja na sua abertura a uma razão abrangente da humanidade, seja porque desenhou a possibilidade de efetivar um jus *cosmopoliticum*, um direito cosmopolita. Este traduz a conjetura de uma contenção de discricionariedade da **"razão de estado"** *ex parte principis* das soberanias impeditivas da tutela jurídica internacional da pessoa humana.

O impulso para este **"direito novo"**, ou seja, a sua fonte material, foram os horrores do totalitarismo nazista, como passarei, a seguir, a expor.

5. OS DADOS JURÍDICOS QUE ENSEJARAM A VIABILIZAÇÃO DOS HORRORES DO TOTALITARISMO – A ANÁLISE DE HANNAH ARENDT EM *ORIGENS DO TOTALITARISMO*

Nesta matéria, o primeiro ponto a ser mencionado diz respeito à dissociação entre os direitos dos povos e os direitos humanos. Com efeito, no século 20, deixou de ser o padrão normal a distribuição em escala mundial dos seres humanos entre os Estados de que eram nacionais. A desagregação dos impérios multinacionais, depois da Primeira Guerra Mundial – o czarista, o otomano, o austro-hungaro –, magnificou o tema das minorias linguísticas, étnicas e religiosas em estados nacionais. Estas, como já foram mencionadas, não estavam à vontade e em casa com uma organização da vida coletiva baseada no princípio das nacionalidades. A isto somaram-se as restrições à livre circulação das pessoas – seja por motivações econômicas (a crise de 1929), seja pelo ímpeto da xenofobia – que tornaram inviáveis as grandes correntes migratórias como as do século 19. Para agravar a situação, a União Soviética e a Alemanha nazista inauguraram o cancelamento em massa da nacionalidade pelo arbítrio discricionário de motivações político-ideológicas. A motivação, no caso da Alemanha nazista, foi o racismo antissemita. Daí o problema dos apátridas.

Em síntese, os "*displaced people*" – os refugiados e apátridas – pelas razões acima apontadas se viram expelidos, como diz Hannah Arendt, da trindade Povo-Estado-Território e destarte destituídos dos benefícios do princípio da legalidade por falta de vínculo efetivo com qualquer ordem jurídica nacional.

Tornaram-se os deslocados no mundo, indesejáveis "*erga omnes*" e foi isto que facilitou o seu triste destino. Encontraram o seu "lugar natural" nos campos de concentração, por falta de "**hospitalidade universal**".

Foi isto que levou Hannah Arendt, ao discutir a experiência histórica dos "*displaced people*", a concluir que não basta declarar e proclamar os direitos humanos, como algo inerente à natureza humana. Eles não são um dado, mas um construído da convivência coletiva. Requerem acesso a um espaço público comum para ensejar a igualdade em dignidade e direito dos seres humanos. É neste sentido que ela conclui que a cidadania é a condição da possibilidade do direito a ter direitos. E nesta linha postula que o direito do ser humano à cidadania requer uma tutela internacional.

Daí o ponto de partida que deflui da perspectiva aberta por Hannah Arendt que examinei no meu livro *A Reconstrução dos Direitos Humanos – um diálogo com o pensamento de Hannah Arendt:* a construção de um mundo comum, baseado no direito de todo ser humano à hospitalidade universal – contestado na prática pelos refugiados, pelos apátridas, pelos deslocados, pelos campos de concentração, só começaria a ser tornado viável se o "direito a ter direitos" tivesse uma tutela internacional, homologadora do ponto de vista da humanidade.

6. OS CAMPOS DE CONCENTRAÇÃO E O GENOCÍDIO COMO FONTES MATERIAIS DA INTERNACIONALIZAÇÃO DOS DIREITOS HUMANOS

"*Os homens normais não sabem que tudo é possível*" disse David Rousset, em frase que foi a epígrafe da Parte III do Livro de Hannah Arendt no qual examinou o alcance da dominação totalitária, baseada na organização burocrática de massas e apoiada no emprego do terror e da ideologia.

O possível inconcebível foi o ser humano como supérfluo e descartável. Não é apenas o homem-objeto, destituído de sua condição de sujeito. É o homem-supérfluo como objeto destituído de valia e por isso descartável. É isto que configura o ineditismo do crime de genocídio que desafia até mesmo a capacidade do relato e da memória, como argumenta Giorgio Agamben em seu *Remnants of Auschwitz – The Witness and the Archive,* que tem como um de seus pontos de partida os escritos de Primo Levi.

Para Hannah Arendt o genocídio não é um crime contra um grupo nacional, étnico, racial ou religioso. É um crime cometido contra a humanidade. Com efeito, o Holocausto, administrado por Eichmann e perpetrado no corpo do povo judeu é um crime contra a humanidade como ela diz em Eichmann em Jerusalém porque é uma recusa frontal da diversidade e da pluralidade – características da condição humana por ela examinada em *A Condição Humana.* Esta condição o totalitarismo procurou fazer desaparecer pela ubiquidade do medo e o poder da ideologia para alcançar a dominação total.

O fato histórico do genocídio é uma comprovação do que pode ocorrer – para todos – na medida em que se admite o genocídio como uma possibilidade futura, que coloca em questão o princípio kantiano da hospitalidade universal. Foi o alcance da magnitude do crime – que tornou, para falar com Kant, a violação do Direito ocorrida nos campos de concentração passível de ser sentida em toda a terra, – uma das fontes materiais da internacionalização dos direitos humanos, como um tema global e universal e não específico e tópico como era antes do término da Segunda Guerra. Para isso também contribui, poderosamente, o seu ineditismo, e a sua gratuidade – *"No genocídio organizado e premeditado o extermínio foi um fim em si mesmo",* como disse Bobbio. Daí a incapacidade de explicá-lo pelos critérios até então usualmente utilizados. É o grande tema de Hannah Arendt, da ruptura, da fratura com as categorias do pensamento e da política que discuto amplamente em A Reconstrução dos Direitos Humanos.

Diz, neste sentido, Bobbio, em texto de 1960 intitulado *Quindici Anni dopo*: "Uma das razões do horror que o genocídio nazista continua a suscitar em mim é o fato de não haver uma explicação, quero dizer uma daquelas explicações das quais se servem habitualmente os historiadores para inserir um fato em um contexto mais geral, como os interesses econômicos, o desejo de poder, o prestígio nacional, os conflitos sociais, as lutas de classe, as ideologias... não conseguir explicar sua razão em termos dos habituais motivos humanos o torna ainda mais medonho."

Reitera Bobbio em 1990, em texto publicado em *La Reppublica*: *"O genocídio dos judeus é um delito premeditado, anunciado nos escritos dos nazistas e escrupulosamente, cientificamente executado. Se destrói o inimigo para ganhar a guerra. Porém o massacre dos judeus – para que devia servir? – para que serviu? Nas minhas categorias de historiador e de homem de razão não encontro uma resposta a estas perguntas."* É neste contexto que se colocou, em novos termos, o problema do mal.

7. AUSCHWITZ E O PROBLEMA DO MAL NA REFLEXÃO DE HANNAH ARENDT E NORBERTO BOBBIO

Hannah Arendt, num primeiro momento, em *Origens do Totalitarismo*, falou, com inspiração kantiana, no mal radical. Considerou o mal como radical porque o que o caracterizaria no exercício da dominação totalitária é a erradicação da ação humana, tornando os seres humanos supérfluos e descartáveis. Subsequentemente formulou a tese da banalidade do mal como um mal burocrático, que não tem profundidade mas pode destruir o mundo em função da incapacidade de pensar das pessoas, capaz de espraiar-se pela superfície da terra como um fungo. É o que ela diz em Eichmann em Jerusalém e na famosa carta a Gershom Sholem a propósito da polêmica que sua formulação promoveu.

Os dois tipos não são excludentes, no entanto, observa em construtiva interpretação do pensamento de Hannah Arendt, Richard J. Bernstein em seu *Radical Evil – a philosophical interpretation*, pois lidam com coisas distintas porém complementares. O tema da banalidade do mal é o da incapacidade de pensar o significado do bem e do mal. É isto que possibilita o tema da radicalidade do mal, ou seja, o pressuposto que os seres humanos são e devem ser tidos como supérfluos e descartáveis.

Bobbio enfrenta o problema em *Elogio da Serenidade*, ao refletir sobre Auschwitz. Diferencia o mal ativo do mal passivo. Considera o mal ativo como o infligido usualmente *ex parte principis*. Entende o mal passivo como o sofrido por aqueles que padecem *ex parte populi* uma pena sem culpa – no caso os judeus condenados não pelo que fizeram mas porque eram.

Em textos que tenho escrito, propondo e examinando convergências e afinidades entre Hannah Arendt e Bobbio, venho sugerindo que o exercício do mal ativo comporta uma aproximação com a banalidade do mal, ou seja, com a incapacidade de pensar as consequências da ação por parte dos governantes. Já o mal passivo comporta uma aproximação com o mal radical que alcança os que sofrem uma pena sem culpa, em função do pressuposto da descartabilidade do ser humano.

8. A PLENA INTERNACIONALIZAÇÃO DOS DIREITOS HUMANOS – COMO UMA REAÇÃO JURÍDICA AO PROBLEMA DO MAL

A internacionalização dos direitos humanos como uma reação jurídica ao problema do mal que se manifestou com o totalitarismo no poder – e do qual Auschwitz é o símbolo paradigmático – requer uma breve consideração sobre o papel da Filosofia do Direito no trato das "**fontes materiais**".

Entendo, lastreado na reflexão de Hannah Arendt, que cabe realçar a distinção kantiana entre o pensar e o conhecer. Desta distinção me valho, à maneira de Bobbio, como uma dicotomia não excludente, que obedece, ao modo de Miguel Reale, a uma dialética de mútua implicação e polaridade. No mundo do Direito conhecer é conhecer o Direito Positivo. Já o pensar é o parar para pensar o significado do Direito Positivo. A Filosofia do Direito, como um campo próprio, é fruto de um parar para pensar instigado pela experiência jurídica, elaborado pelos juristas com interesses filosóficos no trato das insuficiências do Direito Positivo. Foi o tema do mal – o mal radical, a banalidade do mal, o mal ativo e o mal passivo cujas notas indiquei – que, ao levar a um parar para pensar, atuou como fonte material da internacionalização plena dos direitos humanos. Explicitou, com efeito, a **"desrazão"** a que pode chegar a **"razão de estado"** conduzida *ex parte principis* ao abrigo da noção de uma soberania plena que, exercitando o mal ativo, não presta contas do seu agir. É disto que tratarei a seguir.

As relações entre Ética e Política sempre foram problemáticas no âmbito da teoria política, e um dos temas nesta agenda é o da razão de estado. Uma das maneiras clássicas de tratar esta sempre problemática relação é considerar, como explica Bobbio, que a afirmação não ética da razão de estado encontra sua justificação na exceção à regra por força da necessidade que não tem lei mas é uma lei em si mesma. É o que acontece no campo jurídico no Direito Penal com o estado de necessidade e no Direito Constitucional com a emergência do estado de exceção que, na Constituição de 1988, assume as formas do estado de defesa e do estado de sítio.

A doutrina da razão de estado afirma, assim, a possibilidade da derrogação de normas por justa causa e justifica, assim, a contravenção lícita dos governantes que também se sustenta pela natureza especial da ética política como uma ética especializada como explica Bobbio na sua síntese analítica do problema recolhida em Elogio da Serenidade.

O que torna o horror do Holocausto ainda mais incompreensível – para a razoabilidade que caracteriza a lógica jurídica – é precisamente o fato de não ser a consequência de um estado de necessidade. Com efeito, o totalitarismo – e o Terceiro Reich em especial – pode ser considerado do ponto de vista jurídico como um estado de exceção permanente. Foi, como diz Giorgio Agamben em seu *O Estado de Exceção*, a instauração, por meio da exceção à ordem jurídica, de uma guerra civil legal. Esta permitia a eliminação física não somente de adversários políticos mas também de categorias inteiras de cidadãos que, por um motivo ou outro, eram tidos como não integráveis no sistema político e foram sendo qualificados, como explica Hannah Arendt, de **"inimigos objetivos"** em função da postura de suspeita generalizada que impregnou a dinâmica do totalitarismo do poder. Os que foram assim qualificados, à maneira de Carl Schmitt, como **"inimigos"** – o foram não com base numa regra, num padrão ou em fatos, mas na discricionariedade absoluta da exceção, soberanamente definida *ex parte principis* pelo ímpeto e movimento da dominação total, lastreada na ubiquidade do medo.

É assim, da essência do totalitarismo, a negação dos direitos humanos como direitos subjetivos. Como dizia — e lembra Daniele Lochak — o lema oficial do regime nazista era: *"Du bist nichts; dein Volks ist alle."* (*"Você não é nada, seu povo é tudo."*).

Conter, por meio da internacionalização dos direitos humanos, a hipótese da discricionariedade absoluta de um estado de exceção permanente está na raiz da "**fonte material**" deste processo.

9. A DECLARAÇÃO UNIVERSAL DE 1948 E SEUS DESDOBRAMENTOS

A Declaração Universal tem como base jurídica os dispositivos da Carta da ONU que mencionei. Foi ela consagrada pela Assembléia Geral em 1948. Representou um consenso da comunidade internacional da época. Resultou da percepção política da ruptura inédita representada pelas atrocidades do totalitarismo. Ecoa as Declarações que estão na base da Revolução Americana e da Francesa. A Declaração transformou os direitos humanos num tema global e universal no sistema internacional e traçou a *vis directiva* de uma política do Direito voltada para a positivação dos Direitos Humanos no âmbito do Direito Internacional Público. Da positivação diretamente ligada às atrocidades do mal ativo e do mal passivo do totalitarismo são exemplos:

> 1. A Convenção para a Prevenção e a Repressão do Crime de Genocídio, de 1948, que estende a um grupo humano, considerado em seu conjunto, com o rigor de uma tutela penal, o alcance dos seguintes artigos da Declaração Universal: art. 3 (direito à vida, à liberdade e à segurança pessoal); art. 4 (ninguém será mantido em escravidão ou servidão); art. 5 (ninguém será submetido à tortura, nem a tratamento ou castigo cruel, desumano ou degradante); art. 6 (todo homem tem o direito de ser, em todos os lugares, reconhecido como pessoa perante a lei).

> 2. O Estatuto dos Refugiados de 1951 e seu Protocolo de 1966 que ecoa o art. 12 da Declaração Universal (a vítima da perseguição tem o direito de procurar e de gozar asilo em outros países), cabendo lembrar que a ACNUR (o Alto Comissariado das Nações Unidas para Refugiados) que é uma das instituições de garantia no plano mundial e exerce uma função internacional de proteção diplomática e consular que os refugiados não têm.

> 3. O Estatuto dos Apátridas de 1954 e a Convenção para a Redução dos Apátridas de 1961, que ecoa o art. 15 da Declaração Universal (todo homem tem direito a uma nacionalidade e ninguém será privado de sua nacionalidade nem do direito de mudar de nacionalidade).

4. A Convenção para a Eliminação de Todas as Formas de Discriminação Racial de 1965, que é uma especificação dos princípios genéricos da igualdade e da não discriminação contemplados nos art. 1 e 2 da Declaração Universal, em consonância com o valor da dignidade da pessoa humana.

A Declaração de 1948 contempla, na lógica do "**socialismo liberal**", os direitos de 1ª e de 2ª geração, subsequentemente positivados nos dois grandes Pactos de 1966: o sobre Direitos econômicos, sociais e culturais e o sobre Direitos civis e políticos

Os resultados da política do Direito, impelida pela *vis directiva* da Declaração de 1948 — da qual dei alguns exemplos — é muito significativa, sobretudo considerando que ocorreu apesar da confrontação ideológica da Guerra Fria e das polaridades Leste/Oeste; Norte/Sul que ensejou. Estas polaridades deram espaço para as seletividades que levavam os países a promover determinada categoria de direitos e a negligenciar a observância de outros.

10. A CONFERÊNCIA DE VIENA DE 1993 E A REAFIRMAÇÃO DA INTERNACIONALIZAÇÃO, DE VOCAÇÃO UNIVERSAL, DOS DIREITOS HUMANOS

Viena foi a segunda Conferência da década de 90 sobre temas globais — a primeira foi a do Rio, de 92, sobre meio-ambiente e desenvolvimento. Ocorreu no clima positivo do fim da Guerra Fria, que gerou expectativas positivas da construção de uma ordem internacional com abertura para uma visão *kantiana*. Ensejou consensos. No caso de Viena, em matéria de direitos humanos, as seletividades da razão de estado foram contidas e houve espaço para uma razão abrangente da humanidade. Delegações de 171 estados numa Conferência que teve 813 organizações não governamentais como observadoras acreditadas, produziram a afirmação da universalidade, indivisibilidade, interdependência e inter-relacionamento de todas as gerações de direitos. Viena endossou a democracia como forma de governo mais favorável para a tutela dos direitos humanos e registrou que sua observância contribui para as relações amistosas e pacíficas entre as nações.

11. SITUAÇÃO ATUAL E CONCLUSÃO

O consenso de Viena e o seu "**adquirido axiológico**" está fragilizado neste início do século 21 pelo vigor das forças centrífugas que estão colocando em questão a construção de uma ordem mundial cosmopolita. Multiplicam-se as tensões e a heterogeneidade do sistema internacional que se caracteriza pelo não reconhecimento mútuo e aceitação dos atores que operam na vida mundial é um fato. Os "**fundamentalismos**" de toda natureza são disso uma expressão como o é o fenômeno terrorista e o unilateralismo da unipolaridade do poder norte-americano. A análise deste contexto exigiria uma nova conferência, que agora não cabe fazer, e que trataria dos desafios a internacionalização dos direitos humanos nos dias de hoje.

É por esta razão, aliás, que logo no início da minha exposição apontei, citando Danièle Lochak, que a história dos direitos humanos – no caso da minha conferência o da sua internacionalização – não é nem a história de uma marcha triunfal nem a história de uma causa perdida de antemão. É a história de um combate. Neste combate, como diria Tocqueville, e com isto concluo, é preciso ter uma preocupação salutar com o futuro que nos faz velar e batalhar.

BLOOMBERG / *GETTY IMAGES*

130 | A PROTEÇÃO DOS DIREITOS HUMANOS DE MIGRANTES E REFUGIADOS NAS CIDADES

ELOISA DE SOUSA ARRUDA
Professora Doutora de Direito Processual Penal da Faculdade de Direito da PUC-SP. Vice coordenadora do Curso de Direito da PUC-SP. Procuradora de Justiça aposentada do Ministério Público de São Paulo. Foi Secretária da Justiça do Estado de São Paulo e Secretária Municipal de Direitos Humanos de São Paulo. Como Promotora, integrou o Tribunal Penal Especial para Timor Leste na UNTAET.

RESUMO

O presente artigo aborda o fenômeno migratório sob ponto de vista da proteção da dignidade humana. Indica a estrutura protetiva internacional disponível para apoiar migrantes e refugiados. E ressalta a necessidade de dar atenção às cidades conferindo-lhes o suporte necessário a fim de que assimilem de forma ordenada e digna os fluxos migratórios da atualidade.

PALAVRAS-CHAVE
DIREITOS HUMANOS, MIGRANTES, REFUGIADOS, OIM, ACNUR, CIDADES.

ABSTRACT

The present article approaches the migratory phenomenon from the point of view of the protection of human dignity. The current work presents the international protective structure available to give support to migrants and refugees. Furthermore, it stresses the need to give attention to the cities by giving them the necessary support, thus enabling them to accommodate for the current migratory flows in an orderly and dignified way.

KEYWORDS
HUMAN RIGHTS, MIGRANTS, REFUGEES, IOM, UNHCR, CITIES.

1. INTRODUÇÃO

A humanidade está em movimento desde os seus primórdios. Algumas pessoas se deslocam em busca de novas oportunidades econômicas e de novos horizontes. Outras o fazem para escapar de conflitos armados, pobreza, insegurança alimentar, perseguição, terrorismo ou violações e abusos de direitos humanos. Há também as que se veem obrigadas a abandonar seus locais de origem em decorrência dos efeitos adversos das mudanças climáticas ou desastres naturais ou de outros fatores ambientais. E muitas delas decidem deixar suas cidades ou seus países, devido à conjugação de vários desses motivos.

Temos testemunhado nos últimos anos uma mobilidade humana que atingiu níveis sem precedentes. Mais pessoas do que nunca vivem num país diferente daquele onde nasceram. Em todos os países do mundo há migrantes que, em sua maioria, mudam de um lugar para outro sem incidentes. O número de migrantes está crescendo a uma taxa mais rápida do que a da população mundial e, em 2015, aumentou para mais de 244 milhões. No entanto, existem aproximadamente 65 milhões de pessoas deslocadas à força, das quais mais de 21 milhões são refugiados, 3 milhões de requerentes de asilo e mais de 40 milhões de pessoas deslocadas internamente.

Refugiados e migrantes envolvidos em grandes deslocamentos de pessoas enfrentar com frequência inúmeras adversidades. Não raras vezes colocam-se em situações de risco quando empreendem viagens perigosas às quais podem nem sobreviver. Alguns são forçados a contratar os serviços de grupos criminosos, incluindo traficantes de seres humanos, e outros podem cair nas mãos desses grupos e se tornarem vítimas de tráfico. Mesmo depois de chegar ao seu destino, uma recepção incerta e um futuro precário não raras vezes os esperam.

Verifica-se hoje o envolvimento da comunidade internacional no sentido de dar resposta ao crescente fenômeno global de deslocamento em massa de pessoas.

O presente artigo analisa a questão migratória partindo do conceito de dignidade humana que torna iguais e dignos de proteção todos os seres humanos sem distinção. A dignidade humana faz parte do perfil constitucional do Estado Brasileiro, tendo sido destacada na Constituição de 1988.

Prossegue descrevendo a maneira como se estrutura o sistema internacional de proteção aos Direitos Humanos e as normativas internacionais relativas à proteção de migrantes e refugiados. Aponta, em seguida, a necessidade de conferir efetividade aos compromissos assumidos pelos estados-parte quando subscrevem os tratados internacionais de Direitos Humanos.

Parte, então, para a análise do ponto fulcral, qual seja, o desafio de se garantir os direitos dos migrantes e refugiados na cidades. Isso porque, quando se fala em fluxos migratórios, as pessoas geralmente tendem a pensar no espectro país-país, se esquecendo das cidades que serão as responsáveis por receber, acolher, empregar, oferecer moradia e segurança a esses novos habitantes. É no nível local que as ações são executadas. Os países recebem os migrantes – mas, na prática, são as cidades que os acolhem e os tornam cidadãos.

O artigo destaca, finalmente, a experiência da cidade de São Paulo como exemplo de boa prática no tema do acolhimento e integração de migrantes e refugiados, podendo servir como parâmetro, em face das políticas públicas das quais dispõe, para outras cidades que convivem com esse fenômeno global.

1. COMPARATO. Fábio Konder. *A afirmação histórica dos direitos humanos*. 2ª. ed. São Paulo: Saraiva, 2001, p. 1.

2. A DIGNIDADE HUMANA COMO FUNDAMENTO DA PROTEÇÃO AOS MIGRANTES E REFUGIADOS

A aceitação de que todos os homens e mulheres, apesar das diferenças biológicas e culturais que os distinguem, merecem igual respeito como *"únicos entes no mundo capazes de amar, descobrir a verdade e criar a beleza"*, nas palavras de Fábio Konder Comparato[1], percorreu um longo caminho do pensamento a respeito do ser humano. Chegou-se ao reconhecimento universal de que, "em razão dessa radical igualdade, ninguém – nenhum indivíduo, gênero, etnia, classe social, grupo religioso ou nação – pode afirmar-se superior aos demais"[2].

Seja qual for o ângulo pelo qual analisemos o homem, veremos que ele é dotado de um valor de dignidade, que consiste na autonomia, ou seja, na aptidão para formular as próprias regras da vida.

O homem possui dignidade pelo simples fato de existir como ser humano, dignidade esta que lhe é inerente e inalienável.

Mas se todos os seres humanos possuem uma igualdade intrínseca que é exatamente o valor de dignidade, comungando das mesmas potencialidades, natural que tenham os mesmos direitos.

A dignidade transforma o homem em sujeito de direitos essenciais, direitos esses derivados da própria condição humana.

No plano normativo, um setor inteiro do Direito: os Direitos Humanos têm a missão de tornar a dignidade humana um valor supremo da vida social[3].

Os grandes textos normativos, posteriores à Segunda Guerra Mundial, consagram essa ideia. Assim, a **Declaração Universal dos Direitos do Homem**, aprovada pela Assembléia Geral das Nações em 1948, já fez constar de sua abertura que **"todos os seres humanos nascem livres e iguais, em dignidade e direitos" (art. 1º)**. A Constituição da República Italiana, de 27/12/1947, declara que **"todos os cidadãos têm a mesma dignidade social" (art. 3º)**. A Constituição da República Alemã, de 1949, proclama solenemente em seu art. 1º: **"A dignidade do homem é inviolável. Respeitá-la e protegê-la é dever de todos os Poderes do Estado."** A Constituição Portuguesa de 1976 abre-se com a proclamação de que **"Portugal é uma República soberana, baseada na dignidade da pessoa humana e na vontade popular e empenhada na construção de uma sociedade livre, justa e solidária"**. Também assim a Constituição Espanhola de 1978, para qual **"a dignidade da pessoa, os direitos invioláveis que lhe são inerentes, o livre desenvolvimento da personalidade, o respeito à lei e aos direitos alheios são o fundamento da ordem política e da paz social" (art. 1º)**[4].

---

2. Idem, *ibidem*. 2

3. CORRÊA, Marcos José Gomes. CORRÊA, Marcos José Gomes. Direitos Humanos: Concepção e Fundamento. In: PIOVESAN, Flávia e IKAWA, Daniela (Coordenadoras). Direitos Humanos – fundamentos proteção e implementação – Perspectiva e desafios contemporâneos. v. 2 Curitiba: Juruá, 2007, p. 29.

4. COMPARATO, Fábio Konder. Fundamento dos direitos humanos. In: MARCÍLIO, Maria Luiza, PUSSOLI, Lafaiete (Coords.). Cultura dos direitos humanos. *Coleção Instituto Jacques Maritain*. São Paulo: LTr, 1998, p. 60.

A Constituição brasileira de 1988, por sua vez, coloca como um dos fundamentos da República **"a dignidade da pessoa humana"** (art. 1º, III).

Ao basear a República na dignidade da pessoa humana, a Constituição explicita de forma inequívoca que o **"poder"** ou o **"domínio"** da República terá de assentar-se em dois pressupostos ou precondições: 1) em primeiro lugar está a pessoa humana e depois a organização política; 2) a pessoa é sujeito e não objeto, é o fim e não o meio de relações jurídico-sociais. A dignidade da pessoa humana afigura-se, assim, como trave-mestra de sustentação e legitimação da República e da respectiva compreensão do poder político. Assim, firma-se como

> *"linha decisiva de fronteira ('valor limite') contra totalitarismos (políticos, sociais, religiosos) e contra experiências históricas de aniquilação existencial do ser humano e negadoras da dignidade da pessoa humana (escravatura, inquisição, nazismo, estalinismos, polpotismo, genocídios étnicos)"*[5].

A dignidade da pessoa humana alimenta materialmente o princípio da igualdade, proibindo qualquer diferenciação ou qualquer pesagem de dignidade. Assim, migrantes e refugiados têm a mesma dignidade do cidadão nacional.

> *"É a dignidade do ser humano entendida como um valor (bem) autônomo e específico que exige respeito e proteção, proibindo-se a pena de morte e a execução de pessoas, a tortura e tratos ou penas desumanas e degradantes, as práticas de escravidão, de servidão, de trabalho forçado e o tráfico de seres humanos. É a dignidade compreendida como dimensão aberta e carecedora de prestações que legitima e justifica a socialidade, traduzida, desde logo, na garantia de condições dignas de existência*[6].

A dignidade da pessoa humana revela-se como um *standard* de proteção universal, obrigando à adoção de convenções e medidas internacionais e a formatação de um direito internacional adequado à proteção da pessoa como ente individual e concretamente considerado, e como integrante de entidades coletivas (humanidade, povos, etnias)[7].

3. O PERFIL CONSTITUCIONAL DO ESTADO BRASILEIRO

Já no preâmbulo, a Constituição de 1988 estabelece a instituição de um Estado democrático

> "destinado a assegurar o exercício dos direitos sociais e individuais, a liberdade, a segurança, o bem-estar, o desenvolvimento, a igualdade e a justiça como valores supremos de uma sociedade fraterna, pluralista e sem preconceitos, fundada na harmonia social e comprometida, na ordem interna e internacional, com a solução pacífica das controvérsias (...)".

Logo a seguir, nos arts. 1º e 3º do texto, a Constituição afirma os princípios fundamentais que demarcam os fundamentos e os objetivos da República

---

5. CANOTILHO. J.J. Canotilho. MOREIRA, Vital. Constituição da República Portuguesa- Anotada. 1ª ed. brasileira, 4ª. ed. portuguesa revista. São Paulo: *Revista do Tribunais*; Coimbra, PT: Coimbra Editora, 2007. v. 1, p. 198.

6. Idem *ibidem*, p. 199.

7. Idem p. 200.

Federativa do Brasil. Nas palavras de Celso Bastos: *"Estes fundamentos devem ser entendidos como o embasamento do Estado; seus valores primordiais, imediatos, que em momento algum podem ser colocados de lado"*[8].

Dentre os fundamentos que alicerçam o Estado brasileiro, nos termos do art. 1º, II e III, da nossa Lei Maior, destacam-se a cidadania e a dignidade da pessoa humana[9].

Como objetivos fundamentais da República, ficaram definidos: a construção de uma sociedade livre, justa e solidária; a garantia do desenvolvimento nacional; a erradicação da pobreza e a marginalização e a redução das desigualdades sociais e regionais (I, II e III do art. 3º da Constituição Federal)[10].

Percebe-se, a partir dos dispositivos mencionados, a grande preocupação da Carta de 1988 em assegurar a dignidade e o bem-estar da pessoa humana, como um imperativo de justiça social. O resguardo do direito à dignidade humana ganha nova dimensão, posto que enfaticamente privilegia os direitos fundamentais.

Como bem observa Flávia Piovesan:

> *"Consta-se uma nova topografia constitucional, tendo em vista que o texto de 1988, em seus primeiros capítulos, apresenta avançada Carta de direitos e garantias, elevando-os, inclusive, a cláusula pétrea*[11]*, o que mais uma vez, revela a vontade constitucional de priorizar os direitos e garantias fundamentais"*[12].

A Carta de 1988 também traz a inovação de ampliar a dimensão dos direitos e garantias, não mais se limitando a assegurar direitos individuais. O texto incorpora a tutela dos direitos coletivos e difusos, entendidos aqueles como os pertencentes *"a grupo, categoria ou classe de pessoas determinadas ou determináveis, ligadas pela mesma relação jurídica básica"*[13], estes últimos como *"pertencentes a um número indeterminável de pessoas, titulares de um objeto indivisível, as quais estão ligadas entre si por um vínculo fático"*[14].

Com a finalidade de reforçar a imperatividade das normas definidoras de direitos e garantias fundamentais, instituiu-se o princípio da sua aplicabilidade imediata, nos termos do art. 5º, §1º. Desse modo, a eventual omissão do Estado quanto a concretizar direitos fundamentais viola a ordem constitucional, tendo em vista a exigência de ação, ou seja, há dever de agir para a garantia de tais direitos. **"Implanta-se um constitucionalismo concretizador dos direitos fundamentais"**[15].

A Constituição de 1988, além de afirmar no art. 6º que são direitos sociais a educação, a saúde, o trabalho, o lazer, a moradia, a segurança, a previdência social, a proteção à maternidade e à infância, e a assistência aos desamparados, ainda estabelece, nos arts. 193 a 232, uma ordem social com amplo

---

8. BASTOS, Celso Ribeiro, Curso de Direito Constitucional, 12ª ed. São Paulo: Saraiva, 1990, p. 148.

9. Assevera Celso Bastos que embora a dignidade tenha um conteúdo moral, a preocupação do legislador constituinte foi mais de ordem material, ou seja, "a de proporcionar às pessoas às pessoas condições para uma vida digna principalmente no que tange ao fator econômico. Por outro lado, o termo dignidade da pessoa visa condenar práticas como a tortura, sob todas as suas modalidades, o racismo e outras humilhações tão comuns no dia a dia de nosso país. Este foi, sem dúvida um acerto do constituinte, pois coloca a pessoa humana como fim último de nossa sociedade e não com simples meio para alcançar certos objetivos como, por exemplo, o econômico". *Op. cit.* p. 148.

10. Explica Celso Bastos que, "a ideia de objetivos não pode ser confundida com a de fundamentos, muito embora algumas vezes, isto possa ocorrer. Os fundamentos são inerentes ao Estado, fazem parte de sua estrutura. Quanto aos objetivos, estes consistem em algo exterior que deve ser perseguido". *Op. cit.*, p. 149.

11. Observe-se que o art. 60, § 4º apresenta as cláusulas pétreas do texto constitucional, ou seja, o núcleo intocável da Constituição de 1988. Integram esse núcleo: I) a forma federativa de Estado, II) o voto direito, secreto, universal e periódico, III) a separação dos poderes e IV) os direitos e garantias individuais. Vale ressaltar que a Constituição anterior resguardava como cláusulas pétreas a Federação e a República (art. 47, § 1º, da Constituição de 1967, emendada em 1969).

12. PIOVESAN, Flávia. *Temas de direitos humanos*, 2ª, ed. São Paulo: Max Limonad, 2003, p. 329.

13. PIOVESAN, Flávia. *Temas de Direitos Humanos*, 2ª, ed. São Paulo: Max Limonad, 2003, p. 329.

14. MAZZILLI, Hugo Nigro. *A defesa dos interesses difusos em juízo*. 20ª ed. rev., ampl. e atual. São Paulo: Saraiva, 2007, p. 53.

15. SOUZA, Motauri Ciocchetti, Ministério Público e o Princípio da Obrigatoriedade. Ação Civil Pública- Ação Penal Pública. São Paulo: Método, 2007. p. 35.

universo de normas que estabelecem programas, tarefas, diretrizes e fins a serem perseguidos pelo Estado e pela sociedade.

A Constituição de 1988 abre a perspectiva de realização social profunda pela prática dos direitos sociais que ela estabelece, pelo exercício dos instrumentos que oferece à cidadania e que torna possível concretizar as exigências de um Estado de justiça social cujo fundamento é a dignidade da pessoa humana[16].

4. O SISTEMA INTERNACIONAL DE PROTEÇÃO AOS DIREITOS HUMANOS

O sistema internacional de proteção dos direitos humanos encontra-se hoje arquitetado normativamente pelos tratados ou convenções de direitos humanos, instrumentos constitutivos das organizações internacionais e resoluções de organismos internacionais[17]. Tais documentos formam um conjunto de regras bastante diversificadas, com diferentes origens, com âmbito de aplicação distinto — tanto geograficamente, quanto em relação aos beneficiários ou vítimas — e com conteúdos, força e efeitos jurídicos variáveis.

Os tratados de proteção dos direitos humanos não podem ser encarados como os tratados multilaterais clássicos, pois seu objeto não compreende compromissos recíprocos para o benefício mútuo dos **Estados-partes**, mas sim incorporam obrigações objetivas a serem cumpridas por meio de mecanismos de implementação coletiva. Desse modo, foi ampliado o âmbito da proteção, antes limitado pelas relações diplomáticas internacionais, de cunho discricionário.

Os Estados têm liberdade e autonomia para aderir ou não aos documentos internacionais no exercício de sua soberania. Mas, a partir do momento que manifestem sua adesão, assumem obrigações no plano internacional, o que equivale a dizer que abriram mão de parte dessa soberania.

Os instrumentos internacionais de direitos humanos dotaram-se, no plano substantivo, de fundamentos e princípios básicos próprios e, no plano operacional, passaram a contar com uma série de mecanismos de supervisão.

> "*Este corpus juris em expansão veio enfim a configurar-se, ao final de cinco décadas, como uma nova disciplina da ciência jurídica contemporânea, dotada de autonomia, o Direito Internacional dos Direitos Humanos*[18]."

A partir dos primeiros instrumentos de proteção que estabeleceram regras de conteúdo material, percorreu-se um caminho no sentido de dar a esses textos proteção efetiva. Para isso, foram criados, gradualmente, órgãos com competência investigatória, consultiva ou jurisdicional. Além disso, passou-se,

---

16. SILVA, José Afonso da. *Op. cit.* p. 120.
17. Flávia Piovesan enfatiza que os tratados internacionais de direitos humanos envolvem quatro dimensões: 1) fixam um consenso internacional sobre a necessidade de adotar parâmetros mínimos de proteção dos direitos humanos (os tratados não são o "teto máximo" de proteção, mas o "piso mínimo" para garantir a dignidade humana); 2) celebram a relação entre a norma de direitos e a norma de deveres; ou seja, os direitos internacionais impõem deveres jurídicos aos Estados (prestações positivas e, ou, negativas); 3) instituem órgãos de proteção, como meios de proteção dos direitos assegurados (ex.: os Comitês, as Comissões e as Cortes); e 4) estabelecem mecanismos de monitoramento voltados à implementação dos direitos internacionalmente assegurados (ex.: os relatórios, as comunicações interestatais e as petições individuais). PIOVESAN, Flávia. A Jurisdicionalização dos direitos humanos. Revista da Escola Paulista da Magistratura, v. 3, n. 2, julho/dezembro, 2002, p. 64.
18. TRINDADE, Antônio Augusto Cançado. *A proteção internacional dos direitos humanos e o Brasil*. 2ª ed. Brasília: Editora Universidade de Brasília, 2000, p. 27. Grifos do autor.

pouco a pouco, a reconhecer capacidade processual a vítimas, instituições, entidades e Estados-partes para agirem na busca da reparação dos direitos inerentes à condição humana eventualmente lesados.

A maior relevância do sistema de proteção internacional, em se tratando direitos humanos, decorre, em última análise, da própria natureza dos direitos proclamados. Direitos assegurados à pessoa humana independem da nacionalidade dos indivíduos e se baseiam, exclusivamente, na sua condição de seres humanos. Nesse novo modelo de proteção, tornou-se patente que a natureza dos direitos protegidos antecede a qualquer forma de organização política ou social e a proteção de tais direitos não se esgota na ação do Estado. *"É precisamente quando as vias internas ou nacionais se mostram incapazes de assegurar a salvaguarda desses direitos que são acionados os instrumentos internacionais de proteção"*[19].

Os indivíduos, desde que reconhecidos como titulares de direitos, passaram a adquirir alguma capacidade processual perante órgãos de supervisão internacional, tais como o direito de petição individual e o direito de recorrer a instâncias internacionais.

A proteção internacional dos direitos humanos acarreta obrigações internacionais de proteger, ou seja, gera deveres objetivos (e não discricionários) para os Estados-partes. Como conseqüência, está proibida a denegação de justiça pelo Estado-parte, ou a alegação de falta de recursos para atender aos deveres assumidos (limitação da possibilidade de os Estados derrogarem as cláusulas dos pactos).

5. O DEVER DE RESPEITAR E ASSEGURAR O RESPEITO DOS DIREITOS PROTEGIDOS

Os tratados, pactos e convenções de proteção dos direitos da pessoa humana, possuem regras que comprometem os Estados-partes a assumirem a obrigação de respeitar e assegurar os direitos humanos neles reconhecidos e protegidos. Assim, por exemplo, o art. 2º do Pacto de Direitos Civis e Políticos das Nações Unidas, o art. 2º da Convenção sobre os Direitos da Criança, o art. 1º da Convenção Europeia de Direitos Humanos, o art. 1º da Convenção Americana de Direitos Humanos e o art. 1º das Convenções de Genebra sobre o Direito Internacional Humanitário.

Essa obrigação, como assinala Hélio Bicudo[20], pode ser entendida como determinante da devida atuação dos Estados-partes na prevenção e punição das violações dos direitos humanos ali reconhecidos.

Tanto é assim que, dessas mesmas normas, extraem-se determinações no sentido de que, na ausência de medidas legislativas ou de outra natureza

---

19. TRINDADE, Antônio Augusto Cançado. *Op. cit.*, A proteção internacional dos direitos humanos e o Brasil, 2ª ed. Brasília: Editora Universidade de Brasília, 2000, p. 24.

20. BICUDO, Hélio. Estratégias para a Promoção da Punibilidade das Violações dos Direitos Humanos, Artigo publicado pelo Instituto de Pesquisa de Relações Internacionais – Fundação Alexandre Gusmão, disponível em http//www.mre.gov.br/ipri., p. 8.

destinadas a tornar efetivos os direitos reconhecidos, os Estados-partes comprometem-se a tomar as providências necessárias com vistas a adotá-las, considerando-se seus respectivos procedimentos constitucionais (por exemplo, o art. 2º, 2, do Pacto Internacional sobre Direitos Civis e Políticos e o art. 2º da Convenção Americana sobre Direitos Humanos).

Em se tratando de "**efetivação**" da proteção aos direitos humanos, Christophe Swinarski lembra que essa expressão costuma servir, há muitos anos, aos juristas e cientistas políticos para designar o conjunto de condições necessárias para que uma norma internacional consiga surtir efeitos concretos e eficazes na realidade na qual há de ser aplicada[21].

Esclarece que o termo conota a complexidade do processo de formação de uma obrigação ou de um direito à disposição de uma pessoa humana e estende-se às suas três fases, quais sejam: a entrada em vigor da norma, em nível internacional e nacional; sua concretização no direito interno acompanhada, se necessário, da adoção de medidas complementares; e a aplicação da mesma inclusive nos procedimentos necessários para modulá-la, ou seja, para proporcionar-lhe um âmbito institucional idôneo. Assim, "enquanto não houver cumprido as exigências das três etapas, a norma fica incompleta no que diz respeito à sua inserção no sistema jurídico em que se deve introduzir"[22].

Ao poder público incumbe, em primeiro plano, o papel de garantir a efetivação dos direitos humanos.

Analisando-se o que consistiria a função de Estado garante, a Corte Interamericana de Direitos Humanos, na sentença proferida no caso Ximenes Lopes *versus* Brasil[23], invoca o disposto no art. 1º da Convenção Americana, ao estabelecer que o Estado deve reconhecer, respeitar e garantir os direitos e liberdades consagrados no Pacto de São José. E sustenta o art. 2 que, pelo mesmo motivo, deve ele remover os obstáculos que se oponham ao curso dessas faculdades e adotar medidas de natureza diversa para colocá-las efetivamente ao alcance de todas as pessoas.

O Estado atua como garante dos direitos e liberdades dos que se acham sob sua jurisdição, porque assim dispõem as normas fundamentais internas – especialmente a Constituição Política – e assim decidem as disposições internacionais que amparam os direitos humanos.

Assim, o cumprimento das obrigações internacionais de proteção assumidas pelos Estados requer o concurso dos seus órgãos internos, os quais são chamados a aplicar as normas internacionais.

Já mencionamos que o Direito Internacional dos Direitos Humanos é subsidiário e suplementar ao direito nacional. Assim, como assevera Flávia Piovesan:

---

21. SWINARSKI, Christophe. "O Direito Internacional Humanitário como sistema de proteção internacional da pessoa humana". In: VIEIRA, Oscar Vilhena (Coord.), *Direitos humanos. Estado de Direito e a Construção da Paz*. São Paulo: Quatier Latin, 2005, p. 162.
22. Idem, *ibidem*.
23. Sentença proferida em 4 de julho de 2006, da qual resultou a condenação do Estado Brasileiro.

A PROTEÇÃO DOS DIREITOS HUMANOS DE MIGRANTES E REFUGIADOS NAS CIDADES

> *"No sistema internacional de proteção dos direitos humanos, o Estado tem a responsabilidade primária pela proteção desses direitos, ao passo que a comunidade internacional tem a responsabilidade subsidiária. Os procedimentos internacionais têm, assim, natureza subsidiária, constituindo garantia adicional de proteção dos direitos humanos, quando falham as instituições nacionais"*[24].

Por isso mesmo, é necessário que se fortaleçam as instituições nacionais, evitando que as garantias de natureza internacional sejam acionadas.

6. A PROTEÇÃO INTERNACIONAL DE MIGRANTES E REFUGIADOS

Apesar de serem usados, por vezes indistintamente, há diferenças fundamentais entre os termos "**migrante**" e "**refugiado**".

A Organização Mundial para Migrações (OIM) define migrante como qualquer pessoa que se desloque ou tenha viajado através de uma fronteira internacional ou dentro de um país, fora do seu local de residência habitual, independentemente de: 1) o seu estatuto legal; 2) a natureza voluntária ou involuntária do deslocamento; 3) as causas do deslocamento; ou 4) a duração da sua estadia[25].

Os fatores que levam as pessoas a se movimentar podem ser complexos. Muitas vezes as causas são multifacetadas. Os migrantes podem almejar a melhoria das condições de vidas, a busca de trabalho ou, em alguns casos, o acesso à educação, à reunião familiar, entre outras razões. Eles também podem se mover para aliviar as dificuldades significativas que surgem de desastres naturais, fome ou extrema pobreza. As pessoas que deixam seus países por estas razões geralmente não são consideradas refugiados sob o direito internacional.

Os migrantes são protegidos pela leis internacionais de proteção aos direitos humanos. Esta proteção é derivada, como já se disse, de sua dignidade fundamental como seres humanos.

São exemplos dessas normas protetivas a Declaração Universal dos Direitos Humanos; o Pacto Internacional sobre Direitos Civis e Políticos; e o Pacto Internacional sobre Direitos Econômicos, Sociais e Culturais; bem como outros importantes tratados internacionais e regionais, que reconhecem todas as pessoas, incluindo migrantes e refugiados, como detentoras de direitos humanos.

A Organização Internacional para Migrações (OIM), ligada à estrutura das Nações Unidas, é a principal agência intergovernamental mundial dedicada às questões migratórias.

Criada em 1951, a Organização atua em estreita parceria com os governos, com outras organizações e com a sociedade civil para fazer frente aos desafios da migração.

---

24. PIOVESAN, Flávia. *Op. cit.* Direitos Humanos e o Direito Constitucional Internacional, p. 153.
25. https://www.iom.int/key-migration-terms#Migrant

A OIM trabalha para que a migração humana ocorra de forma ordenada para o benefício de todas e todos, fornecendo assistência e assessoramento a governos e migrantes[26].

Refugiados são pessoas que estão fora do seu país de origem por medo de perseguição, conflito, violência generalizada ou outras circunstâncias que tenham perturbado seriamente a ordem pública e, consequentemente, exijam proteção internacional. A definição de refugiado pode ser encontrada na Convenção das Nações Unidas relativa ao Estatuto dos Refugiados de 1951 e nos instrumentos regionais relacionados a refugiados, bem como no Estatuto do Alto Comissariados das Nações Unidas para Refugiados (ACNUR).

O sistema legal específico que protege os direitos dos refugiados é conhecido como "**proteção internacional de refugiados**". A necessidade deste sistema reside no fato de que os refugiados são pessoas que se encontram em situações que podem demandar salvaguardas adicionais. Isso porque os requerentes de asilo e refugiados, no mais das vezes, carecem da proteção de seus próprios países.

O Artigo 14 da Declaração Universal dos Direitos Humanos estabelece o direito de todas as pessoas de procurar asilo e de gozá-lo. No entanto, a noção de asilo não tinha um conteúdo internacional claro até que a Convenção sobre o Estatuto dos Refugiados de 1951 fosse adotada, e o ACNUR se tornasse o encarregado de supervisionar sua aplicação.

A Convenção de 1951 e o seu Protocolo de 1967, bem como os instrumentos legais regionais, estabelecem uma definição universal de refugiados e incorporam as suas obrigações e direitos básicos.

As disposições da Convenção de 1951 continuam sendo as principais normas internacionais que determinam todas as medidas para a proteção e tratamento de refugiados. A sua disposição mais importante, o **princípio da não devolução** (isto é, retornos não forçados) que aparece no artigo 33, é a base do sistema. De acordo com este princípio, os refugiados não devem ser expulsos ou devolvidos a situações em que a sua vida ou liberdade esteja ameaçada.

Os Estados são os principais responsáveis por essa proteção. O ACNUR trabalha em estreita colaboração com os governos, fornecendo aconselhamento e apoio quando necessário, para cumprir suas responsabilidades[27].

6.1 A DECLARAÇÃO DE NOVA YORK [28]

Embora o tratamento concedido a refugiados e migrantes seja regido por estruturas legais separadas, têm eles os mesmos direitos humanos universais e liberdades fundamentais. Ambos enfrentam problemas comuns e têm vulnerabilidades semelhantes, principalmente no contexto de **grandes deslocamentos.**

---

26. *https://nacoesunidas.org/agencia/oim/.*
27. *http://www.acnur.org/protegiendo-a-las-personas.html.*
28. *https://www.un.org/pga/70/wp-content/uploads/sites/10/2015/08/HLM-on-addressing-large-movements-of-refugees-and-migrants--Draft-Declaration-5-August-2016.pdf*

O termo "**grandes deslocamentos**" se reflete numa série de fatores, incluindo: o número de pessoas que chegam; o contexto econômico, social e geográfico; a capacidade de resposta do Estado receptor; e as repercussões de um deslocamento súbito ou prolongado.

Nos "**grandes deslocamentos**" pode haver fluxos mistos de pessoas, sejam refugiados ou migrantes, que se movem por diferentes razões, seguindo rotas semelhantes.

Considerando esta realidade, na sessão da Assembleia Geral das Nações Unidas, ocorrida em 19/09/2016, durante a primeira Reunião de Alto Nível sobre Grandes Movimentos de Refugiados e Migrantes que reuniu líderes governamentais e da ONU, assim como representantes da sociedade civil, foi proclamada a Declaração de Nova York que firmou o compromisso de resguardar os direitos de refugiados e migrantes, bem como o de compartilhar a responsabilidade sobre estas populações em uma escala global.

O documento expressou a constatação de que os grandes deslocamentos de refugiados e migrantes têm ramificações políticas, econômicas, sociais e humanitárias para o desenvolvimento e os direitos humanos que atravessam fronteiras. Estes são fenômenos globais que exigem abordagens e soluções globais. Assim, nenhum Estado pode gerenciar sozinho esses deslocamentos.

Reconheceu também que países vizinhos ou países de trânsito, principalmente países em desenvolvimento, são afetados de forma desproporcional e, em muitos casos, sua capacidade tem sido seriamente superada, o que afeta sua própria coesão social e econômica e desenvolvimento. Por isso, maior cooperação internacional é necessária para ajudar os países e as comunidades anfitriãs.

Ponderou ainda que os Estados têm direitos e responsabilidades na gestão e no controle de suas fronteiras, podendo inclusive tomar medidas para impedir a travessia irregular de pessoas. Todavia, os procedimentos de controle de fronteira devem ser consistentes com as obrigações aplicáveis sob a lei internacional, incluindo o direito internacional de direitos humanos e o direito internacional humanitário. Diante disso, expressou o compromisso de promover a cooperação internacional na gestão e controle de fronteiras como um elemento importante da segurança do Estado, incluindo questões relacionadas com a luta contra o crime organizado transnacional, o terrorismo e o comércio ilícito. E de velar para que os funcionários públicos e os encarregados da aplicação da lei que trabalham nas áreas fronteiriças sejam treinados para respeitar os direitos humanos de todas as pessoas que atravessam ou tentam atravessar fronteiras internacionais.

Reafirmou que, de acordo com o princípio de não devolução, as pessoas não devem ser mandadas de volta às fronteiras.

Enfim, chancelou o compromisso de continuar protegendo os direitos humanos e as liberdades de todas as pessoas em trânsito e depois de sua chegada.

Para dar concretude à Declaração de Nova York, trabalha-se hoje na elaboração de dois pactos mundiais, um relativo a migrações e outro a refugiados.

6.2 PACTO GLOBAL DE MIGRAÇÕES [29]

O processo de desenvolvimento deste Pacto Global pela Migração teve início em abril de 2017 e está sendo conduzido pela Organização Internacional para Migrações (OIM). Espera-se que seja o primeiro acordo negociado intergovernamentalmente, preparado sob os auspícios das Nações Unidas, para cobrir todas as dimensões da migração internacional de maneira holística e abrangente a fim de que se garantam migrações seguras, ordenadas e regulares.

Ele apresenta uma oportunidade significativa para melhorar a governança sobre os processos migratórios, para enfrentar os desafios associados à migração hodierna e para fortalecer a contribuição dos migrantes e da migração para o desenvolvimento sustentável.

A Assembleia Geral realizará uma conferência intergovernamental sobre migração internacional em dezembro de 2018, com o objetivo de adotar o Pacto Global finalizado em 13 de julho de 2018.

6.3 PACTO GLOBAL SOBRE REFUGIADOS[30]

Conduzido pelo Alto Comissariado das Nações Unidas para Refugiados (ACNUR), a elaboração do Pacto Global sobre os Refugiados teve início em 2017 e está sendo elaborado em cooperação e consulta com os Estados Membros e outras partes interessadas em diversas áreas inter-relacionadas. Envolve discussões temáticas informais para determinar as medidas essenciais para responder à situação dos refugiados em conformidade com a Declaração de Nova York e, assim, definir a implementação do Quadro de Resposta Abrangente aos Refugiados e o desenvolvimento do Pacto Global sobre Refugiados.

O esboço do Pacto Global sobre Refugiados foi divulgado pelo ACNUR em janeiro de 2018. A partir de então, iniciaram-se as consultas formais aos Estados membros e outras partes interessadas para eventuais sugestões.

Após as consultas, o Alto Comissário apresentará o texto final em seu relatório anual à Assembleia Geral em 2018.

---

29. https://refugeesmigrants.un.org/sites/default/files/180713_agreed_outcome_global_compact_for_migration.pdf.

30. http://www.unhcr.org/gcr/GCR_English.pdf.

Peça-chave do trabalho que vem sendo realizado pela Organização Internacional para as Migrações (OIM) e pelo Alto Comissariado das Nações Unidas para Refugiados (ACNUR), entre outras instituições, os pactos globais são uma oportunidade única e inédita de trabalho conjunto entre todos os atores relevantes com a finalidade de garantir, coletivamente, direitos humanos de imigrantes e refugiados.

7. OS DIREITOS DOS MIGRANTES E REFUGIADOS NAS CIDADES

A migração, a integração, a inclusão e a proteção dos direitos dos migrantes e refugiados, têm sido tradicionalmente regulados e debatidos em sua maior parte em nível estatal, com os estados que estão desenvolvendo políticas adaptadas às necessidades de seus países em conjunto. Por outro lado, o papel central dos estados como atores principais na gestão da migração e do refúgio, descuida um pouco de um fato básico da migração internacional. Na realidade, os fluxos migratórios, tanto de zonas rurais e urbanas como urbana-urbana, unem cidades a cidades, através e entre regiões. A migração e o refúgio são realidades que necessitam de soluções de curto e longo prazos e de uma revisão das políticas necessárias para levar em conta o papel real das cidades. É no nível local que as ações são executadas. Os países recebem os migrantes e refugiados — mas, na prática, são as cidades que os acolhem e os tornam cidadãos.

Por isso mesmo, a pauta migratória sob o olhar das cidades foi incluída em espaços de discussão pela comunidade internacional. Assim, o Diálogo Internacional sobre Migrações (realizado em Nova York, em março de 2018) e também a Conferência Global sobre Cidades e Migração (realizada em Mechelen, Bélgica, em novembro de 2017). Isso, só para citar dois exemplos que contaram com a participação efetiva da cidade de São Paulo, representada que foi pela então secretária Municipal de Direitos Humanos e Cidadania, Eloisa de Sousa Arruda.

Em todos os encontros, pactos globais para migração e refúgio foram o tema comum.

Eles refletem o estabelecido na Declaração de Nova York, em setembro de 2016, quando governantes de 193 países se comprometeram a corroborar a proteção de milhões de pessoas que foram forçadas a se deslocar ou que estão em movimento ao redor do mundo.

Aliás, a referida Declaração destacou a importância de atender, logo na chegada, as necessidades imediatas das pessoas que tenham sido expostas a maus--tratos físicos ou psicológicos, sem discriminação e independentemente de sua condição jurídica ou situação migratória. Para tanto, considerou a possibilidade de prestar apoio ao desenvolvimento da capacidade dos países receptores de grandes deslocamentos humanos que o solicitarem.

Expressou também o compromisso de fornecer, com base na cooperação bilateral, regional e internacional, o financiamento para assistência humanitária que seja suficiente, flexível, previsível e sistemático, para que os países e as comunidades de acolhimento possam responder às necessidades humanitárias imediatas e às suas necessidades de desenvolvimento a longo prazo.

Mencione-se ainda que a Organização das Nações Unidas, ao aprovar a Agenda 2030 para o Desenvolvimento Sustentável, no ano de 2015[31], reconheceu claramente a contribuição positiva dos migrantes para o crescimento inclusivo e o desenvolvimento sustentável. Os benefícios e oportunidades oferecidos pela migração segura, ordeira e regular são consideráveis e muitas vezes subestimados. Por outro lado, o deslocamento forçado e a migração irregular de pessoas em grandes movimentos frequentemente apresentam problemas complexos principalmente para as cidades e por isso precisam ser adequadamente considerados.

No mesmo passo, a Nova Agenda Urbana adotada na Conferência das Nações Unidas para o Desenvolvimento Habitacional Urbano Sustentável (Habitat III), em Quito, Equador, em 20 de outubro de 2016[32], consignou no item 28 o compromisso de garantir o pleno respeito aos direitos humanos dos refugiados, internamente deslocados e migrantes, independentemente do *status* migratório, dando suporte à cidades anfitriãs, dentro do espírito da cooperação internacional e tendo em conta as circunstancias nacionais.

Reconheceu ainda, que embora a movimentação entre povoados e cidades apresente uma variedade de desafios, também pode trazer significativas contribuições sociais, econômicas e culturais para a vida das cidades.

Reafirmou, outrossim, o compromisso de promover o fortalecimento da sinergia entre a migração internacional e o desenvolvimento nos níveis global, regional, nacional, subnacional e local, garantindo a migração segura, ordenada e regular, por meio de políticas de migração planejadas e bem gerenciadas apoiando as autoridades locais no estabelecimento de estruturas que permitam a contribuição positiva dos migrantes para as cidades.

Somente para citar um exemplo próximo de o quanto os processos migratórios impactam diretamente as cidades, vamos lembrar aquela que está sendo considerada o maior crime humanitário da América Latina deste século 21. Desde 2013, a Venezuela enfrenta recessão e uma inflação de grandes proporções (acima de 800% ao ano), ocasionando escassez de ali-

---

31. Resolução 70/1.
32. A Nova Agenda Urbana foi endossada pela Assembleia Geral das Nações Unidas na 68ª Reunião Plenária da 71ª sessão, em 23/12/2016. *www.habitat3.org*.

mentos, produtos de higiene e medicamentos. Aliados às muitas disputas políticas entre oposição e governo, esses fatores transformaram aquele que já foi um dos países mais ricos da região em um dos mais miseráveis, provocando a crise migratória.

Desde que a situação se tornou crítica, pelo menos 2,5 milhões de pessoas- mais de 8% da população deixou o país. O aumento do número de imigrantes venezuelanos na América Latina foi de 896% entre 2016 e 2018. Deste número, mais de 50 mil já vieram para o Brasil, um dos muitos destinos procurados pelos que deixam a Venezuela. A porta de entrada, geralmente, é por Roraima. Em um Estado de 500 mil habitantes, o aumento repentino de 10% desse total efetivamente causa um grande desequilíbrio, originando conflitos e questionamentos diversos.

Todavia, o Brasil, integrado que está ao sistema global de proteção aos Direitos Humanos, como já mencionamos, não pode furtar-se dos compromissos que assumiu perante a comunidade internacional. Tem, portanto, o dever de receber, acolher e integrar migrantes e refugiados garantindo-lhes oportunidades para que reconstruam suas vidas de forma digna.

Aprofundar o diálogo entre União, Estados e Municípios tem se mostrado essencial para que o deslocamento humano possa se dar de forma coordenada, até mesmo para o repasse e adequação de recursos a cada situação. Desse modo, se torna possível acolher de forma organizada os migrantes e refugiados, verificar suas condições de saúde, providenciar com agilidade seus documentos, e permitir que eles possam integrar-se à sociedade brasileira.

8. A ESTRUTURA NA CIDADE DE SÃO PAULO PARA ACOLHER E INTEGRAR MIGRANTES E REFUGIADOS

São Paulo é a maior cidade do Brasil e da América. Com uma população de aproximadamente 12 milhões de pessoas, 3,5% dessas, ou seja, 390 mil são migrantes em uma situação regular de mais de 150 nacionalidades.

São Paulo foi historicamente construída por migrantes de diferentes origens e, ao longo da última década, a cidade tem testemunhado a diversificação e um novo crescimento dos fluxos internacionais.

A cidade de São Paulo reconhece os migrantes como os sujeitos de direitos e agentes do desenvolvimento social e econômico local. Por isso mesmo, se empenha para promover uma política municipal de forma transversal, baseada em direitos humanos, de forma interdisciplinar e participativa, assegurando a inclusão social, econômica, cultural e política dos migrantes.

A cooperação local entre os diferentes atores da sociedade é o eixo central da política municipal.

Com o apoio das organizações da sociedade civil e dos próprios migrantes que vivem na cidade, uma das principais conquistas foi a criação de um quadro institucional sólido com o objetivo de permitir o desenvolvimento, implementação e acompanhamento de políticas públicas destinadas aos migrantes em São Paulo.

Um aspecto importante a destacar é que a política municipal está estruturada em uma legislação formal, o que garante a sua força institucional.

A Lei nº 16.478, de 8 de julho de 2016 instituiu a Política Municipal para a População Imigrante, a ser implementada de forma transversal às políticas e serviços públicos, sob articulação da Secretaria Municipal de Direitos Humanos e Cidadania. No artigo 1º foram definidos os objetivos, quais sejam: "I – garantir ao imigrante o acesso a direitos sociais e aos serviços públicos; II – promover o respeito à diversidade e à interculturalidade; III – impedir violações de direitos; IV – fomentar a participação social e desenvolver ações coordenadas com a sociedade civil".

Para os efeitos da Lei são considerados imigrantes, nos termos do parágrafo único do artigo *1º* "*todas as pessoas que se transferem de seu lugar de residência habitual em outro país para o Brasil, compreendendo imigrantes laborais, estudantes, pessoas em situação de refúgio, apátridas, bem como suas famílias, independentemente de sua situação imigratória e documental*".

São Paulo é a única cidade no Brasil com uma estrutura municipal projetada exclusivamente para desenvolver e implementar políticas públicas para migrantes internacionais. Em maio de 2013, foi criada a "Coordenação de Políticas para Migrantes" na estrutura da Secretaria Municipal de Direitos Humanos e Cidadania de São Paulo.

A coordenação mantém um "Centro de Referência e Atenção para Imigrantes (CRAI)", serviço público de referência, preparado para prestar assistência especializada aos migrantes internacionais em nove diferentes idiomas.

Desde a sua abertura em 2014, o CRAI já atendeu mais de 15 mil pessoas de 90 diferentes nacionalidades.

A assistência prestada no CRAI é gratuita, de portas abertas, realizada por assistentes migrantes contratados, e atualmente oferece serviço de orientação e assessoramento para regularização migratória, acesso a serviços e promoção de direitos.

O Centro de Referência e Atenção para Imigrantes tem um modelo de gestão indireta, por meio de um convênio firmado com uma organização da sociedade civil.

A participação social é outro princípio central da política municipal para a população migrante.

Reconhecendo que a inserção da população migrante na vida da cidade é primordial para a sua integração na sociedade, São Paulo conta com um "Conselho Municipal de Imigrantes", nomeado em setembro de 2017. O Conselho tem como atribuição a participação na formulação, implementação e acompanhamento das políticas da cidade. Este órgão consultivo, baseado na paridade entre governo e sociedade civil e com o equilíbrio de gênero, garante que os imigrantes tenham uma voz ativa na agenda política da cidade.

O Conselho promove espaços para a participação e escuta da população migrante no âmbito de conferências municipais, que ocorrem a cada dois anos, bem como por meio de audiências e consultas públicas.

Promover o acesso dos imigrantes aos serviços públicos implica considerar suas especificidades em todas as políticas públicas.

Por isso mesmo, uma das principais premissas para uma política de migração local que garanta o acesso adequado pelos imigrantes é a transversalidade e a integralidade dela.

As diferentes áreas da administração devem incluir as características específicas dos migrantes como um componente transversal de suas políticas, como saúde, educação, cultura, trabalho, assistência social e desenvolvimento, moradia, entre outros.

Trata-se de incorporar a migração como uma realidade na rotina da administração pública em suas diferentes estruturas, com uma ressignificação de suas atividades diárias, buscando transpor a percepção de que os migrantes representam um evento extraordinário uma questão excepcional que deve ser abordada *ad hoc*.

Um exemplo de esforço transversal é a parceria firmada entre a Secretaria Municipal de Direitos Humanos e a Secretaria Municipal da Educação.

Entendendo que o conhecimento da língua local é essencial para a autonomia e inclusão dos migrantes na sociedade, foi iniciada em agosto de 2017, a política "Portas Abertas: português para migrantes", que começou a oferecendo 600 vagas para migrantes possam aprender português em escolas municipais, no contra turno das aulas regulares.

É a primeira vez na história do Brasil que o português como segunda língua está sendo oferecido aos imigrantes como uma política pública, com financiamento público, com material didático próprio e que aceita todos os imigrantes, independentemente da sua situação migratória ou documental.

Outro exemplo de política transversal é a integração com outras redes de proteção do município.

O centro de referência é responsável por fazer a ponte para a alocação de imigrantes para uma das 540 (quinhentos e quarenta) vagas disponíveis em albergues da rede municipal de assistência específicas para os migrantes internacionais.

Além disso, outro aspecto fundamental para São Paulo é a cooperação com organizações internacionais e cidades de outros países.

Devido ao reconhecimento por parte das organizações internacionais, a municipalidade tem realizado diversas parcerias, com entidades que apoiam migrantes e refugiados como é o caso da Organização Internacional para as Migrações (OIM) e o Alto Comissariado das Nações Unidas para Refugiados (ACNUR).

Por tudo isso, a experiência da cidade de São Paulo demonstra que é possível construir um marco institucional local, baseado em cooperação, que permita e garanta que migrantes e refugiados possam viver suas vidas em qualquer lugar com dignidade, independentemente do seu *status* migratório.

Espera-se que tal experiência possa servir como insumo e inspiração para outras cidades que convivem com a realidade dos processos migratórios.

9. CONCLUSÃO

A migração internacional é uma realidade multidimensional de grande relevância para o desenvolvimento de países de origem, de trânsito e de destino que requerem respostas coerentes e abrangentes. Os migrantes podem trazer contribuições positivas e profundas para o desenvolvimento econômico e social das sociedades anfitriãs, inserindo novas competências e dinamismo à economia dessas sociedades.

Por isso mesmo, é necessário que os processos migratórios ocorram de forma ordenada garantindo que a recepção, acolhimento e integração dos migrantes e refugiados se faça com o respeito às normas protetivas de direitos humanos internacionalmente reconhecidas.

Nesse passo, a estrutura das cidades anfitriãs ganha especial relevância pois é no âmbito delas que a migração se concretizará.

A cidade de São Paulo possui hoje experiência exitosa, fruto da disposição de enfrentar a nova dinâmica migratória instalada no planeta. Cumpre assim a sua tradição histórica pois é formada por migrantes de diferentes nacionalidades que vieram em busca de novas oportunidades de vida, instalaram-se e fizeram dela uma das maiores metrópoles do mundo.

REFERÊNCIAS BIBLIOGRÁFICAS

BASTOS, Celso Ribeiro, Curso de direito constitucional, 12ª ed. São Paulo: Saraiva, 1990.

BICUDO, Hélio. Estratégias para a promoção da punibilidade das violações dos direitos humanos. Artigo publicado pelo Instituto de Pesquisa de Relações Internacionais – Fundação Alexandre Gusmão, disponível em *http//www.mre.gov.br/ipri*.

BOBBIO, Norberto. A Era dos Direitos, nova edição, 5ª tiragem, trad. de Carlos Nelson Coutinho. Rio de Janeiro: Elsevier – Campus, 2004.

CANOTILHO, José Joaquim Gomes. Direito constitucional. Coimbra: Almedina, 1992.

_____, MOREIRA, Vital. Constituição da República Portuguesa- Anotada. 1ª ed. brasileira, 4ª ed. portuguesa revista. São Paulo: Revista dos Tribunais; Coimbra, PT: Coimbra Editora, 2007. v. 1.

COMPARATO. Fábio Konder. A afirmação histórica dos direitos humanos. 2ª ed. São Paulo: Saraiva, 2001.

MAZZILLI, Hugo Nigro. O acesso à Justiça e o Ministério Público. São Paulo: Saraiva, 5ª edição, rev., ampl. e atual, 2007.

PIOVESAN Flávia. A jurisdicionalizarão dos direitos humanos. Revista da Escola Paulista da Magistratura, v. 3, n. 2, p. 59-72, julho/dezembro – 2002.

_____. Temas de direitos humanos. 2ª. ed. São Paulo: Max Limonad, 2003.

_____. Direitos Humanos e o Direito Constitucional Internacional. 7ª ed. rev. ampl. e atual. São Paulo: Saraiva, 2006.

_____ e IKAWA, Daniela (Coordenadoras). Direitos Humanos- fundamentos proteção e implementação- Perspectiva e desafios contemporâneos. v. 2 Curitiba: Juruá, 2007.

SILVA, José Afonso da. Curso de Direito Constitucional Positivo. 30ª ed. São Paulo: Malheiros, 2008.

SOUZA, Motauri Ciocchetti. Ministério Público e o Princípio da Obrigatoriedade. Ação Civil Pública- Ação Penal Pública. São Paulo: Método, 2007.

TRINDADE, Antônio Augusto Cançado. Tratado de Direito Internacional dos Direitos Humanos. 1ª ed. Porto Alegre: Sérgio Antonio Fabris, 1999. V. II.

_____. A proteção internacional dos direitos humanos e o Brasil. 2ª. ed. Brasília: Editora Universidade de Brasília, 2000.

_____. Tratado de Direito Internacional dos Direitos Humanos. 2ª ed. rev. e atual. Porto Alegre: Sérgio Antonio Fabris, 2003. V. I.

_____. Tratado de Direito Internacional dos Direitos Humanos. 1ª ed. Porto Alegre: Sérgio Antonio Fabris, 2003. V. III.

VIEIRA, Oscar Vilhena (Coord.), Direitos humanos. Estado de Direito e a Construção da Paz. São Paulo: Quatier Latin, 200.

UNIVERSAL HISTORY ARCHIVE / UIG / *GETTY IMAGES*

O PAPEL INSPIRADOR DA DECLARAÇÃO UNIVERSAL DOS DIREITOS HUMANOS NA CONSTRUÇÃO HISTÓRICA DOS DIREITOS DE CRIANÇAS E ADOLESCENTES

FELIPE CHIARELLO DE SOUZA PINTO

Doutor e mestre em Direito pela Pontifícia Universidade Católica de São Paulo – PUC-SP. Diretor da Faculdade de Direito da Universidade Presbiteriana Mackenzie – UPM. Membro da Comissão de Revisão da Matriz Curricular da Graduação em Direito no Brasil (convidado externo CNE), do Comitê da Área do Direito no Programa SciELO/Fapesp. Membro Titular da Academia Paulista de Letras Jurídicas. Parecerista na Área do Direito da Coordenação de Aperfeiçoamento de Pessoal de Nível Superior e do Ministério da Educação (Capes-MEC).

MICHELLE ASATO JUNQUEIRA

Doutora e Mestre em Direito Político e Econômico pela Universidade Presbiteriana Mackenzie. Vice-líder do Grupo de Pesquisa CNPq "Políticas Públicas como Instrumento de Efetivação da Cidadania". Pesquisadora do Grupo de Pesquisa CNPq "Estado e Economia no Brasil". Vice-líder do Grupo de Pesquisa "CriADirMack – Direito da Criança e do Adolescente no século XXI". Professora dos cursos de graduação e pós-graduação em Direito.

ANA CLAUDIA POMPEU TOREZAN ANDREUCCI

Pós-Doutoranda em Direitos Humanos e Democracia pela Universidade de Coimbra. Pós-Doutora em Direitos Humanos e Trabalho pela Universidade de Córdoba-Argentina. Mestre e Doutora pela PUC/SP. Graduada em Direito pela Universidade Presbiteriana Mackenzie (UPM). Coordenadora do Grupo de Pesquisa CriaDirMack "Direitos da Criança e do Adolescente no Século XXI" da UPM. Pesquisadora do Grupo de Estudos de Novas Narrativas (GENN – ECA/USP).

Quanto sangue humano derramado pela bala, pela lâmina
Quanto desprezo pela vida, quanta falta de amor
Quantas vidas humanas ceifadas pela bomba
Quanta perseguição, quanta miséria e terror
Fica declarado, então, o que não precisa de declaração
Fica declarado, então, o que não precisa de declaração
Que somos todos iguais, embora diferentes
Que somos diferentes, mas não desiguais
Que somos livres pra falar, para crer
Que somos todos irmãos e que a vida é o bem maior
Clésio Tapety

RESUMO

A Declaração de Direitos Humanos completa, neste ano de 2018, 70 anos. Não é apenas um comemorar simbólico, mas um constante construir na luta pela proteção dos valores humanos. Nesta luta, foi possível a positivação no ordenamento internacional e nacional-brasileiro de desenhos legislativos específicos para a proteção dos direitos das crianças e dos adolescentes, fazendo-se a chamada doutrina da proteção integral, que fundamental as disposições da Constituição Federal de 1988, além do **Estatuto da Criança e do Adolescente** e o novel Marco Legal da Primeira Infância, tornando a criança um sujeito protagonista em sua história, com vez e voz. O objetivo do presente artigo reside na demonstração deste caminhar, utilizando-se do método com abordagem descritiva, com procedimento de pesquisa bibliográfica e legislativa.

PALAVRAS-CHAVE
DIREITOS DA CRIANÇA E DO ADOLESCENTE, PRIORIDADE ABSOLUTA, DOUTRINA DA PROTEÇÃO INTEGRAL

1. NOTAS INTRODUTÓRIAS
AFASTAR A GUERRA E DECLARAR PAZ, ASSIM COMEÇA A HISTÓRIA.

"*A guerra é o meu livro de história. Minha solidão... Perdi a época da infância, ela fugiu da minha vida. Sou uma pessoa sem infância, em vez de infância tenho a guerra.*" Profundo e de uma tristeza avassaladora este é o relato de uma menina de 4 anos, Vássia Khárevski que como muitas outras crianças, teve sua infância perdida pela 2ª Guerra Mundial, ocorrida entre 1939 e 1945, marcando-as em toda sua existência (ALEKSIÉVITCH, 218, p. 23). Vássia conseguiu chegar à idade adulta e no exercício de seu direito de voz trouxe este relato, de dor, sofrimento, mas também de esperança.

As estatísticas relativas às crianças e adolescentes são numerais de larga escala, estima-se que em 1945 havia aproximadamente treze milhões de crianças abandonadas como consequência da guerra; um milhão de órfãos na Polônia, 50 mil na Tchecoslováquia, 250 mil na França e 200 mil na Hungria. Na Grécia, uma em cada oito crianças era órfã. Não era incomum ver crianças marchando ao lado de regimentos por terem perdido tudo e o exército parecer a única esperança de sobrevivência.

Terminada a Guerra, eis o momento de se pensar a paz e é neste contexto que os Estados se conscientizam da necessidade de reconstrução do Mundo e da própria Humanidade, flagelada em razão das atrocidades e tragédias ocorridas, constituindo-se assim, a Organização das Nações Unidas (ONU) com o objetivo do fortalecimento da paz e o vínculo entre as pessoas e povos. O então presidente dos EUA, Franklin Delano Roosevelt sugeriu o nome Nações Unidas e a 25 de abril de 1945 celebrou-se a Primeira Conferência em São Francisco.

Deve ser sublinhado que a ONU foi criada logo após a 2ª Grande Guerra por meio da Carta Constitutiva de 26 de junho de 1945 com a Ratificação por 51 Estados-Membros. Referida Carta estabeleceu as intenções futuras, entre elas, a preservação das futuras gerações quanto às guerras, o fortalecimento da Humanidade em sua dignidade, igualdade como lema, em prol de uma vida de liberdade. Foi a consolidação de um instrumento declaratório de paz, tolerância, solidariedade e busca contínua perpétua de justiça social.

Em ato contínuo a Declaração Universal dos Direitos Humanos aprovada pela Resolução n. 271 da Assembléia Geral da ONU representou o marco de desenvolvimento do Direito Internacional dos Direitos Humanos, com o estabelecimento da universalização e internacionalização de tais direitos fundamentais. Como um detalhamento de direitos humanos concebe-se a Declaração como a primeira iniciativa enunciatória de direitos humanos no âmbito internacional (ARZABE; GRACIANO, 1988, p. 252) e segundo Flavia PIOVESAN (2003, pp. 36-37):

> *Ao conjugar o valor da liberdade com o valor da igualdade, a Declaração demarca a concepção contemporânea de direitos humanos, pela qual os direitos humanos passam a ser concebidos como uma unidade interdependente, inter-relacionada e indivisível. Assim, partindo-se do critério metodológico que classifica os direitos humanos em gerações, adota-se o entendimento de que uma geração de direitos não substitui a outra, mas com ela interage. Isto é, afasta-se a ideia da sucessão 'geracional' de direitos, na medida em que se acolhe a ideia da expansão, cumulação e fortalecimento dos direitos humanos consagrados, todos essencialmente complementares e em constante dinâmica de interação.*

O PAPEL INSPIRADOR DA DECLARAÇÃO UNIVERSAL DOS DIREITOS HUMANOS NA CONSTRUÇÃO HISTÓRICA DOS DIREITOS DE CRIANÇAS E ADOLESCENTES

Desde sua adoção, em 1948, a DUDH foi traduzida em mais de 500 idiomas – o documento mais traduzido do mundo – e inspirou as constituições de muitos Estados e democracias recentes. A DUDH, em conjunto com o Pacto Internacional dos Direitos Civis e Políticos e seus dois Protocolos Opcionais (sobre procedimento de queixa e sobre pena de morte) e com o Pacto Internacional dos Direitos Econômicos, Sociais e Culturais e seu Protocolo Opcional, formam a chamada Carta Internacional dos Direitos Humanos.

No tocante ao Direito da Criança e Adolescente, a Declaração tem sua força alicerçada em diversos dispositivos, em especial, Art. 25, 2. A maternidade e a infância têm direito a cuidados e assistência especiais. Todas as crianças nascidas dentro ou fora do matrimônio gozarão da mesma proteção social ao tratar da proteção à maternidade e à infância bem como no papel de relevância do UNICEF, Fundo das Nações Unidas para Infância, surgido em 1946 com a vocação precípua de amparar as crianças vitimadas pela Guerra, mas que na atualidade se legitima como órgão supranacional e defesa global de Direitos dos infantes em suas múltiplas formas.

Como norma inspiradora a Declaração se fez presente lançando raízes por uma nova concepção da infância e adolescência, declarando o surgimento, ainda que de maneira simbólica de um novo sujeito de Direito, um sujeito de Direito em Desenvolvimento a ser protegido em suas inúmeras interfaces entre elas, sobrevivência, vida, personalidade, manifestação, entre outros, que vêm sendo arquitetados a partir dos paradigmas da DUDH.

Onze anos mais tarde, o clamor por direitos melhor desenhados para os pequenos humanos em desenvolvimento, faz surgir, em 1959, a Declaração dos Direitos da Criança, seu objetivo era declarar direitos, sobretudo confirmar os paradigmas de novos sujeitos em Direito, mas o caráter simbólico ainda estava lá.

> *O ano de 1959 representa um dos momentos emblemáticos para o avanço das conquistas da infância. Nesse ano, as Nações Unidas proclamaram sua Declaração Universal dos Direitos da Criança, de significativo e profundo impacto nas atitudes de cada nação diante da infância. Nela, a ONU reafirmava a importância de se garantir a universalidade, objetividade e igualdade na consideração de questões relativas aos direitos da criança. A criança passa a ser considerada, pela primeira vez na história, prioridade absoluta e sujeito de Direito, o que por si só é uma profunda revolução. A Declaração enfatiza a importância de se intensificar esforços nacionais para a promoção do respeito dos direitos da criança à sobrevivência, proteção, desenvolvimento e participação. A exploração e o abuso de crianças deveriam ser ativamente combatidos, atacando-se suas causas. (MARCÍLIO, 1998)*

Em 1966 foram adotados o Pacto Internacional sobre Direitos Civis e Políticos e o Pacto Internacional sobre Direitos Econômicos, Sociais e Culturais destacando o Direito à Educação, como nuclear para se alcançar uma plenitude no direito ao desenvolvimento de crianças e adolescentes.

Nos 20 anos da Declaração dos Direitos da Criança, a Assembleia Geral da ONU, estabelece o ano de 1979 como uma data de balanço, focada na análise das conquistas efetivadas até então e as intenções projetivas para o próximo milênio. Neste momento, começam os grandes debates no intuito de se considerar a necessidade premente de uma Convenção Internacional destinada a este público, com força vinculatória e cogente. Estava aqui o germinal para a Convenção dos Direitos da Criança.

A Convenção Internacional dos Direitos da Criança é proclamada no cenário internacional no ano de 1989. No Brasil, por meio dos procedimentos de ratificação previstos constitucionalmente, no ano de 1990, estabelecendo que será considerada criança, nos termos do art. 1º **"todo ser humano com menos de dezoito anos de idade, a não ser que, em conformidade com a lei aplicável à criança, a maioridade seja alcançada antes"**.

Também o Preâmbulo da Convenção proclama os princípios direitos e as diretrizes para alcançá-los na salvaguarda de crianças no âmbito internacional, cabendo citar, em razão de seus fundamentos em sua inteireza:

Recordando que na Declaração Universal dos Direitos Humanos as Nações Unidas proclamaram que a infância tem direito a cuidados e assistência especiais;

Convencidos de que a família, como grupo fundamental da sociedade e ambiente natural para o crescimento e bem-estar de todos os seus membros, e em particular das crianças, deve receber a proteção e assistência necessárias a fim de poder assumir plenamente suas responsabilidades dentro da comunidade;

> Reconhecendo que a criança, para o pleno e harmonioso desenvolvimento de sua personalidade, deve crescer no seio da família, em um ambiente de felicidade, amor e compreensão;
>
> Considerando que a criança deve estar plenamente preparada para uma vida independente na sociedade e deve ser educada de acordo com os ideais proclamados na Carta das Nações Unidas, especialmente com espírito de paz, dignidade, tolerância, liberdade, igualdade e solidariedade;
>
> Tendo em conta que a necessidade de proporcionar à criança uma proteção especial foi enunciada na Declaração de Genebra de 1924 sobre os Direitos da Criança e na Declaração dos Direitos da Criança adotada pela Assembléia Geral em 20 de novembro de 1959, e reconhecida na Declaração Universal dos Direitos Humanos, no Pacto Internacional de Direitos Civis e Políticos (em

O PAPEL INSPIRADOR DA DECLARAÇÃO UNIVERSAL DOS DIREITOS HUMANOS NA CONSTRUÇÃO HISTÓRICA DOS DIREITOS DE CRIANÇAS E ADOLESCENTES

particular nos Artigos 23 e 24), no Pacto Internacional de Direitos Econômicos, Sociais e Culturais (em particular no Artigo 10) e nos estatutos e instrumentos pertinentes das Agências Especializadas e das organizações internacionais que se interessam pelo bem-estar da criança;

Tendo em conta que, conforme assinalado na Declaração dos Direitos da Criança, "a criança, em virtude de sua falta de maturidade física e mental, necessita proteção e cuidados especiais, inclusive a devida proteção legal, tanto antes quanto após seu nascimento".

Depreende-se que todo este arcabouço de direitos tem início com a **Declaração Universal dos Direitos Humanos**, rendendo-lhe homenagem nestes 70 anos de sua existência. Visando salvaguardar direitos dos pequenos humanos em desenvolvimento, têm por missão influenciar e continuar influenciando legislações nacionais, e em especial, a brasileira. Eis o que veremos a seguir na nossa trilha histórica de Declaração de Direitos.

1.1 UM CONCEITO HISTÓRICO EM CONSTRUÇÃO NO BRASIL CONTEMPORÂNEO: E MENOR A SUJEITO DE DIREITO EM DESENVOLVIMENTO, EIS AS CRIANÇAS E ADOLESCENTES

Sujeitos de Direito em desenvolvimento. Esta foi a *mens legislatoris*, ou intenção dos Constituintes da Constituição Federal de 1988, ao estabelecer no art. 227 da CF/88, às crianças e adolescentes, um status constitucional diferenciado. Ao eleger como a base o que se convencionou nominar de **"Doutrina da Proteção Integral"**, quis o legislador sublinhar a necessidade de proteção plena e especial ao público infanto-juvenil, o qual se justifica em virtude da maturidade física e mental em desenvolvimento.

Importa demarcar que até a edição do texto constitucional de 1988, figuravam no Brasil outras narrativas sobre o público infanto-juvenil. As narrativas sociais e jurídicas partiam do conceito de **"menor em situação irregular"**. A expressão menor – vocábulo de múltiplas acepções– guardava em si a noção de somenos importância, sinônimo de infância em perigo ou perigosa, marginalização e diminuição. A identidade do **"menor"** se construía – apenas e tão somente – a partir do desvio, da anomia e da necessidade de vigilância pelo Estado.

Cabe ressaltar que uma das primeiras legislações de destaque sobre o tema no Brasil foi o chamado 'Código Mello Mattos' instituído por meio do Decreto 17.943-A, de 12-10-1927, tendo por foco a infância irregular, abandonada ou deliquente de menores de 18 anos de idade. Quanto ao tema, importante trazer ao debate:

> *O cenário, as designações e atitudes em relação ao tema do abandono infantil no Brasil sofreram transformações no decorrer dos séculos. No período colonial, as "crianças infelizes" são objeto de caridade e seus destinos são as Casas da Roda. A partir de meados do século 19, elas se tornam "menores" e passam a*

ser objeto de políticas públicas. Estas, ao invés de mudarem concretamente a vida da criança, estabeleceram uma criminalização e uma busca para medicalização da pobreza, definindo as crianças como infratores caso sua classe social não se encaixasse nos padrões burgueses. O código de menores, cuja vivência foi de 1927 a 1990, dizia que menores perigosos ou os que se encontrassem em situação de perigo (como a pobreza), estavam em "situação irregular" e por isso poderiam ser enviados a instituições de recolhimento. O texto conclui apontando que a real paz social depende diretamente de se tratar crianças e adolescentes como sujeitos de direitos, dignos, humanos e com perspectivas de futuro (ARANTES, 2004, pp. 162-164).

Para dar conta deste cenário social, o Código de Menores de 1979 era o responsável por disciplinar juridicamente a questão, cabendo citar:

O ordenamento jurídico cindia a coletividade de crianças e adolescentes em dois grupos distintos, os menores em situação regular e os menores em situação irregular, para usar a terminologia empregada no Código de Menores brasileiro de 1979. E ao fazê-lo não reconhecia a incidência do principio da igualdade à esfera das relações jurídicas envolvendo crianças e adolescentes. Hoje não. Se o Direito se funda num sistema de garantias dos direitos fundamentais das pessoas, e no tocante a crianças e adolescentes um sistema especial de proteção, as pessoas (entre elas crianças e adolescentes) necessariamente têm um mesmo status jurídico: aquele que decorre dos artigos 227, 228, e 226 da CF e se cristalizou, na lei ordinária, no Estatuto da Criança e do Adolescente. Não há mais uma dualidade no ordenamento jurídico envolvendo a coletividade crianças e adolescentes ou a categoria crianças e adolescentes: a categoria é uma e detentora do mesmo conjunto de direitos fundamentais; o que não impede, nem impediu, o ordenamento de reconhecer situações jurídicas especificas e criar instrumentos para o tratamento delas, como aliás, ocorre em qualquer ramo do direito. (MACHADO, 2003, p. 146)

As disposições constitucionais sobre a criança e o adolescente acompanham as previsões da Declaração Universal dos Direitos da Criança, adotada pela ONU em 20 de novembro de 1959, nos seguintes termos: **"a criança, em virtude de falta de sua maturidade física e mental, precisa de proteção e cuidados especiais, inclusive proteção legal apropriada antes e depois do nascimento"**. Apesar de um marco de extrema importância para a temática, do ponto de vista jurídico, a Declaração se traduz como um documento que carece de coercibilidade e se afirma, tão apenas como uma enunciação de direitos.

Também é oportuno lembrar a Convenção Americana de Direitos Humanos de 1969, conhecida como Pacto de San José da Costa Rica, na qual reforça o art. 3º da Declaração Universal de Direitos Humanos das Nações Unidas de 1948.

As disposições constitucionais sobre a criança e o adolescente acompanham as previsões da **Declaração Universal dos Direitos da Criança**, adotada pela ONU em 20 de novembro de 1959, nos seguintes termos: **"a** criança, em virtude de falta de sua maturidade física e mental, precisa de proteção e cuidados especiais, inclusive proteção legal apropriada antes e depois do nascimento". Apesar de um marco de extrema importância para a temática, do ponto de vista jurídico, a Declaração se traduz como um documento que carece de coercibilidade e se afirma, tão apenas como uma enunciação de direitos.

Também é oportuno lembrar a Convenção Americana de Direitos Humanos de 1969, conhecida como Pacto de San José da Costa Rica, na qual reforça o art. 3º da Declaração Universal de Direitos Humanos das Nações Unidas de 1948.

1.2 CRIANÇAS E ADOLESCENTES NA CONSTITUIÇÃO FEDERAL DE 1988: AS NARRATIVAS TRANSFORMADORAS DE UM NOVO SUJEITO DE DIREITO ENREDADO PELO PRINCÍPIO DA PROTEÇÃO INTEGRAL

O ordenamento jurídico brasileiro sustenta-se por um documento jurídico-político, responsável por conformar os principais direitos e balizamentos de uma Nação. Partindo desta lógica, a Constituição de 1988, ou também denominada "**Constituição cidadã**", pode ser compreendida como uma consolidação de postulados de Direitos Humanos, dignidade da pessoa humana e promoção, entre outros, de uma sociedade livre, justa e fraterna.

Até a edição da Constituição de 1988, figuravam no Brasil outras narrativas sobre o público infanto-juvenil. As narrativas sociais e jurídicas partiam do conceito de "**menor em situação irregular**". A expressão menor – vocábulo de múltiplas acepções – guardava em si a noção de somenos importância, sinônimo de infância em perigo ou perigosa, marginalização e diminuição. A identidade do "**menor**" se construía – apenas e tão somente – a partir do desvio, da anomia e da necessidade de vigilância pelo Estado. Para dar conta deste cenário social, o Código de Menores de 1979 era o responsável por disciplinar juridicamente a questão.

Com a Assembleia Constituinte – idos de 1987 e 1988 – houve uma forte atuação dos movimentos sociais para a inserção da temática "**criança e adolescente**", na tessitura do Texto Maior Pátrio, sendo divididos precipuamente, e com maior destaque, em dois grupos: os **Menoristas** e os **Estatutistas**.

O grupo de **Menoristas** defendia a manutenção do Código de Menores com o fortalecimento da "**Doutrina da Situação Irregular**", enquanto os **Estatutistas** advogavam por inovações e fortes alterações na legislação com vistas a acompanhar ordenamentos internacionais, os quais garantiam às crianças e aos adolescentes o *status* constitucional de sujeitos de Direito, alicerçados pela "**Doutrina da Proteção Integral**".

Em razão da grande articulação e capacidade de representação, o grupo dos Estatutistas conseguiu a edição do art. 227 da CF/88 e consagração às crianças e adolescentes, o *status* constitucional de sujeitos de direito, o qual disciplina que

> É dever da família, da sociedade e do Estado assegurar à criança, com absoluta prioridade, o direito à vida, à saúde, à alimentação, à educação, ao lazer, à profissionalização, à cultura, à dignidade, ao respeito, à liberdade e à convivência familiar e comunitária, além de colocá-los a salvo de toda a forma de negligência, discriminação, exploração, violência, crueldade e opressão.

Ao eleger como a base o que se convencionou nominar de "Doutrina da Proteção Integral", quis o legislador sublinhar a necessidade de proteção plena e especial ao público infantojuvenil, a qual se justifica em virtude da maturidade física e mental em desenvolvimento.

O art. 227, *caput*, e o § 1º da Magna Carta trazem a obrigatoriedade da intervenção estatal em relação à criança e ao adolescente. Dessa forma, não é apenas o Estado que tem o dever de atuação, mas também toda a sociedade. Surge, assim, o **"dever de cooperação da sociedade"**, bem como da família, com o Estado, para assegurar os direitos fundamentais da criança, do adolescente (SMANIO, 2010, p. 63).

> *O olhar em relação à criança e ao adolescente enseja, pela Doutrina Jurídica da Proteção Integral, uma transformação dos nossos valores: da condição de menores, objeto de compaixão-repressão, passam à condição de sujeitos plenos de direitos: direito à vida, à saúde, à educação, à convivência familiar, ao lazer, entre um elenco de outros atributos que lhe são normativamente assegurados como cidadãos. (CAFÉ DE JESUS, 2002, p. 13)*

Com a observância da sistemática de incorporação dos tratados internacionais disposto no texto constitucional de 1988, a 21 de dezembro de 1990 foi promulgada a Convenção sobre os Direitos da Criança na ordem jurídica brasileira com a edição do Decreto nº 99.710, tendo o mesmo entrado em vigor para o Brasil em 23 de outubro de 1990. O Presidente da República no exercício de sua competência privativa, segundo dispõe a Constituição Federal no artigo 84, VIII, a ratificou em 24 de setembro de 1990; após os trâmites no Congresso Nacional, expostos na Constituição Federal, artigo 49, I, que aprovou a Convenção sobre os Direitos da Criança pelo Decreto Legislativo nº 28, de 14 de setembro de 1990.

Esta é a primeira premissa a ser observada no texto internacional e o Brasil comprometeu-se internacionalmente a proceder, adotar políticas públicas, condutas e posturas nos termos da Convenção. Então é reconhecidamente fonte de obrigações e direitos na ordem jurídica brasileira o teor da Convenção Internacional sobre os Direitos da Criança.

1.3 ESTATUTO DA CRIANÇA E ADOLESCENTE: UM ESTATUTO FORTALECEDOR DOS DIREITOS HUMANOS DE CRIANÇAS E ADOLESCENTES

Seguindo os ditames constitucionais, no ano de 1990 dá-se a edição do Estatuto da Criança e Adolescente (ECA) – conceituado como lei especial e de natureza infraconstitucional- responsável por desenhar de modo mais específico e pormenorizado, os matizes que delineiam os sujeitos de direito, reiterando em seu texto os princípios da prioridade absoluta, proteção integral, melhor interesse e sujeito de direito em desenvolvimento.

A tese central e objeto do ECA, qual seja o pleno desenvolvimento da criança e do adolescente e sua proteção integral, encontra terreno fértil na necessidade de fortalecimento de políticas públicas e regulamentações legais protetivas e ratificadoras dos objetivos e fundamentos do Estatuto. Neste contexto de incidência da **"Doutrina da Proteção Integral"** merece realce o princípio da asseverando que todos são corresponsáveis pelo desenvolvimento integral da criança e do adolescente, entre eles, família, comunidade, sociedade e Estado (NASSAR; ANDREUCCI, 2016).

Destaca-se que a necessidade de proteção especial se justifica em virtude da **"falta de maturidade física e mental"**, consoante a Declaração Universal dos Direitos da Criança. Assim, além dos direitos fundamentais comuns a toda pessoa humana, podemos identificar alguns especiais relativos à criança e ao adolescente, direitos estes albergados sob o manto principiológico e a doutrina do que se convencionou chamar "doutrina da proteção integral".

Cumpre-nos explorar, no que diz respeito à dogmatização e enquadramento dos vetores informativos do ECA como princípios informativos desse sistema jurídico, e não apenas como regras técnicas de procedimento, uma vez que exteriorizam pressupostos políticos de um ordenamento, podendo assim variarem conforme interesses e razões políticas.

Impõe-se, notadamente o princípio nuclear do ECA, relativo à doutrina da proteção integral, um enquadramento principiológico no sistema jurídico na medida em que se constitui em elemento de interpretação desse mesmo sistema, de modo a apontar para o ideal social e jurídico. Destaca-se que a afirmação da criança e do adolescente como **"pessoas em condição peculiar de desenvolvimento"** e do ponto de vista da práxis social e aplicabilidade de tão princípio na realidade concreta significa dizer que crianças e adolescentes, a partir da ontologia do ser, são sujeitos de direito em desenvolvimento e este reconhecimento pressupõe um valor especial, desenhado, inclusive pelo Constituinte de 1988, como um direito social, que gerará a imperativa da produção de Políticas Públicas pelo Estado (ROSSATO; LÉPORE; CUNHA, 2013, p. 74).

Outro princípio de notória importância é o da prioridade absoluta que se encontra disposto constitucionalmente no art. 227 da CF/88, bem como se estabelece nos arts. 4º e 100, parágrafo único, II, da Lei nº 8.069/90. A garantia da prioridade consiste em receber, primeiramente, proteção e socorro, em quaisquer circunstâncias; atendimento preferencial nos serviços públicos e de relevância pública; prioridade na formulação e execução de políticas sociais públicas; destinação preferencial de recursos públicos nas áreas de atendimento à infância e à adolescência. Estabelece assim que há a primazia em favor das crianças e dos adolescentes em todas as esferas de interesse, quer seja, judicial, extrajudicial, administrativo, social ou familiar, o interesse infantojuvenil deve preponderar. É um princípio que não está aberto a indagações ou ponderações sobre o interesse a tutelar em primeiro lugar, já que a escolha foi feita pelo legislador constituinte, em nome da Nação. À primeira vista, pode parecer injusto, mas se trata aqui de interesses a se ponderar. *"Ainda que todos os cidadãos sejam iguais, sem desmerecer adultos e idosos, quais são aqueles cuja tutela de interesses mostra-se mais relevante para o progresso da nossa Nação? Se pensarmos que o Brasil é "o país do futuro" – frase de efeito ouvida desde a década de 1970 – e que este depende de nossas crianças e jovens, torna-se razoável e acertada a opção do legislador constituinte"* (AMIN, 2013, p. 61).

Estabeleceu também o ECA o princípio da solidariedade entre família, comunidade, sociedade e Estado, asseverando-se que todos são corresponsáveis pelo desenvolvimento integral da criança e do adolescente.

Com a Edição do Estatuto, passa-se a considerar a criança e o adolescente como sujeitos de direito e não como objetos. Poderão, pois, exercer livremente os direitos humanos reconhecidos internamente que, positivados, passam a ostentar o *status* de fundamentais.

Tal conclusão encontra guarida no inciso IV do art. 3º da CF, que determina ser objetivo Fundamental da República Federativa do Brasil promover o bem de todos, sem preconceitos de origem, raça, sexo, cor, *idade* e quaisquer outras formas de discriminação (ROSSATO; LÉPORE; CUNHA, 2013, p.93).

Para a compreensão da norma, indispensável se faz sua análise histórica que pressupõe a verificação de seus antecedentes evolutivos e suas fontes motivadoras para sua efetiva criação. As propositura legiferantes, os debates legislativos, as discussões, os aditivos, discussões, votações, bem como todos os estudos preparatórios apresentados pelos especialistas do tema, são objeto da mais alta valia para o hermeneuta. Nesse momento as digressões são absolutamente necessárias para a compreensão do porque e das razões para tal oferta legislativa. O ser e o vir a ser entrelaçam-se e se mostram como discursos argumentativos para a compreensão do fato social a ser regulado.

E essa é a perspectiva adotada pelo ECA, batizada tecnicamente, filosoficamente e valorativamente, de doutrina da proteção integral da criança, cabendo citar:

> Dentro dessa perspectiva, a alteridade ora identificada, consistente em aferir, de maneira concreta, o interesse da criança e do adolescente, aliado à proteção integral, qualifica a atividade que o intérprete deverá realizar para buscar o verdadeiro sentido e alcance das normas do ECA. O interesse maior da criança e do adolescente, portanto, consiste em princípio fundante das normas do ECA, já que pretende aferir não um interesse qualquer – mas o maior.
>
> E por maior não se imagina o tamanho ou extensão, mas em qualidade. O maior interesse, portanto, deve representar o ápice de uma investigação de maneira a aferir o que realmente será significativo, agregador e qualificativo para a criança e adolescente.
>
> Não se olvide, contudo, que as normas jurídicas sejam de natureza dispositiva, permitindo-se à criança e ao adolescente a discricionariedade de sua aplicação. Nada disso. A premissa é outra. É preciso não se afastar da ideia de que o ECA enfeixa uma proteção integral e essa operacionalidade somente atingirá a sua finalidade toda vez que, sendo possível, haja participação dos protagonistas que se busca proteger, aferindo, concretamente, qual o melhor interesse de maneira a se efetivar-lhe, de modo favorável, a defesa de seus direitos e interesses (CAMILLO, 2010, 45).

1.4 MARCO LEGAL DA PRIMEIRA INFÂNCIA: A HORA E A VEZ DE CRIANÇAS COMO SUJEITOS DE DIREITO EM GRAU SUPERLATIVO

Batizada de Estatuto da Primeira Infância, a Lei nº 13.257/2016 alterou o tratamento destinado à criança nos primeiros 6 anos de vida e, especialmente, frisou o reconhecimento desta criança como "cidadã", buscando a articulação entre os entes federativos e a participação solidária entre Estado, família e sociedade, bem como propugnando que o fundamento constitucional da cidadania vá além da configuração do sujeito como portador de capacidade eleitoral, mas como aquele que influi nas decisões políticas. A nova legislação sublinha os 72 meses iniciais de vida, ou seja, de zero a 6 anos, como um momento de extrema relevância para o desenvolvimento não apenas infantil, mas também como um marco inicial para o desenvolvimento pleno do ser humano. Traduzido como um conjunto de ações voltadas à promoção do desenvolvimento infantil, desde a concepção até os 6 anos de idade e incluindo todas as esferas da Federação com a participação da sociedade, e a criação de políticas, planos, programas e serviços que visam a garantir o desenvolvimento integral de mais de 20 milhões de brasileiros nesta faixa etária, o Estatuto da Primeira Infância pode ser considerado uma legislação de extrema vanguarda para os direitos de crianças brasileiras.

O Estatuto da Primeira Infância destaca o caráter vital de se atribuir a devida atenção aos primeiros seis anos de vida da criança, reforçando medidas para consolidar o conceito aqui explanado, que conceitua a criança no papel de cidadão, apto a influenciar os rumos do país, desenvolvimento histórico que agora recebe novos detalhamentos pela sociedade e pela cultura jurídica. Do ponto de vista da análise da articulação, a lei é expressa em relação a essa necessidade de que as políticas sejam formuladas e implementadas pela abordagem e coordenação intersetorial, que articula as diversas áreas, englobando também União, Estados, Distrito Federal e Municípios, o que garantirá a transversalidade das ações. A preocupação mais pujante se refere não somente a disponibilizar os alicerces fundamentais para a criação de um ser humano cidadão, consciente de seu papel social e do seu direito de demandar o Estado naquilo que for oponível, como também da possibilidade marcante de oferecer à criança o direito mais inerente a ela, que é o direito de ter uma infância saudável, desenvolvendo seu aprendizado sim, mas vivenciando essa época, brincando e convivendo harmonicamente com a família e com a sociedade.

O que deve ser ressaltado é que a novel legislação eleva a criança à categoria de cidadã, coadunando-se com os instrumentos internacionais de proteção à criança e com a Carta Constitucional de 1988, o que significa tratá-la como um indivíduo atuante na esfera pública e sujeita à proteção do Estado, no presente caso, prioritária.

1.5 EDUCAÇÃO E COMUNICAÇÃO EM/PARA OS DIREITOS HUMANOS: CONSTRUINDO LAÇOS DE CIDADANIA DESDE A PRIMEIRA INFÂNCIA

Qual a finalidade da Educação? Em nossa concepção, se traduz a educação, singularmente, como a força motriz de uma sociedade, o sustentáculo para as ações dos indivíduos, o esteio necessário para a consolidação de uma vida digna e instrumento para a concretização da cidadania (MORIN, 2004, p. 65).

Importante destacar que o processo educacional se arquiteta a partir de um diálogo crítico, com a percepção do sujeito no *lócus existencial* no qual se insere. Denomina-se esse instrumental de Educação Problematizadora, consubstanciada na construção do conhecimento por meio de perguntas provocadoras e percepções existenciais próprias dos sujeitos educandos.

Essa forma de investigar por meio da provocação e, também, inserção do sujeito na ambiência de seu cotidiano, Freire nominou de **"universo temático"**, explicado como "um conjunto de 'temas geradores' sobre os níveis de **percepção da realidade do oprimido e de sua visão de mundo sobre as relações homens-mundo e homens-homens para uma posterior discussão de** criação e recriação". Para a construção educacional e imagética são expostas situações existenciais da realidade pragmática, que aos poucos vão sendo desmembradas com vistas à análise das partes. Cada parte da vivência é refletida, discutida e reconstruída para novas interpretações. Esse processo faz com que o educando se perceba no tempo e no espaço, e ainda, entenda-se na concretude. Seus horizontes se alargam. Sua capacidade de compreensão se dilata. A consequência direta da educação libertadora é a transformação. Forma-se uma tríade: construção, desconstrução e reconstrução. O pensamento se constrói dinamicamente e atua de forma concreta na realidade, garantindo ao sujeito interpretante um despertar para um maior empoderamento e a exata dimensão do seu papel na sociedade (FREIRE, 1983, p. 15).

Como ressalta Paulo FREIRE (1983, p. 15) a noção de reflexão e que leva consequetemente à problematização são imperiosas para se entender o processo pedagógico, pois são atos de criação e recriação, que se retroalimentam na busca de uma essência plena de autonomia, desenvolvimento e dinâmica de mundo. A união de todos estes elementos leva a uma educação encorajadora, responsável e política com vistas a discutir problemas e trazer soluções para o mundo da vida.

A educação é a responsável pela ampliação da visão de mundo, aprendizado de valores, sociabilização e comunhão de sentimentos de coesão social, registrando-se que tais assimilações requerem o fomento de educandos para uma vivência proativa e não meramente assimilações passivas da realidade.

Os próprios Pactos Internacionais sinalizam sobre esta questão. Neste sentido, o artigo 13 do Pacto Internacional das Nações Unidas, relativo aos direitos econômicos, sociais e culturais datado de 1966 reconhece não apenas o direito de todas as pessoas à educação, mas que esta deve visar ao pleno desenvolvimento da personalidade humana, na sua dignidade; deve fortalecer o respeito pelos direitos humanos e as liberdades fundamentais; deve capacitar todas as pessoas a *participar efetivamente de uma sociedade livre.* Temos aí, portanto, um marco jurídico importante para a reivindicação da *educação para a cidadania.*

Para tanto, a educação deve promover mais enfaticamente em uma cultura associativa do que na mera comunicação unilateral de princípios morais e o núcleo do processo educacional não estaria focado apenas no repasse de diretivas individuais para ações corretas ou mesmo na produção de qualificações profissionais, mas no aprendizado de "condutas que permitam a atuação moralmente autoconfiante numa comunidade operante" (HONNETH, 2013).

Ao se falar em Direitos Humanos há toda uma carga conceitual a ser explicada logo da sua enunciação. Necessários são os afastamentos de preconceitos e compreensões. Muitas vezes, toda a gramática dos Direitos Humanos é construída a partir de informações de leigos, olhares excludentes e não em sua totalidade que significa ser o pressuposto maior: humanos têm direitos e os direitos são humanos. Cumpre destacar a noção de alteridade, a capacidade de estabelecer a conexão do Eu-Outro, a construção de linguagem de identidade humana, com gramática não excludente, posto que o aprendizado maior é de que enquanto pertencentes **à condição de humanidade a todos refletem e pertencem os Direitos Humanos**. Em outros termos, o grande desafio da Educação em Direitos Humanos é o de propagar que os Direitos Humanos são bem mais amplos do que os destacados na mídia que por vezes reduz os titulares a minorias – sociais, econômica e historicamente – discriminadas (TEIXEIRA; ANDREUCCI, 2014, p. 626).

A partir da noção de pertencimento, inclusão, solidariedade e alteridade os Direitos Humanos vão se arquitentando e ganhando efetividade na práxis social, para Norberto Bobbio (2012, p. 29) *"os direitos humanos nascem como direitos naturais universais, desenvolvem-se como direitos particulares, para finalmente encontrarem sua plena realização como direitos positivos universais"*.

O conteúdo dos Direitos Humanos em muito evoluiu das figuras geracionais ou dimensionais de primeira, segunda e terceira categoria; respectivamente: direitos civis e políticos sob a égide das liberdades públicas; direitos sociais, econômicos e culturais sob a igualdade; e, os direitos difusos ou coletivos sob o parâmetro da solidariedade ou fraternidade. Todos esses direitos constituem um forte tecido normativo internacional positivado em tratados internacionais, os quais o Brasil, após o processo de redemocratização e a promulgação da Constituição Federal de 1988 tem sido partícipe (TEIXEIRA; ANDREUCCI, 2014, p. 626).

Assim, a Constituição brasileira de 1988 traz como princípio basilar do Estado a prevalência dos Direitos Humanos, neste ínterim a educação é a via possível de vivificação dos Direitos Humanos em toda a formação continuada do indivíduo, desde o âmbito familiar a agente de transformação social ao longo de sua trajetória. Repetimos: o caminho da efetivação dos Direitos Humanos é a educação.

O Brasil editou o Plano Nacional de Educação em Direitos Humanos (PNEDH), no qual se afirma o relevante e indispensável papel das entidades de ensino superior, ao lado das políticas públicas estatais, para a concretização dos direitos humanos. Assim, a atual versão do PNEDH se destaca como política pública em dois sentidos principais: primeiro, consolidando uma proposta de um projeto de sociedade baseada nos princípios da democracia, cidadania e justiça social; segundo, reforçando um instrumento de construção de uma cultura de direitos humanos, entendida como um processo a ser apreendido e vivenciado na perspectiva da cidadania ativa.

Aqui novamente retomamos as máximas de Paulo Freire, para quem só por meio de uma educação holística, plena, libertadora e emancipatória, formulada sempre pelos ideários dos Direitos Humanos será possível o estabelecimento da igualdade e da justiça social:

> [...] a perspectiva da educação em Direitos Humanos, que defendemos, é esta, de uma sociedade menos injusta para, aos poucos, ficar mais justa. Uma sociedade reinventando-se sempre com uma nova compreensão do poder, passando por uma compreensão da produção. Uma sociedade em que a gente tenha gosto de viver, de sonhar, de namorar, de amar, de querer bem. Esta tem que ser uma educação corajosa, curiosa, despertadora da curiosidade, mantenedora da curiosidade, por isso mesmo uma educação que, tanto quanto possível, vai preservando a menina que você foi, sem deixar que a sua maturidade a mate. É uma educação que tem de nos pôr, permanentemente, perguntando-nos, refazendo-nos, indagando-nos. É uma educação que não aceita, para poder ser boa, que deva sugerir tristeza aos educandos. Essa educação para a liberdade, essa educação ligada aos direitos humanos nesta perspectiva, tem que ser abrangente, totalizante; ela tem que ver com o conhecimento crítico do real e com a alegria de viver. E não apenas com a rigorosidade da análise de como a sociedade se move, se mexe, caminha, mas ela tem a ver também com a festa que é a vida mesma (PNEDH, 2009).

Partindo para os marcos regulatórios existentes em solo brasileiro, podemos citar o Plano Nacional de Educação em Direitos Humanos (2006), prevendo:

> A educação em direitos humanos deve ser promovida em três dimensões: a) conhecimentos e habilidades: compreender os direitos humanos e os mecanismos existentes para a sua proteção, assim como incentivar o exercício de habilidades na vida cotidiana; b) valores, atitudes e comportamentos: desenvolver valores e fortalecer atitudes e comportamentos que respeitem os direitos humanos; c) ações: desencadear atividades para a promoção, defesa e reparação das violações aos direitos humanos.

Efetivar os Direitos Humanos é efetivar a cidadania no sentido mais profundo de pertencimento e cuidado com a esfera pública.

A existência cidadã está condicionada ao sentimento de possuir e dominar a esfera pública. Nesse contexto, o direito à manifestação, à informação e à comunicação se faz presente, e representa o liame necessário para o desenvolvimento de um espírito de cidadania e pertencimento.

Finalmente, à medida que se universaliza a convicção de que os processos democráticos são os instrumentos para a efetiva cidadania e que a participação pressupõe uma "*sociedade de informação e para informação*" gerando cultura, conhecimento e pertencimento, se fortalece a solidariedade entre os cidadãos e seu engajamento conduz à plenitude da vida em sociedade (FERREIRA, 1997, p. 82).

Assim, a escola em todo o seu contexto participa do processo de transformação do mundo moderno; momento marcado por uma sociedade em franca expansão dos meios tecnológicos e científicos. Na chamada sociedade pós-moderna as mudanças organizacionais se fazem constantes e, em especial, na escola atinge inúmeros atores sociais. Isto posto participar do processo de gestão escolar é estar atento às mudanças não se descurando dos processos de natureza racional, bem como das inúmeras ferramentas organizacionais que envolvem o ser humano como sujeito protagonista e participativo, o qual deve sempre ser considerado em seus desideratos, sem surpresas, sem impactos, sem novidades, para os quais não esteja devidamente alertado e preparado. Significa, antes de mais nada, incluí-lo no processo de tomada de decisões (ARAÚJO, 2001, p. 12).

Por arremate, oportuno destacar que a educação é um fenômeno global, multidimensional e transdisciplinar e que deve ecoar fortemente para alicerçar o pensamento coletivo, na comunhão de interesses com ecos efetivos na *praxis* social e em absoluta sintonia com o mundo moderno.

A prática da cidadania pressupõe a prática da reivindicação, da apropriação dos espaços, do conhecimento dos próprios direitos. A prática da cidadania se constitui como o melhor instrumental para a construção de uma sociedade mais justa, fraterna e igualitária. Está no conhecimento dos próprios direitos, como reivindicá-los e exercitá-los o principal pressuposto para o empoderamento de uma sociedade.

A questão da cidadania e da participação não é nova, os Pactos Internacionais já sinalizam sobre a temática. Neste sentido, o artigo 13 do Pacto Internacional das Nações Unidas, relativo aos direitos econômicos, sociais e culturais datado de 1966 reconhece não apenas o direito de todas as pessoas à educação, mas que esta deve visar ao pleno desenvolvimento da personalidade humana, na sua dignidade; deve fortalecer o respeito pelos direitos humanos e as liberdades fundamentais; deve capacitar todas as pessoas a participarem efetivamente de uma sociedade livre. Temos aí, portanto, um marco jurídico importante para a reivindicação da participação e da cidadania. Diante deste contexto, é importante ressaltar que:

> *A participação dos alunos adquire, deste modo, um significado múltiplo: é simultaneamente um dispositivo pedagógico, uma necessidade simbólica e um processo político. Como dispositivo pedagógico, a participação dos alunos nas decisões pertinentes relativas à realização do acto educativo corporiza a orientação consagrada pela inspiração pragmática de formação cívica pela*

prática do desempenho democrático em contexto escolar. A aquisição de comportamentos cívicos não é questão de doutrinação, mas algo que se constrói no exercício dos direitos e dos deveres de cidadania: aprende-se a democracia, praticando a democracia (SARMENTO, 2005, p. 22).

Neste sentido, as afirmações de Dominique Marie Lebl do AMARAL (2010, p. 182):

Defendemos para o Brasil uma educação que inclua a educação para a cidadania. Sobretudo, uma educação plena que possibilite a formação de indivíduos com um raciocínio independente e lógico, íntegros e responsáveis. O ensino deve se preocupar com a qualidade da formação do aluno, sua capacidade de compreensão para opinar sobre assuntos que influenciem a sua realidade, saber buscar fontes seguras e sólidas para embasar as suas opiniões e, logicamente, reter o conteúdo acadêmico que lhe foi ensinado. De nada adianta uma educação carregada de matérias, fórmulas e detalhes memorizados, que serão esquecidos assim que passados as provas e exames, ou ainda mais dramático, alunos que mesmo sem o desenvolvimento acadêmico satisfatório durante o ano letivo, são aprovados para que sejam atingidas as metas determinadas às escolas.

Nas palavras de Ana Inês SOUZA (2001, pp. 33-68) o *"exercício democrático fará com que o homem aprenda com seus próprios erros e avance passo a passo para formas mais espirituais e históricas de vida.(...).* Finalmente, à medida que se universaliza a convicção de que os processos democráticos são os instrumentos para a efetiva cidadania e que a participação pressupõe uma *"sociedade de informação e para informação"* gerando cultura, conhecimento e pertencimento, se fortalece a solidariedade entre os cidadãos e seu engajamento conduz à plenitude da vida em sociedade *(FERREIRA, 1997, p. 82).* E ainda a estrutura arquitetônica da Democracia não se apoia somente nas leis, mas sobretudo no engajamento para a construção de uma cultura política (TOURAINE, 1996, p. 26).

O agir comunicativo voltado à deliberação e efetiva intermediação dos interlocutores será o responsável por uma comunhão de discursos no espaço social, desembocando assim em uma forte atuação transformadora e não há idade ou tempo para que esta atuação tenha início e o Marco Legal da Primeira Infância aposta nesta potência de agir por meio da deliberação e da participação para o efetivo desenvolvimento de todas as suas atividades.

A palavra diálogo quer dizer **"palavra que atravessa"**, conversa que permeia, **"papo"** que preenche um espaço entre pessoas. Ou seja, diálogo é o que acontece entre pessoas, é a atmosfera, a cena, o clima, a situação em que duas, três, cinco, dez pessoas se relacionam. Entre as pessoas circula algo. Além das palavras emitidas, circulam sensações, emoções, desejos, interesses, curiosidades, percepções, estados de espírito, intuições, humores, uma indescritível sensação de **"coisa comum"**, de ligação (MARCONDES FILHO, 2008, pp. 25-26).

Dessa forma, procura-se, através do agir comunicativo, apreender as manifestações da realidade do indivíduo, onde "*o uso da linguagem, sobretudo a verbal, está sempre determinada pelas condições reais em que o diálogo se efetiva [...] a palavra carregará essas três determinações: ela procede de alguém, dirige-se para alguém e procura persuadir*" (BACCGEGA, 1998, p. 23).

Os sujeitos manejam as regras de interpretação – fundadas pelos significados compartilhados do *sensus communis* – e se servem delas para instaurar um contexto de reconhecimento mútuo que visa ao entendimento recíproco. Contudo, o *sensus communis* está sujeito a reavaliações a mudanças que se processam ao mesmo tempo em que as práticas sociais se modificam e se transformam mediante a ação criativa dos sujeitos sociais empenhados em suas relações com os outros, seus parceiros (SALGUEIRO MARQUES; SÁ MARTINO, 2017).

A comunicação atualiza os códigos que norteiam as práticas dos indivíduos em comunidade. É por meio dela que posições são revistas, que argumentos são considerados e **re-considerados**, enfim, que a comunidade avança em suas formas de representar, interpretar e significar o mundo tomado em sua complexidade. Os significados compartilhados, arraigados na tradição e na cultura – bem como nos códigos e gestos comportamentais – devem ser renovados, **re-criados** por uma forma de sociabilidade que não desconsidere o "**diferente**", que não tema o risco de investir na novidade, na reabilitação de um "**estar-juntos**" movido pelo reconhecimento da pluralidade que caracterizava política e todos os âmbitos sociais. E segundo Castells "*quanto mais rápido e interativo for o processo de comunicação, maior será a probabilidade de formação de um processo de ação coletiva enraizado na indignação, propelido pelo entusiasmo e motivado pela esperança*" (CASTELLS, 2013, p.19).

HABERMAS *(1989, p. 16)*, ao estruturar a teoria da ação comunicativa, concebeu que a comunicação estabelecida entre os sujeitos, mediada por atos da fala, diz respeito sempre a três mundos:

> *1. o mundo objetivo das coisas: que corresponde a pretensões de validade referentes às verdades das afirmações feitas pelos participantes no processo comunicativo;*
> *2. o mundo social: corresponde a pretensões de validade referentes à correção e à adequação das normas;*
> *3. o mundo subjetivo, das vivências e sentimentos: correspondem a pretensões de veracidade, ou seja, que os participantes do diálogo estejam sendo sinceros na expressão dos seus sentimentos.*

O conceito da ação comunicativa é descrito como "*o mundo da vida, um saber intuitivo ao qual se domina por viver numa mesma cultura e compartilhar uma mesma experiência. Ele é um pano de fundo de coisas desde sempre sabidas que torna possível a comunicação entre os falantes trazendo a possibilidade de compartilhamento, participação e deliberação (HABERMAS, 1989, p. 16).*

Seguindo a mesma trajetória, a Convenção sobre os Direitos da Criança, das Nações Unidas, disciplina a comunicação como um dos direitos fundamentais ao declarar em seu artigo 13, que

> "a criança tem direito à liberdade de expressão" e que "este direito compreende a liberdade de procurar, receber e expandir informações e ideias de toda a espécie, sem considerações de fronteiras, sob forma oral, escrita, impressa ou artística ou por qualquer outro meio à escolha da criança".

A partir da comunicação temos o ponto de partida para a compreensão do existir humano em suas amplas interfaces. Para melhor ilustrar a indispensabilidade dos processos comunicativos para a compreensão do humano, a Teoria da Convergêcia exposta por Bormann (1985, pp. 128-138) nos auxilia nesta tarefa já que:

> *é uma teoria geral com um amplo enquadramento que encara a comunicação humana sob a perspectiva* **homo narrans***. A teoria explica o aparecimento da consciência de grupo, com as emoções, motivos e significados partilhados que isso implica, não em termos de sonhos ou guiões individuais, mas sim em termos de narrativas ou fantasias socialmente partilhadas. A teoria da convergência simbólica cria um contexto simbólico e uma cultura que permite desenvolver uma forma de comunicação empática, assim como conhecer a mente dos outros.*

A comunicação como estratégia deve estar pautada nas novas narrativas, apoiadas nos indivíduos e em suas experiências, considerando suas dimensões políticas estratégicas e sua ambiência social e etária são grandes catalisadoras para construção de espaços infanto-juvenis de cidadania.

2. CONSIDERAÇÕES FINAIS: DECLARAÇÕES QUE CONTINUAM A SE SOMAR ...

Nos tempos contemporâneos a criança não é mais objeto. Transmutou-se a partir de 1988 como sujeito de direito, em especial, a partir de 2016, como sujeito de direito político, o que consiste em dizer que seu papel na sociedade está focado no protagonismo, no direito à participação nos processos que lhe dizem respeito. Urge a criação de uma rede profícua de debates para que o direito à voz seja implementado a partir das reais necessidades dos infantes e não tão somente como norma posta, mas que não ecoa na realidade social. A visão adultocêntrica pautada na compreensão interpretativa dos adultos de que são os tradutores dos **"quereres"** infantis deve ser abandonada por completo para que o exercício da cidadania infantojuvenil seja reconhecido de maneira plena. Cada vez mais o pensamento "*pós-metafísico deixa clara a superação dessa relação objetivadora. Reconhece que as crianças têm voz, vontades,* *desejos e posicionamentos que fazem parte da sua constituição; que as crianças são sujeitos, com suas singularidades e potencialidades, diferentes dos adultos; reconhece essas diferenças e sugere a construção de espaços para novos diálogos que permitam, por meio das estruturas do mundo da vida infantil, externar suas vontades, anseios, necessidades." (ALVES PEREIRA, 2009).*

A partir de tais compreensões hodiernas crianças passam a ser atores do processo educacional permeado pelo direito à voz e à valorização das experiênciais pessoais e singulares para o aprendizado.

Assim, a Declaração dos Direitos Humanos vem, ano após ano, possibilitando que as sementes sejam regadas e floresçam, na construção sólida do que é e do que nos terna humanos.

REFERÊNCIAS BIBLIOGRÁFICAS

ALEKSIÉVITCH, S. As últimas testemunhas. Trad. Cecília Rosas. São Paulo: Companhia das Letras, 2018.

ALVES PEREIRA, Vilmar. Infância, Subjetividade e Pluralidade no Contexto do Pensamento Pós-Metafísico. Educação & Realidade [en linea] 2009, 34 (Enero-Abril). Disponível em en:<*http://www.redalyc.org/articulo.oa?id=317227053013*> . Acesso em 12.ago.2018.

AMIN, Andrea Rodrigues. Princípios orientadores do Direito da Criança e do Adolescente In: MACIEL, Katia Regina Ferreira Lobo Andrade. Curso de Direito da Criança e do Adolescente: aspectos teóricos e práticos. 6ª ed. São Paulo: Saraiva, 2013.

ARANTES, Esther Maria de. De "criança infeliz" a "menor irregular" – vicissitudes na arte de governar a infância. Mnemosine Vol. 1, nº 0, 2004, pp.162-164.

ARAÚJO, Luis César G. de. Organização, Sistemas e Métodos e as Modernas Ferramentas de Gestão Organizacional. São Paulo: Atlas, 2001.

ARZABE, Patrícia Helena Massa; GRACIANO, Potyguara Gildoassu. A declaração universal dos direitos humanos. 50 anos In Direitos Humanos: construção da liberdade e da igualdade. São Paulo: Centro de Estudos da Procuradoria Geral do Estado, 1988.

BACCGEGA, M. Comunicação e linguagem–discursos e ciência. São Paulo: Moderna, 1998.

BOBBIO, Norberto. A era dos direitos. São Paulo: Campus, 2012.

BORMANN, E. G. Symbolic Convergence Theory: A Communication Formulation. Journal of Communication, 1985.

CAFÉ DE JESUS, Luciana André de Meirelles. Direito à educação – direito público subjetivo consagrado na Constituição Federal face ao sistema educacional vigente no Brasil. Dissertação (Mestrado em Direito), Faculdade de Direito da Pontifícia Universidade Católica de São Paulo, 2002, p. 13. Disponível on line: *http://www.fesmip.org.br/arquivo/monografia/Direito.pdf*. Acesso em 26.mar.2018.

CAMILLO, Carlos Eduardo Nicoletti Dos princípios da proteção integral e do interesse maior da criança e do adolescente como critérios de interpretação. In CARACIOLA, Andrea Boari; ANDREUCCI, Ana Claudia Pompeu Torezan; FREITAS, Aline da Silva. Estatuto da Criança e do Adolescente, 20 anos. São Paulo: LTr, 2010.

CASTELLS, Manuel. Redes de indignação e esperança: movimentos sociais na era da internet. Rio de Janeiro: Zahar, 2013.

FERREIRA, Aluízio. Direito à informação, direito à comunicação: direitos fundamentais na Constituição Brasileira. São Paulo: Celso Bastos Editor/Instituto Brasileiro de Direito Constitucional, 1997.

FREIRE, Paulo. Pedagogia do oprimido. 12ª ed. Rio de Janeiro: Paz e Terra, 1983.

GORCZEVISKI, Clovis. Direitos Humanos, Educação e Cidadania. In: REIS, Jorge Renato & LEAL, Rogerio Gesta (org). Direitos sociais e Políticas Públicas – Desafios contemporâneos. Tomo 5. Santa Cruz do Sul: Edunisc, 2005.

HABERMAS, Jurgen. Consciência moral e agir comunicativo. Rio de Janeiro : Tempo Brasileiro; 1989.

HONNETH, Axel. Educação e esfera pública democrática: um capítulo negligenciado da filosofia política. Civitas, v. 13, n. 3, p. 544-562, 2013.

MACHADO, Martha de Toledo. A proteção constitucional de Crianças e Adolescentes e os Direitos Humanos. São Paulo: Manole, 2003.

MARCÍLIO, M. L. A lenta construção dos direitos da criança brasileira. Século XX ML Marcílio – Revista USP, 1998. Disponível em http://www.direitoshumanos.usp.br/index.php/Obras-recentemente-publicadas/a-lenta-construcao-dos-direitos-da-crianca-brasileira-seculo-xx-1998.html. Acesso em 13.set.2018.

MARCONDES FILHO, C. Para entender a comunicação: Contatos antecipados com a nova teoria. São Paulo: Paulus, 2008.

NASSAR, Paulo; ANDREUCCI, Ana Claudia Pompeu Torezan. Shrek e Bauducco chegam à corte: novas narrativas de crianças como sujeitos de direito e a decisão paradigmática do superior tribunal de justiça brasileiro sobre propaganda dirigida ao público infantil. Signos do Consumo, São Paulo, v. 8, n. 1, p. 53-66, july2016.ISSN1984-5057.Disponível em:<https://www.revistas.usp.br/signosdoconsumo/article/view/118206>. Acesso em: 30 mar. 2018.

PIOVESAN, F. Temas de direitos humanos. São Paulo: Max Limonad, 2003.

ROSSATO, Luciano Alves; LÉPORE, Paulo Eduardo; CUNHA, Rogério Sanches. Estatuto da Criança e do Adolescente comentado artigo por artigo. 6a edição. São Paulo: Revista dos Tribunais, 2014.

SALGUEIRO MARQUES, Angela Cristina; SÁ MARTINO, Luis Mauro.Não fale com estranhos": solidariedade e comunicação entre identidade e alteridade. Revista FAMECOS: mídia, cultura e tecnologia, vol. 24, núm. 2, mayo-agosto, 2017.

SARMENTO, Manuel Jacinto. Crianças: educação, culturas e cidadania activa Refletindo em torno de uma proposta de trabalho.Disponível em https://periodicos.ufsc.br/index.php/perspectiva/article/view/9857, vol.23, n.1, 2005. Acesso 7.jan.2018.

SMANIO, Gianpaolo Poggio. A concretização da doutrina da proteção integral das crianças e dos adolescentes por meio de políticas públicas. In CARACIOLA, Andrea Boari; ANDREUCCI, Ana Claudia Pompeu Torezan ; FREITAS, Aline da Silva. Estatuto da Criança e do Adolescente, 20 anos. São Paulo: LTr, 2010.

SOUZA, Ana Inês. Educação e atualidade brasileira: a emersão do povo na história. In: SOUZA, Ana Inês et al. Paulo Freire – vida e obra. São Paulo: Expressão Popular, 2001.

TOURAINE, Alain. O que é a democracia? Trad. Guilherme João de Freitas Teixeira.2. ed. Petrópolis, RJ: Vozes, 1996.

DÉCLARATION DES DROITS

adoptée par l'Assemblée Générale des Nations Unies

ARTICLE PREMIER

L'enfant doit jouir de tous les droits énoncés dans la présente Déclaration. Ces droits doivent être reconnus à tous les enfants sans exception aucune, et sans distinction ou discrimination fondées sur la race, la couleur, le sexe, la langue, la religion, les opinions politiques ou autres, l'origine nationale ou sociale, la fortune, la naissance, ou sur toute autre situation, que celle-ci s'applique à l'enfant lui-même ou à sa famille.

ARTICLE 2

L'enfant doit bénéficier d'une protection spéciale et se voir accorder des possibilités et des facilités par l'effet de la loi et par d'autres moyens, afin d'être en mesure de se développer d'une façon saine et normale sur le plan physique, intellectuel, moral, spirituel et social, dans des conditions de liberté et de dignité. Dans l'adoption de lois à cette fin, l'intérêt supérieur de l'enfant doit être la considération déterminante.

ARTICLE 3

L'enfant a droit, dès sa naissance, à un nom et à une nationalité.

ARTICLE 4

L'enfant doit bénéficier de la sécurité sociale. Il doit pouvoir grandir et se développer d'une façon saine ; à cette fin, une aide et une protection spéciales doivent lui être assurées ainsi qu'à sa mère, notamment des soins prénatals et postnatals adéquats. L'enfant a droit à une alimentation, à un logement, à des loisirs et à des soins médicaux adéquats.

ARTICLE 5

L'enfant physiquement, mentalement ou socialement désavantagé doit recevoir le traitement, l'éducation et les soins spéciaux que nécessite son état ou sa situation.

ARTICLE 6

L'enfant, pour l'épanouissement harmonieux de sa personnalité, a besoin d'amour et de compréhension. Il doit, autant que possible, grandir sous la

ALAIN LE BOT / GETTY IMAGES

176 TRANSITIONAL JUSTICE IN COLOMBIA: AN INTRODUCTION TO THE SPECIAL JURISDICTION FOR PEACE

1. INTRODUCTION

On 24 November 2016 the Colombian government and the Farc concluded an agreement (hereinafter 'the Peace Agreement' or 'the Agreement') to terminate, once and for all, the armed conflict between them.[1] The text approved on that date is the revised version of the accord concluded by the same parties on 24 August 2016. However, the earlier text was rejected by national referendum of 2 October of the same year.[2]

The Agreement consists of six interconnected accords.[3] The first refers to land reform and purports to improve life conditions in rural areas. The second accord concerns political participation; it seeks to promote the emergence of new forces in the political arena and bans the recourse to armed violence as a means of political action. The third regulates ceasefire, Farc disarmament and the reincorporation in civil life of Farc members, to end military hostilities in general between the contracting parties, and to allow Farc members to become valid actors of the Colombian democracy. The fourth accord aims to solve the problem of illegal crops and the trafficking of illegal drugs. The fifth accord, (the focus of this article) is about victims of the conflict and sets up the *Sistema Integral de Verdad, Justicia, Reparación y No Repetición* ('the System'). The System is a mechanism of transitional justice that combines a judicial component (the Special Jurisdiction for Peace ('SJP') with extrajudicial mechanisms such as the Truth, Coexistence and Non-Repetition Commission. It was established to elucidate the facts underlying the conflict, to provide the victims with reparations and to fight against impunity. The sixth and final accord, in turn, sets up certain mechanisms to monitor the implementation of and compliance with the obligations under the Agreement.

The conclusion of the Peace Agreement was welcomed, among others, by the UN,[4] the OAS,[5] and the then US President Obama.[6] The Agreement has the potential to become a positive landmark in the history of Colombia, so long as it truly leads to a stable and lasting peace. This result is particularly necessary considering the long duration of the armed conflict (no less than five decades)[7] and the number of victims resulting therefrom: 6,7 millions of displaced persons; 220,000 victims of murder; 45,000 victims of forced

FABIÁN RAIMONDO

Dr Fabián Raimondo is an Associate Professor of Public International Law at Maastricht University and a member of the List of Counsel before the International Criminal Court. The author thanks Ms Eva Bell (student of the master's programme Globalisation and Law at said university) for her valuable comments and suggestions on a previous draft.

disappearance; 30,000 victims of kidnapping; 13,000 victims of sexual violence; 11,000 victims of anti-personnel mines; 10,000 victims of torture; 9,000 victims of unlawful appropriation of land; 7,000 victims of child recruitment; and 2,500 victims of extrajudicial executions.[8]

The Agreement was approved by Colombia's congress very quickly (merely six days after its conclusion).[9] The full implementation is taking longer than desired by Farc,[10] the UN,[11] and some stakeholders.[12] As far as the fifth accord is concerned, implementing legislation has been adopted with respect to three areas: amnesty, pardons, and special penal treatment for State agents;[13] transitory constitutional rules for the termination of the armed conflict and the establishment of a long and stable peace;[14] and the administration of justice before the SJP (LAJ).[15] The legislation has entered into force, with some modifications, introduced by Colombia's Constitutional Court in the exercise of constitutional control pursuant to article 153 of the Political Constitution.[16]

The SJP is worth studying from a legal perspective, not only because of the important tasks with which it is entrusted, but in particular because some provisions of the regulatory instruments of the SJP may be inconsistent with the Statute of the International Criminal Court ('ICC Statute'), to which Colombia is a State Party.[17] As result of the terms of the instrument of ratification and the declaration appended to it, the ICC may exercise jurisdiction over war crimes committed in Colombia or by Colombians abroad since 1 November 2009 and over crimes against humanity and genocide since 1 November 2002.[18]

The possibility for the ICC to exercise such jurisdiction is not improbable and by no means abstract. In fact, in 2004 the Office of the Prosecutor of the ICC ('OTP') launched a preliminary examination of the situation in Colombia. The examination is still ongoing and is focused on crimes against humanity and war crimes committed in the internal armed conflict between and among government forces, rebel armed groups and paramilitary groups.[19] In this context, the OTP has been seeking clarifications from the Colombian government on any specific investigation or prosecution concerning potential cases detected by the OTP and it has been examining developments concerning the establishment and implementation of the SJP.[20] Thus, if the cases identified by the OTP are not investigated or prosecuted by Colombia in the manner required by the ICC Statute, due to the application of the Peace Agreement or the implementing legislation, the OTP may request authorization from an ICC Pre-Trial Chamber to initiate a formal investigation of the situation in Colombia.[21] The relations between the ICC and the States Parties to the ICC Statute are governed by the principle of complementarity of jurisdictions.[22]

---

1. *Acuerdo Final para la Terminación del Conflicto y la Construcción de una Paz Estable y Duradera*. Text available at http://www.altocomisionadoparalapaz.gov.co/procesos--y-conversaciones/Documentos%20compartidos/24-11-2016NuevoAcuerdoFinal.pdf (accessed on 21 December 2017). For an unofficial version of the Peace Agreement in the English language see http://especiales.presidencia.gov.co/Documents/20170620-dejacion-armas/acuerdos/acuerdo-final-ingles.pdf (accessed 21 February 2018). The present article is based on the version in Spanish.

2. 'Colombia referendum: voters reject peace deal', BBC News, 3 October 2016.

3. Agreement, pp. 6-9.

4. 'UN will support Colombia's "drive to build a future in peace", says Ban as historic talks end', UN News Centre, 24 August 2016.

5. 'Colombia: OAS Secretary General calls final agreement "historic step towards peace"', OAS, E/089/16, 24 August 2017.

6. 'Statement by the President on the Colombia peace agreement', The White House, Office of the Press Secretary, 25 August 2016.

7. See Agreement, p. 6.

8. Oficina del Alto Comisionado para la Paz, *Proceso de Paz: Acuerdo sobre las Víctimas del Conflicto*, p. 3. Text available at http://www.altocomisionadoparalapaz.gov.co/Prensa/Comunicados/Documents/2016/proceso-paz-colombia-cartilla-acuerdo-victimas.pdf (accessed 20 December 2017).

9. 'Colombia's congress approves peace accord with Farc', The New York Times, 30 November 2016.

10. Farc, 'Estado de implementación de acuerdos', 2 October 2017, at https://www.farc-ep.co/comunicado/estado-de-implementacion-de-acuerdos.html (accessed 21 December 2017).

11. 'Agarrón entre gobierno y ONU por implementación del acuerdo de paz', El Colombiano, 21 November 2017.

12. 'Implementación del acuerdo de paz con las Farc parece estancarse. ¿Se hundirá?', *El País*, 12 November 2017 and 'El precario balance del acuerdo de paz', *El Espectador*, 2 October 2017.

13. Law n. 1820 of 30 December 2016 and presidential decree n. 277 of 17 February 2017.

The cases detected by the OTP may be declared admissible by an ICC chamber: if Colombia is unwilling or unable 'genuinely' to carry out the investigation or prosecution;[23] if the crimes underlying the cases were investigated but Colombia is unwilling or unable to prosecute the suspect;[24] or the suspect was tried in relation to those crimes but the proceedings were carried out for shielding the suspect from criminal responsibility or not conducted impartially or independently in accordance with human rights standards.[25] In addition, the relevant chamber must consider the gravity of the case enough to justify the exercise of jurisdiction by the ICC.[26]

It follows that the chamber may decide that Colombia is unwilling to investigate or prosecute the crimes identified by the OTP: if it is of the view that the proceedings in Colombia were or are being carried out for the purpose of shielding the suspect from criminal responsibility;[27] if there is undue delay in completing the proceedings;[28] or if the proceedings were or are not being undertaken independently, impartially, or in any other way that defeats the intent to bring the suspect to justice.[29]

Against this background, this article explains the nature, purposes and principles governing the functioning of the SJP (Section 2), the jurisdiction and applicable law (Section 3), the issue of amnesties, pardons, and special treatment for State agents (Section 4), and the scope of sanctions (Section 5). In so doing it raises questions concerning the compatibility of certain provisions with the ICC Statute and offers answers to such questions. Finally, conclusions are presented (Section 6).

2. NATURE, PURPOSES AND PRINCIPLES GOVERNING THE FUNCTIONING OF THE SJP

2.1 NATURE

The SJP was set out to impart restorative justice[30] (as opposed to retributive justice), in order to foster harmonious relations within Colombian society and to restore the harm done to the victims of the conflict.[31] However, such noble objectives might prove difficult to achieve if senior military and Farc commanders can evade meaningful criminal responsibility as result of the application of the Peace Agreement and implementing legislation. Alternatively, difficulties would occur if the National Liberation Army (another rebel group in Colombia) and the groups that succeeded the paramilitaries do not become a party to the Agreement or continue perpetrating crimes.[32]

As the official name of the institution indicates, the SJP is a *special* court of law. Differently from the ordinary courts of Colombia, the SJP has a definite life span of 20 years.[33] The SJP can exercise exclusive jurisdiction over

---

14. Legislative Act n. 1 of 4 April 2017. This law lays down general norms governing the functioning of the System and was followed by the adoption of presidential decrees n. 587 and n. 588 the day after.

15. *Ley 008 de 2017 –Senado- y 016 de 2017 –Cámara- "Estatutaria de la Administración de Justicia en la Jurisdicción Especial para la Paz"* (hereinafter, 'LAJ').

16. See Constitutional Court, *Communiqué n. 8*, 1 March 2018; *Communiqué n. 24* 4 July 2018; and *Communiqué n. 32*, 15 August 2018. Available at *http://www.corteconstitucional.gov.co* (accessed on 13 September 2018).

17. Colombia deposited the instrument of ratification on 5 August 2002, together with a declaration excluding war crimes from the jurisdiction of the ICC for a seven-year period, in accordance with Transitory Article 124 of the ICC Statute (See United Nations Treaty Collection, Chapter XVIII, Section 10).

18. In conformity with Article 126.1 of the ICC Statute.

19. See ICC website at *https://www.icc-cpi.int/colombia* (accessed 26 December 2017).

20. OTP, *Report on preliminary examination activities*, 4 December 2017, paras. 154-5. Text available at *https://www.icc-cpi.int/items-Documents/2017-PE-rep/2017-otp-rep-PE_ENG.pdf* (accessed 26 December 2017).

21. In conformity with Article 53 ICC Statute.

22. Following to the principle of complementarity of jurisdictions, the ICC supplements domestic courts and not replaces them. See Articles 1 and 17 ICC Statute.

23. Idem, Article 17.1.a.

24. Idem, Article 17.1.b.

25. Idem, Articles 17.1.c and 20.3.

26. Idem, Article 17.1.d.

27. ICC Statute, Article 17.2.a.

28. ICC Statute, Article 17.2.b.

29. ICC Statute, Article 17.2.c.

certain conduct (including but not limited to serious violations of international humanitarian law or human rights law) performed before 1 December 2016.[34] Additionally, this court was not established by law before the occurrence of the conduct falling within its jurisdiction, but *ex post facto*. The question thus arises whether the SJP was established in accordance with international law and, in particular, whether a special criminal court established *ex post facto*, such as the SJP, can be apt to undertake proceedings independently or impartially in accordance with human rights standards. The question is of fundamental importance because, if not, cases prosecuted before the SJP may eventually be admissible before the ICC, as indicated above.

According to the LAJ, the SJP was established in conformity with the ideas of self-determination and sovereignty underlying the UN Charter, as well as with general principles of international law, international humanitarian law, international human rights, and international criminal law.[35] Is the proposition underlying that norm true?

The preparatory work of the UN Charter reveals that the reference to self-determination in Article 1 (2) was made to make three points clear: firstly, all peoples enjoy equal rights, without discrimination on race, religion or any other ground; secondly, self-determination can promote friendly relations among nations; and thirdly, self-determination entails the right to self-government, but not to secession.[36] However, even if the right to self-government must necessitate the inclusion of the right to organise the administration of justice, the putative right of a State to establish a special court cannot flow from the principle of self-determination, as the right of self-determination is vested with certain groups of peoples but not with States.[37]

State sovereignty, in turn, used to be understood as an attribute appertaining to an entity, the State, having no superiors. The concept of absolute sovereignty was developed particularly by German publicists and crystallized in the principle *Kompetenz-Kompetenz*; on the basis of this principle, the State has an unlimited right to define and delimit its jurisdictional power. The idea of absolute sovereignty, which implied the prevalence of the domestic legal order over international law, began to be seen as excessive and was superseded by the opposite idea, i.e. that domestic legal orders are limited by international law. Since then, sovereignty is not understood as an absolute power, but as a relative one.[38] It is thus safe to contend that, even though States have the right to organise their judiciary in the way they consider most convenient, this right is limited by international law.

---

30. Peace Agreement, p. 144, para. 6. The literature on restorative justice is immense. Recent works include Clamp, Kerry and Doak, Jonathan, 'More Than Words: Restorative Justice Concepts in Transitional Justice Settings', in MacEvoy, Kieran and Mallinder, Louise (eds.), *Transitional Justice*, Routledge, London, 2017, Vol. 3, pp. 87-107. See also O'Mahony, David, and Doak, Jonathan, *Reimagining Restorative Justice*, Hart, Oxford, 256 pp.

31. LAJ, Articles 4 and 13.

32. Human Rights Watch, 'Colombia', www.hrw.org (accessed 6 April 2018).

33. LAJ, Article 34.

34. LAJ, Article 8.

35. LAJ, Article 5.

36. Cassese, Antonio, 'Article 1, paragraph 2', in Cot, Jean-Pierre and Pellet, Allain (eds.), *La Charte des Nations Unies*, 2nd edition, Economica, Paris, 1991, p. 43.

37. Nowadays, the principle of self-determination is firmly rooted in international law as a yardstick against colonialism, as a barrier to foreign military occupation, and as a requirement that certain groups of peoples be granted self-government. Cassese, Antonio, *International Law*, 2nd edition, Oxford, New York, 2005, p. 61.

The judicial guarantees that must be afforded in penal prosecutions relating to crimes committed in times of armed conflict not of an international character, such as the conflict in Colombia, are regulated by international humanitarian law. Common Article 3 of the 1949 Geneva Conventions (the fundamental provision of treaty law for the regulation of armed conflicts not of an international character, given the widespread ratification of the Geneva Conventions), prohibits the passing of sentences and the imposition of penalties without previous judgment by "a regularly constituted court" granting all the minimum judicial guarantees recognized by nations.[39] Put differently, common Article 3 prohibits 'summary' justice or prosecution by a court failing to guarantee a fair trial.[40] This provision does not specify the minimum judicial guarantees that must be granted to a suspect or accused, but Article 6 of Protocol II, on penal prosecutions, does.[41]

Pursuant to Article 6 of Protocol II, the minimum judicial guarantees are the following: the right of the suspect to be informed promptly of the nature and cause of the charges against him or her; the right of defence; the principle of individual criminal responsibility; the principle of legality of crimes and penalties; the principle of non-retroactivity; the presumption of innocence; the right of the accused to be present at his or her own trial; the right to not be compelled to testify against oneself or to confess guilt; the right to be informed of judicial remedies; and the prohibition on the pronouncement of the death penalty on persons under eighteen years and on executing the death penalty on pregnant women or mother of young children.

It should be noted that, differently from common Article 3, Article 6 no longer requires penal prosecution by 'a regularly constituted court', but that courts must provide "the essential guarantees of independence and impartiality".[42] The mode of establishment of a criminal court does not matter, whereas whether or not the court is independent and impartial does. The requirements of independence and impartiality are in line with the relevant provisions of the International Covenant on Civil and Political Rights (ICCPR).

Article 14 ICCPR[43] combines a series of judicial guarantees, including but not limited to the right to "a fair and public hearing by a competent, independent and impartial tribunal established by law", in the determination of criminal charges or of rights and obligations in any other type of legal proceedings.[44] The right is subject neither to limitations,[45] nor exceptions.[46] Under Article 14 ICCPR, by 'tribunal' is meant a body established by law that adjudicates legal issues in legal proceedings independently of the executive and legislative powers of the State,[47] irrespective of whether the tribunal is ordinary or specialized, civilian, or military.[48] The requirements of competence, independence, and impartiality relate in particular to the procedure

---

38. Mbaye, Kéba, 'Article 1, paragraph 2', in in Cot, Jean-Pierre and Pellet, Allain (eds.), *La Charte des Nations Unies*, 2nd edition, Economica, Paris, 1991, p. 86.

39. Geneva Conventions of 12 August 1949, Common Article 3.1.d.

40. ICRC, *Convention (I) for the Amelioration of the Condition of the Wounded and Sick in the Armed Forces in the Field, Commentary, Article 3: Conflicts not of an International Character*, ICRC, Geneva, 2016, para. 675.

41. Colombia ratified Protocol II on 14 August 1995. See *https://ihl-databases.icrc.org/applic/ihl/ihl.nsf/vwTreatiesByCountrySelected.xsp?xp_countrySelected=CO* (accessed on 20 September 2018).

42. ICRC, *Protocol Additional to the Geneva Conventions of 12 August 1949 and Relating to the Protection of Victims of Non-International Armed Conflicts (Protocol II), 8 June 1977, Commentary, Article 6: Penal Prosecutions*, ICRC, Geneva, 1987 para. 4600.

43. Colombia deposited its instrument of ratification on 29 October 1969. See *www.ohchr.org*.

and qualifications for the appointment of magistrates, the conditions regarding the tenure of judge (such as promotion, transfer, suspension, and cessation of functions) and the actual independence of the judiciary from political interference by the other State powers.[49] Impartiality requires that judges must not allow themselves to be biased or prejudge and that they must be impartial and be seen as such by a reasonable observer.[50]

The right to a fair hearing before a competent, independent and impartial tribunal is also granted by the American Convention on Human Rights (ACHR). The ACHR also requires that tribunals must be "previously established by law".[51] The Inter-American Court of Human Rights ('IACtHR') has consistently interpreted the requirement of competence as being closely related to the principle of the 'natural judge' (*juez natural*); according to this principle, persons are entitled to be judged by ordinary courts and on the basis of pre-established procedural norms.[52] In application of this principle, the IACtHR has found, for example, that military courts are not the competent jurisdiction for the investigation, prosecution and punishment of persons responsible for human rights violations[53] and that such violations must be adjudicated by ordinary courts.[54] As for the requirement of independence, the jurisprudence of the IACtHR is similar to that of the HRC. Thus, for example, respect for judicial independence constitutes a judicial guarantee,[55] and measures regarding the appointment[56] or tenure of judges[57] may affect the independence of the judiciary. Like the HRC, the IACtHR conceives of judicial impartiality as a twofold principle: on the one hand, judges must not be biased; on the other, they must be seen as impartial.[58]

Furthermore, the requirement of prior establishment by law is seen as being closely related to the principle of the natural judge, because it aims to prevent prosecutions before special courts, that is, courts established for the occasion or *ad hoc*.[59] In this vein, the IACtHR has found, for example, that certain transitory courts established in Peru during the occurrence of the conducts falling within their jurisdiction were in breach of that requirement.[60]

As indicated above, the SJP was established by the Peace Agreement concluded between the government of Colombia and Farc.[61] The general structure of the SJP is laid down in the Agreement[62] and regulated in detail in Legislative Act No. 1 of 4 April 2017[63] and the LAJ.[64]

The 51 magistrates of the SJP and other high-ranking officials of the System were elected by an autonomous and independent selecting committee (*'Comité de Escogencia'*) established by virtue of Legislative Act No. 1 of 4 April 2017 and Presidential Decree No. 587 of 2017. Moreover, various aspects of the tenure of magistrates (such as conditions for their appoint-

---

44. ICCPR, Article 14.1. Human Rights Committee ('HRC'), *General Comment n. 32, Article 14: Right to Equality Before Courts and Tribunals and to a Fair Trial*, CCPR/C/GC/32, 23 August 2017, paras. 3.

45. HRC, *General Comment n. 32, Article 14: Right to Equality Before Courts and Tribunals and to a Fair Trial*, CCPR/C/GC/32, 23 August 2017, para. 18

46. Idem, para. 19.

47. Idem, para. 18.

48. Idem, paras. 22.

49. Idem, para. 19.

50. Idem, para. 21.

51. ACHR, Article 8.1.

52. See, for example, *Barreto Leiva v. Venezuela, Merits and Reparations*, Judgment of 17 November 2009, IACtHR, Series C n. 206, para. 75.

53. See, for instance, *La Cantuta v. Peru, Merits, Reparations and Costs*, Judgment of 29 November 2006, IACtHR, Series C N.102, para. 142.

54. *Nadege Dorzema and others v. Dominican Republic, Merits, Reparations and Costs*, Judgment of 24 October 2012, IACtHR, Series C n. 251, para. 187.

55. *López Lone and others v. Honduras, Preliminary Exception, Merits, Reparations and Costs*, Judgment of 5 October 2015, IACtHR, Series C n. 302, para. 192.

56. *Reverón Trujillo v. Venezuela, Preliminary Exceptions, Merits, Reparations and Costs*, Judgment of 30 June 2009, IACtHR, Series C n. 227, para. 105.

57. Idem, para. 79.

58. *Herrera Ulloa v. Costa Rica, Preliminary Exceptions, Merits, Reparations and Costs*, Judgment of 2 July 2004, IACtHR, Series C n. 107, paras. 170-171.

59. *Apitz Barbera and others v. Venezuela, Preliminary Exceptions, Merits, Reparations and Costs*, Judgment of 5 August 2008, IACtHR, Series C n. 182, para. 50.

60. *Ivcher Bronstein v, Peru, Merits, Reparations and Costs*, Judgment of 6 February 2001, Series C n. 74, para. 114.

61. Agreement, p. 130 *et seq.*

ment, recusal and excusal, and disciplinary regime), are regulated by the LAJ.[65] The SJP began functioning recently. To date, nothing indicates lack of independence or impartiality in its collective work or with regard to one or more individual judges.

It follows from the foregoing considerations that the SJP was established in accordance with the requirements of competence, independence and impartiality laid down in Article 6 of Protocol II, Article 14 of the ICCPR, and Article 8 of the ACHR. However, the guarantee of prior establishment by law under Article 8 of the ACHR appears to have been breached. It is noteworthy that the State officials and members of Farc subject to the jurisdiction of the SJP would not be in the position to successfully challenge the legality of the establishment of the SJP on the latter ground, as the SJP was established by themselves and, as the maxim goes, *venire contra factum proprium nemo potest*.[66]

2.2 PURPOSES OF THE SJP

The establishment of the SJP purports to provide the victims of the armed conflict with access to justice: to bring out the truth of what happened during the conflict; to protect victims' rights; to contribute to the attainment of a stable and long-lasting peace in the country; and to ensure legal certainty to those who directly or indirectly participated in the armed conflict, in particular to those allegedly responsible for serious violations of international humanitarian law or human rights law.[67]

The objective of granting victims access to justice is consistent with the Basic Principles and Guidelines on the Right to a Remedy and Reparation for Victims of Gross Violations of International Human Rights Law and Serious International Humanitarian Law. According to this instrument, victims shall have "equal and effective access to justice".[68] A full implementation of the rights granted to victims in Articles 14-16 of the LAJ,[69] without discrimination among victims, is likely to render their access to the SJP equal and effective in the way recommended by the Basic Principles.

The purpose of bringing out the truth of what happened during the armed conflict is consistent with the Basic Principles too. It corresponds to the right of access to relevant information concerning violations and reparation mechanisms, which is recommended as a legal remedy in Principle VII (c) of the Basic Principles. Principle X, which spells out this remedy in more detail, recommends that victims and their representatives should have the right to seek and obtain information on the causes leading to their victimisation and on those relating to the serious violations of international humanitarian and human rights laws and to learn about the truth in their regard. The regulatory instruments of the SJP meet the recommendation, by granting

---

62. Idem, p. 137 *et seq*.
63. Legislative Act of 4 Abril 2017, Transitory Article 7.
64. LAJ, Articles 78-97.
65. Idem, Articles 98-111.
66. In the Common Law tradition, the maxim *venire contra factum proprium nemo potest* is known as the principle of estoppel. Estoppel is "A bar that prevents one from asserting a claim or right that contradicts what one has said or done before or what has been legally established as true." Garner, Bryan (ed.), *Black's Law Dictionary*, 8th edition, St Paul, Thomson / West, 2004, p. 589.
67. LAJ, Articles 2 and 9.
68. See *Basic Principles and Guidelines on the Right to a Remedy and Reparation for Victims of Gross Violations of International Human Rights Law and Serious International Humanitarian Law*, Principles VII.a and 8. Adopted by General Assembly resolution 60/147 of 16 December 2005.
69. They include but are not limited to the rights of participation in the proceedings before the SJP, to offer evidence and file an appeal against sentence, to get legal advice and representation and psychological support, to be treated with respect and dignity and informed of the course of the proceedings and intervene in SJP hearings.

victims the right to be informed of the progress of the investigation and prosecution, the right to be informed in timely fashion of the dates set for the judicial hearings and the right to attend the hearings.[70]

The Basic Principles recommend a third and final legal remedy for victims of serious violations of international humanitarian law and human rights law. Namely the right to adequate, effective, and prompt reparation for the harm suffered. In the System, reparations are regulated by the Peace Agreement,[71] Legislative Act No. 1 of 4 April 2017,[72] and the LAJ.[73] Since reparations are not implemented through the SJP but the Comprehensive Reparation Measures for Peacebuilding (a different component of the System),[74] they are not object of discussion in this article. It suffices to say that the government of Colombia is bound to promote the participation of offenders in reparation acts. Genuine participation of the offender in acts of reparation is indispensable for receiving special penal treatment.[75]

2.3 PRINCIPLE OF SELECTION OF CASES

The principle of selection of cases guides SJP proceedings.[76] Pursuant to it, the SJP ought to prosecute only the persons who played a decisive role in the most serious and representative crimes. The SJP can then waive penal action against persons who were not selected for prosecution and meet the conditions laid down in the LAJ.[77]

Case selection ought to be made on the basis of a non-exhaustive list of criteria including: the gravity of the crime, to be determined on the basis of factors such as the extent of the damage caused by the criminal conduct and the *modus operandi*; representativeness of the case, consideration should be given to whether the case is apt to illustrate certain patterns of criminal behaviour; conditions of vulnerability of the victims, such as age or gender; characteristics of the perpetrators, active or decisive participation in the criminal conduct; and, of course, the availability of evidence.[78]

The establishment of criteria for case selection are not uncommon in systems of criminal procedure allowing a prosecutor to decide whether to bring criminal charges. Thus, for example, the OTP selects cases on the basis of the gravity of the crime, the degree of responsibility of the alleged perpetrators, and the potential charges. They will determine the priority of certain cases in the light of criteria such as the amount and quality of incriminating and exonerating evidence in the possession of the OTP and the capacity to effectively carry out the necessary investigations within a reasonable period of time.[79]

In an *amicus curiae* brief filed by the OTP with the Constitutional Court of Colombia, the OTP manifested that a narrow interpretation by the SJP of

70. LAJ, Article 15.
71. Agreement, Section 5.1.3.
72. Legislative Act n. 1 of 4 April 2017, Chapter IV.
73. LAJ, Articles 38 and 39.
74. Agreement, Section 5.1.3.
75. LAJ, Articles 38 and 39.
76. LAJ, Article 19.
77. Idem.
78. Idem.

the terms "active or decisive criminal participation" may lead to the waiver of the penal action against persons who may be criminally responsible for commission by omission under customary international law or the ICC Statute.[80] It is true that under the ICC Statute an omission can trigger criminal responsibility where the definition of a crime explicitly criminalizes the omission of a certain conduct. In such a situation, the criminal conduct consists of the failure to act by the perpetrator. For example, the crime of deprivation of access to food and medicine as a crime against humanity under Article 7.1.b and 2.b of the ICC Statute, or in the case of command responsibility under Article 28 of the ICC Statute.[81] At the same time, the failure to act may trigger individual criminal responsibility under customary international law also, as illustrated by the judicial decisions of international criminal courts and tribunals cited by the OTP in the *amicus curiae* brief.[82] Yet, it is improbable that the SJP will interpret the notion of active or decisive criminal participation as excluding criminal responsibility by omission. There are three reasons for this. Firstly, the special part of the Penal Code of Colombia criminalizes two war crimes of omission, namely the failure to provide humanitarian assistance and the failure to adopt measures to protect the civilian population.[83] Secondly, the general part of the Penal Code contemplates responsibility not only for positive acts, but also for omission, albeit under certain conditions.[84] Thirdly, international criminal law forms part of the applicable law of the SJP;[85] therefore, the SJP may rely upon the jurisprudence of international criminal courts and tribunals as an interpretive guidance to this and other issues of international criminal law that may arise in the proceedings before it.

The SJP *can* waive the penal action against the persons allegedly responsible for crimes that were not selected for prosecution, but it is not subject to an obligation to that effect.[86] The legal situation of such persons will be determined by the SJP.[87] A waiver can only be granted on condition that the alleged offender contribute to the elucidation of truth, provide assurances of non-repetition, and meet any other obligation that may be imposed by the SJP.[88] In any event, it is important to note that the penal action cannot be waived with respect to the crimes covered by Amnesty Law No. 1820 of 2016.[89]

2.4 SPECIAL PENAL TREATMENT

The Peace Agreement[90] and implementing legislation provides for special penal treatment consisting of the imposition of the sanctions typical to the System and alternative sanctions, which will be indicated further below in this article. Special penal treatment will be granted to those who contribute to the elucidation of truth, repair the harm done to the victims, and provide assurances of non-repetition.

---

79. OTP, *Policy Paper on Case Selection and Prioritisation*, 15 September 2016, p. 12 et seq.

80. *Escrito de Amicus Curiae de la Fiscal de la Corte Penal Internacional sobre la Jurisdicción Especial para la Paz*, 19 October 2007, paras. 40-48. Although the concern was expressed with respect to the issue of jurisdiction of the SJP over persons who were not members of the rebel groups at the time of the commission of the crime at stake ("*competencia sobre terceros*") regulated in Transitory Article 16 of Legislative Act n. 1 of 4 April 207, it would apply *a fortiori* with regard to the criterion of active and decisive criminal participation, in the context of case selection in the SJP.

81. Cf. Werle, Gerhard, *Principles of International Criminal Law*, Asser Press, The Hague, 2005, p. 170 et seq. Cassese, Antonio, *International Criminal Law*, OUP, 2003, p. 200 et seq.

82. *Escrito de Amicus Curiae de la Fiscal de la Corte Penal Internacional sobre la Jurisdicción Penal Internacional sobre la Jurisdicción Especial para la Paz*, 19 October 2007, paras. 40-48.

83. "*Omisión de socorro y asistencia humanitaria*" and "*omisión de medidas de protección a la población civil*". Penal Code of Colombia, Articles 152 and 161, respectively.

84. Article 25 of the Penal Code reads as follows: "*Acción y omisión. La conducta punible puede ser realizada por acción o por omisión. Quien tuviere el deber jurídico de impedir un resultado perteneciente a una descripción típica y no lo llevare a cabo, estando en posibilidad de hacerlo, quedará sujeto a la pena contemplada en la respectiva norma penal.* (cont. p. 185)

The first condition requires full disclosure from a suspect or accused of his/her deeds in a detailed and exhaustive manner, but it does not entail the obligation to accept any responsibility for the conduct at stake.[91] The absence of an obligation to accept any responsibility for the conduct investigated is rather perplexing, as it defeats the essence of the system of restorative justice established by the Peace Agreement. One of the guiding principles of the SJP is to promote the reparation of the harm done to the victims of the armed conflict in Colombia,[92] where "[p]ublic apology, including acknowledgement of the facts *and acceptance of responsibility*" is a standard measure of satisfaction as a form of reparation.[93] Therefore, the LAJ should also have imposed the obligation to present a public apology and accept responsibility for the harm done. In fact, why should anyone benefit from special penal treatment, if he or she does not express remorse in a timely and appropriate manner in the first place?

Under the SJP legal regime, an assurance of non-repetition consists of committing oneself to not commit any crime that may attract a penalty of imprisonment of four-year or heavier. The value or interest protected by such crime must be human life, personal integrity, or the persons or objects protected by international humanitarian law, for example.[94]

In the case of Farc members, the special penal treatment is subject to three additional requirements, namely disarmament, active contribution to the objective of reintegrating Farc members to civilian life, and restitution of minors.[95]

The extent of the special penal treatment that may be granted must be proportionate to the extent of his or her voluntary cooperation,[96] whereas wilful non-compliance with the conditionality regime of any sanction imposed by the SJP shall entail the loss of the benefit of special penal treatment.[97] These are reasonable requirements, because compliance with the conditionality regime is the price to pay in order to receive special penal treatment; *quid pro quo*.

Finally, the special penal treatment regime also contemplates the possibility of extinction, revision or annulment of sanctions, investigations or sentences relating to criminal conduct performed before 1 December 2016 in the context of public disturbances or social protest, in conformity with Amnesty Law No. 1820 of 2016.[98] Similarly, the SJP can annul, terminate, or revise any penal, fiscal, administrative, or disciplinary sanction imposed on persons for criminal conduct directly or indirectly related to the armed conflict, upon request by the person under investigation or object of the sanction.[99] Moreover, ongoing investigations and sanctions of a penal, disciplinary, fiscal, or

(cont. p. 184) A tal efecto, se requiere que el agente tenga a su cargo la protección en concreto del bien jurídico protegido, o que se le haya encomendado como garante la vigilancia de una determinada fuente de riesgo, conforme a la Constitución o a la ley. Son constitutivas de posiciones de garantía las siguientes situaciones: 1. Cuando se asuma voluntariamente la protección real de una persona o de una fuente de riesgo, dentro del propio ámbito de dominio. 2. Cuando exista una estrecha comunidad de vida entre personas. 3. Cuando se emprenda la realización de una actividad riesgosa por varias personas. 4. Cuando se haya creado precedentemente una situación antijurídica de riesgo próximo para el bien jurídico correspondiente. Parágrafo. Los numerales 1, 2, 3 y 4 sólo se tendrán en cuenta en relación con las conductas punibles delictuales que atenten contra la vida e integridad personal, la libertad individual, y la libertad y formación sexuales."

85. LAJ, Article 23.
86. Article 19.1 reads as follows: " *Con respecto a las personas y hechos que no sean objeto de selección, se podrá renunciar condicionalmente al ejercicio de la acción penal cuando*". Emphasis mine.
87. LAJ, Article 84.a and e.
88. Idem, Article 19, para. 1.
89. Idem, Article 19.2. For the question of amnesty see further below.
90. Peace Agreement, pp. 146 (para. 13) and 164-166 (para. 60).
91. LAJ, Article 20.
92. Idem, Article 13.
93. See *Basic principles and guidelines on the right to a remedy and reparation for victims of gross violations of international human rights law and serious international humanitarian law*, Article 22.e. Emphasis mine.
94. LAJ, Article 20.
95. LAJ, Article 20.
96. Idem.
97. Idem.
98. Idem, Article 30.
99. Idem, Article 32.

administrative nature concerning conduct performed in relation to the armed conflict or the rebellion that is covered by the Amnesty Law or may be the object of pardon or waiver of penal action shall be terminated by the SJP.[100]

3. JURISDICTION AND APPLICABLE LAW

According to the Peace Agreement, the SJP has preferent subject-matter jurisdiction, in particular over serious violations of international humanitarian law or international human rights law.[101] The Agreement does not elaborate in detail on what such preference entails, but the implementing legislation does.

Pursuant to such legislation the SJP prevails over Colombia courts by absorbing their jurisdiction over criminal, disciplinary, or administrative proceedings concerning conduct performed on occasion, by reason of or in direct or indirect relation to the armed conflict.[102] The SJP enjoys exclusive jurisdiction over such conduct.[103] However, if a conflict of jurisdictions occurs between the SJP and an ordinary court of Colombia, the matter shall be decided by the President of the SJP.[104]

3.1 TEMPORAL AND SUBJECT-MATTER AND JURISDICTIONS

The SJP exercises jurisdiction over crimes committed before 1 December 2016,[105] as long as the criminal conduct was performed by reason of, on occasion of, or in direct or indirect relation to the armed conflict.[106] The jurisdiction is to be exercised, in particular, over serious violations of international humanitarian law or human rights law.[107] A crime is deemed to have been committed under such circumstances if the armed conflict was its root cause or the substantial motive for its commission; as far as the members of the armed forces and the national police are concerned, the crime is considered to be related to the conflict even if it was committed vis-à-vis an illegal armed group other than a rebel group party to the Peace Agreement,[108] such as a paramilitary group.

With respect to the members of the organisations party to the Peace Agreement,[109] the subject-matter jurisdiction of the SJP also covers crimes committed during the period between the date of the entry into force of the Agreement and the culmination of the disarmament process, as long as the crime was directly related to such process. However, the crimes of aggravated murder, forced disappearance, kidnapping, torture, forcible transfer of population, child recruitment, blackmail, unlawful enrichment, and drug trafficking shall not be considered closely related to the conflict. Therefore, they shall be excluded from the jurisdiction of the SJP and will fall under the jurisdiction of the ordinary courts.[110]

---

100. Idem.
101. Peace Agreement, p. 145, para. 9.
102. Legislative Act n. 1 of 4 April 2017, Transitory Article 6; LAJ, Article 36.
103. LAJ, Articles 8 and 36.
104. Peace Agreement, p. 145, para. 9; Legislative Act n. 1 of 4 April 2017, Transitory Article 9.
105. Legislative Act n. 1 of 4 April 2017, Transitory Article 5; LAJ, Article 8.
106. LAJ, Article 62.
107. Idem, Article 8.
108. Idem, Article 62.
109. Only Farc, so far. The negotiations with *Ejército of Liberación Nacional* (ELN) were suspended in January 2018. See 'Colombia's President Santos suspends peace talks with ELN', BBC News, 29 January 2018.
110. LAJ, Article 62.

Furthermore, drug-related crimes fall within the jurisdiction of the SJP only if they were committed before 1 December 2016 by members of rebel groups that concluded a peace agreement with the government and if the crime was perpetrated to fund the group's activities.[111] This is why the case of former Farc commander Seauxis Hernández, a.k.a. Jesús Santrich does not fall within the jurisdiction of the SJP; he was recently arrested on US-drug trafficking charges and awaits probable extradition to the US.[112]

Finally, notwithstanding that the SJP should focus its work on serious violations of international humanitarian law or human rights law, it can also exercise jurisdiction to declare the extinction of responsibility or of the sanction with respect to certain offences perpetrated in the context of political disturbances or on occasion of social protests. For example, violation of the freedom of assembly and association, violence against public servants, and obstruction of public ways.[113]

3.2 PERSONAL JURISDICTION

The SJP exercises jurisdiction over persons who directly or indirectly participated in the armed conflict.[114] It should be noted that the notions of direct or indirect participation are defined neither in the Peace Agreement nor in the implementing legislation and, hence, they will have to be defined in the case law of the SJP. Some of the relevant issues that the SJP may have to address are as follows: the definition of a civilian and who therefore is entitled to protection against direct attack, unless and for such time as he or she participates in the armed conflict; what conduct qualifies as direct or indirect participation in the armed conflict and hence entails the loss of a civilian's protection against direct attacks; and which law regulates the use of force against civilians who have lost protection and the point at which they recover protection against direct attacks. The study of the International Committee of the Red Cross (ICRC) on the notion of direct participation in the hostilities may carry considerable doctrinal weight for this issue,[115] considering its thoroughness and high level of detail.

Three categories of individuals come within the purview of the SJP. The first comprises persons under investigation or convicted for rebellion or any other crime related to the armed conflict, irrespective of whether or not they were members of a rebel group;[116] this category may include civilians who indirectly participated in the conflict, such as a person who provided financial support to the rebellion.

The second category covers the members of the rebel groups that have concluded a peace agreement with the Colombian government and the individuals accused or convicted for membership of such groups even if they

---

111. Idem.
112. 'Blow to Colombian peace deal as former Colombian Farc chief arrested on drug charges', *The Guardian*, 10 April 2018.
113. LAJ, Article 62.
114. LAJ, Article 63.
115. Melzer, Nils, *Interpretive Guidance on the Notion of Direct Participation in the Hostilities under International Humanitarian Law*, Geneva, ICRC, 2009, 85 pp.
116. LAJ, Article 63.

do not acknowledge their membership.[117] However, the ordinary courts will retain jurisdiction over the crimes committed before 1 December 2016 by reason of, on occasion of, or in direct or indirect relation to the armed conflict by: (i) Farc dissidents (i.e., the Farc members not included in the lists of members prepared by Farc pursuant to Transitory Article 5 of Legislative Act 1 of 4 April 2017);[118] (ii) defectors (i.e. Farc members included in the lists but that abandoned the peace process to fight as rebels or join another organised armed or criminal group); and (iii) former combatants who failed to meet the obligations laid down in Article 20 of the LAJ (that is, to tell the truth about their participation in the armed conflict, to provide assurances of non-repetition, to not commit crimes that may attract penalties of four-year imprisonment or longer, to repair the harm done, and to have disarmed, among other obligations that may be imposed by the SPJ).[119]

The third category encompasses State agents.[120] For the purpose of the SJP, 'State agent' means the individuals who, at the time of the alleged commission of the crime, were employees of the Colombian government or its decentralized entities, or who were members of the armed forces or the national police.[121] The exercise of jurisdiction over the first sub-category of State agents is conditional on prior consent by the agent concerned and as long as they meet the obligations to tell the truth about their deeds, make reparations, and provide assurances of non-repetition.[122]

It is important to note the absence of jurisdiction over persons who were under the age of 18 at the time of the alleged commission of the crime,[123] similarly to the ICC.[124] This is the more relevant considering that child soldiers were used by all parties to the conflict.[125] They may have participated in the commission of crimes by reason of, on occasion of, or in direct or indirect relation to the armed conflict. In Colombia, persons who were under the age of 18 at the time of the commission of the crime are subject to a special penal regime.[126]

Finally, it is also worth observing that the SJP does not have jurisdiction over former or incumbent heads of State.[127] They may be subject to impeachment by Senate. If charges brought forward before the Senate are of a criminal nature, the Senate may decide to put the former or incumbent head of State concerned at the disposal of the Supreme Court for further criminal proceedings.[128]

3.3 APPLICABLE LAW

The SJP shall apply the general and special parts of the Colombian Penal Code, international human rights law, international humanitarian law and international criminal law.[129] The Penal Code criminalises genocide,[130]

---

117. Idem.
118. This is the situation of the infamous dissident Walter Arizala (a.k.a. Guacho). See 'Guacho, a public enemy in Colombia and Ecuador', *Colombia Reports*, 18 April 2018; 'Who is Guacho, the dissident of the Farc, who kidnapped journalists?', *Infoglitz*, 29 March 2018.
119. LAJ, Article 63.
120. LAJ, Article 63.
121. Idem, Article 63, paragraph 2.
122. Idem, Article 63, paragraph 4.
123. Idem, Article 64.
124. ICC Statute, Article 26.
125. *Report of the Secretary-General on Children and Armed Conflict*, 20 April 2016, A/70/836-S/2016/360. Human Rights Watch, 'Child soldiers used by all sides in Colombia's armed conflict', 7 October 1998.
126. Penal Code of Colombia, Article 33. See also *Código de Infancia y Adolescencia* (Law n. 1098 of 2006). For an overview of the Colombian juvenile penal system see the website of the Instituto Colombiano de Bienestar Familiar. (https://www.icbf.gov.co/bienestar/proteccion/responsabilidad-penal).
127. Legislative Act 1 of 4 April 2017, Transitory Article 5.
128. Political Constitution of Colombia, Articles 174 and 175.
129. LAJ, Article 23.
130. Title 1, Chapter 1.

certain discriminatory acts,[131] twenty-nine serious breaches of international humanitarian law,[132] forced disappearance,[133] but not crimes against humanity as such. The non-criminalization of crimes against humanity should not pose a problem for Colombia vis-a-vis the ICC, in light of the jurisprudence of the Colombian Supreme Court of Justice.[134] According to which crimes against humanity can be prosecuted in Colombia as ordinary crimes (murder, for example) but aggravated by the context, that is, the crime was committed "as part of a widespread or systematic attack directed against any civilian population, with knowledge of the attack", in the words of Article 7 ICC Statute.

As for the human rights or humanitarian law treaties to which Colombia is a party and are most relevant for the SJP one can mention the American Convention on Human Rights,[135] the 1949 Geneva Conventions (common Article 3, to be precise),[136] and the 1977 Protocol II additional to the Geneva Conventions.[137]

4. AMNESTY, PARDONS OF SENTENCE AND SPECIAL TREATMENT FOR STATE AGENTS

4.1 AMNESTY AND PARDONS OF SENTENCE

One of the special features of the system of restorative justice, administered by the SJP, is the possibility of granting amnesties or pardons of sentence to the members of the rebel groups that have concluded a peace agreement with the government of Colombia. As well as, any person accused or convicted for a political offence, or a crime connected with a political offence.[138]

An amnesty will extinguish not only the penal action, but also the civil action for reparations, whereas pardons of sentence terminate the penalty and the accessories to the penalty.[139] In Colombia, the principal penalties are imprisonment, fine, and deprivation of certain rights as established in the special part of the penal code.[140] The accessories, in turn, may consist of measures such as prohibition of exercising public functions, dismissal of public employment or function, and prohibition of residence in a certain place or of going to certain locations.[141] However, since amnesties and pardons of sentences will operate in a system of restorative justice, they are without prejudice to the duty of the beneficiary to contribute to the elucidation of truth and the victims' right to reparations under the System.[142]

According to the Peace Agreement, Amnesty Law No. 1820 and the LAJ, amnesties and pardons of sentence do not cover crimes against humanity, genocide, 'serious war crimes', taking of hostages or any other serious dep-

---

131. Title 1, Chapter 9.
132. Title 2.
133. Title 3, Chapter 1.
134. Andreas Forer, *"Crímenes de lesa humanidad: confusión 'generalizada' en la jurisprudencia de la Corte Internacional de Justicia"*, El Espectador, 8 March 2013. The contextual element of crimes against humanity is defined by Article 7 ICC Statute as follows: "For the purpose of this Statute, 'crimes against humanity' means any of the following acts when committed as part of a widespread or systematic attack directed against any civilian population, with knowledge of the attack".
135. Ratified by Colombia on 28 Mayo 1973.
136. Ratified by Colombia on 8 November 1961.
137. Ratification by Colombia on 14 August 1995.
138. LAJ, Article 40.
139. Idem, Article 41.
140. Penal Code of Colombia, Article 35.
141. Idem, Articles 43 and 52.
142. LAJ, Article 40, para. 2.

rivation of liberty, torture, extrajudicial executions, forced disappearances, rape and other forms of sexual violence, child abduction, unlawful displacement of the civilian population, and the recruitment or enlistment of children as soldiers.[143] The Agreement does not define the peculiar concept of 'serious war crime', but Amnesty Law No. 1820 and the LAJ do. It is defined as any breach of humanitarian law committed in a systematic manner.[144] Hence, for example, a Farc member allegedly responsible for a random attack causing a large number of victims would be entitled to an amnesty or a pardon of sentence ,under the conditions laid down in the relevant regulatory instruments, for the reason that the attack was unsystematic and despite its widespread nature.

However, international humanitarian law and international criminal law does not make any distinction between serious and non-serious war crimes and it is worth recalling that the SJP is bound to apply the rules of those two branches of international law. Moreover, maintaining such distinction could be problematic for Colombia, because unsystematic but widespread war crimes falling within the jurisdiction of the ICC would go unpunished in Colombia, opening up the possibility for the OTP to request an ICC Pre-Trial Chamber the formal opening of an investigation of the situation in that country. The distinction between serious and non-serious war crimes was criticised by NGOs[145] and the OTP.[146]

In the end, the Constitutional Court of Colombia solved this problem in the exercise of its power of constitutional control, by nullifying the term 'serious' in both laws. Therefore, no war crime can attract an amnesty or a pardon of sentence.[147]

4.2 SPECIAL TREATMENT FOR STATE AGENTS

State agents are entitled to a differentiated special treatment, including the possibility of waiver of the penal action, in case they are convicted, accused, or suspects of participation in a crime committed by reason or on occasion of the armed conflict, or if the crime was directly or indirectly related to the conflict.[148] Waiver of the penal action entails the extinction of the penal action, the criminal responsibility and the penalty, except for the crimes that cannot attract an amnesty or a pardon of sentence, or for any offence under the Military Penal Code of Colombia.[149]

As part of the special treatment afforded to State agents, members of the military or the police will be detained or serve their sentence in a military or police unit and be subject to the penitentiary regime for public servants.[150] State agents that at the time of the entry into force of the LAJ have been incarcerated or detained for less than five years will con-

---

143. Peace Agreement, p. 136, para. 40; Amnesty Law n. 1820, Article 23, paragraph a; LAJ, Article 42.

144. Amnesty Law n. 1820, Article 23, paragraph b; LAJ, Article 42.

145. See for example Human Rights Watch, *Letter to President Santos on the Amnesty Bill*, 25 December 2016. Available at https://www.hrw.org/news/2016/12/25/letter-president-santos-amnesty-bill.

146. *Escrito de Amicus Curiae de la Fiscal de la Corte Penal Internacional sobre la Jurisdicción Penal Internacional sobre la Jurisdicción Especial para la Paz*, 19 October 2007, paras. 29-39.

147. Constitutional Court, *Communiqué n. 8*, 1 March 2018.

148. LAJ, Article 44.

149. Idem, Article 45.

150. Idem, Article 56.

tinue the incarceration or detention in a military or police unit, in case: (i) they are convicted or accused of an offence committed by reason of, on occasion of, or in direct or indirect relation to the armed conflict; (ii) the offences qualify as a crime against humanity, genocide, or war crime; (iii) the State agent accepts the jurisdiction of the SJP; and (iv) the State agents contributes to the elucidation of truth and provides an assurance of non-repetition.[151]

5. SANCTIONS

The sanctions that can be imposed by the SJP are intended to have restorative rather than punitive effects. The precise extent of the sanctions will be determined on the basis of the degree of acknowledgement of truth and responsibility made before the SJP, the timing of the acknowledgment (the sooner, the better for the offender), the seriousness of the offence, the degree of participation in the criminal conduct, and the assurances made by the offender with regard to reparations for the victims and non-repetition. There are three types of sanctions available to the SJP's: typical to the System, alternative, and ordinary sanctions.[152]

5.1 SANCTIONS TYPICAL TO THE SYSTEM

The sanctions typical to the System will be imposed on persons having made full and detailed acknowledgment of truth and responsibility for their participation in crimes within the jurisdiction of the SJP. They last for a minimum of five years and a maximum of eight years.

These sanctions consist of effective restriction of certain freedoms and rights, such as the freedom of residence and movement.[153] It is important to note that the effective restriction of the freedom of residence and movement is not the same as a penalty of imprisonment. During the period of enforcement, the restriction is made effective in the territorial zone and time slots determined by the SJP in a sentence. The offender is not allowed to leave the territorial zone during the time slots without prior authorization from the SJP. In the sentence, the SJP will also determine the place of residence of the offender during the enforcement period. It is worth observing that the LAJ is silent as to whether the offender can reside outside of the territorial zone.

In the case of members of the armed forces or the national police, the restrictions would not take place in territorial zones but in military or police units, respectively. The offenders must reside either in such units or close to them. Offenders belonging to indigenous communities may reside in their ancestral territories, in turn.[154]

---

151. Idem, Article 57.
152. Idem, Articles 127 and 136.
153. Idem, Article 128.
154. LAJ, Article 129.

The sanctions typical to the System appear problematic, as persons allegedly responsible for serious violations of international humanitarian law or international human rights law would not serve imprisonment, as would be the case if they were prosecuted and found guilty. Besides, the fact that the restrictions of certain freedoms and rights imposed on members of the armed forces or the national police will be made effective in military or police units, may be contrary to the obligation of States to investigate, prosecute and punish such violations. The mildness of the sanctions typical to the System may lead the OTP to consider that the proceedings in Colombia leading to such sanctions were carried out for the purpose of shielding the suspect from criminal responsibility, opening up the possibility of a request to open a formal investigation, on the basis of Article 17 (2) (a) ICC Statute.

5.2 ALTERNATIVE SANCTIONS

Alternative sanctions can be imposed on those who acknowledged truth and responsibility before a verdict by the SJP. In such situation, the sanction is not restorative but punitive in nature: a term of imprisonment between five and eight years, even in case of multiplicity of offences.[155]

It is worth noting that sanctions typical to the System and alternative sanctions will last between two and five years, even in case of multiplicity of offences, in the case of offenders who did not have a crucial participation in the most serious and representative offences.[156]

5.3 ORDINARY SANCTIONS

Ordinary sanctions, can be imposed on the persons prosecuted by the SJP who had not acknowledged truth and responsibility before the sentence. The ordinary sanctions are the penalties foreseen in the Penal Code of Colombia and the term of imprisonment will range between fifteen and twenty years, even in case of multiplicity of offences.[157]

State agents other than the members of the armed forces or the national police shall serve their sentence in ordinary prisons, whereas the latter will do it in military prisons or police units respectively.[158]

6. CONCLUSION

In concluding this article, it should be noted again the importance of the conclusion of the Peace Agreement and the need to support the implementation process, including the work of the SJP as a mechanism of transitional justice. The SJP has the national and international legal framework at its disposal, in order to carry out its work.

On the other hand, it is vital that the current process of transitional justice in Colombia does not defeat the purpose of the ICC Statute to fight against impunity to prevent further atrocities in the world.

---

155. LAJ, Article 130.
156. LAJ, Article 131.
157. LAJ, Article 132.
158. LAJ, Article 133.

MARCOS DEL MAZO / GETTY IMAGES

DECLARAÇÃO UNIVERSAL DOS DIREITOS HUMANOS: DESAFIOS CONTEMPORÂNEOS

FLÁVIA PIOVESAN

Professora doutora em Direito Constitucional e Direitos Humanos da Pontifícia Universidade Católica de São Paulo, visiting fellow do Human Rights Program da Harvard Law School (1995 e 2000), visiting fellow do Centre for Brazilian Studies da University of Oxford (2005), visiting fellow do Max Planck Institute for Comparative Public Law and International Law (Heidelberg – 2007; 2008; 2015; 2016; 2017); Humboldt Foundation Georg Forster Research Fellow no Max Planck Institute (Heidelberg – 2009-2014); Foi membro da UN High Level Task Force on the implementation of the right to development e é membro do OAS Working Group para o monitoramento do Protocolo de San Salvador em matéria de direitos econômicos, sociais e culturais. Membro da Comissão Interamericana de Direitos Humanos (mandato de 2018-2021).

1. INTRODUÇÃO

Na condição de reivindicações morais, os direitos humanos nascem quando devem e podem nascer. Como realça Norberto Bobbio, os direitos humanos não nascem todos de uma vez, nem de uma vez por todas[1]. Para Hannah Arendt, os direitos humanos não são um dado, mas um construído, uma invenção humana, em constante processo de construção e reconstrução[2]. Refletem um construído axiológico, a partir de um espaço simbólico de luta e ação social. No dizer de Joaquín Herrera Flores[3], os direitos humanos compõem uma racionalidade de resistência, na medida em que traduzem processos que abrem e consolidam espaços de luta pela dignidade humana. Invocam, nesse sentido, uma plataforma emancipatória voltada à proteção da dignidade humana. Para Carlos Santiago Nino, os direitos humanos são uma construção consciente vocacionada a assegurar a dignidade humana e a evitar sofrimentos, em face da persistente brutalidade humana[4]. Para Luigi Ferrajoli, os direitos humanos simbolizam a lei do mais fraco contra a lei do mais forte, na expressão de um contrapoder em face dos absolutismos, advindos do Estado, do setor privado ou mesmo da esfera doméstica[5]. O *victim centric approach* é a fonte de inspiração que move a arquitetura protetiva internacional dos direitos humanos, destinada a conferir a melhor e mais eficiente proteção às vítimas reais e potenciais de violação de direitos.

Considerando a historicidade dos direitos, este artigo ambiciona enfocar a Declaração Universal de Direitos Humanos, com destaque ao seu legado e impacto, bem como aos desafios contemporâneos.

2. DECLARAÇÃO UNIVERSAL DE DIREITOS HUMANOS: LEGADO E IMPACTO

A chamada concepção contemporânea de direitos humanos veio a ser introduzida pela Declaração Universal de 1948 e reiterada pela Declaração de Direitos Humanos de Viena de 1993.

Essa concepção é fruto da internacionalização dos direitos humanos, que constitui um movimento recente na história, surgindo, a partir do Pós--Guerra, como resposta às atrocidades e aos horrores cometidos durante o nazismo. Apresentando o Estado como o grande violador de direitos humanos, a Era Hitler foi marcada pela lógica da destruição e da descartabilidade da pessoa humana, que resultou no envio de 18 milhões de pessoas a campos de concentração, com a morte de 11 milhões, sendo 6 milhões de judeus, além de comunistas, homossexuais e ciganos. O legado do nazismo foi condicionar a titularidade de direitos, ou seja, a condição de sujeito de direito, ao pertencimento à determinada raça — a raça pura ariana. Para Ignacy Sachs, o século 20 foi marcado por duas guerras mundiais e pelo horror absoluto do genocídio concebido como projeto político e industrial [6].

É nesse cenário que se vislumbra o esforço de reconstrução dos direitos humanos, como paradigma e referencial ético a orientar a ordem internacional contemporânea. Com efeito, no momento em que os seres humanos se tornam supérfluos e descartáveis, no momento em que vige a lógica da destruição, em que é cruelmente abolido o valor da pessoa humana, torna-se necessária a reconstrução dos direitos humanos, como paradigma ético capaz de restaurar a lógica do razoável. A barbárie do totalitarismo significou a ruptura do paradigma dos direitos humanos, por meio da negação do valor da pessoa humana como valor-fonte do Direito. Se a Segunda Guerra significou a ruptura com os direitos humanos, o Pós-Guerra deveria significar a sua reconstrução. Nas palavras de Thomas Buergenthal: "O moderno Direito Internacional dos Direitos Humanos é um fenômeno do pós--guerra. Seu desenvolvimento pode ser atribuído às monstruosas violações de direitos humanos da era Hitler e à crença de que parte destas violações poderiam ser prevenidas se um efetivo sistema de proteção internacional de direitos humanos existisse"[7].

Sob essa perspectiva se manifesta a aguda crítica e o repúdio à concepção positivista de um ordenamento jurídico indiferente a valores éticos, confinado à ótica meramente formal — tendo em vista que o nazismo e o fascismo ascenderam ao poder dentro do quadro da legalidade e promoveram a barbárie em nome da lei. Há um reencontro com o pensamento kantiano, com as ideias de moralidade, dignidade, Direito cosmopolita e paz perpétua. Para Kant as pessoas, e em geral qualquer espécie racional, devem existir como fim em si mesmo e jamais como meio, a ser arbitrariamente usado para este ou aquele propósito. Os objetos têm, por sua vez, um valor condicional, por serem irracionais, por isso são chamados "coisas", substituíveis que são por outras equivalentes. Os seres racionais, ao revés, são chamados "pessoas", porque constituem um fim em si mesmo, têm um valor intrínseco absoluto, são insubstituíveis e únicos, não devendo ser tomados meramente como meios[8]. As pessoas são dotadas de dignidade, na medida em que possuem um valor intrínseco. Desse modo, ressalta Kant,

1. Norberto Bobbio, Era dos direitos, p. 32.

2. Hannah Arendt, As origens do totalitarismo. A respeito, ver também Celso Lafer, A reconstrução dos direitos humanos: um diálogo com o pensamento de Hannah Arendt, p. 134. No mesmo sentido, afirma Ignacy Sachs: "Não se insistirá nunca o bastante sobre o fato de que a ascensão dos direitos é fruto de lutas, que os direitos são conquistados, às vezes, com barricadas, em um processo histórico cheio de vicissitudes, por meio do qual as necessidades e as aspirações se articulam em reivindicações e em estandartes de luta antes de serem reconhecidos como direitos" (Ignacy Sachs, Desenvolvimento, direitos humanos e cidadania, in Direitos humanos no século XXI, p. 156) Para Allan Rosas: "O conceito de direitos humanos é sempre progressivo. (...) O debate a respeito do que são os direitos humanos e como devem ser definidos é parte e parcela de nossa história, de nosso passado e de nosso presente" (Allan Rosas, So-called rights of the third generation, in Asbjorn Eide, Catarina Krause e Allan Rosas, Economic, social and cultural rights, p. 243).

3. Joaquín Herrera Flores, Direitos humanos, interculturalidade e racionalidade de resistência, p. 7.

4. Carlos Santiago Nino, The ethics of human rights.

5. Luigi Ferrajoli, Diritti fondamentali — Um dibattito teórico, a cura di Ermanno Vitale, Roma, Bari, Laterza, 2002, p. 338.

6. Ignacy Sachs, O desenvolvimento enquanto apropriação dos direitos humanos, Estudos Avançados, 12 (33), p. 149.

7. Thomas Buergenthal, International human rights, p. 17. Para Henkin: "Por mais de meio século, o sistema internacional tem demonstrado comprometimento com valores que transcendem os valores puramente 'estatais', notadamente os direitos humanos, e tem desenvolvido um impressionante sistema normativo de proteção desses direitos" (International law, p. 2). Ainda sobre o processo de internacionalização dos direitos humanos, observa Celso Lafer: "Configurou-se como a primeira resposta jurídica da comunidade internacional ao fato de que o direito ex parte populi de todo ser humano à hospitalidade universal só começaria a viabilizar-se se o 'direito a ter direitos', para falar com Hannah Arendt, tivesse uma tutela internacional, homologadora do ponto de vista da humanidade. (cont. na p. 198)

DECLARAÇÃO UNIVERSAL DOS DIREITOS HUMANOS: DESAFIOS CONTEMPORÂNEOS

(cont. da p. 197) Foi assim que começou efetivamente a ser delimitada a 'razão de estado' e corroída a competência reservada da soberania dos governantes, em matéria de direitos humanos, encetando-se a sua vinculação aos temas da democracia e da paz" (prefácio ao livro Os direitos humanos como tema global, p. XXVI).

8. A teoria moral kantiana exerceu enorme influência nos fundamentos de diversas teorias sobre direitos. A respeito, consultar Jeremy Waldron (ed.), *Theories of rights*.

9. Significativas teorias sobre direitos humanos tendem a enfatizar a importância e o valor da autonomia pessoal. Para J. Raz: "Uma pessoa autônoma é aquela que é autora de sua própria vida. Sua vida é o que que ela faz dela. (...) Uma pessoa é autônoma somente se tem uma variedade de escolhas aceitáveis disponíveis para serem feitas e sua vida se torna o resultado das escolhas derivadas destas opções. Uma pessoa que nunca teve uma escolha efetiva, ou, tampouco, teve consciência dela, ou, ainda, nunca exerceu o direito de escolha de forma verdadeira, mas simplesmente se moveu perante a vida não é uma pessoa autônoma" (J. Raz, Right-based moralities, in Jeremy Waldron (ed.), *Theories of rights*, p. 191). J. Raz, em crítica ao enfoque moral individualista da autonomia pessoal, acentua que: "A existência de diversas escolhas consiste, em parte, na existência de certas condições sociais. (...) O ideal da autonomia pessoal é incompatível com o individualismo moral" (p. 192-193).

10. A respeito, ver Immanuel Kant, Fundamental principles of the metaphysics of morals, in Allen W. Wood (ed.), *Basic writings of Kant*, p. 185-186, 192-193.

11. Ver Immanuel Kant, Fundamental principles of the metaphysics of morals, *in Basic writings of Kant*, p. 178.

trate a humanidade, na pessoa de cada ser, sempre como um fim mesmo, nunca como um meio. Adiciona Kant que a autonomia[9] é a base da dignidade humana e de qualquer criatura racional. Lembra que a ideia de liberdade é intimamente conectada com a concepção de autonomia, por meio do princípio universal da moralidade, que, idealmente, é o fundamento de todas as ações de seres racionais[10]. Para Kant, o imperativo categórico universal dispõe: "Aja apenas de forma a que a sua máxima possa converter-se ao mesmo tempo em uma lei universal"[11].

No esforço de reconstrução dos direitos humanos do Pós-Guerra, há, de um lado, a emergência do Direito Internacional dos Direitos Humanos, e, de outro, a emergência da nova feição do Direito Constitucional ocidental, aberto a princípios e a valores, com ênfase no valor da dignidade humana.

Vale dizer, no âmbito do Direito Internacional, começa a ser delineado o sistema normativo internacional de proteção dos direitos humanos. É como se se projetasse a vertente de um constitucionalismo global, vocacionado a proteger direitos fundamentais e a limitar o poder do Estado, mediante a criação de um aparato internacional de proteção de direitos.

Por sua vez, no âmbito do Direito Constitucional ocidental, testemunha-se a elaboração de textos constitucionais abertos a princípios, dotados de elevada carga axiológica, com destaque ao valor da dignidade humana. A respeito, ressaltam as lições de Canotilho: "Se ontem a conquista territorial, a colonização e o interesse nacional surgiam como categorias referenciais, hoje os fins dos Estados podem e devem ser os da construção de 'Estados de Direito Democráticos, Sociais e Ambientais', no plano interno e Estados abertos e internacionalmente amigos e cooperantes no plano externo. Estes parâmetros fortalecem as imbricações do Direito Constitucional com o Direito Internacional. (...) Os direitos humanos articulados com o relevante papel das organizações internacionais fornecem um enquadramento razoável para o constitucionalismo global. O constitucionalismo global compreende não apenas o clássico paradigma das relações horizontais entre Estados, mas também o novo paradigma centrado nas relações Estado/povo, na emergência de um Direito Internacional dos Direitos Humanos e na tendencial elevação da dignidade humana a pressuposto inelimínável de todos os constitucionalismos. Por isso, o Poder Constituinte dos Estados e, consequentemente, das respectivas Constituições nacionais, está hoje cada vez mais vinculado a princípios e regras de direito internacional. É como se o Direito Internacional fosse transformado em parâmetro de validade das próprias Constituições nacionais (cujas normas passam a ser consideradas nulas se violadoras das normas do *jus cogens* internacional). O Poder Constituinte soberano criador de Constituições está hoje longe de ser um sistema autônomo que gravita em torno da soberania do Estado. A abertura ao Direito Internacional exige a observância de princípios materiais de política e direito internacional tendencialmente informador do Direito interno"[12].

Daí a primazia do valor da dignidade humana, como paradigma e referencial ético, verdadeiro superprincípio a orientar o constitucionalismo contemporâneo, nas esferas local, regional e global, doando-lhe especial racionalidade, unidade e sentido. No dizer de Cançado Trindade: "Não se pode visualizar a humanidade como sujeito de Direito a partir da ótica do Estado; impõe-se reconhecer os limites do Estado a partir da ótica da humanidade"[13].

Fortalece-se a ideia de que a proteção dos direitos humanos não deve se reduzir ao domínio reservado do Estado, porque revela tema de legítimo interesse internacional. Por sua vez, essa concepção inovadora aponta a duas importantes consequências: 1ª) a revisão da noção tradicional de soberania absoluta do Estado, que passa a sofrer um processo de relativização, na medida em que são admitidas intervenções no plano nacional em prol da proteção dos direitos humanos — isto é, transita-se de uma concepção "**hobbesiana**" de soberania, centrada no Estado, para uma concepção "**kantiana**" de soberania, centrada na cidadania universal[14]; e 2ª) a cristalização da ideia de que o indivíduo deve ter direitos protegidos na esfera internacional, na condição de sujeito de direitos.

Prenuncia-se, desse modo, o fim da era em que a forma pela qual o Estado tratava seus nacionais era concebida como um problema de jurisdição doméstica, decorrência de sua soberania. Para Andrew Hurrell: "O aumento significativo das ambições normativas da sociedade internacional é particularmente visível no campo dos direitos humanos e da democracia, com base na ideia de que as relações entre governantes e governados, Estados e cidadãos, passam a ser suscetíveis de legítima preocupação da comunidade internacional; de que os maus-tratos a cidadãos e a inexistência de regimes democráticos devem demandar ação internacional; e que a legitimidade internacional de um Estado passa crescentemente a depender do modo pelo qual as sociedades domésticas são politicamente ordenadas"[15].

Nesse cenário, a Declaração de 1948 vem a inovar ao introduzir a chamada concepção contemporânea de direitos humanos, marcada pela universalidade e indivisibilidade desses direitos. Universalidade porque clama pela extensão universal dos direitos humanos, sob a crença de que a condição de pessoa é o requisito único para a titularidade de direitos, considerando o ser humano um ser essencialmente moral, dotado de unicidade existencial e dignidade, esta como valor intrínseco à condição humana. Indivisibilidade porque a garantia dos direitos civis e políticos é condição para a observância

---

12. José Joaquim Gomes Canotilho, *Direito constitucional e teoria da Constituição*, p. 1217.
13. Antônio Augusto Cançado Trindade e Manuel E. Ventura Robles, *El futuro de la Corte Interamericana de Derechos Humanos*, p. 206.
14. Para Celso Lafer, de uma visão ex parte principe, fundada nos deveres dos súditos com relação ao Estado, passa-se a uma visão *ex parte populi*, fundada na promoção da noção de direitos do cidadão (*Comércio, desarmamento, direitos humanos: reflexões sobre uma experiência diplomática*, p. 145).
15. Andrew Hurrell, Power, principles and prudence: protecting human rights in a deeply divided world, in Tim Dunne e Nicholas J. Wheeler, *Human rights in global politics*, 1999, p. 277.

DECLARAÇÃO UNIVERSAL
DOS DIREITOS HUMANOS:
DESAFIOS CONTEMPORÂNEOS

dos direitos sociais, econômicos e culturais e vice-versa. Quando um deles é violado, os demais também o são. Os direitos humanos compõem, assim, uma unidade indivisível, interdependente e inter-relacionada, capaz de conjugar o catálogo de direitos civis e políticos com o catálogo de direitos sociais, econômicos e culturais.

Como explica Celso Lafer, a Declaração logrou um surpreendente consenso interestatal sobre a relevância dos direitos humanos, considerando a diversidade dos regimes políticos, dos sistemas filosóficos e religiosos e das tradições culturais dos Estados-membros da ONU que a proclamaram na Resolução 217-A (iii) da Assembleia Geral. Na ocasião, na sessão de aprovação realizada em 10 de dezembro de 1948, o delegado brasileiro Austregésilo de Athayde, na condição de orador escolhido por seus pares, ressaltou que a Declaração era o produto de uma cooperação intelectual e moral das nações. Não resultou da imposição de "pontos de vista particulares de um povo ou de um grupo de povos, nem doutrinas políticas ou sistemas de filosofia". Sublinhou que "a sua força vem precisamente da diversidade de pensamento, de cultura e de concepção de vida de cada representante. Unidos, formamos a grande comunidade do mundo e é exatamente dessa união que decorre a nossa autoridade moral e política". Prossegue Celso Lafer a esclarecer que a Declaração, ao lograr este consenso moral e político, em muito deve a um reduzido número de personagens decisivos na sua formulação e subsequente aprovação. São eles, Eleanor Roosevelt dos EUA; René Cassin da França; Charles Malik do Líbano; Peng-chan Chung da China, e John P. Humphrey do secretariado da ONU, cabendo também lembrar Hernán Santa Cruz do Chile.

A Declaração se projeta como um código de atuação e de conduta para os Estados integrantes da comunidade internacional. Seu principal significado é consagrar o reconhecimento universal dos direitos humanos pelos Estados, consolidando um parâmetro internacional para a proteção desses direitos. A Declaração ainda exerce impacto nas ordens jurídicas nacionais, na medida em que os direitos nela previstos têm sido incorporados por Constituições nacionais e, por vezes, servem como fonte para decisões judiciais nacionais. Internacionalmente, a Declaração tem estimulado a elaboração de instrumentos voltados à proteção dos direitos humanos e tem sido referência para a adoção de resoluções no âmbito das Nações Unidas. Como afirma Antonio Cassesse, a Declaração é um dos parâmetros fundamentais pelos quais a comunidade internacional 'deslegitima' os Estados. Um Estado que sistematicamente viola a Declaração não é merecedor de aprovação por parte da comunidade mundial.

Desde seu preâmbulo, a Declaração Universal afirma *a dignidade inerente a toda pessoa humana, titular de direitos iguais e inalienáveis, como fundamento da liberdade, da justiça e da paz no mundo.* Reconhece a necessidade de proteger as pessoas do temor e da necessidade, aludindo às graves violações que levaram ao desprezo e ao desrespeito de direitos resultando em atos bárbaros que ultrajaram a consciência da humanidade. Reitera o compromisso dos Estados na promoção do respeito universal de direitos e liberdades fundamentais, considerando a relevância de uma compreensão comum de direitos e liberdades.

A partir da Declaração de 1948, começa a se desenvolver o Direito Internacional dos Direitos Humanos, mediante a adoção de inúmeros instrumentos internacionais de proteção. A Declaração de 1948 confere lastro axiológico e unidade valorativa a esse campo do Direito, com ênfase na universalidade, indivisibilidade e interdependência dos direitos humanos.

O processo de universalização dos direitos humanos permitiu a formação de um sistema internacional de proteção desses direitos. Tal sistema é integrado por tratados internacionais de proteção que refletem, sobretudo, a consciência ética contemporânea compartilhada pelos Estados, na medida em que invocam o consenso internacional acerca de temas centrais aos direitos humanos, na busca da salvaguarda de parâmetros protetivos mínimos — do "mínimo ético irredutível". Nesse sentido, cabe destacar que, até outubro de 2017, o Pacto Internacional dos Direitos Civis e Políticos contava com 169 Estados-partes; o Pacto Internacional dos Direitos Econômicos, Sociais e Culturais contava com 166 Estados-partes; a Convenção contra a Tortura contava com 162 Estados-partes; a Convenção sobre a Eliminação da Discriminação Racial contava com 178 Estados-partes; a Convenção sobre a Eliminação da Discriminação contra a Mulher contava com 189 Estados-partes; e a Convenção sobre os Direitos da Criança apresentava a mais ampla adesão, com 196[16].

Ao lado do sistema normativo global, surgem os sistemas regionais de proteção, que buscam internacionalizar os direitos humanos nos planos regionais, particularmente na Europa, América e África. Consolida-se, assim, a convivência do sistema global da ONU com instrumentos do sistema regional, por sua vez integrado pelos sistemas interamericano, europeu e africano de proteção aos direitos humanos.

Os sistemas global e regional não são dicotômicos, mas complementares. Inspirados pelos valores e princípios da Declaração Universal, compõem o universo instrumental de proteção dos direitos humanos no plano internacional. Nessa ótica, os diversos sistemas de proteção de direitos humanos interagem em benefício dos indivíduos protegidos. Ao adotar o valor da primazia da pessoa humana, tais sistemas se complementam, somando-se ao sistema nacional de proteção, a fim de proporcionar a maior efetividade

---

16. Alto Comissariado de Direitos Humanos das Nações Unidas, *Status of Ratifications of the Principal International Human Rights Treaties*, www.unhchr.ch/pdf/report.pdf.

possível na tutela e promoção de direitos fundamentais. Essa é, aliás, a lógica e a principiologia próprias do Direito dos Direitos Humanos.

Ressalte-se que a Declaração de Direitos Humanos de Viena, de 1993, reitera a concepção da Declaração de 1948 quando, em seu § 5º, afirma: "Todos os direitos humanos são universais, interdependentes e inter-relacionados. A comunidade internacional deve tratar os direitos humanos globalmente de forma justa e equitativa, em pé de igualdade e com a mesma ênfase." A Declaração de Viena afirma ainda a interdependência entre os valores dos direitos humanos, democracia e desenvolvimento.

Não há direitos humanos sem democracia, tampouco democracia sem direitos humanos. Vale dizer, o regime mais compatível com a proteção dos direitos humanos é o democrático. Atualmente, 140 dos quase 200 Estados que integram a ordem internacional realizam eleições periódicas. Contudo, apenas 82 Estados (o que representa 57% da população mundial) são considerados plenamente democráticos. Em 1985, esse percentual era de 38%, compreendendo 44 Estados[17]. De acordo com o *Freedom House*, há aproximadamente 40 anos, mais da metade do mundo era governada por autocracias, e milhões viviam sob a violência do totalitarismo. A maioria do mundo hoje vive em Estados democráticos. Em 2016, todavia, 51 países ainda eram considerados não livres (tendo liberdades básicas sistematicamente violadas), o que abrange mais de 36% da população global, enquanto 40% da população global vive em países considerados livres. Considerando o critério regional, na Europa 88% dos países são considerados livres (com pluralismo político, respeito às liberdades civis e uma imprensa independente) — o que alcança 86% da população —, enquanto no norte da África e no Oriente Médio apenas 11% o são — o que alcança somente 5% da população[18]. Note-se que o pleno exercício dos direitos políticos é capaz de implicar o "empoderamento" das populações mais vulneráveis, o aumento de sua capacidade de pressão, articulação e mobilização políticas. Para Amartya Sen, os direitos políticos (incluindo a liberdade de expressão e de discussão) são não apenas fundamentais para demandar respostas políticas às necessidades econômicas, mas também são centrais para a própria formulação dessas necessidades econômicas[19].

Já o direito ao desenvolvimento demanda uma globalização ética e solidária. No entender de Mohammed Bedjaqui: "Na realidade, a dimensão internacional do direito ao desenvolvimento é nada mais que o direito a uma repartição equitativa concernente ao bem-estar social e econômico mundial. Reflete uma demanda crucial de nosso tempo, na medida em que os quatro quintos da população mundial não mais aceitam o fato de um quinto da população mundial continuar a construir sua riqueza com base em sua pobreza"[20]. As assimetrias globais revelam que a renda dos 1% mais ricos

---

17. Consultar UNDP, *Human Development Report 2002: Deepening democracy in a fragmented world*.
18. Freedom House, *Freedom in the World 2016 — Anxious Dictators, Wavering Democracies: Gobal Freedom under Presssure*.
19. Amartya Sen, prefácio ao livro *Pathologies of power*, de Paul Farmer.
20. Mohammed Bedjaqui, The right to development, in M. Bedjaqui (ed.), *International law: achievements and prospects*, p. 1182. Para Joseph E. Stiglitz: "Desenvolvimento significa transformação social, com a melhoria das condições de vida das populações mais pobres, assegurando a todos uma oportunidade de sucesso e acesso à saúde e à educação" (*Globalization and its discontents*, p. 252).

supera a renda dos 57% mais pobres na esfera mundial[21]. Para a Organização Mundial de Saúde: "A pobreza é a maior causa mortis do mundo. A pobreza dissemina sua influência destrutiva desde os primeiros estágios da vida humana, do momento da concepção ao momento da morte"[22].

O desenvolvimento, por sua vez, há de ser concebido como um processo de expansão das liberdades reais que as pessoas podem usufruir, para adotar a concepção de Amartya Sen[23]. Acrescente-se ainda que a Declaração de Viena de 1993 consagra ser o direito ao desenvolvimento um direito universal e inalienável, parte integral dos direitos humanos fundamentais. Reitere-se que a Declaração de Viena reconhece a relação de interdependência entre a democracia, o desenvolvimento e os direitos humanos.

Feitas essas considerações a respeito da concepção contemporânea de direitos humanos, transita-se à reflexão a respeito dos desafios centrais aos direitos humanos na ordem internacional contemporânea.

3. DESAFIOS CONTEMPORÂNEOS

À luz do legado e impacto da Declaração Universal, objetiva-se tecer o "estado da arte" dos direitos humanos na ordem contemporânea, o que permitirá enfocar inquietudes e tensões centrais dos direitos humanos na atualidade. Neste sentido, serão destacados 7 (sete) desafios contemporâneos.

3.1. UNIVERSALISMO VS. RELATIVISMO CULTURAL

O primeiro desafio refere-se a um dos temas mais complexos e instigantes da teoria geral dos direitos humanos, concernente à própria fundamentação desses direitos.

O debate entre os universalistas e os relativistas culturais retoma o dilema a respeito dos fundamentos dos direitos humanos: por que temos direitos? As normas de direitos humanos podem ter um sentido universal ou são culturalmente relativas?

Para os universalistas, os direitos humanos decorrem da dignidade humana, na qualidade de valor intrínseco à condição humana. Defende-se, nessa perspectiva, o mínimo ético irredutível — ainda que se possa discutir o alcance desse "mínimo ético" e dos direitos nele compreendidos.

Para os relativistas, a noção de direitos está estritamente relacionada ao sistema político, econômico, cultural, social e moral vigente em determinada sociedade. Cada cultura possui seu próprio discurso acerca dos direitos fundamentais, que está relacionado às específicas circunstâncias culturais e históricas de cada sociedade. Não há moral universal, já que a história do mundo é a história de uma pluralidade de culturas. Há uma pluralidade de culturas no mundo, e

---

21. A respeito, consultar UNDP, *Human Development Report 2002*, p. 19.

22. Ver Paul Farmer, *Pathologies of power*, p. 50. De acordo com dados do relatório Sinais Vitais, do Worldwatch Institute (2003), a desigualdade de renda se reflete nos indicadores de saúde: a mortalidade infantil nos países pobres é 13 vezes maior que nos países ricos; a mortalidade materna é 150 vezes maior nos países de menor desenvolvimento com relação aos países industrializados. A falta de água limpa e saneamento básico mata 1,7 milhão de pessoas por ano (90% crianças), ao passo que 1,6 milhão de pessoas morrem de doenças decorrentes da utilização de combustíveis fósseis para aquecimento e preparo de alimentos. O relatório ainda atenta para o fato de que a quase totalidade dos conflitos armados se concentra no mundo em desenvolvimento, que produziu 86% de refugiados na última década.

23. Ao conceber o desenvolvimento como liberdade, sustenta Amartya Sen: "Nesse sentido, a expansão das liberdades é vista concomitantemente como: 1) uma finalidade em si mesma; e 2) o principal significado do desenvolvimento. Tais finalidades podem ser chamadas, respectivamente, como a função constitutiva e a função instrumental da liberdade em relação ao desenvolvimento. A função constitutiva da liberdade relaciona-se com a importância da liberdade substantiva para o engrandecimento da vida humana. As liberdades substantivas incluem as capacidades elementares, como a de evitar privações como a fome, a subnutrição, a mortalidade evitável, a mortalidade prematura, bem como as liberdades associadas com a educação, a participação política, a proibição da censura... Nesta perspectiva constitutiva, o desenvolvimento envolve a expansão destas e de outras liberdades fundamentais. Desenvolvimento, nesta visão, é o processo de expansão das liberdades humanas" (Amartya Sen, *Development as freedom*, p. 35-36 e 297). Sobre o direito ao desenvolvimento, ver também Karel Vasak, *For third generation of human rights: the rights to solidarity*.

essas culturas produzem seus próprios valores[24]. Na crítica dos relativistas, os universalistas invocam a visão hegemônica da cultura eurocêntrica ocidental, na prática de um canibalismo cultural. Já para os universalistas, os relativistas, em nome da cultura, buscam acobertar graves violações a direitos humanos. Ademais, complementam, as culturas não são homogêneas, tampouco compõem uma unidade coerente; mas são complexas, variáveis, múltiplas, fluidas e não estáticas. São criações humanas e não destino[25].

Para Jack Donnelly, há diversas correntes relativistas: *"No extremo, há o que nós denominamos de relativismo cultural radical, que concebe a cultura como a única fonte de validade de um direito ou regra moral. (...) Um forte relativismo cultural acredita que a cultura é a principal fonte de validade de um direito ou regra moral. (...) Um relativismo cultural fraco, por sua vez, sustenta que a cultura pode ser uma importante fonte de validade de um direito ou regra moral"*[26].

Para dialogar com Jack Donnelly, podereria sustentar-se a existência de diversos graus de universalismos, a depender do alcance do "mínimo ético irredutível". No entanto, a defesa, por si só, desse mínimo ético, independentemente de seu alcance, apontará à corrente universalista — seja a um universalismo radical, forte ou fraco.

Neste debate, destaca-se a visão de Boaventura de Souza Santos, em defesa de uma concepção multicultural de direitos humanos, inspirada no diálogo entre as culturas, a compor um multiculturalismo emancipatório. Para Boaventura, *"os direitos humanos têm que ser reconceptualizados como multiculturais. O multiculturalismo, tal como eu o entendo, é precondição de uma relação equilibrada e mutuamente potenciadora entre a competência global e a legitimidade local, que constituem os dois atributos de uma política contra-hegemônica de direitos humanos no nosso tempo"*[27]. Prossegue o autor defendendo a necessidade de superar o debate sobre universalismo e relativismo cultural, a partir da transformação cosmopolita dos direitos humanos. Na medida em que todas as culturas possuem concepções distintas de dignidade humana, mas são incompletas, haveria que se aumentar a consciência dessas incompletudes culturais mútuas, como pressuposto para um diálogo intercultural. A construção de uma concepção multicultural dos direitos humanos decorreria desse diálogo intercultural[28].

No mesmo sentido, Joaquín Herrera Flores sustenta um universalismo de confluência, ou seja, um universalismo de ponto de chegada e não de ponto de partida. Em suas palavras: *"nossa visão complexa dos direitos baseia-se em uma racionalidade de resistência. Uma racionalidade que não nega que é possível chegar a uma síntese universal das diferentes opções relativas a direitos. (...) O que negamos é considerar o universal como um ponto de partida ou um campo de de-*

---

24. A respeito, ver R. J. Vincent, *Human rights and international relations*, p. 37-38.

25. Ver Jack Donnelly, *Universal human rights in theory and practice*, p. 86. Para o autor, "um dos elementos que nos fazem humanos é a capacidade de criar e transformar a cultura" (p. 123).

26. Jack Donnelly, *Universal human rights in theory and practice*, p. 89-90.

27. A respeito, ver Boaventura de Souza Santos, Uma concepção multicultural de direitos humanos, *Revista Lua Nova*, v. 39, p. 112.

28. Boaventura de Souza Santos, Uma concepção multicultural de direitos humanos, p. 114. Acresce o autor: "Neste contexto é útil distinguir entre globalização de-cima-para-baixo e globalização de-baixo-para-cima, ou entre globalização hegemônica e globalização contra-hegemônica. O que eu denomino de localismo globalizado e globalismo localizado são globalizações de-cima-para-baixo; cosmopolitanismo e patrimônio comum da humanidade são globalizações de-baixo-para cima" (p. 111).

sencontros. Ao universal há que se chegar — universalismo de chegada ou de confluência — depois (não antes de) um processo conflitivo, discursivo de diálogo (...). Falamos de entrecruzamento e não de uma mera superposição de propostas" [29].

Em direção similar, Bhikhu Parekh defende um universalismo pluralista, não etnocêntrico, baseado no diálogo intercultural. Afirma o autor: *"O objetivo de um diálogo intercultural é alcançar um catálogo de valores que tenha a concordância de todos os participantes. A preocupação não deve ser descobrir valores, uma vez que os mesmos não têm fundamento objetivo, mas sim buscar um consenso em torno deles. (...) Valores dependem de decisão coletiva. Como não podem ser racionalmente demonstrados, devem ser objeto de um consenso racionalmente defensável. (...) É possível e necessário desenvolver um catálogo de valores universais não etnocêntricos, por meio de um diálogo intercultural aberto, no qual os participantes decidam quais os valores a serem respeitados. (...) Essa posição poderia ser classificada como um universalismo pluralista"* [30].

A respeito do diálogo entre as culturas, merecem menção as reflexões de Amartya Sen sobre direitos humanos e valores asiáticos, particularmente pela crítica feita a interpretações autoritárias desses valores e pela defesa de que as culturas asiáticas (com destaque ao Budismo) enfatizam a importância da liberdade e da tolerância[31]. Menção também há que ser feita às reflexões de Abdullah Ahmed An-na'im, ao tratar dos direitos humanos no mundo islâmico com base em uma nova interpretação do islamismo e da sharia[32].

Acredita-se, de igual modo, que a abertura do diálogo entre as culturas, com respeito à diversidade e com base no reconhecimento do outro, como ser pleno de dignidade e direitos, é condição para a celebração de uma cultura dos direitos humanos, inspirada pela observância do **"mínimo ético irredutível"**, alcançado por um universalismo de confluência. Para tanto, essencial é o potencial emancipatório e transformador do diálogo, em que o vértice não seja mais marcado pela ideia do choque entre civilizações (*"clash of civilizations"*), mas pela ideia do diálogo entre civilizações (*"dialogue among civilizations"*)[33].

Retomando Boaventura de Souza Santos, há que buscar uma "relação equilibrada e mutuamente potenciadora entre a competência global e a legitimidade local", na celebração de um diálogo intercultural.

3. 2. LAICIDADE ESTATAL VS. FUNDAMENTALISMOS RELIGIOSOS

Um segundo desafio central à implementação dos direitos humanos é o da laicidade estatal em face dos fundamentalismos religiosos. Adota-se a concepção de Boaventura de Souza Santos para quem os *"fundamentalismos"* se referem às teologias cristãs e islâmicas, *"de acordo com as quais a revelação é concebida como o princípio estruturante de organização da sociedade em todas as*

---

29. Joaquín Herrera Flores, *Direitos humanos, interculturalidade e racionalidade de resistência*, p. 7.

30. Bhikhu Parekh, *Non-ethnocentric universalism*, in Tim Dunne e Nicholas J. Wheeler, *Human rights in global politics*, p. 139-140.

31. Amartya Sen, *Human rights and Asian values*, The New Republic 33-40 (July 14, 1997), *apud* Louis Henkin et al., *Human rights*, p. 113-116. A respeito da perspectiva multicultural dos direitos humanos e das diversas tradições religiosas, ver Direitos humanos na sociedade cosmopolita, César Augusto Baldi (org.), em especial os artigos de Chandra Muzaffar, Islã e direitos humanos; Damien Keown, Budismo e direitos humanos; Tu Weiming, Os direitos humanos como um discurso moral confuciano; e Ashis Nandy, A política do secularismo e o resgate da tolerância religiosa. Ver também Joseph Chan, *Confucionism and human rights*, e Stephen Chan, *Buddhism and human rights*, in Rhona K. M. Smith e Christien van den Anker (eds.), *The essentials of human rights*, p. 55-57 e 25-27, respectivamente.

32. Abdullah Ahmed An-na'im, *Human rights in the Muslim world*, 3 Harvard Human Rights Journal, 13 (1990), *apud* Henry J. Steiner e Philip Alston, *International human rights in context*, p. 389-398. Ver também Abdullah Ahmed An-na'im (ed.), *Human rights in cross-cultural perspectives: a quest for consensus*. Como observa Daniela Ikawa: "An-na'im ilustra a possibilidade do diálogo entre culturas a partir de uma das condições colocadas por Boaventura: a adoção da versão cultural que inclua o maior grau de diversidade, no caso, que inclua também as mulheres em relação de igualdade com os homens. An-na'im prevê uma possibilidade de intercâmbio cultural pautado na reinterpretação de certas bases culturais, como ocorre na reinterpretação do Corão. Essa reinterpretação possibilitaria um diálogo entre a cultura islâmica e a cultura dos direitos humanos, ao menos no que toca aos direitos das mulheres" (Daniela Ikawa, Universalismo, relativismo e direitos humanos, *in* Maria de Fátima Ribeiro e Valério de Oliveira Mazzuoli, *Direito internacional dos direitos humanos: estudos em homenagem à Professora Flávia Piovesan*, p. 124).

33. Amartya Sen, *Identity and violence: the illusion of destiny*, New York/London, W. W. Norton & Company, 2006, p. 12. Sobre a ideia do *"clash of civilization"*, ver Samuel Hungtington, *The clash of civilizations and the remaking of the world order*, New York, Simon & Schuster, 1996.

DECLARAÇÃO UNIVERSAL
DOS DIREITOS HUMANOS:
DESAFIOS CONTEMPORÂNEOS

suas dimensões" [34]. Isto é, os fundamentalismos baseiam-se em uma noção de verdade, que se confunde com a posse do "*fundamento*". Neste contexto, o Estado laico é garantia essencial para o exercício dos direitos humanos, especialmente nos campos da sexualidade e da reprodução[35].

Confundir Estado com religião implica a adoção oficial de dogmas incontestáveis, que, ao impor uma moral única, inviabilizam qualquer projeto de sociedade aberta, pluralista e democrática. A ordem jurídica em um Estado Democrático de Direito não pode se converter na voz exclusiva da moral de qualquer religião. Os grupos religiosos têm o direito de constituir suas identidades em torno de seus princípios e valores, pois são parte de uma sociedade democrática. Mas não têm o direito de pretender hegemonizar a cultura de um Estado constitucionalmente laico.

No Estado laico, marcado pela separação entre Estado e religião, todas as religiões merecem igual consideração e profundo respeito. Inexiste, contudo, uma religião oficial, que se transforme na única concepção estatal, abolindo a dinâmica de uma sociedade aberta, livre, diversa e plural. Há o dever do Estado de garantir as condições de igual liberdade religiosa e moral, em um contexto desafiador em que, se de um lado o Estado contemporâneo busca separar-se da religião, esta, por sua vez, busca adentrar nos domínios do Estado, caracterizando o fenômeno do "**pós-secularismo**", para utilizar a terminologia de Habermas.

Destacam-se, aqui, duas estratégias: a) reforçar o princípio da laicidade estatal, com ênfase na Declaração sobre a Eliminação de todas as formas de Discriminação com base em Intolerância Religiosa; e b) fortalecer leituras e interpretações progressistas no campo religioso, de modo a respeitar os direitos humanos, conferindo especial destaque às teologias feministas e ao seu impacto progressista seja nas versões cristãs, seja nas versões islâmicas[36]. Também fundamental é o diálogo entre as religiões, a partir de uma proposta de teologia intercultural.

3. 3. DIREITO AO DESENVOLVIMENTO VS. ASSIMETRIAS GLOBAIS

O terceiro desafio traduz o dilema entre o direito ao desenvolvimento e as assimetrias globais.

Em 1986 foi adotada pela ONU a Declaração sobre o Direito ao Desenvolvimento por 146 Estados, com um voto contrário (EUA) e 8 abstenções. Para Allan Rosas: "*A respeito do conteúdo do direito ao desenvolvimento, três aspectos devem ser mencionados. Em primeiro lugar, a Declaração de 1986 endossa a importância da participação. (...) Em segundo lugar, a Declaração deve ser concebida no contexto das necessidades básicas de justiça social. (...) Em terceiro lugar, a*

---

34. Boaventura de Souza Santos, *Se Deus fosse um ativista de direitos humanos*, 2. ed., São Paulo, Cortez, 2014, p. 42.
35. Ver a respeito Miriam Ventura, Leila Linhares Barsted, Daniela Ikawa e Flávia Piovesan (org.), *Direitos sexuais e direitos reprodutivos na perspectiva dos direitos humanos*.
36. Para Boaventura de Souza Santos, as teologias feministas "*criticam a associação da religião e de suas estruturas hierárquicas à ordem patriarcal e è subsequente legitimação do patriarcalismo e da submissão das mulheres no interior das religiões*" (Boaventura de Souza Santos, *Se Deus fosse um ativista de direitos humanos*, 2. ed., São Paulo, Cortez, 2014, p. 53). A título exemplificativo, mencione-se também o trabalho de Abdullah Ahmed An-na'im acerca da reinterpretação do islamismo sob a perspectiva dos direitos humanos

Declaração enfatiza tanto a necessidade de adoção de programas e políticas nacionais, como da cooperação internacional"[37].

Desse modo, o direito ao desenvolvimento compreende três dimensões: a) a importância da participação, com realce ao componente democrático a orientar a formulação de políticas públicas, dotando-lhes de maior transparência e *accountability*; b) a proteção às necessidades básicas de justiça social, enunciando a Declaração sobre o Direito ao Desenvolvimento que: *"A pessoa humana é o sujeito central do desenvolvimento e deve ser ativa, participante e beneficiária do direito ao desenvolvimento"*; e c) a necessidade de adotar programas e políticas nacionais, como de cooperação internacional — já que a efetiva cooperação internacional é essencial para prover aos países mais pobres meios que encorajem o direito ao desenvolvimento. A respeito, adiciona o artigo 4º da Declaração que os Estados têm o dever de adotar medidas, individual ou coletivamente, voltadas a formular políticas de desenvolvimento internacional, com vistas a facilitar a plena realização de direitos.

De acordo com o art. 28 da Declaração de Direitos Humanos: **"Toda pessoa tem direito a uma ordem social e internacional em que os direitos e liberdades estabelecidos na Declaração possam ser plenamente realizados"**. A justiça social é um componente central à concepção do direito ao desenvolvimento. A realização do direito ao desenvolvimento, inspirado no valor da solidariedade, há de prover igual oportunidade a todos no acesso a recursos básicos, como educação, saúde, alimentação, moradia, trabalho e distribuição de renda.

Para a Declaração sobre o Direito ao Desenvolvimento, o desenvolvimento compreende um processo econômico, social, cultural e político, com o objetivo de assegurar a constante melhoria do bem-estar da população e dos indivíduos, com base em sua ativa, livre e significativa participação neste processo, orientada pela justa distribuição dos benefícios dele resultantes.

Na promoção do desenvolvimento, igual consideração deve ser conferida à implementação, promoção e proteção dos direitos civis, políticos, econômicos, sociais e culturais. Medidas efetivas devem ser ainda adotadas a fim de proporcionar às mulheres um papel ativo no processo de desenvolvimento.

Além do componente de justiça social, o componente democrático é essencial ao direito ao desenvolvimento. É dever dos Estados encorajar a participação popular em todas as esferas como um importante fator ao direito ao desenvolvimento e à plena realização dos direitos humanos. Os Estados devem promover e assegurar a livre, significativa e ativa participação de indivíduos e grupos na elaboração, implementação e monitoramento de políticas de desenvolvimento. Neste contexto, os princípios da participação

---

37. Allan Rosas, The right to development, in Asbjorn Eide, Catarina Krause e Allan Rosas, *Economic, social and cultural rights*, p. 254-255.

e da *accountability* são centrais ao direito ao desenvolvimento. Como explica Amartya Sen, *"as liberdades políticas e os direitos democráticos são componentes estruturais do desenvolvimento. (...) Democracia requer participação política, diálogo e interação pública, conferindo o direito à voz aos grupos mais vulneráveis"* [38].

O direito ao desenvolvimento compreende tanto uma dimensão nacional como uma dimensão internacional. Ainda que a Declaração de 1986 reconheça os Estados como os responsáveis primários na realização do direito ao desenvolvimento, enfatiza a importância da cooperação internacional para a realização do direito ao desenvolvimento.

Um dos mais extraordinários avanços da Declaração de 1986 foi lançar o *human rights-based approach* ao direito ao desenvolvimento. O *human rights-based approach* é uma concepção estrutural ao processo de desenvolvimento, amparada normativamente nos parâmetros internacionais de direitos humanos e diretamente voltada à promoção e à proteção dos direitos humanos. O *human rights-based approach* ambiciona integrar normas, *standards* e princípios do sistema internacional de direitos humanos nos planos, políticas e processos relativos ao desenvolvimento. A perspectiva de direitos endossa o componente da justiça social, realçando a proteção dos direitos dos grupos mais vulneráveis e excluídos como um aspecto central do direito ao desenvolvimento[39].

Em uma arena global não mais marcada pela bipolaridade Leste/Oeste, mas sim pela bipolaridade Norte/Sul, abrangendo os países desenvolvidos e em desenvolvimento (sobretudo as regiões da América Latina, Ásia e África), existe a demanda por uma globalização mais ética e solidária[40].

Se, tradicionalmente, a agenda de direitos humanos centrou-se na tutela de direitos civis e políticos, sob o forte impacto da "voz do Norte", testemunha-se, atualmente, a ampliação dessa agenda tradicional, que passa a incorporar novos direitos, com ênfase nos direitos econômicos, sociais, culturais e ambientais e no direito ao desenvolvimento. Esse processo permite ecoar a "voz própria do Sul", capaz de revelar as preocupações, demandas e prioridades dessa região, contendo uma crítica à visão de direitos humanos radicada na matriz liberal, que privilegia direitos civis e políticos, por vezes, de forma descontextualizada e abstrata.

Nesse contexto, é fundamental consolidar e fortalecer o processo de afirmação dos direitos humanos sob essa perspectiva integral, indivisível e interdependente.

No que se refere à temática ambiental, a Cruz Vermelha estima que atualmente há no mundo mais pessoas deslocadas por desastres ambientais do que por guerras. Até 2010 a ONU contabilizava 50 milhões de "refugiados ambientais". Qualquer situação de refúgio é por si só reflexo de um grave

---

38. Amartya Sen, *The Idea of Justice*, Cambridge, Harvard University Press, 2009, p. 347.
39. Sobre o tema, ver Mary Robinson, *What Rights can add to good development practice*. In: Philip Alston e Mary Robinson (ed.), *Human Rights and Development: towards mutual reinforcement*, Oxford, Oxford University Press, 2005, p. 37.
40. A busca por uma globalização mais ética e solidária e por uma justa cooperação internacional há de considerar a desafiadora questão armamentista. A respeito, observa Thomas Pogge: "Em 2000, os países ricos gastaram em média $ 4,650 milhões em assistência ao desenvolvimento aos países pobres; contudo, venderam aos países em desenvolvimento, em média, $ 25,438 milhões em armamentos — o que representa 69% do total do comércio internacional de armas. Os maiores vendedores de armas são: EUA (com mais de 50% das vendas); Rússia, França, Alemanha e Reino Unido" (Thomas Pogge, *World poverty and human rights*, Cambridge, Polity Press, 2002). No mesmo sentido, alerta Amartya Sen: "Os principais vendedores de armamentos no mercado global são os países do G8, responsáveis por 84% da venda de armas no período de 1998 a 2003. (...) Os EUA sozinhos foram responsáveis pela venda de metade das armas comercializadas no mercado global, sendo que dois terços destas exportações foram direcionadas aos países em desenvolvimento, incluindo a África" (Amartya Sen, *Identity and violence: the illusion of destiny*, p. 97).

padrão de violação aos direitos humanos. Os danos ambientais têm gerado um crescente fluxo migratório, devido ao deslocamento forçado de pessoas compelidas a lutar por novas condições de vida em outras regiões e países.

A comunidade científica converge ao concluir que as mudanças climáticas ocorrem e resultam, sobretudo, da ação humana. O Conselho de Direitos Humanos da ONU reconhece que as transformações ambientais têm impacto na efetivação dos direitos humanos, direta e indiretamente, sendo os grupos mais vulneráveis seu alvo preferencial.

Nos países em desenvolvimento, a maioria dos problemas ambientais está relacionada à pobreza e à exclusão social (a falta de acesso a moradia, saúde, educação e higiene adequadas). Já nos países desenvolvidos, os problemas ambientais são consequência, fundamentalmente, da industrialização e do desenvolvimento tecnológico.

Os danos ambientais transcendem os limites de espaço e de tempo. A poluição marítima causada por derramamento de óleo, por exemplo, poderá disseminar-se por águas territoriais de diferentes países, afetando várias comunidades. Os danos ambientais podem gerar efeitos no presente e no futuro, por vezes, não havendo como prever o impacto temporal. Por isso, o direito ao meio ambiente exige um pacto entre as presentes e as futuras gerações, o que fomenta a noção de desenvolvimento sustentável, como o "desenvolvimento que atende às necessidades do presente, sem comprometer a capacidade das futuras gerações atenderem às suas próprias necessidades", na definição da Comissão Mundial sobre Meio Ambiente e Desenvolvimento. Daí o desafio de uma nova ética sustentável, que compatibilize o desenvolvimento econômico, o desenvolvimento social e a preservação ambiental.

3.4. PROTEÇÃO DOS DIREITOS ECONÔMICOS, SOCIAIS, CULTURAIS E AMBIENTAIS VS. DILEMAS DA GLOBALIZAÇÃO ECONÔMICA

O quarto desafio relaciona-se com o terceiro, na medida em que aponta aos dilemas decorrentes do processo de globalização econômica, com destaque à temerária flexibilização dos direitos sociais. Este desafio assume ainda maior relevância em um cenário marcado pela crise financeira internacional e pela necessidade de reavaliar o alcance do marco regulatório estatal, da atuação do setor privado e das instituições financeiras internacionais.

Nos anos 90, as políticas neoliberais, fundadas no livre mercado, nos programas de privatização e na austeridade econômica, permitiram que, hoje, sejam antes os Estados que se achem incorporados aos mercados e não a economia política às fronteiras estatais, como salienta Jurgen Habermas[41]

---

[41]. Jurgen Habermas, Nos limites do Estado, *Folha de S.Paulo*, Caderno Mais!, p. 5, 18 jul. 1999.

DECLARAÇÃO UNIVERSAL
DOS DIREITOS HUMANOS:
DESAFIOS CONTEMPORÂNEOS

42. Camdessus critica desmonte do Estado, *Folha de S.Paulo*, 14 fev. 2000.

43. Asbjorn Eide, *Obstacles and goals to be pursued*, in Asbjorn Eide, Catarina Krause e Allan Rosas, *Economic, social and cultural rights*, p. 383. Acrescenta o autor: "Onde a renda é igualmente distribuída e as oportunidades razoavelmente equânimes, os indivíduos estão em melhores condições para tratar de seus interesses e há menor necessidade de despesas públicas por parte do Estado. Quando, por outro lado, a renda é injustamente distribuída, a demanda por iguais oportunidades e igual exercício de direitos econômicos, sociais e culturais requer maior despesa estatal, baseada em uma tributação progressiva e outras medidas. Paradoxalmente, entretanto, a tributação para despesas públicas nas sociedades igualitárias parece mais bem-vinda que nas sociedades em que a renda é injustamente distribuída" (Asbjorn Eide, *Economic, social and cultural rights as human rights*, in Asbjorn Eide, Catarina Krause e Allan Rosas, *Economic, social and cultural rights*, p. 40).

44. Jack Donnelly, *International human rights*, p. 160. "Aliviar o sofrimento da pobreza e adotar políticas compensatórias são funções do Estado e não do mercado. Estas são demandas relacionadas à justiça, a direitos e a obrigações e não à eficiência. (...) Os mercados simplesmente não podem tratá-las — porque não são vocacionados para isto" (Jack Donnelly, *Ethics and international human rights*, in *Ethics and international affairs*, p. 153).

45. Cf. Mary Robinson, *Constructing an international financial, trade and development architeture: the human rights dimension*, Zurich, 1 July 1999, www.unhchr.org. Adiciona Mary Robinson: "A título de exemplo, um economista já advertiu que o comércio e a política cambial podem ter maior impacto no desenvolvimento dos direitos das crianças que propriamente o alcance do orçamento dedicado à saúde e educação. Um incompetente diretor do Banco Central pode ser mais prejudicial aos direitos das crianças que um incompetente Ministro da Educação".

A globalização econômica tem agravado ainda mais as desigualdades sociais, aprofundando as marcas da pobreza absoluta e da exclusão social. Lembre-se de que o próprio então diretor-gerente do FMI, Michel Camdessus, em seu último discurso oficial, afirmou que "desmantelar sistematicamente o Estado não é o caminho para responder aos problemas das economias modernas. (...) A pobreza é a ameaça sistêmica fundamental à estabilidade em um mundo que se globaliza"[42].

Considerando os graves riscos do processo de desmantelamento das políticas públicas sociais, há que redefinir o papel do Estado sob o impacto da globalização econômica. É preciso reforçar a responsabilidade do Estado no tocante à implementação dos direitos econômicos, sociais e culturais.

Como adverte Asbjorn Eide: "Caminhos podem e devem ser encontrados para que o Estado assegure o respeito e a proteção dos direitos econômicos, sociais e culturais, de forma a preservar condições para uma economia de mercado relativamente livre. A ação governamental deve promover a igualdade social, enfrentar as desigualdades sociais, compensar os desequilíbrios criados pelos mercados e assegurar um desenvolvimento humano sustentável. A relação entre governos e mercados deve ser complementar"[43].

No mesmo sentido, pontua Jack Donnelly: "Mercados livres são economicamente análogos ao sistema político baseado na regra da maioria, sem contudo a observância aos direitos das minorias. As políticas sociais, sob essa perspectiva, são essenciais para assegurar que as minorias, em desvantagem ou privadas pelo mercado, sejam consideradas com o mínimo respeito na esfera econômica. (...) Os mercados buscam eficiência e não justiça social ou direitos humanos para todos"[44].

No contexto da globalização econômica, faz-se também premente a incorporação da agenda de direitos humanos por atores não estatais. Nesse sentido, surgem dois atores fundamentais: a) as agências financeiras internacionais; e b) o setor privado.

Em relação às agências financeiras internacionais, há o desafio de que os direitos humanos possam permear a política macroeconômica, de forma a envolver a política fiscal, a política monetária e a política cambial. As instituições econômicas internacionais devem levar em grande consideração a dimensão humana de suas atividades e o forte impacto que as políticas econômicas podem ter nas economias locais, especialmente em um mundo cada vez mais globalizado[45].

Embora as agências financeiras internacionais estejam vinculadas ao sistema das Nações Unidas, na qualidade de agências especializadas, o Banco Mundial e o Fundo Monetário Internacional, por exemplo, carecem da formulação de uma política vocacionada aos direitos humanos. Tal política é medida imperativa para o alcance dos propósitos da ONU e, sobretudo, para a coerência ética e principiológica que há de pautar sua atuação. A agenda de direitos humanos deve ser, assim, incorporada no mandato de atuação dessas agências.

Há que romper com os paradoxos que decorrem das tensões entre a tônica includente voltada para a promoção dos direitos humanos, consagrada nos relevantes tratados de proteção dos direitos humanos da ONU (com destaque ao Pacto Internacional dos Direitos Econômicos, Sociais e Culturais), e, por outro lado, a tônica excludente ditada pela atuação especialmente do Fundo Monetário Internacional, na medida em que a sua política, orientada pela chamada "condicionalidade", submete países em desenvolvimento a modelos de ajuste estrutural incompatíveis com os direitos humanos[46]. Ressalta-se que as políticas adotadas pelas instituições financeiras internacionais são elaboradas pelos mesmos Estados que assumem obrigações jurídicas internacionais, em matéria de direitos sociais, ao ratificarem o Pacto Internacional de Direitos Econômicos, Sociais e Culturais.

Além disso, há que fortalecer a democratização, a transparência e a *accountability* dessas instituições[47]. Note-se que 48% do poder de voto no FMI concentram-se nas mãos de sete Estados (EUA, Japão, França, Inglaterra, Arábia Saudita, China e Rússia), enquanto no Banco Mundial 46% do poder de voto pertencem aos mesmos Estados[48]. Na percepção crítica de Joseph E. Stiglitz, "temos um sistema que poderia ser chamado de governança global sem, contudo, um governo global; um sistema no qual poucas instituições — o Banco Mundial, o FMI e a OMC — e poucos atores — os Ministros das Finanças e do Comércio, intimamente ligados a certos interesses financeiros e comerciais — dominam o cenário; um sistema em que muitos daqueles afetados por suas decisões são deixados praticamente sem voz. É tempo de transformar algumas das regras que governam a ordem econômica internacional"[49]. Neste contexto, emergencial é um novo multilateralismo por meio de reformas da arquitetura financeira global, a fim de que se alcance um balanço mais adequado de poder, fortalecendo a democratização, a transparência e a *accountability* das instituições financeiras internacionais, de forma a ampliar a participação da sociedade civil internacional e a fortalecer a participação dos países em desenvolvimento[50].

No que se refere ao setor privado, há também a necessidade de acentuar sua responsabilidade social, especialmente a das empresas multinacionais, na medida em que constituem as grandes beneficiárias do processo de globalização, bastando citar que, das 100 maiores economias mundiais, 51 são empresas multinacionais e 49 são Estados nacionais. Por exemplo, importa encorajar, sejam condicionados empréstimos internacionais a compromis-

---

46. Afirma Jeffrey Sachs: "Aproximadamente 700 milhões de pessoas — as mais empobrecidas — estão em débito perante os países ricos. Os chamados '*Highly Indebted Poor Countries*' (países pobres altamente endividados) compõem um grupo de quarenta e duas economias financeiramente falidas e largamente desestruturadas. Eles devem mais de $ 100 milhões em dívida não paga ao Banco Mundial, ao Fundo Monetário Internacional, a demais Bancos de desenvolvimento e governos. Muitos destes empréstimos foram feitos em regimes tirânicos para responder aos propósitos da Guerra Fria. Muitos refletem ideias equivocadas do passado. (...) O Jubileu 2000, uma organização que tem o apoio de pessoas tão diversas como o Papa João Paulo II, Jesse Jackson e Bono, o cantor de rock, tem defendido a eliminação da dívida externa dos países mais pobres do mundo. A ideia é frequentemente vista como irrealista, mas são os realistas que fracassam ao compreender as oportunidades econômicas da ordem contemporânea. (...) Em 1996 o FMI e o Banco Mundial anunciaram um programa de grande impacto, mas sem prover um diálogo verdadeiro com os países afetados. Três anos depois, estes planos fracassaram. Apenas dois países, Bolívia e Uganda, receberam $ 200 milhões, enquanto 40 países aguardam na fila. No mesmo período, a bolsa de valores dos países ricos cresceu mais de $5 trilhões, mais que 50 vezes que o débito dos quarenta e dois países pobres. Assim, é um jogo cruel dos países mais ricos do mundo protestar que eles não teriam como cancelar as dívidas" (Jeffrey Sachs, *Release the poorest countries for debt bondage*, International Herald Tribune, 12 e 13 jun. 1999, p. 8, apud Henry Steiner e Philip Alston, *International human rights in context: law, politics and morals*, p. 1329-30).

47. A respeito, consultar Joseph E. Stiglitz, *Globalization and its discontents*. Para o autor: "Quando as crises avançam, o FMI prescreve medidas inapropriadas, soluções padronizadas, sem considerar os efeitos que tais medidas possam ter nas populações dos países que seguem tais políticas. Raramente há previsões acerca do impacto destas políticas na pobreza. Raramente assisti a discussões e análises aprofundadas acerca das consequências de políticas alternativas. Há uma prescrição única. Opiniões alternativas não são buscadas. *(cont. na p.212)*

DECLARAÇÃO UNIVERSAL
DOS DIREITOS HUMANOS:
DESAFIOS CONTEMPORÂNEOS

(cont. da p. 211) Uma discussão aberta e franca é desencorajada — não há espaço para isto. Ideologias guiam as prescrições de políticas e há a expectativa de que países sigam as orientações do FMI sem contestação. (...) Estas atitudes não apenas produzem resultados precários; mas são ainda antidemocráticas" (p. XIV).

48. A respeito, consultar *Human development report 2002*, UNDP.

49. Joseph E. Stiglitz, *Globalization and its discontents*, p. 21-22.

50. Sobre a matéria, ver *Analytical study of the High Commissioner for Human Rights on the fundamental principle of participation and its application in the context of globalization*, E/CN.4/2005/41, 23 December 2004.

51. Ver Stephen Livingstone, *Economic strategies for the enforcement of human rights*, in Angela Hegarty e Siobhan Leonard (org.), *Human rights: an agenda for the 21st century*, p. 187. Afirma o mesmo autor: "Tanto os Estados Unidos, como a União Europeia, os maiores doadores mundiais, têm previsões legais relativas a empréstimos estrangeiros, que levam em consideração questões de direitos humanos" (p. 187). "Em média, 10% das empresas norte-americanas adotaram alguma forma de cláusula de responsabilidade social" (p. 194). A respeito, observa Jack Scheinkman: "Quando Portugal e Espanha desejaram integrar a União Europeia, após a queda dos respectivos regimes ditatoriais, a União Europeia impôs determinadas condições. Elas incluíam não apenas direitos como a liberdade de associação, mas a observância de parâmetros trabalhistas. Nos EUA, algo semelhante tem sido feito, em certa medida, por meio da USAID, que não concede empréstimo econômico a nenhum país que não respeitar os direitos trabalhistas" (*Human Rights Program/Harvard Law School e Lawyers Committee for Human Rights, Business and Human Rights — An Interdisciplinary discussion held at Harvard Law School in December 1997*, Harvard Law School Human Rights Program, 1999, p. 87). Adiciona Jack Scheinkman: "As pesquisas demonstram que nos EUA e na Europa Ocidental a maioria dos consumidores não quer comprar produtos fabricados mediante trabalho infantil; por isso, as empresas têm adotado standards. (...) Muitas empresas têm adotado standards exclusivamente em razão da opinião pública" (p. 20). Para Mary Robinson: *(cont. na p. 213)*

sos em direitos humanos; sejam adotados por empresas códigos de direitos humanos relativos à atividade de comércio; sejam impostas sanções comerciais a empresas violadoras dos direitos sociais, entre outras medidas[51]. Cabe destaque à inédita adoção pela ONU dos princípios referentes a empresas e direitos humanos em 2011 *(Guiding principles on Business and Human Rights)*, estruturados em três pilares: proteger (apontando à responsabilidade dos Estados em evitar abusos de atores não estatais); respeitar (apontando à responsabilidade das empresas relativamente à sua cadeia produtiva e entorno, com ênfase na devida diligência para prevenir os riscos e mitigar os impactos negativos da atividade empresarial); e remediar (apontando à necessidade de estabelecer mecanismos às vítimas em caso de violação).

3.5. RESPEITO À DIVERSIDADE VS. INTOLERÂNCIA

Em razão da indivisibilidade dos direitos humanos, a violação aos direitos econômicos, sociais e culturais propicia a violação aos direitos civis e políticos, uma vez que a vulnerabilidade econômico-social leva à vulnerabilidade dos direitos civis e políticos. No dizer de Amartya Sen: "A negação da liberdade econômica, sob a forma da pobreza extrema, torna a pessoa vulnerável a violações de outras formas de liberdade. (...) A negação da liberdade econômica implica a negação da liberdade social e política"[52].

O processo de violação dos direitos humanos alcança prioritariamente os grupos sociais vulneráveis, como as mulheres, as populações afrodescendentes e os povos indígenas — daí os fenômenos da "feminização" e "etnicização" da pobreza[53]. A efetiva proteção dos direitos humanos demanda não apenas políticas universalistas, mas específicas, endereçadas a grupos socialmente vulneráveis, enquanto vítimas preferenciais da exclusão. Isto é, a implementação dos direitos humanos requer a universalidade e a indivisibilidade desses direitos, acrescidas do valor da diversidade. Sob essa perspectiva, lança-se o quinto desafio, concernente ao respeito à diversidade em face das diversas manifestações de intolerância.

Com efeito, a primeira fase de proteção dos direitos humanos foi marcada pela tônica da proteção geral, que expressava o temor da diferença (que no nazismo havia sido orientada para o extermínio), com base na igualdade formal.

Ao longo da história as mais graves violações aos direitos humanos tiveram como fundamento a dicotomia do "eu *vs.* o outro", em que a diversidade era captada como elemento para aniquilar direitos. Vale dizer, a diferença era visibilizada para conceber o "outro" como um ser menor em dignidade e direitos, ou, em situações limites, um ser esvaziado mesmo de qualquer dignidade, um ser descartável, um ser supérfluo, objeto de compra e venda (como na escravidão) ou de campos de extermínio (como no nazismo).

Nesta direção, merecem destaque as violações da escravidão, do nazismo, do sexismo, do racismo, da homofobia, da xenofobia e de outras práticas de intolerância. Como leciona Amartya Sen, "identidade pode ser uma fonte de riqueza e de acolhimento, como também de violência e terror"[54] . O autor ainda tece aguda crítica ao que denomina como séria "miniaturização dos seres humanos" ("*miniaturization of human beings*"), quando é negado o reconhecimento da pluralidade de identidades humanas, na medida em que as pessoas são "diversamente diferentes"[55].

Torna-se, contudo, insuficiente tratar o indivíduo de forma genérica, geral e abstrata. Faz-se necessária a especificação do sujeito de direito, que passa a ser visto em sua peculiaridade e particularidade. Nessa ótica, determinados sujeitos de direitos, ou determinadas violações de direitos, exigem uma resposta específica e diferenciada. Em tal cenário as mulheres, as crianças, a população afrodescendente, os migrantes, as pessoas com deficiência, entre outras categorias vulneráveis, devem ser vistas nas especificidades e peculiaridades de sua condição social. Ao lado do direito à igualdade, surge, também como direito fundamental, o direito à diferença. Importa o respeito à diferença e à diversidade, o que lhes assegura tratamento especial. O Direito rompe com a indiferença às diferenças.

Destacam-se, assim, três vertentes no que tange à concepção da igualdade: a) a igualdade formal, reduzida à fórmula "todos são iguais perante a lei" (que, ao seu tempo, foi crucial para a abolição de privilégios); b) a igualdade material, correspondente ao ideal de justiça social e distributiva (igualdade orientada pelo critério socioeconômico); e c) a igualdade material, correspondente ao ideal de justiça enquanto reconhecimento de identidades (igualdade orientada por critérios como gênero, orientação sexual, idade, raça e etnia).

Para Nancy Fraser, a justiça exige, simultaneamente, a redistribuição e o reconhecimento de identidades. Como atenta a autora: "O reconhecimento não pode se reduzir à distribuição, porque o *status* na sociedade não decorre simplesmente em função da classe. (...) Reciprocamente, a distribuição não pode reduzir-se ao reconhecimento, porque o acesso aos recursos não decorre simplesmente em função de *status*"[56]. Há, assim, o caráter bidimensional da justiça: redistribuição somada ao reconhecimento. No mesmo sentido, Boaventura de Souza Santos afirma que apenas a exigência do reconhecimento e da redistribuição permite a realização da igualdade[57].

Atente-se que esta feição bidimensional da justiça mantém uma relação dinâmica e dialética, ou seja, os dois termos relacionam-se e interagem mutuamente, na medida em que a discriminação implica pobreza e a pobreza implica discriminação.

(cont. da pg. 212) "As grandes multinacionais têm o poder de trazer grandes benefícios para as comunidades carentes, mas também têm o poder de causar profundos malefícios, como a degradação ambiental, a exploração das comunidades economicamente fracas e o uso do trabalho infantil. Nos últimos anos tem crescido a consciência do setor privado de que é necessário assumir responsabilidades no campo dos direitos humanos. (...) O setor privado tem incorporado os direitos humanos mediante códigos éticos internos, códigos de conduta, acordos setoriais a respeito do trabalho infantil, ou mesmo códigos mais amplos como o Social *Accountability 8000*, o *International Code of Ethics for Canadian Business* e o *New Sullivan principles*" (Mary Robinson, *Constructing an international financial, trade and development architecture: the human rights dimension*, Zurich, 1 July 1999, www.unhchr.org).

52. Amartya Sen, *Development as freedom*, p. 8.

53. Note-se, por exemplo, que, se no mundo hoje há 1 bilhão de analfabetos adultos, 2/3 deles são mulheres. Ver Henry Steiner e Philip Alston, *International human rights in context: law, politics and morals*, 2. ed. 54. Amartya Sen, *Identity and violence: the illusion of destiny*, p. 4.

55. Amartya Sen, *Identity and violence: the illusion of destiny*, p. XIII e XIV.

56. Afirma Nancy Fraser: "O reconhecimento não pode se reduzir à distribuição, porque o *status* na sociedade não decorre simplesmente em função da classe. Tomemos o exemplo de um banqueiro afro-americano de Wall Street, que não consegue tomar um táxi. Neste caso, a injustiça da falta de reconhecimento tem pouco a ver com a má distribuição. (...) Reciprocamente, a distribuição não pode se reduzir ao reconhecimento, o acesso aos recursos não decorre simplesmente da função de *status*. Um trabalhador industrial especializado, que fica desempregado em virtude do fechamento da fábrica em que trabalha, em vista de uma fusão corporativa especulativa. Proponho desenvolver o que chamo concepção bidimensional da justiça, ela trata da redistribuição e do reconhecimento como perspectivas e dimensões distintas da justiça. Sem reduzir uma à outra, abarca ambas em um marco mais amplo" (Nancy Fraser, *Redistribución, reconocimiento y participación: hacia un concepto integrado de la justicia*, in Unesco, Informe Mundial sobre la Cultura, 2000-2001, p. 55-56).

Nesse contexto, o direito à redistribuição requer medidas de enfrentamento da injustiça econômica, da marginalização e da desigualdade econômica, por meio da transformação nas estruturas socioeconômicas e da adoção de uma política de redistribuição. De igual modo, o direito ao reconhecimento requer medidas de enfrentamento da injustiça cultural, dos preconceitos e dos padrões discriminatórios, por meio da transformação cultural e da adoção de uma política de reconhecimento. É à luz desta política de reconhecimento que se pretende avançar na reavaliação positiva de identidades discriminadas, negadas e desrespeitadas; na desconstrução de estereótipos e preconceitos; e na valorização da diversidade cultural[58].

O direito à igualdade material, o direito à diferença e o direito ao reconhecimento de identidades integram a essência dos direitos humanos, em sua dupla vocação em prol da afirmação da dignidade humana e da prevenção do sofrimento humano. A garantia da igualdade, da diferença e do reconhecimento de identidades é condição e pressuposto para o direito à autodeterminação, bem como para o direito ao pleno desenvolvimento das potencialidades humanas, transitando-se da igualdade abstrata e geral para um conceito plural de dignidades concretas.

> *Boaventura acrescenta: "Temos o direito a ser iguais quando a nossa diferença nos inferioriza; e temos o direito a ser diferentes quando a nossa igualdade nos descaracteriza. Daí a necessidade de uma igualdade que reconheça as diferenças e de uma diferença que não produza, alimente ou reproduza as desigualdades"*[59].

Se, para a concepção formal de igualdade, esta é tomada como pressuposto, como um dado e um ponto de partida abstrato, para a concepção material de igualdade, esta é tomada como um resultado ao qual se pretende chegar, tendo como ponto de partida a visibilidade às diferenças. Isto é, essencial mostra-se distinguir a diferença e a desigualdade. A ótica material objetiva construir e afirmar a igualdade com respeito à diversidade. O reconhecimento de identidades e o direito à diferença é que conduzirão a uma plataforma emancipatória e igualitária. A emergência conceitual do direito à diferença e do reconhecimento de identidades é capaz de refletir a crescente voz dos movimentos sociais e o surgimento de uma sociedade civil plural e diversa no marco do multiculturalismo.

Considerando os processos de **feminização** e **etnicização** da pobreza, há a necessidade de adotar, ao lado das políticas universalistas, políticas específicas, capazes de dar visibilidade a sujeitos de direito com maior grau de vulnerabilidade, visando ao pleno exercício do direito à inclusão social. Se o padrão de violação de direitos tem efeito desproporcionalmente lesivo às mulheres e às populações afrodescendentes, por exemplo, adotar políticas

---

57. A respeito, ver Boaventura de Souza Santos, Introdução: para ampliar o cânone do reconhecimento, da diferença e da igualdade, in *Reconhecer para libertar: os caminhos do cosmopolitanismo multicultural*, Rio de Janeiro, Civilização Brasileira, p. 56. Ver ainda, do mesmo autor, Por uma concepção multicultural de direitos humanos, p. 429-61.

58. Ver Nancy Fraser, From Redistribution to Recognition? Dilemmas of Justice in a Postsocialist age, em seu livro *Justice interruptus. Critical reflections on the "Postsocialist" condition*, NY/London, Routledge, 1997; Axel Honneth, *The struggle for recognition: the moral grammar of social conflicts*, Cambridge/Massachusets, MIT Press, 1996; Nancy Fraser e Axel Honneth, Redistribution or recognition? *A political-philosophical exchange*, London/NY, verso, 2003; Charles Taylor, The politics of recognition, in: Charles Taylor et al., Multiculturalism — examining the politics of recognition, Princeton, Princeton University Press, 1994; Iris Young, Justice and the politics of difference, Princeton, Princeton University Press, 1990; e Amy Gutmann, *Multiculturalism: examining the politics of recognition*, Princeton, Princeton University Press, 1994.

59. Ver Boaventura de Souza Santos, Introdução: para ampliar o cânone, *cit.*

"neutras" no tocante ao gênero, à raça/etnia, significa perpetuar esse padrão de desigualdade e exclusão.

Daí a urgência no combate a toda e qualquer forma de racismo, sexismo, homofobia, xenofobia e outras manifestações de intolerância correlatas, tanto por meio da vertente repressiva (que proíbe e pune a discriminação e a intolerância) como da vertente promocional (que promove a igualdade).

3. 6. COMBATE AO TERRORISMO VS. PRESERVAÇÃO DE DIREITOS E LIBERDADES PÚBLICAS

O desafio de combater todas as formas de intolerância se soma ao sexto desafio, que realça o dilema de preservação dos direitos e das liberdades públicas no enfrentamento ao terror.

No cenário do pós-11 de setembro, o risco é que a luta contra o terror comprometa o aparato civilizatório de direitos, liberdades e garantias, sob o clamor de segurança máxima[60].

Basta atentar à doutrina de segurança adotada nos EUA na era Bush, pautada: a) no unilateralismo; b) nos ataques preventivos; e c) na hegemonia do poderio militar norte-americano. Imaginem-se as nefastas consequências para a ordem internacional se cada um dos 200 Estados que a integram invocasse para si o direito de cometer "ataques preventivos", com base no unilateralismo. Seria assinar o próprio atestado de óbito do Direito Internacional, celebrando o mais puro e hobbesiano "estado de natureza", no qual a guerra é o termo forte, e a paz se limita a ser a ausência da guerra.

Estudos demonstram o perverso impacto do pós-11 de setembro, na composição de uma agenda global tendencialmente restritiva de direitos e liberdades. A título de exemplo, citem-se pesquisas acerca da legislação aprovada, nos mais diversos países, ampliando a aplicação da pena de morte e demais penas, tecendo discriminações insustentáveis, afrontando o devido processo legal e o direito a um julgamento público e justo, admitindo a extradição sem a garantia de direitos, restringindo direitos, como a liberdade de reunião e de expressão, entre outras medidas[61].

Após os atentados de 11 de setembro, emerge o desafio de prosseguir no esforço de construção de um Estado de Direito Internacional, em uma arena que privilegia o Estado-Polícia no campo internacional, fundamentalmente guiado pelo lema da força e segurança internacional. Contra o risco do terrorismo de Estado e do enfrentamento do terror, com instrumentos do próprio terror, só resta uma via: a da consolidação dos delineamentos de um Estado de Direito no plano internacional. Somente haverá um efetivo Estado de Direito Internacional sob o primado da legalidade, com o império

---

60. A respeito, consultar Philip B. Heymann, Civil liberties and human rights in the aftermath of september 11, *Harvard Journal of Law & Public Policy*, Spring 2002, p. 441-56; e Committee of Ministers of the Council of Europe, *Guidelines on Human Rights and the Fight against Terrorism*, Strasbourg, Council of Europe, 2002.

61. Ver a pesquisa apontada no artigo For whom the liberty bell tolls, *The Economist*, 31 ago. 2002, p. 18-20. Sobre a matéria ver, dentre outros, relatório da Human Rights Watch, In the name of counter-terrorism: human rights abuses worldwide. A respeito, cabe menção à aprovação pelo Congresso norte-americano, em 28 de setembro de 2006, de projeto de lei que estabelece comissões militares para julgar acusados de envolvimento com atos de terrorismo contra os EUA, que observarão legislação própria. De acordo com o referido projeto, caberá ao Presidente da República interpretar o significado e o alcance das Convenções de Genebra, definindo, inclusive, os métodos de interrogatórios aceitáveis em relação aos chamados "combatentes inimigos" (qualquer pessoa física que dê apoio material ou financeiro a terroristas). Ver Lei dos Tribunais militares divide juristas, *O Estado de S. Paulo*, 30 set. 2006, p. A36; Retrocesso nos EUA, *Folha de S. Paulo*, 30 set. 2006, p. A-2; Nova Lei americana recebe críticas da ONU e de ONGs, *Folha de S. Paulo*, 30 set. 2006, p. A-20.

DECLARAÇÃO UNIVERSAL
DOS DIREITOS HUMANOS:
DESAFIOS CONTEMPORÂNEOS

62. Ver United Nations, *Report of the Policy Working Group on the United Nations and Terrorism*, United Nations, A/57/273-S/2002/875. Ver ainda Connor Gearty, Terrorism and human rights, in Rhona K. M. Smith e Christien van den Anker (eds.), *The essentials of human rights*, p. 331.

63. Ver *In larger freedom: towards development, security and human rights for all*, Report do Secretário-Geral da ONU, março de 2005.

64. Ver http://www.ohchr.org/english/issues/terrorism/index.htm. Sobre a matéria, consultar relatório da Human Rights Watch, In the name of counter-terrorism: human rights abuses worldwide, New York, 2003. A respeito, cite-se histórica decisão da Suprema Corte Americana proferida em 29 de junho de 2006, ao determinar que o presidente norte-americano não tem competência para instituir os tribunais militares para julgar os presos na base militar de Guantánamo por supostos crimes de guerra. A decisão foi proferida no julgamento do caso Salim Ahmed Hamdam (Hamdan vs. Rumsfeld, Secretário de Defesa e outros), nacional do Yemen, ex-motorista e ex-guarda costas de Osama Bin Laden, preso há quatro anos naquela base militar, desde que foi capturado por forças militares no Afeganistão, em 2001. Todos os julgamentos serão cancelados, sob o argumento de que os tribunais de exceção são ilegais, por afronta às Convenções de Genebra e às próprias leis americanas. O impacto da decisão é duplo: de um lado impõe firmes limites ao exercício abusivo de poder Executivo e por outro assegura aos detentos os direitos consagrados nos tratados internacionais de proteção dos direitos humanos. Sobre o tema ver Flávia Piovesan, Triunfo do Estado de Direito ante a barbárie, *O Estado de S. Paulo*, 2 jul. 2006.

65. Consultar Gay J. McDougall, Decade for NGO Struggle, in Human Rights Brief — 10th Anniversary, American University Washington College of Law, Center for Human Rights and Humanitarian Law, v. 11, issue 3 (Spring 2004), p. 13.

66. Mary Kaldor, Transnational civil society, in Tim Dunne e Nicholas J. Wheeler, *Human rights in global politics*, p. 211.

do Direito, com o poder da palavra e a legitimidade do consenso. Como conclui o *UN Working Group on Terrorism*: "A proteção e a promoção dos direitos humanos sob o primado do Estado de Direito são essenciais para a prevenção do terrorismo[62]. No mesmo sentido, realçou o então secretário-geral da ONU: "nós não usufruiremos do desenvolvimento sem segurança; não usufruiremos de segurança sem desenvolvimento; e não usufruiremos desenvolvimento nem segurança sem o respeito aos direitos humanos" (*"we will not enjoy development without security, we will not enjoy security without development and we will not enjoy either without respect for human rights"*)[63] . Reforça-se, assim, a relação de interdependência entre desenvolvimento, segurança e direitos humanos. É esta tríade a guiar qualquer política e ação vocacionada à prevenção e à repressão ao terrorismo.

Ressalte-se que os tratados de proteção dos direitos humanos estabelecem um núcleo inderrogável de direitos, a serem respeitados seja em tempos de guerra, instabilidade, comoção pública ou calamidade pública, como atestam o artigo 4º do Pacto Internacional de Direitos Civis e Políticos, o artigo 27 da Convenção Americana de Direitos Humanos e o artigo 15 da Convenção Europeia de Direitos Humanos. A Convenção contra a Tortura, de igual modo, no artigo 2º, consagra a cláusula da inderrogabilidade da proibição da tortura, ou seja, nada pode justificar a prática da tortura (seja ameaça ou estado de guerra, instabilidade política interna ou qualquer outra emergência pública)[64].

Neste quadro emerge ainda o fortalecimento da sociedade civil internacional, com seu imenso repertório imaginativo e inventivo, mediante networks que fomentam a interlocução entre entidades locais, regionais e globais, a partir de um solidarismo cosmopolita. Se em 1948 apenas 41 ONGs tinham status consultivo junto ao Conselho Econômico e Social da ONU, em 2004 este número alcança aproximadamente 2.350 ONGs[65]. Para Mary Kaldor, "As vantagens na atuação da sociedade civil são precisamente seu conteúdo político e suas implicações no campo da participação e da cidadania. A sociedade civil adiciona ao discurso de direitos humanos a noção de responsabilidade individual pelo respeito a estes direitos mediante ação pública"[66].

À luz desse cenário, marcado pelo poderio de uma única superpotência mundial, o equilíbrio da ordem internacional exigirá o avivamento do multilateralismo e o fortalecimento da sociedade civil internacional, com base em um solidarismo cosmopolita.

Ao simbolizar a ruptura de paradigmas, a posse do presidente Obama, em 20 de janeiro de 2009, irradiou um impacto transformador na agenda contemporânea, sobretudo no que se refere à erosão da política Bush — no campo da segurança pública, da proteção ambiental, dos direitos das mulheres, dos direitos reprodutivos, da biotecnologia, do comércio armamentista, dentre outros. Se a era Bush adotou como vértice uma política internacional guiada pelo unilateralismo extremo, pautado no direito da força e no *hard power*, a era Obama aponta a uma política internacional guiada pelo *clever power*, a propiciar o multilateralismo e o diálogo intercultural. Joseph Nye já alertava ao "paradox of American power and why the world's only superpower can't go alone". Isto é, a manutenção da hegemonia norte-americana não poderia mais se sustentar apenas no *hard power*, na ótica unilateralista da força, orientada pela visão *West and the rest* (o ocidente e o "resto"), mas teria de cultuar o *soft power*, a lógica multilateralista do diálogo, da persuasão, a legitimidade das negociações e dos consensos internacionais. Adiciona, ainda, Joseph Nye que há duas grandes mudanças no poder do século 21: a transição de poder "*from West to East*" e a difusão do poder dos governos para atores não estatais, como resultado da revolução na sociedade global da informação[67].

Com a eleição de Donald Trump, em 9 de novembro de 2016, há o fortalecimento do discurso marcado pelo nacionalismo, unilateralismo e ótica soberanista. Ao discursar pela primeira vez na Assembleia Geral da ONU, em 19 de setembro de 2017, realçou o presidente Trump: "Nas relações externas, estamos renovando este princípio fundador da soberania. O primeiro dever de nosso governo é com o seu próprio povo, com nossos cidadãos: atender às suas necessidades, garantir sua segurança, preservar seus direitos e defender seus valores. Como presidente dos Estados Unidos, sempre colocarei a América em primeiro lugar (...)." A respeito do terrorismo, adicionou Trump: "Vamos acabar com o terrorismo islâmico porque não podemos permitir que ele dilacere nossa nação ou, na realidade, dilacere o mundo inteiro."[68]

O sexto desafio reitera a questão: Como preservar a Era dos Direitos em tempos de terror? Em que medida os sistemas regionais de proteção dos direitos humanos podem servir como salvaguarda do aparato civilizatório de direitos e liberdades, sendo capazes de fortalecer a ótica multilateralista e o protagonismo da sociedade civil internacional?

3.7. DIREITO DA FORÇA VS. FORÇA DO DIREITO: DESAFIOS DA JUSTIÇA INTERNACIONAL

A consolidação do Estado de Direito nos planos internacional, regional e local demanda o fortalecimento da justiça internacional. Isto porque no Estado Democrático de Direito é o Poder Judiciário, na qualidade de poder desarmado, que tem a última e decisiva palavra, sendo essa a afirmação do primado do Direito.

Como observa Norberto Bobbio, a garantia dos direitos humanos no plano internacional somente será implementada quando uma "jurisdição internacional se impuser concretamente sobre as jurisdições nacionais, deixando de operar dentro dos Estados, mas contra os Estados e em defesa dos cidadãos"[69].

---

[67]. Joseph S. Nye, Is the *American Century Over?* Cambridge, Polity Press, 2015, p. 94.

[68]. Na avaliação da The Economist: "Talvez o maior dano que o Senhor Trump tem gerado refere-se ao soft power dos EUA. Ele abertamente repudia a noção de que os EUA devem assegurar valores universais, como a democracia e os direitos humanos. (...) Tudo se vê comprometido com um presidente que acredita que nações fortes devem centrar-se somente em si mesmas. Ao enfatizar o "America first", ela não apenas fragiliza os EUA, mas torna o mundo pior." (Endangered, In: Endangered – America's future as a global power, *The Economist*, november 11-17, 2017).

Como ressalta Richard Bilder, "as Cortes simbolizam e fortalecem a ideia de que o sistema internacional de direitos humanos é, de fato, um sistema de direitos legais, que envolve direitos e obrigações juridicamente vinculantes. Associa-se a ideia de Estado de Direito (*rule of law*) com a existência de Cortes independentes, capazes de proferir decisões obrigatórias e vinculantes"[70].

Isto porque a mais importante ideia do *rule of law* é que "*power is constrained by means of law*[71]. A existência de Cortes independentes é fundamental ao *rule of law*, que requer o estabelecimento de um complexo de instituições e procedimentos, destacando um poder Judiciário independente e imparcial. O *rule of law* enfatiza a importância das Cortes não apenas pela sua capacidade decisória (pautada no primado do Direito), mas também por "*institucionalizar a cultura do argumento*", como medida de respeito ao ser humano.

As Cortes detêm especial legitimidade e constituem um dos instrumentos mais poderosos no sentido de persuadir os Estados a cumprir obrigações concernentes aos direitos humanos.

É necessário, pois, avançar no processo de justicialização dos direitos humanos internacionalmente enunciados. A justiça internacional em matéria de direitos humanos constitui medida imperativa para o fortalecimento do Estado de Direito e para a construção da paz nas esferas global, regional e local.

Por fim, se os direitos humanos não são um dado, mas um construído, enfatiza-se que as violações a estes direitos também o são. Isto é, as exclusões, as discriminações, as desigualdades, as intolerâncias e as injustiças são um construído histórico, a ser urgentemente desconstruído. Há que se assumir o risco de romper com a cultura da naturalização, trivialização e banalização das desigualdades e das exclusões, que, enquanto construídos históricos, não compõem de forma inexorável o destino da humanidade.

A ética dos direitos humanos é a ética que vê no outro um ser merecedor de igual consideração e profundo respeito, dotado do direito de desenvolver as potencialidades humanas, de forma livre, autônoma e plena. É a ética orientada pela afirmação da dignidade e pela prevenção ao sofrimento humano. Os direitos humanos constituem uma plataforma emancipatória inspirada no princípio da esperança, na capacidade criativa e transformadora de realidades.

Vislumbra Hannah Arendt a vida como um milagre, o ser humano como, ao mesmo tempo, um início e um iniciador, acenando que é possível modificar pacientemente o deserto com as faculdades da paixão e do agir. Afinal, se todos vamos morrer, nascemos para começar (*if all human must die; each is born to begin*). E neste (re)começar, lembrando Habermas, os direitos humanos simbolizam uma "utopia realista" na busca da construção de uma sociedade mais justa.

---

69. Norberto Bobbio, A era dos direitos, p. 25-47.

70. Richard Bilder, Possibilities for development of new international judicial mechanisms, in Louis Henkin e John Lawrence Hargrove (eds.), *Human rights: an agenda for the next century*, n. 26, p. 326-7.

71. Consultar "*Promotion of truth, justice, reparation and guarantees of non-recurrence*", UN, General Assembly, 13 de setembro de 2012. O rule of law é definido como: "A principle of governance in which all persons, institutions and entities, public and private, including the State itself, are accountable to laws that are publicly promulgated, equally enforced and independently adjudicated, and which are consistent with international human rights norms and standards. It requires, as well, measures to ensure adherence to the principles of supremacy of law, equality before the law, accountability to the law, fairness in the application of the law, separation of powers, participation in decision making, legal certainty, avoidance of arbitrariness and procedural and legal transparency" (*Report of the Secretary-General to the Security Council on the rule of law and transitional justice*, S/2004/616, para. 6).

A DECLARAÇÃO UNIVERSAL DOS DIREITOS HUMANOS E SEU IMPACTO NOS DIREITOS DOS POVOS INDÍGENAS: DIÁLOGOS ENTRE O SISTEMA GLOBAL E O SISTEMA INTERAMERICANO DE DIREITOS HUMANOS

FLÁVIO DE LEÃO BASTOS PEREIRA
Doutor e Mestre em Político e Econômico pela Universidade Presbiteriana Mackenzie. Coordenador Adjunto, Professor de Direitos Humanos e de Direito Constitucional, e Coordenador dos Projetos Integradores da Faculdade de Direito da Universidade Presbiteriana Mackenzie. Membro do Grupo de Pesquisa: Conflitos Armados, Massacres e Genocídios/CNPQ da Universidade Federal de São Paulo (UNIFESP). Egresso do International Institute For Genocide and Human Rights Studies; (Zoryan Institute), University of Toronto (Canada), turma de 2014. Co-fundador do Observatório Constitucional Latino-Americano - OCLA. Membro do rol de especialistas da Academia Internacional dos Princípios de Nuremberg/Alemanha. Associado à International Association of Genocide Scholars" (IAGS). Especialista em Direitos Fundamentais pela Universidade de Coimbra (Instituto Ius Gentium Conimbrigae/IGC) e IBCCRIM. Colaborador do Departamento de História, IFCH/Unicamp, desde 2018.

ORLANDO VILLAS BÔAS FILHO
Advogado. Professor Doutor da Faculdade de Direito da Universidade de São Paulo e Professor Adjunto da Faculdade de Direito da Universidade Presbiteriana Mackenzie. Bacharel em Direito pela Pontifícia Universidade Católica de São Paulo. Bacharel em História pela Faculdade de Filosofia, Letras e Ciências Humanas da Universidade de São Paulo. Mestre e Doutor em Direito pela Faculdade de Direito da Universidade de São. Realizou pós-doutorado na Université de Paris X (Nanterre) e na École Normale Supérieure de Paris.

> "When Indians gave their word and smoked the pipe, they sent the smoke to the Creator. It was sacred, and the treaty was good in the eyes of all. The white men had to go back and ask other white men if they could keep their promises and make good on their word.[1]"
>
> Vine Deloria Jr.

> "La suposición de que el problema indígena es un problema étnico, se nutre del más envejecido repertorio de las ideas imperialistas. El concepto de las razas inferiores sirvió al Occidente blanco para su obra deexpansión y conquista.[2]"
>
> José Carlos Mariátegui

1. BREVE ANÁLISE INTRODUTÓRIA

Não são poucas as passagens da história que demonstram terem sido a palavra e a verdade reduzidas a mero instrumentos estratégicos de conveniência política e manipulados para permitir a opressão dos povos colonizados. No caso dos povos indígenas das Américas, tal assertiva ganha em lastro histórico e é fonte, até os dias atuais, de consequências gravíssimas para o continente americano e seus povos ancestrais. Não apenas na história dos Estados Unidos da América, mas também do Canadá, da Argentina, da Guatemala ou do Brasil, dentre outros, fato é que os interesses econômicos por parte das potências colonizadoras e, atualmente, por parte dos governos e sociedades dominantes, ditaram a forma como os Estados modernos lidaram – e ainda lidam – com os povos e nações indígenas que habitam seus territórios há milênios: por meio da espoliação de suas terras e riquezas nelas existentes.[3] Na composição do plexo de razões que conduziram a tal cenário desolador, sobrepõem-se às razões econômicas visões outras, como o etnocentrismo, o racismo e o preconceito. A ruptura imposta às conexões cosmológicas de tantos e distintos povos legou ao continente americano não apenas aquele que talvez possa ser considerado o maior genocídio da história[4], mas também a inserção dos povos indígenas (assim como os povos africanos) na base da pirâmide sócio-econômica dos países do continente americano, muitas vezes em situação de miséria.[5]

Diante de tal cenário é que desponta a necessidade da existência de um sistema global, bem como de um sistema regional eficaz e protetivo dos direitos e garantias titularizados por tais povos, assim como a responsabilidade das referidas estruturas e, grosso modo, da civilização contemporânea. Como consignado acima, aos povos indígenas, ancestrais, foi legada a miséria, a pobreza e o racismo que sobre eles recaem na maior parte dos países do continente americano. É por conta deste legado tão trágico do ponto de vista humano que ganha em dramaticidade a situação dos povos ancestrais em todos os continentes, tanto as etnias que mantêm contato com as sociedades dominantes, quanto os grupos em situação de isolamento voluntário e que jamais entraram em contato direto com as referidas sociedades envolventes. Com a visão protetiva dos direitos humanos estabelecida a partir de 1945 após a derrocada do nazifascismo, consistente na multiplicação de declarações, tratados e organizações internacionais, todos elementos componentes do sistema global, paralelamente ao desenvolvimento também dos instrumentos protetivos no sistema interamericano, a situação acima descrita relativa aos povos indígenas passa a contar com fator político-jurídico que a partir da segunda metade do século 20, pouco a pouco, contribuiria com importantes instrumentos formais, no plano internacional, para a efetivação da tutela dos direitos dos povos indígenas no mundo. Assim, a relevância dos referidos instrumentos e, especialmente para nosso estudo, da Declaração Universal dos Direitos Humanos de 10 de dezembro de 1948, deve ser destacada, especialmente em vista das normas e declarações que viriam a ser aprovadas posteriormente e especificamente voltadas aos referidos povos e suas necessidades[6].

2. A DECLARAÇÃO UNIVERSAL DOS DIREITOS HUMANOS E OS POVOS INDÍGENAS

O trabalho desenvolvido por Eleanor Roosevelt no sentido de obter a aprovação daquela que viria a ser a primeira Carta universal a reconhecer e enunciar os direitos titularizados por qualquer homem e mulher em todo o globo, muito embora não mencione diretamente os **"povos indígenas"** de todo o globo, sedimenta diretrizes relevantes para a pavimentação das vias protetivas das garantias titularizadas por referidos povos. Por meio de uma técnica adequada que parte das disposições mais genéricas, consolida as bases para que o detalhamento dos referidos direitos, garantias e prerrogativas, afinal consideravelmente complexos diante das cosmologias que caracterizam e delineiam as milhares de etnias existentes, bem como em face de seu pluri e multiculturalismo, encontre eco nas declarações posteriores (Declaração das Nações Unidas sobre os Direitos dos Povos Indígenas, aprovada pela 107ª Sessão Plenária, de 13 de setembro de 2007 e Declaração Americana sobre os Direitos dos Povos Indíge-

---

1. "Quando os índios deram sua palavra e fumaram o cachimbo, enviaram a fumaça ao Criador. O tratado era sagrado e bom aos olhos de todos. Já os homens brancos tiveram que retornar e perguntar a outros homens brancos se podiam manter suas promessas e cumprir sua palavra." HARJO, Suzan Shown (Ed.). *Nation to Nation – Treaties Between the United States & American Indian Nations*. Washington, DC – New York: The National Museum of American Indian and Smithsonian Books, 2014, p. 3.

2. MARIÁTEQUI, José Carlos. *Siete ensayos de interpretación de la realidad peruana*. Barcelona: Red ediciones S.L., 2009, p. 36.

3. Para uma ampla discussão acerca dessa questão na atualidade, ver, por exemplo: CUNHA, Manuela Carneiro da; BARBOSA, Samuel Rodrigues (Orgs.). *Direitos dos povos indígenas em disputa*. São Paulo: Editora Unesp, 2018.

4. Escreve Edgar Morin que "[...] As sociedades históricas mencionadas (o filósofo se refere aos países europeus colonizadores) se foram constituindo com a eliminação progressiva das pequenas sociedades arcaicas que as haviam precedido. Mas foi com a expansão mundial da civilização ocidental que se deu a destruição genocida da humanidade arcaica e dos povos sem Estado. Na Tasmânia, a população indígena foi dizimada. Na Austrália, ela é atualmente residual. Na América do Sul, no sul do Chile, os alakalufs, os nômades do mar, que acolheram os navegadores nas suas passagens, nos séculos XVII e XVIII, foram dizimados. *(cont. na p.222)*

A DECLARAÇÃO UNIVERSAL DOS DIREITOS HUMANOS E SEU IMPACTO NOS DIREITOS DOS POVOS INDÍGENAS: DIÁLOGOS ENTRE O SISTEMA GLOBAL E O SISTEMA INTERAMERICANO DE DIREITOS HUMANOS

(cont. da p. 221) Na América do Norte, os povos indígenas, depois de terem sido pisoteados – os tratados assinados com a autoridade política não tendo nunca sido respeitados –, vivem hoje em parques, como guetos em reservas [...]. Na Ásia, os habitantes das montanhas da península indochinesa foram expulsos pelos povos invasores. Na África Negra, a população dos bantos exerce uma ofensiva quase exterminadora sobre os bosquímanos, e grandes áreas da floresta virgem amazônica estão sendo destruídas, condenando os últimos povos independentes a se exilarem nos bairros miseráveis das metrópoles, ou a desaparecem [...]." MORIN, Edgar. *Cultura e barbárie europeias*. Tradução de Daniela Cerdeira. Rio de Janeiro: Bertrand Brasil, 2009, p. 38-39.

5. Para um amplo panorama histórico a esse respeito, ver: HEMMING, John. *Amazon frontier. The Defeat of the Brazilian Indians*. London: Macmillan, 1987; ____. *Die if you must. Brazilian Indians in the Twentieth Century*. London: Macmillan, 2003; ____. *Red Gold. The Conquest of the Brazilian Indians*. London: Macmillan, 1978; ____. *Tree of rivers. The story of the Amazon*. London: Thames & Hudson, 2008; ____. et al. *Tribes of the Amazon Basin in Brazil 1972. Report for the Aborigines Protection Society*. London: Charles Knight & Co., 1973.

6. Evidentemente que não se desconsidera aqui toda a ambivalência inerente à juridicização dos direitos dos povos indígenas. A respeito, ver, por exemplo: VILLAS BÔAS FILHO, Orlando. A juridicização e o campo indigenista no Brasil: uma abordagem interdisciplinar. *Revista da Faculdade de Direito da USP*, São Paulo, v. 111, p. 339-379, jan.-dez. 2016; VILLAS BÔAS FILHO, Orlando. A juridicização e os povos indígenas no Brasil. In: LIMA, Emanuel Fonseca; AURAZO DE WATSON, Carmen Soledad (Orgs.). *Identidade e diversidade cultural na América Latina*. Porto Alegre: Editora Fi, 2017, p. 21-52.

nas e Tribais, aprovada pela 3ª Sessão plenária, realizada em 15 de junho de 2016); bem como na Convenção nº 169 da Organização Internacional do Trabalho (OIT), atualmente a única norma vinculante do sistema global protetiva dos referidos direitos.

A importância da própria Declaração Universal, bem como das duas declarações posteriores – do sistema global e do sistema interamericano (recorde-se que a *interrelacionariedade* constitui-se numa das características dos direitos humanos, aí incluídas as conexões e complementariedades entre o sistema de Nova York [ONU] e os sistemas regionais) faz-se perceptível também no fortalecimento dos instrumentos de soft-law protetivos e incidentes nos processos interpretativos para proteção dos referidos direitos. A partir da matriz antidiscriminatória estabelecida pela Declaração Universal dos Direitos Humanos, tornou-se possível, como dito acima, a especificação e o reconhecimento dos direitos dos povos indígenas, especialmente por estabelecer a septuagenária declaração em seu artigo 2º, item 1, que *todo ser humano tem capacidade para gozar os direitos e as liberdades por ela estabelecidos, sem distinção de qualquer espécie, seja de raça, cor, sexo, língua, religião, opinião política ou de outra natureza, origem nacional ou social, riqueza, nascimento, ou qualquer outra condição*.

Assim, por exemplo, a aprovação da *Declaração sobre os Direitos das Pessoas Pertencentes a Minorias Nacionais ou Étnicas, Religiosas e Linguísticas*, de 1992 e aprovada pela Resolução 47/135 da Assembleia Geral da ONU de 18 de dezembro de 1992, que estabelece claramente o direito das pessoas pertencentes às minorias nacionais ou étnicas, religiosas e linguísticas (doravante denominadas **"pessoas pertencentes a minorias"**) de desfrutar sua própria cultura, professar e praticar sua própria religião, e a utilizar seu próprio idioma, seja nas esferas públicas, seja nas esferas privadas, sem ingerência nem discriminação alguma.

Resta evidente, assim, a importância da Declaração Universal dos Direitos Humanos em antecipar o detalhamento dos referidos direitos verificados tanto nas Declarações das Nações Unidas e Interamericana de Direitos Humanos, quanto pela Declaração das Minorias, de 1992.

Acrescente-se, outrossim, que a Declaração Universal dos Direitos Humanos consagra inúmeros direitos individuais, titularizados a cada ser humano e que, pela perspectiva das cosmologias e bases fundamentais para a existência dos povos indígenas, são também assegurados quanto à sua existência e ao seu exercício pela via coletiva e comunal. Aliás, a propriedade comunal, o direito à prévia consulta e o acesso às terras ancestrais constituem o pilar das garantias indígenas nos sistemas global e interamericano, a partir exatamente da vigência da Declaração Universal de 1948.

Neste sentido, explica Maivân Clech Lâm[7], que:

> A Declaração Universal dos Direitos Humanos visa claramente beneficiar "todos os membros da família humana", "todos os seres humanos" e "todos". Ao mesmo tempo, o texto reconhece, em várias disposições, que alguns dos direitos individuais que protege são realizados "em associação com os outros", "em comunidade", "através da cooperação nacional e internacional", no âmbito de sindicatos e na família. Com efeito, este último é explicitamente reconhecido como uma entidade coletiva que possui direitos no artigo 16, nº 3.

Resta pois, evidenciada, em alguns dos vários aspectos que podem ser desenvolvidos a partir das análises e interpretações sobre a Declaração Universal dos Direitos Humanos, sua importância como instrumento inspirador e protetivos dos direitos dos povos indígenas, atualmente sob grande ameaça de visões desenvolvimentistas que desconsideram os aspectos culturais, humanos e cosmológicos, como um todo, de milhares de distintas nações indígenas, no Brasil e no mundo. No caso dos povos indígenas em isolamento voluntário, os benefícios e garantias formalmente reconhecidas a partir da Declaração de 1948 permitiram o reconhecimento dos princípios já aventados acima, tais como a garantia *pro homine* na solução de conflitos interpretativos; garantia da livre autodeterminação; do não-contato; da consulta previa e livre sobre decisões que impactem em suas bases fundamentais de existência, dentre outros adianta esplicitados e reforçados pelo sistema interamericano também mencionado adianta.

3. POVOS INDÍGENAS EM ISOLAMENTO VOLUNTÁRIO E SUA VULNERABILIDADE. DADOS SOBRE OS POVOS INDÍGENAS NO ESTADO BRASILEIRO. GARANTIAS PROTETIVAS

O Instituto Brasileiro de Geografia e Estatística (IBGE), por conta do censo realizado no ano de 2010 e mediante a aplicação de metodologia pautada pela autodeclaração ou autoidentificação, bem como pelo estabelecimento de parâmetros como o quesito da cor ou raça, estabeleceu a população indígena do País naquele ano de, aproximadamente, 896 mil indígenas, equivalente, pois, a 0,4% da população, com ocupação de 12,5% do território nacional e 57,7% dos indivíduos residindo em terras indígenas. Foram também reconhecidas a existência de 305 diferentes etnias e 274 distintas línguas indígenas[8]. Já em pesquisa mais recente, o Instituto Socioambiental (ISA), valendo-se de metodologia distinta e cujos resultados foram mapeados e divulgados no ano de 2017, concluiu pela presença de no Brasil, de 715.213 indígenas, resultado tal fruto de pesquisas de campo realizadas diretamente junto aos referidos povos e nações ancestrais e cuja metodologia distingue-se daquela utilizada pelo IBGE no ano de 2010, consistente na posterior identificação do indivíduo (já aquele instituto parte, em sua

---

7. Texto original, em inglês: "[...] The Universal Declaration of Human Rights clearly aims to benefit 'all members of the human family', 'all human beings', and 'everyone'. At the same time, the text recognizes, in several provisions, that some of the individual rights that it protects are realized 'in association with others,' 'in community', 'throught national and international co-operation', within 'trade-unions', and in 'the family'. Indeed, the latter is explicitly recognized as a rights-bearing collective entity in Article 16 (3) [...]." LÂM, Mainvân Clech. *Minorities and Indigenous Peoples*. In: WEISS, Thomas G.; DAVIS, Sam (Eds.). *The Oxford Handbook on the United Nations*. Oxford University Press, 2007, p. 528/529.

8. Entrevista com a pesquisadora do IBGE Nilza de Oliveira Martins Pereira. Rio de Janeiro, 2016, sem paginação. Disponível em: <http://indigenas.ibge.gov.br/video-2.html>. Acesso em: 28 fev. 2017.

metodologia, da identificação do indivíduo para posteriormente identificar o povo ao qual pertence). Em relação à presença de povos indígenas em território brasileiro, o Instituto Socioambiental concluiu pela existência de 252 povos (em contraposição às 305 etnias registradas pelo IBGE) e cuja diferença é imputada pelo ISA às características próprias do método de autodeclaração em relação aos métodos acadêmicos. Quanto aos idiomas indígenas identificados, o Instituto Socioambiental classificou 150 distintas línguas (em face das 274 línguas identificadas pelo IBGE). Concluiu, ainda, o Instituto Socioambiental, pelos seguintes números:

a) 24 povos possuem população de até 100 indivíduos;
b) 86 povos possuem entre 100 e 500 indivíduos;
c) 42 povos possuem entre 500 e 1.000 indivíduos;
d) 70 povos possuem entre 1.000 e 5.000 indivíduos;
e) 27 povos são compostos por mais de 5.000 indivíduos; e
f) 48 povos vivem em territórios de países fronteiriços.

Quantos aos indígenas em situação de isolamento no Brasil, informa Luiz Fernando Villares que:

> [...] Índios isolados é a denominação que se dá para os povos ou grupos indígenas que não tiveram contato com o órgão indigenista – a Funai – ou com qualquer não índio de forma sistemática. Muitos desconhecem completamente que ainda hoje existam índios com quase nenhum contato exógeno. A Funai contabiliza 63 notícias da existência de grupos isolados, 24 delas confirmadas... Dados obtidos com a Coordenação-Geral de Índios Isolados – CGI da Funai em setembro de 2006 [...][9]

No que se refere à consideração ao grau de isolamento ou de contato com as sociedades dominantes, segundo a organização não governamental *Survival International*, existem atualmente no mundo mais de uma centena de povos que jamais mantiveram contato com o homem branco.[10] Do ponto de vista do sistema interamericano protetivo dos direitos humanos, já foi definida conceituação para bem delimitar as dinâmicas de contato entre as sociedades envolventes americanas e os povos que habitam originariamente os territórios sobre os quais foram posteriormente consolidados os Estados-nação hoje soberanos, nos termos seguintes:

> [...] povos indígenas em situação de isolamento voluntário são povos ou segmentos de povos indígenas que não mantêm contato permanente com a população majoritária não indígena, e que costumam evitar todo tipo de contato com pessoas alheias a seu povo e que podem, ainda, constituir povos ou segmentos de povos previamente contatados e que, após um contato intermitente com as sociedades não indígenas, retornam a uma situação de isolamento, e rompem as relações de contato que possam ter com tais sociedades [...][11]

---

9. VILLARES, Luiz Fernando. *Direito e povos indígenas*. 1ª edição, 2ª impressão. Curitiba: Juruá, 2013, p.78.

10. A respeito, ver: https://www.survivalinternational.org/uncontactedtribes/who-they-are.

11. Diretrizes de proteção para os povos indígenas em isolamento e em contato inicial da região amazônica, Grande Chaco, e região oriental do Paraguai. Resultado das consultas realizadas pelo ACNUDH na região: Bolívia, Brasil, Colômbia, Equador, Paraguai, Peru e Venezuela, maio de 2012, par.8º. COMISSÃO INTERAMERICANA DE DIREITOS HUMANOS – ORGANIZAÇÃO DOS ESTADOS AMERICANOS. Povos indígenas em isolamento voluntário e contato inicial nas Américas: recomendações para o respeito integral a seus direitos humanos. Relatoria sobre os Direitos dos Povos Indígenas da Comissão Interamericana de Direitos Humanos. OEA/Ser.L/Doc.47/13. Washington, DC, 2013.

No Brasil também vigoram normas relativas aos povos isolados, como por exemplo o artigo 4º da Lei nº 6.001, de 19 de dezembro de 1973 e que define como isolados os povos indígenas que vivem em grupos desconhecidos ou acerca dos quais existam poucos e vagos informes por meio de contatos eventuais com elementos da comunhão nacional.[12] Ressalte-se que a visão assimilacionista da referida legislação não se coaduna com a visão multicultural consagrada pela ordem constitucional de 1988 e, portanto, não possui em relação a certas disposições a constitucionalidade para manter-se em vigor.[13] Entretanto, referida definição acima citada coaduna-se com situação dos povos isolados do Brasil. Também o Decreto nº 1.775, de 8 de janeiro de 1996 prevê a possibilidade de que a autoridade federal competente para a promoção da assistência aos povos indígenas, no exercício do poder de polícia previsto no inciso VII do art. 1º da Lei nº 5.371, de 5 de dezembro de 1967, possa disciplinar o ingresso e trânsito de terceiros em áreas em que se constate a presença de índios isolados.[14]

Neste sentido, não é difícil a percepção de que referidos povos são marcados por um alto grau de vulnerabilidade mantido e impulsionado pelas pressões econômicas e desenvolvimentistas mantidas e impostas pelas sociedades dominantes, fatores agravados por sua conexão com elementos étnicos e raciais que reforçam os cenários fontes de riscos para a sua sobrevivência. Não sem razão, muitas vezes o isolamento aqui citado é decisão tomada pelos próprios povos que tiveram na experiência de seus ancestrais a clara percepção de que o contato com o homem branco traz consigo probabilidades viabilizadoras de sua extinção, experiências tais transmitidas pela tradição oral às gerações seguintes. Vale dizer: a memória coletiva é fator de alerta e de sabedoria em seus respectivos contextos histórico-culturais. Contudo, o fato de se manterem isolados não pode ser considerado uma barreira de segurança intransponível, o que impõe aos Estados e às organizações regionais e internacionais a busca por soluções que tutelem tais culturas. O mesmo deve ser considerado em relação aos povos ancestrais em contato inicial, vale dizer, povos que mantêm contato com outros povos indígenas e, em alguns casos, com a sociedade não indígena ou majoritária, conforme entendimento da Comissão Interamericana de Direitos Humanos.[15]

Darcy Ribeiro, em sua clássica obra *Os Índios e a Civilização*, demonstra quão deletério foi, para os povos indígenas do Brasil, o contato com a denominada civilização. Explica o sociólogo sobre a letalidade do processo de integração das nações ancestrais à sociedade dominante, durante o percurso do isolamento à integração:

---

12. BRASIL. Lei nº 6.001, de 19 de dezembro de 1973. Dispõe sobre o Estatuto do Índio. Brasília, 1973. Disponível em *http://www.planalto.gov.br/ccivil_03/leis/L6001.htm*. Acesso em 4/3/2018.

13. A respeito, ver, por exemplo: VILLAS BÔAS FILHO, Orlando. Os direitos indígenas no Brasil contemporâneo. In: BITTAR, Eduardo Carlos Bianca. *História do direito brasileiro: leituras da ordem jurídica nacional*. São Paulo: Atlas, 2003, p. 279-293.

14. 10 BRASIL. Decreto nº 1.775, de 8 de janeiro de 1996. Dispõe sobre o procedimento administrativo de demarcação das terras indígenas e dá outras providências. Disponível em <*http://www.planalto.gov.br/ccivil_03/decreto/d1775.htm*>. Acesso em 4-3-2018.

15. COMISSÃO INTERAMERICANA DE DIREITOS HUMANOS – ORGANIZAÇÃO DOS ESTADOS AMERICANOS. Povos indígenas em isolamento voluntário e contato nas Américas, p.13. Relatoria sobre os Direitos dos Povos Indígenas da Comissão Interamericana de Direitos Humanos. OEA/Ser.L/Doc.47/13. Washington, DC, 2013.

> *[...] 1. No trânsito da condição de isolamento à de integração, 87 grupos indígenas foram levados ao extermínio e quase todos eles sofreram grandes reduções demográficas e profundas transformações nos seus modos de vida. Enquanto na relação de tribos indígenas existentes em 1900 sobressai a coluna correspondente aos grupos isolados, com 45,6% do total, na relação de 1957 sobressai a última, dos grupos extintos, com 37,8%, do total. 2. O vulto do extermínio em número de pessoas foi muito mais ponderável. Aos 105 grupos isolados de 1900, correspondia, segundo uma avaliação grosseira, uma população de 50 mil índios. Aos seus sobreviventes, classificáveis nas diferentes categorias de integração (exceto os ainda isolados), correspondia, em 1957, tão somente uma população de 13.320. A proporção do extermínio no período considerado foi, portanto, de 73,4%... As relações da sociedade nacional com as tribos indígenas se processam como um enfrentamento entre entidades étnicas mutuamente exclusivas [...]*[16]

Diante da reconhecida letalidade de tal processo que se inicia com os primeiros contatos entre etnias indígenas e a sociedade dominante, é que ganham relevância os princípios e garantias informadores das políticas, normas e suas interpretações incidentes às discussões sobre as ações dos Estados americanos que impactam diretamente sobre as coletividades indígenas no continente. Destacam-se, dessa forma:

a) Princípio da livre autodeterminação;
b) Princípio de não contato;
c) Princípio pro homine (ou *pro personae*);
d) Direito à participação e consulta prévia, livre e informada

3.1 PRINCÍPIO DA LIVRE AUTODETERMINAÇÃO

Dito princípio e, ao mesmo tempo, uma garantia aos povos indígenas e nativos de todos o mundo, foi sempre sede de polêmicas diante dos riscos vislumbrados por alguns de que tal prerrogativa poderia significar relevante ameaça à unidade territorial dos Estados membros das Nações Unidas. Afinal, a Declaração das Nações Unidas sobre os Direitos dos Povos Indígenas estabeleceu em seu artigo 3º que os povos indígenas têm direito à autodeterminação e que em virtude desse direito determinam livremente sua condição política e buscam livremente seu desenvolvimento econômico, social e cultural,[17] redação consonante com o artigo 1º do Pacto Internacional dos Direitos Econômicos, Sociais e Culturais (1966). Contudo, por força da atuação do grupo africano durante os debates sobre a redação da referida Declaração, foi também inserido o artigo 46 (Cláusula de Salvaguarda)[18] e que afastou eventuais ameaças à integridade territorial ou à unidade política dos Estados soberanos, independentes e signatários.[19]

---

16. RIBEIRO, Darcy. *Os Índios e a Civilização: a Integração das Populações Indígenas no Brasil Moderno.* São Paulo: Global, 2017, p. 378.

17. NAÇÕES UNIDAS. Declaração das Nações Unidas sobre os Direitos dos Povos Indígenas. Disponível em *http://www.un.org/esa/socdev/unpfii/documents/DRIPS_pt.pdf*. Acesso em 4/3/2018. A respeito, ver, por exemplo: STAVENHAGEN, Rodolfo. Derecho internacional y derechos indígenas. In: KROTZ, Esteban (Ed.). *Antropología jurídica: perspectivas socioculturales en el estudio del derecho.* Rubí (Barcelona): Anthropos Editorial; México: Universidad Autónoma Metropolitana – Iztapalapa, 2002. p. 184-186.

18. A respeito, ver: JÚNIOR, Isaias Montanari. Demarcação de Terras Indígenas e Cooperação Internacional – Análise do PPTAL – Programa Piloto de Proteção das Terras Indígenas na Amazônia Legal, p. 52/53. Curitiba: Juruá, 2013.

19. "[...] Nada do disposto na presente Declaração será interpretado no sentido de conferir a um Estado, povo, grupo ou pessoa qualquer direito de participar de uma atividade ou de realizar um ato contrário à Carta das Nações Unidas ou será entendido no sentido de autorizar ou de fomentar qualquer ação direcionada a desmembrar ou a reduzir, total ou parcialmente, a integridade territorial ou a unidade política de Estados soberanos e independentes[...].". Declaração das Nações Unidas sobre os Direitos dos Povos Indígenas. Disponível em *http://www.un.org/esa/socdev/unpfii/documents/DRIPS_pt.pdf*. Acesso em 5/3/2018.

A autodeterminação dos povos indígenas, portanto, no contexto ora desenvolvido, diz respeito à observância à livre decisão dos povos isolados em manterem seu isolamento ou, ainda, da decisão dos povos em contato inicial em retornar ao isolamento. Como se sabe, os fatores preponderantes e que cristalizam as principais ameaças à existência e sobrevivência de tais povos originários decorrem, via de regra, do contato travado com as sociedades majoritárias, dominantes. Assim, seja a violência física; a ruptura das bases e dos seus elos culturais; a espoliação e tomada das terras e dos recursos naturais fundamentais para a sobrevivência dos povos ancestrais; as doenças contagiosas, enfim, o próprio genocídio caracterizado pela destruição dos indígenas do Brasil; decorrem tais violações, via de regra, do contato mantido por vários povos indígenas com o homem branco. Logo, o respeito à livre decisão dos referidos povos em se manterem isolados deve ser observado, conforme se manifestou o Relator Especial das Nações Unidas sobre a situação dos direitos humanos e liberdades fundamentais dos indígenas, Professor James Anaya, por força da análise de caso que envolva a busca de soluções para a questão entre o Equador e o povo indígena Tagaeri-Taromenane e Waorani, em 16 de maio de 2013,[20] nos termos seguintes:

> [...] devemos respeitar o princípio de não contato, o que implica criar políticas públicas que proteja seus espaços vitais e os preserve de pressões por parte de empresas extrativistas, madeireiras ilegais e do assentamento não autorizado na área [...].[21]

E como decorrência lógica da obrigatoriedade de respeito e observância à livre autodeterminação dos povos indígenas, o direito ao não contato constitui também importante garantia para a preservação dos povos isolados.

3.2 PRINCÍPIO DO NÃO CONTATO

Evitar a aproximação com as sociedades dominantes, seus hábitos, seu modo de vida, especialmente manter-se distante das dinâmicas de relacionamento entre as referidas sociedades e o ambiente que a cerca, revela-se também relevante medida de segurança para garantia da sobrevivência dos povos não contatados, o que significa garantir a livre determinação destes povos com presença e cultura milenares nas Américas. Afinal, o extermínio tem sido a tônica que caracteriza os processos de contato e integração entre povos ancestrais e o homem branco, como bem ressaltou Darcy Ribeiro ao abordar o tema da transfiguração étnica que marca ditos processos:

> [...] Dada a desproporção demográfica e de nível evolutivo que existe entre elas, a interação representa uma ameaça permanente de desintegração das etnias tribais. A reação destas consiste, essencialmente, num esforço para manter ou recuperar

---

20. Disponível em *http://unsr.jamesanaya.org/statements/ecuador-experto-de-la-onu-pide-el-fin-de-la-violencia-entre-indigenas-tagaeri-taromenane-y-waorani*.

21. COMISSÃO INTERAMERICANA DE DIREITOS HUMANOS – ORGANIZAÇÃO DOS ESTADOS AMERICANOS. Povos indígenas em isolamento voluntário e contato inicial nas Américas. Recomendações para o respeito integral a seus direitos humanos, p. 9. Relatoria sobre os Direitos dos Povos Indígenas da Comissão Interamericana de Direitos Humanos. OEA/Ser. L/Doc.47/13. Washington, DC, 2013.

sua autonomia e para preserva sua identidade étnica, seja através do retorno real ou compensatório a formas tradicionais de existência, sempre quando isto ainda é possível, seja mediante alterações sucessivas nas instituições tribais que tornem menos deletéria a interação com a sociedade nacional[...] (Grifamos)[22]

O isolamento, em certas circunstâncias, revela-se de grande importância por duas razões: (i) necessidade de preservação da identidade cultural do povo indígena em isolamento voluntário; (ii) preservação dos territórios ancestrais e dos recursos naturais dos quais dependem, para sua sobrevivência, referidos povos. Neste ponto uma vez mais desponta a necessidade da atuação eficaz do sistema global, assim como os sistemas regionais protetivos dos direitos humanos, tal como se pode observar pela Recomendação nº 3.056 sobre os povos indígenas que vivem em isolamento voluntário e conservação da natureza na região amazônica e no Chaco, por conta do Congresso Mundial da Natureza realizado em Bangkok (Tailândia) entre 17 e 25 de novembro de 2005 e que estabeleceu, dentre outras diretrizes sobre os povos indígenas em isolamento voluntário, o reconhecimento de seu direito à proteção da vida, da propriedade de suas terras e territórios, bem como à utilização sustentável dos recursos naturais localizados nas referidas terras e territórios, além de reconhecer seu direito à livre decisão quanto a permanecer em isolamento, manter seus valores culturais e a decidir livremente se, quando e como desejam integrar-se a uma sociedade nacional.

Finalmente, há que se distinguir, também, a situação de isolamento oriundo da decisão dos próprios povos indígenas, do isolamento que resulta da marginalização e dos processos de empobrecimento dos povos indígenas espoliados quanto às bases fundamentais para sua existência, como já apreciado pela Comissão Interamericana de Direitos Humanos no caso dos povos indígenas Tolupan de El Higuerito e El Hoyo, presentes no departamento de Francisco Morazán, em Honduras, situação na qual referidos povos foram expulsos de suas terras e casas por madeireiros e agricultores, submetidos a situação de extrema falta de proteção e exclusão e que exacerba seu nível de vulnerabilidade, e não de uma decisão própria de permanecer em isolamento.[23]

3.3 PRINCÍPIO PRO HOMINE (OU *PRO PERSONAE*)

Sabe-se que o dilema da efetividade das normas protetivas dos direitos humanos impõe desafios crescentes e constantes aos intérpretes e operadores do direito, na medida em que as sociedades contemporâneas são marcadamente assimétricas e múltiplas quanto aos inúmeros direitos humanos fundamentais em conflito. Assim, a definição de princípios e instrumentos interpretativos que auxiliem na solução de conflitos oriundos de tal contexto

---

22. Cf. RIBEIRO, Darcy. *Ob. cit.*, p. 385.
23. COMISSÃO INTERAMERICANA DE DIREITOS HUMANOS – ORGANIZAÇÃO DOS ESTADOS AMERICANOS. Povos indígenas em isolamento voluntário e contato inicial nas Américas. Recomendações para o respeito integral a seus direitos humanos, p. 11.

de crescente tensionamento entre tais direitos e que propiciem a maior concretização dos direitos humanos titularizados especialmente por grupos marcadamente mais vulneráveis (maior efetividade dos direitos humanos), como no caso dos povos indígenas, alçam referidas garantias a uma posição de superioridade tanto no plano nacional, quanto na esfera internacional.

Exatamente por conta do cenário descrito marcadamente complexo e heterogêneo quanto à titularização dos direitos humanos por distintos atores sociais, é que André de Carvalho Ramos, ao analisar o princípio *pro homine*, entende pertinente a ideia de adoção de solução, no caso de conflito ou colisão entre direitos humanos igualmente reconhecidos pelas normas nacionais e internacionais, por meio da consideração não apenas à primazia da norma mais favorável, mas também à disposição protetiva que mais garanta a preservação da dignidade humana, tal como proposto por Ingo Wolfgang Sarlet:[24]

> *[...] como visto acima, a abertura e expansão dos direitos humanos faz com que haja vários direitos (de titulares distintos) em colisão. Como escolher a 'norma mais favorável ao indivíduo' em causas envolvendo direitos de titulares – indivíduos – distintos? Novamente, o critério da primazia da norma mais favorável nada esclarece, devendo o intérprete buscar apoio nos métodos de solução de conflitos de direitos... Nesse ponto, cumpre anotar a posição de Sarlet, que defende, nesses casos de colisão e na ausência de possibilidade de concordância prática entre as normas, a prevalência da norma que mais promova a dignidade da pessoa humana [...]*

Da superioridade própria das normas protetivas dos direitos humanos decorre a necessidade de que seja garantida a solução mais adequada ao ser humano diante do conflito estabelecido e da possibilidade de interpretações diversas acerca da norma incidente. A aplicação do princípio *pro homine* traduz exatamente a visão de priorização do ser humano (e também dos grupos humanos) e de preponderância dos direitos humanos na medida em que impõe a opção pela norma mais favorável ao indivíduo, assim como o princípio da prevalência e primazia da referida norma, não importando a fonte, nacional ou internacional, da mencionada norma. Vale dizer: importa menos a gênese da norma e mais seu resultado em benefício do ser humano.

Na hipótese dos povos indígenas em isolamento voluntário a observância do respeito a tal decisão (em manter-se isolados) decorre da necessidade em se garantir sempre a interpretação mais favorável a referidos grupos ancestrais, conduta indispensável para que se impeça seu extermínio. Por conta de tal perspectiva, já decidiu a Comissão Interamericana de Direitos Humanos que diante do questionamento sobre se dado povo indígena em

---

24. RAMOS, André de Carvalho. *Curso de Direitos Humanos*. São Paulo: Saraiva, 2014, p. 106.

isolamento voluntário concedeu ou não seu consentimento para que pessoas não pertencentes ao seu grupo ou sua nação possam adentrar seus territórios ancestrais, dois critérios devem ser levados em consideração: (i) notória rejeição à presença de pessoas alheias ao povo respectivo, em seus territórios; (ii) decisão de permanecer isolados de outros grupos humanos, indígenas ou não indígenas. Referida interpretação traduz aplicação do princípio *pro homine*. Nesse sentido, ressalte-se que a Corte Interamericana de Direitos Humanos já decidiu sobre a observância ao princípio *pro personae* na condução de seus trabalhos.[25]

3.4 DIREITO À PARTICIPAÇÃO E CONSULTA PRÉVIA, LIVRE E INFORMADA

Estabelece a Declaração das Nações Unidas sobre os Direitos dos Povos indígenas em seu décimo artigo que os povos indígenas não serão removidos à força de suas terras ou territórios, bem como que nenhum traslado se realizará sem o consentimento livre, prévio e informado dos referidos povos indígenas interessados e sem um acordo prévio sobre uma indenização justa e equitativa e, sempre que possível, com a opção do regresso.[26] Outras disposições constantes da mesma Declaração tangenciam o direito à prévia consulta aos povos indígenas sempre que decisões governamentais, tais como grandes obras de infraestrutura possam impactar o modo de vida e a existência de tais nações originárias como, por exemplo, no item 2, artigo 11, da referida Declaração e que prevê o direito à reparação por meio de mecanismos eficazes quando danos forem impostos aos povos indígenas pela privação de seus bens culturais, intelectuais, religiosos e espirituais sem o seu consentimento livre, prévio e informado, ou em violação às suas leis, tradições e costumes.[27] Ainda mais direto e objetivo, o artigo 31 expressamente prevê o direito dos povos ancestrais a serem prévia e livremente consultados por meio de suas instituições representativas quando da necessidade de obtenção do seu consentimento livre, prévio e informado acerca da adoção de medidas legislativas e administrativas que os afetem.

A Convenção nº 169 da Organização Internacional do Trabalho (OIT)[28] também prevê o referido direito à prévia consulta aos povos indígenas impactados por decisões do Estado e do governo sob os quais vivam, especificamente medidas legislativas e administrativas que afetem a vida e existência dos povos indígenas, em seu artigo 6º, assim como a Convenção sobre Diversidade Biológica (CDB)[29] em seus artigos 15 e 19. Oriundo da área da saúde, o consentimento livre, prévio e informado (CLPI) constitui importante instrumento consolidador da cidadania participativa para os povos indígenas, normalmente invisíveis aos olhos dos governos e também das

---

25. Corte Interamericana de Direitos Humanos. Caso Comunidade Indígena Sawhayamaxa Vs. Paraguai. Sentença de 29 de março de 2006. Série C nº 146, par. 162. Disponível em <http://www.corteidh.or.cr/docs/casos/articulos/seriec_146_esp2.pdf>. Acesso em 5/3/2018.

26. ORGANIZAÇÃO DAS NAÇÕES UNIDAS. Declaração das Nações Unidas sobre os Direitos dos Povos Indígenas, artigo 10. Disponível em <http://www.un.org/esa/socdev/unpfii/documents/DRIPS_pt.pdf>. Acesso em 5/3/2018.

27. ORGANIZAÇÃO DAS NAÇÕES UNIDAS. Declaração das Nações Unidas sobre os Direitos dos Povos Indígenas, artigo 11. Disponível em <http://www.un.org/esa/socdev/unpfii/documents/DRIPS_pt.pdf>. Acesso em 5/3/2018.

28. BRASIL. Decreto nº 5.051, de 19 de abril de 2004: Promulga a Convenção nº 169 da Organização Internacional do Trabalho - OIT sobre Povos Indígenas e Tribais. Disponível em <http://www.planalto.gov.br/ccivil_03/_ato2004-2006/2004/decreto/d5051.htm>. Acesso em 5/3/2018. Para uma ampla análise da Convenções e, especialmente, da questão relativa à consulta prévia, ver: GARZÓN, Biviany Rojas (Org.). *Convenção 169 da OIT sobre povos indígenas e tribais: oportunidades e desafios para sua implementação no Brasil*. São Paulo: Instituto Socioambienal, 2009. (Série documentos do ISA; 12). A respeito, ver também: STAVENHAGEN, Rodolfo. Derecho internacional y derechos indígenas, p. 194-196.

29. BRASIL. Convenção Sobre Diversidade Biológica. Decreto nº 2.519, de 16 de março de 1998: Promulga a Convenção sobre Diversidade Biológica, assinada no Rio de Janeiro, em 5 de junho de 1992. Disponível em <http://www.planalto.gov.br/ccivil_03/decreto/d2519.htm>. Acesso em 5/3/2018.

sociedades, especialmente quando a pauta é tomada por discussões relacionadas à importantes decisões que envolvem o desenvolvimento regional ou local, v.g., construção de usinas ou de represas. As possibilidades pavimentadas por meio do CLPI são amplas e podem significar um divisor de águas na construção de Estados efetivamente multi e pluriculturais, na medida em que favoreçam a participação dos povos indígenas nas discussões e no processo de tomada de decisões que afetam diretamente sua existência. Dito processo apresenta ainda importante consequência do ponto de vista da afirmação das instituições políticas dos povos indígenas interessados, perante o Estado, na medida em que os governos deverão consultá-las por ocasião das discussões acerca das decisões a serem definidas. Para Maria Luiza Grabner:

> [...] Como antes mencionado, os direitos de participação, de consulta e de consentimento livre, prévio e informado são considerados verdadeiros princípios fundamentais da Convenção n. 169 da OIT. Neles se encontra o cerne, a nosso ver, do diálogo intercultural proposto por este documento internacional para a proteção dos direitos dos povos indígenas e tribais, sendo que já tivemos a oportunidade de analisar, tanto no plano teórico quanto no plano prático, seus méritos e limitações, sobretudo no tocante à aplicação de tais princípios no Brasil. Compartilhamos aqui o entendimento segundo o qual a "consulta" e o *"Consentimento Livre, Prévio e Informado (CLPI)"* podem ser considerados espécies do *"processo participativo"* (mas não se confundem com a mera participação) e que, no âmbito da Convenção n. 169 da OIT, são utilizados indistintamente ou mesmo como designações de fases de um mesmo processo, cujo momento culminante é a obtenção do consentimento propriamente dito, de forma livre, prévia e informada. O regramento básico desses dois direitos encontra-se no artigo 6º, item 1, letra "a", e item 2, da Convenção n. 169 [...][30]

A importância da prévia consulta é, portanto, relevante quanto à preservação dos interesses dos povos tribais e tradicionais. A dificuldade, no caso dos povos em isolamento voluntário repousa no fato de que tais grupos não podem ser previamente consultados, despontando de tal constatação a importância e a responsabilidade do sistema interamericano na proteção dos interesses dos referidos povos. Tal dificuldade, contudo, não se apresenta nos casos dos povos indígenas em contato inicial, na medida em que a consulta prévia a estes é possível até mesmo por meio de entidades representativas dos interesses dos povos originários. Em tais hipóteses, já decidiu a Comissão Interamericana de Direitos Humanos que a consulta deve ser efetivada segundo os parâmetros desenvolvidos pelo sistema interamericano de modo apropriado do ponto de vista cultural e conforme as circunstâncias presentes em cada caso, especialmente considerando-se o grau de contato do povo em questão.[31]

---

30. GRABNER, Maria Luiza. O direito humano ao consentimento livre, prévio e informado como baluarte do sistema jurídico de proteção dos conhecimentos tradicionais, p. 26-27. Disponível em <http://www.mpf.mp.br/atuacao-tematica/ccr6/documentos-e-publicacoes/artigos/docs_artigos/1-o-direito-humano-ao-consentimento-livre-previo-e-informado-1.pdf>. Acesso em 5/3/2018.

31. COMISSÃO INTERAMERICANA DE DIREITOS HUMANOS – ORGANIZAÇÃO DOS ESTADOS AMERICANOS. Povos indígenas em isolamento voluntário e contato inicial nas Américas. Recomendações para o respeito integral a seus direitos humanos, p. 13 e CIDH. Direitos dos povos indígenas e tribais sobre suas terras ancestrais e recursos naturais. Normas e jurisprudência do sistema interamericano de direitos humanos. OEA/Ser.L/V/II, 30 de dezembro de 2009, Seção VIII.

4. INEXORABILIDADE DA INTERNACIONALIZAÇÃO DO DIREITO. OS SISTEMAS GLOBAL, INTERAMERICANO E OS DIREITOS DOS POVOS INDÍGENAS

A importância representada pelos sistemas global e regionais protetivos dos direitos humanos constitui fenômeno crescente e inexorável, na medida em que os sistemas domésticos não são suficientes para tornar efetivos os direitos humanos fundamentais titularizados pelos indivíduos e respectivos grupos humanos, como no caso dos povos indígenas. De fato, ainda que as estruturas jurídico-constitucionais vigentes nos países americanos se proponham a concretizar e solidificar sociedades democráticas e multiculturais por meio do respeito e da incrementação dos direitos humanos fundamentais, inclusive com a implementação de bases políticas e administrativas teoricamente voltadas à referida tutela, nem sempre o ambiente político-jurídico doméstico permanece imune à esfera de influência de interesses econômicos e desenvolvimentistas incapazes de estabelecer bases de diálogo confluentes com os interesses de grupos humanos em situação de vulnerabilidade. Num cenário como o descrito, as vias internacionais protetivas representam alternativa capaz de estabelecer patamares complementares (não concorrentes) aos ordenamentos nacionais quando estes não forem capazes, suficientes ou interessados na proteção das referidas garantias e prerrogativas fundamentais. Dito fenômeno marcado pelo fortalecimento das bases normativas, políticas, administrativas e judiciárias internacionais protetivas é, portanto, irremediável e assinala a onda da internacionalização dos direitos humanos iniciada em 1945 com o advento do Direito de Nova York (ONU) e com o nascimento do direito penal internacional em Nuremberg, cujos princípios foram reconhecidos como princípios do direito internacional.[32] Referida assertiva é confirmada pela assinatura do Estatuto de Roma (1998) e consequente instalação do Tribunal Penal Internacional na Haia, a primeira corte criminal internacional permanente da história e, também, pelo crescente número de decisões exaradas pela Corte Interamericana de Direitos Humanos, no continente.

O impacto gerado sobre os sistemas domésticos no continente americano pelas interpelações da Comissão Interamericana ou pelas decisões da Corte Interamericana, muito embora não raramente desrespeitadas por parte de tais Estados, afinal, membros da Organização dos Estados Americanos (OEA), encontram ressonância sobre o ordenamento jurídico e também sobre os tribunais dos referidos países. Na hipótese dos povos indígenas e tradicionais das Américas, as dinâmicas desenvolvimentistas contemporâneas que efetivamente colocam em risco sua sobrevivência física e cultural, provocando em alguns casos autênticos genocídios, além de impor a tais povos a condição de miserabilidade e pobreza nos grandes centros urbanos (fenômeno típico que se seguiu à espoliação de

---

32. Em 11 de dezembro de 1946 a Assembleia Geral das Nações Unidas ratificou os princípios constantes da Carta de Londres, documento constitutivo da base legal do Tribunal Militar Internacional de Nuremberg (IMT), cujos veredictos foram anunciados dias antes.

terras e recursos tradicionais), consubstanciam verdadeira ameaça à existência dos povos em isolamento voluntário ou em contato inicial. Referidos povos, em muitas ocasiões, marcados pela invisibilidade diante das instituições e das sociedades nacionais, encontram nos órgãos protetivos do sistema interamericano amparo e foro para terem suas causas ouvidas.

Os exemplos relacionados aos megaempreendimentos energéticos, como o caso da usina de Belo Monte, bem demonstram a desconsideração dos Estados nacionais para com seus povos indígenas, atuando com flagrante violação às normas internacionais. No exemplo lembrado, o Estado brasileiro violou flagrantemente as determinações da Convenção 169 da OIT, apenas para citarmos um exemplo, já que simplesmente não promoveu a livre e prévia consulta aos povos indígenas e ribeirinhos do Xingu, que seriam impactados pela obra. Diga-se de passagem, o grau de violência imposta a tais povos na construção de grandes obras de infraestrutura é historicamente muito alto. O caso de Belo Monte é particularmente importante para a presente análise, na medida em que constitui exemplo contemporâneo que remete, contudo, ao desenvolvimentismo etnocida vigente no Brasil a partir do Plano de Integração Nacional (PIN) implantado pelo governo Médici por meio do Decreto-Lei nº 1.106, de 16 de julho de 1970. Se durante o período de exceção que vigorou no Brasil a partir de 1964 a atuação da Organização dos Estados Americanos (OEA) revelou-se de grande importância no processo de redemocratização das Américas, ainda hoje o sistema interamericano mostra-se de alta relevância, como se verifica pela análise do caso Belo Monte[33] pela Comissão Interamericana e que, em abril de 2011 outorgou a Medida Cautelar nº 382/2010 e com a solicitação ao Brasil para que suspendesse de imediato o processo de licenciamento de Belo Monte, inclusive com o dever de impedir qualquer execução das obras até que medidas veiculadas pela Comissão, fossem cumpridas.[34] A atuação do Sistema Interamericano vem consolidando importantes precedentes no continente sobre os direitos dos povos indígenas, consagrando diretrizes regionais por meio de seus instrumentos normativos, declarações e decisões, dentre as quais destacamos a Declaração Americana dos Povos Indígenas, aprovada pela Assembléia Geral da OEA na terceira sessão plenária realizada em 15 de junho de 2016.

5. A DECLARAÇÃO AMERICANA SOBRE O DIREITO DOS POVOS INDÍGENAS

Aprovada em 15 de junho de 2016 pela Assembleia Geral da Organização dos Estados Americanos, a **Declaração Americana Sobre o Direito dos Povos Indígenas** marcou mais um importante passo para a promoção e difusão dos direitos que guarnecem a esfera individual, coletiva e difusa dos vários povos originários que vivem no continente americano há milhares de anos.

---

33. Belo Monte na Comissão Interamericana de Direitos Humanos: ver Petição P-817-11 e Medida Cautelar nº 382/2010, que marcaram a conformação do caso perante a Comissão Interamericana de Direitos Humanos.

34. Teor da Medida Cautelar mencionada disponível em <http://www.cidh.oas.org/medidas/2011.port.htm>. Acesso em 5/3/2018.

Fruto da Resolução AG/RES. 2867 que estabeleceu o Projeto de Declaração Americana sobre os Direitos dos Povos Indígenas e também inspirada pela **Declaração sobre os Direitos dos Povos Indígenas nas Américas**[35] que definiu a promoção e a proteção efetiva dos direitos dos povos indígenas das Américas como prioridade da Organização dos Estados Americanos, a Declaração aprovada em 2016 estabelece como pilares principais:

> a) O reconhecimento de que direitos dos povos indígenas constituem um aspecto fundamental e de importância histórica para o presente e o futuro das Américas;
>
> b) O reconhecimento consistente na contribuição para o desenvolvimento, para a pluralidade e para a diversidade cultural de nossas sociedades resultante da presença dos povos indígenas nas Américas;
>
> c) O compromisso da Organização dos Estados Americanos (OEA) com o bem-estar econômico e social, bem como com o respeito aos direitos e identidade cultural dos povos indígenas;
>
> d) O reconhecimento da importância e relevância da existência dos povos indígenas das Américas, para a humanidade;
>
> e) Abordagem pluricultural em relação aos direitos dos povos indígenas, que devem ser respeitados como sociedades originárias, com identidade e instituições próprias;
>
> f) Reconhecimento de que injustiças históricas decorreram do processo colonizador, com resultados nefastos como o despojamento das terras indígenas, seus territórios e recursos, fatores que inviabilizaram seu direito ao desenvolvimento, conforme suas necessidades e interesses;
>
> g) Urgente necessidade de respeitar e promover os direitos intrínsecos dos povos indígenas que decorrem de suas estruturas políticas, econômicas e sociais, e de suas culturas, de suas tradições espirituais, de sua história e de sua filosofia, especialmente os direitos a suas terras, territórios e recursos;
>
> h) Eliminação de todas as formas de discriminação que possam afetar os povos indígenas e reconhecimento da responsabilidade e dever dos Estados em combater referida discriminação, bem como em cumprir todas as obrigações para com os povos indígenas decorrentes dos instrumentos internacionais especialmente aqueles relativos aos direitos humanos, em consulta e cooperação com os povos interessados;
>
> i) Respeito, pelos Estados americanos, ao caráter pluricultural e multilíngue dos povos indígenas que fazem parte integrante de suas respectivas sociedades;
>
> j) Reconhecimento e respeito a todas as suas formas de vida, cosmovisões, espiritualidade, usos e costumes, normas e tradições, formas de organização social, econômica e política, formas de transmissão do conhecimento, instituições, práticas, crenças, valores, indumentária e línguas e autodeterminação dos povos indígenas.

Importante garantia consagrada pela Declaração Americana sobre os Direitos dos Povos Indígenas, refere-se ao cuidado e atenção dispensada às

---

35. [AG/DEC. 79 (XLIV-O/14)]. A respeito, ver: CASELLA, Paulo Borba. The Amerindians and International Law: a Brazilian perspective. *Revista da Faculdade de Direito da USP*, São Paulo, v. 112, p. 295-296, jan.-dez. 2017.

mulheres indígenas, vítimas diretas da violência imposta pelos Estados e sociedades dominantes contra os inúmeros povos nativos americanos. Desde o período da colonização, ademais como ocorreu ao longo de toda a história da humanidade contra o gênero feminino, a mulher indígena constituiu alvo das ações genocidas. O corpo da mulher indígena foi associado à impureza já desde o início do período colonial, sujeito assim às mais variadas violações, conforme explica Andrea Smith:

> [...] Porque os corpos indígenas seriam sujos, eram considerados sexualmente violáveis e estupráveis, e o estupro de corpos que eram considerados naturalmente impuros e sujos, simplesmente não importava. Por exemplo, prostitutas quase nunca são acreditadas quando afirmam que foram estupradas, porque a sociedade dominante considera que os corpos das profissionais do sexo são indignos de integridade e, pois, violáveis a todo momento. Similarmente, a história da mutilação dos corpos de indivíduos indígenas, vivos ou mortos, evidencia que os mesmos não teriam direito à integridade corporal [...] (tradução livre) [36]

A abordagem de gênero verificada neste ponto da Declaração Americana Sobre os Direitos dos Povos Indígenas – artigo 7[37] segue tendência crescente e irreversível no direito internacional dos direitos humanos, no sentido de promover a leitura e interpretação das normas, princípios e garantias tendo em vista o combate às causas que impõem ao gênero feminino condição preponderantemente vulnerável diante das grandes violações dos direitos humanos, não restando tampouco imunes a tal violência, as mulheres indígenas.

Finalmente, no que concerne aos povos ancestrais em isolamento voluntário ou em contato inicial, o artigo 26 estabelece que tais povos têm direito a permanecer na referida condição e a livremente viver conforme suas bases culturais, sendo obrigação dos Estados a promoção de políticas e medidas adequadas visando ao reconhecimento, ao respeito e à proteção de suas terras, territórios, ao meio ambiente, sua cultura, vida, integridade individual e coletiva. Nesse passo, ganham importância aspectos sublinhados pelas análises antropológicas dado que estas são particularmente atentas às bases existenciais de minorias e de povos autóctones, motivo pelo qual contribuem para uma apreensão mais adequada da complexidade que caracteriza. Por conseguinte, tais análises lançam verdadeiro desafio e exigência de capacidade, sensibilidade e grau de compreensão de tais estruturas sociais e relacionais, ao o intérprete do Direito, assim como para o legislador. Afinal, as nações indígenas, em todos os continentes, apresentam estruturas relacionais e dinâmicas próprias. Referidos aspectos relacionais podem facilmente sofrer rupturas a partir de violações das bases lançadas pela Declaração Universal dos Direitos Humanos de 1948 e posteriores, caracterizando mesmo verdadeiros etnocídios[38].

---

36. [...] Because Indian bodies are 'dirty', they are considered sexually violable and 'rapable', and the rape of bodies that are considered inherently impure or dirty simply does not count. For instance, prostitutes are almost never believed when they say they have been raped because the dominant society considers the bodies of sex workers undeserving of integrity and violable at all times. Similarly, the history of mutilation of Indian bodies, both living and dead, makes it clear that Indian people are not entitled to bodily integrity [...]. SMITH, Andrea. *Conquest – Sexual Violence and American Indian Genocide*, South End Press Cambridge, MA, 2005, p. 10.

37. Artigo 7 – Igualdade de gênero: 1. As mulheres indígenas têm direito ao reconhecimento, proteção e gozo de todos os direitos humanos e liberdades fundamentais constantes do Direito Internacional, livres de todas as formas de discriminação. 2. Os Estados reconhecem que a violência contra as pessoas e os povos indígenas, especialmente contra as mulheres, impede ou anula o gozo de todos os direitos humanos e liberdades fundamentais. 3. Os Estados adotarão as medidas necessárias, em conjunto com os povos indígenas, para prevenir e erradicar todas as formas de violência e discriminação, em especial contra as mulheres e crianças indígenas.

38. Sobre as discussões teóricas acerca do genocídio indígena e sobre as concepções relacionais baseadas no pensamento de Georg Simmel e Norbert Elias, ver; PEREIRA, Flávio de Leão Bastos. *Genocídio indígena no Brasil – Desenvolvimentismo entre 1964 e 1985*. Juruá, Curitiba, 2018. Para uma tematização sintética do risco de etnocídio dos povos indígenas, ver: CASELLA, Paulo Borba. The Amerindians and International Law: a Brazilian perspective. *Revista da Faculdade de Direito da USP*, São Paulo, v. 112, p. 292-293, jan.-dez. 2017. Para uma clássica análise antropológica acerca da questão do etnocídio, ver: CLASTRES, Pierre. *Arqueologia da violência: pesquisas de antropologia política*. Tradução de Paulo Neves. São Paulo: Cosac & Naify, 2004, p. 81-92.

6. OS DIREITOS HUMANOS DIANTE DO MULTICULTURALISMO

A complexidade que perpassa o tema dos direitos humanos fica particularmente explicitada diante da questão da interculturalidade. Diversos autores, têm procurado sublinhar a importância do desenvolvimento de uma "concepção multicultural de direitos humanos" para, a partir dela, refutar o mero transplante de modelos e valores ocidentais a outras culturas. Nesse sentido, Akuavi Adonon, Caroline Plançon e Christoph Eberhard, por exemplo, contestam a pretensa universalidade que acompanha a retórica dos direitos humanos assim como o transplante mecânico do "Estado de Direito de tipo ocidental" (*l'État de Droit à 'l'occidentale'*) a todas as sociedades. Remetendo às análises de autores como Michel Alliot, Étienne Le Roy, Raimon Panikkar, Robert Vachon, Boaventura de Sousa Santos e, especialmente, à própria perspectiva esboçada por Christoph Eberhard no livro *Droits de l'homme et dialogue interculturel*, os autores criticam a "panaceia universalista" que costuma acompanhar e sustentar a transposição mecânica de valores e do modelo de Estado de Direito do Ocidente, ressaltando a crescente necessidade de se enfocar o âmbito "**local**". Como decorrência, Adonon, Plançon e Eberhard sustentam que, ao invés de discutir acerca da expansão indiscriminada do ideal do Estado de Direito e dos direitos humanos, em termos homogêneos, por todo o globo, melhor seria discutir como implementar Estados de Direito concretos e como incarnar o ideal dos direitos do homem em contextos históricos, sociais, culturais e econômicos significativamente díspares.[39]

Analogamente, Boaventura de Sousa Santos, no bojo de sua crítica à globalização hegemônica, de perfil neoliberal, por ele definida como "o processo pelo qual determinada condição ou entidade local estende a sua influência a todo o globo e, ao fazê-lo, desenvolve a capacidade de considerar como sendo local outra condição social ou entidade rival"[40], mobiliza, entre outros, os conceitos de "**localismo globalizado**", "**globalismo localizado**" para, a partir deles, descrever a dinâmica que caracteriza as trocas assimétricas entre sociedades hegemônicas e subalternas. Assim, segundo o autor,

> aquilo a que chamamos globalização é sempre a globalização bem-sucedida de determinado localismo. Em outras palavras, não existe condição global para a qual não consigamos encontrar uma raiz local, uma imersão cultural específica. [...] a globalização pressupõe a localização. [...] A divisão da produção da globalização assume o seguinte padrão: os países centrais especializam-se em localismos globalizados, enquanto aos países periféricos cabe tão só a escolha entre várias alternativas de globalismos localizados. O sistema-mundo é uma trama de globalismos localizados e localismos globalizados. [41]

---

39. Cf. ADONON, Akuavi; PLANÇON, Caroline; EBERHARD, Christoph. Les cultures juridiques. In: RUDE-ANTOINE, Edwige; CHRÉTIEN-VERNICOS, Geneviève (Coords.). *Anthropologies et droits: état des savoirs et orientations contemporaines*. Paris: Dalloz, 2009, p. 229-230. Aliás, autores como Ugo Mattei e Laura Nader ressaltam o manejo retórico dos "direitos humanos" e do rule of law, para a implementação da pilhagem por parte dos países hegemônicos. MATTEI, Ugo; NADER, Laura. *Plunder: when the rule of law is illegal*. Oxford: Blackwell Publishing, 2008, p. 23; 124; 130 e, especialmente, 150-153.

40. SANTOS, Boaventura de Sousa. Por uma concepção multicultural de direitos humanos. In: _____ (Org.). *Reconhecer para libertar: os caminhos do cosmopolitismo multicultural*. Rio de Janeiro: Civilização Brasileira, 2003. p. 433.

41. SANTOS, Boaventura de Sousa. Por uma concepção multicultural de direitos humanos, p. 433-436.

Tendo em consideração essa caracterização do processo de globalização, tal como este se expressa em sua configuração hegemônica, Boaventura de Sousa Santos também ressalta que "enquanto forem concebidos como direitos humanos universais, os direitos humanos tenderão a operar como localismo globalizado e, portanto, como uma forma de globalização hegemônica. Para poderem operar como uma forma de cosmopolitismo, como globalização contra-hegemônica, os direitos humanos têm de ser reconceitualizados como multiculturais."[42] É nesse sentido que propõe cinco premissas, que não cabe capitular aqui, para o estabelecimento de um roteiro emancipatório para transformar a conceitualização e a prática dos direitos humanos de um "localismo globalizado" em um "projeto cosmopolita".[43]

Não cabe aqui realizar uma reconstrução mais profunda da perspectiva de Boaventura de Sousa Santos, o que implicaria, entre outras coisas, enfocar a sua apropriação da noção de "hermenêutica diatópica", proposta por Raimon Panikkar. A breve alusão a alguns dos fundamentos de sua análise teve por intuito apenas recuperar as premissas que embasam a sua tese relativa à "transnacionalização das lutas dos povos indígenas". Trata-se de um processo que, segundo o autor português, constituiria uma das maneiras mais importantes de expressão do "globalismo contra-hegemônico", consistente em um processo de globalização anticapitalista promovido por grupos sociais subalternos no contexto da luta transnacional contra os processos de exclusão social a que são submetidos.[44]

É, aliás, por esse motivo que Boaventura de Sousa Santos considera que as reivindicações jurídicas e políticas dos povos indígenas e das minorias étnicas, em geral, estariam no centro do debate relativo aos direitos humanos individuais e coletivos, de modo a receber ampla acolhida na comunidade internacional, sobretudo nas últimas décadas, uma vez que subverteriam a ortodoxia liberal a partir de um ponto de vista alternativo. Segundo o autor, especialmente duas razões sustentariam esse estado de coisas: a) a persistência da discriminação dos povos indígenas e minorias étnicas, inclusive com respaldo jurídico, mesmo diante do reconhecimento internacional dos direitos humanos fundamentais; b) a insuficiência da mera igualdade formal como mecanismo para corrigir um processo plurissecular de exclusão, espoliação, genocídio e etnocídio.[45]

Assim, Boaventura de Sousa Santos enfatiza que, para as minorias étnicas, a mera proclamação de direitos humanos universais não seria suficiente sendo, portanto, necessárias disposições que obriguem os Estados nacionais não apenas a se absterem de intervir nos direitos coletivos das minorias, mas também a lhes prover um respaldo ativo para a efetiva fruição de tais direitos.[46] Contudo, como se sabe, os Estados nacionais tendem a ver o

---

42. SANTOS, Boaventura de Sousa. Por uma concepção multicultural de direitos humanos, p. 438.
43. SANTOS, Boaventura de Sousa. Por uma concepção multicultural de direitos humanos, p. 438.
44. Cf. SANTOS, Boaventura de Sousa. Por uma concepção multicultural de direitos humanos, p. 441.
45. SANTOS, Boaventura de Sousa. El significado político y jurídico de la jurisdicción indígena. In: SANTOS, Boaventura de Sousa; GARCÍA VILLEGAS, Mauricio (Orgs.). El Caleidoscopio de las Justicias en Colombia. Bogotá: Ediciones Uniandes, Siglo del Hombre, 2001, p. 201 (Tomo II).
46. Cf. SANTOS, Boaventura de Sousa. El significado político y jurídico de la jurisdicción indígena, p. 202.

reconhecimento de direitos coletivos aos povos indígenas como um "desafio ao monopólio estatal de produção e distribuição do direito", pois conjugados ao direito de autodeterminação, os direitos coletivos são muitas vezes considerados não apenas como obstáculos ao exercício das prerrogativas soberanas dos Estados nacionais, mas, inclusive, como uma ameaça a eles.[47]

Entretanto, apesar disso, as reivindicações dos povos indígenas e das minorias têm ganhado cada vez mais força e apoio político internacional, respaldadas que são por uma ampla e crescente coalisão transnacional.[48]

Essa situação naturalmente gera tensões no âmbito dos Estados nacionais, habitualmente pouco dispostos a declinarem de sua pretensa soberania e monopólio na criação e aplicação do direito. Observa-se, portanto, a existência de uma problemática tensão entre o exercício da autodeterminação reivindicada pelos povos indígenas e a pretensão de soberania dos Estados nacionais. Todavia, conforme avalia Boaventura de Souza Santos, de modo geral, a exigência de autodeterminação dos povos indígenas não é incompatível com a soberania dos Estados em que eles vivem.[49] A questão é como equacioná-las e, para tanto, a mera proclamação formal de direitos não se mostra suficiente.

É nesse sentido que Boaventura de Sousa Santos ressalta que as lutas e reivindicações dos povos indígenas e das minorias, expressivas que são de uma faceta perversa do processo de construção da modernidade ocidental, remetem à necessidade de resgate e reconhecimento de tradições suprimidas ou marginalizadas para a construção de "**novas constelações emancipatórias**".[50] Essa questão remete à necessidade de implementação de um diálogo intercultural que, por sua vez, implica uma "**hermenêutica diatópica**", nos termos que Boaventura de Sousa Santos, com base em Raimon Panikkar, a define:

> "... a hermenêutica diatópica baseia-se na ideia de que os topoi de uma dada cultura, por mais forte que sejam, são tão incompletos quanto a própria cultura a que pertencem. Tal incompletude não é visível a partir do interior dessa cultura, uma vez que a aspiração à totalidade induz a que se tome a parte pelo todo. O objetivo da hermenêutica diatópica não é, porém, atingir a completude – um objetivo inatingível – mas, pelo contrário, ampliar ao máximo a consciência de incompletude mútua por intermédio de um diálogo que se desenrola, por assim dizer, com um pé em uma cultura e outro em outra. Nisto reside o seu caráter diatópico."[51]

Deste modo, enfatizando que o reconhecimento de incompletudes mútuas é condição indispensável para a implementação de um diálogo intercultural, Boaventura de Sousa Santos assevera que a "**hermenêutica diatópica**", tal como acima definida, desenvolver-se-ia tanto na identificação local como na inteligibilidade translocal das incompletudes, de modo a oferecer um

---

47. Cf. SANTOS, Boaventura de Sousa. El significado político y jurídico de la jurisdicción indígena, p. 203.

48. A respeito, ver, por exemplo: VILLAS BÔAS FILHO, Orlando. A juridicização e o campo indigenista no Brasil: uma abordagem interdisciplinar, p. 340; VILLAS BÔAS FILHO, Orlando. A juridicização e os povos indígenas no Brasil, p. 21.

49. Cf. SANTOS, Boaventura de Sousa. El significado político y jurídico de la jurisdicción indígena, p. 207.

50. Cf. SANTOS, Boaventura de Sousa. El significado político y jurídico de la jurisdicción indígena, p. 208. Não há como recuperar aqui as perspectivas do "neodireito", do "neo-Estado" e da "neocomunidade", mobilizados pelo autor, para explicitar os potenciais aportes das tradições subalternas para a construção de "novas constelações emancipatórias".

51. SANTOS, Boaventura de Sousa. Por uma concepção multicultural de direitos humanos, p. 443-451. A respeito, no âmbito da antropologia jurídica, ver, especialmente: EBERHARD, Christoph. Le droit au miroir des cultures. Pour une autre mondialisation. Paris: LGDJ, 2010, p. 110-147; EBERHARD, Christoph. Les droits de l'homme face à la complexité: une approche anthropologique et dynamique. Droit et société, n°51-52, p. 455-588, 2002; EBERHARD, Christoph. Towards an intercultural legal theory: the dialogical challenge. Social & Legal Studies, vol. 10(2), p. 171–201, 2001; LE ROY, Étienne. Le jeu des lois. Une anthropologie "dynamique" du Droit. Paris: LGDJ, 1999, p. 14; 33 e 102-103; VACHON, Robert. L'étude du pluralisme juridique: une approche diatopique et dialogale. The Journal of Legal Pluralism and Unofficial Law, n. 29, p. 163-173, 1990.

amplo campo de possibilidades para a sustentação de debates em curso, nas mais diversas regiões culturais do sistema mundial, relativamente a temas gerais do universalismo, relativismo, multiculturalismo, pós-colonialismo, tradicionalismo, etc. Entretanto, como bem observa Christoph Eberhard, "*l'interculturel abstrait n'existe pas*".[52.] Por esse motivo, é particularmente importante considerar as trocas assimétricas que, muitas vezes respaldadas juridicamente, contribuíram para a implementação do "**imperialismo cultural**" e do "**epistemicídio**" que perpassam a trajetória histórica da modernidade ocidental.[53] É nesse sentido que, Boaventura de Sousa Santos propõe a seguinte indagação:

> "... *que possibilidades há para um diálogo intercultural quando uma das culturas foi moldada por massivas e continuadas agressões à dignidade humana perpetradas em nome da outra cultura? Quando as culturas partilham tal passado, a contemporaneidade que partilham no momento de iniciarem o diálogo é, no melhor dos casos, um* quid pro quo *e, no pior dos casos, uma fraude. O dilema cultural levantado é o seguinte: dado que, no passado, a cultura dominante tornou impronunciáveis algumas das aspirações à dignidade humana por parte da cultura subordinada, será agora possível pronunciá-las no diálogo intercultural sem, ao fazê-lo, justificar e mesmo reforçar a subordinação? Imperialismo cultural e epistemicídio são parte da trajetória histórica da modernidade ocidental. Após séculos de trocas culturais desiguais, será justo tratar todas as culturas de forma igual? Será necessário tornar impronunciáveis algumas aspirações da cultura ocidental para dar espaço à pronunciabilidade de outras aspirações de outras culturas?*"[54]

Essas considerações se fazem especialmente importantes, no que tange ao horizonte de interculturalidade em que se inscrevem as questões jurídicas atinentes aos povos indígenas, para que os direitos humanos não se caracterizem como mera expressão de um "**localismo globalizado**" que desconsidera categorias, valores e visões de mundo historicamente desconsideradas, suprimidas ou marginalizadas. Como ressalta Rodolfo Stavenhagen, essa questão não passou desapercebida pelos antropólogos à época da elaboração da Declaração Universal. Segundo ele, em 1947 a *American Anthropological Association* – fundada, como se sabe, por Franz Boas – ter-se-ia se manifestado acerca das dificuldades inerentes à pretensão de se erigir uma norma universal sobre direitos humanos. Nessa ocasião, a referida instituição, então fortemente inspirada pelas teses culturalistas, teria encaminhado uma comunicação à Comissão de Direitos Humanos da ONU questionando a possibilidade de se elaborar uma Declaração aplicável a todos os povos. Em tal documento, os antropólogos norte-americanos já ressaltavam a necessidade de que a Declaração Universal não ficasse atrelada apenas aos valores dominantes na Europa Ocidental e nos Estados Unidos.[55]

---

52. EBERHARD, Christoph. Dégager un horizon pluraliste. In: FOBLETS, Marie-Claire; SCHREIBER, Jean-Philippe (Dir.) *Les assises de l'interculturalité*. Bruxelles: Éditons Lacier, 2013, p. 134.

53. Cf. SANTOS, Boaventura de Sousa. *Por uma concepção multicultural de direitos humanos*, p. 447-452.

54. SANTOS, Boaventura de Sousa. *Por uma concepção multicultural de direitos humanos*, p. 452.

55. Cf. STAVENHAGEN, Rodolfo. *Derecho internacional y derechos indígenas*, p. 174-175.

Seja como for, cumpre ressaltar que a Declaração Universal dos Direitos Humanos, como bem o nota Rodolfo Stavenhagen, remanesce um instrumento importante na luta dos povos indígenas pela defesa de seus direitos, na medida em que respalda as suas demandas e reivindicações diante de Estados que, historicamente, têm sido cúmplices, comissiva ou omissivamente, das violações dos direitos humanos. Seu papel histórico é, nesse sentido, decisivo na salvaguarda dos direitos dos povos indígenas.

7. CONCLUSÃO

Os povos indígenas e sua sobrevivência; o respeito às suas diversas e múltiplas culturas; a busca por um modelo democrático participativo no qual tais povos ganhem visibilidade e sejam previamente ouvidos em relação às decisões governamentais que afetem seu modo de vida; a conciliação entre modelos desenvolvimentistas e interesses socioambientais dos quais dependem referidos povos para viver e se desenvolver, garantindo às futuras gerações uma existência segura e plena, constituem o maior dos desafios para os Estados do continente americano. A violação e a omissão na efetivação de tais direitos humanos fundamentais das nações indígenas, especialmente aquelas em isolamento voluntário ou em contato inicial, terá como consequência inafastável o seu completo desaparecimento, tanto do ponto de vista físico, quanto cultural. Neste sentido, restam patentes as falibilidades das ordens jurídicas nacionais, normalmente submetidas à cooptação de suas instituições políticas e esferas administrativas por setores economicamente predominantes e refratários à preservação dos direitos humanos dos povos ancestrais nas Américas, movidos que são pelos interesses sobre as terras indígenas, por seus recursos e riquezas naturais. E podemos identificar em tal contexto as causas que fazem ressaltar a importância do sistema interamericano de direitos humanos enquanto sistema complementar para realização da justiça no continente americano.

O desafio que se coloca atualmente diz respeito à necessidade em se garantir efetividade às soluções propostas a partir da Declaração Universal dos Direitos Humanos que, em seus 70 anos de vigência inspirou e pavimentou o caminho para posteriores declarações, estruturas (administrativas e judiciárias) e normas internacionais e nacionais, como por exemplo a atuação da Comissão Interamericana de Direitos Humanos e da Corte Interamericana de Direitos Humanos. Por tal razão, o desenvolvimento de uma cultura de respeito às referidas jurisdições em todo o continente e especialmente no Brasil, bem como a melhor preparação de profissionais do Direito que passem a compreender a crescente conexão entre as normas domésticas e aquelas vigentes nos sistemas global e interamericano, solidificando gradativa e de modo constante um autêntico constitucionalismo multinível, constituem passos inadiáveis para o aperfeiçoamento destes sistemas que são complementares – sistemas jurídicos, locais, nacionais, regionais e global – e para que se evite o definitivo desaparecimento das culturas e dos povos indígenas.

REFERÊNCIAS BIBLIOGRÁFICAS

ADONON, Akuavi; PLANÇON, Caroline; EBERHARD, Christoph. Les cultures juridiques. In: RUDE--ANTOINE, Edwige; CHRÉTIEN-VERNICOS, Geneviève (Coords.). Anthropologies et droits: état des savoirs et orientations contemporaines. Paris: Dalloz, 2009, p. 205-243.

ANAYA, James. Ecuador: experto de la ONU pide el fin de la violencia entre indígenas Tagaeri-Taromenane y Waorani. Disponível em <http://unsr.jamesanaya.org/statements/ecuador-experto-de-la-onu--pide-el-fin-de-la-violencia-entre-indigenas-tagaeri-taromenane-y-waorani>. Acesso em 4/3/2018.

BRASIL. Convenção Sobre Diversidade Biológica. Decreto nº 2.519, de 16 de março de 1998: Promulga a Convenção sobre Diversidade Biológica, assinada no Rio de Janeiro, em 05 de junho de 1992. Disponível em <http://www.planalto.gov.br/ccivil_03/decreto/d2519.htm>. Acesso em 5/3/2018.

BRASIL. Decreto nº 5.051, de 19 de abril de 2004: Promulga a Convenção nº 169 da Organização Internacional do Trabalho – OIT sobre Povos Indígenas e Tribais. Disponível em <http://www.planalto.gov.br/ccivil_03/_ato2004-2006/2004/decreto/d5051.htm>. Acesso em 5/3/2018.

BRASIL. Decreto nº 1.775, de 8 de janeiro de 1996. Dispõe sobre o procedimento administrativo de demarcação das terras indígenas e dá outras providências. Disponível em <http://www.planalto.gov.br/ccivil_03/decreto/d1775.htm>. Acesso em 4/3/2018.

BRASIL. Lei nº 6.001, de 19 de dezembro de 1973. Dispõe sobre o Estatuto do Índio. Brasília, 1973. Disponível em <http://www.planalto.gov.br/ccivil_03/leis/L6001.htm>. Acesso em 4/3/2018.

CASELLA, Paulo Borba. The Amerindians and International Law: a Brazilian perspective. Revista da Faculdade de Direito da USP, São Paulo, v. 112, p. 285-301, jan.-dez. 2017.

CLASTRES, Pierre. Arqueologia da violência: pesquisas de antropologia política. Tradução de Paulo Neves. São Paulo: Cosac & Naify, 2004.

COMISSÃO INTERAMERICANA DE DIREITOS HUMANOS – ORGANIZAÇÃO DOS ESTADOS AMERICANOS. MC 382/10 – Comunidades Indígenas da Bacia do Rio Xingu, Pará, Brasil. Disponível em <http://www.cidh.oas.org/medidas/2011.port.htm>. Acesso em 5/3/2018.

COMISSÃO INTERAMERICANA DE DIREITOS HUMANOS – ORGANIZAÇÃO DOS ESTADOS AMERICANOS. Povos indígenas em isolamento voluntário e contato inicial nas Américas. Recomendações para o respeito integral a seus direitos humanos. Diretrizes de proteção para os povos indígenas em isolamento e em contato inicial da região amazônica, Grande Chaco, e região oriental do Paraguai. Resultado das consultas realizadas pelo ACNUDH na região: Bolívia, Brasil, Colômbia, Equador, Paraguai, Peru e Venezuela, maio de 2012. Relatoria sobre os Direitos dos Povos Indígenas da Comissão Interamericana de Direitos Humanos. OEA/Ser.L/Doc.47/13. Washington, DC, 2013.

CORTE INTERAMERICANA DE DIREITOS HUMANOS. Caso Comunidade Indígena Sawhayamaxa Vs. Paraguai. Sentença de 29 de março de 2006. Série C nº 146, par.162. Disponível em <http://www.corteidh.or.cr/docs/casos/articulos/seriec_146_esp2.pdf>. Acesso em 5/3/2018.

CUNHA, Manuela Carneiro da; BARBOSA, Samuel Rodrigues (Orgs.). Direitos dos povos indígenas em disputa. São Paulo: Editora Unesp, 2018.

EBERHARD, Christoph. Droits de l'homme et dialogue interculturel. Paris: Éditions des Écrivains, 2002.

_____. Towards an intercultural legal theory: the dialogical challenge. Social & Legal Studies, vol. 10(2), p. 171–201, 2001.

_____. Le droit au miroir des cultures. Pour une autre mondialisation. Paris: LGDJ, 2010.

_____. Les droits de l'homme face à la complexité: une approche anthropologique et dynamique. Droit et société, n°51-52, p. 455-488, 2002.

___ . Dégager un horizon pluraliste. In: FOBLETS, Marie-Claire; SCHREIBER, Jean-Philippe (Dir.) Les assises de l'interculturalité. Bruxelles: Éditons Lacier, 2013, p. 131-145.

GARZÓN, Biviany Rojas (Org.). Convenção 169 da OIT sobre povos indígenas e tribais: oportunidades e desafios para sua implementação no Brasil. São Paulo: Instituto Socioambienal, 2009 (Série documentos do ISA; 12)

GRABNER, Maria Luiza. O direito humano ao consentimento livre, prévio e informado como baluarte do sistema jurídico de proteção dos conhecimentos tradicionais. Disponível em <http://www.mpf.mp.br/atuacao-tematica/ccr6/documentos-e- publicacoes/artigos/docs_artigos/1-o-direito-humano-ao-consentimento-livre-previo-e- informado-1.pdf>. Acesso em 5/3/2018.

HEMMING, John. Amazon frontier. The Defeat of the Brazilian Indians. London: Macmillan, 1987.

_____. Die if you must. Brazilian Indians in the Twentieth Century. London: Macmillan, 2003.

_____. Red Gold. The Conquest of the Brazilian Indians. London: Macmillan, 1978.

_____. Tree of rivers. The story of the Amazon. London: Thames & Hudson, 2008.

_____. et al. Tribes of the Amazon Basin in Brazil 1972. Report for the Aborigines Protection Society. London: Charles Knight & Co., 1973.

INSTITUTO BRASILEIRO DE GEOGRAFIA E ESTATÍSTICA. Entrevista com a pesquisadora do IBGE Nilza de Oliveira Martins Pereira. Rio de Janeiro, 2016. Disponível em: <http://indigenas.ibge.gov.br/video-2.html>. Acesso em: 28 fev. 2017.

JÚNIOR, Isaias Montanari. Demarcação de Terras Indígenas e Cooperação Internacional – Análise do PPTAL – Programa Piloto de Proteção das Terras Indígenas na Amazônia Legal. Curitiba: Juruá, 2013.

JÚNIOR. José Araujo. Direitos Territoriais Indígenas – Uma Interpretação Intercultural. Editora Processo, Rio de Janeiro, 2018.

LÂM, Mainvân Clech. Minorities and Indigenous Peoples, The Oxford Handbook on the United Nations, Edited by Thomas G. Weiss e Sam Davis. Oxford University Press, 2007, p. 528/529.

LE ROY, Étienne. Le jeu des lois. Une anthropologie "dynamique" du Droit. Paris: LGDJ, 1999.

MATTEI, Ugo; NADER, Laura. Plunder: when the rule of law is illegal. Oxford: Blackwell Publishing, 2008.

MORIN, Edgar. Cultura e barbárie europeias. Tradução de Daniela Cerdeira. Rio de Janeiro: Bertrand Brasil, 2009.

Nation to Nation – Treaties Between the United States & American Indian Nations. Edited by Suzan Shown Harjo. Published by the National Museum of American Indian and Smithsonian Books, Washington, DC – New York, 2014.

ORGANIZAÇÃO DAS NAÇÕES UNIDAS. Declaração das Nações Unidas sobre os Direitos dos Povos Indígenas. Disponível em <http://www.un.org/esa/socdev/unpfii/documents/DRIPS_pt.pdf>. Acesso em 4/3/2018.

PEREIRA, Flávio de Leão Bastos. Genocídio indígena no Brasil. Desenvolvimentismo entre 1964 e 1985. Juruá, Curitiba, 2018.

RAMOS, André de Carvalho. Curso de Direitos Humanos. São Paulo: Saraiva, 2014.

RIBEIRO, Darcy. Os Índios e a Civilização – A Integração das Populações Indígenas no Brasil Moderno. São Paulo: Global, 2017.

ROULAND, Norbert (Org.). Direito das minorias e dos povos autóctones. Tradução de Ane Lize Spaltemberg. Brasília: Editora da Universidade de Brasília, 2004.

SACCO, Rodolfo. Antropologia jurídica: contribuição para uma macro-história do direito. Tradução de Carlo Alberto Dastoli. São Paulo: Martins Fontes, 2013.

SANTOS, Boaventura de Sousa. Por uma concepção multicultural de direitos humanos. In: _____ (Org.). Reconhecer para libertar: os caminhos do cosmopolitismo multicultural. Rio de Janeiro: Civilização Brasileira, 2003. p. 429-461.

_____. El significado político y jurídico de la jurisdicción indígena. In: SANTOS, Boaventura de Sousa; GARCÍA VILLEGAS, Mauricio (Orgs.). El Caleidoscopio de las Justicias en Colombia. Bogotá: Ediciones Uniandes, Siglo del Hombre, 2001, p. 201-211 (Tomo II).

STAVENHAGEN, Rodolfo. Derecho internacional y derechos indígenas. In: KROTZ, Esteban (Ed.). Antropología jurídica: perspectivas socioculturales en el estudio del derecho. Rubí (Barcelona): Anthropos Editorial; México: Universidad Autónoma Metropolitana – Iztapalapa, 2002. p. 171-209.

SMITH, Andrea. Conquest – Sexual Violence and American Indian Genocide, South End Press Cambridge, MA, 2005.

SURVIVAL INTERNATIONAL. Disponível em: <*https://www.survivalinternational.org/uncontactedtribes/who-they-are*>.

VACHON, Robert. L'étude du pluralisme juridique: une approche diatopique et dialogale. The Journal of Legal Pluralism and Unofficial Law, n. 29, p. 163-173, 1990.

VILLARES, Luiz Fernando. Direito e povos indígenas, 1ª edição, 2ª impressão. Curitiba: Juruá, 2013.

VILLAS BÔAS FILHO, Orlando. A juridicização e o campo indigenista no Brasil: uma abordagem interdisciplinar. Revista da Faculdade de Direito da USP, São Paulo, v. 111, p. 339-379, jan.-dez. 2016.

_____. A juridicização e os povos indígenas no Brasil. In: LIMA, Emanuel Fonseca; AURAZO DE WATSON, Carmen Soledad (Orgs.). Identidade e diversidade cultural na América Latina. Porto Alegre: Editora Fi, 2017, p. 21-52.

_____. Os direitos indígenas no Brasil contemporâneo. In: BITTAR, Eduardo Carlos Bianca. História do direito brasileiro: leituras da ordem jurídica nacional. São Paulo: Atlas, 2003, p. 279-293.

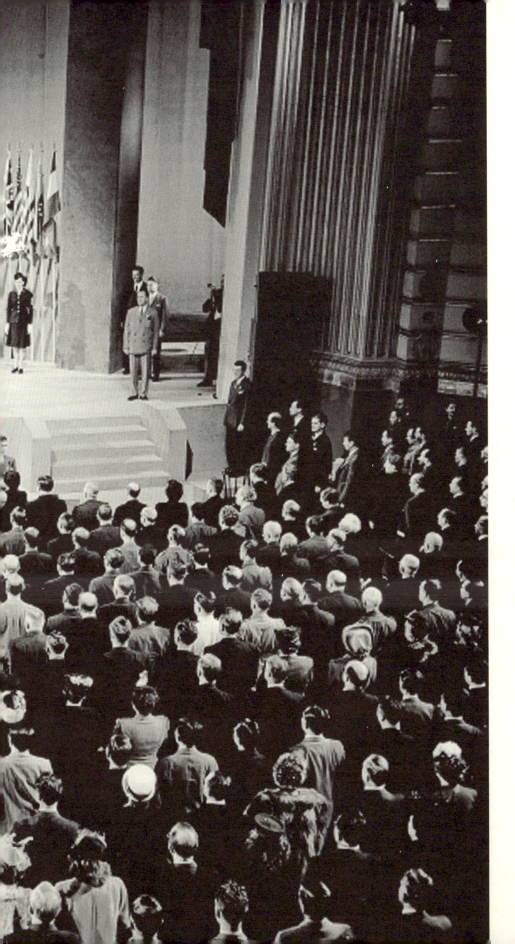

16ª CONFERÊNCIA DA FUNDAÇÃO DA
ORGANIZAÇÃO DAS NAÇÕES UNIDAS
STRINGER / AFP / *GETTY IMAGES*

REFLEXOS DA DECLARAÇÃO UNIVERSAL DOS DIREITOS HUMANOS NAS RELAÇÕES PRIVADAS COM ELEMENTOS ESTRANGEIROS

RESUMO

As relações privadas com elementos estrangeiros colocam a questão dos limites das leis e dos conflitos que entre elas se estabelecem. Delas se ocupa a tradicional disciplina do Direito Internacional Privado. De outra parte, os direitos humanos e seu marco de internacionalidade (a Declaração Universal dos Direitos Humanos) operam numa lógica de uniformização potencial dos interesses pessoais e coletivos. Muitas das fontes internacionais do direito internacional privado, especialmente as convenções da Conferência da Haia de Direito Internacional Privado, organização intergovernamental de caráter global, fazem expressa menção a instrumentos internacionais de proteção da pessoa humana, mas não à Declaração de 1948. Discutir o contexto e o escopo dessas menções, além de sua finalidade e alcance mostra-se, assim, conveniente para mostrar que os Direitos Humanos e o Direito Internacional Privado guardam relações importantes, mas que não devem ser hipertrofiadas.

PALAVRAS-CHAVE
CONFLITOS DE LEIS NO ESPAÇO, ORDEM PÚBLICA, UNIFORMIZAÇÃO

1. INTRODUÇÃO

As relações privadas com elementos estrangeiros colocam a questão dos limites das leis e dos conflitos que entre elas se estabelecem (BAPTISTA MACHADO, 1998). Pressupõe-se o dissenso, vale dizer, as divergências de tratamento que cada ordenamento jurídico nacional empresta a cada uma das situações da vida que tenham sido consideradas juridicamente relevantes. De tais relações se ocupa a tradicional disciplina do Direito Internacional Privado, que determina a ou as jurisdições competentes, o direito aplicável, os mecanismos de cooperação administrativa ou judicial entre os Estados soberanos interessados na resolução daquele litígio, bem assim o modo como o ordenamento do foro lida com a presença constante e atuante de estrangeiros, os quais devem merecer proteção, respeito e tolerância relativamente às divergências, mormente as culturais, que possam representar.

GUSTAVO FERRAZ
DE CAMPOS MONACO

Professor Associado do Departamento de Direito Internacional e Comparado da Faculdade de Direito da USP. Livre-Docente, Doutor e Bacharel em Direito pela Faculdade de Direito da USP. Mestre em Ciências Jurídico-Políticas pela Faculdade de Direito da Universidade de Coimbra.

De outra parte, os direitos humanos e seu marco de internacionalidade (a Declaração Universal dos Direitos Humanos) operam numa lógica de uniformização potencial dos interesses pessoais e coletivos que coloca em cheque e contrapõe uma pretensão universalista a uma realidade dotada de amplo relativismo cultural, ou seja: a percepção de que os direitos universalmente declarados, positivados, garantidos, são percebidos de forma diversa aqui e alhures.

Fontes internacionais do Direito Internacional Privado, especialmente as convenções da Conferência da Haia de Direito Internacional Privado, organização intergovernamental de caráter global (RODAS/MONACO, 2006), fazem menção a instrumentos internacionais de Direitos Humanos de vocação universal, mas curiosamente não mencionam a Declaração Universal de 1948 nem os Pactos de 1966. O intuito de uniformizar a lei mandada aplicar pelos Estados contratantes anda ao lado daquele outro importante intuito que é o de coordenar a atuação desses mesmos Estados, numa perspectiva colaborativa.

Discutir o contexto e o escopo dessas menções, além de sua finalidade e alcance, mostra-se, assim, conveniente para expor que os Direitos Humanos e o Direito Internacional Privado[1] guardam relações importantes, mas não devem ser hipertrofiadas. Com efeito, o Direito Internacional Privado teve os interesses da pessoa humana como fim maior, desde as origens da disciplina, e atua constantemente, sem a necessidade de malabarismos teóricos, para garantir os interesses das pessoas privadas (físicas e jurídicas) devidamente iluminados pelos Direitos Humanos. Não morre o conflitualismo nem padece a necessidade de resolução prévia dos concursos de leis no espaço, portanto. Em verdade, a resolução dos conflitos de leis no espaço sempre manteve um adequado complemento simbiótico com os Direitos Humanos que aqui importa ressaltar para garantir a continuidade dessa desejável e benfazeja confluência dentro dos limites de cada uma das disciplinas.

2. O DIREITO INTERNACIONAL DOS DIREITOS HUMANOS[2]

O direito positivo desempenha um importantíssimo papel no reconhecimento e na garantia ao longo do tempo dos direitos naturais em geral e dos direitos humanos em particular – ao menos no que diz respeito ao valor-fonte da dignidade da pessoa humana[3]. Enquanto ordem de valores atribuíveis à pessoa humana, os direitos humanos passam a sofrer uma objetivação no que tange às questões que envolvem governantes e governados, deixando-se claro quais os deveres e os direitos de cada um dos polos dessa relação, limitando-se o arbítrio do Estado e ampliando-se as liberdades dos súditos ao mesmo tempo em que se ampliam os deveres do

---

1. Assim, entre nós, já BEVILÁQUA (1906:58-59); BEVILÁQUA (1938:81). Por último, sistematicamente, VASCONCELOS (2014). Ainda, MOURA VICENTE (2001:36-37); FULCHIRON (2002).

2. Para um maior desenvolvimento, veja-se MONACO (2005), em especial o Capítulo 2, de cuja estrutura parte do texto é tomada de empréstimo.

3. Para uma conceituação da dignidade da pessoa humana com a qual se concorda: AZEVEDO (2002).

Estado em benefício de outros direitos desses mesmos súditos, aqueles últimos os direitos econômicos e sociais. Mary ROBINSON (1998:251) afirma que apenas a partir de 1948 os direitos de primeira e segunda dimensão foram disciplinados pela sociedade internacional de forma indivisível, ou seja, enquanto direitos que se complementam e reforçam em razão da dignidade da pessoa humana, ao invés de excluir-se mutuamente.

Os direitos humanos surgem, assim, de uma cristalização de vários fatores que são, basicamente, devidos a uma pluralidade de modos de se pensar a vida em sociedade e de se regulamentar as relações surgidas e desenvolvidas em seu seio. A esses fatores, Celso LAFER (1999:443) dá o nome de *feixes axiológicos*, os quais teriam o condão de garantir um sentido de direção, direção essa quase sempre progressiva; poder-se-ia acrescentar [apesar dos retrocessos que se constituem, afinal, na força propulsora dos avanços posteriores, mormente nesse campo do jurídico (COMPARATO, 2003:36-37)] no sentido do reconhecimento da dignidade humana enquanto um aspecto que culmina na garantia da qualidade de sujeito de direito a todos os seres humanos.

Apenas com as revoluções Americana e Francesa é que se dá um passo adiante na busca da efetividade dos direitos humanos que se mostravam até então proposições teóricas bem formuladas. Com efeito, foi nessa ocasião que o legislador reconheceu e acolheu os *teoremas* da fase anterior, dando-lhes — agora sim e pela primeira vez — uma roupagem jurídica, em forma de declarações de direitos que ganhavam concretude, mas perdiam universalidade, posto que territorial e culturalmente vinculadas (nacionalização dos direitos humanos).

Essa relatividade a que se fez referência é uma relatividade que se processa em função do espaço, muito embora os franceses tenham intentado dar a sua declaração um alcance transnacional (COMPARATO, 2003:51) e tenham logrado influenciar muitas nações, em especial aquelas da América do Sul, prestes a se emancipar (CASSIN, 1974:324). Em consequência, os direitos humanos passaram a gozar de proteção no direito interno de cada um dos modernos Estados em razão da afirmação — consignada na declaração francesa — segundo a qual os povos que não garantissem a divisão de poderes e não proclamassem direitos do homem e do cidadão não disporiam de uma constituição. Consequência disso foi a adoção de proclamações solenes de direitos com eficácia restrita a cada um dos Estados e a seus respectivos cidadãos, proclamações essas que distinguiam formalmente os direitos do homem dos direitos atribuíveis apenas aos cidadãos do Estado.

Tal distinção entre direitos dos cidadãos e direitos do homem corresponde, no desenvolvimento do direito constitucional, à contraposição existente entre a liberdade dos antigos e a liberdade dos modernos, na clássica distinção de Benjamin Constant[4]. Essa diferenciação se baseava na distinção entre sociedade e Estado e tinha por escopo garantir a manutenção do voto censitário, sem, contudo, ferir a igualdade formal entre todos os homens. Nesse sentido, então, cada Estado garantia os direitos de seus cidadãos, no âmbito interno de suas fronteiras, o que deu espaço à intolerância e ao arbítrio.

Foi a *banalização do mal* (ARENDT, 2000) ocasionada pelos sistemas totalitários (não somente os totalitarismos nazifascistas, mas também os de inspiração socialista) que desencadeou, como reação, a passagem da proteção dos direitos humanos do plano meramente interno para o plano do sistema jurídico internacional (LAFER, 1999:446). Com essa passagem garante-se a positivação universalista dos direitos humanos (BOBBIO, 1992:30), que se esteia antes de tudo na Carta das Nações Unidas e continua nas declarações de direitos do século 20 e nos tratados internacionais posteriores.

Esse "direito a ter direitos", expressão cunhada por Hannah Arendt, já não é mais um direito exercido no seio dos Estados, mas é um direito que se desenvolve e se exerce no seio da sociedade internacional, pressupondo certa homogeneização dos valores contrapostos nessa sociedade, lastreados acima de tudo pelo valor maior que congraça a dignidade da pessoa humana, esse sim um valor anterior e, por isso, de inspiração naturalista.

Quer isto significar que a *soft law* da declaração deu conteúdo normativo à política do Direito que fora contemplada pela Carta das Nações Unidas, mas esse germe necessitava, ainda, de um desenvolvimento apto a concretizá--lo. Daí a subsequente *hard law* dos Pactos de 1966 e todos os demais instrumentos internacionais que, de uma forma ou de outra, procuraram alargar, restringir, generalizar ou especificar o âmbito de proteção dos direitos humanos. Todavia, é esse universalismo — kantiano na essência — que foi inaugurado, em termos positivos, pela Declaração de 1948 que servirá de base, durante muito tempo ainda, para pensar-se o direito internacional dos direitos humanos e seu desenvolvimento posterior.

Os tratados e as convenções *já existentes e já ratificados* não podem ser denunciados pelos Estados, uma vez que o seu conteúdo encerra não somente a consagração de princípios gerais de direito como porque tais direitos reconhecidos são indisponíveis por sua própria natureza e, como direitos indisponíveis que são, ao mesmo tempo em que não podem ser objeto de renúncia por seus titulares, também não podem ser suprimidos pelos Estados, em virtude de sua natureza internacional (COMPARATO, 2003:66-67).

Todavia, ao assinar e ratificar os tratados internacionais, os Estados assumem, em decorrência de certos preceitos destes mesmos tratados internacionais, as seguintes obrigações: (i) a de respeitar os direitos humanos

[4]. Nesse sentido, dentre outros: CANOTILHO (2000:388) e FERREIRA FILHO (1999:23-25).

reconhecidos nos instrumentos internacionais na atuação de todos os seus órgãos, que devem se abster da prática de atos que extrapolem os limites impostos por tais direitos; (ii) a de adotar medidas necessárias para a proteção desses mesmos direitos, o que indica uma atuação positiva do Estado na medida em que este deve legislar, governar, administrar e julgar de acordo com os direitos que deve implementar; e (iii) a de garantir seu livre e pleno exercício a toda pessoa humana sujeita a sua jurisdição.

3. O DIREITO INTERNACIONAL PRIVADO E SUAS NORMAS DE MATRIZ CONVENCIONAL

Surgido na realidade do medievo, o Direito Internacional Privado experimentou uma longa e profícua fase de desenvolvimento científico, na qual autores europeus – os chamados estatutários das escolas italiana, francesa e holandesa – procuraram estabelecer mecanismos de compreensão do fenômeno da especialização legislativa ocasionado pela pulverização do exercício local do poder de dizer o direito que era o direito romano recepcionado e transmitido por uma tradição oral que perdurou por muitos séculos e no qual os valores outrora uniformes receberam marcas características locais.

Os direitos locais eram, assim, diversos e tornava-se essencial decidir qual entre os direitos interessados seria o aplicável. Dizer que o direito era interessado era (e continua a ser) dizer que a situação da vida apresenta em sua estrutura um elemento fático vinculado territorialmente ao espaço em que se exerce uma e somente uma única jurisdição. Não sendo possível aplicar todos ao mesmo tempo para a resolução de uma mesma e única *quaestio iuris*, sob pena de se gerar contradição e perplexidade, os estatutários buscavam definir e impor pela razão certos princípios que pudessem indicar qual a norma eficaz para a regência daquela situação da vida[5].

No século 19, todavia, essa fase de desenvolvimento científico dá lugar a uma fase de desenvolvimento positivo bem ao gosto da época. SAVIGNY (2004), grande autor do período, fixa as bases nacionais, internas, do direito dos conflitos a partir de valores universais como o da irretroatividade das leis e o da ausência de interesse de leis espacialmente afastadas (não conectadas) com a situação da vida a que BAPTISTA MACHADO (1998) chamará, na segunda metade do século 20, o princípio da não transconexão.

Caberia, a partir de então, ao legislador nacional a incumbência de definir as regras de conflitos secundárias, que operam a escolha de uma dessas leis conectadas, dessas leis com as quais a situação da vida guarda alguma pertinência, para servir de lei incidente para a resolução do litígio material existente entre as partes.

---

5. Veja-se, a propósito, OCTÁVIO (1942); FERRER CORREIA (2000) e ANCEL (2017).

Não é preciso muito esforço para perceber que a outorga de tal poder ao legislador nacional interno poderia ocasionar – como de fato ocasionou – divergências mais ou menos profundas na determinação das leis aplicáveis. Disso dá testemunho a celeuma que opôs o velho e o novo mundo (com algumas exceções, como o Reino Unido e o Brasil), que se vinculavam prioritariamente aos conceitos da nacionalidade e do domicílio como critérios indicativos da lei pessoal e familiar a ser aplicada à pessoa física para ficar em um exemplo, apenas.

Savigny não era, entretanto, ingênuo. Sabedor dessa possibilidade, defendeu na mesma obra a formação de uma comunidade jurídica de nações. Tal projeto ambicioso e de dificultada consecução prática foi de fato tentado por Pasquale Mancini e efetivamente posto em marcha por Tobias Asser, tendo cabido ao Governo dos Países Baixos a convocação e promoção de sucessivas Conferências Diplomáticas iniciadas ainda no século 19 e institucionalizadas na estrutura de uma Organização Internacional de caráter permanente a partir da segunda metade do século 20: a Conferência da Haia de Direito Internacional Privado (RODAS/MONACO, 2002).

Por meio de sessões diplomáticas, esta Organização Internacional tem por escopo desenvolver mecanismos de obtenção do consenso que é transposto para textos convencionais abertos à assinatura e ratificação, bem como a adesão não apenas dos Estados membros da Organização, como também de terceiros Estados interessados na adoção de suas disposições. Importante consignar que a Organização experimentou importante evolução em seus meios de aproximação legislativa entre os Estados interessados.

De um passado – nunca abandonado, pois sempre poderá ser um mecanismo que, a depender do tema e dos objetivos perseguidos, poderá ser retomado depois de um período como o recente, em que se atua por outras formas – em que se buscava a identificação de uma e única conexão principal e, eventualmente, de conexões subsidiárias ou secundárias, evitando a oposição atrás referida[6], a Conferência passou a atuar, mais recentemente, por meio do estabelecimento de mecanismos de cooperação judiciária internacional, o que lhe garantiu um mais alto índice de aderência por parte dos Estados e, consequentemente, de sucesso mais marcante em sua atuação e na persecução de seus objetivos institucionais.

Importa aqui salientar que os Preâmbulos de algumas convenções internacionais assinadas sob os auspícios da Organização Internacional invocam explícita ou implicitamente instrumentos de proteção e promoção dos Direitos Humanos, especialmente a partir da década de 1980, em convenções que têm por intuito regular temas de direito de família ou de direito processual enquanto forma de garantir o acesso eficiente à justiça.

---

[6]. E que, associado à circunstância de os Estados avocarem competências jurisdicionais concorrentes, gera o fenômeno do *forum shopping* em que as partes no litígio buscam atingir seus objetivos de maneira mais eficiente. CAMARGO (2017).

A primeira dessas, em que se invoca a ideia de interesse da criança que aparecera já na Declaração Universal dos Direitos das Crianças de 1959, e a Convenção da Haia de 1980 sobre os aspectos civis da subtração internacional de crianças (promulgada no Brasil pelo Decreto nº 3.413, de 14 de abril de 2000), onde se pode ler que seus Estados signatários estavam profundamente convencidos que o interesse da criança deve ter importância primordial em matérias relacionadas à determinação de sua guarda. Buscaram, assim, reconhecer o direito a uma efetiva e saudável convivência familiar (MONACO, 2012).

Também a Convenção da Haia de 1980 sobre Acesso Internacional à Justiça (promulgada no Brasil pelo Decreto nº 8.343, de 13 de novembro de 2014) se vale de mecanismo implícito de reconhecimento dos direitos humanos já consagrados ao referir um "desejo de facilitar o acesso internacional à justiça" como forma de torná-la mais efetiva.

Explicitamente, porém, a primeira experiência virá em 1993, quando é firmada a Convenção da Haia daquele ano sobre a proteção da criança e cooperação em matéria de adoção internacional (promulgada no Brasil pelo Decreto nº 3.087, de 21 de junho de 1999) (MONACO, 2002). Nela, os Estados signatários declaram seu desejo de "estabelecer disposições comuns que levem em conta os princípios reconhecidos por instrumentos internacionais, notadamente a Convenção da ONU sobre os Direitos das Crianças, de 1989", e a Declaração, de 1959, que a antecedeu.

O mesmo expediente é seguido na Convenção da Haia, de 1996, concernente à competência, à lei aplicável, ao reconhecimento, à execução e à cooperação em matéria de responsabilidade parental e a medidas de proteção de crianças (que não vincula o Brasil), que volta a invocar a Convenção de 1989, mas curiosamente não é explicitado na Convenção do ano 2000 sobre a Proteção internacional de adultos incapazes (que também não vincula o Brasil) em que uma expressa menção à Declaração Universal dos Direitos Humanos, de 1948, ou aos Pactos de 1966 teria sido viável e até recomendável. No entanto, lê-se no Relatório Explicativo de Paul Lagarde que a Comissão encarregada de elaborar o texto que serviu de base às negociações não acolheu

> *a sugestão de algumas delegações de fazer referência no preâmbulo a outros instrumentos internacionais, notadamente aos pactos das Nações Unidas sobre direitos civis e políticos e sobre direitos econômicos, sociais e culturais. Essa posição não implica desconhecimento da importância desses instrumentos. Bem entendidos, os direitos fundamentais de adultos que precisam de proteção estiveram constantemente no centro das preocupações da comissão, mas nenhuma disposição específica dos pactos pré-citados foi invocada no curso dos debates. (LAGARDE, 2000:43)*

Nova menção explícita – e agora bastante detalhada – pode ser conferida na Convenção da Haia, de 2007, sobre a cobrança internacional de alimentos em favor de crianças e outros membros da família (promulgada no Brasil pelo Decreto nº 9.176, de 19 de outubro de 2017), que menciona novamente a Convenção sobre Direitos das Crianças de 1989. No entanto, o Protocolo sobre Lei aplicável (promulgado pelo mesmo Decreto nº 9.176) não traz menção explícita.

Em que pese a pouca referência explícita e mesmo implícita nos preâmbulos, é essencial reconhecer que os mecanismos típicos do Direito Internacional Privado, bem como das fontes convencionais da disciplina reconhecem e convivem com os direitos humanos de forma tolerante e adequada desde sempre. Ressaltar tais mecanismos é, então, tarefa que se impõe e à qual vou me dedicar no próximo item, procurando correlacionar os direitos humanos e o princípio da ordem pública[7].

4. ORDEM PÚBLICA E DIREITOS HUMANOS: LIMITES E CORRELAÇÃO

Sabe-se que o princípio da ordem pública tem a função essencial de conformar juridicamente os valores professados por certa sociedade em certo período histórico, de onde advém a dificuldade de sua delimitação conceitual. No jogo do direito dos conflitos de leis no espaço, a eventual aplicabilidade de uma lei estrangeira, conformada por valores de uma sociedade diversa pode implicar um ruído indesejável para a segurança e a estabilidade do direito do foro. Assim, se esse pretende dar vazão à lei estrangeira, por ser a mais próxima à situação da vida juridicamente relevante, também reagirá à divergência mais profunda por meio do princípio da ordem pública.

O direito recorre, em maior ou menor grau, à ordem pública enquanto princípio guardião dos valores sociais para se proteger de desmandos e arbitrariedades que possam ser cometidos em nome de princípios outros, como os da autonomia da vontade ou da comunhão internacional.

Esse *maior ou menor grau* em que se pode evocar o princípio da ordem pública permite concluir pela existência de uma *tríplice nivelação* para que a ele se recorra, como demonstra Jacob DOLINGER (1979 e 2004:33-37). Tal forma de se entender o princípio em comento tem a especial vantagem de afastar uma série de distinções iníquas que a doutrina, ao longo dos tempos, foi estabelecendo[8] para tentar explicar a força que a ordem pública tem de impedir não somente a manifestação de posição discordante da vontade das partes em um negócio jurídico regulado de forma imperativa pela lei, mas também que a própria norma de Direito Internacional Privado tenha aplicação. Nesse último caso, o juiz afastaria, em princípio, a lei estrangeira indicada por sua lei nacional como sendo a aplicável para a resolução do conflito.

---

7. Farei essa correlação a partir das ideias que já desenvolvi em dois trabalhos anteriores, a saber: MONACO (2012) e MONACO (2013).

8. Elucidativa é a passagem seguinte: "não sendo as leis propriamente ditas de ordem pública, não há como falar de leis de ordem pública interna e leis de ordem pública externa. Existe o princípio da ordem pública, algo abstrato que é aplicado às leis quando o juiz entender que determinada regra jurídica deve contar com a proteção, com o reforço desse princípio". (DOLINGER 1979:40-41)

Aquelas distinções doutrinárias relativas à força vinculante da norma têm sido muito criticadas nos últimos tempos.

Assim, de acordo com a nova formulação doutrinária, no *primeiro nível* a ordem pública (ou a *vontade comum da nação*) se levanta para impedir que a vontade individual das partes em um negócio jurídico possa prevalecer contra os interesses postos pela maioria. Ideal ou filosoficamente, uma ofensa à ordem pública desse tipo somente poderia ser perpetrada pelo grupo minoritário, que foi derrotado no momento da positivação do direito, uma vez que a maioria, em tese, haveria de respeitar e acatar a sua própria vontade, submetendo-se à regulação do negócio imposta pela lei. Percebe-se, portanto, que a aplicação do princípio da ordem pública nesse primeiro nível é de caráter absolutamente interno, sem qualquer reflexo jurídico para além das fronteiras nacionais. Todavia, justamente porque essa maioria referida pode ser alterada diante da evolução social, é possível que normas que não admitiam afastamento pela vontade das partes passem a ser afastadas, alterando-se seu caráter cogente. Nesse caso, não foi a lei que mudou, mas a ordem pública que a permeia que sofreu alteração ditada pelas necessidades sociais. No que concerne aos problemas que este artigo procura enfrentar, então, pode bem ser que a autoridade pública encarregada de tomar uma decisão, invocando o princípio da ordem pública, afaste eventual acordo privado que ofende um direito fundamental de quaisquer das partes.

No *segundo nível*, no entanto, essa ordem pública ganha contornos internacionais. Sua aplicabilidade relaciona-se com a constatação de que a lei estrangeira, indicada pela norma de direito internacional privado interna como sendo a lei aplicável para o deslinde da questão jurídica apreciada, exprime valores *muito diversos dos valores da sociedade nacional*, motivo pelo qual sua aplicação incondicional poderia chocar os bons costumes, ou a soberania nacional. Trata-se de um grau mais elevado de aplicação do princípio ("de maior gravidade", como refere Jacob DOLINGER), justamente por implicar a não aplicação de uma disposição legal nacional de direito internacional privado, em virtude da não aceitação do conteúdo da regulação legal estrangeira. Isso porque, como salienta o mesmo autor, "a lei que choca, que é incompatível, que escandaliza, esta lei é distante, foge completamente da ideia básica de proximidade e, por isto, não pode ser aplicada" (DOLINGER, 2007:544). Também nesse segundo nível, o princípio da ordem pública pode tornar-se maleável e mutável com o transcorrer do tempo. Assim, diversas decisões foram proferidas no passado com a aplicação de normas estrangeiras que violavam valores que àquele tempo não conflitavam com nosso conceito de ordem pública. No entanto, à luz da ordem pública hoje vigente no País, poder-se-á entender que previsão estrangeira de mesma monta é hoje ofensiva à igualdade entre homem e mulher, por exemplo, autorizando seu afastamento a fim de não se produzir uma decisão conflitante com o direito à igualdade.

No *terceiro nível*, por fim, "em grau de natureza gravíssima, a ordem pública irá ao ponto de impedir a aceitação no foro de situações já consumadas e consagradas no exterior" (DOLINGER, 1979:42). Trata-se da *recusa de reconhecer situações* que configurem até mesmo eventual *direito adquirido* de uma das partes, justamente porque tal direito ofenda grandemente a filosofia político-jurídica do Estado, que este se recusa a reconhecer. No que concerne ao objeto desse artigo, exemplificativa é a hipótese de se negar reconhecimento a uma decisão internacional que determine a alteração da guarda de um filho quando tal modificação tiver por esteio legislação de cariz religioso que, dada a sua natureza própria, seja o único fundamento para a concessão da medida, por exemplo.

Em que pese a gravidade dessas ofensas, deve-se lembrar que modificações dos costumes ou da convivência sociais podem forçar o Estado a mudar seu entendimento acerca da ordem pública, autorizando, por isso mesmo, o gozo ou o reconhecimento de direitos até então afastados da esfera jurídica dos cidadãos. Isso porque, como lembra Bruno MIRAGEM, "não se há de dizer *a priori* que o reconhecimento de determinadas relações pela ordem jurídica, em vez de outras, seja mais ou menos correto" (2005:315). Correção de opções jurídicas decorre da adequação de validade verificada nos moldes kelsenianos, ou seja, a partir de sua pertinência e conformidade com as disposições normativas hierarquicamente superiores e, nesse sentido, pode-se perceber que o juízo atinente à aplicação do princípio da ordem pública não se perfaz com correção ou incorreção, muito embora possa a estes se amoldar, mormente quando a mutabilidade da caracterização do princípio da ordem pública, de *dificílima configuração e de consolidação lenta e progressiva*, faz-se acompanhar de *modificação legislativa* (validamente elaborada) que servirá de indicativo dos valores sociais recentes de dada população. Nesse caso, a *mutabilidade se consolida em um passo único*, muito embora possa ser fruto de labor jurisprudencial ou doutrinário já antigos, enquanto arautos das modificações julgadas necessárias.

Tratando-se de um princípio que, seguindo-se a construção de Jacob Dolinger, incide sobre todo o ordenamento em três diferentes níveis (na vida juridicamente relevante, de forma indistinta, nas relações privadas internacionais que devessem se submeter à incidência da lei estrangeira, especificamente, e na recepção de decisões estrangeiras, em hipóteses limite) e com o potencial de limitar ou tolher três diferentes situações juridicamente relevantes (a vontade regulatória nas relações juridicamente relevantes que pode ser limitada ou mesmo suprimida, a legítima expectativa de direito consistente na perspectiva de ver a situação plurilocalizada regulada por uma lei estrangeira e o exercício de direitos legitimamente adquiridos no exterior, sob o influxo de uma lei estrangeira), é inegável que a Constituição do foro mereça ser vista como um de seus focos irradiadores, especialmente no que concerne ao rol dos direitos humanos que ela consagra expressamente ou por reenvio simples aos instrumentos internacionais de proteção dos direitos humanos.

Em verdade, acredito que devam ser as normas constitucionais seu principal molde, especialmente aquelas normas substanciais contidas na Constituição ou por ela indiretamente referidas, como são as que reconhecem os direitos e garantias fundamentais do ser humano e estabelecem, em sede constitucional (de criação interna ou de inspiração internacional), condições ou o modo preferencial de seu exercício (GAUDEMET-TALLON, 2005:394)[9]. Mas não pode ser somente essa a conformação substancial do princípio. Como salientou Luis Roberto BARROSO (2010:51 e 1996), a exogenia da ordem pública relativamente às leis traz como consequência a percepção de que "aspectos inerentes à ordem pública" sejam encontráveis "fora do texto constitucional. Será possível, assim, negar aplicação à norma estrangeira por afronta à ordem pública brasileira, mesmo que ela não se confronte, direta ou indiretamente, com a Constituição" ou com os direitos humanos.

Nesse cenário, também o direito penal, por exemplo, por sua propalada função de *ultima ratio* do ordenamento jurídico, de forma normativa excepcional a incidir para a regulação das relações sociais, procurando impedir o que a sociedade não tolera na conduta humana, mostra-se um conveniente limite para a ordem pública[10]. Da mesma forma, disposições ordinárias de natureza civil, empresarial, trabalhista, não podem ser alijadas *a priori* de sua modelagem.

De outro lado, nem toda disposição constitucional se presta como conteúdo desse importante instituto do direito internacional privado[11]. Como salientou MOURA RAMOS (1994:171-172), "se a lei fundamental de um país puder pois ser reconduzida (...) ao conjunto de regras de organização do Estado e à enumeração dos limites à acção deste no mundo privado dos indivíduos, não se vê realmente como é que ela poderá vir a influenciar o DIP (...). A Constituição, assim – quase um mero estatuto de organização do aparelho do Estado –, não teria nada a dizer ao domínio das relações interindividuais". Mas o próprio autor reconhece que os termos com que delineia a situação nunca fora posta em prática em termos tão radicais e que o modelo de Constituição vigente no mundo contemporâneo longe está de se reduzir aos mínimos termos anteriormente descritos.

---

9. Entre nós, e apoiando-se na construção dogmática de Moura Ramos, veja-se ARAUJO (2018:101), especialmente quando afirma que "com isso se quer prevenir resultados inconstitucionais na aplicação da lei estrangeira, tal como ocorre com a aplicação das leis em geral no plano interno".

10. Essa, inclusive, a solução propalada por Teixeira de Freitas, em seu *Esboço de Código Civil*, art. 5º: "não serão aplicadas as leis estrangeiras: 1º) quando sua aplicação se opuser ao direito público e criminal do Império, à religião do Estado, tolerância dos cultos e à moral e bons costumes...". Veja-se, a respeito: RODAS (1993:73).

11. Em sentido contrário: BARROSO (2010:51-52 e 1996).

Nesse contexto, o Estado assume novas funções e é sua tarefa zelar pela estabilidade desse sistema, mantendo-o a salvo de interferências perturbadoras ao mesmo tempo em que deve se aproximar dos seus iguais na medida em que, cada vez mais, a cooperação e o reconhecimento mútuo dos esforços entre os Estados são medidas que se impõem para a própria sobrevivência do Estado enquanto ente que assume importantes tarefas.

Da mesma forma, passa-se a reconhecer como sendo também da Constituição a incumbência de regulamentar as relações jurídicas entre as pessoas privadas, seja por meio da incidência direta das normas constitucionais, seja pela influência que essas passaram a ter na interpretação das normas ordinárias e na colmatagem das lacunas eventualmente existentes no sistema jurídico ordinário, num movimento que ficou conhecido, no Brasil, como efeito horizontal dos direitos fundamentais, a respeito do qual não há aqui espaço para maiores digressões além da menção que se acaba de fazer.

No âmbito específico do Direito Internacional Privado, MOURA RAMOS (1994:177) sugere ser chegada a hora de se "traçar o campo de validade espacial das normas constitucionais".

5. EM MODO DE CONCLUSÃO

Em modo de conclusão, é possível afirmar que nas relações privadas com elementos estrangeiros que demandam a incidência do direito internacional privado os direitos humanos ocupam papel de destaque desde seu reconhecimento, iluminando e conformando o princípio da ordem pública, nada sendo preciso acrescentar. Se uma lei estrangeira qualquer, por seu conteúdo, ofender os direitos humanos, é o clássico instituto da ordem pública que ocupará seu vetusto papel no método e determinará o afastamento do ordenamento jurídico estrangeiro que se configura, para o foro, e por isso mesmo, como intolerável, como abjeto (RICCEUR, 1995:185).

REFERÊNCIAS BIBLIOGRAFICAS

ANCEL, Bertrand. Éléments d'histoire du Droit International Privé. Paris: Éditions Panthéon-Assas, 2017.

ARAUJO, Nadia de. Direito internacional privado: teoria e prática brasileira. 7. ed. São Paulo: RT, 2018.

AZEVEDO, Antonio Junqueira de. Réquiem para uma certa dignidade da pessoa humana. Família e cidadania: Anais do III Congresso Brasileiro de Direito de Família Belo Horizonte: Del Rey, 2002.

BAPTISTA MACHADO, João. Âmbito de eficácia e âmbito de competência das leis (limites das leis e conflitos das leis). Reimpressão. Coimbra: Almedina, 1998.

BARROSO, Luis Roberto. A Constituição e o conflito de normas no espaço. Direito Constitucional Internacional. Revista da Faculdade de Direito da Universidade do Estado do Rio de Janeiro. Rio de Janeiro, n. 4, p. 201-30, 1996.

BARROSO, Luis Roberto. Interpretação e aplicação da Constituição. 7. ed., 2. tir., São Paulo: Saraiva, 2010.

BEVILÁQUA, Clóvis. Princípios elementares de Direito Internacional Privado. Bahia: Livraria Magalhães, 1906.

BEVILÁQUA, Clóvis. Princípios elementares de Direito Internacional Privado. 3. ed. Rio de Janeiro: Freitas Bastos, 1938.

BOBBIO, Norberto. Presente e futuro dos Direitos do Homem. In: A Era dos Direitos. 6ª reimpressão. Trad. Carlos Nelson Coutinho. Rio de Janeiro: Campus, 1992.

CAMARGO, Solano de. Forum shopping: a escolha da jurisdição mais favorável. São Paulo: Intelecto, 2017.

CANOTILHO, José Joaquim Gomes. Direito Constitucional e Teoria da Constituição. 4. ed. Coimbra: Almedina, 2000.

CASSIN, René. Les Droits de l'Homme. Recueil des Cours Martinus Nijhoff Publishers. Dordrecht/Boston/London, n. 140, 1974.

COMPARATO, Fábio Konder. A afirmação histórica dos Direitos Humanos. 3. ed. São Paulo: Saraiva, 2003.

DOLINGER, Jacob. A evolução da ordem pública no Direito Internacional Privado. Tese apresentada à Congregação da UERJ para o concurso à Cátedra de Direito Internacional Privado, 1979.

DOLINGER, Jacob. A ordem pública internacional em seus diversos patamares. Revista dos Tribunais, São Paulo, v. 93, n. 828, p. 33-42, out. 2004.

DOLINGER, Jacob. Contratos e obrigações no direito internacional privado. São Paulo/Rio de Janeiro: Renovar, 2007.

FERREIRA FILHO, Manoel Gonçalves. Direitos Humanos Fundamentais. 3. ed. São Paulo: Saraiva, 1999.

FERRER CORREIA, António. Lições de Direito Internacional Privado I. Coimbra: Almedina, 2000.

FULCHIRON, Hugues. Droit Fondamentaux et règles de Droit International Privé: conflit de droits, conflits de logiques? In: SUDRE, Frédéric. Le droit au respect de vie familiale au sens de la Convention européenne des Droits de l'Homme. Bruxelles: Bruylant, p. 353-386, 2002.

GAUDEMET-TALLON, Hélène. Le pluralisme en droit international privé: richesses et faiblesses (le funambule et l'arc-en-ciel). Recueil des Cours. Martinus Nijhoff Publishers. Dordrecht/Boston/London, n. 312, p. 9-488, 2005.

LAFER, Celso. Resistência e realizabilidade da tutela dos Direitos Humanos no plano internacional no limiar do século XXI. In: AMARAL JUNIOR, Alberto; PERRONE-MOISÉS, Claudia. O cinquentenário da Declaração Universal dos Direitos do Homem. São Paulo: EDUSP – Fapesp, 1999.

LAGARDE, Paul. Convention Protection des adultes: rapport explicatif. Disponível em: *https://assets.hcch.net/docs/d058d41c-51fd-40cc-972b-7185fce8146d.pdf* Último acesso em 26.ago.2018.

MIRAGEM, Bruno. Conteúdo da ordem pública e os direitos humanos. Elementos para um direito internacional privado pós-moderno. In: MARQUES, Claudia Lima; ARAUJO, Nadia de. O novo direito internacional: estudos em homenagem a Erik Jayme. Rio de Janeiro: Renovar, p. 307-354, 2005.

MONACO, Gustavo Ferraz de Campos. Controle de constitucionalidade da lei estrangeira. São Paulo: Quartier Latin, 2013.

MONACO, Gustavo Ferraz de Campos. Direitos das crianças e adoção internacional. São Paulo: RT, 2002.

MONACO, Gustavo Ferraz de Campos. Guarda internacional de crianças. São Paulo: Quartier Latin, 2012ª

MOURA RAMOS, Rui Manuel Gens de. Direito Internacional Privado e Constituição: introdução a uma análise das suas relações. Coimbra: Coimbra, 1994.

MOURA VICENTE, Dário. Da responsabilidade pré-contratual em Direito Internacional Privado. Coimbra: Almedina, 2001.

OCTÁVIO, Rodrigo. Direito Internacional Privado (Parte Geral). Rio de Janeiro: Freitas Bastos, 1942.

RICŒUR, Paul. Tolerância, intolerância, intolerável. In: Leituras 1: em torno ao político [Lectures 1: autour du politique]. Trad. Marcelo Perine. São Paulo: Loyola. 1995.

ROBINSON, Mary. The Universal Declaration of Human Rights: the international keystone of human dignity. In: HEIDJEN, Barend van der; TAHZIB-LIE, Bahia. Reflections on the Universal Declarations of Human Rights: a fiftieth anniversary anthology. Haia – Boston – Londres: Martinus Nijhoff Publishers, 1998.

RODAS, João Grandino. Direito internacional privado brasileiro. São Paulo: RT, 1993.

RODAS, João Grandino; MONACO, Gustavo Ferraz de Campos. A Conferência da Haia de Direito Internacional Privado; a participação do Brasil. Brasília: FUNAG, 2006.

SAVIGNY, Friedrich Carl von. Sistema do Direito Romano atual [System des Heutigen Römischen Rechts]. Trad. Ciro Mioranza. v. 8. Ijuí: Unijuí, 2004.

VASCONCELOS, Raphael Carvalho de. Direito Internacional Privado, a proteção do ser humano e a falácia do ineditismo constitucionalista e tratadista. Tese de Doutorado apresentada à Faculdade de Direito da Universidade do Estado do Rio de Janeiro, sob orientação da Professora Carmen Beatriz de Lemos Tiburcio Rodrigues, 2014.

BETTMANN / GETTY IMAGES

REFLEXIONES SOBRE LA PROTECCIÓN JUDICIAL FRENTE A MEDIDAS RESTRICTIVAS DE DERECHOS FUNDAMENTALES DURANTE LA INVESTIGACIÓN PENAL EN COLOMBIA

RESUMEN

La función de Control de Garantías en el sistema procesal penal colombiano como guardián de los derechos del imputado es desplazada, cada vez más, por esquemas normativos y prácticos que bajo un aparente manto garantista relajan el papel protector de los derechos funda-mentales que debe representar la jurisdicción. El rol de guardián de las garantías básicas del investigado se ve disminuido asimismo, por un lado, debido a factores relativos a los presupuestos y a la metodología misma de control sobre los actos de investigación por parte de la FGN y la Policía Judicial y, por otro lado, a causa de la orientación preventiva y de carácter policial, en especial de la etapa de indagación preliminar – previa a la apertura formal de investigación –, a partir de la cual el monopolio penal y judicial del uso de la fuerza se ve desplazado a las fuerzas de Policía.

PALABRAS CLAVES

JUEZ DE CONTROL DE GARANTÍAS, AFECTACIÓN A DERECHOS FUNDAMENTALES, REFORMAS PROCESALES PENALES, CONTROL JUDICIAL DE ACTOS DE INVESTIGACIÓN PENAL

ABSTRACT

The guarantee control function as a guardian of the rights of the investigated person in Colombian criminal justice system is displaced, increasingly, for normative and practical schemes. These decrease the protective role of fundamental rights that should represent the jurisdiction. This function is also diminished, first, due to factors relating to the fundaments and the methodology of control over the acts of investigation by prosecutors and judicial police and, secondly, because of the preventive orientation control, especially of the preliminary investigation stage. For these reasons the criminal and judicial monopoly of the use of force is displaced to police forces.

KEYWORDS

JUDGE OF CONTROL OF RIGHTS, INTERVENTION TO FUNDAMENTAL RIGHTS, CRIMINAL PROCEDURE RE-FORMS, JUDICIAL REVIEW OF ACTS OF CRIMINAL INVESTIGATION

JOHN E. ZULUAGA TABORDA

Abogado de la Universidad de Antioquia (Colombia), LL.M. y Doctor en Derecho de la Georg-August-Universität Göttingen, Alumni del DAAD. Actualmente es Profesor Asociado de la Universidad Sergio Arboleda (Colombia). Email: john.zuluaga@usa.edu.co; Agradezco a los Profesores Armando Luis Calle Calderón y John Jaime Posada Orrego (Universidad de Antioquia) por haber compartido conmigo sus ideas sobre el tema y por su permanente acompañamiento en las reflexiones sobre la figura del Juez de control de garantías en Colombia. Asimismo agradezco a la Dra. María Laura Böhm (Universidad de Buenos Aires) por sus comentarios y constructivas críticas.

1. INTRODUCCIÓN

El control judicial a través del cual se asegura la legalidad de las prácticas y de las injerencias esta-tales en los derechos fundamentales durante la investigación penal, se prevé en las Constituciones latinoamericanas[1] como un mecanismo destinado a asegurar su compatibilidad con los límites axiológicos del proceso penal fijados en el ámbito constitucional[2]. La *protección judicial de los derechos fundamentales* funciona como el recurso primario de salvaguarda, especialmente de derechos tan susceptibles de intervención durante la investigación penal como la libertad personal y aquellos vinculados al ámbito de las comunicaciones privadas, la correspondencia y el domicilio. Así sucede también en Colombia, donde la legalidad de toda afectación a los derechos funda-mentales del investigado por parte de la Fiscalía General de la Nación (en adelante FGN) u otros órganos de investigación, debe ser decidida en sede jurisdiccional, por vía de control previo o de control posterior.

Solo un funcionario judicial puede autorizarla o convalidarla en el marco de las pautas constitucionales y legales (*reserva judicial*). Con la sujeción de las actuaciones propias de la FGN y de la Policía Judicial en la fase de investigación a la supervisión judicial, se intenta guardar el equilibrio entre la eficacia del procedimiento y los derechos del implicado, a fin de lograr la mínima afectación de derechos fundamentales. El funcionario judicial encargado de velar por el respeto de las garantías básicas de las personas sujetas a la investigación penal es el Juez de Control de Garantías (en adelante JCG), competente según la Constitución y la ley para promover la realización de justicia material, especialmente en el aseguramiento del respeto a los derechos fundamentales[3].

Fue con el *Acto Legislativo 03 de 2002, reformatorio de la Constitución* política (en adelante CN), cuando apareció por primera vez en el derecho colombiano la figura del JCG, asignándole competencia a los citados funcionarios en materia de supervisión judicial a las intervenciones en derechos fundamentales durante la fase de investigación penal[4]. En su función de control a las actividades de investigación, al JCG le corresponde no solo el ejercicio de (i) un control previo sobre las medidas restrictivas de la libertad individual, medidas de inspección corporal, registro personal y obtención de muestras que involucren al imputado (arts. 246 a 250 Código de procedimiento penal – en adelante CPP –), sino (ii) un control posterior sobre medidas de registro, allanamiento, incautación e interceptación de comunicaciones (arts. 213 a 245 CPP). La actividad del JCG se concentra *en el examen de los actos en los que se requiera ejercicio de la potestad jurisdiccional por implicar la restricción de*

---

1. Véase Kai Ambos, *Proceso penal: perspectiva internacional, comparada y latinoamericana*, México: Ubijus, 2009, p. 249; Julio Maier/Kai Ambos/Jan Woischnik (eds.), Las reformas procesales penales en América Lati-na, Buenos Aires: Ad-Hoc, 2000, p. 849; también, Julio B.J. Maier, *Derecho procesal Penal 2ª Ed. Tomo I. Fundamentos*, Buenos Aires: Ed. del Puerto, 2004, pp. 679 ss.

2. Acerca del desajuste de los ejercicios de investigación penal en Colombia frente al paradigma constitucional del debido proceso, véase John E. Zuluaga Taborda, "Comentarios a la Función de Control de Garantías. A Pro-pósito de la ley 906 de 2004 o 'sistema procesal penal acusatorio'", *Co-Herencia Vol. 4-N. 6, Revista de Humanidades – Universidad EAFIT*, Medellín: Ene-Jun 2007, pp. 133-165.

3. Esta ha sido una reiterada posición de la Corte Constitucional. Al respecto, véase Corte Constitucional, Sentencias C-025 de 2009, M.P. Rodrigo Escobar Gil, Consideraciones; C-185 de 2008, M.P. Manuel José Cepeda Es-pinosa, Consideraciones; C-186 de 2008, M.P. Nilson Pinilla Pinilla, Consideraciones; C-740 de 2008, M.P. Jaime Araujo Rentería, Consideraciones; A-089 de 2007, M.P. Rodrigo Escobar Gil, Consideraciones; C-336 de 2007, M.P. Jaime Córdoba Triviño, Consideraciones; C-396 de 2007, M.P. Marco Gerardo Monroy Cabra, Considera-ciones; C-789 de 2006, M.P. Nilson Pinilla Pinilla, Consideraciones; C-673 de 2005, M.P. Clara Inés Vargas Hernández, Consideraciones; C-822 de 2005, M.P. Manuel José Cepeda Espinosa, Consideraciones; C-1260 de 2005, M.P. Clara Inés Vargas Hernández, Consideraciones; C-1092 de 2003, M.P. Álvaro Tafur Galvis, Consideraciones.

4. Véase, entre otros, Alejandro David Aponte Cardona, *Manual para el juez de control de garantías en el sistema acusatorio penal*, 2ª. ed., Bogotá: Consejo Superior de la Judicatura, 2006, p. 23; Oscar Julián Guerrero Peralta, *El control de garantías como construcción de una función jurisdiccional*, Bogotá: Consejo Superior de la Judicatura, 2006, p. 30; el mismo, "El juez de control de garantías", en *Reflexiones sobre el nuevo sistema procesal penal. Los grandes desafíos del juez penal Colombiano*, Bogotá, Consejo Superior de la Judicatura, 2004, p. 188; Consejo Superior de la Judicatura, *El rol de los jueces y magistrados en el sistema penal acusatorio colombiano*, Bogotá: USAID-CSJ, 2005, p. 21;   *(cont. na p. 264)*

(cont. da p. 263) José Joaquín Urbano Martínez, *Nueva estructura probatoria del proceso penal*, Bogotá: Ediciones jurídicas Andreés Morales, 2011, p. 135 ss.; Jaime Bernal Cuellar/Eduardo Montealegre Lynett, *El proceso penal. Fundamentos constitucionales del nuevo sistema acusatorio*, 5. ed., Bogotá: Universidad Externado de Colombia, 2004, p. 160; Julián Rivera Loaiza, "El Juez de Garantías ¿La dimensión más transparente de la justicia?, *Revista de Derecho Penal*, Bogotá: Leyer, N. 40, pp. 121-160.

5. Según Carlos Santiago Nino, "El ideal de una democracia liberal es que entre *el individuo y la coacción estatal se interponga siempre un juez*" (Fundamentos de derecho constitucional, Buenos Aires: Editorial Astrea, 2005, p. 446).

6. Sobre las competencias de la FGN véase, entre otros, Ricardo Molina López, *La conformidad en el proceso penal. Análisis comparado de las legislaciones española y colombiana*, Bogotá: Ibáñez, 2012, pp. 127 ss.; José Fernando Mestre Ordoñez, *La discrecionalidad para acusar*, Bogotá: Ibáñez, 2011, pp. 59 ss.; Fabio Espitia Garzón, *Instituciones de derecho procesal penal: sistema acusatorio*, 7ª. ed., Bogotá: Legis, 2010, pp. 145 ss.; Oscar Julián Guerrero Peralta, *Fundamentos teórico constitucionales del nuevo proceso penal*, 2ª. ed., Bogo-tá: Ediciones nueva jurídica, 2007, pp. 97 ss.; Bernal Cuellar/ Montealegre Lynett (supra nota 4) pp. 313 ss.; Fiscalía General de la Nación, *Manual de procedimientos de fiscalía en el sistema penal acusatorio colombiano*, Bogotá: FGN, 2005, pp. 31 ss.; Gonzalo Rodrigo Paz Mahecha, *La reforma constitucional a la Fiscalía General de la Nación*, Santiago de Cali: Editorial USC, 2004, pp. 40 ss.

derechos[5] . Sin embargo, la competencia reservada a dicho juez para autorizar las afectaciones por parte de los órganos de investigación padece de un déficit estructural. Los motivos del mismo y de la resultante falta de eficiencia como instancia de protección judicial son diversos.

En efecto, la estructura del proceso penal derivada del Acto Legislativo 03 de 2002 y sus conti-nuas reformas ha delimitado un escenario de tendencia inquisitiva en materia de libertad personal, no sólo por el carácter cada vez más abierto y discutible de las cláusulas sobre los motivos que legitimarían la limitación de la libertad sino por la ampliación delirante de los supuestos delictivos susceptibles de medida cautelar restrictiva de la libertad, manifestación inquisitiva que de forma simbólica arroja sobre el JCG una cultura muy punitivista, para hacerlo complaciente con un espíritu poco democrático y, en esa medida, incoherente con la idea fundamental que inspira la figura del JCG o "de las libertades" al servicio de los derechos de los procesados y de la indemnidad de los mismos de cara a cualquier arbitrariedad. Además, algunas prácticas viciosas por parte de la FGN y la Policía Judicial conllevan a que ellas se subroguen en las competencias reservadas al JCG, con lo cual tal combinación de restricciones normativas y fácticas determinan un limitado control a las actividades de investigación y una deficiente protección de las garantías fundamentales de los investigados.

2. EL REACOMODAMIENTO DE LAS COMPETENCIAS DE AFECTACIÓN A DERECHOS FUNDAMENTALES

La extensión de las facultades de intervención de la FGN y de la Policía Judicial representa, sin duda, un vaciamiento de las garantías como límite a la actividad estatal de investigación penal y, en consecuencia, una forma de reducción de las facultades del JCG para pronunciarse a favor de un ejercicio limitado de la acción estatal encaminada a la búsqueda de la verdad, acopio del material probatorio y verificación de sospechas. Ello es posible en tanto la FGN está autorizada para imponer directamente, en forma excepcional, una específica medida restrictiva de la libertad cuyo fin es asegurar la comparecencia de los imputados al proceso penal, además de que tiene competencias constitucionales (art. 250 CN numeral 2) y legales (art. 114 numeral 3 ss. y art. 213 ss. CPP) para ordenar allanamientos, registros, incautaciones, interceptación de comunicaciones tele-fónicas, retención de correspondencia, recuperación de información deja-da al navegar por internet u otros medios tecnológicos que produzcan efectos equivalentes, vigilancia de cosas, análisis e infiltración de organizaciones criminales, actuación de agentes encubiertos, entrega vigilada, búsqueda selectiva en base de datos y exámenes de ADN que involucren al indiciado o imputado, es decir, posee sendas potestades de naturaleza jurisdiccional[6] .

Quizá todo derive de una especie de superstición que alimentara las discusiones al interior de la Asamblea Nacional Constituyente – que expidió la Constitución Política de 1991 –, como de un cierto amancebamiento con el fraude de etiquetas, pues frente a la exigencia de un juez de libertades y para la protección de los derechos fundamentales se entendió que cualquier cosa que ello significara podía ser satisfecho con la inclusión de la FGN, es decir, del órgano persecutor de los delitos, en el Título de la Rama Judicial, versión a la luz de la cual se explicaría que constitucionalmente se le haya otorgado a dicho ente la facultad de administrar justicia (cfr. arts. 116 y 249 CN).

2.1. EN EL CPP (LEY 906 DE 2004)

Un rasgo significativo del reacomodamiento de la protección de los derechos fundamentales ejercida por el JCG, se evidencia a través de la considerable ampliación de las posibilidades de restricción de garantías y de derechos procesales de los imputados. Un referente es el de la definición de la *privación de la libertad* en el CPP, en el que, como nunca antes en la legislación procesal penal colombiana, se consagra el mayor número de casos o hipótesis en virtud de los cuales se puede hacer efectiva una medida de aseguramiento restrictiva de la libertad[7]. La expansión de la aplicación de esta medida frente a los imputados fue posible, porque, además de lo dispuesto en el Art. 313 CPP – según el cual la medida de aseguramiento de detención preventiva procede frente a los delitos investigables de oficio, cuando el mínimo de la pena prevista por la ley sea o exceda de cuatro años – se reformó el Código penal (en adelante CP)[8] para aumentar las penas a todos los delitos, en sus mínimos y en sus máximos con la consecuencia de que un mayor número de conductas punibles pasaron a ser susceptibles de detención preventiva en establecimiento carcelario. De tal manera que con la ampliación del requisito objetivo, atinente al mínimo de pena respecto del marco punitivo correspondiente, se extendió la posibilidad de detención intramural, si se sabe que entre las condiciones a partir de las cuales se puede imponer medida de asegura-miento está justamente la naturaleza del delito (art. 313 CPP) (amén de las demás, es decir, el vínculo de la persona con el delito en términos de inferencia lógica de responsabilidad como autor y partícipe, el requisito teleológico consistente en el peligro para la comunidad o la víctima, la obstrucción a la administración de justicia y la necesidad de garantizar la comparecencia del imputado al proceso (arts. 308, 309-312 CPP)).

2.2. LA LEY DE CONVIVENCIA Y SEGURIDAD CIUDADANA

Por medio de la *Ley 1142 de 2007*[9] se reformó el CPP y se adoptaron medidas para la prevención y represión de la actividad delictiva de especial impacto para la convivencia y seguridad ciudada-na, para agravar en varios sentidos la situación del imputado durante la etapa de la investigación penal. Así, por

---

7. Sobre ello, con una referencia puntual al texto original de la Ley 906 de 2004, cfr. Luis Gonzaga Vélez Osorio, *Otra cara del sistema acusatorio colombiano: menosprecio de la libertad personal y autoritarismo penal*, Medellín: Universidad de Antioquia, 2012, pp. 59 ss.; también Wilson Alejandro Martínez Sánchez, "Consecuencias de la aplicación de la ley 1142 en el régimen de privación preventiva de la libertad en Colombia", *Revista Internacional Derecho Penal Contemporáneo*, enero-marzo 2010, N° 30, Bogotá: Legis, pp. 69-117.

8. Véase la Ley 890 de 2004, Articulo 14. "Las penas previstas en los tipos penales contenidos en la Parte Especial del Código Penal se aumentarán en la tercera parte en el mínimo y en la mitad en el máximo. En todo caso, la aplicación de esta regla general de incremento deberá respetar el tope máximo de la pena privativa de la libertad para los tipos penales de acuerdo con lo establecido en el artículo 2o. de la presente ley. (...)."

9. Disponible en *http://www.secretariasenado.gov.co/senado/basedoc/ley/2007/ley_1142_2007.html* (último acceso: 30/04/2013).

REFLEXIONES SOBRE LA PROTECCIÓN JUDICIAL FRENTE A MEDIDAS RESTRICTIVAS DE DERECHOS FUNDAMENTALES DURANTE LA INVESTIGACIÓN PENAL EN COLOMBIA

10. Sobre las circunstancias para decretar la medida de aseguramiento, véase entre otros Alejandro Aponte Cardona, *Captura y medidas de aseguramiento: el régimen de libertad en la nueva estructura procesal penal de Colombia*, Bogotá: Consejo Superior de la Judicatura, 2006, pp. 101 ss.; Francisco Bernate Ochoa, "Las medidas de aseguramiento en el nuevo código de procedimiento penal", en AA.VV., *Sistema penal acusatorio*, Bogotá: Dike-Universidad del Rosario, 2005, pp. 128 ss.; Elda Patricia Correa Garcés, "Captura y Detención", en John Jaime Posada Orrego/Juan Guillermo Jaramillo Díaz, (Comps.), *Reflexiones sobre el sistema acusatorio. Una visión desde la práctica judicial*, Medellín: Librería jurídica Sánchez, 2008, pp. 269 ss.

11. Véase Corte Constitucional, Sentencia C-1198/2008, M.P. Nilson Pinilla Pinilla, 4/12/2008, Consideraciones.

12. Un amplio análisis de la jurisprudencia en esta materia, en Hernando Londoño Berrio, "La detención preventi-va en las jurisprudencias de la Corte Constitucional y de la Corte Suprema de Justicia (Reflexiones a propósito de la sentencia C-774 de 2001)", *Nuevo Foro Penal* n. 65, Medellín: Mayo-Agosto 2003, EAFIT, pp. 191-270.

13. Véase Corte Constitucional, Sentencia C-1001/2005, M.P. Álvaro Tafur Galvis, 3/10/2005, Consideraciones.

14. Véase las nuevas consideraciones de conformidad constitucional en Corte Constitucional, Sentencia C-185 del 27/2/2008, MP. Manuel José Cepeda Espinosa, Consideraciones; Sentencia C-226 del 5/3/2008, MP. Humberto Antonio Sierra Porto, Consideraciones.

15. Sobre los aspectos críticos de dichas facultades de la FGN en el funcionamiento del sistema de tendencia acusatoria, véase Armando Luis Calle Calderón, "Acerca de la reforma procesal penal. Una primera aproximación", *Nuevo Foro Penal* 67, Medellín: Ene-Jun 2005, EAFIT, p. 166 ss.; Aponte Cardona (*supra* nota 10), pp. 53 ss. Sobre la reincorporación de la captura excepcional y los cambios procesales introducidos por la Ley 1142 véase también Saúl de Jesús Uribe García, "¿se encuentra vigente la detención preventiva administrativa? (captura administrativa)", en *Ratio Juris* Vol. 6. n. 12 (2011), Medellín: Revista de la Universidad Autónoma Latinoamericana, pp. 87–117, *(cont. na p. 267)*

ejemplo, en adición a lo dispuesto en el CPP en relación con los criterios que sirven de base al JCG para determinar los casos en los cuales se entiende que hay peligro para la comunidad, como requisito para decretar la medida de aseguramiento, se dispuso que es suficiente "la gravedad y modalidad de la conducta punible" (art. 310 CPP), por lo que la mayor relevancia a la hora de adoptar tan importante decisión radica en la naturaleza del delito (monto mínimo de pena) como criterio para establecer el peligro para la comunidad[10]. De esta manera, se genera una delicada confusión en materia de los postulados que inspiran el instituto de la competencia procesal entre el factor objetivo y el factor teleológico, es decir, en relación con los propósitos en virtud de los cuales se dicta una medida de aseguramiento, con lo que se cae en una peligrosa reducción del raciocinio sobre los fines de la detención preventiva.

Igual modificación se realizó en relación con los criterios señalados por la ley en materia de la *no comparecencia del imputado* (art. 312 CPP). En este caso, hubo de intervenir la Corte Constitucional[11] para declarar la exequibilidad de tales modificaciones, a condición de que además de la gravedad y la modalidad de la conducta punible, el juez valore, en estrictos términos de proporcionalidad, si se cumplen o no *los fines constitucionales de la detención preventiva*[12].

Sin embargo, la reforma más sensible en función del significado material del derecho fundamental del debido proceso y de los principios derivados del mismo, especialmente el respeto de la libertad, se produjo con la reintroducción de la *facultad excepcional de ordenar la captura* por la FGN, mediante una redacción que no difiere en sustancia del texto original del art. 300 del CPP que, en su momento, fuera declarado inconstitucional[13]. La nueva norma, que de forma paradójica ahora la Corte Constitucional encuentra ajustada a la Constitución[14], le da competencia a la FGN para "proferir excepcionalmente orden de captura escrita y motivada en los eventos en los que proceda la detención preventiva, cuando no se encuentre un juez que pueda ordenarla"[15].

Junto a ello, se *ampliaron las causales de detención preventiva*, para indicar que la misma tiene lugar cuando la persona ya hubiera sido capturada por conducta constitutiva de delito o contravención, dentro del año anterior contado a partir de la nueva captura o imputación, siempre que no se haya producido la preclusión o la absolución en el caso precedente (art. 313 CPP). Así mismo, se prohibió la sustitución de la medida de aseguramiento de detención preventiva carcelaria por la de detención preventiva domiciliaria, cuando la imputación se refiera a un amplio número de delitos allí consagrados[16] y, como si lo anterior no fuera poco, se introdujo en el artículo 315 del CPP la posibilidad de que la medida de aseguramiento no privativa de la libertad proceda cuando la pena imponible sea inferior a cuatro años[17], con lo cual se confirma la decidida inclinación político cri-minal a favor de la restricción de la libertad durante el transcurso del proceso penal[18].

2.3. LA LEY DE SEGURIDAD CIUDADANA

Por medio de *la Ley 1453 de 2011*[19] se reformaron el CP, el CPP, el Código de Infancia y Adolescencia, las reglas sobre extinción de dominio y se dictaron otras disposiciones en materia de seguridad; así mismo, bajo el argumento de la protección a las víctimas, se introdujeron mecanismos para adelantar la "lucha contra el crimen". Estos dispositivos se sintetizan básicamente en asuntos relativos al proceso penal, como los siguientes:

Se dispuso *la extensión de los plazos para efectos de la concesión de la libertad*. De esta manera, el término de sesenta días de vigencia máxima de la medida de aseguramiento se convierte en 90 días (art. 317 numeral 4 CPP), contados desde la formulación de la imputación hasta la presentación del escrito de acusación o la solicitud de preclusión, en los eventos de concursos de delitos o cuando sean tres o más los imputados. Incluso, ese lapso puede llegar hasta los 120 días contados a partir de la fecha de la formulación de la acusación, cuando no se haya dado inicio a la audiencia de juzgamiento (art. 317 CPP)[20]. De esta manera, el principio de libertad es fuertemente restringido y no procede la revocatoria de la medida de aseguramiento, según el mismo art. 317, cuando la audiencia del juicio oral no se haya podido iniciar a causa de "maniobras dilatorias" del imputado o acusado, o de su defensor, ni cuando la audiencia no se hubiere podido realizar por causa razonable.

A tan indeterminada razón para afectar la libertad se suma, por un lado, el *aumento del término de vigencia de la orden de captura*, que de tener un plazo inicial de seis meses cumplidos los cuales la Fiscalía podía prorrogar la misma por otros seis meses, ha pasado a tener un plazo máximo de un año prorrogable por otro año más (art. 298 CPP)[21]. Por otro lado, se encuentra la concesión a la víctima o a su apoderado de la facultad de solicitar directamente la medida de aseguramiento, cuando el fiscal no la haya solicitado (art. 306 CPP)[22]. A la gama de medidas que buscan deprimir las posibilidades de la libertad del investigado, también se adhiere la consideración de los *antecedentes como criterio válido* para agravar la situación del procesado (art. 3º. que introdujo el art. 38 A en la Ley 599 de 2000 – Código Penal –). Se evidencia, de esta manera, la obsesión del legislador por criminalizar hasta las más insospechadas conductas a través del proceso penal[23], algo que no se compadece con el ejercicio de la potestad punitiva del Estado y, por supuesto, con los límites señalados por la Carta Fundamental y por la Ley. Para ello, pues, se acude a la exclusión de bene-ficios y subrogados penales, a la prohibición de beneficios por la aceptación de cargos, o al acuer-do entre la defensa y la FGN (art. 68 A CP)[24], a la prohibición de la libertad provisional, y por supuesto, a la ampliación de los casos de detención preventiva consistentes en reclusión carcelaria (art. 313 CPP)[25].

(cont. da p. 266) Wilson Alejandro Martínez Sánchez, "Consecuencias de la aplicación de la ley 1142 en el régimen de privación preventiva de la libertad en Colombia", *Derecho Penal Contemporáneo* 30 (Ene-mar 2010) Bogotá: Legis, pp. 69-117; Carlos Alberto Suarez López, "Sobre la naturaleza y la legitimidad de la detención preventiva: ¿una simple medida procesal-cautelar o una auténtica pena de prisión sin juicio? A propósito de la Ley 1142 de 2007" en Ricardo Posada Maya (Coord.), *Temas De Derecho Penal*, Bogotá: Ediciones Uniandes, 2008, pp. 331-370; Marco Gerardo Monroy Cabra, "Análisis de la ley 1142 de 2007", en *Facetas Penales* 70 (Jul., 2008), Bogotá: Leyer, pp. 29-52.

16. El parágrafo del artículo 27 de la Ley 1142 de 2007, reformatorio del artículo 314 de la ley 906 de 2004, señala los casos en que no procede la sustitución de la detención preventiva en establecimiento carcelario, por la detención domiciliaria.

17. Ante la evidente contradicción entre los artículos 313 y 315 CPP, la Sala De Casación Penal de la Corte Suprema de Justicia, mediante sentencia proferida en el radicado 24.152 del 20 de octubre de 2005, MP Jorge Luis Quintero Milanés, dispuso que con apego al *favor libertatis* la regla que aplicaba era la del artículo 315, esto es, que si el mínimo era de cuatro años o menos no había lugar a la detención preventiva. No obstante, el artículo 28 de la Ley 1142 reintrodujo el texto original del artículo 313 para hacer procedente la detención preventiva siempre que el mínimo de la pena fuera de cuatro años.

18. Sobre la imposición de esta línea político-criminal "dura" o, en otros términos, los grados en que se ha impuesto el "eficientismo" sobre el "garantismo" en Colombia véase el clásico trabajo de Iván Orozco Abad /Juan Gabriel Gómez Albarello, *Los peligros del nuevo constitucionalismo en materia criminal*, Bogotá, Temis, 1999, pp. 31 ss., 161 ss.; Sobre la irracionalidad de la orientación político criminal de las reformas penales en Colombia véase Juan Oberto Sotomayor Acosta, "Las recientes reformas penales en Colombia: un ejemplo de irracionalidad legislativa", *Nuevo Foro Penal* 71, Medellín: Ene-Jun 2007, EAFIT, pp. 30 ss. con más referencias.

19. Disponible en http://www.secretariasenado.gov.co/senado/basedoc/ley/2011/ley_1453_2011.html (último acceso: 30/4/2013).

2.4. ESTATUTO ANTICORRUPCIÓN

Muchas de las mencionadas medidas fueron retomadas por la *Ley 1474 de 2011*[26], destinada a fortalecer los mecanismos de prevención, investigación y sanción de los actos de corrupción y la efectividad del control de la gestión pública. En ella se reiteran algunas medidas ya introducidas en anteriores reformas, esta vez enfocadas a la lucha contra la corrupción en la administración pública. Así, por ejemplo: 1) la prohibición de subrogados y beneficios penales en procesos por delitos contra la administración (art. 68 A CP); 2) la creación de nuevas normas penales dirigidas a castigar la corrupción privada y pública (art. 250 A CP); 3) el aumento de los términos de la prescripción de la acción penal (art. 83 CP); 4) el aumento de los términos para la obtención de la libertad provisional en investigaciones relacionadas con la corrupción (art. 317 CPP); y, en fin, 5) la eliminación del principio constitucional de la proporcionalidad a la hora de valorar la imposición de medidas cautelares personales, al prohibir la sustitución de la detención preventiva en estable-cimiento carcelario por la detención domiciliaria cuando la imputación se refiera a delitos sin rela-ción alguna con el objeto de la norma, esto es, la lucha contra la corrupción (art. 314 CPP)[27].

2.5. DECRETO 1704 DE 2012

Esta normatividad complementa las regulaciones sobre la interceptación de comunicaciones[28], según la cual se dispone que "la interceptación de las comunicaciones, cualquiera que sea su origen o tecnología, es un mecanismo de seguridad pública que busca optimizar la labor de investigación de los delitos que adelantan las autoridades y organismos competentes, en el marco de la Constitución y la Ley" (art. 1). También, se dispone que los proveedores de redes y de servicios de telecomunicaciones están obligados a entregar las bases de datos de sus suscriptores a la Fiscalía o a las autoridades competentes (art. 4). Además, establece que estos proveedores deben entregar la información específica contenida en sus bases de datos, tal como sectores, coordenadas geográficas y potencia, entre otras, que contribuya a determinar la ubicación geográfica de los equipos terminales o dispositivos que intervienen en la comunicación (art. 5). Es más, se dispone que cualquier autoridad no judicial puede precisar "quién es quién, dónde vive, qué tipo de conexión tiene"[29], lo que es inconstitucional pues en Colombia los aspectos relacionados con la regulación de las intervenciones a los derechos fundamentales – como por ejemplo la interceptación de comunicaciones[30] –, son competencia del Congreso, no del Ejecutivo como pretende hacerlo el Gobierno Nacional al expedir el decreto aludido (art. 15 CN).

---

20. En principio, el artículo trata apenas de "la duración de los procedimientos", para el caso, del tiempo en que la FGN debe llevar a cabo una determinada actuación, con lo que en cuestión de libertad la norma de referencia no puede sino ser el art. 317. Sin embargo, parecería que la Sala de Casación Penal de la Corte Suprema de Justicia condicionara los términos del 317 a lo que dice el 175, con seguridad para superar lo que parecería un descuido del legislador, en tanto en el cuerpo del 317 los términos para la procedencia de la libertad son menor que aquellos que para la duración de los procedimientos están en el 175, cfr. Corte Suprema de Justicia, Sentencia 33.877 del 18 de noviembre de 2011, MP Sigifredo Espinosa Pérez, Consideraciones.

21. Esto viene acompañado de un aumento de la penas a alrededor de 20 delitos con el explícito propósito de permitir que frente a tipos especiales que por razón del factor objetivo no era procedente la medida de asegura-miento de detención preventiva carcelaria, cumplan ahora el requisito de tener un mínimo de pena exactamente igual a cuatro años.

22. Sobre las facultades procesales de la víctima en el proceso penal colombiano véase Julio Andrés Sampedro Arrubla, *Las víctimas y el sistema penal: aproximación al proceso penal desde la victimología*, Bogotá: Colombia, Ibáñez, 2010, p. 54 ss.; Vicente Emilio Gaviria Londoño, "Estado actual de los derechos de las víctimas en el proceso penal: evolución (¿involución?) dogmática, jurisprudencial y legislativa", *Derecho penal y criminología* 88, Bogotá: Universidad Externado de Colombia, Jul. /Dic. 2009, p. 17 ss.; Antonio Luis González Navarro, *La víctima en el sistema penal*, Bogotá: Leyer, 2007, p. 407 ss.; Saúl Uribe García, "La víctima y sus derechos en el sistema acusatorio", en John Jaime Posada Orrego/Juan Guillermo Jaramillo Díaz (Comps.) (*supra* nota 10) p. 364 ss.

23. Así, Sotomayor Acosta (*supra* nota 18) pp. 41 ss.; Calle Calderón (*supra* nota 15) p. 158.

24. Sobre las consecuencias de dicha reforma en las iniciativas de terminación anticipada del proceso véase Corporación Excelencia en la Justicia, *Balance del funcionamiento del sistema penal acusatorio. Boletín de actualización 2010-2011*, Bogotá: CEJ, 2012, pp. 9, 53.

2.6. EL TRIBUNAL DE GARANTÍAS EN LA JUSTICIA PENAL MILITAR

El Acto Legislativo 02 de 2012[31], reformatorio del art. 116 de la CN, ordeno la creación de un *Tribunal de Garantías Penales* que tendrá competencia en todo el territorio nacional y en cualquier jurisdicción penal. Entre otras funciones, a dicho tribunal se le encomendó 1. De manera preferente, servir de juez de control de garantías en cualquier investigación o proceso penal que se adelante contra miembros de la Fuerza Pública; 2. De manera preferente, controlar la acusación penal contra miembros de la Fuerza Pública, con el fin de garantizar que se cumplan los presupuestos materiales y formales para iniciar el juicio oral; y 3. De manera permanente, dirimir los conflictos de competencia que ocurran entre la Jurisdicción Ordinaria y la Jurisdicción Penal Militar. El Tribunal de Garantías, según el aludido Acto Legislativo, estará integrado por ocho (8) Magistrados, cuatro (4) de los cuales serán miembros de la Fuerza Pública en retiro (Art. 116 inc. Final).

La reglamentación del tribunal de garantías penales se ha proyectado en una propuesta de Ley estatutaria[32]. En el artículo 88 de dicha propuesta se establece que dicho Tribunal "tendrá poder preferente para ejercer el control de garantías en los procesos penales que se adelanten en cualquier jurisdicción contra los miembros de la Fuerza Pública. En ejercicio de este poder preferente, el Tribunal podrá asumir la función de control de garantías en cualquier momento de la actuación". La forma como se presenta la idea del "poder preferente" para el ejercicio del control de garantías plantea importantes cuestionamientos, no solo en materia de autonomía, imparcialidad e independencia del tribunal, sino, también, por los conflictos de competencia que el mismo proyecto de ley considera e intenta regular. Además, con la introducción de potestades sobre la justicia penal militar y sobre la justicia ordinaria se relativiza el significado de la figura del control de garantías como un escenario de preservación de ámbitos individuales protegidos por la Constitución Política, en tanto se incorpora a la idea de control de garantías objetivos extra-sistemáticos (en el ámbito militar) que tienden a relajar su carácter de límite frente a la manipulación estatal en las conducciones de investigaciones penales.

3. ¿EFECTIVA PROTECCIÓN JUDICIAL DE DERECHOS FUNDAMENTALES?

La efectividad de la protección judicial de derechos fundamentales en la etapa de la investigación penal se ve reducida, además, por los siguientes factores. Por un lado, aquellos relativos a los presupuestos y a la metodología misma de control sobre los actos de investigación por parte de la FGN

---

25. Un precedente importante de esta tendencia de *criminalización a través de las reformas procesales* se encuentra en la Ley 1098 de 2006 (Código de la Infancia y la Adolescencia), según la cual en tratándose de los delitos de homicidio o lesiones personales bajo modalidad dolosa, delitos contra la libertad, integridad y formación sexuales, o secuestro, cometidos contra niños, niñas y adolescentes, no proceden las rebajas de pena con base en los "preacuerdos y negociaciones entre la fiscalía y el imputado o acusado", previstos en los artículos 348 a 351 de la Ley 906 de 2004; tampoco, procede ningún otro beneficio o subrogado judicial o administrativo.

26. Disponible en *http://www.secretariasenado.gov.co/senado/basedoc/ley/2011/ley_1474_2011.html* (último acceso: 30/4/2013).

27. Al tenor del artículo 35, modificatorio del artículo 175 CP (vid. Parágrafo), se amplían los términos procesales, lo que justificaría la prolongación en el tiempo de la procedencia de la libertad por vencimiento de términos.

28. Véase: *http://wsp.presidencia.gov.co/Normativa/Decretos/2012/Documents/Agosto/15/DECRETO%201704%20DEL%2015%20DE%20AGOSTO%20DE%202012.pdf* (último acceso: 30-4-2013).

29. Así, Ramiro Bejarano Guzmán, "Señales totalitarias", en Semana.com, 10-11-2012 (disponible en *http://www.elespectador.com/columna-386373-senales-totalitarias*; último acceso: 30/4/2013).

30. Sobre los actos de investigación relacionados con las bases de datos y los controles procedentes, véase Corte Constitucional, Sentencias C-336 de 2007, M.P. Jaime Córdoba Triviño, Consideraciones y C-334 de 2010, M.P. Juan Carlos Henao Pérez, Consideraciones.

31. El Acto legislativo puede consultarse en *http://wsp.presidencia.gov.co/Normativa/actos-legislati-vos/Documents/2012/ACTO%20LEGISLATIVO%20N%C2%B0%2002%20DEL%2027%20DE%20DICIEMBRE%20DE%202012.pdf* (último acceso: 30/4/2013).

32. El proyecto de Ley estatutaria puede consultarse en *http://www.senado.gov.co/images/stories/pdfs/ 2013/ARTICULADO_P.L._ESTATUTARIA.pdf* (último acceso: 30/4/2013).

y la Policía Judicial. Por otro lado, debido a la orientación preventiva y de carácter policial, en especial de la etapa de indagación preliminar – previa a la apertura formal de investigación –, a partir de la cual el monopolio penal y judicial del uso de la fuerza se ve desplazado a las fuerzas de Policía. Con ello, el control por parte del JCG a la instrucción penal y la posibilidad de ejercer una efectiva protección judicial de los derechos fundamentales se ve sometida a un déficit estructural y, por ende, muy menoscabada.

3.1. LA INSUFICIENCIA EVALUATIVA DE LOS ACTOS DE INVESTIGACIÓN

Varios factores determinan que los presupuestos y la metodología de control de los actos de investigación o de las intervenciones en materia de garantías fundamentales de los investigados sean deficientes. Por un lado, se encuentra la *indeterminabilidad* de las condiciones materiales de intervención, es decir, de los motivos fundados a partir de los cuales se pueda concluir que la ocurrencia del delito investigado tiene como probable autor o partícipe al investigado[33]. A ello se suma, muchas veces, la ausencia de fundamentos para autorizar una medida o convalidarla, debido *a información unilateral y a un respaldo selectivo, incompleto, táctico y filtrado de los motivos fundados*, así como a la imposibilidad de participación real de los inculpados o sus defensores en esas instancias procesales. Además, los jueces que actúan en funciones de control de garantías no *disponen del suficiente tiempo o conocimiento* para evaluar, de forma rigurosa, las solicitudes de autorización, razón por la cual en muchos casos el JCG acepta, palabra por palabra, la fundamentación de la FGN[34].

Por otro lado, la incertidumbre cognoscitiva del debate probatorio ante el JCG[35] se agrava por la inmensa variedad de problemas logísticos de las instituciones involucradas en la investigación, la falta de formación de los organismos judiciales para afrontar la amplia gama de controversias jurídicas que se exponen ante el JCG, la falta de preparación jurídico-argumentativa de los intervinientes, el desborde en la función de control de garantías cuando se encauzan las intervenciones de los sujetos en la audiencia, el inoportuno e incompleto descubrimiento probatorio por parte de la Fiscalía a los sujetos imputados, el temor a discutir en buenas claves dogmáticopenales sobre la responsabilidad en audiencias preliminares, es decir, la resignación de la Dogmática Penal a cambio del pragmatismo y la conversión en regla de la detención privativa de la libertad[36].

Un asunto especialmente delicado en la función de control de garantías, es el de la metodología del *control posterior*[37]. La protección realizada no es condición de seguridad jurídica ni indemnidad personal, en cambio sí es

---

33. Sobre los motivos fundados como soporte de la restricción de derechos fundamentales en Colombia véase Mauricio Pava Lugo, *La defensa en el sistema acusatorio*, Bogotá: Ediciones Jurídicas Andrés Morales, 2009, pp. 26-42 ss.; Guerrero Peralta (supra nota 6) pp. 246 ss., 342 ss.

34. Véase Corporación Excelencia en la Justicia, *Balance de los primeros cinco años de funcionamiento del sistema acusatorio en Colombia*, Bogotá: CEJ, 2010, pp. 115 ss.

35. En ese sentido también y con referencia a la audiencia de formulación de imputación véase Jaime Granados Peña, "Breves reflexiones sobre la afectación de las garantías fundamentales en la formulación de imputación", en *Derecho penal contemporáneo* 41 (Oct.-Dic. 2012), Bogotá: Legis, pp. 82 ss.; María Isabel Arango H., "A propósito del papel del juez de control de garantías en la audiencia de formulación de imputación", en Nuevo Foro Penal 75 (2010), Medellín: EAFIT, pp. 231-242.

condición de sacrificio a principios como los de necesidad, proporcionalidad y racionalidad en el control, a partir de valoraciones cognoscitivamente inciertas y legitimadas por cualquier subversión a la "normalidad". En efecto, la relajación garantista que se deriva del control posterior y el sacrificio que ello supone de las máximas que aseguran una metodología falsacionista de tendencia acusatoria[38], lleva a concluir que la formación de la convicción judicial, sobre lo que se decide en torno al objeto de las distintas audiencias, depende de un grado de probabilidad fundado en unas reglas de actuación cuyo estatus lógico-cognoscitivo es generalmente incierto y *contaminado por el contexto cultural policial* (discrecional y peligrosista), cuya fuerza inductiva en muchas ocasiones no es suficientemente refutable y verificable, ora por la exigencia de secreto, ora por la inadecuada forma en la que se ejerce el derecho de contradicción, etc. Esta metodología de control representa una técnica de vaciamiento de las garantías funda-mentales que se refuerza, incluso, por la indeterminabilidad de las denotaciones fácticas y jurídicas que sostienen la prognosis del juez (generalizaciones y prejuicios como terrorista, peligroso, drogadicto, ratero, etc.) como criterio para el control a las actuaciones preliminares. La racionalidad pragmático-teleológica construida en el seno de la estricta proporcionalidad sobre argumentos de inclinación preventivo-social, alimenta una relajación de los principios básicos propios de un control racional a las intervenciones sobre derechos fundamentales, tan generosamente susceptibles de intervención en el cuerpo de las instrucciones penales.

3.2. EL DOMINIO POLICIAL DE LA INVESTIGACIÓN

La investigación penal en muchos procesos penales parece encubrir la consolidación de un verdadero derecho penal-procesal de carácter policial, de orientación básicamente preventiva y de carácter rigurosamente extralegal, fundado en la sospecha, pues interviene frente al despliegue de un verdadero poder fáctico[39]. El hecho de que ello sea así viene determinado por la necesidad estructural de que el ejercicio de las funciones por parte del juez se haga dentro de determinados límites de tolerancia, para que no entorpezca aquellas esferas donde las necesidades del sistema policial de investigación lleguen a ser resueltas a costa de la desconexión con los compromisos que, en materia de libertades y derechos, se derivan del modelo constitucional. Con ello se instala al juez como un intérprete ponderativo de intereses y no como el celoso guardián de derechos fundamentales. Esta *repotenciación* del poder punitivo, y la *minimización* de la función judicial como límite, toma forma muy visible en lo que se ha dado en llamar el *subsistema* preventivo policial[40]. Allí el carácter extra-procesal de las persecuciones penales informa la velocidad inicial del aparato punitivo.

36. Véase Zuluaga Taborda (*supra* nota 2) p. 140; Corporación Excelencia en la Justicia (*supra* nota 34) pp. 115 ss., 255 ss.; Sobre todos los puntos enunciados, véase el acta del Foro "Evaluación preliminar del sistema Procesal Penal Acusatorio en Medellín 2006-2007", llevado a cabo el 21 de abril de 2006, Facultad de Derecho y Ciencia Política, Universidad de Antioquia.

37. Véase Calle Calderón (*supra* nota 15) p. 167; Rivera Loaiza (*supra* nota 4) p. 47; Zuluaga Taborda (*supra* nota 2) p. 140.

38. Sobre la justificación falsacionista del modelo proceso penal acusatorio véase Luigi Ferrajoli, Derecho y Razón. Teoría del garantismo penal, Madrid: Trota, 6ª ed., 2004, pp. 537 ss.

39. Véase Perfecto Andrés Ibáñez, "El papel de la justicia penal en el estado de la crisis", *Jueces para la Democracia. Información y Debate* N. 10, Madrid, Sep. /1990, p. 35. También lo ha dicho Luigi Ferrajoli: "la cuestión prejudicial de una doctrina democrática del proceso penal es la separación que siempre existe, en mayor o menor medida, entre normatividad y efectividad, entre derecho y práctica, entre imagen legal y modalidades reales, entre deber ser y ser del sistema penal. Podemos tener un proceso penal perfecto, pero será siempre una triste cosa allí donde el monopolio judicial de la fuerza no sea absoluto y exista una fuerza pública extralegal." ("Jurisdicción y democracia", *Jueces para la Democracia. Información y Debate* N. 29, Madrid, Jul. / 1997, p. 4).

REFLEXIONES SOBRE LA PROTECCIÓN JUDICIAL FRENTE A MEDIDAS RESTRICTIVAS DE DERECHOS FUNDAMENTALES DURANTE LA INVESTIGACIÓN PENAL EN COLOMBIA

En el caso colombiano, otro de los motivos para la consolidación de la autonomía policial durante la fase de la investigación es el *deficiente acceso del funcionario de investigación al JCG y del ciudadano común a la administración de justicia*, sobre todo en zonas donde no existe la presencia de la judicatura[41]. Por supuesto, de especial interés resulta la introducción del JCG ambulante como dispone el art. 39 parágrafo 3 del CPP, según el cual "habrá jueces de garantías ambulantes que actúen en los sitios donde sólo existe un juez municipal o cuando se trate de un lugar en el que el traslado de las partes e intervinientes se dificulte por razones de transporte, distancia, fuer-za mayor o en casos adelantados por la Unidad Nacional de Derechos Humanos de la Fiscalía General de la Nación o en los que existan problemas de seguridad de los funcionarios". De esta manera, la figura ambulante suple la ausencia del juez de control en los lugares donde la afectación a los derechos fundamentales es permanente (siendo, seguro, solo un control a "ecos" de violaciones a derechos fundamentales), máxime si se trata de aquellas zonas donde el orden público está en completa disputa por razones conexas al conflicto armado colombiano. Esto constituye la evidencia más notable, y la más triste muestra de resignación, de la consolidación de un derecho policial, que pierde su naturaleza siquiera formalmente instrumental y subordinada al ejercicio de la jurisdicción.

4. CONCLUSIÓN

Acorde con lo ya dicho, la función del JCG como guardián de los derechos del imputado es desplazada, cada vez más, por esquemas normativos y prácticos que bajo un aparente manto *garantista* relajan el papel protector de los derechos fundamentales que debe representar la jurisdicción. Así mismo, las prescripciones que orientan la función de control de garantías y el marco normativo que fundamenta las afectaciones de derechos fundamentales durante la investigación, propician un desajuste de la praxis judicial penal frente al paradigma constitucional que informa acerca de la racionalidad de la función judicial en el proceso penal como límite al poder punitivo estatal (debido proceso), con lo cual se encubre la maximización del poder punitivo en la etapa preparatoria del juicio. En la dimensión minimizadora y disuasora (de un alto valor pedagógico democrático) que representa el JCG frente a las patologías propias de la intromisión en derechos fundamentales, se perfila la idea de un juez marcado por la utilidad y el pragmatismo en el ejercicio de los controles a la variada gama de actividades de policía judicial y de la Fiscalía; no de un Juez al servicio de la libertad y, por ende, de un proceso penal democrático como debería ser.

---

40. Véase in extenso Luigi Ferrajoli (*supra* nota 38) pp. 763 ss.; un resumen comparativo de las amplias faculta-des de intervención penal que se conceden a la policía en otros países latinoamericanos véase Kai Ambos/Jan Woischnik, "*Las reformas procesales penales en América Latina*", en Maier/Ambos/Woischnik (Coord.), Las re-formas procesales penales en América Latina, Buenos Aires, Ad-Hoc, 2000, pp. 849-851; sobre el dominio policial de la investigación penal en Alemania véase Kai Ambos, "Control de la policía versus dominio policial de la instrucción", en *Derecho penal contemporáneo 1* (Oct.-Dic. 2002), Bogotá, Legis, pp. 149 ss.; sobre su manifestación en la cultura procesal colombiana y presentado como una forma de derecho penal eficientista de enemigo véase Alejandro David Aponte Cardona, *Guerra y derecho penal de enemigo: reflexión crítica sobre el eficientismo penal de enemigo*, Bogotá, Ibáñez, 2006, pp. 486 ss.

41. Véase Corporación Excelencia en la Justicia, Lineamientos de política pública en materia de acceso a la justicia a partir de un estudio de necesidades jurídicas insatisfechas, p. 2 ss. (Disponible en: http://www.cej.org.co/index.php/documentos-y-consultas/documentosdeinteres/doc_details/240-lineamientos-de-politica-publica-en-materia-de-acceso-a-la-justicia último acceso: 30/4/2013); también Camilo Castillo/Mauricio García Villegas/Soledad Granada/Adriana Villamarín, "*La justicia en zonas de conflicto armado*", en García Villegas (ed.), Jueces sin Estado. La justicia colombiana en zonas de conflicto, Bogotá: Siglo del Hombre Editores et al., 2008, pp. 165 ss.

DIREITOS HUMANOS: ELAM VITAL DAS SOCIEDADES AVANÇOS E DEFICIÊNCIAS NO BRASIL

JOSÉ GREGORI
Formado pela Faculdade de Direito da USP. Desde a década de 1950 atua na área dos Direitos Humanos. Na década de 1990 foi Deputado Estadual, Secretário de Estado da Participação e Parceria do governo Montoro, assumindo a chefia da Secretaria Nacional dos Direitos Humanos, como coordenador do Programa Nacional de Direitos Humanos, conforme previsto na Declaração e Programa de Ação de Viena. No início de 1999, foi Secretário de Estado para Direitos Humanos, com status de Ministro de Estado e o principal responsável pela elaboração da Lei nº 9.140/95, que reconhece como mortas as pessoas até então dadas como desaparecidas durante a ditadura no Brasil. No Governo Fernando Henrique Cardoso foi Ministro da Justiça e, posteriormente, embaixador do Brasil em Portugal de 2002 a 2004. Em janeiro de 2005 assumiu a presidência da Comissão Municipal de Direitos Humanos de São Paulo e, em 2009, foi nomeado Secretário Especial de Direitos Humanos da Cidade de São Paulo. Hoje é presidente da Comissão de Direitos Humanos da USP.

Inegável o crescimento da importância dos Direitos Humanos no pós-Segunda Guerra Mundial. De um propósito utópico para homens de boa vontade converteu-se num item permanente da pauta dos grandes problemas mundiais.

Especialmente, depois da Declaração Universal dos Direitos Humanos de 1948, neste mais de meio século, tanto as Democracias como as ditaduras sabem que é cada vez maior o número de pessoas que os defendem e os cobram. Nessa disputa, parece não ser exagero concluir: há menor número de países hoje que os negam. Quase todas as antigas colônias se libertaram das metrópoles tendo como bandeiras os Direitos Humanos, e os problemas ainda irresolvidos na área internacional são feridas de Direitos Humanos: Oriente Médio, Tibete, Guantánamo, Egito, Ucrânia, Uganda, Nigéria e tantos outros.

Tem toda a pertinência indagar sobre o prisma prático, como essa projeção crescente dos Direitos Humanos converte-se em norma e ação e que tipo e condição de efetividade alcançam na vida real.

Tentar uma singela resposta é procurar, antes de tudo, saber como nascem os Direitos Humanos. A meu ver, os Direitos Humanos nascem da indignação. Se, como dizem os poetas, a poesia nasce do espanto, os direitos humanos nascem da indignação com algo que não se harmoniza, que fere o que é ínsito à criatura humana: sua dignidade. Essa dignidade humana, para não ser uma expressão meramente ornamental, deve se corporificar e se traduzir numa sintaxe que saia do abstrato. Essa sintaxe são os Direitos Humanos.

O primeiro homem que se indignou com Caim suprimindo brutalmente a vida de seu irmão Abel criou o primeiro ímpeto que levou a sentir que a vida do próximo deve ser respeitada porque envolve sua dignidade humana. Logo, é um direito humano.

Não dá pra contar os caminhos e lutas, frustrações e obstinações necessárias para que essa indignação tão antiga como a Bíblia se tornasse uma norma sancionadora a quem desrespeita a dignidade humana. Hoje os nossos códigos defendem a vida como algo óbvio, o que também o faz o principal artigo da Declaração Universal dos Direitos Humanos de 1948, ao proclamar: "Todo indivíduo tem direito à vida, à liberdade e à segurança de sua pessoa."

As intuições éticas, preceitos religiosos, costumes culturais, inspirações literárias, pesquisas científicas, educação, reflexões filosóficas, enfim, tudo o que constitui a argamassa que forma as sociedades e como elas influem nas pessoas que nelas vivam, vai constituindo um padrão de comportamento que, por respeitar a dignidade humana, se torna norma obrigatória sob pena de sanção. É nessa insondável cesta, composta de valores civilizatórios, que estão também os Direitos Humanos, com a especificidade, porém, de que, como são a tradução de dignidade humana, eles se tornam metro e padrão a serem seguidos por todas as sociedades, vale dizer, por todos os países e nações, ou seja: o Estado, o governo, o poder público, a sociedade civil e as pessoas individualmente.

Sempre que a cultura humana produziu obras chaves dos Direitos Humanos, as históricas declarações de direitos, por exemplo, teve como endereço e destinação o todo universal humano. Algo, portanto, que superasse o grupo, a tribo, a nação e alcançasse, na dimensão planetária, todas as pessoas. Todas, mesmo: do mais desvalido até o próprio Rei.

Por isso, costumo dizer que toda obra dos Direitos Humanos, se fosse no plano musical, não seria um minueto, mas sempre uma obra sinfônica. E, como tal, obra de uma imensa orquestra, mas em que o mais simples som, o mais humilde dos instrumentos é absolutamente indispensável e deve integrar o todo.

Felizmente os Direitos Humanos têm uma história de aplicações normalizadoras de seus preceitos, hoje blindados no mais alto plano da normatização: a Constituição Federal, os Tratados Internacionais, os pactos e os protocolos. Também, para esse feito, não é fácil rememorar as dificuldades e quantos e quais contribuíram para superá-las, mas seria justo relembrar a República de Weimar e o seu legado de transferência para o plano da segurança e superioridade das constituições dos direitos e garantias fundamentais.

O Brasil, felizmente, não tem fugido à regra. Focando nos últimos 25 anos, assinale-se 1988, quando se aprovou nossa Constituição Federal como um pálio de uma respeitável normatização de Direitos Humanos, chegando até a ser batizada como Constituição Cidadã.

Sei, por experiência própria, pois vivi a agitada e histórica época constitucional em Brasília, o quanto os redatores e sistematizadores de todos os assuntos discutidos na arena constitucional se preocuparam em harmonizar os inumeráveis temas discutidos também com os princípios de Direitos Humanos.

No plano pessoal, quando na Secretaria Municipal de Direitos Humanos da Cidade de São Paulo, tentei uma experiência para objetivação dos Direitos Humanos, numa tentativa de tirar-los da subjetividade. Assim, o

DIREITOS HUMANOS: ELAM VITAL DAS SOCIEDADES. AVANÇOS E DEFICIÊNCIAS NO BRASIL

SIM Direitos Humanos – Sistema Intraurbano de Monitoramento de Direitos Humanos – relatarei telegraficamente que, na linha do ditado chinês que diz "Se queres limpar o mundo, comece varrendo a porta de sua casa." –, com o auxílio dos institutos IBGE e SEADE , pesquisou como vivem, na prática na megalópole paulista, nas suas 31 subprefeituras, 93 Direitos Humanos devidamente normatizados na Constituição Federal. A pergunta é como cada um deles é vivido enquanto política pública na prática em cada região paulistana na concepção moderna dos Direitos Humanos, como mulheres, crianças, negros, idosos, violência até 2011. *(www.simdh.com.br)*.

Isso porque toda a razão de existir dos Direitos Humanos é que sejam cumpridos em benefício da cidadania do homem, ou melhor, de cada um de nós. Vale recordar a clássica advertência do não menos clássico Norberto Bobbio: "Não é tão importante saber o que são os Direitos Humanos, mas como eles são garantidos na prática."

Nos dias de hoje esse é o ponto onde se situa todo o core dos Direitos Humanos. Como colocá-los de pé na linha do respeito e da prática, de vez que já estão razoavelmente difundidos, já está nas leis, na Constituição Federal, em inúmeros tratados internacionais e a ONU mantém um conselho específico, Conselho de Direitos Humanos, com todo o aparato físico para funcionar. Já é, pois, uma arquitetura legal e institucional razoável que, infelizmente, tem resultados muito aquém do que poderia produzir. Basta abrir, ao acaso, um jornal diário: um vaso sanitário que, atirado, mata um inocente torcedor de futebol; a comunicação sem compromisso de um *blog* que atiça moradores populares a linchar uma senhora acusada de magia negra. Sem contar o fotógrafo que, em plena ação profissional, é alcançado mortalmente por um foguete atirado por manifestantes que ele tranquilamente fotografava. Todos tópicos recorrentes de uma infausta rede que soma, no Brasil, 30 mil vítimas por ano. No mínimo.

O mesmo jornal das más notícias poderia afirmar, com a mesma exatidão, que, nesses 25 anos de volta à Democracia, o Brasil conseguiu avanços significativos. Eleições e imprensa livres; fim da inflação aloprada; maior consciência das populações que reivindicam melhor direito à segurança, saúde e educação; maior taxa de independência do judiciário, para quem já não há figuras intocáveis; maior pressão da opinião pública; aumento da taxa de repugnância à corrupção; maior consciência de que é preciso fiscalizar o poder público; ascensão para um patamar mais respeitado dos direitos das mulheres, crianças, negros e homossexuais; maior taxa de respeito ao meio ambiente; criação da Secretaria de Direitos Humanos, que equivale a um ministério, e a aprovação de três planos nacionais de

Direitos Humanos; direitos protetivos para o consumidor, o Código do Consumidor; fiscalização severa sobre o trabalho forçado, sobretudo o de crianças; criação da Bolsa Escola que se transformou em Bolsa Família. E um debate que mal se esboça sobre, afinal, para que deve servir o desenvolvimento que, embora sustentável, não diminui as taxas de desigualdade e apropriação de renda? Tudo isso é um ativo que não pode ser omitido num balanço que se queira fazer entre o jornal das tristes notícias do dia e o caminho percorrido por nossa Democracia em construção. Houve avanços, mas é muito grande, ainda, a distância entre o ponto em que estamos e o que poderíamos estar.

O que fazer?

A primeira tarefa é nos convencermos que seria possível muito maior avanço. Já não vigoram complexos de inferioridade que chumbavam o Brasil a profecias estrangeiras tipo "a civilização é uma conquista de países frios" ou "há biótipos mais aptos para o progresso". Estamos hoje devidamente vacinados contra ideias de superioridade ou inferioridade livresca.

Somos um país imenso, com renda *per capita* razoável, grande potencial para crescer, sem ódios com nenhum de nossos vizinhos, falamos a mesma língua e convergimos na crença de certos valores comuns, um deles nossa mestiçagem, que supõe acolhimento, abertura de oportunidades e propensão para a convivência.

A segunda tarefa é entendermos que, nos dias de hoje, o que se consolidou como um direito humano não é algo para reverência honorífica. Pelo contrário, é uma exigência prática, pois, se confundindo com a dignidade humana, tem de ter vida e pulsação entre as coisas que devem ser comezinhas no cotidiano. Na concepção moderna os Direitos Humanos devem estar presentes em todas as dimensões da vida humana: na casa, na família, na escola, na fábrica, no trabalho, na empresa, nas ruas, no trânsito, no clube, no banco, nas diversões, na viagem, pois assumiram o social, o econômico, o cultural e o existencial.

É apenas uma reminiscência histórica a enumeração de Thomas Jefferson na Declaração de Independência dos Estados Unidos, restrita aos direitos à vida, liberdade e busca da felicidade. Hoje, como os Direitos Humanos se expandem em dezenas deles, todos devendo ter a mesma obrigatoriedade de acatamento, podemos até falar em segurança humana.

Fala-se em obrigatoriedade dos Direitos Humanos, porque a natureza de sua outorga está cravada na Constituição Federal e na Declaração Universal dos Direitos Humanos, espécie de constituição planetária.

Essa universalização dos Direitos Humanos é uma das conquistas do mundo moderno, pois foi reconhecido que a dignidade humana deve ser respeitada em vários momentos e atividades da vida humana. Já não posso ser relegado e descartado por ser velho, nem ser omitido por ser apenas uma criança. A vida toda da criatura humana — pelo menos nos momentos decisivos — deve estar coberta pelos Direitos Humanos. E a beleza dessa universalização é que ela não cobra outra exigência a não ser que a pessoa tenha vida e se enquadre numa situação a ser protegida pelos Direitos Humanos, sem indagar sua riqueza, sexo, poder, cultura, religião, cor da pele, nacionalidade, profissão.

É claro que a responsabilidade dessa universalização recai mais sobre o Estado, que, às vezes, deve se omitir, cruzando os braços — na garantia da liberdade de expressão, por exemplo — mas, às vezes, deve diligenciar e trabalhar para criar as condições objetivas de vivência efetiva dos Direitos Humanos. No caso da saúde básica ou superação da pobreza, por exemplo.

Está dito, de forma contundente e expressa, na Declaração Universal dos Direitos Humanos, em pelo menos dois artigos, que as necessidades básicas da criatura humana não podem faltar, nos aspectos social, econômico e cultural.

Confira-se o artigo 28:

> "Toda pessoa tem direito a uma ordem social e internacional em que os direitos e liberdades estabelecidos na presente declaração possam ser plenamente realizados". O artigo 22 reforça essa ideia: "Toda pessoa, como membro da sociedade, tem direito à segurança social e à realização, pelo esforço nacional, pela cooperação internacional e de acordo com a organização e recursos de cada estado, os direitos econômicos, sociais e culturais, indispensáveis a sua dignidade e ao livre desenvolvimento de sua personalidade."

À luz desses postulados transcritos, conclui-se que os Direitos Humanos não operam no vazio, mas, também, dependem da organização da estrutura socioeconômica e cultural dos estados e governos.

Por isso, não é exagero dizer que, hoje em dia, governar é atender aos Direitos Humanos. Isso em razão dos Direitos Humanos se entrecruzarem entre todos os assuntos da gestão pública. Um país que assegure a vida e a segurança para todos os seus cidadãos não pode permitir que houvesse fome ou incultura. Ou outro, que alimente seus nacionais até a obesidade, não pode proibir que elegessem livremente, em eleições independentes, seus dirigentes.

A necessidade desse equilíbrio entre as várias dimensões dos Direitos Humanos é o que desafia o governante a ser um exímio distribuidor de prioridades e ter consciência de que um bom governo somente existe quando os Direitos Humanos civis, econômicos, sociais e culturais formam um todo equivalente tanto no seu aspecto teórico, quanto no seu teor prático.

Tendo em vista essa multiplicidade é que a ONU conseguiu que mais do que 190 países sentassem à mesma mesa, na passagem do milênio, e concordassem no esforço de alavancar índices sociais no megaprojeto conhecido como "Objetivos do Milênio". Houve consenso também sobre os oito pontos prioritários: "acabar com a fome e a miséria; educação básica de qualidade para todos; igualdade entre os sexos e valorização da mulher; reduzir a mortalidade infantil; melhorar a saúde materna; combater a AIDS, a malária e outras doenças; garantir a sustentabilidade ambiental; estabelecer uma parceria mundial para o desenvolvimento". Isso foi um indiscutível feito diplomático, mas a prática tem sido modesta, ainda que tenhamos que reconhecer que o projeto alargou o conceito de Direitos Humanos na linha do que estabelecem os dois artigos transcritos, 22 e 28, da Declaração Universal dos Direitos Humanos. Como bem disse um dos que trabalharam nesse projeto, Jeffrey Sachs: "O investimento social é uma ferramenta para alcançarmos o desenvolvimento sustentável".

Esse entrelaçamento e complementação dos Direitos Humanos obrigam a que não se vejam os problemas de forma isolada. Assim, qualquer combate à violência pode começar pela polícia, mas, não demora, outros setores, especialmente os educacionais e sociais, deverão vir em complementação. É claro, voltando-se à Bíblia, que Caim não matou Abel porque seria um excluído ou vítima de injustas estruturas sociais. Eliminou o irmão por razões que, ainda que misteriosas, não escondem o fato de que, no espectro dos sentimentos da condição humana, alinha-se o ímpeto violento. Exatamente por isso, pela violência ter vários gatilhos – e não apenas um –, não se pode excluir as condições de educação, estrutura social, horizontes de esperança e de realização que povoam as pessoas. A estrutura social, pois, e a educação pessoal influem sim no surgimento da violência. Mas não numa relação de vasos comunicantes: havendo uma, haverá outra também. A natureza humana é muito mais complexa e imprevisível do que qualquer teoria reducionista, e são milhões os exemplos de generosidade, solidariedade e correção entre os desestruturados socialmente.

O problema da violência existe e deve ser atacado, especialmente numa época como a nossa em que tal ataque nunca foi tão urgente.

Cabe fixar, no entanto, que tal ataque é justificável apenas quando não custe a diminuição ou supressão da Democracia, regime sociopolítico que é o único que promove e convive com os Direitos Humanos.

Hoje, no Brasil, é pertinente indagar, sem exageros de ufanismo ou saudosismo, se a violência existente não é um subproduto da Democracia que estamos construindo.

DIREITOS HUMANOS: ELAM VITAL DAS SOCIEDADES. AVANÇOS E DEFICIÊNCIAS NO BRASIL

Não resta dúvida de que a violência, hoje, proporcionalmente à população existente, deva ser igual à do tempo do regime militar, sem o acréscimo ignóbil da violência política então existente e da tortura, sua inevitável consequência.

Portanto, poderíamos e deveríamos estar melhor, pois, há mais de 20 anos, abriu-se o espaço democrático. É nele, e por ele, que devemos achar os caminhos. Nenhuma ideia regressista pode corrigir aquilo que por defeito, ou negligência, decorra da Democracia em construção. Repita-se: é nela e por ela que devemos procurar a solução.

Num problema prático atualmente muito discutido, a baixa da maioridade penal, o que devemos indagar é se todas as condições de formação e educação foram providas, desde o exame pré-natal da mãe até os 18 anos do jovem, antes de pensar em qualquer decréscimo etário, automático e generalizado. Nessa questão, as causas exógenas influem e, às vezes, de exógenas passam a ser endógenas. O que defendo não é que não se faça nada, pois a situação atual não é confortadora. Mas, que se afaste o radicalismo de esperar solução com a indiscriminada mudança da certidão de idade. Tem mais sentido, em casos gravíssimos, o judiciário poder alterar o prazo mínimo de responsabilidade penal de 18 anos para 16 aumentar ou o atual prazo máximo de três anos de internamento. Sempre em estabelecimentos especiais, separados dos que estão sob o regime do Código Penal.

Assim, em todos os outros problemas onde nossa Democracia não prosperou e esteja contribuindo para a manutenção ou aumento da violência, é preciso procurar as causas reais e profundas geradoras do problema.

Se os Direitos Humanos não fossem tributários de todos os outros setores sociais, poderíamos restringir o exame ao campo específico dos Direitos Humanos, mas hoje temos de alargar o olhar e considerar a Democracia brasileira como um todo, pois ela ainda é uma trajetória inconcluída, cheia, portanto, de lacunas e deficiências.

Felizmente, de tempos para cá, a trajetória a ser feita não depende somente dos setores públicos e das instituições, pois a própria sociedade saiu à rua com o desejo de se integrar nessa megatarefa. Viu-se, naquela ocasião, o quanto a insatisfação é múltipla, na medida em que cada um externou o seu lado de inconformidade. É claro que essa atomização crítica em mil bandeiras dificulta a leitura do que é prioritário, mas não deixa dúvidas de quanto é profunda, extensa e legítima a insatisfação, deixando de lado, obviamente, o vandalismo que cavalga mais os campos da paranóia. Aliás, nos movimentos históricos, não é a rua que avia a receita. Mas é a rua que expressa que a moléstia existe e deve ser curada. Nada mais propício a esse momento de inquietude e busca de caminhos do que o fato de estarmos no limiar de uma eleição presidencial. Nas Democracias, é o momento, por excelência, para expressar reivindicações e cotejá-las entre as várias visões dos que pretendam dirigir o país.

Parece-me que, por múltiplas e, talvez, confusas que sejam as reivindicações, há um triângulo que totaliza e corporifica as prioridades e apontam para três polos: I – como melhorar a igualdade da distribuição de renda; II – como tornar o complexo policial-judiciário mais eficiente na diminuição da impunidade; III – como transferir aos jovens, via educação pública, particular e familiar, os valores de respeito que signifiquem uns agirem em relação aos outros com espírito de fraternidade e solidariedade.

I. A questão das desigualdades das rendas e sua concentração deixou de ser um tema exclusivamente econômico e financeiro e já não se polemiza tanto sobre a "mais-valia". Esse decréscimo de interesse por uma das notas centrais das teorias socialistas não significa que todas as pessoas obtiveram a retribuição justa do seu trabalho ou atividade. Pelo contrário: o problema da desigualdade, como retribuição do esforço das pessoas, persiste e nada mais contrário aos Direitos Humanos do que uma sociedade dividida entre párias e patrícios. O dinheiro ou a remuneração ainda possibilita, conforme seja, mais ou menos, situações diferentes, do ponto de vista de saúde, educação, formação cultural, de tal forma que estamos distantes de ter atingido, na prática, o enunciado de que "todos nascem livres e iguais em direitos". Repartir melhor significa aumentar as oportunidades, o que rebate na melhoria de condições iniciais de vida para exercer o projeto de vida de cada um. Não se trata tanto de repartir o gasto, mas entender que a melhoria do equilíbrio na renda entre todos significa mudar a situação de cada um para melhor. Daí a importância do tema e o quanto é saudável e útil seu retorno ao debate, sobretudo quando muitas teorias afiançam que, nas atuais sociedades fortes – como a dos Estados Unidos – as desigualdades se agudizaram, com os ricos, cada vez mais ricos, se regalando de forma exponencial no volume de riqueza a que têm acesso.

É o que diz, num livro que se tornou um rumoroso best-seller mundial, "O Capital no Século XXI", o jovem economista francês Thomas Piketty, que mostra algo pouco percebido atualmente: a desigualdade a favor dos ricos beneficia os grandes executivos, muito mais do que os rentistas. Segundo essa teoria, nos anos 1950, na média, os grandes executivos ganhavam 20 vezes mais do que seus subordinados. Hoje, recebem mais de 200 vezes. E a explicação não reside no critério de mérito para os altíssimos salários. Diz Piketty, em recente entrevista: "Os beneficiários por altos salários se justificam que puderam chegar a esse patrimônio sem serem herdeiros. O problema é para os que não são nem uma coisa nem outra; nem herdeiros ou detentores de altos salários". Quem diria que seria no mundo do trabalho – menina dos olhos das aspirações socialistas – é que se iriam criar mais desigualdades...

Assim, qualquer proposta a favor dos Direitos Humanos passa hoje também por implicações no mundo da concentração de renda, o que significa dizer que as medidas tributárias e fiscais passaram a fazer parte também das preocupações e sugestões dos Direitos Humanos. E lembre-se que o Conselho de Direitos Humanos da ONU, nos últimos três anos, já pôs em vigor um repertório de normas e princípios que devem balizar a atividade prática das empresas, Princípios Orientadores Sobre Empresas e Direitos Humanos.

É preciso considerar, de início, que o imposto de renda funciona, teoricamente, como um corretivo. Hoje, por exemplo, no Brasil, se o contribuinte assalariado obedecer todas as normas sem nenhuma sonegação, deixa anualmente com o Estado cerca de um terço de sua renda. Quer dizer, 120 dias de sua carga de trabalho se transferem à coletividade.

Convenhamos que se todos, e não somente os assalariados, contribuíssem com um terço de seu trabalho, já estaríamos num nível de repartição de rendas significativo. Não é, infelizmente, o que acontece aqui e no mundo, especialmente à luz do atual estudo do economista Piketty.

Nessa altura da história do mundo, não é possível que os Direitos Humanos deixem de se inquietar com a intensificação das desigualdades, especialmente porque os benefícios sociais que consagra são onerosos e custam, e devem estar à disposição de todos, sem exceções.

II. Hoje a comunidade brasileira que faz a roda da justiça se movimentar, se compõe de mais de 400 mil pessoas, sendo cerca de 14.698 juízes, 2.379 desembargadores, 9.963 promotores e algo como 390 mil serventuários.

Se acrescentarmos a polícia judiciária – que investiga, através do inquérito policial, para a justiça julgar – temos uma força de trabalho de pouco mais de um milhão de pessoas. Se considerarmos que, dos 50 mil que morrem assassinados anualmente, apenas 10% tem autoria devidamente identificada e processada, conclui-se que é muito baixa a eficácia do complexo polícia-judiciário como instrumento de cumprimento da lei da vida.

Ninguém no Brasil é capaz de dizer quantas leis estão em vigor, o que, face ao desconhecimento, faz supor um número inimaginável. No campo da percepção do trabalho e utilidade desse complexo policial-judiciário, também é grande o número de brasileiros que julgam insatisfatório seu desempenho, considerando-o verdadeiro poder letárgico. A atuação desse complexo policial-judiciário faz sofrer a população como um todo e sofrem, também, os Direitos Humanos, porque a impunidade significa que, embora reconhecidos pela Constituição de 1988, podem ser desrespeitados sem nenhuma consequência.

É claro que essas considerações não deslustram o esforço de centenas de patriotas que, nas respectivas carreiras, vivem obcecados pelo desejo de servir. Como, também, não deixamos de reconhecer os resultados (práticos) que decorreram da criação do Conselho Nacional de Justiça. Mas a triste realidade é de que estamos diante de um instrumento institucional que infelizmente funciona menos do que o desejado para as necessidades do presente e as exigências do futuro.

Olhando fundo e pensando em algo estruturante que reoriente as prioridades do complexo policial-judiciário para um salto de qualidade, não se pode deixar de pensar em melhorar o entrosamento entre polícias Civil, Militar e Federal, o Ministério Público e o Judiciário. Eles devem se conversar entre si, inclusive eletronicamente. Mas, além disso, torna-se necessário criar um centro de coordenação que junte as pontas dos vários protagonistas da segurança. Ninguém pode viver satisfeito com estatísticas tão altamente absurdas de impunidade. Punir um crime somente depois de decorrido o prazo de 29 anos, como fez recentemente o Supremo Tribunal Federal, num caso de sequestro no Pará, chega a ser um vexame. Onde está o senso civilizatório, base de todos os Direitos Humanos?

O centro de coordenação sugerido se revestiria de características de um polo de ativação contra a impunidade, de tal forma que não somente otimizasse o entendimento das várias polícias com o Ministério Público e o Judiciário, mas controlasse o caminho, o tempo gasto e, especialmente, a conclusão célere de um caso de assassinato.

A urgência da criação desse polo de ativação contra a impunidade é tanto maior quando se considera que, em matéria fiscal e tributária, o Brasil já tem mecanismos para acompanhar, nacionalmente, o cumprimento de certas obrigações pelos contribuintes. Também no campo da saúde há órgãos que controlam a evolução de certas moléstias, como malária e AIDS, por exemplo.

No campo do acompanhamento da ofensa aos Direitos Humanos, mesmo quando se trate de sua máxima gravidade, o assassinato, não há nenhum mecanismo que siga as providências que tenham sido, ou não, tomadas no caso concreto. Face as nossas estatísticas, que atingem hoje o nível extremo de guerra civil, o respeito às regras federativas não impediria a criação de um órgão nacional de fiscalização e acompanhamento, que colimaria diminuir a impunidade.

III. Finalmente a questão da transmissão de valores dos Direitos Humanos, especialmente na juventude, é ainda mais complexa e difícil do que as anteriores, pois não se descobriu a vacina que inocule virtudes no gênero humano. É um longo e penoso processo que também, como no caso da violência, dependem de se articular vários gatilhos.

O Papa Francisco, com sua maneira doce de dizer coisas sérias, preferindo sempre a persuasão à doutrinação, afirmou que "não se pode deixar que a esperança morra nos corações dos jovens e que seus horizontes esbarrem nos limites mortais do imediatismo injusto e consumista". Na linha da preocupação do Papa, é preciso passar aos jovens que os Direitos Humanos apostam, antes de tudo, na vida. Ela é sua razão de ser. E no seu respeito e cumprimento não há nenhuma restrição aos horizontes largos e mesmo utópicos com que a juventude deve conviver.

Se o jovem aspira ao mundo, hoje à mercê de um simples toque de seus dedos na mega dimensão da Internet, são os Direitos Humanos que tornam possível compatibilizar essa ambição como um direito a ser respeitado por todos. A visão unilateral, personalista ou egoísta mesmo, sem abertura para os Direitos Humanos, tornaria impraticável os sonhos dos jovens, pois não se estabeleceria a reciprocidade que faz um respeitar o outro. No caos, perdem todos. Só os Direitos Humanos constituem a vida que possibilita a vida. Além disso, os Direitos Humanos, como procedem da natureza humana, não se contaminam do viés ideológico que, por razões doutrinárias ou políticas, leva a aceitação da vontade absoluta de um partido ou de um chefe de partido. Isso porque o que for permitido, ou não, quando predominam os Direitos Humanos, será o que estabeleça o conjunto de vontades, por canais conhecidos e consentidos.

É preciso, pois, resgatar a juventude utilizando ideias amplas, que estimulem tendências comunitárias, especialmente, no mundo tecnológico-virtual em que estamos, onde tudo acontece cedo, sem o requisito da maturação. O tempo deixou de ser medida de duração, requisito necessário para que as coisas tomem forma e se desenvolvam. O jovem atual não está muito interessado em apreender com vagar as coisas. É mais instantâneo e visualizante. Por isso, repita-se, são necessárias idéias agregadoras, que impliquem em convergências comunitárias e associativas.

Já funcionou no Brasil (1998-2002) um Serviço Civil que — a partir da Secretaria de Direitos Humanos — envolveu milhares de jovens de cerca de doze estados que, dispensados do serviço militar, de livre vontade se inscreveram numa experiência que duraria doze meses para cada um dos voluntários inscritos. O Serviço Civil oferecia, além de alfabetização, uma série de serviços devidamente monitorados, como manejo de computador, ajuda no alistamento eleitoral, distribuição de medicamentos, ajuda no programa de deficientes, formação musical básica, inclusive constituição de corais. Toda essa atividade realizada sem vinculação partidária. Havia, também, uma pequena ajuda: vale-condução e vale-refeição.

Seria o caso de se pensar, hoje, em algo semelhante, que devolva ou desperte o espírito comunitário. Não é o caso de relatar tudo o que o serviço civil viveu na época, mas, nos anos em que fiquei como coordenador-geral, tive a convicção de que o meu concorrente, quanto ao funcionamento do serviço e ao acolhimento dos jovens, era o tráfico de drogas. Isso atesta a validade da experiência.

A tarefa básica é não permitir que o jovem – menor ou adolescente – desgarre-se, sentindo-se um estranho na comunidade. É a música; é o esporte; é a associação ou serviço civil; qualquer que seja o caso para despertar um atrativo, é preciso considerar como uma prioridade nacional. Mas tudo partindo de um eixo fundamental, válido para todos – para todos, mesmo – que seria, no curso fundamental, conferir noções de Direitos Humanos.

Há toda uma vasta bibliografia tratando da teoria e da prática do ensino dos Direitos Humanos, mas duvido que, tanto nos ENEMs como em qualquer outro tipo de prova seletiva no Brasil, esteja contemplada a declaração universal dos Direitos Humanos.

Vale o lugar comum: se se espera colheita, é porque se semeou antes. O que não é possível é, diante dos problemas, mergulharmos imediatamente na terapêutica legislativa.

Estimular a crença e cumprimento de valores é um longo processo que supõe muita persistência. Até porque os que mais precisam desses valores são os mais que resistem, pois, se sentem desacolhidos, seja pela família, escola e sociedade. É preciso agir no plano individual e no plano massivo.

Betinho, que foi um ícone dos Direitos Humanos, realizou com bons resultados o "Natal Sem Fome". Fizemos em Brasília, em 2001, o "Natal Sem Mortes", com boa e surpreendente acolhida. Essas campanhas massivas complementariam a difusão do conhecimento individual da Declaração Universal dos Direitos Humanos. Nas eleições gerais ocorridas neste ano de 2018 surgiu alguma palavra ou mensagem de congraçamento mostrando como a política e seu manejo pode aproximar as pessoas?

Mas é nesse mar de indiferença que devemos lutar e agir, o que significa, para início de conversa, que é dentro de nós que deve estar o entusiasmo e a crença de que é possível influir para melhorar as pessoas e seus valores.

O Brasil exige e espera a mudança imediata. Se tivermos, em nós mesmos, esse entusiasmo e crença, quando começamos?

JOANNE RATHE / *GETTY IMAGES*

288 A DECLARAÇÃO UNIVERSAL DOS DIREITOS HUMANOS: PARTICIPAÇÃO POPULAR, CIDADANIA E DIREITOS DA PESSOA IDOSA

LÚCIA THOMÉ REINERT
Defensora Pública do Estado de São Paulo. Defensora Pública membro do Núcleo dos Direitos da Pessoa Idosa e com Deficiência da Defensoria Pública do Estado de São Paulo. Conselheira Estadual do Idoso (Gestão 2014/2016 e 2016/2018). Mestre em Direito Constitucional pela PUC/SP (2016). Coautora e Co-coordenadora do Projeto "Cidadania e Governança Democrática" em parceria com o Ministério Público Federal e a Defensoria Pública do Estado. Coautora e Co-coordenadora do projeto "Ajude a Dona Ria" da Defensoria Pública do Estado de São Paulo.

RESUMO

O presente artigo tem como objetivo demonstrar a importância da Declaração Universal dos Direitos Humanos no processo de envelhecimento e na promoção, proteção e efetivação dos direitos das pessoas idosas. Nesse contexto, pretende-se explorar a importância da participação social como instrumento democrático necessário para a implementação de um envelhecimento digno e atento aos Direitos Humanos. Por fim, trata da importância da Declaração Universal dos Direitos Humanos como instrumento jurídico vinculante, a fim de se efetivar integralmente os direitos das pessoas idosas.

PALAVRAS-CHAVE

DECLARAÇÃO UNIVERSAL DE DIREITOS HUMANOS, DIREITOS HUMANOS DA PESSOA IDOSA, PARTICIPAÇÃO SOCIAL, ENVELHECIMENTO

ABSTRACT

The purpose of this article is to demonstrate the importance of the Universal Declaration of Human Rights in the aging process and in the promotion, protection and enforcement of the rights of the elderly. In this context, it is intended to explore the importance of social participation as a democratic instrument necessary for the implementation of a dignified and attentive aging of Human Rights. Finally, it addresses the importance of the Universal Declaration of Human Rights as a binding legal instrument in order to fully realize the rights of the elderly. Key Words: Universal Declaration of Human Rights. Human rights of elderly person. Social Participation. Aging.

1. INTRODUÇÃO

Após a Segunda Guerra Mundial e as barbáries praticadas pelo nazismo iniciou-se um movimento pela internacionalização dos Direitos Humanos. A preocupação com a promoção, proteção e efetivação dos direitos das pessoas transcendeu o domínio da soberania, ou interesses individuais dos Estados, e passou a ser pauta internacionalmente tutelada.

Observa-se que a Declaração Universal dos Direitos Humanos de 1948 conferiu lastro axiológico e carga valorativa aos direitos humanos, eis que estabelece direitos básicos, essenciais, inerentes à condição humana.

Como Leciona Héctor Gros Espiell:

> *Só reconhecimento integral de todos estes direitos pode assegurar a existência real de cada um deles, já que sem a efetividade de gozo dos direitos econômicos, sociais e culturais, os direitos civis e políticos se reduzem a mera categoria formal*[1].

O processo de universalização dos direitos humanos permitiu a formação de um sistema internacional de proteção desses direitos. A Declaração de 1948, em conjunto com o Pacto Internacional dos Direitos Civis e Políticos e seus dois Protocolos Opcionais e com o Pacto Internacional dos Direitos Econômicos, Sociais e Culturais e seu Protocolo Opcional, formam a chamada Carta Internacional dos Direitos Humanos.

No mais, a Declaração de Direitos Humanos de Viena, de 1993, reitera a concepção da Declaração de 1948 quando, em seu § 5º, afirma: *"Todos os direitos humanos são universais, interdependentes e inter-relacionados"*.

Em relação às pessoas idosas, importante destacar que diversos instrumentos internacionais foram criados, sempre com fundamento na Declaração Universal dos Direitos Humanos, quais sejam: Plano Internacional de Viena sobre o Envelhecimento (1982), Princípio das Nações Unidas em favor das pessoas idosas (1991,) Comentário nº 6 do Comitê da ONU de Direitos Econômicos, Sociais e Culturais das Pessoas Idosas (1995), Declaração Política e Plano Internacional de Ação sobre o Envelhecimento de Madrid (2002); bem como os instrumentos regionais, tais como a Estratégia Regional de Implementação para a América e o Caribe do Plano de Ação Internacional de Madri sobre envelhecimento (2003), Declaração de Brasília (2007), o Plano de Ação da Organização Pan-Americana da Saúde sobre a Saúde dos Idosos, Incluindo o Envelhecimento Ativo e Saudável (2009), a Declaração de Compromisso de Port of Spain (2009), Carta de São José sobre os Direitos do Idoso da América Latina e do Caribe (2012) e, no âmbito americano, a Convenção Interamericana sobre a Proteção dos Direitos Humanos das Pessoas Idosas.

O presente trabalho pretende demonstrar a importância da Declaração Universal dos Direitos Humanos na promoção, proteção e efetivação dos direitos da pessoa idosa, bem como a importância da participação popular como instrumento democrático para assegurar a promoção, proteção e efetivação de um processo de envelhecimento digno condizente com os Direitos da pessoa humana.

2. O ENVELHECIMENTO DIGNO COMO DIREITO HUMANO FUNDAMENTAL

Na concepção contemporânea dos Direitos Humanos o processo de envelhecimento não deve ser dissociado da dimensão existencial, social e cultural da pessoa humana. Entender o envelhecimento apenas do ponto de

---

1. Héctor Gros Espiell, *Los derechos económicos, sociales y culturales en el sistema interamericano*, San José, Libro Libre, 1986, p. 16-17.

A DECLARAÇÃO UNIVERSAL DOS DIREITOS HUMANOS: PARTICIPAÇÃO POPULAR, CIDADANIA E DIREITOS DA PESSOA IDOSA

vista médico e psíquico é manifestamente discriminatório, eis que o processo de envelhecimento é um processo natural que se inicia do nascimento com vida e se desenvolve nas diferentes fases (infância, adolescência, etc.) da existência humana.[2]

Assim, durante todas as fases da vida humana, o Estado deve considerar que todas as pessoas, independentemente do sexo, idioma, religião, opinião política ou de outra natureza, origem nacional ou social, riqueza, nascimento, ou qualquer outra condição seja reconhecidas como sujeitas de direito (artigo VI da Declaração Universal dos Direitos Humanos) dignas de proteção do Estado, de modo que deve ser assegurado tratamento igualitário e não discriminatório (artigo XVI e VII da Declaração Universal dos Direitos Humanos) a todos.

Ademais, o Estado deve promover, proteger e efetivar o direito à alimentação, vestuário, habitação, cuidados médicos e os serviços sociais indispensáveis (artigo XXV, da Declaração Universal dos Direitos Humanos), bem como garantir mecanismos de participação da vida em sociedade, visando à plena efetivação dos direitos e liberdades (artigos XXVII e XXVIII da da Declaração Universal dos Direitos Humanos), assegurando a construção de uma sociedade mais livre, justa e democrática.

O olhar para o envelhecimento se tornou uma questão relevante não apenas em razão da quantidade de pessoas idosas cada vez mais significante na nossa sociedade, mas da exigência da sociedade em resguardar os direitos desse grupo vulnerável em todas as fases da vida.

Importante destacar, de acordo com estudo realizado pelo Organização Mundial da Saúde (OMS), em 2025 o Brasil será o sexto país do mundo em número de idosos, *in verbis*:

> Em todo o mundo, a proporção de pessoas com 60 anos ou mais está crescendo mais rapidamente do que a de qualquer outra faixa etária. Entre 1970 e 2025, espera-se um crescimento de 223 %, ou em torno de 694 milhões, no número de pessoas mais velhas. Em 2025, existirá um total de aproximadamente, 2 bilhões de pessoas com mais de 60 anos. Até 2050 haverá 2 bilhões, sendo 80% nos países em desenvolvimento.[3]

Esse acentuado crescimento não se manifesta apenas em números absolutos, como também em termos proporcionais, tendo em vista que 10% da população mundial em 2002 era idosa, enquanto para 2050 a projeção é de que 21% da população mundial tenha mais de 60 anos.[4]

No processo de envelhecimento digno, necessário ainda reconhecer a condição única de cada pessoa humana. Isto porque a existência é individual, particular, uma vez que cada pessoa envelhece de forma própria e subjetiva.

---

2. Nos dizeres de Norberto Bobbio:" *a velhice não está separada do resto da vida que a precede: é a continuação da nossa adolescência, juventude, maturidade*". BOBBIO, Norberto. O tempo da memória. Rio de Janeiro: Campus, 1997, p.29.

3. World Health Organization *Envelhecimento ativo: uma política de saúde* / World Health Organization; tradução Suzana Gontijo. – Brasília: Organização Pan-Americana da Saúde, 2005, p. 8.

4. Organização das Nações Unidas. 2018. Ação sobre pessoas idosas disponível em https://nacoesunidas.org/acao/pessoas-idosas/ último acesso em 15.08.2018.

Como o direito a envelhecer é personalíssimo e os direitos da personalidade estão ligados aos direitos humanos, pode-se afirmar que o envelhecer é direito humano fundamental, intransmissível e irrenunciável. Logo, o envelhecimento é um processo natural que em razão da própria natureza complexa necessita de proteção jurídica, especialmente para assegurar um envelhecimento digno, condizente com os direitos humanos e a existência de uma vida.

A Convenção Interamericana sobre Direitos da Pessoa Idosa define o envelhecimento como:

> Processo gradual que se desenvolve durante o curso de vida e implica alterações biológicas, fisiológicas, psicossociais e funcionais de várias consequências, as quais se associam com interações dinâmicas e permanentes entre o sujeito e seu meio[5].

Assim, ao se falar em Direitos Humanos e envelhecimento digno, importante observar a Declaração Universal e os demais instrumentos internacionais de proteção, especialmente para assegurar que a pessoa idosa goze de todos os direitos inerentes à pessoa humana.

3. A PARTICIPAÇÃO POPULAR COMO INSTRUMENTO DEMOCRÁTICO DE EFETIVAÇÃO DE DIREITOS

O processo de universalização dos direitos humanos permitiu a formação de um sistema internacional de proteção que estabelece um parâmetro mínimo de proteção ("mínimo ético irredutível"). Isso significa que o Estado, a fim de assegurar a dignidade da pessoa humana, deve garantir ao menos os direitos internacionalmente tutelados, sem prejuízo da promoção, proteção e efetivação de outros direitos. A fim de garantir a implementação desses direitos, o Estado deve garantir mecanismos de efetivação. É nesse contexto que a participação popular surge como instrumento democrático para o fortalecimento da cidadania e a efetivação dos direitos humanos da pessoa idosa.

Compreender o conceito de cidadania e a humanização do Direito Internacional, bem como a internacionalização dos Direitos Humanos, constitui o norte da definição do conceito de cidadania na atualidade.

Uma definição de cidadania afastada da noção de direitos humanos e da busca de igualdade e, acima de tudo, dignidade não condiz com um Estado Democrático de Direito. Nota-se que os Estados devem promover e assegurar a livre, significativa e ativa participação de indivíduos e grupos na elaboração, implementação e monitoramento de políticas de desenvolvimento.

Neste contexto, os princípios da participação e da *accountability* são centrais ao direito ao desenvolvimento. Como explica Amartya Sen:

---

5. Convenção Interamericana sobre Direitos da Pessoa Idosa, disponível em *http://www.mpsp.mp.br/portal/page/portal/CAO_Idoso/Textos/Conven%C3%A7%C3%A30%20Interamericana.pdf* último acesso em 14/8/2018.

As liberdades políticas e os direitos democráticos são componentes estruturais do desenvolvimento. (...) Democracia requer participação política, diálogo e interação pública, conferindo o direito à voz aos grupos mais vulneráveis [6].

Flávia Piovesan afirma que:

> É dever dos Estados encorajar a participação popular em todas as esferas como um importante fator ao direito ao desenvolvimento e à plena realização dos direitos humanos. Estados devem promover e assegurar a livre, significativa e ativa participação de indivíduos e grupos na elaboração, implementação e monitoramento de políticas de desenvolvimento.[7]

Jaime Pinsky e Carla Bessanez Pinsky, tratando do tema, afirmam que ser titular do direito à cidadania significa:

> (...) ter direito à vida, à liberdade, à propriedade, à igualdade perante a lei; é, em resumo, ter direitos civis. É também participar do destino da sociedade, votar, ser votado, ter direitos políticos. Os direitos civis e políticos não asseguram a democracia sem os direitos sociais, aqueles que garantem a participação do indivíduo na riqueza coletiva: o direito à educação, ao trabalho, ao salário justo, à saúde, a uma velhice tranquila. Exercer a cidadania plena é ter direitos civis, políticos e sociais[8].

Da análise desta concepção se verifica que a cidadania é um elemento indispensável para que as pessoas humanas se tornem de fato titulares das liberdades individuais e estejam inseridas em sociedade, de modo que o Estado deve incentivar práticas de participação popular. Isto porque a cidadania ultrapassa a noção básica de escolher os seus representantes (votar e ser votado), mas reconhece a necessidade de atuação efetiva em sociedade para que ocorram profundas transformações sociais.

Nota-se que na esfera internacional de proteção dos Direitos da Pessoa Humana o tema da participação é reconhecido como direito humano inalienável, tal como consagrado expressamente na Declaração sobre o Direito ao Desenvolvimento, de 1986, *in verbis*:

> Artigo 1º, § 2 - O direito ao desenvolvimento é um direito humano inalienável em virtude do qual toda pessoa humana e todos os povos estão habilitados a participar do desenvolvimento econômico, social, cultural e político, a ele contribuir e dele desfrutar, no qual todos os direitos humanos e liberdades fundamentais possam ser plenamente realizados". Enfatizando ainda que:
>
> "Artigo 2º, § 1 - A pessoa humana é o sujeito central do desenvolvimento e deveria ser participante ativo e beneficiário do direito ao desenvolvimento.[9]

Em outras palavras, por meio da participação popular haverá um controle mais efetivo da sociedade na elaboração, formulação e efetivação de políticas públicas, o que possibilitará um controle mais efetivo nas ações e omissões estatais, sempre visando a maior efetivação dos direitos humanos. Deste

---

6. Amartya Sen, *The Idea of Justice*, Cambridge, Harvard University Press, 2009, p. 347.
7. PIOVESAN, Flávia. *A proteção dos direitos sociais: desafios do Ius Commune Sul-americano*. Rev. TST, Brasília, vol. 77, n. 4, out/dez 2011.
8. PINSKY, Jaime, e PINSKY, Carla Bessanez (organizadores). *História da Cidadania*. São Paulo. Contexto. 2003. p. 9.
9. Disponível em http://www.dhnet.org.br/direitos/sip/onu/spovos/lex170a.htm último acesso em 17/1/2015.

modo, a atuação efetiva da sociedade civil na promoção de direitos e empoderamento da pessoa idosa, bem como no controle das políticas públicas, é medida que deve ser incentivada pelo Estado Democrático de Direito.

4. A CONVENÇÃO INTERAMERICANA DOS DIREITOS DA PESSOA IDOSA, A DECLARAÇÃO UNIVERSAL DOS DIREITOS HUMANOS E OS MECANISMOS DE PARTICIPAÇÃO POPULAR

Em relação às pessoas idosas e ao processo de envelhecimento, importante destacar a Convenção Interamericana sobre a Proteção dos Direitos Humanos das Pessoas Idosas. Este instrumento jurídico internacional, elaborado pela Organização dos Estados Americanos (OEA), de caráter vinculante, objetiva reconhecer que todos os direitos humanos e as liberdades fundamentais existentes se aplicam em igualdade de condição às pessoas idosas.

Observa-se que o preâmbulo da referida convenção ressalta a importância da Declaração Universal dos Direitos Humanos e enfatiza o respeito irrestrito aos direitos humanos, a universalidade, indivisibilidade, interdependência e inter-relação de todos os direitos humanos e liberdades fundamentais, bem como a obrigação de eliminar todas as formas de discriminação.

Ademais, a convenção reconhece a necessidade de abordar os assuntos da velhice e do envelhecimento sob uma perspectiva de direitos humanos que reconheça as contribuições atuais e potenciais da pessoa idosa ao bem-estar comum, à identidade cultural, à diversidade de suas comunidades, ao desenvolvimento humano, social e econômico e à erradicação da pobreza.

Em relação aos mecanismos de participação popular destaca-se o dever dos Estados em promover a mais ampla participação da sociedade civil e de outros atores sociais, em particular do idoso, na elaboração, aplicação e controle de políticas públicas, visando à implementação da Convenção (Artigo 4º, alínea f, da Convenção Interamericana sobre a Proteção dos Direitos da Pessoa Idosa), assegurar o direito à participação e integração comunitária da pessoa idosa, com a criação e fortalecimento de mecanismos de participação e inclusão social do idoso em um ambiente de igualdade que permita erradicar os preconceitos e estereótipos que obstaculizam o pleno desfrute dos direitos (Artigo 8º, alínea "a", da Convenção Interamericana sobre a Proteção dos Direitos da Pessoa Idosa); a promoção da participação da pessoa idosa em atividades intergeracionais para fortalecer a solidariedade e o apoio mútuo como elementos essenciais do desenvolvimento social (Artigo 8º, alínea "b", da Convenção Interamericana sobre a Proteção dos Direitos da Pessoa Idosa); a participação das organizações de idosos no planejamento, realização e divulgação de projetos educativos e culturais (Artigo 21 da Convenção Interamericana sobre a Proteção dos

Direitos da Pessoa Idosa); a criação de mecanismos de participação cívica com o objetivo de incorporar, nos processos de tomada de decisão em todos os níveis de governo, as opiniões, contribuições e demandas do idoso e de suas agremiações e associações (artigo 27 da Convenção Interamericana sobre a Proteção dos Direitos da Pessoa Idosa), bem como desenvolver programas para sensibilizar a população sobre o processo de envelhecimento e sobre a pessoa idosa, fomentando a participação da pessoa idosa e de suas organizações na formulação e estruturação desses programas. (artigo 32 da Convenção Interamericana sobre a Proteção dos Direitos da Pessoa Idosa).

A convenção reconhece, portanto, a participação ativa da sociedade na implementação dos direitos da pessoa idosa, bem como ressalta a importância do conhecimento dos direitos humanos, a fim de que a sociedade possa efetivamente participar do controle e elaboração das políticas públicas.

Nota-se que a Convenção determina que os Estados impulsionem ações de divulgação, promoção dos direitos e empoderamento da pessoa idosa, bem como evitem linguagem e imagens estereotipadas sobre a velhice (artigo 32 da Convenção Interamericana sobre a Proteção dos Direitos da Pessoa Idosa). Logo, importante a educação em direitos como instrumento de conscientização de direitos.

No plano internacional, podemos observar que, em 23 de março de 2011, o Conselho de Direitos Humanos aprovou a Declaração das Nações Unidas sobre educação e formação em matéria de direitos humanos através da Resolução 16/1 e recomendou à Assembleia Geral que adotasse a referida Declaração, o que ocorreu por meio da Resolução 66/137 da Assembleia Geral das Nações Unidas em 19 de dezembro de 2011. Essa resolução disciplina sobre atividades educativas voltadas para a promoção dos direitos humanos, nela compreendida também a educação popular.

O artigo 1º bem sintetiza o espírito da Declaração ao estabelecer que toda pessoa tem o direito de obter, buscar e receber informação sobre todos os direitos humanos e liberdades fundamentais e de ter acesso à educação e formação em matéria de direitos humanos, pois são essenciais para a promoção do respeito universal e efetivo de todos os direitos humanos, em conformidade com os princípios da universalidade, indivisibilidade e interdependência.

A declaração considera que educação e formação em matéria de direitos humanos significam o conjunto de atividades educativas, de formação, de informação, de sensibilização e de aprendizagem que tem por objetivo promover o respeito universal pelos direitos humanos e engloba atividades de educação sobre os direitos humanos, educação através dos direitos humanos e educação para os direitos humanos (artigo 2º).

De acordo com a Declaração, a educação em direitos humanos pretende garantir empoderamento, desenvolvimento e permitir o exercício de todos, sem discriminação, a todos os direitos (artigo 5º).

É nesse processo de emponderamento que se constrói o conhecimento necessário para a transformação da realidade. Verifica-se, assim, a importância da Convenção Interamericana no que se refere ao incentivo da participação social, controle de políticas públicas, educação e conscientização de direitos, eis que fortalece mecanismos para a implementação dos direitos assegurados na Declaração Universal dos Direitos Humanos.

5. CONCLUSÃO

Com o envelhecimento da sociedade há uma crescente preocupação em promover, proteger e efetivar os direitos das pessoas idosas. Nessa seara, a conscientização e a educação em direitos, bem como o empoderamento do cidadão, são significativas para se assegurar a implementação dos direitos humanos.

A participação em sociedade, por intermédio da fiscalização das políticas públicas, bem como o incentivo do Estado em fomentar práticas voltadas à consagração dos direitos sociais, são medidas democráticas que visam à consolidação dos direitos humanos.

Deste modo, buscar mecanismos de participação popular, criação e fiscalização de políticas públicas são instrumentos democráticos essenciais para assegurar um controle social.

A atuação da sociedade promove mudanças significativas na realidade social, de modo que o Estado deve incentivar mecanismos de participação, o que corrobora com uma cidadania ativa e uma sociedade mais democrática.

Deste modo, defender a efetivação dos direitos das pessoas idosas, sem qualquer discriminação está intimamente relacionado à proteção da pessoa humana e ao envelhecimento digno.

Assim, em razão da concepção contemporânea dos direitos humanos, da inter-relação, interdependência, os direitos humanos devem ser efetivados na integralidade, eis que decorrentes exclusivamente da condição humana.

Deste modo, ainda que não haja, até o momento, no âmbito da Organização das Nações Unidas uma convenção internacional voltada à promoção, proteção e efetivação dos direitos das pessoas idosas, defende-se que todos os Estados devem cumprir com exatidão as diretrizes, instrumentos e direitos previstos na referida convenção, sob pena de violar a Declaração Universal dos Direitos Humanos.

Isto porque, ainda que se reconheça como importante a criação de um instrumento jurídico específico para a proteção de todos os grupos vulneráveis, nele compreendido a pessoa idosa, defende-se que a Declaração Universal dos Direitos Humanos tem força jurídica obrigatória vinculante, de modo que, independentemente da elaboração de um instrumento jurídico internacional específico no âmbito da ONU, os direitos das pessoas idosas são assegurados diretamente pela Declaração Universal dos Direitos Humanos.

Assim, ainda que a Convenção Interamericana trate de maneira mais peculiar e pormenorizada dos direitos das pessoas idosas, tais direitos foram amplamente assegurados com a Declaração Universal dos Direitos Humanos e, por consequência, devem ser diretamente implementados.

Em outras palavras, ainda que a convenção tenha sido elaborada no âmbito da OEA, defende-se que, em razão da força jurídica vinculante da Declaração Universal dos Direitos Humanos, os Estados devem respeitar integralmente os direitos das pessoas idosas, bem como buscar mecanismos de participação popular para a plena e integral aplicação dos direitos necessários à efetivação do envelhecimento digno em respeito à concepção contemporânea dos Direitos Humanos.

De fato, ainda que a Declaração Universal de Direitos Humanos tenha sido elaborada em 1948, a mesma serve de parâmetro mínimo de proteção, de modo que os Estados devem buscar mecanismos democráticos de efetivação dos direitos, com o escopo de assegurar o envelhecimento digno.

É certo que muito ainda há por fazer no âmbito da efetivação do envelhecimento, mas já há instrumentos internacionais de empoderamento e participação popular que visam a efetivar os direitos estabelecidos nos instrumentos internacionais.

Cabe assim à sociedade um olhar mais atento aos direitos das pessoas idosas para que o envelhecimento ocorra com dignidade e atento aos direitos internacionalmente tutelados, respeitando-se os valores internacionalmente protegidos a partir de 1948.

REFERÊNCIAS BIBLIOGRÁFICAS

ALVES, José Augusto Lindgren. A Declaração dos Direitos Humanos na pós-modernidade. In: ___. *Os direitos humanos na pós-modernidade*. São Paulo: Perspectiva, 2005. p. 21-41. (Coleção Estudos).

____. *Os direitos humanos como tema global*. 2. ed. São Paulo: Perspectiva, 2003.

ARENDT, Hannah. *As Origens do Totalitarismo*, trad. Roberto Raposo, Rio de Janeiro, 1979.

BITTAR, Eduardo. *Democracia, Justiça e Direitos Humanos*. Saraiva. São Paulo, 2011.

BOBBIO, NORBERTO. *Liberalismo e Democracia*. São Paulo: Editora Brasiliense. 6ª edição, 1997.

____. *O tempo da memória*. Rio de Janeiro: Campus, 1997.

CANÇADO TRINDADE, Antônio Augusto. *A humanização do Direito Internacional*. São Paulo: Del Rey, 2006.

CANDAU, Vera. Educação em Direitos Humanos: questões pedagógicas, in: *Educação e metodologia para os direitos humanos*. Coord. Eduardo Bittar, Quartier Latin: São Paulo, 2008.

Héctor Gros Espiell, *Los derechos económicos, sociales y culturales en el sistema interamericano*, San José, Libro Libre, 1986.

HERRERA FLORES, Joaquín. *Direitos Humanos, Interculturalidade, e Racionalidade de Resistência*. In: WOLKMER, Antônio Carlos. Direitos Humanos e Filosofia Jurídica. Rio de Janeiro: Lumen Juris, 2004.

LUÑO, Antonio Enrique Pérez. *Derechos humanos, Estado de Derecho y Constitución*. Madrid. Tecnos. 2005.

MORAES, Alexandre de. PAE KIM, Richard (organização). *Cidadania: o novo conceito jurídico e a sua relação com os direitos fundamentais individuais e coletivos*. São Paulo. Atlas. 2013. PAE KIM, Richard. *O Conteúdo Jurídico de Cidadania na Constituição Federal do Brasil*.

PINSKY, Jaime, e PINSKY, Carla Bessanez (organizadores). *História da Cidadania*. São Paulo. Contexto. 2003.

PIOVESAN, Flávia (Coord.). *Código de Direito Internacional dos Direitos Humanos anotado*. São Paulo: DPJ, 2008.

_____.*Direitos Humanos e o Direito Constitucional Internacional*. Editora Saraiva, 2006.

_____. *Introdução ao Sistema Interamericano de Proteção aos Direitos Humanos: a convenção americana de Direitos Humanos*. In: Gomes, Luis Flavio. Piovesan, Flavia. O sistema interamericano de proteção aos direitos humanos e o direito brasileiro. São Paulo: Revista dos Tribunais, 2000.

_____.*Direitos humanos e justiça internacional*: um estudo comparativo dos sistemas regionais europeu, interamericano e africano. 7. ed. São Paulo: Saraiva, 2017.

_____.*A proteção dos direitos sociais: desafios do Ius Commune Sul-americano*. Rev. TST, Brasília, vol. 77, n. 4, out/dez 2011.

REINERT, Lúcia Thomé. Dissertação apresentada no Mestrado em Direito Constitucional da PUC/SP, Defensoria Pública do Estado de Sao Paulo: *Promoção da Cidadania e Participação democrática*. Orientadora Flávia Piovesan. 2016.

SEAN, Amartya. *The Idea of Justice*, Cambridge, Harvard University Press, 2009.

World Health Organization Envelhecimento ativo: uma política de saúde/World Health Organization; tradução Suzana Gontijo. – Brasília: Organização Pan-Americana da Saúde, 2005.

HOBBERMAN COLLECTION /
UNIVERSAL IMAGROUP / *GETTY IMAGES*

UMAN
RONGS
into
UMAN
GHTS

PRESS FREED

A DECLARAÇÃO UNIVERSAL DE DIREITOS HUMANOS E OS CORRESPONDENTES PROCEDIMENTOS: DO INTERNACIONAL AO NACIONAL

> *"alcançar cooperação internacional para solucionar problemas internacionais de caráter econômico, social, cultural ou humanitário, e para promover e encorajar o respeito aos direitos humanos e liberdades fundamentais para todos sem distinção de raça, sexo, língua, ou religião"*
>
> Art. 1.3, Carta das Nações Unidas
>
> Que outras linguagens de dignidade humana existem no mundo?
> Boaventura de Sousa Santos (2013, pp. 42-43)

LUIZ GUILHERME ARCARO CONCI
Professor de Direito Constitucional e Teoria do Estado da Pontifícia Universidade Católica de São Paulo (PUC-SP), e coordenador do Curso de Especialização em Direito Constitucional. Doutor e Mestre em Direito Constitucional (PUC-SP), com estudos de nível pós-doutorais no Instituto de Direito Parlamentar da Universidade Complutense de Madrid (2013-2014). Lidera o Grupo de Pesquisa em Direitos Fundamentais (PUC-SP/CNPq). Professor Visitante das Universidade de Bolonha(2016), Buenos Aires(2011-2014), entre outras.

KONSTANTIN GERBER
Advogado Consultor em São Paulo, mestre e doutorando em filosofia do direito, PUC-SP, onde integra o Grupo de Pesquisa em Direitos Fundamentais(PUC-SP/CNPq). Professor convidado do Curso de Especialização em Direito Constitucional da PUC-SP.

RESUMO

A Declaração Universal dos Direitos Humanos pode ser compreendida como interpretação autorizada da Carta das Nações Unidas, que por meio de seu Conselho de Direitos Humanos atualmente monitora as graves violações de direitos humanos. A Declaração Universal de Direitos Humanos pode ser compreendida como fonte do direito internacional, posto se tratar ao mesmo tempo de costume internacional, princípio geral de direito e, conforme alguns de seus dispositivos, também normas *ius cogens*. O Supremo Tribunal Federal invoca a Declaração Universal dos Direitos Humanos, o que pode consubstanciar um costume constitucional, remanescendo a possibilidade do exercício do controle de convencionalidade quando os dispositivos também versarem sobre normas *ius cogens*, como no caso de proibição da tortura.

PALAVRAS-CHAVE

DECLARAÇÃO UNIVERSAL DOS DIREITOS HUMANOS, COSTUME INTERNACIONAL, INTERPRETAÇÃO CONSTITUCIONAL

1. DECLARAÇÃO UNIVERSAL DE DIREITOS HUMANOS: ORIGENS DO FINAL DA 2ª GUERRA MUNDIAL

Em 1º de janeiro de 1942, foi assinada a Declaração das Nações Unidas pelos representantes de 26 países em guerra contra Alemanha, Itália e Japão. A partir da Conferência de Dumbarton Oaks (agosto a outubro de 1944), surge o documento base da Carta de São Francisco, ausente o tema dos direitos humanos (ALMEIDA, 2018, p. 75).

A Organização das Nações Unidas ("ONU") foi criada por meio da Carta de São Francisco para fomentar paz e segurança mundiais, passando a existir em 24 de outubro de 1945. A Carta da ONU (adotada no Brasil pelo Decreto 19.841/45) não estabeleceu um catálogo de direitos humanos, cabendo à Assembleia Geral iniciar estudos e formular recomendações, nos termos de seu art. 13, b. Esta incumbência coube ao Conselho Econômico Social da ONU ("ECOSOC") em definir comissões para a promoção dos direitos humanos (art. 62.2). Por meio de Resolução do ECOSOC de 21 de junho de 1946, foi instituída a Comissão de Direitos Humanos ("CDH"), a qual tinha por objetivo avaliar a conveniência de uma "Carta Internacional de Direitos" (BELLI, 2009, pp. 34-36).

Referida comissão fora presidida inicialmente por Eleanor Roosevelt[1], oportunidade em que foi elaborado o projeto de Declaração Universal dos Direitos Humanos (BELLI, 2009, p. 41). Como disserta Benoni Belli (2009, p. 43):

> "Além de Eleanor Roosevelt, tiveram papel central na elaboração do texto o advogado canadense John P. Humphrey, então diretor da Divisão de Direitos Humanos do Secretariado da ONU, o delegado chinês e filósofo Peng-chun Chang, o jurista francês René Cassin (que teria sido responsável pela estrutura lógica da Declaração), o delegado libanês e filósofo existencialista Charles Malik (posteriormente Malik exerceu a função de presidente da Assembleia Geral e sucedeu Eleanor Roosevelt à frente da CDH), o delegado filipino Carlos Romulo, a indiana Hensa Mehta e o chileno Hernán Santa Cruz. Os delegados soviéticos que participaram dos trabalhos, por sua vez, tiveram papel em geral reativos (...)".

Não havia consenso para um tratado de direitos humanos vinculante, o que resultou em uma composição entre os juristas redatores (BELLI, 2009, p. 43). A primeira versão foi escrita por John Humphrey (DOUZINAS, 2009, p. 134, p. 135). A Declaração Universal dos Direitos Humanos ("DUDH") foi adotada por meio de Resolução pela Assembleia Geral com 48 votos a favor, nenhum contra e 8 abstenções, sendo adotada em 10 de dezembro de 1948.

2. A VERSATILIDADE DA DUDH A PARTIR DE SEU STATUS NORMATIVO

Como se verá, as funções desempenhadas pela DUDH podem ser variadas, de acordo com o ator que faz uso de seus conteúdos.

Neste sentido, a DUDH pode ser concebida como (a) uma interpretação autorizada dos direitos humanos contidos nos arts. 1.3 e 55 da Carta da ONU[2] (PIOVESAN, 2006, p. 137 e p. 140).

No dizer de Olivier De Schutter (2012, p. 39):

> "The 1948 Universal Declaration of Human Rights (UDHR) may be seen (...) as simply clarifying the meaning of the provisions of the UN Charter which refer to human rights as a purpose to be achieved by the organization, and by its Member States".

---

1. Em 6 de janeiro de 1941, Franklin Roosevelt pronunciou discurso ao Congresso estadunidense sobre a importância das liberdades de expressão, de religião, de viver ao abrigo da necessidade e de viver sem medo para a comunidade internacional (ALMEIDA, 2018, p. 74).

2. Existe divergência doutrinária quanto à possibilidade da Declaração ser tida por direito costumeiro e interpretação autorizada da Carta das Nações Unidas (HANNUM, 2012, p. 64). A Corte Internacional de Justiça, na Opinião Consultiva de 1971 sobre as consequências legais da permanência da África do Sul na Namíbia, afirmou que estabelecer distinções com base em raça, cor, descendência, origem nacional ou étnica era flagrante violação dos princípios da Carta da ONU (SCHUTTER, 2012, p. 40). Do reconhecimento da proibição da discriminação na Corte Internacional de Justiça se infere haver uma obrigação dos países de respeitar os direitos humanos previstos na Carta da ONU (e definidos posteriormente pela DUDH). A vedação à discriminação está no art. 55 da Carta da ONU.

A DECLARAÇÃO UNIVERSAL
DE DIREITOS HUMANOS E OS
CORRESPONDENTES PROCEDIMENTOS:
DO INTERNACIONAL AO NACIONAL

Com arrimo em Ana Maria Guerra Martins, Sidney Guerra sumariza os diferentes entendimentos possíveis para ela: b) valor jurídico de resolução; c) expressão de direito costumeiro preexistente; e d) caráter consuetudinário posterior dos princípios e direitos nela contidos.

Outra questão diz respeito à questão de a DUDH veicular, além do direito costumeiro, também normas *ius cogens*[3], como é o caso da proibição da tortura para o Direito Internacional.

A Corte Internacional de Justiça apenas concebeu a DUDH como princípio. Em julgado de 1980, envolvendo privação de liberdade de pessoal diplomático e consular dos EUA em Teerã, consideraram-se por violados os princípios da Carta das Nações Unidas e da DUDH (GUERRA, 2014, pp. 109-110). Neste caso, houve violação do art. 9 da DUDH[4] . A Corte Internacional de Justiça aludiu à violação de princípios da Carta da ONU e da DUDH, sendo considerada, portanto, um princípio geral do direito (SCHUTTER, 2012, p. 43).

Além de ser considerada princípio geral do direito internacional, a DUDH pode ser considerada também um costume internacional pela prática dos Estados somada à consciência de sua obrigatoriedade. Referida prática pode ser verificada nas Resoluções da Assembleia Geral da ONU, nas declarações oficiais e na incorporação no direito interno (SCHUTTER, 2012, pp. 41, 42).

De se ressaltar também que muitos dos princípios e direitos foram positivados em tratados internacionais posteriormente (FERRAZ, 2014, p. 60). A importância da DUDH foi de servir de base para a negociação de tratados vinculantes e, também, de permitir mecanismos extraconvencionais de monitoramento (BELLI, 2009, p. 48).

3. O MECANISMO EXTRACONVENCIONAL DE MONITORAMENTO E A DUDH

A partir da instituição de procedimentos em casos de violações aos direitos humanos previstos na Carta da ONU e especificados na Declaração Universal de Direitos Humanos, surge a possibilidade de uso do mecanismo extraconvencional de monitoramento. Isso porque a partir de 1967 a Comissão de Direitos Humanos da ONU passou a apreciar casos de violações de direitos humanos por meio do procedimento 1235 de debate público anual, criado em 6 de junho de 1967, e do procedimento 1.503[5] , criado em 27 de maio de 1970, de caráter confidencial (PIOVESAN, 2016, pp. 212-215).

Entre os problemas da atuação da Comissão de Direitos Humanos estava a seletividade e o que se passou a chamar de "politização", que pode ser compreendido pelas ações dos Estados movidos por interesses indiretamente relacionados aos temas de direitos humanos (LEMPINEN, 2005, p. 375).

---

3. A noção de norma imperativa de Direito Internacional geral está prevista no art. 53 da Convenção de Viena (Decreto 7.030, de 14 de dezembro de 2009). Para que uma norma internacional seja considerada *ius cogens*, imperativa, deve assim ser reconhecida pela comunidade internacional (um conjunto qualificado de Estados), o que implica sua aceitação sem acordo em contrário e esta norma somente pode ser modificada por norma da mesma natureza. Remanesce a discussão se as normas *ius cogens* são costumeiras, ou se também passíveis de serem encontradas em tratados. O costume internacional requer a prática generalizada e a *opinio juris*, sendo as normas *ius cogens* aquelas aceitas e reconhecidas pela comunidade internacional como "norma da qual não se admite derrogação" (NASSER, 2005, p. 167). O art. 66, alínea "a" da Convenção de Viena estipula que se houver diferendo com relação à interpretação do *ius cogens*, qualquer Estado pode submeter a decisão à Corte Internacional de Justiça. É o que afirma o Tribunal Penal Internacional para a ex-Yugoslávia (caso Furundzija, 10 de dezembro de 1998), p. ex., afirmou que a proibição da tortura havia alcançado a categoria de *ius cogens* (CAVALLO, 2006). Da mesma forma, a Corte Internacional de Justiça também reconheceu à proibição da tortura o caráter de norma *ius cogens* no caso "Questões relativas à obrigação de processar ou extraditar (Bélgica c. Senegal), 20 de julho de 2012 (MAIA, 2014, p. 58).

4. "Ninguém pode ser arbitrariamente preso, detido ou exilado."

5. A Resolução 1.503 do ECOSOC, de 27 de maio 1970, foi revisada pela Resolução 2.000/3, de 19 de junho de 2000.

O exercício do poder diplomático dirigido a certos países, sobretudo, por meio da adoção de resoluções específicas por países passou a ser questionado, gerando um ambiente confrontacional e, não, cooperativo, como prevê a Carta da ONU.

De modo a se assegurar a universalidade dos direitos humanos com eliminação da "politização", editou-se a Resolução 60/251 para a substituição da Comissão com a instituição do Conselho de Direitos Humanos. Reafirmou-se, nesta resolução, a responsabilidade dos Estados de respeitar os direitos humanos e as liberdades fundamentais sem qualquer distinção em conformidade com a Carta da ONU, cabendo ao Conselho tratar de situações violações de direitos humanos, incluídas as graves e sistemáticas violações, para realizar recomendações a respeito.

O Conselho de Direitos Humanos compõe-se do mecanismo de revisão periódica universal (em que os Estados submetem relatórios anuais), do comitê consultivo e do procedimento de reclamação (petições) (CARDIA, 2013, pp. 278-279).

A revisão periódica universal, no magistério de Ana Cláudia Ruy Cardia (2013, p. 281):

> "(...) consiste na preparação, pelo Estado examinado, de um relatório geral sobre os Direitos Humanos no plano interno. Em seguida, conta-se também com a participação de organizações não governamentais de proteção aos Direitos Humanos, bem como da sociedade civil, que apresenta relatórios complementares com suas considerações. Todos os documentos mencionados são resumidos pela equipe do Alto Comissariado da ONU para os direitos humanos, e o Estado examinado passa a ser questionado sobre a promoção dos Direitos Humanos em seu território no momento das reuniões dos Grupos de Trabalho do Conselho de Direitos Humanos."

Elabora-se então um relatório final, determinando-se compromissos que devem ser assumidos voluntariamente pelo Estado[6]. Não há sanção pelo descumprimento. Após quatro anos e meio da realização da revisão periódica universal, é feita nova revisão, oportunidade em que se verifica se as recomendações anteriores foram atendidas (CARDIA, 2013, pp. 281-282).

De se atentar que a DUDH é documento base para o mecanismo de revisão periódica universal, conforme a Resolução 5/1 do Conselho de Direitos Humanos de 18 de junho de 2007.

Por todas e todos, deve ficar clara a diferença existente entre o sistema de proteção advindo da Carta da ONU (Assembleia Geral, Conselho de Direitos Humanos, Conselho de Segurança, Secretaria Geral e Alto Comissariado) e o sistema de proteção advindo de tratados que contam com os

---

6. O Brasil foi avaliado pela terceira vez em 2017.

A DECLARAÇÃO UNIVERSAL DE DIREITOS HUMANOS E OS CORRESPONDENTES PROCEDIMENTOS: DO INTERNACIONAL AO NACIONAL

respectivos comitês (que têm o apoio da Secretaria Geral), que exercem o chamado mecanismo convencional, que recebem petições de indivíduos ou grupos de indivíduos quando da violação das normas previstas nos tratados internacionais respectivos (quando ratificados os protocolos facultativos).

O Conselho de Direitos Humanos protege os direitos humanos por meio do mecanismo extraconvencional[7] de monitoramento. Tal Conselho, que é órgão vinculado à Assembleia Geral da ONU e também ao Conselho Econômico Social, realiza procedimentos especiais para investigar violações de direitos humanos (com peritos especiais), relatorias especializadas (com relatores), recebendo denúncias (de indivíduos ou grupo de indivíduos) para comprovados casos de graves violações que sejam padrão no país.

A Resolução 60/251 de 3 de abril de 2006 da Assembleia Geral da ONU que criou o Conselho de Direitos Humanos enfatiza a responsabilidade dos Estados em respeitar os direitos humanos e as liberdades fundamentais para todos sem distinção de qualquer tipo em conformidade com a Carta da ONU.

Nos termos do Item 85 da Resolução 5/1 de 18 de junho de 2007, é cabível o procedimento de reclamação (confidencial) para padrões persistentes de graves e comprovadas violações de direitos humanos:

> *"A complaint procedure is being established to address consistente patterns of gross and reliably attested violations of all human rights and all fundamental freedoms occurring in any part of the world and under any circumstances."*

Ressalte-se que uma comunicação ao Conselho de Direitos Humanos não pode ser manifestamente motivada por fins políticos e seu objeto deve ser consistente com a Carta da ONU, com a DUDH e demais tratados internacionais de direitos humanos [Item 87, a) da Resolução 5/1 de 18 de junho de 2007].

Refiram-se trechos da Resolução 21/1 do Conselho de Direitos Humanos que era confidencial e se tornou pública para o caso da Eritreia:

> *"Habiendo estudiado la documentación relativa a la situación de los derechos humanos en Eritrea, presentada en el marco del procedimiento de denuncia establecido en virtud del anexo de la resolución 5/1 del Consejo de Derechos Humanos, de 18 de junio de 2007, en la que se denuncian violaciones sistemáticas y generalizadas de los derechos humanos en Eritrea, en particular en relación con casos de detención y prisión arbitrarias, torturas, ejecuciones sumarias, violencia contra la mujer, trabajo forzoso, reclutamiento forzoso y restricciones a la libertad de circulación y a los derechos a la libertad de expresión, de reunión pacífica y de pensamiento, conciencia y religión*

---

7. O desafio para o Conselho de Direitos Humanos é também receber petições por conta de violações à Declaração Universal das Nações Unidas sobre Povos Indígenas.

(...)

3. Invita al Relator Especial sobre la situación de los derechos humanos en Eritrea a seguir investigando las alegaciones recogidas en las denuncias presentadas y las circunstancias particulares de las personas mencionadas en las comunicaciones presentadas cuyos nombres podrán ser revelados de conformidad con lo dispuesto en el párrafo 2 supra, y a informar al respecto al Consejo de Derechos Humanos en su 23º período de sesiones y con arreglo a su programa de trabajo;

4. Insta al Gobierno de Eritrea a cooperar plenamente con el Relator Especial, en particular a permitirle que visite todas las zonas del país y a facilitarle la información necesaria para el cumplimiento de su mandato, según se refleja en la resolución 20/20 del Consejo de Derechos Humanos (...)"

4. A DECLARAÇÃO UNIVERSAL DOS DIREITOS HUMANOS NO SUPREMO TRIBUNAL FEDERAL

Sobre o fato de a DUDH possuir ou não força vinculante, Flávia Piovesan (2006, p.138) destaca os pontos da corrente doutrinária favorável ao entendimento da força obrigatória: incorporação de previsões da DUDH nas Constituições; reiteradas referências das Resoluções da ONU; e decisões de Cortes nacionais que assumem a DUDH como fonte de direito.

A DUDH integra o direito costumeiro internacional[8] e também os princípios gerais de direito, portanto. Há ainda aquelas normas imperativas e impassíveis de derrogação, como a proibição da escravidão, do genocídio, da tortura e de qualquer tratamento cruel, entre outras (PIOVESAN, 2006, p. 138).

A DUDH contém normas de direito costumeiro, princípios gerais de direito internacional e também normas de caráter *ius cogens*. Considerando que a Corte Interamericana também utiliza o conceito de normas *ius cogens*[9] (GERBER, CARDOSO, 2016, p.111), defende-se que estas também passam a integrar o bloco de convencionalidade[10] (CONCI, GERBER, PEREIRA, 2018, p. 98) e, nesse sentido, se tornam obrigatórias.

O Supremo Tribunal Federal ("STF") já embasou seus julgados com base na DUDH: Adin 3.741, conforme Relator Min. Ricardo Lewandowski; HC 82.424-RS, conforme Relator para o Acórdão, Min. Maurício Correa; e RE 86.297, conforme Relator Thompson Flores[11] (RAMOS, 2011, 2012, p. 507).

Em análise da Adin 3.741, teve-se a referência ao art. 19 da DUDH[12] feita pelo Min. Ricardo Lewandowski para fundamentar a declaração de inconstitucionalidade de proibição de veiculação de pesquisas eleitorais a partir do décimo quinto dia anterior até as dezoito horas do dia do pleito (BRASIL, 2006, p. 202, p. 206).

LUIZ GUILHERME ARCARO CONCI
KONSTANTIN GERBER

8. O costume internacional pode servir de apoio à interpretação jurídica constitucional. Costume jurídico consiste em "consciência de vinculação", para fins de interpretação do art. 4º da Lei nº 12.376 de 2010 (RAMOS, GRAMSTRUP, 2016, p. 51).

9. Conforme o parágrafo 117 do caso Fermín Ramírez vs. Guatemala, recolhe-se a seguinte passagem (CIDH, 2005, p. 60): "*La jurisprudencia de este Tribunal, así como de otros tribunales y autoridades internacionales, ha subrayado que existe una prohibición universal de la tortura y de otros tratos o penas crueles, inhumanos o degradantes, que violan normas perentorias de derecho internacional (ius cogens)*". Isso significa que a Corte Interamericana interpreta o direito internacional de maneira muito mais generosa do que a Corte Internacional de Justiça, tendo afirmado por várias oportunidades que desaparecimento forçado e tortura violam normas *ius cogens*.

10. O controle de convencionalidade fundamenta-se nos arts. 1.1, 2, 63 da CADH, na medida em que obriga os Estados a adaptarem o seu direito interno (CONCI, GERBER, PEREIRA, 2018, p. 106).

11. Este acórdão não foi analisado, pois é anterior a 5 de outubro de 1998.

12. "Todo o indivíduo tem direito à liberdade de opinião e de expressão, o que implica o direito de não ser inquietado pelas suas opiniões e o de procurar, receber e difundir, sem consideração de fronteiras, informações e ideias por qualquer meio de expressão."

No HC 82.424, foram referidos os arts. 1º e 2º da DUDH[13] pelo Ministro Maurício Corrêa, no julgamento que enfrentou a negação do holocausto (shoah) (BRASIL, 2003, p. 573):

> "(...) é o que se vê do disposto na Declaração Universal dos Direitos Humanos de 1948, que em seu artigo 1º assegura a liberdade e igualdade entre os homens, invocando a prevalência do espírito de fraternidade como pressuposto da razão e consciência humanas. A seguir, repele qualquer forma de discriminação, a destacar a capacidade de todos gozar dos mesmos direitos e liberdades."

A passagem veio referida em meio ao trecho do voto em que o Ministro percorre os tratados internacionais para o tratamento igualitário e a correspondente vedação à qualquer tipo de discriminação.

O art. 2º da DUDH também foi referido no voto do Min. Alexandre de Moraes (BRASIL, 2017, pp. 5 e 6), que acompanhou o voto do Relator Min. Marco Aurélio na interpretação de que o art. 203, V da Constituição Federal beneficia estrangeiros residentes no país (RE 587.970-SP). Também referiu o art. 22 da DUDH[14] combinando a interpretação com os arts. 1º e 26 da Convenção Americana de Direitos Humanos:

> "Claramente há um erro patente de terminologia no fato de o artigo 1º da Lei nº 8.742 referir, em seu caput: assistência social como direito do cidadão. Não quis utilizar o legislador o termo cidadão como sinônimo de brasileiro nato ou naturalizado no gozo dos direitos políticos, porque, se assim fosse, os menores de 16 anos, que têm direito a esses benefícios, não poderiam receber, porque não são cidadãos, eles não estão no gozo dos direitos políticos. Os incapazes – como também foi citado da tribuna – não poderiam receber. Aqui, na verdade, há a afirmação de um direito da pessoa, não direito do cidadão, até porque essa Lei não se refere à questão de direitos políticos. Não é somente nessa Lei, mas existem fartos exemplos de legislação em que as terminologias são utilizadas, infelizmente, de forma não técnica. Mesmo que assim fosse, interpretada essa terminologia como restritiva do alcance do benefício, a mesma não passaria pelo crivo constitucional do artigo 5º, caput, que não admite a restrição, como bem colocou o nosso Ministro Relator, quando diz: as restrições constitucionais são expressas, como no caso da extradição e da contratação para o serviço público. E devemos lembrar que o Brasil é signatário de tratados internacionais, pelos quais se repudia qualquer discriminação fundada na origem nacional e se exige a adoção de medidas que progressivamente assegurem a efetividade de direitos econômicos e sociais. Por exemplo, cite-se a Declaração Universal dos Direitos Humanos e a Convenção Americana de Direitos Humanos (...)".

Os arts. 5, 6 e 8 da DUDH[15] foram invocados no voto do Min. Relator Ricardo Lewandowski (BRASIL, 2015, pp. 30,31), em que se decidiu ser "lícito ao Judiciário impor à Administração Pública obrigação de fazer, consistente na promoção

---

13. "Todos os seres humanos nascem livres e iguais em dignidade e em direitos. Dotados de razão e de consciência, devem agir uns para com os outros em espírito de fraternidade. (...) Todos os seres humanos podem invocar os direitos e as liberdades proclamados na presente Declaração, sem distinção alguma, nomeadamente de raça, de cor, de sexo, de língua, de religião, de opinião política ou outra, de origem nacional ou social, de fortuna, de nascimento ou de qualquer outra situação. Além disso, não será feita nenhuma distinção fundada no estatuto político, jurídico ou internacional do país ou do território da naturalidade da pessoa, seja esse país ou território independente, sob tutela, autônomo ou sujeito a alguma limitação de soberania".

14. "Todo ser humano, como membro da sociedade, tem direito à segurança social e à realização, pelo esforço nacional, pela cooperação internacional e de acordo com a organização e recursos de cada Estado, dos direitos econômicos, sociais e culturais indispensáveis à sua dignidade e ao livre desenvolvimento da sua personalidade."

15. "Ninguém será submetido à tortura nem a penas ou tratamentos cruéis, desumanos ou degradantes (...) Todos os indivíduos têm direito ao reconhecimento, em todos os lugares, da sua personalidade jurídica (...) Toda a pessoa tem direito a recurso efetivo para as jurisdições nacionais competentes contra os atos que violem os direitos fundamentais reconhecidos pela Constituição ou pela lei."

de medidas ou na execução de obras emergenciais em estabelecimentos prisionais" em observância ao art. 5º, XLIX, da Constituição Federal (592.581-RS).

O art. 5 da DUDH também foi invocado no voto do Min. Cezar Peluso (BRASIL, 2008, p. 5), em que acompanhou o Relator Min. Marco Aurélio, para corroborar o entendimento de que implica prejuízo à defesa a manutenção do réu algemado na sessão de julgamento do júri (HC 91.952-9, SP).

O art. 20 da DUDH[16] foi referido no voto do Min. Ricardo Lewandowski (BRASIL, p. 374) para declarar a inconstitucionalidade do Decreto Distrital 20.098 de 15 de março de 1999, que dispunha sobre vedação de manifestações públicas com utilização de carros de som na praça dos três poderes (ADI 1.969-4, DF):

> "Como documento pioneiro no plano internacional tem-se a Declaração Universal dos Direitos do Homem, de 1948, subscrita sob a égide da Organização das Nações Unidas, que estabelece, em seu art. 20, o seguinte: 'Toda a pessoa tem direito à liberdade de reunião e de associação pacíficas'".

Em seguida, referiu-se o Ministro ao art. 21 do Pacto Internacional de Direitos Civis e Políticos para especificação do direito de reunião pacífica.

O art. 25 da DUDH[17] foi mencionado no voto da Relatora Min. Carmen Lúcia (BRASIL, 2009, p. 86) em auxílio à interpretação sobre a "necessidade de destinação ecologicamente correta dos pneus usados para submissão dos procedimentos às normas constitucionais e legais vigentes", proibindo-se a importação de pneus usados (ADPF 101-DF).

O art. 25.2 da DUDH foi destacado no voto do Min. Relator Roberto Barroso (BRASIL, 2016, p. 5) para a interpretação de que "a licença maternidade prevista no artigo 7º, XVIII, da Constituição abrange tanto a licença-gestante quanto a licença-adotante, ambas asseguradas pelo prazo mínimo de 120 dias" (RE 778.889-PE).

O art. 25 da DUDH também serviu de argumentação para a noção de proibição do retrocesso social, conforme relatado pelo Min. Celso de Mello (BRASIL, 2011, p. 128):

> "A noção de 'mínimo existencial', que resulta, por implicitude, de determinados preceitos constitucionais (CF, art. 1º, III, e art. 3º, III), compreende um complexo de prerrogativas cuja concretização revela-se capaz de garantir condições adequadas de existência digna, em ordem

---

16. "Toda a pessoa tem direito à liberdade de reunião e de associação pacíficas. Ninguém pode ser obrigado a fazer parte de uma associação."

17. "Toda a pessoa tem direito a um nível de vida suficiente para lhe assegurar e à sua família a saúde e o bem-estar, principalmente quanto à alimentação, ao vestuário, ao alojamento, à assistência médica e ainda quanto aos serviços sociais necessários, e tem direito à segurança no desemprego, na doença, na invalidez, na viuvez, na velhice ou noutros casos de perda de meios de subsistência por circunstâncias independentes da sua vontade. A maternidade e a infância têm direito a ajuda e a assistência especiais. Todas as crianças, nascidas dentro ou fora do matrimônio, gozam da mesma proteção social."

a assegurar, à pessoa, acesso efetivo ao direito geral de liberdade e, também, a prestações positivas originárias do Estado, viabilizadoras da plena fruição de direitos sociais básicos, tais como o direito à educação, o direito à proteção integral da criança e do adolescente, o direito à saúde, o direito à assistência social, o direito à moradia, o direito à alimentação e o direito à segurança. Declaração Universal dos Direitos da Pessoa Humana, de 1948 (artigo XXV).

(...)

O princípio da proibição do retrocesso impede, em tema de direitos fundamentais de caráter social, que sejam desconstituídas as conquistas já alcançadas pelo cidadão ou pela formação social em que ele vive. A cláusula que veda o retrocesso em matéria de direitos a prestações positivas do Estado (como o direito à educação, o direito à saúde ou o direito à segurança pública, *v.g.*) traduz, no processo de efetivação desses direitos fundamentais individuais ou coletivos, obstáculo a que os níveis de concretização de tais prerrogativas, uma vez atingidos, venham a ser ulteriormente reduzidos ou suprimidos pelo Estado."

5. CONCLUSÃO: POSSIBILIDADE DE INTERPRETAÇÃO CONSTITUCIONAL PELAS VIAS DO COSTUME INTERNACIONAL, DOS PRINCÍPIOS E DAS NORMAS *IUS COGENS*

Como visto, no plano internacional a DUDH assume, a depender de seus dispositivos, o caráter de direito costumeiro, de princípio geral do direito internacional e também o caráter de normas *ius cogens*.

Do mesmo modo, no plano doméstico, tal qual exposto, o Supremo Tribunal Federal se vale da DUDH em sua interpretação, corroborando o entendimento de que se trata de um costume internacional.

Ao se utilizar da DUDH, o STF usa regularmente o art. 5 da DUDH sobre vedações de tortura e de tratamento degradante tanto para a proibição de uso de algemas quanto para a proibição de tratamento degradante de custodiados e custodiadas nos presídios brasileiros. Resta saber se o Supremo Tribunal Federal entenderá também haver incidência do art. 5 da DUDH nos casos da ADPF 320 e dos embargos da ADPF 153, que contestam a validade da Lei de Anistia brasileira diante da decisão do caso Gomes Lund, em face da imprescritibilidade dos crimes contra a humanidade que consubstancia costume internacional, o que abre o debate a respeito das normas *ius cogens* no exercício nacional do controle de convencionalidade, inclusive, em face do art. 5 da DUDH, posto que a proibição da tortura já foi reconhecida como *ius cogens* pela Corte Interamericana de Direitos Humanos. Esse tema desenvolveremos em outro trabalho.

REFERÊNCIAS BIBLIOGRÁFICAS

ALMEIDA, Guilherme Assis de. A proteção da pessoa humana no Direito Internacional. Conflitos armados, refugiados e discriminação racial. CLA, São Paulo: 2018.

BELLI, Benoni. A politização dos direitos humanos. O Conselho de Direitos Humanos das Nações Unidas e as resoluções sobre países. Perspectiva, São Paulo: 2009.

BRASIL, STF, Recurso Extraordinário 587.970 SP, Rel. Min. Marco Aurélio, j. 20/4/2017, disponível em: *http://redir.stf.jus.br/paginadorpub/paginador.jsp?docTP=TP&docID=13649377* Acesso em 18 de setembro de 2018.

____, STF, Recurso Extraordinário 778.889 PE, Rel. Min. Roberto Barroso, j. 10/3/2016, disponível em: *http://redir.stf.jus.br/paginadorpub/paginador.jsp?docTP=TP&docID=11338347* Acesso em 18 de setembro de 2018.

____, STF, Recurso Extraordinário 592.581-RS, Rel. Min. Lewandowski, j. 13/8/2015, disponível em: *http://redir.stf.jus.br/paginadorpub/paginador.jsp?docTP=TP&docID=10166964* Acesso em 18 de setembro de 2018.

____, STF, Arguição de Descumprimento de Preceito Fundamental 101-DF, j. 24/6/2009, disponível em: *http://redir.stf.jus.br/paginadorpub/paginador.jsp?docTP=AC&docID=629955* Acesso em 18 de setembro de 2018.

____, STF, Habeas Corpus 91.952-9, Rel. Min. Marco Aurélio, j. 7/8/2008, disponível em: *http://redir.stf.jus.br/paginadorpub/paginador.jsp?docTP=AC&docID=570157* Acesso em 18 de setembro de 2018.

____, STF, Ação direta de inconstitucionalidade 1.969-4, DF, j. 28/6/2007, disponível em: *http://redir.stf.jus.br/paginadorpub/paginador.jsp?docTP=AC&docID=484308* Acesso em 18 de setembro de 2018.

____, STF, ARE 639337 AgR, Rel. Min. Celso de Mello, j. em 23/8/2011, disponível em: *http://redir.stf.jus.br/paginadorpub/paginador.jsp?docTP=AC&docID=627428* Acesso em 27 de setembro de 2018.

____, STF, Adin 3.741-2, Rel. Min. Ricardo Lewandowski, j. em 06/8/2006, disponível em: *http://redir.stf.jus.br/paginadorpub/paginador.jsp?docTP=AC&docID=408096* Acesso em 27 de setembro de 2018.

____, STF, HC 82.424-2, Rel. para Acórdão Min. Maurício Corrêa, j. em 17/9/2003, disponível em: *http://redir.stf.jus.br/paginadorpub/paginador.jsp?docTP=AC&docID=79052* Acesso em 27 de setembro de 2018.

____, STJ, REsp 1434498/SP, Rel. Ministra Nancy Andrighi, Rel. p/ Acórdão Ministro Paulo de Tarso Sanseverino, j. em 09/12/2014, disponível em: *https://ww2.stj.jus.br/websecstj/cgi/revista/REJ.cgi/A?seq=1341268&tipo=0&nreg=201304162180&SeqCgrmaSessao=&CodOrgaoJgdr=&dt=20150205&formato=PDF&salvar=false* Acesso em 27 de setembro de 2018.

BULOS, Uadi Lamego. Costume constitucional. Revista Informação Legislativa n. 131, Senado Federal, Brasília: 1996.

CARDIA, Ana Cláudia Ruy. A situação do Brasil no grupo de trabalho da revisão periódica universal do Conselho de Direitos Humanos da ONU. In: FINKELSTEIN, Cláudio & SILVEIRA, Vladmir Oliveira da Silveira (Coord.) CAMPELLO, Lívia Gaigher Bósio (Org.) Direito internacional em análise. Segundo volume. Clássica, Curitiba: 2013.

CAVALLO, Gonzalo Aguilar. El reconocimiento jurisprudencial de la tortura y de la desaparición forzada de personas como normas imperativas de derecho internacional público. Revista Ius et Praxis v. 12, n. 1, Talca: 2006, disponível em: *https://scielo.conicyt.cl/scielo.php?script=sci_arttext&pid=S0718-00122006000100006&lng=pt&nrm=iso&tlng=es* Acesso em 27 de setembro de 2018.

CIDH, Caso Fermín Ramírez vs. Guatemala, Sentencia de 20 de junio de 2005 (Fondo, Reparaciones y Costas). Disponível em: *http://www.corteidh.or.cr/docs/casos/articulos/seriec_126_esp.pdf* Acesso em: 27 de setembro de 2018.

CONCI, Luiz Guilherme Arcaro, GERBER, Konstantin, PEREIRA, Giovanna de Mello Cardoso. Normas iuscogens e princípio pro persona. In: MAIA, Luciano Mariz, LIRA, Yulgan (Orgs.) Controle de convencionalidade. Temas aprofundados. Juspodium, Salvador: 2018.

CONCI, Luiz Guilherme Arcaro, GERBER, Konstantin. O STF pode lançar mão de normas internacionais para julgar crimes da ditadura. 18 de abril de 2016, Justificando, disponível em: *http://justificando.cartacapital.com.br/2016/04/18/o-stf-pode-lancar-mao-de-normas-internacionais-para-julgar-os-crimes-da-ditadura/* Acesso em 18 de setembro de 2018.

DOUZINAS, Costas. O fim dos direitos humanos. Unisinos, São Leopoldo: 2009.

FERRAZ, Anna Candida da Cunha. A declaração universal de direitos da pessoa humana. In: CICCO FILHO, Alceu José, VELLOSO, Ana Flávia Penna, ROCHA, Maria Elizabeth Guimarães Teixeira (Org.) Direito internacional na Constituição. Estudos em homenagem a Francisco Rezek. Saraiva, São Paulo: 2014.

GERBER, Konstantin, CARDOSO, João Vitor. O pluralismo de fontes em perspectiva comparada: Alemanha, Brasil e Colômbia. In: FIGUEIREDO, Marcelo, CONCI, Luiz Guilherme Arcaro (Coords.), GERBER, Konstantin (Org.) A jurisprudência e o diálogo entre cortes. Lumen Juris, Rio de Janeiro: 2016.

HANNUM, Hurst. The United Nations and Human Rights In: KRAUSE, Catarina; SCHEININ, Martin. International protection of human rights: a textbook. Second, revised edition. Abo Akademi University, Institute for Human Rights, Turku, Abo: 2012, pp. 61-62.

LEMPINEN, Miko. The United Nations Commission on Human Rights and the Different treatment of governments. An inseparable part of promoting and encouraging respect for human rights. Abo Akademi Uninversity Press, Abo, Turku, Finland: 2005.

MAIA, Catherine. A contribuição do juiz internacional à noção de direito imperative na ordem jurídica internacional: análise comparada da jurisprudencia da Corte Internacional de Justiça e da Corte Interamericana de Direitos Humanos (Parte 1). Anuário de Direito Internacional vol. 1, n. 16, CEDIN, Belo Horizonte: 2014.

NASSER, Salem Hikmat. Jus Cogens, ainda esse desconhecido. Revista Direito GV v. n. 2, São Paulo: 2005.

ONU. Human Rights Council resolution 5/1 of 18 June 2007.

PIOVESAN, Flávia. Direitos humanos e o direito constitucional internacional. Saraiva, São Paulo: 2006.

RAMOS, André de Carvalho. Control of conventionality and the struggle to achieve a definitive interpretation of human rights: the brazilian experience. Revista IIDH, Instituto Interamericano de Derechos Humanos n. 64, 2016.

_____. Pluralidade das ordens jurídicas: uma nova perspectiva na relação entre o direito internacional e o direito constitucional. Revista Faculdade de Direito Usp, v. 106-107, São Paulo: 2011, 2012.

RAMOS, André de Carvalho, GRAMSTRUP, Erik Frederico. Comentários à Lei de Introdução às normas do Direito Brasileiro. Saraiva, São Paulo: 2016.

SANTOS, Boaventura de Sousa, CHAUÍ, Marilena. Direitos humanos, democracia e desenvolvimento. Cortez, São Paulo: 2014.

SCHUTTER, Olivier de. The status of human rights in international law. In: KRAUSE, Catarina, SCHEININ, Martin. International protection of human rights: a textbook. Abo Akademi University, Institute for Human Rights, Turku, Abo, Finland: 2012.

DÉCLARATION UNIVERSELLE DES DROITS DE L'HOMME

onu - 10 décembre 19

BERTRAND GUAY / *GETTY IMAGES*

A DECLARAÇÃO UNIVERSAL DOS DIREITOS DO HOMEM E SEUS ANTECEDENTES

MARCELO FIGUEIREDO
Advogado, consultor jurídico em São Paulo. Professor Associado de Direito Constitucional da Faculdade de Direito da PUC-SP onde foi diretor em duas sucessivas gestões. É presidente e fundador da Associação Brasileira de Constitucionalistas Democratas (ABCD), da seção brasileira do Instituto Ibero-Americano de Derecho Constitucional com sede no México. É vice-presidente da Associação Internacional de Direito Constitucional (IACL- AIDC).

RESUMO
Este artigo analisa os principais desenvolvimentos políticos e históricos que antecederam a proclamação da Declaração Universal dos Direitos do Homem da ONU de 1948.

PALAVRAS-CHAVE
DIREITOS HUMANOS, DECLARAÇÃO DE DIREITOS, NORTE-AMERICANA E FRANCESA, HISTÓRICO

ABSTRACT
This article analyzes the major political and historical movements that preceded the UN Universal Declaration of Human Rights of 1948.

KEYWORDS
HUMAN RIGHTS, DECLARATIONS OF RIGHTS, NORTH-AMERICAN AND FRENCH BACKGROUND

1. INTRODUÇÃO

Nosso objetivo com o presente artigo é analisar os principais antecedentes históricos que culminaram na Declaração Universal dos Direitos do Homem de 1948, matéria nem sempre explorada pelos operadores jurídicos. Parece-nos fundamental compreender como se chegou a tão importante documento consagrador e síntese dos direitos universais do homem.

2. ANTECEDENTES DA DECLARAÇÃO UNIVERSAL DOS DIREITOS DO HOMEM

O totalitarismo, a barbárie, o holocausto e o antissemitismo foram fatores decisivos que levaram à Segunda Grande Guerra Mundial. Naquele momento histórico, a comunidade internacional mobilizou-se para alterar a estrutura política e social para garantir o respeito universal aos direitos e liberdades humanas e manter a paz.

Com este cenário como pano de fundo, a Assembleia Geral das Nações Unidas (ONU), após o fim da guerra, proclamou a Declaração Universal dos Direitos Humanos, em 1948, como um ideal comum a ser atingido por todos os povos e todas as nações.

Voltando no tempo, identificamos na Idade Moderna o aparecimento da consciência dos direitos. Segundo Marco Mondaini[1], acompanhando a transição do feudalismo ao capitalismo na Europa centro-ocidental, uma nova visão de mundo se impôs progressivamente. Os processos de secularização, racionalização e individualização foram jogando por terra, sobretudo pela política estabelecida pela Igreja Católica Romana

A partir de então, a legitimidade de uma sociedade hierarquizada fundada em privilégios de nascença perdeu força. A "crítica interna dos religiosos" da Reforma e a "crítica externa dos cientistas" do Renascimento inviabilizaram a continuidade absoluta de uma maneira transcendente de compreender a História. O homem passou não apenas a traçar o seu destino, mas também a ter total capacidade de explicá-lo. [...]

Os limites impostos pela natureza (e justificados pela ética religiosa medieval) foram cada vez menos vistos como algo intransponível aos seres humanos. Contra o mundo de "verdades reveladas", assentado no trinômio particularismo/organicismo/heteronomia, construiu-se outro pautado no trinômio universalidade/individualidade/autonomia, no qual a descoberta das verdades depende do esforço criativo do homem. [...]

O fato de habitar uma cidade (de ser citadino) não basta mais ao homem. Os novos tempos exigem que ele passe a ter também direitos nessa cidade e não mais somente deveres. A obscuridade de uma Era de Deveres abre espaço para uma promissora Era de Direitos[2].

Do ponto de vista mais concreto, a racionalidade moderna desenvolveu-se no século 17, sobretudo em solo inglês, permeada e influenciada pelas obras de Jean Bodin, Thomas Hobbes e John Locke.

Se para Hobbes o poder é absoluto, indivisível e irresistível, para Locke, ao contrário, é limitado, divisível e resistível. Foi precisamente na ultrapassagem dessa fronteira que se constituíram os primeiros passos daquilo que chamamos atualmente de "direitos humanos". Uma fronteira que, ultrapassada, abriu a possibilidade histórica de um Estado de Direito, um Estado de cidadãos, regido não mais por um poder absoluto, mas sim por uma Carta de Direitos, um Bill of Rights. Uma nova era descortinava-se, então, para a humanidade, uma **Era de Direitos**[3].

A Declaração Universal dos Direitos do Homem de 1948, de certo modo, é a continuação de um processo iniciado muito antes com as "liberdades civis" dos ingleses, com a Declaração de Independência dos Estados Unidos e a Declaração dos Direitos do Homem e Cidadão da Revolução Francesa.

1. MONDAINI, Marco Mondaini. O respeito aos direitos dos indivíduos. In: (Orgs.) PINSKY, Jaime; PINSKY, Carla Bassanezi. *História da cidadania.* São Paulo: Contexto, 2003, p.115.
2. MONDAINI, Marco Mondaini. O respeito aos direitos dos indivíduos. In: (Orgs.) PINSKY, Jaime; PINSKY, Carla Bassanezi. *História da cidadania.* São Paulo: Contexto, 2003, p.116.
3. MONDAINI, Marco Mondaini. O respeito aos direitos dos indivíduos. In: (Orgs.) PINSKY, Jaime; PINSKY, Carla Bassanezi. *História da cidadania.* São Paulo: Contexto, 2003, p.129.

3. A REVOLUÇÃO AMERICANA

A Revolução Americana foi a pioneira na formulação dos direitos humanos. É evidente que os colonos ingleses que se transferiram para a América já conheciam todo o desenrolar da história inglesa e seus antecedentes. De todo modo, pela primeira vez, um povo fundamenta sua aspiração à independência nos princípios da cidadania, ou seja, coloca como finalidade primordial do Estado a preservação das liberdades dos integrantes do povo, elevados à condição de sujeitos políticos.

O texto proclamado em 4 de julho de 1776 assim vem redigido:

> *Quando, no curso dos acontecimentos humanos, se torna necessário a um povo dissolver os laços políticos que o ligavam a outro, e assumir, entre os poderes da Terra, posição igual e separada, a que lhe dão direito as leis da natureza e as do Deus da natureza, o respeito digno para com as opiniões dos homens exige que se declarem as causas que os levam a essa separação.*

> *Consideramos estas verdades como evidentes por si mesmas, que todos os homens são criados iguais, dotados pelo Criador de certos direitos inalienáveis, que entre estes estão a vida, a liberdade e a procura da felicidade. Que a fim de assegurar esses direitos, governos são instituídos entre os homens, derivando seus justos poderes do consentimento dos governados; que, sempre que qualquer forma de governo se torne destrutiva de tais fins, cabe ao povo o direito de alterá-la ou aboli-la e instituir novo governo, baseando-o em tais princípios e organizando lhe os poderes pela forma que lhe pareça mais conveniente para realizar lhe a segurança e a felicidade*[4].

> [...]

> *Nós, por conseguinte, representantes dos ESTADOS UNIDOS DA AMÉRICA, reunidos em CONGRESSO GERAL, apelando para o Juiz Supremo do mundo pela rectidão das nossas intenções, em nome e por autoridade do bom povo destas colónias, publicamos e declaramos solenemente: que estas colónias unidas são e de direito têm de ser ESTADOS LIVRES E INDEPENDENTES; que estão desobrigados de qualquer vassalagem para com a Coroa Britânica, e que todo vínculo político entre elas e a Grã-Bretanha está e deve ficar totalmente dissolvido; e que, como ESTADOS LIVRES E INDEPENDENTES, têm inteiro poder para declarar a guerra, concluir a paz, contrair alianças, estabelecer comércio e praticar todos os actos e acções a que têm direito os estados independentes. E em apoio desta declaração, plenos de firme confiança na protecção da Divina Providência, empenhamos mutuamente nossas vidas, nossas fortunas e nossa sagrada honra.*

Paul Singer[5] apresenta boa síntese do período que aproveitaremos nesta ocasião. As 13 Colônias britânicas da costa leste da América do Norte resolveram adotar esta Declaração, redigida por Thomas Jefferson, em 1776, quando já estava em pleno curso sua luta contra a metrópole. Apesar de seus termos generosos e abrangentes, deles estavam excluídos na prática, como observa Howard Zinn, os índios, os escravos negros e as mulheres. [...]

---

4. Texto em versão integral: O portal da história – teoria política. A Declaração de Independência dos Estados Unidos da América. (versão em língua portuguesa). Disponível em: <http://www.arqnet.pt/portal/teoria/declaracao_vport.html>. Acesso em: 22 set. 2018

5. SINGER, Paul. A cidadania para todos. In: PINSKY, Jaime; PINSKY, Carla Bassanezi. (Orgs.) História da cidadania. São Paulo: Contexto, 2003.

A Revolução Americana foi o resultado de uma frente única da plebe (agricultores, familiares, artesãos urbanos, pequenos comerciantes, etc.) com latifundiários escravistas e com a plutocracia manufatureira e banqueira do nordeste dos EUA. Foi liderada por homens como George Washington, o homem mais rico das Colônias; Thomas Jefferson, que, apesar de ser pessoalmente contra a escravidão, era grande proprietário de terras e de centenas de escravos; Alexandre Hamilton, advogado ligado à elite financeira e industrial de Nova York; e Thomas Paine, o democrata mais radical de todos, mas que, apesar disso, tornou-se sócio de Robert Morris, um dos homens mais ricos da Pensilvânia, e deu apoio ao Banco da América do Norte, criado pelo último. [...]

A aristocracia favorável ao rei destruiu o equilíbrio político preexistente, dando peso maior ao elemento democrático, o que permitiu alguns avanços. Os governadores dos estados, antes escolhidos pela Coroa, passaram a ser eleitos pelo povo; o sufrágio foi ampliado, embora ainda longe de ser universal. Na Pensilvânia, os condados do oeste passaram a ter representação na Assembleia e nesse estado, assim como em Delaware, Carolina do Norte, Geórgia e Vermont, o direito de voto foi estendido a todos os contribuintes masculinos. [...]

O desdobramento seguinte da Revolução Americana foi a elaboração da Constituição Federal, que resultou de um período tumultuado, no qual uma forte depressão econômica, em 1786, provocou levantes de ex-soldados do exército rebelde, os quais uma vez desmobilizados se viram confrontados com preços vis pela sua produção agrícola e dívidas por isso impagáveis.

A Convenção constitucional foi convocada por iniciativa de Alexander Hamilton, em 1786, para reunir-se em maio do ano seguinte na Filadélfia, "para delinear tais provisões adicionais que pareçam necessárias para tornar a Constituição do governo federal adequada às necessidades da União". Apesar dos protestos do Congresso Continental, todos os Estados, exceto Rhode Island, elegeram seus delegados. Washington e Madison foram eleitos por Virgínia; Benjamin Franklin por Pensilvânia; Hamilton por Nova York; sendo estes os líderes do conclave formado por um total de 55 delegados. Ausências importantes foram as de Jefferson, à época embaixador na França, e dos grandes agitadores Tom Paine e Patrick Henry. Em suma, os radicais não estavam adequadamente representados[6].

4. A CONSTITUIÇÃO DOS ESTADOS UNIDOS DA AMÉRICA

Da Convenção Constitucional até a Constituição passaram-se quatro anos. A criação do sistema constitucional americano não se completou amplamente, até a adoção das dez primeiras emendas, em 1791. E esse período foi extremamente rico e atribulado, especialmente para o tema que nos importa mais de perto, a criação de uma Carta de Direitos.

MARCELO FIGUEIREDO

6. SINGER, Paul. A cidadania para todos. In: PINSKY, Jaime; PINSKY, Carla Bassanezi. (Orgs.) *História da cidadania*. São Paulo: Contexto, 2003, p. 204.

A DECLARAÇÃO UNIVERSAL DOS DIREITOS DO HOMEM E SEUS ANTECEDENTES

A ausência de uma carta de direitos na Constituição original fora, naturalmente, um ponto importante na posição antifederalista. "Mal o Congresso Continental colocou a Constituição proposta diante do povo para ratificação", escreve Irving Brant[7], "ergueu-se um grande clamor: ela não continha uma Carta de Direitos".

Todos sabemos que os antifederalistas advogaram firmemente a necessidade de uma Carta de Direitos na Constituição norte-americana. Podemos afirmar que os federalistas lutaram por uma Constituição e nos legaram essa grande conquista, mas é preciso ter em mente que foram os antifederalistas que nos deram a Carta de Direitos.

Os fatos históricos demonstram que a Carta de Direitos federal e as antecedentes declarações de direitos estaduais representaram mais do que qualquer outra coisa, a soma total da experiência e experimentação americanas com a liberdade civil até sua adoção.

É de fato muito interessante recuperar como se passou esse verdadeiro embate entre as principais correntes da época, os federalistas e os antifederalistas.

Em 1787, a Convenção terminou seu trabalho e enviou sua proposta de Constituição ao Congresso para remessa aos estados, a fim de neles ser considerada – por intermédio de Convenções especialmente eleitas com a finalidade de aprovar uma Constituição.

Os federalistas de vários estados movimentaram-se para rapidamente assegurar a ratificação da proposta. Alguns, como a Pensilvânia com protestos, convocaram a convenção antes mesmo de a Constituição ser encaminhada pelo Congresso. Delaware ratificou o documento rapidamente. Nova Jersey, Geórgia e Connectitcut rapidamente ratificaram o documento.

É certo que até janeiro de 1788, nenhum grande estado ainda havia procedido à ratificação, exceto a Pensilvânia, onde a oposição ainda era forte.

A Convenção de Massachusetts reuniu-se em 14 de janeiro e nela havia clara maioria contra a Constituição com a presença maciça de antifederalistas. Houve intenso debate e muitas manobras parlamentares até que seu Presidente, John Hancock, sugerisse que a convenção recomendasse uma série de emendas, no que foi apoiado por Samuel Adams o que assegurou a ratificação daquele estado em 6 de fevereiro por uma estreita margem de votação: 187 e 168 votos.

Posteriormente, quando a primeira legislatura e o governo começaram seus trabalhos, em 1789, James Madison introduziu na Câmara de Representantes uma série de emendas que depois de avaliadas pelo Senado foram

---

[7]. BRANT, Irving. *The Bill of Rights*: its origin and meaning. Indianápolis: The Bobbs Mrerrill Co, 1965, p. 46.

reunidas como 12 emendas propostas e enviadas aos estados para ratificação. Duas não foram ratificadas em 1791 e tornaram-se as dez primeiras emendas à Constituição — a Carta de Direitos.

É interessante notar que naquela época os federalistas achavam desnecessária uma Carta de Direitos e inclusive estranha à tradição norte-americana, mas mais próxima à realidade inglesa da qual queriam distanciar-se.

Pensavam que a Constituição em si mesma já era uma Carta de Direitos, pois ela derivava do próprio povo. Do lado federalista, uma resistência inflexível a uma Carta de Direitos pode ser explicada pelo temor de que ela desviasse a campanha pela ratificação da Constituição para o que, certamente, teria sido uma rota longa e tortuosa para emendas, sem saber se os pontos fundamentais da Constituição não seriam sacrificados.

Jefferson[8], escrevendo da França, admitiu a Madison que as Cartas de Direitos apresentam uma tendência ocasional para tolher o governo em seus esforços úteis. Mas achava que tal inconveniência era passageira, moderada e reparável.

Já os favoráveis à Constituição (sem emendas) temiam que uma preocupação indevida com os direitos pudesse ser fatal à liberdade americana. A liberdade poderia ser posta em perigo pelos abusos da liberdade. A principal questão política do povo americano, pensavam, era e continuaria sendo não a autoproteção contra o poder político, mas a aceitação da responsabilidade de governar-se a si mesmo.

Foi, portanto, perfeitamente previsível naquele contexto, do ponto de vista federalista, que a Carta de Direitos tivesse emergido de um conjunto separado de deliberações, depois da elaboração e aprovação da Constituição e depois de posto em movimento o governo.

Jefferson, na carta a Madison, descreveu o que imaginava que deveria conter uma Carta de Direitos:

> *[...] uma carta de direitos que dispunha claramente e sem sofismas sobre liberdade de religião, liberdade de imprensa, proteção contra exércitos permanentes, restrições a monopólios, a eterna e constante força das leis de* habeas corpus *e julgamento por júri de todas as questões possíveis de julgamento pela lei do País e não pelo Direito Internacional*[9].

Madison se opôs sistematicamente a todas essas emendas porque as considerava um obstáculo a um governo efetivo. Não as incluiu em suas proposições originais — embora elas existissem oriundas das convenções estaduais.

A defesa e a preocupação de uma Carta de Direitos feita pelos antifederalistas eram de assegurar que o governo se enraizasse firmemente em direitos

---

8. BOYD, Julian. *The Papers of Thomas Jefferson* (Carta a James Madison, de 15 de março de 1789). Princeton: University Press, 1958, p. XIV. Posteriormente Jefferson manifestou insistentemente a Madison sua opinião em favor de uma Carta de Direitos.

9. BOYD, Julian. *The Papers of Thomas Jefferson* (Carta a James Madison, de 15 de março de 1789). Princeton: University Press, 1958, v. XII.

naturais e justiça. Seus defensores descreviam-na frequentemente como possuidora do objetivo de assegurar a todo membro da sociedade aqueles direitos inalienáveis a que não se deve renunciar diante de governo algum.

Já para os federalistas a Constituição não tinha lugar para proteger direitos naturais inatos. Seria desnecessário e inconveniente que estivessem na Constituição em uma declaração formal.

Para os federalistas, o problema de uma Carta de Direitos como um padrão perpétuo ou um conjunto de máximas em torno do qual o povo possa cerrar fileiras é que poderia tender a minar um governo estável e efetivo.

Após ampla negociação decidiu-se onde deveriam ficar geograficamente na Constituição as emendas. Os seus defensores argumentaram que elas deveriam vir na frente da Constituição. Madison queria-as no seu corpo. Afinal, foram aprovadas após o texto, no seu "pé"[10].

Finalmente de todo esse importante movimento político da história norte-americana em relação à Constituição e à Carta de Direitos daquele país, berço, juntamente com a França e a Inglaterra[11] foram forjadas as nossas tradições jurídico-constitucionais.

Nota-se, de uma parte a posição contrária a uma Carta de Direitos (federalistas) sob o argumento – difícil hoje de ser aceito – mas compreensível àquela época, segundo o qual um povo livre pode e deve estabelecer um bom governo ausente tais prescrições. Aí teriam a segurança da liberdade.

Para os americanos da década de 1870, ainda excitados com as verdades supremas dos direitos naturais e da revolução, a retórica das Cartas de Direitos (das antigas colônias) poderia servir como um sucedâneo ilusório das árduas missões de autogoverno.

Já em um segundo momento, as Cartas de Direitos são adotadas baseadas na compreensão de que os governos tendem efetivamente a abusar de seus poderes e, embora as principais proteções encontrem-se na representação popular e nos controles sociais e políticos, uma ou a Carta de Direitos pode proporcionar útil segurança complementar.

Em um terceiro momento, a iniciativa de Madison no primeiro congresso permitiu aos federalistas completar sua vitória na ratificação por meio do uso de emendas para melhor assegurar os direitos individuais como o veículo para derrubar decisivamente (se não finalmente) as principais objeções antifederalistas aos poderes do governo geral.

Em um quarto momento, a noção tradicional de uma Carta de Direitos foi drasticamente reduzida pela eliminação, em grande parte, das habituais declarações de princípios fundamentais, frequente recurso ao que Madison considerava causador de sério dano ao governo por perturbar aquela parte "sã" de preconceito, necessária para apoiar até mesmo o governo mais racional.

---

10. LIBRARY of Congress. Debates do Congresso. Disponível em: <https://www.loc.gov/>. Acesso em: 22 set. 2018.

11. A Inglaterra também teve papel muito relevante no estabelecimento do que atualmente conhecemos como direitos humanos. Afinal, desde a Magna Carta de 1215, passando pela Petição de Direitos de 1628, o Habeas-Corpus Act de 1679 e o Bill of Rights de 1689, todos representam riquíssimos textos e grandes conquistas para a humanidade.

Independentemente de qualquer coisa, é preciso considerar que na Carta de Direitos houve – ao menos em parte – uma repetição das declarações iniciais de direitos naturais e máximas de governos livres bem constituídos. Veja-se a Primeira Emenda à Constituição dos Estados Unidos da América que pode ser descrita como uma declaração. Na forma de uma proteção às liberdades civis, a Primeira Emenda repete os grandes princípios das liberdades civis, assim, os princípios de liberdade natural e governo livre que desempenharam um papel tão relevante nas Cartas de Direitos estaduais.

O preâmbulo contém uma repetição similar ao princípio básico da igualdade humana e da soberania popular. A Carta de Direitos oferece o fechamento adequado do parêntese aberto pelo preâmbulo na Constituição. Mas a substância é um modelo de governo com poderes para agir e uma estrutura preparada para fazê-lo agir sensata e responsavelmente. É nesse modelo, e não em seu preâmbulo ou no seu epílogo, que reside a segurança da liberdade civil e política americana[12].

Seguem abaixo as dez emendas à Constituição norte-americana, adotadas em 1791 (Bill of Rights):

> Artigo 1º – O Congresso não fará qualquer lei relativa ao estabelecimento de religião ou proibindo o livre exercício respectivo, ou restringindo a liberdade da palavra ou de imprensa; ou o direito do povo de reunir-se pacificamente e dirigir petições ao governo para a reparação de agravos.
>
> Artigo 2º – Sendo necessária à segurança de um Estado livre a existência de uma milícia bem organizada, não se impedirá o direito do povo de possuir e portar armas.
>
> Artigo 3º – Nenhum soldado será, em tempo de paz, alojado em qualquer casa sem o consentimento do proprietário, nem em tempo de guerra, salvo pela forma prescrita em lei.
>
> Artigo 4º – Não será infringido o direito do povo à inviolabilidade de sua pessoa, casas, papéis e haveres, contra buscas e apreensões irrazoáveis e não se expedirá mandado a não ser mediante indícios de culpabilidade, confirmados por juramento ou declaração, e nele se descreverão particularmente o lugar da busca e as pessoas ou coisas que tiverem de ser apreendidas.
>
> Artigo 5º – Nenhuma pessoa será obrigada a responder por um crime capital ou infamante, salvo por denúncia ou pronúncia de um grande júri, exceto em se tratando de casos que, em tempo de guerra ou de perigo público, ocorram nas forças terrestres ou navais, ou na milícia, quando em serviço ativo; nenhuma pessoa será, pelo mesmo crime, submetida duas vezes a julgamento que possa causar-lhe a perda da vida ou de algum membro; nem será obrigada a depor contra si própria em processo criminal ou ser privada da vida, liberdade ou propriedade sem processo legal regular ("*due process of law*"); a propriedade privada não será desapropriada para uso público sem justa indenização.

---

12. ENCYCLOPEDIA Britannica. *Constitution of the United States of America* (United States government). Disponível em: <*https://www.britannica.com/search?query=Constitution+of+United+States*>. Acesso em: 22 set. 2018.

Artigo 6º – Em todos os processos criminais o acusado terá direito a julgamento rápido e público, por júri imparcial no Estado e distrito onde o crime houver sido cometido, distrito esse que será previamente delimitado por lei; a ser informado da natureza e causa da acusação; a ser acareado com as testemunhas que lhe são adversas; a dispor de meios compulsórios para forçar o comparecimento de testemunhas da defesa e a ser assistido por advogado.

Artigo 7º – Nos processos segundo a *"common law"*, em que o valor da causa exceder US$ 20, será garantido o direito a julgamento pelo júri e os fatos julgados por este não serão reexaminados em nenhum tribunal dos Estados Unidos, a não ser de acordo com as regras da *common law*.

Artigo 8º – Não se exigirão fianças exageradas, não se imporão multas excessivas, nem se infligirão penas cruéis e extraordinárias.

Artigo 9º – A enumeração de certos direitos na Constituição não será interpretada de modo que se neguem ou restrinjam outros cuja posse o povo conserva.

Artigo 10 – Os poderes não delegados aos Estados pela Constituição, nem por ela proibidos aos Estados são reservados respectivamente aos Estados ou ao povo.[13]

Posteriormente, aprovaram-se ao longo dos séculos diversas emendas. Hoje, o total de emendas à Constituição norte-americana alcança o número 27. Para uma explicação mais detalhada do papel de cada uma delas no direito norte-americano consulte-se Toni M. Fine[14].

5. A REVOLUÇÃO FRANCESA E A DECLARAÇÃO DOS DIREITOS DO HOMEM DE 1789

A Revolução Francesa é a fundadora dos direitos civis em uma dada perspectiva. Ela ocorre, como sabemos, em 1789, 13 anos após a Revolução norte-americana com a assunção do poder de uma assembleia nacional que depõe o rei Luís XVI, adota a Declaração dos Direitos do Homem e do Cidadão e assume um importante papel de reorganização do Estado.

Quando falamos em uma sociedade justa e igualitária, palavras de ordem que estão na boca do povo e dos políticos nasceram exatamente naquele período, muito embora uma sociedade justa, àquela época, seja aquela na qual as leis e o direito sejam naturais, nasçam com o próprio homem. É, portanto, no século 18 que irá consolidar-se uma nova teoria do direito, o direito natural, em oposição ao chamado direito positivo. Neste, a lei e as normas jurídicas são, em parte, imposição do Estado e a sociedade é concebida como o resultado de um contrato pelo qual se objetivava preservar a comunidade. De outro lado, podem originar-se de um desígnio do poder religioso, seja este representado por um Deus transcendental, ou de seus representantes sobre a terra, os religiosos.

---

13. Tradução livre do autor.
14. Posteriormente: Artigo 11º – O Poder Judiciário dos Estados Unidos não se entenderá como extensivo a qualquer ação segundo a lei ou a equidade iniciada ou processada contra um dos Estados por cidadãos de outro Estado, ou por cidadãos ou súditos de qualquer estado estrangeiro. Emendas em vigor desde 8 de janeiro de 1798. (Mais detalhes sobre o papel das Emendas (27): FINE, Toni M. *Introdução ao sistema jurídico anglo-americano*. São Paulo: Martins Fontes, 2011).

A igualdade torna-se uma aspiração real e premente, uma possibilidade como consequência de uma nova ordem: "os homens nascem iguais", diz o lema da época não importando onde nasçam ou os títulos que possuam. Liberdade, igualdade e fraternidade são as palavras de ordem da Revolução Francesa, movimento que na verdade se constituiu no ápice de um processo histórico cujas origens remontam às gerações anteriores.

Nilo Odalia disserta sobre o período:

> [...] com o fim da Idade Média, os reis assumiram o poder político em prejuízo dos senhores feudais, que acabaram por ser apenas caudatários da monarquia. Esta, pouco a pouco, tornou-se absoluta, cujo exemplo mais famoso e ostensivo foi a monarquia de Luís XIV da França. "O Estado sou eu", dizia ele com toda a razão. [15]

A igualdade torna-se uma aspiração real e premente, uma possibilidade como consequência de uma nova ordem: "os homens nascem iguais", diz o lema da época não importando onde nasçam ou os títulos que possuam. Liberdade, igualdade e fraternidade são as palavras de ordem da Revolução Francesa, movimento que na verdade se constituiu no ápice de um processo histórico cujas origens remontam às gerações anteriores.

Nilo Odalia disserta sobre o período:

> [...] com o fim da Idade Média, os reis assumiram o poder político em prejuízo dos senhores feudais, que acabaram por ser apenas caudatários da monarquia. Esta, pouco a pouco, tornou-se absoluta, cujo exemplo mais famoso e ostensivo foi a monarquia de Luís XIV da França. "O Estado sou eu", dizia ele com toda a razão.

A aristocracia e os nobres longe de seus feudos e terras, embora muitos conservassem a riqueza, passaram a gravitar em torno dos seus monarcas, deixando administradores para cuidar de seus pertences. Com todo o poder político nas mãos dos reis, a eles restava a vida ociosa da corte e as intrigas palacianas com a esperança, de um dia, virem a ser convocados para ocupar um cargo ministerial.

Contraditoriamente, contudo, os reis que viam ainda nos nobres e na aristocracia possíveis inimigos, pois jamais deixavam de ser, em potencial, pretendentes aos seus tronos, voltavam-se para o homem comum, para o camponês, para o burguês das cidades, buscando neles o suporte político de que necessitavam, como também os recursos financeiros que eles e seus nobres precisavam para a vida na corte ou para suas expedições militares. As guerras de conquista foram sempre um instrumento de consolidação do poder político e um modo de aumentar as dívidas.

A compensação mais comum foi a de conceder novos direitos e abolir muito da legislação anterior, dando maior liberdade aos burgueses e aos camponeses, tanto para comerciar como para que pudessem, especialmente os

---

15. ODALIA, Nilo. A liberdade como meta coletiva. In: (Orgs.) PINSKY, Jaime; PINSKY, Carla Bassanezi. *História da cidadania*. São Paulo: Contexto, 2003, p. 163.

camponeses, ter a própria terra. As servidões, uma característica dos tempos feudais, foram sendo abolidas de maneira progressiva até a Revolução, quando foram extintas totalmente.

Se a independência americana logrou repercussão internacional, não foi apenas por ter libertado uma colônia do Novo Mundo das garras de uma das mais pujantes nações da época, a Grã-Bretanha. O que a todos surpreendeu de maneira positiva foi o fato de ter sido acompanhada por uma Declaração de Independência, cujas ideias eram a concretização de alguns ideais do século 18: o direito à vida, à liberdade, à felicidade e à igualdade entre os homens[16].

Não é o caso de rememorar todos os complexos fatos que levaram à Revolução Francesa[17], mas apenas verificar seu auge e seu resultado. A França, às vésperas da Revolução, detinha uma situação particularmente difícil.

A propriedade das melhores terras encontrava-se concentrada nas mãos de uma pequena minoria do clero e da nobreza; a grande maioria dos camponeses vivia em condições muito duras, obrigada a pagar elevados tributos em dinheiro e em gêneros aos senhores; a miséria era grande; a nobreza aumentou suas exigências perante os camponeses que não tinham mais ocupação; a nobreza e o clero ocupavam o aparelho de Estado e mantinham muitos privilégios.

No início de julho, a Assembleia Nacional converteu-se em Assembleia Constituinte, propondo-se redigir uma Constituição que reconheceria o regime monárquico, mas com base num contrato entre o rei e a nação, segundo as ideias de Rousseau.

No dia 14 de julho de 1789, o povo de Paris tomou a prisão da Bastilha, símbolo do poder arbitrário do rei absoluto e, em geral, do Antigo Regime. A revolução saía dos Estados Gerais para a rua. O novo poder político revolucionário veio a proclamar que todos os cidadãos são livres e iguais em direitos; destruiu a propriedade feudal sobre a terra e libertou os camponeses de todas as sujeições; aboliu as corporações e os monopólios corporativos; substituiu as muitas medidas de peso e comprimento, eliminou antigos privilégios, aboliu as alfândegas, consolidou a unidade nacional e dotou a nação francesa de um aparelho mais moderno e de uma administração racionalizada.

O Terceiro Estado em 26 de agosto proclama a Declaração de Direitos do Homem, com 17 artigos e um preâmbulo, que por seu caráter universal, é um passo decisivo no processo de transformar o homem comum em cidadão, cujos direitos civis lhe são garantidos por lei.

Não há dúvida de que a Declaração dos Direitos do Homem e do Cidadão de 1789 é o texto jurídico mais importante da era moderna. Ela representa,

---

16. ODALIA, Nilo. A liberdade como meta coletiva. In: (Orgs.) PINSKY, Jaime; PINSKY, Carla Bassanezi. *História da cidadania*. São Paulo: Contexto, 2003, p.164.

17. Para isso remetemos o leitor à obra de CARÍAS, Allan Brewer. Reflexiones sobre la Revolución Norte-Americana (1776) la Revolución Francesa (1789) y la Revolución Hispanoamericana (1810-1830) y sus aportes al constitucionalismo moderno. *Derecho Administrativo 2*, Universidad Externado de Colombia. 2. ed. 2008.

juntamente com a Constituição Americana de 1787, um atestado de nascimento do constitucionalismo.

Com razão, Eduardo García de Enterría observa:

> *Se pretendia nada mais e nada menos do que retificar a história inteira da humanidade, fundar uma nova ordem política e social completamente nova, capaz de estabelecer uma nova etapa da trágica evolução humana e assegurar para o futuro uma felicidade segura e imediata* [18].

A Declaração contém em forma de enunciados jurídicos os princípios políticos que o novo regime entendia como essenciais para a consecução de seus fins; conceitos muito relevantes como os de "direitos", "lei", "liberdade", "poder", entre outros, estão reconhecidos e desenvolvidos no texto da Declaração.

Eis o seu texto:

> *Os representantes do povo francês, reunidos em Assembleia Nacional, considerando que a ignorância, o esquecimento ou o desprezo dos direitos do homem são as únicas causas dos males públicos e da corrupção dos governos, resolveram expor, em uma declaração solene, os direitos naturais, inalienáveis e sagrados do homem, a fim de que essa declaração, constantemente presente junto a todos os membros do corpo social, lembre-lhes permanentemente seus direitos e deveres; a fim de que os atos do Poder Legislativo e do Poder Executivo, podendo ser, a todo instante, comparados ao objetivo de qualquer instituição política, sejam por isso mais respeitados; a fim de que as reivindicações dos cidadãos, doravante fundadas em princípios simples e incontestáveis, estejam sempre voltadas para a preservação da Constituição e para a felicidade geral.*
>
> *Em razão disso, a Assembleia Nacional reconhece e declara, na presença e sob a égide do Ser Supremo, os seguintes direitos do homem e do cidadão:*
>
> Artigo 1º
> Os homens nascem e são livres e iguais em direitos. As distinções sociais só podem ter como fundamento a utilidade comum.
>
> Artigo 2º
> A finalidade de toda associação política é a preservação dos direitos naturais e imprescritíveis do homem. Esses direitos são a liberdade, a prosperidade, a segurança e a resistência à opressão.
>
> Artigo 3º
> O princípio de toda a soberania reside, essencialmente, na nação. Nenhuma operação, nenhum indivíduo pode exercer autoridade que dela não emane expressamente.
>
> Artigo 4º
> A liberdade consiste em poder fazer tudo o que não prejudique o próximo: assim, o exercício dos direitos naturais de cada homem não tem por limites senão aqueles que asseguram aos outros membros da sociedade o gozo dos mesmos direitos. Estes limites só podem ser determinados pela lei.

18. GARCÍA DE ENTERRÍA, Eduardo. *La lengua de los derechos*. 3. ed. Madrid: Civitas/Thomson Reuters, 2009, p. 20.

A DECLARAÇÃO UNIVERSAL
DOS DIREITOS DO HOMEM
E SEUS ANTECEDENTES

Artigo 5º
A lei não proíbe senão as ações nocivas à sociedade. Tudo o que não é vedado pela lei não pode ser obstado e ninguém pode ser constrangido a fazer o que ela não ordene.

Artigo 6º
A lei é a expressão da vontade geral. Todos os cidadãos têm o direito de concorrer, pessoalmente ou através de mandatários, para a sua formação. Ela deve ser a mesma para todos, seja para proteger, seja para punir. Todos os cidadãos são iguais a seus olhos e igualmente admissíveis a todas as dignidades, lugares e empregos públicos, segundo a sua capacidade e sem outra distinção que não seja a das suas virtudes e dos seus talentos.

Artigo 7º
Ninguém pode ser acusado, preso ou detido senão nos casos determinados pela lei e de acordo com as formas por esta prescritas. Os que solicitam, expedem, executam ou mandam executar ordens arbitrárias devem ser punidos; mas qualquer cidadão convocado ou detido em virtude da lei deve obedecer imediatamente, caso contrário torna-se culpado de resistência.

Artigo 8º
A lei só deve estabelecer penas estrita e evidentemente necessárias e ninguém pode ser punido senão por força de uma lei estabelecida e promulgada antes do delito e legalmente aplicada.

Artigo 9º
Todo acusado é considerado inocente até ser declarado culpado e, caso seja considerado indispensável prendê-lo, todo o rigor desnecessário à guarda da sua pessoa deverá ser severamente reprimido pela lei.

Artigo 10
Ninguém pode ser molestado por suas opiniões, incluindo opiniões religiosas, desde que sua manifestação não perturbe a ordem pública estabelecida pela lei.

Artigo 11
A livre comunicação das ideias e das opiniões é um dos mais preciosos direitos do homem; todo cidadão pode, portanto, falar, escrever, imprimir livremente, respondendo, todavia, pelos abusos dessa liberdade nos termos previstos na lei.

Artigo 12
A garantia dos direitos do homem e do cidadão necessita de uma força pública; essa força é, portanto, instituída para benefício de todos, e não para utilidade particular daqueles a quem é confiada.

Artigo 13
Para a manutenção da força pública e para as despesas de administração é indispensável uma contribuição comum que deve ser dividida entre os cidadãos de acordo com suas possibilidades.

Artigo 14
Todos os cidadãos têm direito de verificar, por si mesmos ou pelos seus representantes, a necessidade da contribuição pública, de consenti-la livremente, de observar o seu emprego e de lhe fixar a repartição, a coleta, a cobrança e a duração.

Artigo 15

A sociedade tem o direito de pedir contas a todo agente público pela sua administração.

Artigo 16

A sociedade em que não esteja assegurada a garantia dos direitos nem estabelecida a separação dos poderes não tem Constituição.

Artigo 17

Como a propriedade é um direito inviolável e sagrado, ninguém dela pode ser privado, a não ser quando a necessidade pública legalmente comprovada o exigir e sob condição de justa e prévia indenização.

A Declaração de Direitos do Homem e do Cidadão da França de 1789, e as posteriores, de 1793 expõem claramente a concepção da doutrina individualista, dogma da época. O homem vem ao mundo dotado de certas prerrogativas de sua natureza. Todo homem tem o direito natural e intangível de pensar, de exteriorizar seu pensamento, de desenvolver qualquer atividade física, intelectual ou moral. Todos os homens nascem não somente livres, mas são igualmente livres, e iguais, base de todo o direito.

Todas as Constituições francesas posteriores (salvo a de 1875) remetem à Declaração dos Direitos do Homem e do Cidadão de 1789, de notável importância e repercussão mundial[19].

Lafayette, estimulado pela declaração de direitos de Virgínia, requereu à Assembleia constituinte francesa que esta emitisse de maneira semelhante uma declaração dos direitos do homem. A declaração acima, como vimos, tem como disposições mais importantes: os homens nascem livres e iguais em direitos e assim continuam. As diferenças sociais só podem ser fundadas na utilidade comum; a finalidade derradeira de todas as sociedades políticas consiste na manutenção dos direitos humanos e inalienáveis. Estes direitos são: a liberdade, a propriedade, a segurança, e a resistência contra a opressão.

A liberdade consiste em poder cada um praticar tudo aquilo que não prejudique outrem. Desse modo o exercício dos direitos naturais de cada indivíduo apenas tem os limites que assegurem o gozo daqueles mesmos direitos aos restantes elementos da sociedade. Esses limites só podem ser determinados pela lei.

A isto acrescem as garantias da liberdade de religião, a liberdade de expressão do pensamento e da propriedade. Esta Declaração dos Direitos do Homem foi adotada pela Constituição de 1791 que lhes acrescentou ainda as liberdades de deslocamento e de reunião. Estas garantias dos direitos fundamentais foram repetidas com certas alterações pela Constituição republicana de 1793 e pela Constituição do Diretório de 1795.

19. DUGUIT, Léon. *Droit constitutionnel*. Paris: Librarie Thorin et Fils, 1907

Paradoxalmente, apesar de seu conteúdo, decorrido pequeno período de autêntica libertação nos anos de 1789 e 1790, tornaram-se depois totalmente esquecidas na prática diante dos anos de terror vividos. De todo modo, hoje a Declaração é reconhecida como uma das mais importantes peças jurídicas e políticas dos direitos humanos, servindo de importante modelo para todas as demais Constituições ao longo dos séculos.

6. A DECLARAÇÃO UNIVERSAL DOS DIREITOS HUMANOS DE 1948

Após verificarmos os principais movimentos políticos do século 18 até hoje, especialmente as históricas Declarações dos Direitos do Homem, fica mais compreensível visualizar a razão da Declaração Universal de 1948.

A Declaração proclama o ideal comum a ser atingido por todos os povos e todas as nações. Ela consagra uma ordem universal de respeito à dignidade humana, e o faz por meio da proteção de direitos e garantias individuais (artigos 1º a 21), sociais, econômicos, culturais (artigos 22 a 28) e comunitários (artigo 29). Ela sintetiza o reconhecimento universal dos valores supremos da liberdade, da igualdade, e da fraternidade, princípios valorativos fundamentais em matéria de direitos humanos[20].

Para dar concretude aos seus máximos objetivos e propósitos, inúmeros outros instrumentos internacionais a ela se seguiram. Mencionamos os principais: a) a Convenção suplementar sobre a abolição da escravatura, do tráfico de escravos e das instituições análogas à escravatura, de 1956; b) a Convenção 105, da OIT; c) os Pactos Internacionais de Direitos Humanos, de 1966; d) a Convenção Americana de Direitos Humanos de 1969; e) o Tribunal Penal Internacional de 1998; e tantos outros.

A Declaração Universal dos Direitos Humanos passou ao longo dos anos de sua história, de uma recomendação não vinculante a um poderoso instrumento de caráter normativo como resultado de um grande esforço na redação e adoção de inúmeros Pactos que deram ossatura e substância a seus direitos.

Hoje não restam dúvidas de que a Declaração Universal dos Direitos do Homem da ONU simboliza com vigor o que a comunidade internacional entende como "direitos humanos", reforçando a convicção de que todos os Estados e governos têm uma obrigação de assegurar os direitos que nela se contém.

---

20. Sobre o tema ver, dentre outros: RAMOS, André de Carvalho. *Curso de direitos humanos*. 5.ed. São Paulo: Saraiva, 2018; PIOVESAN, Flávia. *Direitos humanos e justiça internacional*. 9.ed. São Paulo: Saraiva, 2018; TRINDADE, Antônio Cançado. *El derecho internacional de los derechos humanos en el siglo XXI*. Chile: Jurídica Chile, 2006; ZUBIK, Marek. *Human rights in contemporary world*. Essays in Honour of Professor Leslek Garlicki. Warszawa, 2017.

REFERÊNCIAS BIBLIOGRÁFICAS

BOYD, Julian. The Papers of Thomas Jefferson (Carta a James Madison, de 15 de março de 1789). Princeton: University Press, 1958.

BRANT, Irving. The Bill of Rights: its origin and meaning. Indianápolis: The Bobbs Mrerrill Co, 1965.

CARÍAS, Allan Brewer. Reflexiones sobre la Revolución Norte-Americana (1776) la Revolución Francesa (1789) y la Revolución Hispanoamericana (1810-1830) y sus aportes al constitucionalismo moderno. Derecho Administrativo 2, Universidad Externado de Colombia. 2.ed. 2008.

DUGUIT, Léon. Droit constitutionnel. Paris: Librarie Thorin et Fils, 1907.

ENCYCLOPEDIA Britannica. Constitution of the United States of America (United States government). Disponível em: <*https://www.britannica.com/search?query=Constitution+of+United+States*>. Acesso em: 22 set. 2018.

FINE, Toni M. Introdução ao sistema jurídico anglo-americano. São Paulo: Martins Fontes, 2011.

GARCÍA DE ENTERRÍA, Eduardo. La lengua de los derechos. 3.ed. Madrid: Civitas/Thomson Reuters, 2009.

LIBRARY of Congress. Debates do Congresso. Disponível em: <*https://www.loc.gov/*>. Acesso em: 22 set. 2018.

MICHELET, Jules. Histoire de la Révolution Française. 2.v.Paris: FOLIO Histoire, Gallimard, 1952.

MONDAINI, Marco Mondaini. O respeito aos direitos dos indivíduos. In: (Orgs.) PINSKY, Jaime; PINSKY, Carla Bassanezi. História da cidadania. São Paulo: Contexto, 2003.

O portal da história – teoria política. A Declaração de Independência dos Estados Unidos da América. (versão portuguesa). Disponível em: <*http://www.arqnet.pt/portal/teoria/declaracao_vport.html*>. Acesso em: 22 set. 2018.

ODALIA, Nilo. A liberdade como meta coletiva. In: (Orgs.) PINSKY, Jaime; PINSKY, Carla Bassanezi. História da cidadania. São Paulo: Contexto, 2003.

PIOVESAN, Flávia. Direitos humanos e justiça internacional. 9.ed. São Paulo: Saraiva, 2018;

RAMOS, André de Carvalho. Curso de direitos humanos. 5.ed. São Paulo: Saraiva, 2018.

SINGER, Paul. A cidadania para todos. In: PINSKY, Jaime; PINSKY, Carla Bassanezi. (Orgs.) História da cidadania. São Paulo: Contexto, 2003.

TRINDADE, Antônio Cançado. El derecho internacional de los derechos humanos en el siglo XXI. Chile: Juridica Chile, 2006.

ZUBIK, Marek. Human rights in contemporary world. Essays in Honour of Professor Leslek Garlicki. Warszawa, 2017.

THREE LIONS HULTON ARCHIVE / *GETTY IMAGES*

OS SEDENTOS DE JUSTIÇA, O PORTAL DOS DIREITOS HUMANOS E A ORDEM PENAL INTERNACIONAL

> *"...o desprezo e o desrespeito pelos direitos humanos resultaram em atos bárbaros que ultrajaram a consciência da humanidade..."*
> (Preâmbulo da Declaração Universal dos Direitos Humanos).

> *"If we have no peace, it is because we have forgotten that we belong to each other"*.
> (Madre Teresa)

RESUMO

O trabalho estabelece um paralelo entre o movimento de internacionalização dos direitos humanos, deflagrado com a Declaração Universal dos Direitos Humanos, e a construção da ordem penal internacional. A afirmação de um núcleo de crimes que afetam a consciência universal e que comprometem a paz e a segurança mundial representou um importante passo no enfrentamento da impunidade. Ao inserir as vítimas no epicentro protetivo internacional, a Declaração empresta força ao concerto mundial dirigido à construção de uma ordem que rompa com o monopólio das jurisdições domésticas em matéria penal. Nesse passo, muito embora o Tribunal Penal Internacional represente o clímax do movimento que emerge no pós-guerra, não é o único instrumento dirigido à aplicação da ordem penal internacional. A ele se somam os tribunais mistos (híbridos) e as próprias jurisdições nacionais. O trabalho examina, dessa forma, como as diferentes esferas de jurisdição viabilizam o ideal, proclamado há 70 anos, de proteção das vítimas contra os ataques mais atrozes à dignidade humana.

1. O PARADOXO DO MAL, A SEDE POR JUSTIÇA E A CONSTRUÇÃO DA ORDEM PENAL INTERNACIONAL

A proclamação da Declaração Universal dos Direitos Humanos em dezembro de 1948 representa um importante marco na edificação dos valores da dignidade humana. Foi o evento-síntese que cristalizou a reação da comunidade internacional na longa batalha contra a impunidade. A disseminação da intolerância, o emprego maciço e sistemático da violência e a banalização do mal,[1] que durante marcaram a primeira metade do século passado, ao mesmo tempo em que revelaram a ineficiência dos mecanismos nacionais de proteção dos direitos humanos, sedimentaram as bases para a afirmação de um universalismo ético. Eis o paradoxo do mal: fonte de perplexidade e de indignação. Mobilizador e agregador da reação.[2]

MARCOS ZILLI
Professor Dr. de Direito Processual Penal da Faculdade de Direito da Universidade de São Paulo.

A disseminação do mal escancarou a fragilidade do projeto da modernidade fundado na exclusividade suprema e soberana da proteção estatal. É em meio a esse cenário que Arendt advertiu sobre a viabilidade da fórmula "direito a ter direitos". Segundo a autora, a sobrevivência da proposição, em um contexto de reconstrução dos direitos humanos, exigiria a transposição dos mecanismos de controle e de tutela para a dimensão internacional.[4]

Foi necessário, portanto, construir um mundo comum.[5] A união do mundo em torno da paz! Eis o projeto de mobilização mundial. O nexo entre a paz e os direitos humanos é descortinado no próprio preâmbulo da Declaração. Assim, as sociedades e as instituições, nacionais e internacionais, devem ser moldadas de modo a viabilizar a paz. Esta, por sua vez, depende, entre tantos fatores, da realização da Justiça. A omissão no enfrentamento do mal com a consagração da impunidade é fonte de desestabilização. Não há, portanto, paz sem justiça.

A Declaração volta-se para a tutela das vítimas. É o portal que dá acesso a elas ao templo internacional dos direitos humanos. Trata-se de edificação em contínua e permanente construção.[6] Ainda que os anos subsequentes tenham sido marcados pelo congelamento das relações internacionais, a energia irradiadora da Declaração trouxe avanços significativos no campo da proteção jurídica das vítimas dos crimes internacionais e na responsabilização de seus agentes. A Convenção para a Prevenção e Repressão do Crime de Genocídio, também de 1948, a Convenção sobre a Imprescritibilidade dos Crimes de Guerra e Crimes contra a Humanidade de 1968, a criação dos Tribunais Ad Hoc da Ex-Iugoslávia e de Ruanda, o estabelecimento de tribunais mistos e a instituição do Tribunal Penal Internacional, apenas para citar alguns exemplos, são eventos que bebem nos valores da paz e da justiça.

A ordem penal, internacional é, portanto, elemento estrutural do templo dos direitos humanos. A quebra do dogma do monopólio das jurisdições penais domésticas, mediante a instituição de mecanismos internacionais de punição dos responsáveis pelo desrespeito dos valores mais caros à humanidade, é vertente crucial no processo de implementação dos direitos humanos em escala mundial. Em realidade, o estabelecimento efetivo de uma ordem jurídico-penal-internacional é, até aqui, o maior passo dado pelo homem rumo à consolidação da cultura universal em torno da dignidade humana.[6] Nesse passo, a estruturação do Tribunal Penal Internacional pelo Estatuto de Roma representou o clímax do projeto idealizado pelo homem que emerge do pós-guerra.

De qualquer modo, a ordem penal internacional não se esgota na tarefa de um único órgão jurisdicional. Nem seria factível um projeto dessa magnitude. O princípio da complementaridade, abraçado pelo Estatuto de Roma,[7]

1. ARENDT, Hannah. *Eichmann em Jerusalém. Um relato sobre a banalidade do mal.* São Paulo: Companhia das Letras, 1999.

2. ZILLI, Marcos. Bem aventurados os sedentos de Justiça... In. PIOVESAN, Flávia; SOARES, Inês Virgínia Prado (Coords.). *Direito ao desenvolvimento.* Belo Horizonte: Editora Fórum, 2010, p. 592.

3. Arendt, Hannah. The rights of man, what are they? *Modern Review*, New York, summer 1949, p. 24-37.

4. Nesse sentido, observa Celso Lafer: "Num mundo único a cidadania, como base para o direito a ter direitos e como condição para um indivíduo beneficiar-se do princípio da legalidade, evitando-se, dessa maneira o surgimento de um novo 'estado totalitário de natureza', não pode ser examinada apenas no âmbito interno de uma comunidade política. Em verdade, só pode ser assegurada por um acordo de *comitas gentium*..." (*A reconstrução dos direitos humanos. Um diálogo com o pensamento de Hannah Arendt.* São Paulo: Companhia das Letras, 1998, p. 154).

5. CASSIN, René. *La déclaration universelle et la mise em ouvre des droits de l'homme.* Paris : Librarire du Recueil Sirey, 1951, p. 279.

6. ZILLI, Bem... *op. cit.*, p. 99.

reforça a competência dos Estados nacionais que, para tanto, devem aprimorar os seus ordenamentos de modo a viabilizar a persecução penal dos responsáveis pela prática de crimes internacionais – *core crimes*.[8] Em realidade, a jurisdição do Tribunal Penal Internacional somente é exercida uma vez constatada a inércia da jurisdição nacional causada por razões políticas ou por incapacidade estrutural de sua máquina persecutória. Assim, pela fórmula da complementaridade os Estados são conclamados a exercer a função que lhes é devida por essência: proteção dos valores mais caros à existência humana pacífica mediante a atuação de seus órgãos persecutórios. O fracasso das jurisdições nacionais aciona o gatilho da jurisdição internacional e com ela ecoa a mensagem de que os ataques maciços e generalizados contra os bens mais caros à humanidade não serão esquecidos.

2. A ORDEM PENAL INTERNACIONAL E AS ESFERAS DE ATUAÇÃO DO PODER PUNITIVO: DOMÉSTICO, INTERNACIONAL E HÍBRIDO

A ordem penal internacional assenta-se na proteção de bens jurídicos individuais frente aos mais graves ataques que, pela dimensão e intensidade, comprometem a segurança e a paz mundial. São, portanto, ataques que ferem a consciência mundial. É uma criminalidade cuja escala desconstrói o tecido social, disseminando ódio e desesperança. É, enfim, uma criminalidade que retroalimenta o conflito fixando uma espiral de contínua violência, fonte de desastres humanitários. Nesse cenário, a impunidade soa intolerável.[9] Frente à impunidade, posta-se o exercício do poder punitivo o qual assenta-se na ordem que o informa. A ordem penal internacional, portanto, não se restringe a um conjunto de princípios e regras abstratos que delineiam o regime punitivo aplicável para os crimes internacionais. Se assim o fosse não seria efetiva. Daí a importância do exercício do poder punitivo o qual se manifesta em três diferentes níveis: doméstico, híbrido e internacional.

No plano doméstico, o sistema penal projetado pelo Estatuto de Roma vincula os Estados a ele aderentes. Mas, antes mesmo da promulgação daquele Estatuto, já estavam os Estados nacionais comprometidos com a punição dos agentes responsáveis pelos crimes mais atrozes, independentemente da existência de previsão jurídica interna. A premissa, declarada pelos Princípios de Nuremberg, não só evoca a missão primária do Estado moderno de proteção de seus nacionais, mas alinha o poder punitivo nacional ao concerto mundial do pacifismo. Não são poucos os exemplos de exercício da jurisdição nacional informada pelo regime jurídico do direito penal internacional. Alemanha, França, Argentina e Peru são os mais eloquentes.

---

7. Conforme art. 17 do Estatuto de Roma.

8. O conceito de crimes internacionais é mais restrito não se confundindo com os crimes internacionais. Pertencem ao primeiro grupo o conjunto de infrações penais que ferem a consciência mundial, comprometendo a paz e a segurança internacional. Tomando-se o percurso de desenvolvimento do direito penal internacional até o Estatuto de Roma temos os crimes de genocídio, contra a humanidade, de guerra e de agressão.

9. A impunidade é fenômeno com múltiplas incidências e manifestações que vão desde a falta de previsão de condutas puníveis, passando pelo exercício ineficaz do sistema punitivo, finalizando com a adoção de medidas consagradoras da própria impunidade, tais como a anistia unilateral e o perdão Ao examinar a questão, Kai Ambos fixa os diversos sentidos que a expressão impunidade alcança. Segundo o autor, seria possível falar-se em uma impunidade material que envolve tanto o direito penal comum, como também as violações de direitos humanos internacionalmente reconhecidas. É, em suma, a ausência de previsão no sistema legal de condutas puníveis. Há, outrossim, uma impunidade processual que está relacionada com as deficiências verificadas nas diferentes fases da persecução. Em outras palavras, é a ineficiência do sistema punitivo processual. Por fim, em uma impunidade estrutural, a impunidade liga-se a um processo histórico e cultural de desrespeito dos valores humanos essenciais e que se cristaliza na forma como as instituições deixam de enfrentar o problema. (Impunidade por violação dos direitos humanos e o direito penal internacional. *Revista Brasileira de Ciências Criminais*, v. 49, 2004, p. 48-88).

Em reforço à persecução nacional dos crimes internacionais, posta-se o direito internacional dos direitos humanos e em especial a jurisprudência da Corte Interamericana de Direitos Humanos. As decisões clarificam as obrigações internacionais assumidas pelos Estados nacionais de tutela dos valores mais caros à dignidade humana e de proteção das vítimas com a punição dos agentes responsáveis pelos ataques àqueles valores. O compromisso ético, é certo, já tinha sido desenhado pelo art. 8º da Declaração Universal. Mas a dinâmica do monitoramento e da responsabilização internacional dos Estados por parte do sistema regional de direitos humanos deu-lhe efetividade. O controle de convencionalidade[10] amplificou a sua força.

O princípio da justiça universal é outro importante mecanismo viabilizador do exercício da persecução nacional dos crimes internacionais. Aqui é a necessidade de proteção dos valores universais que justifica o alargamento das fronteiras do poder punitivo nacional.[11] Nessa perspectiva, cada Estado assumiria a condição de representante da comunidade internacional, gozando, portanto, do poder de perseguir e de punir o responsável pelos crimes internacionais.[12]

Já no plano internacional, o poder punitivo pode ser exercido em caráter permanente ou temporário. O primeiro tem uma abrangência espacial mais ampla o que não significa atuação verdadeiramente mundial. É a hipótese do Tribunal Penal Internacional. A adesão ao sistema do Estatuto de Roma, como se sabe, é voluntária o que torna o modelo dependente do humor político das autoridades nacionais. Por outro lado, a possibilidade de inclusão de casos não sujeitos à jurisdição originária do Tribunal, mediante a provocação do Conselho de Segurança da ONU, é dependente das amarras da geopolítica internacional. Os tribunais *ad-hoc*, por outro lado, são exemplos de jurisdições limitadas, estabelecidas para fatos determinados ocorridos em territórios específicos. Preenchem os vácuos deixados pela impossibilidade de atuação dos órgãos jurisdicionais permanentes e pela omissão das autoridades nacionais na aplicação do direito penal internacional.

Por fim, na fronteira que toca tanto o âmbito nacional com o internacional, se multiplicaram nas últimas décadas as experiências punitivas de caráter misto. Cuida-se de tribunais instituídos por organismos internacionais em cooperação com os Estados nacionais para o fim de se submeter a julgamento os responsáveis pelos crimes de maior gravidade na perspectiva do direito penal internacional. A dimensão híbrida de tais tribunais, para além de reduzir os altos custos que cercam os tribunais *ad-hoc*,[13] propicia a reconstrução do sistema judiciário das nações afetadas por graves conflitos humanitários. Nessa perspectiva, os tribunais mistos – ou híbridos - desempenham importante papel no vasto terreno do que se convencionou denominar de Justiça de Transição.[14]

---

10. O controle de convencionalidade supõe uma filtragem da norma interna à luz dos tratados sancionados e eficazes no país. Trata-se, portanto, de um controle de validade das normas nacionais, tendo por parâmetro os compromissos internacionais assumidos em matéria de proteção aos direitos humanos.

11. CASSESE, Antonio. *International criminal law.* New York: Oxford, 2003, p. 284-285.

12. Jiménez de Asúa chega a configurar em tal princípio uma hipótese de extraterritorialidade absoluta (*Tratado de derecho penal.* T. II. Buenos Aires : Losada, 1950, p. 657).

13. KATZENSTEIN, Suzanne. Hybrid Tribunals: searching for justice in East Timor. *Harvard human rights journal*, v. 16, p. 246, 2003.

14. A Justiça de Transição é um conceito amplo que engloba uma série de princípios, regras e mecanismos estruturados pela necessidade de se promover a reconstrução dos valores ligados ao Estado de Direito, da democracia e da respeitabilidade da dignidade humana em sociedades que suportaram maciças violações de direitos humanos. Nesse sentido, ver: BICFORD, Louis. Transitional justice. In. HORVITZ, Leslie Alan; CATHERWOOD, Christopher. *Macmillan encyclopedia of genocide and crimes against humanity.* New York: Facts on file, 2004, v. 3, p. 1045-1047. Ruti Teitel, por sua vez, relaciona a justiça de transição aos períodos de mudança política em que os novos grupos buscam confrontar o passado autoritário. (Transitional justice genealogy *Harvard human rights journal*, 16, 2003, p 69-94). De qualquer modo, não se pode considerar a justiça de transição como um fenômeno novo, embora recentemente tenha ela ocupado a atenção de estudiosos em face das diversas experiências enfrentadas por distintos países. Elster, por exemplo, lembra-nos episódios da história de Atenas que já seriam indicativos dos ideais do que modernamente se reconhece como justiça de transição (ELSTER, Jon. *Closing the books: transitional justice in historical perspective.* New York: Cambridge University Press, 2004). Para um estudo mais aprofundado a respeito dos fundamentos e soluções jurídicas admitidas no âmbito da justiça de transição, especialmente o papel da anistia, ver: AMBOS, Kai. The legal framework of transitional justice: a systematic study with special focus on the role of the ICC. In. AMBOS, Kai; LARGE, Judith; WIERDA, Marieke (Eds.) *Building a future on peace and justice. Studies on transitional justice, peace and development. The Nuremberg declaration on peace and justice.* Berlin/Heidelberg: Springer, 2009, p. 19-103.

3. A CONSOLIDAÇÃO DA ORDEM PENAL INTERNACIONAL
3.1 RUMO À ESTAÇÃO HAIA: EM BUSCA DE UM TRIBUNAL PENAL INTERNACIONAL PERMANENTE

Os controvertidos Tribunais Militares de Nuremberg e de Tóquio materializaram o desejo da comunidade internacional de submeter a julgamento os principais agentes responsáveis pelos mais graves crimes que afetaram a humanidade durante a II Guerra Mundial. Em realidade, tratava-se de desejo antigo e que já havia encontrado canal de expressão pelo Tratado de Versalhes, ao término do conflito mundial anterior. Naquela oportunidade, contudo, o compromisso de se levar a julgamento o ex-Imperador alemão, Guilherme II, por crimes de guerra,[15] jamais se concretizou diante da negativa do governo holandês em extraditá-lo.

É fato que os Tribunais de Nuremberg[16] e do Extremo Oriente[17] foram cercados por algumas vicissitudes. A percepção de uma justiça construída sob as lentes dos vitoriosos é, possivelmente, a grande crítica ao modelo adotado.[18] Mesmo assim, é inegável o impulso que ambos deram para a formatação das bases teóricas do direito penal internacional. Resultado direto daquelas experiências é dado pelos chamados Princípios de Nuremberg, um conjunto de sete postulados que delinearam os parâmetros punitivos do indivíduo pela prática de crimes internacionais.[19]

A energia agregadora emergente do pós-guerra permitiu, ainda, a construção de um consenso mundial em torno da Convenção para a Prevenção e Repressão do Genocídio, promulgada em 1948 e da Convenção de Genebra para Melhoria das Condições dos Feridos e dos Enfermos das Forças Armadas em Campanha, firmada no ano seguinte. A primeira já antevia a criação de um tribunal internacional, sem prejuízo do exercício das jurisdições nacionais competentes.[20] A segunda, por sua vez, além de incorporar o princípio da justiça penal universal, impôs aos Estados o dever de investigar as violações ao direito humanitário, com a consequente punição de todos os responsáveis, independentemente das nacionalidades envolvidas.[21]

É fato que a imersão global em um período de congelamento das relações internacionais impôs um freio ao processo de implementação de uma verdadeira ordem penal internacional. A questão somente foi retomada quando dois novos desastres humanitários eclodiram na década de 90 do século passado. No caso da ex-Iugoslávia, uma frágil unidade nacional desmoronou após o esfacelamento do mundo comunista, levando os diferentes grupos étnicos e religiosos que ocupavam aquele território a um confronto marcado pelo extermínio de pessoas, pelo deslocamento forçado de populações e pela reedição dos campos de concentração.[22] Em Ruanda, uma

---

15. O Tratado de Versalhes, assinado em 28 de junho de 1919 previa, dentre outras coisas, a formação de um Tribunal Internacional encarregado do julgamento de Guilherme II de Hohenzollern, ex-imperador alemão, por ofensas graves contra a moral internacional e à autoridade dos tratados. Ver: CORREIA, José de Matos. *Tribunais penais internacionais: coletânea de textos*. Lisboa: Universidade Lusíada, 2004 e QUINTANO, Antonio Ripollés. Criminalidad de guerra. Nueva Enciclopedia Jurídica. t. VI, Barcelona: Francisco Seix, 1954, p. 3. Para um estudo histórico mais detido sobre os trabalhos e os interesses políticos que cercaram a Conferência de Paris, ver: MACMILLAN, Margareth Olwen. Paz em Paris e seu mister de encerrar a grande guerra. Tradução de Joubert de Oliveira Brízida. Rio de Janeiro: Nova Fronteira, 2004. É certo que antes mesmo do Tratado de Versalhes, Gustave Moyner, presidente da Cruz Vermelha Internacional, já tinha proposto, em 1872, a construção de um órgão jurisdicional internacional que gozasse de competência para processar e julgar os indivíduos pelas violações do direito humanitário e que, na época, estavam consolidadas pela Convenção de Genebra de 1864. No entanto, os tempos eram definitivamente outros e a ideia jamais gozou de perspectiva de implementação em face da extrema reação dos Estados à qualquer perspectiva de estabelecimento de um poder que comprometesse a soberania nacional (MOLINER, Santiago. Urios. Antecedentes históricos de la corte penal internacional. In. COLOMER, J. Gomez ; CUSSAC, J. González ; LLORÉNS, J. Cardona (coord.) *La corte penal internacional*, Valencia: Tirant lo Blanch, 2003, p. 23).

16. A ideia de julgamento dos principais criminosos de guerra por parte dos Aliados foi gestada ainda mesmo durante o conflito. Assim é que, em 13 de janeiro de 1942, os representantes de nove governos exilados expressaram, pela Declaração de Saint Jame´s Palace, a intenção de processarem os principais criminosos de guerra alemães. No ano seguinte, por ocasião da Conferência de Ministros das Relações Exteriores dos EUA, Reino Unido e União Soviética, foi firmada a Declaração de Moscou na qual restou assentado o compromisso de se proceder ao julgamento dos grandes criminosos cujos atos não tivessem uma localização geográfica determinada, o que seria objeto de deliberação conjunta e futura por parte dos governos aliados. *(cont. na p. 337)*

violenta guerra civil produziu atrocidades em proporções ainda mais catastróficas as quais foram agravadas pela desídia inicial da comunidade internacional.[23]

Em ambos os casos optou-se pela instituição de Tribunais Ad-hoc, os quais foram materializados por resoluções emanadas do Conselho de Segurança das Nações Unidas.[24] Assim, após reconhecer a presença de elementos altamente comprometedores da paz e da segurança internacional, as Nações Unidas deram concretude aos mecanismos de segurança que eram previstos em sua própria Carta. A adoção do modelo dos tribunais internacionais, em uma formatação revisitada e diferente daqueles que os inspiraram, procurou por fim aos conflitos, mediante a adoção de medidas punitivas contra os principais criminosos.[25]

Seguramente, o testemunho de novos desastres humanitários praticados em larga dimensão e escala foi decisivo para a retomada e aceleração do processo de implementação de um órgão jurisdicional penal internacional. A criação do Tribunal Penal Internacional viabiliza o exercício do poder punitivo internacional. Trata-se de jurisdição permanente[26] que alcança os fatos criminosos executados após o início da vigência do Estatuto de Roma em cada um dos Estados que, voluntariamente, aderirem ao novo sistema jurídico internacional.[27]

Com relação à competência *ratione materie*, os limites são dados para os crimes mais graves que afetam a comunidade internacional, vale dizer genocídio, crimes contra a humanidade, crimes de guerra e crime de agressão. A competência *ratione loci* prende-se ao território dos Estados Partes.[28] Há, no entanto, duas possibilidades de expansão. A primeira dá-se por iniciativa de um Estado não parte que reconhece a jurisdição do Tribunal Penal Internacional relativamente a um caso específico. Para tanto, deverá depositar, junto ao secretário das Nações Unidas, declaração formal nesse sentido.[29] A segunda decorre de provocação do próprio Conselho de Segurança da ONU, fundada no Capítulo VII de sua respectiva Carta. O Conselho detém, portanto, o poder de provocar a atuação da Promotoria visando à instauração de investigação ou mesmo à propositura de ação penal por conta de fatos ocorridos em território de Estado não integrante do sistema penal internacional.[30] É o que ocorreu nos caso de Darfur, no Sudão[31] e da Líbia.[32]

Se por um lado as iniciativas do Conselho de Segurança amplificam os horizontes da jurisdição do Tribunal Penal Internacional, por outro mantêm-se elas presas às amarras de geopolítica internacional. Há, portanto, um indesejável grau de seletividade nas situações que poderão ser referidas ao Tribunal, o qual compromete a sua efetividade.

(*cont. da p. 336*) Foi somente com o Acordo de Londres de 8 de agosto de 1945, que o destino do tribunal internacional de Nuremberg acabou sendo definitivamente estabelecido (RIPOLLÉS, Antonio Quintano. Tratado de derecho penal internacional e internacional penal. Madrid: Instituto Francisco de Vitória, 1955, p. 404-406). Para um estudo mais detido sobre o Tribunal de Nuremberg ver: CASSESE, Antonio. International..., op. cit., p. 329-333; HAVEMAN, Roelof. The context of law. In. HAVEMAN, Roelof; KAVRAN, Olga; NICHOLLS, Julian. (eds.) Supranational criminal law: a system sui generis. Antwerp/Oxford/New York: Intersentia, 2003, p. 10-14; MOLINER, Santiago Urios. Antecedentes..., op. cit., p. 31-37; OVERY, Richard. The Nuremberg trials: international law in the making. In. SANDS, Philippe (ed.) From Nuremberg to The Hague. The future of international criminal justice. New York: Cambridge, 2003, p. 1-29; WERLE, Gerhard. Tratado de derecho penal internacional. Valencia: Tirant lo blanch, 2005, p. 49-57).

17. A ideia de punição dos principais criminosos de guerra japoneses foi desenhada, inicialmente pela Conferência do Cairo, em 10 de dezembro de 1943 e, posteriormente, com a Declaração de Potsdam, em julho de 1945. A Carta do Tribunal Militar Internacional para o Extremo Oriente foi, nitidamente influenciada por sua predecessora e foi proclamada, em 19 de janeiro de 1946, pelo então Comandante das Forças Aliadas, o General Mac Arthur (RIPOLLÉS, Antonio Quintano. *Tratado...,op. cit.*, p. 433-445). Para um estudo mais detalhado sobre o Tribunal de Tóquio, ver: CASSESE, Antonio. *International...*, op. cit., p. 329-333; SCHAACK, Beth Van; SLYLE, Ronald C. International criminal law and its cit., p. 329-333; SCHAACK, Beth Van; SLYLE, Ronald C. *International criminal law and its enforcement. Cases and materials*. 2. ed., New York: Foundation, 2010, p. 30-41).

18. Como anota Salvatore. Zappalà: "It is well known that the international proceedings instituted against the major war criminals after the Second World War were essentially justified by the control of the victors over German and Japanese territory and their institutions. Therefore, these trials were deeply influenced by the matrix of victor's justice." (*Human rights in international criminal proceedings*. New York: Oxford University, 2003, p. 17).

(*cont. na pg.338*)

3.2 TRIBUNAIS MISTOS

Em uma área que toca tanto o âmbito nacional como o internacional, se multiplicaram, nas últimas décadas, as experiências punitivas de caráter misto. Não há um roteiro único. A premissa funda-se em um modelo de cooperação entre organismos internacionais e os Estados nacionais de modo a viabilizar o processamento dos principais responsáveis por crimes de maior gravidade na perspectiva do direito penal internacional.

Na dimensão punitiva, a maior ou menor intervenção dos órgãos internacionais depende do grau de comprometimento das estruturas de poder dos Estados nacionais.[33] Quando maior for o comprometimento, maiores serão a intervenção e a participação internacional. A inserção dor órgãos nacionais, contudo, é crucial justamente por assegurar maior legitimidade ao processo de resgate da ordem e da paz. Tratando-se, portanto, de uma confluência de poderes punitivos (nacional e internacional), os fatos delituosos não precisam estar circunscritos aos crimes internacionais sendo possível a inclusão de infrações puníveis apenas sob a perspectiva do direito penal interno.

Diferentemente dos Tribunais Ad-hoc, cujos poderes assentam-se no plano internacional, as experiências mistas expressam uma lógica compartilhada de exercício do poder punitivo. A dimensão internacional, contudo, deve ser operada com cautela de modo a respeitar as peculiaridades políticas, culturais e sociais de cada Estado.[34] Em tese, quanto maior a inclusão da participação nacional, maior será o grau de aceitabilidade das decisões, assim como melhores serão os efeitos para o processo de reconstrução das instituições judiciárias internas. Foram estes os ideais que impeliram à criação das Câmaras e dos Tribunais, de Kosovo, de Timor-Leste de Serra Leoa, do Camboja e do Iraque.

3.2.1 KOSOVO

As graves atrocidades cometidas em Kosovo, na península balcânica, remontam ao próprio conflito étnico que eclodiu com o desmantelamento da unidade iugoslava no final da década de 80 do século passado. A vitória de Slobodan Milosevic no pleito presidencial em 1989 leva à implementação de uma política ultranacionalista na Sérvia a qual produz uma violenta guerra civil que envolve as repúblicas da Bósnia e da Croácia. A formação do Exército de Libertação do Kosovo (ELK), leva à eclosão de uma nova guerra civil em 1998.[35]

A repressão ao movimento separatista pautou-se pelo uso de violência manifestada por ataques contínuos e sistemáticos à população civil os quais provocaram o deslocamento forçado de aproximadamente 250 mil albaneses-kosovares.[36] Em 24 de março de 1999, tropas da Organização do

---

19. Já em 1947, a Assembleia Geral das Nações Unidas encomendou à Comissão de Direito Internacional a elaboração de um estudo sobre os princípios emergentes do julgamento de Nuremberg. Os princípios de Nuremberg, como ficaram conhecidos, delinearam os parâmetros punitivos da responsabilidade penal individual internacional, quais sejam: a) reconhecimento da responsabilidade penal do indivíduo no plano internacional por atos criminosos assim reconhecidos pelo direito penal internacional; b) reconhecimento dos crimes contra a paz, guerra e humanidade como crimes internacionais; c) punibilidade de tais atos, ainda que não fossem assim tipificados pelo direito nacional dos Estados; d) inaplicabilidade das imunidades dos Chefes de Estado e de Governo por crimes internacionais; e) inaplicabilidade da escusa da obediência hierárquica; f) direito a um processo justo.

20. Conforme Art. 6º.

21. Conforme art. 49.

22. A história da Iugoslávia foi sempre marcada pelas diferenças e pelos conflitos étnicos entre sérvios, croatas, eslovenos, macedônios e albaneses. A morte do Marechal Tito, ícone de um ideal de unidade nacional, e a queda do mundo comunista foram os principais ingredientes para que os sentimentos nacionalistas eclodissem por toda a parte. A formação de novas unidades políticas foi marcada por intensos conflitos armados. Em agosto de 1992, o Conselho de Segurança das Nações Unidas confirmou a existência de campos de concentração, de torturas e assassinatos da população civil e de milhares de refugiados. Nesse sentido, ver: LASO, Cristina Arozamena. El tribunal penal internacional para la ex-Yugoslavia. *Actualidad Penal.* n. 33, 15-21 set., 1997, p. 745-749.

23. Após a independência da Bélgica, o controle do poder político em Ruanda sempre ficou nas mãos da etnia tutsi, grupo minoritário que compunha o país ao lado da maioria hutu. A rivalidade e o ódio entre os dois grupos foi constante. Em 1994, após o assassinato do presidente Juvénal Habyarimana, em um atentado aéreo, inicia-se o genocídio e a perseguição à minoria tutsi. Além do deslocamento maciço da população, estima-se que mais de 800.000 pessoas tenham sido mortas.

(cont. p. 339)

Tratado do Atlântico Norte (OTAN) promoveram um intenso ataque aéreo o qual levou à celebração de um acordo de paz com Sérvia, 11 semanas após. No dia 10 de junho, o Conselho de Segurança da ONU, criou a Missão de Administração Interina das Nações Unidas no Kosovo (UNMIK).[37]

À UNMIK foram outorgados amplos poderes para a reorganização das instituições em Kosovo incluídas nestas o aparato judiciário.[38] Havia uma especial preocupação com as pessoas presas pela prática de crimes de guerra e cuja quantidade muito extrapolava a capacidade do precário sistema judiciário local.[39] Mesmo assim, reinava a convicção de que a reconstrução das instituições judiciárias exigia a observância dos paradigmas internacionalmente reconhecidos do justo processo, dentre os quais, e especialmente, o resguardo da ampla defesa.[40] Diante da impossibilidade de se fazer frente ao grande número de processos criminais, a situação se deteriorou rapidamente. O sentimento de frustração provocado pela ausência de julgamentos e de punições se generalizou o que era potencialmente perigoso para o exacerbamento das violências étnicas.[41] Para contornar a situação, a UNMIK, fazendo uso de seu poder legislativo, aumentou o prazo máximo de duração da prisão provisória.[42]

A tentativa de se estabelecer um novo tribunal internacional à imagem e à semelhança do Tribunal Ad hoc da Ex-Iugoslávia se viu inviabilizada em razão das restrições orçamentarias[43]. A solução recaiu então para a nomeação de juízes e de promotores internacionais que integrariam as estruturas judiciárias já existentes. Além de evitar o colapso do sistema judiciário penal, as nomeações eram vistas como medidas necessárias para resgatar a imparcialidade dos julgamentos já que muitas das decisões tomadas eram claramente informadas por um sentimento de vingança étnica. Foi nesse contexto que se editou o Regulamento 2000/6.[44]

Inicialmente, as nomeações foram em número reduzido. A realidade, no entanto impôs a adoção de medidas mais eficazes já que a quebra da imparcialidade estava arraigada em todo o sistema. A prática de nomeação de juízes internacionais foi então estendida para todo o território do Kosovo, inclusive para a Suprema Corte.[45] As experiências, contudo não surtiram os resultados desejados já que os juízes internacionais constituíam a minoria. Foi em meio a este contexto que a UNMIK editou, em 2000, o Regulamento 64, estabelecendo, de vez, o sistema das câmaras especiais formadas, em sua maioria, por juízes internacionais.[46]

Logo após a declaração da independência em 17 de fevereiro de 2008, a União Europeia criou uma missão especial (EULEX) a quem foram confiadas várias tarefas visando ao aprimoramento das instituições de Kosovo, bem como a

(cont. p. 338) Para um estudo mais aprofundado do contexto do conflito em Ruanda, ver: PRUNIER, Gérard.*The Rwanda crisis. History of a genocide*. New York: Columbia University, 1995 e do mesmo autor *Africa's world war. Congo, the rwandan genocide and the making of a continental catastrophe*. New York: Oxford, 2009.

24. Para o Tribunal da Ex-Iugoslávia, foram as Resoluções 808 e 827, adotadas pelo Conselho de Segurança das Nações Unidas, respectivamente, em sua 3175a sessão, de 22 de fevereiro de 1993 e em sua 3217a sessão, de 25 de maio de 1993. Para o Tribunal de Ruanda, o Conselho de Segurança promulgou a Resolução 955 e que foi adotada em sua 3453a sessão, realizada em 8 de novembro de 1994.

25. O expediente das resoluções tinha vantagens que atendiam a urgência e o drama das duas situações. De fato, o recurso à Assembleia Geral, ainda que propiciasse uma maior legitimidade em face da pluralidade dos agentes envolvidos na deliberação, teria o grande inconveniente de não carregar força obrigatória às nações que eventualmente fossem chamadas à cooperar nas persecuções, em razão da característica meramente recomendatória das deliberações ali tomadas. Dessa forma, fundado no art. 39 que concede ao Conselho de Segurança o poder de determinar a existência de qualquer ameaça à paz, ruptura da paz ou ato de agressão, é que foram aqueles tribunais criados.

26. Art. 10 do ER.

27. Conforme preceitua o art. 11 do Estatuto de Roma, a saber: "1. O Tribunal só terá competência relativamente aos crimes cometidos após a entrada em vigor do presente Estatuto. 2. Se um Estado se tornar Parte no presente Estatuto depois da sua entrada em vigor, o Tribunal só poderá exercer a sua competência em relação aos crimes cometidos depois da entrada em vigor do presente Estatuto relativamente a esse Estado, a menos que este tenha feito uma declaração nos termos do n. 3 do artigo 12o."

28. Art. 12.1 (a) do ER.

29. Art. 12.3 do ER.

30. Art. 13 (b) do ER.

instauração de processos penais. Baseado nestes objetivos é que a Missão criou as Câmaras Especializadas do Kosovo e o Gabinete do Procurador, sediados em Haia, nos Países Baixos. Trata-se um tribunal internacional o qual alberga quatro câmaras especiais e o gabinete do Procurador.[47] A competência *ratione materiae* relaciona-se com os crimes cometidos por membros do Exército de Libertação do Kosovo (KLA), uma organização paramilitar étnico-albanesa que lutou pela separação do Kosovo durante os anos 90.

3.2.2 TIMOR-LESTE

Os graves problemas que cercaram o Timor Leste remontam ao término da dominação colonial de Portugal, em 1975 quando aquele território foi incorporado pela Indonésia como uma de suas províncias.[48] A partir de então, estabeleceu-se um intenso conflito civil que atravessou duas décadas até culminar com uma consulta popular em 30 de agosto de 1999[49] quando se sagrou vitorioso o grupo pró-independência. Uma onda generalizada de violência levou à prática de centenas de homicídios, de abusos sexuais e à destruição de boa parte da infraestrutura daquele país.[50]

Sensível ao crescente estado de desestabilidade política e social o Conselho de Segurança das Nações Unidas aprovou a Resolução 1272 criando, assim, a UN *Transitional Administration in East Timor* (UNTAET).[51] Àquele órgão foi incumbida a administração interina do Timor Leste até que fosse implementada a total independência. Nessa perspectiva, a UNTAET editou os Regulamentos 2000/11 e 2000/15, pelos quais foram estabelecidas as bases para o processamento dos responsáveis pela prática dos crimes internacionais (genocídio, crimes contra a humanidade e crimes de guerra), além dos crimes de homicídio, abusos sexuais e tortura.[52] Para tanto, foram criados os Painéis Especiais de Julgamento compostos por juízes internacionais e timorenses.[53] Aos referidos regulamentos, juntou-se, também o Regulamento 2000/16 que criou o órgão responsável pela investigação e pelo ajuizamento das acusações criminais, o Serious Crimes Unit (SCU). Estruturou-se, assim, o primeiro tribunal internacional misto.[54]

Toda a estrutura judiciária operou com recursos extremamente limitados o que trouxe especiais dificuldades para a condução célere dos processos. Ao tempo do encerramento dos julgamentos especiais em 2005, por força das Resoluções 1543 e 1573, emanadas do Conselho de Segurança das Nações Unidas, 84 réus tinham sido condenados dentro de um universo de 395 acusados em 95 denúncias. A discrepância dos números se deve, sobretudo, à ausência de cooperação internacional, em especial por parte da Indonésia, país para o qual vários criminosos se refugiaram.[55]

---

31. Em 2005, o Conselho de Segurança da ONU emitiu a Resolução 1593, por ocasião de sua 5158ª reunião, denunciando os crimes praticados no Sudão à Promotoria do Tribunal Penal Internacional por povos árabes e religião mulçumana enquanto o sul por uma população africana e cristã. Diante do controle político exercido pelo norte, o país enfrentou várias guerras civis. Em 2003, a Frente de Libertação de Darfur lançou uma ofensiva contra o governo central que, a partir de então, passou a fornecer auxílio às milícias tribais leais (janjaweed). O número de mortos é estimado em 400.000 pessoas e o deslocamento de pessoas atinge a cifra dos milhões. A prisão do presidente Omar-al-Bashir foi decretada pelo TPI. Em 2010, um cessar fogo firmado pelo governo central, permitiu que se realizasse em janeiro de 2011 um referendo sobre a independência do sul do país. Para um exame mais aprofundado sobre o desastre humanitário em Darfur, ver: PRUNIER, Gérard. *Darfur. A 21st century genocide*. 3 ed., New York: Cornell University, 2008.

32. Em 26 fevereiro de 2011, o Conselho de Segurança da ONU emitiu a Resolução 1970, referindo a situação da Líbia ao Tribunal Penal Internacional em relação a fatos ocorridos no território daquele país a partir de 15 de fevereiro de 2011.

33. KATZENSTEIN, Suzanne. Hybrid... op. cit., p. 246.

34. KELSALL, Tim. *Culture under cross-examination: international justice and Special Court for Sierra Leone*. Cambridge: Cambridge University Press, 2009.

35. PERRIELLO, Tom; WIERDA, Marieke. Lessons from the deployment of international judges and prosecutors in Kosovo. International Center for Transitional Justice. Mar. 2006. 44 p. Disponível em: *https://www.ictj.org/sites/default/files/ICTJ-FormerYugoslavia-Courts-Study-2006-English_0.pdf*. Acesso em 20/9/2018. (p. 5).

36. BERTODANO, Sylvia de. Current developments in internationalized courts. *Journal of International Criminal Justice*. 1 Oxford University, 2003, p. 237.

37. Resolução 1244 adotada na 4011ª reunião realizada em 10 de junho de 1999.

3.2.3 SERRA LEOA

A guerra civil que se instalou em Serra Leoa iniciou-se em meados de março de 1991 quando as forças da Frente Revolucionária Unida (FUR), patrocinadas e armadas pela Frente Patriótica Nacional da Liberia,[56] deram início a uma rebelião para a deposição do governo do partido *All People's Congress* (APC). O conflito somente encerrou-se em julho de 1999, quando o governo de Serra Leoa e a FUR celebraram um acordo de paz, o qual ficou conhecido por Acordo de Lomé. Em julho de 2000, o então presidente, Ahmed Kabbah, encaminhou ao secretário Geral das Nações Unidas, o pedido formal de auxílio para o estabelecimento de um tribunal especial para julgamento dos principais responsáveis pelos crimes cometidos. Após a aprovação da Resolução 1.315 pelo Conselho de Segurança, em 16 de janeiro de 2002, foi celebrado o Acordo que estabeleceu o Tribunal Especial para a Serra Leoa[57] e que constituiu, assim, a primeira experiência de um Tribunal Ad-hoc fundado em um tratado internacional.[58]

Pelo acordo, a competência material do Tribunal ficou limitada para julgamento dos crimes contra a humanidade,[59] das violações ao art. 3º dos Convênios de Genebra e do Protocolo II,[60] outras violações gerais de direito internacional humanitário[61] assim como outros crimes tipificados pelo ordenamento penal de Serra Leoa.[62] Nessa perspectiva, o Tribunal exerce uma jurisdição claramente mista, atuando ora mediante a aplicação do direito penal nacional, ora do direito penal internacional.[63]

Quanto aos crimes de direito penal internacional, a competência *ratione temporis* foi estabelecida a partir de 30 de novembro de 1996. Já para as infrações previstas no direito penal interno, a anistia estabelecida pelo Acordo de Paz de Lomé foi considerada um empecilho para o julgamento dos principais criminosos, de modo que relativamente àqueles atos, a competência temporal foi estabelecida a partir de 19 de março de 2002, data da celebração da paz.

A validade da anistia foi uma questão enfrentada por aquele Tribunal que, ao decidir sobre os seus efeitos, considerou-a circunscrita às partes pactuantes do acordo de paz, ou seja, o governo de Serra Leoa e a FUR. Além disso, entendeu-se que a celebração do acordo para o estabelecimento do próprio Tribunal expressou uma renúncia ao exercício da jurisdição nacional, impedindo, assim, fosse a anistia oposta ao Tribunal ou mesmo a qualquer outro Estado que detivesse competência para o julgamento.[64] Por fim, reconheceu-se na impossibilidade de concessão de anistia para crimes internacionais a existência de um costume internacional.[65]

A jurisdição do Tribunal Especial não é exclusiva, mas sim, concorrente com a dos órgãos jurisdicionais nacionais. De qualquer modo, é prevalente sobre estas, a ponto de se permitir a declinação de competência, mesmo dos processos já em curso, em favor do Tribunal.[66]

---

38. A UNMIK ficou responsável pela reconstrução de todo o aparato institucional em Kosovo à luz dos parâmetros do Estado de Direito e da defesa dos direitos humanos. Nesse sentido, ver: PERRIELLO, Tom; WIERDA, Marieke. *Lessons...*, op. cit., p. 6.

39. PERRIELLO, Tom; WIERDA, Marieke. *Lessons...*, op. cit., p. 10.

40. STROHMEYER, Hansjörg. Collapse and reconstruction of a judicial system: the United Nations Missions in Kosovo and East Timor. *The American Journal of International Law*, Washington, v. 95, p. 46-63, 2001, p. 49.

41. PERRIELLO, Tom; WIERDA, Marieke. *Lessons...*, op. cit., p. 10.

42. De seis meses, Segundo a legislação local para um ano. HARTMANN, Michael E. International judges and prosecutors in Kosovo. A new model for post-conflict peacekeeping. *United States Institute of Peace. Special Report*, Washington, 112, p. 1-18, out., 2003 (p. 5).

43. PERRIELLO, Tom; WIERDA, Marieke. *Lessons...*, op. cit., p. 11.

44. Disponível em: http://www.unmikonline.org/regulations/2000/re2000_06.htm. Acesso em 22/9/2018.

45. O que foi concretizado com a edição do Regulamento 2000/34 pela UNMIK em 27 de maio de 2000. Disponível em: http://www.unmikonline.org/regulations/2000/re2000_34.htm. Acesso em 22/9/2018.

46. Dois juízes internacionais e um local. Disponível em: http://www.unmikonline.org/regulations/2000/reg64-00.htm. Acesso em 20/9/2018.

47. Disponível em: https://www.scp-ks.org/en/background. Acesso em 20/9/2018.

48. BERTODANO, Sylvia de. *Current...*, op. cit., p. 228-230.

49. A consulta popular foi possível após uma crescente pressão internacional, desencadeada com o término do regime do General Suharto na Indonésia. A intervenção da ONU e o Acordo celebrado entre Portugal e a Indonésia viabilizou o pleito (KATZENSTEIN, Suzanne. *Hybrid...*, op. cit., p. 248).

50. DAUDÍ, Mireya Castillo; ALCEGA, Sergio Salinas. *Responsabilidad penal del individuo ante los tribunales internacionales*. Valencia: Tirant lo Blanch, 2006, p. 135.

3.2.4 CAMBOJA

Os horrores cometidos durante o regime do Khmer Vermelho no Camboja durante a segunda metade da década de 70 do século passado, fundados na ideologia de um regime comunista agrário, provocaram um dos maiores desastres humanitários conhecidos e que levou ao extermínio e ao deslocamento de milhares de pessoas. Somente em 1997 é que as iniciativas para o julgamento internacional dos principais responsáveis pelos crimes foram iniciadas após o pedido de auxílio formal dirigido ao secretário Geral da ONU pelo governo do Camboja.[67]

O processo de implementação do julgamento, todavia, foi cercado por avanços e retrocessos causados, em maior parte, pelas resistências do governo local à instalação de um Tribunal internacional.[68] Da parte do governo havia receio de que a solução se aproximasse das experiências dos Tribunais Ad-hoc, o que poderia suscitar questionamentos quanto à legitimidade dos futuros julgamentos. A ONU, por sua vez, se mostrava reticente quanto à preservação dos atributos da independência e da imparcialidade caso o processo judicial ficasse concentrado em mãos das autoridades judiciárias nacionais. Em meio aos impasses, o acordo definitivo com as Nações Unidas somente foi celebrado em 2003.[69] No ano seguinte, o Parlamento cambojano promulgou uma nova lei que alterou a legislação que já tinha sido promulgada em 2001, estruturando, dessa forma, as bases jurídicas internas para a condução dos processos.[70]

A solução de consenso que se chegou levou à criação de Câmaras Extraordinárias mediante aproveitamento da própria estrutura judiciária daquele país. Compostas por juízes cambojanos e internacionais, com predomínio dos primeiros, a competência material das Câmaras ficou jungida ao julgamento dos crimes de genocídio, nos termos definidos pela Convenção Internacional de 1948,[71] dos crimes contra a humanidade[72] e das graves violações das Convenções de Genebra,[73] durante o período compreendido entre 17 de abril de 1975 a 6 de janeiro de 1979. Mas, para além dos chamados crimes internacionais, as Câmaras também receberam competência para conhecimento das acusações fundadas no Código Penal de 1956, desde que circunscritas aos crimes de homicídio, tortura e perseguição religiosas cometidas no mesmo período.[74]

Possivelmente dentre as várias experiências dos chamados tribunais mistos, as Câmaras Extraordinárias do Camboja constituam o exemplo mais evidente desta simbiose dos poderes punitivos internacional e nacional e que resultam em um órgão de difícil diagnóstico. A supremacia da política do consenso sobre o fator jurídico se reflete não só no direito eleito como aplicável, mas também na composição dos órgãos jurisdicionais que, a des-

---

51. http://www.un.org/en/peacekeeping/missions/past/etimor/untaetR/etreg2p.htm. Acesso em 29/9/2011.

52. Para a definição típica dos crimes foram usados os dispositivos previstos no próprio ER, de modo que os julgamentos conduzidos em Timor-Leste representaram o primeiro caso de aplicação internacional daquele regramento (DAUDÍ, Mireya Castillo; ALCEGA, Sergio Salinas. *Responsabilidad... op. cit.*, p. 140).

53. Reg. 2000/15, Sec. 22.1.

54. O Tribunal do Timor-Leste era composto por três diferentes órgãos. Ao "Serious Crimes Unit", patrocinado pelas Nações Unidas, foi incumbida a investigação e a promoção das acusações criminais. Aos Painéis Especiais, integrados tanto por juízes internacionais como nacionais, foi outorgada a competência para o julgamento dos crimes definidos nos Regulamentos editados pela UNTAET e, finalmente, a Sessão da Defensoria Pública que era composta por profissionais selecionados dentro do quadro da própria sociedade timorense.

55. AMBOS, Kai. Treatise on *international criminal law*. Vol. I: Foundations and general part. Oxford: Oxford, 2013, p. 42-43

56. Comandadas por Charles Taylor, presidente da Liberia, que tinha a ambição de controlar as minas de diamantes que existiam em Serra Leoa como forma de fazer frente aos custos que assumia para os confrontos que enfrentava em seu próprio país. (DAUDÍ, Mireya Castillo; ALCEGA, Sergio Salinas. *Responsabilidad... op. cit.*, p. 167). Para um exame sobre as circunstâncias históricas que cercaram o conflito em Serra Leoa, ver: DENIS, Catherine. Le Tribunal Spécial pour la Sierra Leone. *Revue Belge de droit international*. V. XXXIV, 2001-1, p. 236-243.

57. Disponível em: http://www.rscsl.org/Documents/scsl-agreement.pdf Acesso em 20/9/2018.

58. FRULLI, Micaela. The special Court for Sierra Leone: some preliminary comments. European journal of international law. v. 11, n. 4, 2000, p. 858 e AMBOS, *Treatise...*, op. cit., p. 43.

59. Conforme art. 2º do Estatuto do Tribunal. Disponível em: http://www.rscsl.org/Documents/scsl-statute.pdf. Acesso em 20/9/2018.

peito de estarem vinculados a uma estrutura judiciária já existente naquele país, foram estruturados para o especial fim de julgarem fatos pretéritos. A ordem punitiva, por sua vez, agrega aspectos dúplices. Enquanto os crimes de genocídio e contra a humanidade são declarados imprescritíveis, os crimes de homicídio, tortura e de perseguição religiosa ficam sujeitos a um lapso prescricional de trinta anos o qual foi assim estabelecido pela própria lei de 2004 e, portanto, sem grandes consternações quanto ao princípio universalmente acatado da irretroatividade da lei penal.

3.2.5 IRAQUE

Diferentemente dos outros Tribunais Mistos que tiveram a sua origem em meio às ações orquestradas pelas Nações Unidas, o Tribunal Especial do Iraque foi criado no contexto da ocupação militar exercida por uma coalisão internacional liderada pelos EUA e, portanto à revelia da ONU.[75] Ainda que dirigido à apuração de diversos crimes cometidos especialmente contra a etnia curda, a origem remota do Tribunal foi indelevelmente marcada pelo falacioso pretexto de defesa da segurança mundial contra o uso de armas de destruição em massa pelo então ditador Saddam Hussein. Com o desenvolvimento dos trabalhos e após o julgamento do próprio ex-ditador, o Tribunal Especial foi integrado, em 3 de agosto de 2005, ao sistema judiciário iraquiano, passando a ser denominado de Alto Tribunal do Iraque.

Na dinâmica própria da ocupação militar em que uma nova e seletiva ordem é imposta, o governo provisório, fundado na Resolução 1.483/2003 do Conselho de Segurança da ONU,[76] promulgou o Estatuto do Tribunal, em dezembro de 2003.[77] A competência jurisdicional ficou jungida ao julgamento dos iraquianos e dos residentes naquele país pela prática de crimes de genocídio,[78] contra a humanidade,[79] de guerra[80] e de outras infrações previstas na legislação nacional,[81] praticados entre 17 de junho de 1968 e 1º de maio de 2003[82] no território do Iraque ou mesmo no estrangeiro.[83]

Para os crimes internacionais, a competência do Tribunal Especial era prevalente frente aos órgãos judiciários internos[84] e concorrente com estes nos crimes previstos na legislação nacional.[85] Logo, além de ser permitido àquele Tribunal provocar a declinação da competência dos órgãos jurisdicionais nacionais a seu favor, os seus julgamentos impedem a instauração de novos processos no plano nacional contra as mesmas pessoas e pelos mesmos fatos.[86] Por certo, inúmeros vícios de legitimidade poderiam ser apontados em relação ao Tribunal Especial do Iraque e que vão muito além da violação da proibição dos juízos de exceção. Afinal, além de ter sido criado em meio a uma ocupação militar, o Tribunal foi financiado pelos EUA que, ademais, forneceu assistência aos juízes e aos procuradores.[87]

---

60. Conforme art. 3º do Estatuto.

61. Como por exemplo os ataques à população civil ou mesmo aos membros, material e instalações pertencentes às forças humanitárias internacionais ou de paz. Art. 4º do Estatuto.

62. Conforme estabelecido pelo art. 5º do Estatuto seriam, especificamente, os abusos sexuais de meninas e a destruição de propriedades. Dadas as características assumiram o conflito em Serra Leoa, não foi incluído o crime de genocídio. Isso porque não foram promovidos atos dirigidos ao extermínio de um grupo étnico, racial ou religioso, tal como previsto pela Convenção para Prevenção e Repressão do Genocídio de 1948. Com efeito, as ações tiveram uma conotação tanto política quanto econômica, qual seja o controle das minas de diamantes. (DAUDÍ, Mireya Castillo; ALCEGA, Sergio Salinas. *Responsabilidad... op. cit.*, p. 170).

63. FRULLI, Micaela. *The special..., op. cit.*, p. 859.

64. DAUDÍ, Mireya Castillo; ALCEGA, Sergio Salinas. *Responsabilidad... op. cit.*, p. 177.

65. Em realidade, a Câmara de Apelações tomou por base o julgamento do caso Furundzija proferido pelo Tribunal Internacional da ex-Iugoslávia.

66. AMBOS, *Treatise... op. cit.*, p. 44. Conforme disposto no art. 8º do Estatuto: "1. The Special Court and the national courts of Sierra Leone shall have concurrent jurisdiction. 2. The Special Court shall have primacy over the national courts of Sierra Leone. At any stage of the procedure, the Special Court may formally request a national court to defer to its competence in accordance with the present Statute and the Rules of Procedure and Evidence."

67. DAUDÍ, Mireya Castillo; ALCEGA, Sergio Salinas. *Responsabilidad... op. cit.*, p. 191. Para uma análise mais detida acerca dos eventos que cercaram o regime comunista ver: KIERNAN, Ben. The Pol Pot regime. Race, power and genocide in *Cambodia under the Khmer Rouge, 1975-79*. 2. ed., New Haven/London: Yale University, 2002.

68. Mireya Castillo e Sergio Salinas lembram que o governo da China se opôs abertamente à instalação de um tribunal internacional ameaçando, inclusive, de exercer o poder de veto de que dispunha no Conselho de Segurança da ONU. (*Responsabilidad... op. cit.*, p. 204).

3.2.6 LÍBANO

O Tribunal, cujas atividades iniciaram-se em março de 2009 após um longo e traumático período de frustradas negociações entre as Nações Unidas e o Líbano, é a experiência mais polêmica em face das vicissitudes que cercaram a sua criação.

Toda a questão remonta ao ataque terrorista cometido em 14 de fevereiro de 2005 e que ceifou a vida do então Primeiro Ministro Rafiq Hariri, além de outras 22 pessoas. A responsabilidade pelo ato que, desde o início foi atribuída pela comunidade internacional à Síria, polarizou ainda mais a rivalidade entre os grupos políticos internos, fato que não foi contornado pelas investigações conduzidas pela ONU. Com efeito, as apurações, que foram incumbidas a representantes e Comissões das Nações Unidas, foram marcadas por desconfianças que fragilizaram a credibilidade de suas conclusões.[88] Em um cenário de crescente instabilidade, a então Primeira Ministra apresentou pedido formal ao secretario Geral da ONU solicitando a criação de um tribunal internacional com competência para o julgamento do atentado terrorista.

Após receber, em março de 2006, o aval do Conselho de Segurança,[89] o secretário Geral da ONU deu início ao processo de negociação para o estabelecimento do tribunal o que culminou com a apresentação ao governo do Líbano do projeto do Estatuto. Mesmo com o agravamento da crise política, representada pelo fim do governo de coalisão com o abandono do Hezbollah, o projeto foi aprovado pelo Executivo. As resistências ofertadas pelo Parlamento, no entanto, levaram a ONU a dar um ultimato que não foi respeitado.[90] Assim, rompendo com a tradição que marcou a criação dos anteriores Tribunais Mistos, o Tribunal Especial para o Líbano foi produto de um ato impositivo o que, para muitos, é fonte de fragilidade de sua legitimidade.

Mas, as peculiaridades do Tribunal não ficaram restritas ao processo de sua criação. O seu caráter *sui generis*, na expressão apontada por Jurdi,[91] também se fez sentir em uma competência jurisdicional e em um direito substantivo pouco usuais para os padrões penais internacionais.

Deveras, diferentemente dos outros Tribunais Mistos, a competência do Tribunal Especial do Líbano não está concentrada nos ataques maciços e generalizados, nos crimes contra a humanidade, no genocídio ou nas graves infrações contra o direito humanitário. Em verdade, a jurisdição foi estabelecida para o julgamento dos responsáveis por um fato específico, qual seja, o ataque que levou ao assassinato do então Premier. O direito aplicável, por seu turno, é o direito penal nacional, especificamente as disposições do Código Penal do Líbano que tipificam o terrorismo, o homicídio e as associações ilícitas. O afastamento das disposições do direito penal interna-

---

69. http://www.unakrt-online.org/documents/agreement-between-united-nations-and-royal-government-cambodia-concerning-prosecution-under. Acesso em 20/9/2018.

70. Disponível em : https://www.eccc.gov.kh/sites/default/files/legal-documents/Kram_and_KR_Law_amendments_27_Oct_2004_--_Eng.pdf. Acesso em 20/9/2018.

71. Art. 4º da Lei de 2004.

72. Art. 5º da Lei de 2004.

73. Art. 6º da Lei de 2004.

74. Art. 3º da Lei de 2004.

75. Para um exame sobre as ações que cercaram a ocupação militar no Iraque ver: DAUDÍ, Mireya Castillo; ALCEGA, Sergio Salinas. *Responsabilidade... op. cit.*, p. 215-222.

76. Adotada na 4.761ª sessão, realizada em 22 de maio de 2003.

77. Disponível em: http://www.hrcr.org/hottopics/statute/. Acesso em 20/9/2018.

78. Art. 11 do Estatuto.

79. Art. 12 do Estatuto.

80. Art. 13 do Estatuto.

81. Previstos pelo art. 14 do Estatuto compreendiam os crimes de manipulação do Poder Judiciário, de dilapidação dos recursos nacionais e do patrimônio público, de abuso de poder e de emprego de políticas de ameaça de guerra.

82. A competência temporal foi excessivamente longa a fim de alcançar todo o período em que o partido Ba'ath exerceu o controle do poder. Dessa forma, abrangeu diversos incidentes tais como os crimes cometidos durante a guerra entre o Irã e o Iraque, bem como os crimes cometidos durante a invasão do Kwait. Ver art. 1 (b) do Estatuto.

83. Art. 10 do Estatuto.

84. Art. 29 (b) do Estatuto.

85. Art. 29 (a) do Estatuto.

86. Art. 30 (a) do Estatuto.

87. SCHARF, Michael P. Is it international enough? A critique of the Iraqui Special Tribunal in light of the goals of international justice. *Journal of International Criminal Justice*. n. 2, 2004, p. 330-337.

cional, contudo, não foram totais até mesmo porque o Estatuto estabelece a responsabilidade penal dos mandantes limitando, ainda, a incidência da excludente da obediência hierárquica, soluções que, note-se, são muito próprias do direito penal internacional.

3.3 O EFEITO BUMERANGUE. A APLICAÇÃO INTERNA DA ORDEM PENAL INTERNACIONAL

A construção de uma ordem penal mundial, tarefa que ainda se encontra em andamento, é via de mão dupla. A aplicação do Direito Penal Internacional por órgãos jurisdicionais internacionais ou mistos é uma decorrência clara do movimento pacifista que se instaura em plano global após o ciclo das grandes guerras. Indica um movimento de afirmação do *jus cosmopoliticum* que, por essência, é amplificador dos horizontes. Uma vez fixadas as bases da ordem internacional, o movimento ganha uma nova força a qual se projeta em sentido inverso. A aplicação doméstica dos preceitos e postulados do Direito Penal Internacional é o resultado de forças centrípetas que estimulam os órgãos jurisdicionais nacionais ao exercício da função que lhes é própria: tutela dos bens jurídicos mais caros à humanidade. Esta é, aliás, a base que informa os Princípios de Nuremberg. Os tribunais internacionais e/ou mistos possuem uma função unificadora, enquanto as jurisdições nacionais desempenham tarefa multiplicadora.

A aplicação interna da ordem penal internacional registra inúmeros exemplos. A atuação dos tribunais alemães frente aos criminosos de guerra, o caso Eichmann e o caso Klaus Barbie são pequenas amostras e, possivelmente, as mais paradigmáticas. Bebem na fonte irradiadora que mobilizou a humanidade no pós-guerra. Há, contudo, outros contextos não conectados com aqueles eventos históricos. Aqui e acolá se multiplicam decisões das jurisdições domésticas que reconhecem a vigência da ordem penal internacional. Muito embora voltadas para situações específicas ilustram fenômeno da penetração daquela ordem.

Em alguns casos a atuação das jurisdições nacionais move-se pela universalidade do direito de punir. Trata-se de uma expansão ampla das fronteiras punitivas dos Estados e que é fundada na necessidade de assegurar o exercício do poder punitivo frente aos mais graves crimes, independentemente do *locus delicti* ou da nacionalidade dos agentes e das vítimas. A universalidade da jurisdição, contudo, traz problemas operacionais o que leva muitos sistemas a adotarem modelos mais restritos da extraterritorialidade como o da nacionalidade passiva e/ou passiva.

Os casos não evocam apenas questões relacionadas com os limites da expansão das jurisdições nacionais. Há também importantes aspectos que tocam o direito

---

[88]. Logo após o ataque e cedendo às pressões dos EUA e da França, o Secretário das Nações Unidas a nomear Peter FitzGerald incumbindo-lhe a missão de elaborar um relatório de investigação preliminar. O primeiro relatório, durante criticado por grupos políticos, estabeleceu uma conexão entre o atentado e altos funcionários da Síria. Em abril de 2005, o Conselho de Segurança aprovou a Resolução 1595 pela qual criou a Comissão Internacional Independente, nomeando Detlev Mehlis como seu representante. Os dois relatórios apresentados reiteraram os termos daquele ofertado por Peter FitzGerald. No entanto, as notícias de que os relatórios teriam sido estruturados em depoimentos fornecidos por testemunhas ligadas ao grupo político anti-Síria, puseram em cheque a credibilidade de seus resultados. (BOUHABIB, Melia Amal. Power and perception: the Special Tribunal for Lebanon. *Berkeley Journal of Middle Eastern & Islamic Law*. 3 (173), 2010, p. 173-177.

[89]. Resolução 1.664.

[90]. Resolução 1.757.

[91]. JURDI, Nidal Nabil. The subject-matter jurisdiction of the Special Tribunal for Lebanon. *Journal of International Criminal Justice*, 5 (1125), 2007.

material e que não podem ser negligenciados. Afinal, na maioria das vezes os ordenamentos nacionais não contem um lastro jurídico penal completo que clarifique os dispositivos aplicáveis. O problema se torna, então, de legalidade penal. Em alguns casos, as autoridades nacionais recorrem ao expediente da dupla tipificação. Identifica-se a figura penal mais próxima vigente no ordenamento interno e a ela se acresce o regime jurídico punitivo da criminalidade internacional. A questão está muito distante de qualquer ponte de consenso.

A multiplicidade dos casos não comporta um exame exauriente em razão do espaço limitado que se dispõe. Opta-se, então, pela apresentação dos casos mais significativos, seja pelos critérios adotados para a expansão das fronteiras da jurisdição nacional, seja pela revelação do padrão punitivo reitor da responsabilidade penal.

3.3.1 O CASO EICHMANN

Ao longo do movimento de construção e de sedimentação principiológica e normativa do Direito Penal Internacional, o caso Eichmann ocupou lugar de destaque em face das instigantes discussões jurídicas por ele suscitadas.[92] Acusado de ser o responsável por vários crimes cometidos contra os judeus durante a II Guerra Mundial, dentre os quais o que se denominou de "Solução Final", Eichmann, que se refugiara na Argentina, foi dali sequestrado e levado para Israel onde foi processado e condenado à pena de morte. Ao afirmar a competência do Estado de Israel, o Tribunal de Jerusalém reconheceu a dimensão universal dos crimes praticados, invocando o grave comprometimento provocado à consciência de todas as nações. A solução dada por aquele Tribunal foi, na verdade, bastante peculiar, até mesmo porque era inviável a alusão aos princípios da personalidade passiva ou da proteção já que o Estado de Israel não existia ao tempo dos fatos. A alternativa recaiu, então, no reconhecimento da universalidade do direito de punir tendo por fundamento a gravidade e a natureza dos fatos praticados.

3.3.2 O CASO PINOCHET

Como se sabe, o ex-ditador chileno, que se encontrava em tratamento de saúde em uma clínica na cidade de Londres em 1998, foi detido por força do cumprimento do mandado de prisão expedido pela Justiça espanhola, sob a acusação de prática de genocídio, terrorismo e tortura cometidos durante os anos em que ocupou a Presidência do Chile. O pedido foi calcado no art. 23.4 da *Ley Organica del Poder Judicial* (LOPJ 6/1985) que, em sua redação original, reconhecia a extraterritorialidade da jurisdição espanhola para o julgamento dos crimes de genocídio, terrorismo, pirataria, falsificação e outros crimes que o Estado espanhol se obrigara a reprimir em razão da assinatura de tratados internacionais.

---

92. Eichmann foi o Chefe da Seção IV-B-4 da RSHA (Oficina Central de Segurança do Reich) e, nessa condição, foi responsável pela supervisão do que se denominou de "Solução Final" e que levou ao extermínio de milhares de judeus detidos em campos de concentração. Com a derrota alemã, Eichmann refugiou-se na Argentina onde foi raptado e conduzido para Israel em circunstâncias que provocaram um conflito diplomático entre os dois países. Ao final do julgamento, foi condenado à pena de morte. Nesse sentido, ver: ARENDT, Hannah. Eichmann... *op.cit*; MACHADO, Maíra Rocha. *A internacionalização do direito penal. A gestão de problemas internacionais por meio do crime e da pena*. São Paulo: Editora 34, 2004, p. 87-90 e RANDALL, Kenneth C. Universal jurisdiction under international law. Texas *Law Review*, v. 66, 1988, p. 810-815.

Muito embora o dispositivo estabelecesse uma clara hipótese de justiça penal universal, as investigações foram inicialmente instauradas para a apuração dos crimes cometidos apenas contra os espanhóis em uma clara referência, portanto, ao princípio da nacionalidade passiva. Com o decorrer dos trabalhos, contudo, o foco foi ampliado para abraçar outras vítimas que não apenas aqueles de nacionalidade espanhola. Mesmo com o deferimento do pedido pelas instâncias judiciárias britânicas, a extradição de Pinochet acabou sendo definitivamente negada pelo Ministro do Interior do Reino Unido que, para tanto, invocou por razões humanitárias.[93]

3.3.3 CASOS SCILINGO E CAVALLO

Outro caso igualmente paradigmático foi o que envolveu o ex-capitão da marinha Argentina Adolfo Scilingo que, em 2005, foi condenado à pena de 1084 anos de prisão pelo juízo da *Audiencia Nacional* da Espanha, por envolvimento nos denominados "voos da morte", executados no contexto da ditadura militar argentina.[94] Para além do reconhecimento da natureza dos crimes praticados – contra a humanidade –, o exercício da jurisdição espanhola também se fundou no reconhecimento de que vários espanhóis teriam sido vítimas de crimes praticados no contexto da repressão política na Argentina, além do fato de Scilingo encontrar-se em território espanhol – forum deprehensionis. Nesse passo, a sentença condenatória filiou-se a uma concepção condicionada do princípio da justiça penal universal.[95]

Solução diferente foi adotada no caso de Ricardo Cavallo, ex-oficial militar da Argentina que, em agosto de 2000, fora extraditado para a Espanha após ser detido no México, sob acusação de prática de tortura contra presos políticos. Em decisão proferida em 2006, a Suprema Corte da Espanha afastou a jurisdição do Estado espanhol, após reconhecer a prevalência da jurisdição argentina, diante do desejo manifestado pelas autoridades daquele país em processar Cavallo.[96]

3.3.4 CASO DOS GENERAIS DA GUATEMALA

Dentre os diversos casos passíveis de análise no âmbito do exercício da justiça penal universal, aquele que se convencionou denominar de Generais da Guatemala, foi o que suscitou maiores controvérsias. De fato, em 2 de dezembro de 1999, a vencedora do prêmio Nobel, Rigoberta Menchù, auxiliada por várias organizações não governamentais, provocou a instauração de investigação na jurisdição espanhola a fim de apurar a responsabilidade penal de oficiais militares pela morte de integrantes da etnia Maia durante a guerra civil da Guatemala ocorrida entre os anos de 1980 e 1984.

---

93. CHADWICK, Mark. Modern developments in universal jurisdiction: addressing impunity in Tibet and Beyond. International criminal law review. v. 2, issue 2, 2009, p. 369-371; MACHADO, Maíra Rocha. *Internacionalização...*, op. cit., p. 90-93 e ZUPPI, Alberto Luis. *Jurisdicción universal para crímenes contra el derecho internacional. El camino hacia la Corte Penal Internacional.* Buenos Aires: Ad-hoc, 2002, p. 100-112.

94. Em primeiro grau a condenação fora à 640 anos de prisão, pena esta aumentada em sede de apelação (CHADWICK, Mark. *Modern...*, op. cit., p. 374).

95. PINZAUTI, Giulia. An instance of reasonable universality. Journal of international criminal justice, 3, 2005, p. 1094. A solução adotada, contudo, não é livre de controvérsias. Examinando o caso Scilingo, Christian Tomuschat, lembra que o juízo da Audiência Nacional não reconheceu a presença de vítimas espanholas dentre aquelas diretamente afetadas pelos voos promovidos pelo réu e que constituíam o objeto específico da acusação. Em realidade, a conexão dada pela nacionalidade das vítimas teria sido mais ampla, qual seja, aquela ligada ao contexto geral da repressão política promovida pela ditadura militar. Outro ponto lembrado por Tomuschat diz respeito aos fundamentos legais invocados para o exercício da jurisdição universal espanhola os quais, a princípio, não conferiam sustentabilidade para a instauração do processo contra Scilingo. Isso porque ao fixar o princípio da justiça universal, a Ley Organica del Poder Judicial (art. 23 - 4) o teria circunscrito tal possibilidade aos crimes de genocídio e de terrorismo, nenhuma referência efetuando, portanto, aos crimes contra a humanidade. Nesse ponto, a equiparação feita pelo juízo da Audiencia Nacional, embora sustentável pela perspectiva da legislação nacional espanhola e que, por muito tempo, não fez tal distinção, não encontrava eco no plano internacional onde as condutas eram claramente distintas. (Issues of universal jurisdiction in the Scilingo case. Journal of international criminal justice, 3, 2005, p. 1074-1081).

96. CHADWICK, Mark. *Modern...*, op. cit., p. 374.

Após a afirmação, em primeiro grau, da competência espanhola, a decisão foi reformada pela Corte de Apelações. A Suprema Corte, por sua vez, confirmou o entendimento, fixando limites ainda mais estreitos para o exercício da extraterritorialidade universal da jurisdição espanhola. Nesse passo, destacou que a jurisdição do *locus delicti* sempre teria preferência em relação ao princípio da justiça universal, o qual estaria marcado pela subsidiariedade. Logo, somente quando provada de maneira cabal a falta de vontade de punir os responsáveis, ou mesmo a falta de capacidade de promover a persecução por parte do Estado que seria originariamente competente, é que seria possível aplicar-se o princípio da justiça penal universal. Mas não foi só. A Suprema Corte exigiu, igualmente, a comprovação de algum vínculo que justificasse o exercício do poder punitivo espanhol, ou mesmo a presença do suspeito ou do acusado no território nacional.[97]

A decisão, no entanto, foi revertida pelo Tribunal Constitucional Espanhol (TCE) em setembro de 2005 que, dessa forma, manteve o sentido absoluto da justiça penal universal. Para o Tribunal Constitucional, as condições estabelecidas pelos Tribunais inferiores, dentre as quais o vínculo com o Estado espanhol e a existência de prova cabal da falta de vontade de instaurar persecuções ou de incapacidade dos órgãos jurisdicionais da Guatemala, seriam por demais restritivas de modo que desnaturariam o sentido e o alcance do princípio da justiça universal, qual seja, o combate à impunidade. Nessa perspectiva, o Tribunal Constitucional afirmou que as restrições impostas inviabilizariam as garantias constitucionais do acesso à jurisdição e de obtenção de uma tutela.[98]

3.3.5 CASO CLAVEL

Julgado em 24 de agosto de 2004 pela Corte Suprema de *Justicia de la Nación*, Arancibia Clavel foi condenado à prisão perpétua por ter integrado, durante os meses de março a novembro de 1978, a *Dirección de Inteligencia Nacional* (DIN), organização chilena encarregada de perseguir os opositores políticos do governo Pinochet. O caso trouxe para o debate várias questões.

Em primeiro lugar, reafirmou-se o alinhamento do Estado argentino com os compromissos internacionais de persecução e de punição dos agentes responsáveis pela prática de crimes contra a humanidade, dentre os quais o célebre caso Velásquez Rodrigues julgado pela Corte Interamericana.[99] Ademais, ao qualificar a associação criminosa como crime contra humanidade, a Corte Suprema levou em conta os propósitos que direcionaram as atividades da associação, vale dizer, a prática de crimes internacionais como o desaparecimento forçado de pessoas e a tortura. A qualificação levou à afirmação de um regime jurídico punitivo próprio da criminalidade internacional como a imprescritibilidade, muito embora a Convenção internacional sobre o tema

---

97. ASCENSIO, Hervé. Are Spanish courts backing down on universality? The supreme tribuanl's decision in Guatemalan generals. *Journal of international criminal justice*, 1, 2003, p. 690-702 e, do mesmo autor: The Spanish constitutional tribunal's decision in Guatemalan generals. Unconditional universality is back. Journal of international criminal justice, 4, 2006, p. 586-594. Ver, ainda: CHADWICK, Mark. Modern..., *op. cit.*, p. 374-375.

98. ASCENSIO, Hervé. The Spanish..., *op. cit.*, p. 592-594 e CHADWICK, Mark. *Modern...*, *op. cit.*, p. 374-375.

não estivesse em vigor ao tempo dos fatos. Para os juízes, contudo, a Convenção teria apenas reafirmado a existência de princípios que já estavam consolidados há muito tempo pelos costumes internacionais, inexistindo, dessa forma, violação do princípio da legalidade penal.

4. CONCLUSÕES

4.1 A DUDH é evento que cristaliza o movimento de concertação mundial em prol dos valores universais do pacifismo. As atrocidades cometidas de forma sistemática e ampla escancaram a ineficácia de um modelo calcado, exclusivamente, na proteção doméstica dos direitos humanos. Assim, a expansão das fronteiras protetivas busca amplificar a efetividade dos instrumentos de tutela da dignidade humana.

4.2 A consagração da paz depende, entre outros fatores, da realização de Justiça. Afinal, a impunidade dos responsáveis pelos mais graves crimes que afetam à consciência mundial é desestabilizadora e fomentadora da banalização do mal. O acesso à Justiça é, portanto, um elemento crucial que assegurar a proteção de outros direitos humanos.

4.3 A energia irradiadora da Declaração impulsiona o movimento de edificação da ordem penal internacional representada por um conjunto de princípios e regras que definem os crimes mais graves que afetam a consciência mundial e que fixam o regime penal e persecutório correspondente. A ordem penal, internacional é, portanto, elemento estrutural do templo dos direitos humanos. É um aceno de luz ao desamparo sistemático das vítimas. São estes os sedentos de Justiça.

4.4 No plano internacional, o poder punitivo pode ser exercido em caráter permanente ou temporário. O primeiro tem uma abrangência espacial mais ampla o que não significa atuação verdadeiramente mundial. É o caso exemplo do Tribunal Penal Internacional. As jurisdições internacionais temporárias, por sua vez, preenchem os vácuos deixados pela impossibilidade de atuação dos órgãos jurisdicionais permanentes.

4.5 Em uma zona fronteiriça postam-se os tribunais mistos, também denominados de híbridos. Roteiros são variados, via de regra, implementados com o auxílio de organismos internacionais em cooperação com os Estados nacionais afetados, constituem importante peça da engrenagem da Justiça de Transição.

4.6 No plano doméstico, o sistema penal projetado pelo Estatuto de Roma vincula os Estados a ele aderentes. De qualquer modo, a obrigação de atuação das jurisdições nacionais é premissa que já tinha sido declarada pelos Princípios de Nuremberg. A consagração do acesso à Justiça como direito internacional dos direitos humanos completa o espectro. A negação de realização de Justiça é uma negação da própria dignidade.

---

99. O caso Velásquez Rodrigues, julgado em 1988 pela Corte Interamericana de Direitos Humanos, é um caso paradigma no contexto do direito internacional de direitos humanos. Ao examinar questões relacionadas com o desaparecimento forçado de pessoas a Corte assentou a obrigação do Estado hondurenho em promover investigações e punir os responsáveis pela prática de crimes contra a humanidade. O caso abriu a trajetória para a construção de uma forte jurisprudência manifestada em outros casos não menos paradigmáticos como Barrios Altos v. Peru e Almonacid Arellano vs. Chile.

REFERÊNCIAS BIBLIOGRÁFICAS

AMBOS, Kai. AMBOS, Kai. Treatise on international criminal law. Vol. I: Foundations and general part. Oxford: Oxford, 2013.

_____ The legal framework of transitional justice: a systematic study with special focus on the role of the ICC. In. AMBOS, Kai; LARGE, Judith; WIERDA, Marieke (Eds.) Building a future on peace and justice. Studies on transitional justice, peace and development. The Nuremberg declaration on peace and justice. Berlin/Heidelberg: Springer, 2009, p. 19-103.

_____ ; Impunidade por violação dos direitos humanos e o direito penal internacional. Revista Brasileira de Ciências Criminais, v. 49, 2004, p. 48-88.

ARENDT, Hannah. Eichmann em Jerusalém. Um relato sobre a banalidade do mal. São Paulo: Companhia das Letras, 1999.

_____ ; The rights of man, what are they? Modern Review, New York, summer 1949, p. 24-37.

ASCENSIO, Hervé. The Spanish constitutional tribunal's decision in Guatemalan generals. Unconditional universality is back. Journal of international criminal justice, 4, 2006, p. 586-594.

_____ ; Are Spanish courts backing down on universality? The supreme tribuanl's decision in Guatemalan generals. Journal of international criminal justice, 1, 2003, p. 690-702.

ASUA, Jimenez de. Tratado de derecho penal. T. II. Buenos Aires: Losada, 1950.

BERTODANO, Sylvia de. Current developments in internationalized courts. Journal of international criminal justice, 1, 2003, p. 226-244.

BOUHABIB, Melia Amal. Power and perception: the Special Tribunal for Lebanon. Berkeley Journal of Middle Eastern & Islamic Law. 3 (173), 2010, p. 173-205.

BICFORD, Louis. Transitional justice. In. HORVITZ, Leslie Alan; CATHERWOOD, Christopher. Macmillan encyclopedia of genocide and crimes against humanity. New York: Facts on file, 2004, v. 3, p. 1045-1047.

CASSESE, Antonio. International criminal law. New York: Oxford, 2003.

CASSIN, René. La déclaration universelle et la mise em ouvre des droits de l'homme. Paris: Librarire du Recueil Sirey, 1951.

CHADWICK, Mark. Modern developments in universal jurisdiction: addressing impunity in Tibet and Beyond. International criminal law review. v. 2, issue 2, 2009, p. 359-394.

CORREIA, José de Matos. Tribunais penais internacionais: coletâneas de textos. Lisboa: Universidade Lusíada, 2004.

DAUDÍ, Mireya Castillo; ALCEGA, Sergio Salinas. Responsabilidad penal del individuo ante los tribunales internacionales. Valencia: Tirant lo Blanch, 2006.

DENIS, Catherine. Le Tribunal Spécial pour la Sierra Leone. Revue Belge de droit international. V. XXXIV, 2001-1, p. 236-287.

ELSTER, Jon. Closing the books: transitional justice in historical perspective. New York: Cambridge University Press, 2004.

HARTMANN, Michael E. International judges and prosecutors in Kosovo. A new model for post-conflict peacekeeping. United States Institute of Peace. Special Report, Washington, 112, p. 1-18, out., 2003.

HAVEMAN, Roelof. The context of law. In. HAVEMAN, Roelof; KAVRAN, Olga; NICHOLLS, Julian. (eds.) Supranational criminal law: a system sui generis. Antwerp/Oxford/New York: Intersentia, 2003, p. 9-38.

JURDI, Nidal Nabil. The subject-matter jurisdiction of the Special Tribunal for Lebanon. Journal of International Criminal Justice, 5, 2007, p. 1125-1138.

KATZENSTEIN, Suzanne. Hybrid Tribunals: searching for justice in East Timor. Harvard human rights journal, v. 16, 2003, p. 245-278.

KELSALL, Tim. Culture under cross-examination: international justice and Special Court for Sierra Leone. Cambridge: Cambridge University Press, 2009.

KIERNAN, Ben. The Pol Pot regime. Race, power and genocide in Cambodia under the Khmer Rouge, 1975-79. 2. ed., New Haven/London: Yale University, 2002.

LAFER, Celso. A reconstrução dos direitos humanos. Um diálogo com o pensamento de Hannah Arendt. São Paulo: Companhia das Letras, 1998.

LASO, Cristina Arozamena. El tribunal penal internacional para la ex-Yugoslavia. Actualidad Penal. n. 33, 15-21 set., 1997, p. 745-749.

MACHADO, Maíra Rocha. A internacionalização do direito penal. A gestão de problemas internacionais por meio do crime e da pena. São Paulo: Editora 34, 2004.

MACMILLAN, Margareth Olwen. Paz em Paris e seu mister de encerrar a grande guerra. Tradução de Joubert de Oliveira Brízida. Rio de Janeiro: Nova Fronteira, 2004.

MOLINER, Santiago Uríos. Antecedentes históricos de la corte penal internacional. In. COLOMER, J. Gomez; CUSSAC, J. González; LLORÉNS, J. Cardona (coord.). La corte penal internacional, Valencia: Tirant lo Blanch, 2003, p. 23-59.

PERRIELLO, Tom; WIERDA, Marieke. Lessons from the deployment of international judges and prosecutors in Kosovo. International Center for Transitional Justice. Mar. 2006. 44 p. Disponível em: *https://www.ictj.org/sites/default/files/ICTJ-FormerYugoslavia-Courts-Study-2006-English_o.pdf*. Acesso em 20-9-2018.

PINZAUTI, Giulia. An instance of reasonable universality. Journal of international criminal justice, 3, 2005, p. 1092-1105.

PRUNIER, Gérard. Africa's world war. Congo, the rwandan genocide and the making of a continental catastrophe. New York: Oxford, 2009.

_____ ; PRUNIER, Gérard. Darfur. A 21st century genocide. 3 ed., New York: Cornell University, 2008.

_____ ; The Rwanda crisis. History of a genocide. New York: Columbia University, 1995.

QUINTANO, Antonio Ripollés. Tratado de derecho penal internacional e internacional penal. Madrid: Instituto Francisco de Vitória, 1955.

_____ ; Criminalidad de guerra. Nueva Enciclopedia Jurídica. t. VI, Barcelona: Francisco Seix, 1954.

RANDALL, Kenneth C. Universal jurisdiction under international law. Texas Law Review, v. 66, 1988, p. 785-841.

SANDS, Philippe (ed.) From Nuremberg to The Hague. The future of international criminal justice. New York: Cambridge, 2003.

SCHAACK, Beth Van; SLYLE, Ronald C. International criminal law and its enforcement. Cases and materials. 2. ed., New York: Foundation, 2010.

SCHARF, Michael P. Is it international enough? A critique of the Iraqui Special Tribunal in light of the goals of international justice. Journal of International Criminal Justice. n. 2, 2004, p. 330-337.

STROHMEYER, Hansjörg. Collapse and reconstruction of a judicial system: the United Nations Missions in Kosovo and East Timor. The American Journal of International Law, Washington, v. 95, p. 46-63, 2001.

TEITEL, Ruti. Transitional justice genealogy. Harvard human rights journal, 16, 2003, p. 69-94.

TOMUSCHAT, Christian. Issues of universal jurisdiction in the Scilingo case. Journal of international criminal justice, 3, 2005, p. 1074-1081.

WERLE, Gerhard. Tratado de derecho penal internacional. Valencia: Tirant lo blanch, 2005.

ZAPPALÁ, Salvatore. Human rights in international criminal proceedings. New York: Oxford University, 2003.

ZILLI, Marcos. Bem aventurados os sedentos de Justiça... In. PIOVESAN, Flávia; SOARES, Inês Virgínia Prado (Coords.). Direito ao desenvolvimento. Belo Horizonte: Editora Fórum, 2010, p. 591-611.

ZUPPI, Alberto Luis. Jurisdicción universal para crímenes contra el derecho internacional. El camino hacia la Corte Penal Internacional. Buenos Aires: Ad hoc, 2002.

STEPHANIE NORITZ / *GETTY IMAGES*

354 DIREITOS HUMANOS E A OUVIDORIA PÚBLICA

MARIA LUMENA BALABEN SAMPAIO
Ouvidora do Município de São Paulo. Advogada formada pela PUC – São Paulo, Especialista em Gestão Pública, Diversidade e Inclusão Social pela Universidade São Francisco – USF. Ouvidora Certificada em Ouvidorias Públicas e Privadas pela UNICAMP e Certificada pela ABO – Associação Brasileira de Ouvidores e Ombudsman. Mediadora Certificada pela Universidade São Francisco – USF.

RESUMO

O presente artigo, pela atualidade e importância para a sociedade contemporânea, tem por pressuposto contribuir com o estudo das Ouvidorias no contexto dos Direitos Humanos, seja pela sua aplicação transversal, seja pela criação de uma ouvidoria setorial nessa temática. Para atingir o objetivo proposto, serão abordados os fundamentos que subsidiam as ações das Ouvidorias, as competências do Ouvidor, com destaque para a técnica da mediação de conflitos, e a interface com as boas práticas da governança, em especial com controle interno. Os pontos de convergência entre essas dimensões resultam numa cultura que promove a ética e a responsabilidade social, corolário do respeito à dignidade e aos direitos humanos.

PALAVRAS-CHAVE
DIREITOS HUMANOS, OUVIDORIA PÚBLICA, MEDIAÇÃO, CONTROLE INTERNO.

1. INTRODUÇÃO

Há o reconhecimento como senso comum de que vivemos em uma sociedade de desempenho. A mensuração desse desempenho está na entrega que é feita, naquilo que é produzido para e com a sociedade. Essa conexão do desempenho como forma de contribuição para o bem comum é fortalecida pela dimensão dos direitos humanos, pela razão natural de que há que se considerar o outro como sujeito de direitos em todas as interações, inclusive entre o cidadão e a administração pública.

Assim, a configuração de uma sociedade equânime e democrática se estabelece com ferramentas de controle e participação social para que a eficiência da administração pública prevista como princípio constitucional venha a se materializar.

As Ouvidorias despontam como expressão da democracia, pois como espaço público constituem em elo entre o cidadão e o Estado. Para muitos a "ponte da comunicação".

A boa semente germina em terreno fértil. Assim, a Ouvidoria enquanto unidade organizacional que viabiliza a voz do cidadão, seja em âmbito público ou privado, terá que se alicerçar em bases conceituais sólidas, com destaque para a compreensão da importância dos Direitos Humanos. Princípios estabelecidos com fundamento nos Direitos Humanos irão conferir uma diretriz a ser seguida pela Ouvidoria que prima pela credibilidade, porque a rigor os princípios se expressam nas suas ações. É, portanto, uma matéria transversal comum a todas as Ouvidorias.

Desponta em âmbito municipal paulistano, contudo, a Ouvidoria dedicada à temática de Direitos Humanos, chamada de ouvidoria setorial por sua especificidade referente à matéria. Imperioso frisar que tem relevância ímpar pela acolhida de manifestações que implicam violações, em afronta à dignidade humana, como também pelo papel de protagonista do equilíbrio social, quando fomenta a comunicação não violenta e promove a mediação como forma de solução de conflitos.

Sobre a Ouvidoria de Direitos Humanos Luciana Bertachini recomenda

> *A prioridade será compreender o perfil dos públicos, suas peculiaridades e anseios para, assim, exercerem com legitimidade a representação do cidadão e a proteção de seus direitos humanos, neste caso, ao acolher e averiguar denúncias de violação dos direitos de pessoas em situação de vulnerabilidade. Um dos objetivos do ouvidor no âmbito dos direitos humanos é o de assegurar o acolhimento ao cidadão vulnerável, e a buscar respostas e mecanismos de intervenção que garantam a aplicação de direitos adquiridos, ampliando o olhar sociocultural e analítico sobre os fatores que acentuam a falta de suporte social. Nesta linha, a Ouvidoria se insere numa rede de colaboração e comunicação direta com diferentes órgãos institucionais, e do poder público, para proporcionar ações concretas de proteção ao cidadão vulnerável e do resgate de sua dignidade. Receber e investigar denúncias são formas de contribuição da Ouvidoria para traçar o diagnóstico de fragilidades que existem no sistema social e que podem ser corrigidas, prevenidas, amenizadas e monitoradas através da comunicação direta com o cidadão a sua realidade, também para representá-lo e orientá-lo sobre como fazer valer os seus direitos quando violados ou esquecidos. Uma parte importante do trabalho do ouvidor é desenvolver e fornecer informações úteis e métodos de cooperação para instituições sobre como prevenir a discriminação e promover a igualdade de direitos.*

2. AS OUVIDORIAS PÚBLICAS

A institucionalização das Ouvidorias públicas tem no §3º do art. 37 da Constituição Federal de 1988 sua base fundamental, consolidada pela Lei de Defesa do Usuário do Serviço Público, Lei 13.460/2017 que prevê:

Art. 13. As ouvidorias terão como atribuições precípuas, sem prejuízo de outras estabelecidas em regulamento específico:

I – promover a participação do usuário na administração pública, em cooperação com outras entidades de defesa do usuário;

II – acompanhar a prestação dos serviços, visando a garantir a sua efetividade;

III – propor aperfeiçoamentos na prestação dos serviços;

IV – auxiliar na prevenção e correção dos atos e procedimentos incompatíveis com os princípios estabelecidos nesta Lei;

V – propor a adoção de medidas para a defesa dos direitos do usuário, em observância às determinações desta Lei;

VI – receber, analisar e encaminhar às autoridades competentes as manifestações, acompanhando o tratamento e a efetiva conclusão das manifestações de usuário perante órgão ou entidade a que se vincula; e

VII – promover a adoção de mediação e conciliação entre o usuário e o órgão ou a entidade pública, sem prejuízo de outros órgãos competentes.

Art. 14. Com vistas à realização de seus objetivos, as ouvidorias deverão:

I – receber, analisar e responder, por meio de mecanismos proativos e reativos, as manifestações encaminhadas por usuários de serviços públicos; e

II – elaborar, anualmente, relatório de gestão, que deverá consolidar as informações mencionadas no inciso I, e, com base nelas, apontar falhas e sugerir melhorias na prestação de serviços públicos.

A Ouvidoria Pública, portanto, está ao lado de outros instrumentos que viabilizam a participação social como os Conselhos gestores e fiscalizadores de políticas públicas, as audiências públicas e as consultas públicas entre outros.

No dizer de José Eduardo Romão

> *Todo esse instrumental, à disposição da sociedade, pretende atribuir concretude ao mandamento constitucional que confere ao cidadão a titularidade de poder político. Nesse contexto, a criação e o funcionamento de Ouvidorias públicas tem sido de grande importância para o fortalecimento da democracia participativa, sobretudo, porque, por um lado, oferecem ao cidadão um "novo canal" para resolução de problemas vivenciados rotineiramente na prestação de serviços públicos e, por outro, oferecem ao Estado uma oportunidade de qualificar a prestação desses mesmos serviços públicos a partir das manifestações recebidas. Noutros termos, as Ouvidorias públicas se constituem, em regra, como elo entre legitimidade e legalidade.*

O cenário normativo, portanto, prestigia as Ouvidorias como vetor de participação e controle social, como ferramenta de gestão e indicador de conformidade dos serviços públicos.

3. COMPETÊNCIAS DO OUVIDOR E DA OUVIDORA

A Classificação Brasileira de Ocupações Ministério do Trabalho e Emprego descreve e ordena as ocupações dentro de uma estrutura hierarquizada que permite agregar as informações referentes à força de trabalho, segundo características ocupacionais que dizem respeito à natureza da força de trabalho (funções, tarefas e obrigações que tipificam a ocupação) e ao conteúdo do trabalho (conjunto de conhecimentos, habilidades, atributos pessoais e outros requisitos exigidos para o exercício da ocupação).

A Classificação Brasileira de Ocupações – CBO, instituída por Portaria Ministerial nº 397, de 9 de outubro de 2002, tem por finalidade a identificação das ocupações no mercado de trabalho, para fins classificatórios junto aos registros administrativos e domiciliares. A ocupação distingue-se das profissões que exigem formação acadêmica específica e reconhecida pelos órgãos oficiais de educação.

O Ouvidor, portanto, desempenha uma função que independe de sua formação, contudo o panorama profissional em muitos segmentos exige que ele seja certificado por entidade reconhecida em seu âmbito de atuação. Exigência, por exemplo, para os Ouvidores que respondem pelas Ouvidorias Públicas no Estado de São Paulo, nos termos do Decreto 60.399/2014 que estabelece os seguintes requisitos:

> Artigo 10 – O exercício da função de Ouvidor exige formação superior completa e certificação reconhecida pela Comissão de Centralização das Informações dos Serviços Públicos do Estado de São Paulo – CCISP e atendimento às exigências contidas no Decreto nº 57.970, de 12 de abril de 2012.
>
> Artigo 11 – Do ouvidor e membros das Ouvidorias exige-se conduta ética compatível, nos termos dos estatutos dos órgãos e entidades em que atuam, bem como demais códigos de ética incidentes sobre sua atividade.

Nesse particular, incide sobre a atividade de ouvidoria o Código de Ética da ABO – Associação Brasileira de Ouvidores e Ombudsman que dispõe há mais de 20 anos como item prioritário o respeito aos princípios de Direitos Humanos, conforme destaque do seguinte trecho:

> Proposta aprovada na Assembleia Geral Extraordinária, convocada para essa finalidade, realizada em Fortaleza – CE, no dia 19/12/97. Considerando que, a natureza da atividade da Ouvidoria está diretamente ligada à compreensão e respeito às necessidades, direitos e valores das pessoas.
>
> Considerando que, por necessidades, direitos e valores entende-se não apenas questões materiais, mas também questões de ordem moral, intelectual e social, e que direitos só têm valor quando efetivamente reconhecidos.
>
> Considerando que, no desempenho de suas atividades profissionais e dependendo da forma como essas sejam desempenhadas, os Ouvidores/Ombudsman podem efetivamente fazer aplicar, alcançando esses direitos.
>
> Considerando que, a função do Ouvidor/Ombudsman visa ao aperfeiçoamento do Estado, da Empresa, a busca da eficiência e da austeridade administrativa.
>
> Finalmente, considerando que, no exercício das suas atividades os Ouvidores/Ombudsman devem defender intransigentemente os direitos inerentes da pessoa humana, balizando suas ações por princípios éticos, morais e constitucionais.

> Os membros da ABO – Associação Brasileira de Ouvidores resolvem instituir o Código de Ética, nos termos enumerados a seguir:
>
> 1. Preservar e respeitar os princípios da "Declaração Universal dos Direitos Humanos, da Constituição Federal e das Constituições Estaduais".

O Ouvidor é identificado na CBO pelo Código 1.423-40 que tem, entre outras atividades, a incumbência de "elaborar planos estratégicos das áreas de negócios e de relacionamentos". Por pressuposto, consolida a Ouvidoria como unidade organizacional estratégica.

Para desempenho de suas atividades, o Ouvidor deve apresentar competências individuais que viabilizem a Ouvidoria como ferramenta de gestão tais como: sugerir melhorias dos serviços de atendimento aos cidadãos; mediar conflitos; administrar conflitos entre as partes; realizar escuta ativa, analisar demanda reclamatória; encaminhar solicitações aos responsáveis; dar retorno aos públicos (*feedback*) e participar da elaboração de projetos educacionais.

Pelo desenho de competências gerais quando se atrela à Ouvidoria de Direitos Humanos cumpre acrescentar que a escuta ativa se desdobrará em um atendimento psicossocial; que a análise e o encaminhamento das solicitações aos órgãos responsáveis pressupõe uma rede de apoio prevista por políticas públicas multissetoriais com a área de saúde, de emprego, de assistência social entre outras; que as recomendações de melhorias dos serviços públicos é essencial para que a administração pública corresponda à realidade social que lhe é apresentada.

4. A MEDIAÇÃO DE CONFLITOS

A mediação é uma das técnicas utilizadas como meio alternativo de solução de conflitos. Sendo a Ouvidoria um *locus* que convergem os conflitos, a zona fronteiriça de encontro de interesses divergentes, é de suma importância que transforme esse momento em oportunidade de aprendizado e crescimento.

O conflito faz parte do próprio desenvolvimento humano e das interações sociais, mas essa pressão tem um ângulo positivo:

> *O ser humano, entretanto, dispõe de elementos de pressão interna na solução de conflitos. Hirschman (1973) propõe dois mecanismos para solução de conflitos: o mecanismo de saída e o de voz. O de saída consiste na busca por novos relacionamentos, com o afastamento, ou até o abandono daquele, em especial, que gera ou gerou o conflito [...]. Já o mecanismo de voz, pode ser utilizado como uma forma de reação, quando não existe a possibilidade de saída ou quando determinados grupos de interesses consideram a voz como mecanismo de maior eficiência.*

A Ouvidoria é o espaço reconhecidamente de exercício de direitos, por consequência, do uso legítimo da voz. Ainda segundo Hirschman (Ibid., p.83) "a lealdade põe de lado a saída e ativa a voz". Ou seja, o cidadão que identificar a possibilidade de reivindicar, reclamar, sugerir, se manifestar na Ouvidoria irá potencializar a sua voz, e com a efetividade das respostas ou encaminhamentos de suas manifestações aumentará sua credibilidade e ampliará sua participação social.

Acrescente-se que se nesse espaço, além da escuta ativa, se a voz do cidadão também puder se fazer ouvir em momentos estruturados de encontro entre os conflitantes, mais um patamar será alcançado: o do consenso e equilíbrio social. "A Ouvidoria quando incorpora a mediação torna-se reconhecida por "um estatuto de maturidade social" (PEREZ *Ibid.* CARVALHO NETO, 1991).

Entende-se por mediação de conflitos nos termos da Lei 13.140/2015 a atividade técnica exercida por terceiro imparcial sem poder decisório, que, escolhido ou aceito pelas partes, as auxilia e estimula a identificar ou desenvolver soluções consensuais para a controvérsia.

A análise das reclamações e denúncias que são levadas ao conhecimento e acolhidas pelas Ouvidorias é onde se expressa com muita precisão as competências exigidas para desempenho da função do Ouvidor. Discernir o conflito expresso e o conflito camuflado, que pela sua potencialidade danosa exige que seja tratado, é um dos grandes desafios.

Nesse passo, há que se distinguir também o conflito do assédio. O Município de São Paulo conta com a Lei 13.288/2002 que dispõe sobre a aplicação de penalidades à prática de assédio moral nas dependências da Administração Pública Municipal Direta e Indireta por servidores públicos municipais, e a Lei 16.488/2016 que dispõe sobre a prevenção e o combate ao assédio sexual na Administração Pública Municipal Direta, Autárquica e Fundacional, regulamentada pelo Decreto 57.444/2016.

Especificamente sobre o assédio cumpre consignar que as denúncias são acolhidas pela Ouvidoria Geral e que a Secretaria de Direitos Humanos preside o Comitê de Monitoramento e Avaliação da Política Institucional de Enfrentamento ao Assédio Sexual na Administração Pública. Exemplo que evidencia a interface da Ouvidoria com a temática de Direitos Humanos.

5. A CONTRIBUIÇÃO DA OUVIDORIA COM A EDUCAÇÃO

A educação continuada consiste em um processo de aperfeiçoamento e atualização de conhecimentos, visando à melhoria da capacitação técnica e cultural do profissional, segundo Mundim (2002). [...] Educação corporativa é, portanto, o conjunto de práticas educacionais planejadas para promover oportunidades de desenvolvimento do funcionário, com a finalidade de ajudá-lo a atuar mais efetiva e eficazmente na sua vida institucional".

Nesta linha lógica, importante lembrar as características pelas quais uma Ouvidoria se destaca no cumprimento da missão da organização: é a arquiteta da inovação. A Ouvidoria, por meio de uma escuta ativa, catalisa os conflitos entre os relacionamentos tanto internos como externos, promove os devidos encaminhamentos para mitigar esses conflitos, bem como confere um tratamento aos dados estatísticos sob sua coordenação transformando-os em informações estratégicas. Portanto, o Ouvidor é um agente de mudança, é aquele que antecipa tendências e propõe medidas que objetivam a melhoria contínua da organização.

È necessária uma atualização de conhecimento constante, um desenvolvimento contumaz dos colaboradores. Enquanto instância de participação e controle social, a Ouvidoria deve absorver as demandas para estruturar formas, ações, simplificações nos processos da organização constituindo-se em unidade que promove a devolutiva àqueles cidadãos que lhe entregaram reclamações, sugestões, denúncias representativas da sociedade.

Nesse aspecto a Ouvidoria fornece elementos para que se estruturem programas educativos internos e externos, pois constituem em fonte de enriquecimento teórico para os Direitos Humanos (BERTACHINI, 2012, p. 9).

6. A OUVIDORIA DE DIREITOS HUMANOS ALINHADA AO CONTROLE INTERNO

Como se viu pelo conceito de Ouvidoria Pública, há um traço importante que é sua face de ferramenta de gestão, pois promove a transparência das informações da administração pública, sistematiza recomendações de melhoria dos serviços públicos, e oportuniza o recebimento de denúncias que evidenciarão a necessidade de auditorias e correições.

Como ensina Gustavo Ungaro

> *Aliada à dimensão participativa, também desempenha a Ouvidoria clara missão institucional de controle interno administrativo, pois ao recolher as manifestações recebidas, encaminhá-las aos setores competentes, cobrar respostas e buscar a satisfação do demandante, está a garantir que o serviço público cumpra com suas obrigações, funcione com qualidade, respeite a moralidade, paute-se pela legalidade, observe a publicidade e use adequadamente os recursos disponíveis, sem desvios nem desperdícios.*

Contribui para essa linha lógica de pensamento Emmanoel Ferreira Carvalho

> *Cumpre destacar o papel preventivo e corretivo do Ouvidor, no âmbito interno da administração, ao exercer controle sobre arbitrariedades ou negligências, de*

> *problemas interpessoais ou ainda, de abuso de poder. Pela via de consequência, as Ouvidorias como órgãos de controle interno possuem legitimidade e amparo legal para exercer o controle – no âmbito de sua atuação – dos atos e atividades administrativas no sentido de provocar órgãos internos da própria estrutura organizacional da administração quando o caso requerer a necessidade de um procedimento mais criterioso.*

Nesse cenário há que se destacar a Lei Federal nº 13.019/2014 que estabelece o regime jurídico das parcerias voluntárias entre a Administração Pública e as Organizações Sociais Civis, também conhecida como MROSC – "Marco Regulatório das Organizações Sociais Civis".

O instrumento utilizado para a formalização de parcerias com o terceiro setor era o convênio, que passa a ter uso parcial, prevalecendo os novos instrumentos para essas parcerias, quais sejam o Termo de Fomento, o Termo de colaboração e p Acordo de Cooperação.

O Governo Federal ao editar um Manual de Apresentação e diretrizes para a aplicação da Lei 13.019/2014 destacou que:

> Os órgãos de controle são atores muito importantes nas relações de parceria entre as organizações da sociedade civil e o poder público, pois, além de fiscalizar o uso dos recursos públicos, consolidam entendimentos sobre a interpretação das normas. A participação desses órgãos foi fundamental para que se reconhecesse a importância das OSCs para as políticas públicas e, ao mesmo tempo, fosse promovida uma cultura de transparência e efetividade na aplicação dos recursos públicos. Eles podem contribuir com a implementação da Lei 13.019/2014 ao aprimorar procedimentos, uniformizar entendimentos e solucionar controvérsias. Também poderão exercer um novo olhar sobre as relações de parceria, que possa fortalecer, sobretudo, a avaliação dos resultados efetivamente alcançados, consolidando o modelo denominado "controle por resultados".

A base normativa, portanto, sinaliza a importância das Ouvidorias como unidade de controle que recebe reclamações e denúncias na garantia e efetivação de direitos diante da contratualização das organizações sociais e o poder público.

7. A OUVIDORIA NAS ORGANIZAÇÕES SOCIAIS – CASE

Em 5 de novembro de 2015 houve o rompimento da barragem de Fundão em Mariana no Estado de Minas Gerais. Acidente estarrecedor sem precedentes no cenário brasileiro que atingiu outros Estados como o Espírito Santo, além de repercutir no equilíbrio socioambiental por muitas décadas, razão pela qual as ações saneadoras se pautaram na sustentabilidade e longo alcance.

Nesse contexto nasceu a Fundação Renova

> Após a assinatura do Termo de Transação e Ajustamento de Conduta (TTAC) entre Samarco, com o apoio de suas acionistas, Vale e BHP Billiton, e o Governo Federal, os Estados de Minas Gerais e do Espírito Santo, o Instituto Brasileiro

do Meio Ambiente e dos Recursos Naturais Renováveis (Ibama), o Instituto Chico Mendes de Conservação da Biodiversidade (ICMBio), a Agência Nacional de Águas (ANA), o Departamento Nacional de Produção Mineral (DNPM), a Fundação Nacional do Índio (Funai), o Instituto Estadual de Florestas (IEF), o Instituto Mineiro de Gestão das Águas (IGAM), a Fundação Estadual de Meio Ambiente (FEAM), o Instituto Estadual de Meio Ambiente e Recursos Hídricos (IEMA), o Instituto de Defesa Agropecuária e Florestal do Espírito Santo (IDAF) e a Agência Estadual de Recursos Hídricos (AGERH).

Destaque-se, por ser de interesse do presente artigo, a criação da Ouvidoria que assim se apresenta:

> A Ouvidoria é o canal da Fundação Renova para receber, registrar e investigar denúncias e reclamações relacionadas a possíveis violações de direitos humanos, desvios de conduta, infrações a legislação vigente e/ou descumprimento de obrigações da Fundação.
>
> Caso as solicitações não tenham sido resolvidas pelos canais de relacionamento, a Ouvidoria é um canal para manifestações que preza pela transparência e pela confidencialidade da investigação, permitindo o registro de manifestações anônimas. A Ouvidoria está diretamente ligada ao Conselho Curador e atua conforme o Código de Conduta da Fundação Renova.

Essa experiência tem inspirado outras organizações sociais civis para que se constitua uma Ouvidoria. Essa tendência demonstra o alinhamento com a transparência passiva e ativa, com a prestação de contas, com a implementação efetiva de políticas públicas de garantia de direitos.

8. CONSIDERAÇÕES FINAIS

Por todo o exposto, cede-se à conclusão cristalina de que a Declaração Universal dos Direitos Humanos é atual e imprescindível para a gestão administrativa contemporânea, e que por meio da Ouvidoria, assim considerada como espaço de participação e controle social, propicia o fortalecimento sociopolítico do cidadão.

A temática dos Direitos Humanos constitui numa vertente transversal a todas as Ouvidorias, sejam públicas ou privadas, que se colocam em conexão com a realidade social em correspondência natural com a pluralidade e multiculturalidade marcantes e coexistentes na atualidade.

Há que se fornecer elementos que subsidiam a assertiva de que a observância dos Direitos Humanos também emoldura a ouvidoria privada apenas como esclarecimento. Muitas ouvidorias de empresas privadas se dedicam à promoção dos Direitos Humanos, vão além da campanha ou evento, investem em ações concretas de enfrentamento de preconceitos, discriminações, assédios entre outras formas de violação de direitos. Preservando o aspecto técnico do presente artigo, citem-se as Ouvidorias Organizacionais, aquelas que atuam internamente como fortalecimento entre os colaboradores e o gestor máximo, e as Ouvidorias Universitárias que promovem o diálogo entre todos os atores do *campus* sejam docentes, discentes, funcionários, e terceirizados.

Pelas mesmas razões, diante da grandeza de uma cidade como São Paulo, há que se dedicar uma unidade organizacional de Ouvidoria em Direitos Humanos. A Secretaria Municipal de Direitos Humanos tem lastro conceitual e operacional que constitui num ambiente propício à instalação de uma Ouvidoria específica nessa matéria.

Independentemente da disposição legal do Decreto 58.123/2018, há que se realçar que o trabalho diuturno da Coordenação de Políticas para as Mulheres; Coordenação de Promoção da Igualdade Racial; Coordenação de Políticas para Criança e Adolescente; Coordenação de Políticas para a Juventude; Coordenação de Políticas sobre Drogas; Coordenação de Políticas para LGBTI; Coordenação de Políticas para a Pessoa Idosa; Coordenação de Políticas para Imigrantes e Promoção do Trabalho Decente; Coordenação de Políticas para População em Situação de Rua e ainda a Divisão de Localização Familiar e Desaparecidos e o Centro Público de Economia Solidária e Direitos Humanos, entre outros, é que legitimam a criação da Ouvidoria de Direitos Humanos.

REFERÊNCIAS BIBLIOGRÁFICAS

BERTACHINI, Luciana. Convergências da Ouvidoria e Bioética na defesa dos Direitos Humanos. Tese de Doutorado Universidade São Camilo. 2012, p. 6, 9.

BRASIL. Lei nº 13.460. Dispõe sobre a proteção e defesa do usuário do serviço público e dá outras providências. Diário Oficial da União, Brasília, DF, 2017.

BRASIL. Ministério do Trabalho. Classificação brasileira de ocupações. Brasília. Disponível em: <http://www.mtecbo.gov.br/cbosite/pages/home.jsf>. Acesso em: 2 jun. 2018.

BRASIL. Lei nº 13.140, de 26 de junho de 2015. Dispõe sobre a mediação entre particulares como meio de solução de controvérsias e sobre a autocomposição de conflitos no âmbito da administração pública; altera a Lei nº 9.469, de 10 de julho de 1997, e o Decreto nº 70.235, de 6 de março de 1972; e revoga o § 2º do art. 6º da Lei nº 9.469, de 10 de julho de 1997. Diário Oficial da União, Brasília, 26 de junho de 2015. Disponível em: <http://www.planalto.gov.br/ccivil_03/_ato2015-2018/2015/lei/L13140.htm>. Acesso em 19 jun. 2018.

BRASIL. Lei 13.460, de 26 de junho de 2017. Dispõe sobre participação, proteção e defesa dos direitos do usuário dos serviços públicos da administração pública. Disponível em http://www.planalto.gov.br/ccivil_03/_ato2015-2018/2017/lei/L13460.htm. Acesso em 16 de junho de 2018.

Constituição da República Federativa do Brasil. São Paulo: Saraiva, 1988.

CARDOSO, Antonio Semeraro Rito; LYRA, Rubens Pinto. Modalidades de Ouvidoria Pública no Brasil. JoãoPessoa. Ed. Universitária UFPB. 2012, p. 130.

Carvalho, Emmanoel Ferreira. Ouvidorias Públicas: Efetividade de Direitos Humanos pela participação e controle social. Artigo publicado no site http://www.ambitojuridico.com.br/site/?n_link=revista_artigos_leitura&artigo_id=16572 acesso 22/6/2018.

Fundação Renova. *https://www.canalconfidencial.com.br/fundacaorenova/* acesso em 16/7/2018

Manual MROSC – Governo Federal. "Entenda o MROSC – Marco Regulatório das Organizações da Sociedade Civil: Lei 13.019/2014" –disponível em 16/07/2018 -*http://portal.convenios.gov.br/images/docs/MROSC/Publicacoes_SG_PR/LIVRETO_MROSC_WEB.pdf.*

MUNDIM, Ana Paula Freitas. Desenvolvimento de Produtos e Educação Corporativa. São Paulo: Atlas, 2002.

PEREZ, José Roberto; BARREIRO, Adriana Alvim e PASSONE, Eric. Construindo a Ouvidoria no Brasil. Campinas. Ed. UNICAMP, 2011, p. 82/83.

SÃO PAULO (Estado). Decreto nº 60.399, de 19 de abril de 2014. Dispõe sobre a atividade das Ouvidorias instituídas pela Lei nº 10.294, de 20 de abril de 1999. Disponível em: <*https://www.al.sp.gov.br/repositorio/legislacao/decreto/2014/decreto-60399-29.04.2014.html*> Acesso em: 19 jun. 2018.

VISMONA, Edson; BARREIRO, Adriana Alvim. Ouvidoria Brasileira: o cidadão e as instituições. Campinas. Ed. UNICAMP, 2015, p. 50.

GILBERT UZAN / *GETTY IMAGES*

368 LA DUDH, EL BIG BANG DE LOS DERECHOS HUMANOS

PAMELA MALEWICZ
Subsecretaria de Derechos Humanos y Pluralismo Cultural en el Gobierno de la Ciudad Autónoma de Buenos Aires desde 2015. Licenciada en Organización y Dirección Institucional en Universidad Nacional de San Martín. Con la colaboración de Agustín Ulanovsky.

SINOPSIS

Tras describir el contexto en el que se redactó la Declaración Universal de los Derechos Humanos y las metas inicialmente propuestas, se hará un somero repaso de estos 70 años intentando advertir el éxito que ha tenido este documento en difundir e inspirar nuevos instrumentos de Derechos Humanos a escala global, pero también reflejar sus cuentas pendientes y la necesidad de resignificarla. Asimismo, se hará una referencia al rol que tiene la DUDH en el sistema normativo argentino y el trabajo que realizamos desde la Ciudad de Buenos Aires.

PALABRAS CLAVES
DERECHOS HUMANOS, DECLARACIÓN UNIVERSAL, NACIONES UNIDAS, ARGENTINA, BUENOS AIRES

La historia de la humanidad está llena de dramáticos ejemplos de exterminios masivos de poblaciones. Sin embargo, no fue hasta la conmoción e impacto de las matanzas perpetradas por el nazismo durante la Segunda Guerra Mundial[1] las que llevaron a concluir que el fracaso previo de la Sociedad de las Naciones[2] y la carencia de un sistema internacional que contuviese la potencialidad destructiva y fratricida de la humanidad habían sido también responsables de la catástrofe.

Con la oportunidad de establecer un nuevo orden internacional de posguerra, nació el Derecho Internacional de los Derechos Humanos (DIDH), siendo su fuente original la mismísima Carta de las Naciones Unidas. Si bien el documento firmado en San Francisco en 1945 se abocó principalmente a expresar y regular la voluntad de los 50 Estados signatarios de crear una institución que preservase la paz y cooperación internacional, la insistencia del bloque conformado por los países de América Latina y el Caribe permitió incluir varias cláusulas que reconocían y protegían los DDHH.

Entre otras menciones explícitas, ya en el Preámbulo se dispuso: *"Nosotros los pueblos de las Naciones Unidas resueltos... a reafirmar la fe en los derechos fundamentales del hombre, en 1a dignidad y el valor de la persona humana, en la igualdad de derechos de hombres y mujeres y de las naciones grandes y pequeñas..."*

El artículo 1 establecía que uno de los propósitos de la ONU sería: *"(...) 1.3. Realizar la cooperación internacional... en el desarrollo y estímulo del respeto a los derechos humanos y a las libertades fundamentales de todos, sin hacer distinción por motivos de raza, sexo, idioma o religión..."*

El artículo 13 confería a la Asamblea General la facultad de: *"...ayudar a hacer efectivos los derechos humanos y las libertades fundamentales de todos, sin hacer distinción por motivos de raza, sexo, idioma o religión..."*.

Además, el artículo 55 disponía que la ONU debía promover *"(...) c. el respeto universal a los derechos humanos y a las libertades fundamentales de todos, sin hacer distinción por motivos de raza, sexo, idioma o religión, y la efectividad de tales derechos y libertades..."*.

Finalmente, el artículo 68 de la Carta habilitó al Consejo Económico Social a crear *"comisiones de orden económico y social para la promoción de los derechos humanos"*. Precisamente, esta norma habilitó a la delegación de Panamá a solicitar que se siguiese con la recomendación de *"elaborar una Carta internacional de Derechos Humanos"*, tarea que recayó finalmente en la Comisión de Derechos Humanos (CDH)[3] conformada en 1946.

En un contexto de creciente confrontación ideológica entre el bando capitalista y el comunista y en el que las principales potencias se resistían a que la comunidad internacional interviniese en cuestiones que consideraban exclusivas de su soberanía, la CDH comprendió que sería inviable elaborar un tratado internacional que definiese con precisión las obligaciones de los Estados en DDHH. En consecuencia, se abocó a trabajar en un documento enunciativo, que no fijase obligaciones específicas y cuyo cumplimiento no fuese, al menos inicialmente, exigible por la comunidad internacional.

Durante su elaboración, quedó evidenciado el contraste entre el bloque occidental que pregonaba por los derechos civiles y políticos, mientras que el sector soviético y sus aliados privilegiaban los derechos económicos, sociales y culturales; el documento, finalmente, contempló ambos.

De esta manera, a lo largo de su Preámbulo y 30 artículos, la Declaración logró convertirse en el primer reconocimiento universal de que los derechos y libertades fundamentales son inherentes, inalienables y aplicables en igual medida a todas las personas; *"todos los seres humanos nacen libres e iguales en dignidad y derechos"*, resume su espíritu el Artículo 1°.

Así las cosas, la Declaración Universal de Derechos Humanos (DUDH) fue aprobada el 10 de diciembre de 1948 por la Resolución 217 de la III Asamblea General, con 48 votos a favor, ocho abstenciones[4] y ningún voto en contra.

---

1. Diversas poblaciones fueron arrasadas por la maquinaria nazi y sus aliados, como los judíos, gitanos, homosexuales, comunistas, personas discapacitadas y Testigos de Jehová, entre otros.

2. La Sociedad de las Naciones no promovió los derechos humanos a nivel internacional porque los gobiernos no eran partidarios de aceptar obligaciones en relación al tratamiento de sus propios ciudadanos y, mucho menos, respecto a los habitantes de los territorios coloniales bajo su dominio.

3. La CDH estaba integrada por 18 miembros, entre los que se destacaron: Eleanor Roosevelt, viuda del Presidente estadounidense Franklin Roosevelt, quien presidió el Comité de Redacción de la DUDH; René Bassin, de Francia, quien redactó el primer proyecto de la Declaración; el Relator de la Comisión, Charles Malik, del Líbano; el Vicepresidente, Peng Chung Chang, de China, y el Director de la División de Derechos Humanos de la ONU, John Humphrey.

LA DUDH, EL BIG BANG DE LOS DERECHOS HUMANOS

Para autores notables como Norberto Bobbio, este momento fue tan fundante que puso fin al debate sobre la necesidad de fundamentar este tipo de derechos, toda vez que el consenso general que antecedió a su aprobación y el hecho de que fuera aceptado libre y expresamente por la mayor parte de los gobiernos de entonces era *"la única prueba por la que un sistema de valores puede considerarse humanamente fundado y por tanto reconocido"*[5].

1. LA CONSOLIDACIÓN DE LA DUDH

La Declaración no obviaba las contradicciones que la realidad imponía, pero al declarar que todos nacemos libres e iguales en dignidad y derechos buscaba instituir globalmente un *"deber ser"*. Y, en ese aspecto, podemos concluir que la DUDH tuvo éxito, en tanto inspiró un amplio abanico de tratados internacionales y regionales de DDHH legalmente vinculantes.

Entre otros, podemos destacar el Pacto Internacional de Derechos Civiles y Políticos (junto con sus dos Protocolos Facultativos) y el Pacto Internacional de Derechos Económicos, Sociales y Culturales aprobados en 1966; ambos citaron a la DUDH como fuente, desarrollaron la mayoría de los derechos allí consagrados y los convirtieron en vinculantes para la gran cantidad de Estados que los ratificaron[6].

Además, la Declaración fue desde entonces el paraguas general sobre el que se desarrollaron distintos compromisos internacionales, más específicos en temáticas y atento a determinados grupos vulnerables que ameritan protección.

Si bien la relevancia de la DUDH no está en duda, el debate sobre su carácter jurídico aún perdura. Mientras que varios doctrinarios y tribunales sostienen que tiene carácter vinculante y que es una norma consuetudinaria obligatoria, no son pocos quienes la consideran una mera resolución sin fuerza vinculante de la Asamblea General de las Naciones Unidas, un instrumento de *soft law*. Este debate ni siquiera se agotó tras las Conferencias Mundiales de Derechos Humanos de Teherán[7] (1968) y Viena[8] (1993), las cuales disintieron en cuanto a la obligatoriedad de la DUDH.

Ahora bien, el referido Bobbio convocaba a no desperdiciar tiempo en debatir cuáles son los DDHH, su naturaleza o fundamento, sino a definir *"cuál es el modo más seguro para garantizarlos, para impedir que, a pesar de las declaraciones solemnes, sean continuamente violados"*. Es decir, que no nos enfoquemos en la naturaleza jurídica de la DUDH sino en cómo lograr que su espíritu y metas se materialicen con éxito. Y es allí donde aún persisten las cuentas pendientes.

---

4. Bielorrusia, Checoslovaquia, Polonia, Yugoslavia, Ucrania, la Unión Soviética, la Unión Sudafricana y Arabia Saudita.

5. Bobbio, Norberto: *Presente y porvenir de los Derechos humanos*, publicado en Anuario de Derechos Humanos 1981, Instituto de Derechos Humanos de la Facultad de Derecho de la Universidad Complutense.

6. Al día de hoy, 167 Estados han ratificado el PIDCP y 160 el PIDESC.

7. *"La Declaración Universal de Derechos Humanos enuncia una concepción común a todos los pueblos de los derechos iguales e inalienables de todos los miembros de la familia humana y la declara obligatoria para la Comunidad Internacional"*.

8. *"Destacando que la Declaración Universal de Derechos Humanos, que constituye una meta común para todos los pueblos y todas las naciones, es fuente de inspiración y ha sido la base en que se han fundado las Naciones Unidas para fijar las normas contenidas en los instrumentos internacionales de derechos humanos"*.

2. EL SISTEMA NORMATIVO ARGENTINO Y EL ROL DE LA SOCIEDAD CIVIL

Afortunadamente, mi país no ha quedado fuera de la ola de incorporación de Estados a los distintos sistemas internacionales y regionales de protección de los derechos humanos. Por el contrario, en parte por su dramática experiencia durante la última Dictadura cívico- militar (1976-1983), el crecimiento del DIDH en nuestro sistema normativo ha sido notable y convertido a la Argentina en uno de los países que más compromisos de derechos y garantías asumió en el plano internacional.

Las graves violaciones a los DDHH cometidas durante el último gobierno de facto determinaron un rol esencial de la sociedad civil argentina, cuyo compromiso permanente resultó trascendental en distintos momentos de la historia. En aquellos tiempos lúgubres, se destacaron, por ejemplo, el valiente reclamo de las Madres de Plaza de Mayo[9] por sus hijos secuestrados y/o desaparecidos y la incesante búsqueda por parte de Abuelas[10] de los hijos de los secuestrados, quienes fueron también víctimas de engaños, adopciones ilegales y del ocultamiento de sus verdaderas identidades.

Poniendo fin a la dictadura cívico militar de siete años y con absoluto compromiso y responsabilidad por retomar y consolidar el camino democrático, asumió Raúl Alfonsín[11] el 10 de diciembre de 1983, precisamente en el Día Internacional de los Derechos Humanos para dar un mensaje esclarecedor: la Argentina no iba a pactar con las Fuerzas Armadas ninguna transición democrática.

En ese sentido, en su discurso de asunción fue elocuente: *"Vamos a vivir en libertad. De eso, no quepa duda. Como tampoco debe caber duda de que esa libertad va a servir para construir, para crear, para producir, para trabajar, para reclamar justicia - toda la justicia, la de las leyes comunes y la de las leyes sociales -, para sostener ideas, para organizarse en defensa de los intereses y los derechos legítimos del pueblo todo y de cada sector en particular; porque con la democracia no sólo se vota, sino que también se come, se educa y se cura. Termina hoy el estéril tutelaje sobre los habitantes de este país"*[12].

Alfonsín procuró asegurar el vigor de los DDHH suscribiendo una gran cantidad de tratados internacionales[13] y creando la Comisión Nacional sobre la Desaparición de Personas (Conadep), integrada por muchos miembros de la sociedad civil, quienes trabajaron intensamente durante nueve meses elaborando el *Nunca Más*[14], un informe de 50.000 páginas que está considerado un monumento jurídico, uno de los documentos más importantes de la historia de los DDHH y que fue luego la base probatoria del histórico juicio a las Juntas militares[15].

PAMELA MALEWICZ

9. Las Madres iniciaron su reclamo en plena dictadura militar, cuando 14 mujeres se juntaron el 30 de abril de 1977 en la Plaza de Mayo para conseguir respuestas por la desaparición forzada de sus hijos. En pocas semanas, el grupo creció y la ronda se mudó a los jueves en la Pirámide de Mayo para lograr mayor difusión. En esos tiempos, las Madres organizaron visitas con distintos organismos y funcionarios del Estado, presentaciones de hábeas corpus y trabajaron junto a organizaciones como Familiares de Desaparecidos y Detenidos por Razones Políticas, la Liga Argentina por los Derechos del Hombre y la Asamblea Permanente por los Derechos Humanos.
Desde entonces, su reclamo las convirtió en una de las organizaciones de DDHH más emblemáticas en el país y el mundo.

10. Se estima que durante la última Dictadura 500 niños fueron secuestrados junto a sus padres o nacieron en clandestinidad, tras lo cual sus identidades fueron cambiadas y muchos de ellos dados ilegalmente en adopción.
Fundada en 1977, las Abuelas de Plaza de Mayo investigaron distintos casos, consiguieron que científicos lograron mediante pruebas de sangre determinar el parentesco con 99,99% de eficacia e impulsaron juicios contra los apropiadores. En 1987, el Congreso de la Nación creó por ley el Banco Nacional de Datos
Genéticos, que desde entonces se encarga de resolver la filiación de las niñas y niños apropiados durante la Dictadura. Al día de hoy, llevan recuperados 128 nietos (www.abuelas.org.ar).

LA DUDH, EL BIG BANG DE LOS
DERECHOS HUMANOS

Estos indudables avances sufrieron posteriormente la decepción de leyes como la Obediencia Debida y Punto Final y los indultos firmados por Carlos Saúl Menem[16], el sucesor de Alfonsín, que inauguraron una etapa de impunidad y olvido. Aunque simultáneamente, el DIDH cobraría nueva fuerza tras el fallo Ekmekdjian c/Sofovich de la Corte Suprema de Justicia de la Nación (CSJN) en 1992.

Allí, el Tribunal dejó atrás las oscilaciones e inconsistencias respecto a la vinculación del derecho interno y el derecho internacional, marcó la primacía de este último sobre cualquier norma interna (salvo la Constitución Nacional) y señaló que el incumplimiento de una obligación internacional genera responsabilidad al Estado.

Bajo el influjo de esta sentencia, en la reforma constitucional de 1994 se estableció en el Artículo 75 inciso 22[17] la superioridad de los tratados internacionales por sobre las leyes internas y se dio además jerarquía constitucional a once tratados de derechos humanos (la DUDH, entre ellos). No sólo ello, la nueva Constitución amplió la cantidad de derechos[18], incluyó los procedimientos de amparo, hábeas corpus y hábeas data[19].

Por su parte, la CSJN ha sostenido que *"los órganos judiciales de los países (...) están obligados a ejercer, de oficio, el control de convencionalidad, descalificando las normas internas que se opongan a dicho tratado (...) con el fin de salvaguardar su supremacía frente a normas locales de menor rango"*[20].

En 2005, la CSJN cambió su criterio y dictó la inconstitucionalidad de las leyes de Obediencia Debida y Punto final[21] , reabriéndose los juicios a los perpetradores de las violaciones de DDHH, en un marco respetuoso de las garantías constitucionales y sin obstáculo alguno para su prosecución.

Indudablemente, estamos atravesados por el dolor y con cicatrices muy profundas; por tanto, los consensos sociales no deben ser manipulados ni degradados por conveniencias políticas. Defender la paz y la libertad y promover el respeto facilita la buena convivencia, el diálogo y el encuentro, siendo responsabilidad de todos no silenciar el pasado, porque silenciarlo es negarlo. Construir la memoria de estos hechos es un acto permanente que nos obliga a la reflexión, la difusión, la integración y la concientización.

3. LA NUEVA AGENDA DE DDHH Y LA CIUDAD DE BUENOS AIRES

Buenos Aires es una ciudad cosmopolita, reconocida como una ciudad global[22] por su influencia y participación en eventos internacionales, su compleja infraestructura, su gran desarrollo en el campo de la cultura, la gastronomía, el comercio, el trasporte, la educación, y el respeto por la diversidad.

11. Presidente argentino en el mandato 1983-1989.
12. Fragmento del discurso del Dr. Raúl Alfonsín en su asunción como Presidente argentino el 10/12/1983.
13. Suscribió la Convención Americana sobre los Derechos Humanos, los Pactos Internacionales de Derechos Económicos Sociales y Culturales y de Derechos Civiles y Políticos, la Convención contra la Tortura y otros Tratos crueles, los Protocolos Adicionales relativos a Víctimas de Conflictos Armados Internacionales (I) y no Internacionales (II) y la Convención Interamericana para Prevenir y Sancionar la Tortura.
14. El informe reveló el secuestro y desaparición sistemática de hombres mujeres y niños, la existencia de alrededor de 340 centros de detención organizados y el uso metódico de tortura y asesinato.
15. Juzgados por la CSJN, se analizaron 700 casos emblemáticos y se terminó atribuyendo responsabilidades diferentes a las fuerzas y las juntas, resultando condenados 5 de los 9 comandantes juzgados y absueltos 4.
16. Presidente argentino durante dos mandatos: 1989-1995 y 1995-1999.
17. "... la Declaración Universal de Derechos Humanos... en las condiciones de su vigencia, tienen jerarquía constitucional, no derogan artículo alguno de la primera parte de esta Constitución y deben entenderse complementarios de los derechos y garantías por ella reconocidos...".
18. Arts. 37, 41 y 42 de la Constitución Nacional.
19. Art. 43 de la Constitución Nacional.
20. CSJN: *"Rodríguez Pereyra, Jorge Luis y otra con Ejército Argentino s/daños y perjuicios"*, 27/11/2012.
21. CSJN: *"Simón, Julio Héctor y otros, Poblete Roa, José Liborio y otros"*, 14/6/2005.

Una ciudad en donde conviven más de 50 colectividades[23], en donde la coexistencia religiosa genera grandes oportunidades de diálogo a favor de la paz y el respeto y la diversidad y heterogeneidad es vista como una oportunidad de enriquecimiento mutuo.

Este mosaico de identidades nos potencia como sociedad, generando grandes aprendizajes y logrando reconocer la particularidad y el aporte que cada cual hace a la construcción de una sociedad, madura y responsable, comprometida con temáticas que nos atraviesan más allá de nuestros orígenes, tradiciones, costumbres o religiones.

Precisamente, nuestro trabajo en el Gobierno de la Ciudad está enfocado en la generación de políticas de inclusión, de respeto, de valorización y de no discriminación, haciendo foco en la convivencia, la promoción y protección de los derechos y en elreconocimiento de una agenda de DDHH que reclama una actualización, sobre todo para lxs invisibilizadxs, marginadxs y/o postergadxs.

En este punto, es de destacar una vez más, el rol de las distintas organizaciones de la sociedad civil que fueron asumiendo mayores compromisos superado sus objetivos iniciales y liderado la instalación de temáticas trascendentales. Tal es el caso del movimiento Ni Una Menos que, a partir de visibilización de la violencia hacia las mujeres, lograron permear en la sociedad una gran cantidad de temas que, si bien son históricos dentro de los movimientos feministas, no habían logrado hasta el momento una gran adhesión por parte de la sociedad.

La agenda de género comienza a trabajarse entonces, con un registro real, con un compromiso verdadero y con una gran voluntad política, entendiendo que es una deuda pendiente y que ha llegado el momento de reconocerlo para poder generar grandes transformaciones.

Es de destacar, que en materia legislativa contamos afortunadamente con un marco normativo de vanguardia; sin embargo, el pasaje de lo legal al cumplimiento real implica cambios culturales más profundos y es en ese sentido en donde debemos redoblar los esfuerzos.

Sólo a título referencial vale la pena destacar que la Constitución de la Ciudad Autónoma de Buenos Aires, sancionada en 1996, describe en su art. 11: *"Todas las personas tienen idéntica dignidad y son iguales ante la ley. Se reconoce y garantiza el derecho a ser diferente, no admitiéndose discriminaciones que tiendan a la segregación por razones o con pretextos de raza, etnia, género, orientación sexual, edad, religión, ideología, opinión, nacionalidad, caracteres físicos, condición psicofísica, social, económica o cualquier circunstancia que implique distinción, exclusión, restricción o menoscabo. La ciudad promueve la remoción de los obstáculos de cualquier orden que, limitando el hecho de igualdad y la libertad,*

---

22. El término *"ciudad global"* se atribuye a la socióloga Saskia Sassen, por su célebre libro *La ciudad global: Nueva York, Londres, Tokio*, Ed. Eudeba, 1999.

23. A nivel global, la Argentina se posiciona número 29° por la cantidad de inmigrantes en su territorio y 124° por el porcentaje de inmigrantes, según un informe de la Oficina Regional de la Organización Internacional para las Migraciones en Buenos Aires, con información brindada por la ONU.

impida el pleno desarrollo de la persona y la efectiva participación den la vida política, económica o social de la comunidad".

Entendiendo entonces que los DDHH son un compilado de enunciados universales, que se basan en la necesidad de respetar la dignidad y necesidades básicas de todos los seres humanos y de promover la igualdad de trato y oportunidades, es que trabajamos articulando transversalmente con distintos actores tanto del Poder Ejecutivo, del Legislativo y de la sociedad civil, acompañando e implementando mejoras de políticas públicas destinadas a la promoción y protección de los DDHH.

La cogestión de políticas públicas desde una perspectiva integral promueve el desarrollo de respuestas consensuadas entre las áreas pertinentes que respondan a las demandas y necesidades de las distintas temáticas a abordar.

Una de las prioridades fue empezar a profundizar el vínculo y el trabajo con organismos de DDHH, pueblos originarios, organizaciones LGBTIQ, organizaciones de migrantes y refugiados y colectividades, atendiendo también la necesidad de estrechar vínculos con otras ciudades nacionales e internacionales a fin de compartir experiencias e implementar trabajos en red.

Conscientes de que la puesta en marcha de algunas prácticas requiere del compromiso y colaboración de las partes para la correcta implementación, diseñamos algunos dispositivos de contención y respuesta inmediata ante situaciones de vulneración de derechos, haciendo luego el seguimiento necesario, la evaluación y el control de las intervenciones.

Con la intención de contener a quienes hayan sido víctimas de malos tratos, degradantes e inhumanos y a fin de mitigar y evitar la revictimización y reactualización de los padecimientos, brindamos contención en momentos críticos y asesoría legal y psicológica a fin de contener las múltiples emociones, inquietudes y temores que debe enfrentar una víctima y sus familiares.

De esta manera, y sabiendo que nuestro gran desafío es cómo mejorar la calidad de vida de los ciudadanos en el corto tiempo de una gestión pero proyectando políticas sólidas y perdurables, es que debemos escuchar con atención, ser sensibles, empáticos y activos; trabajar por la unión, la justicia y la solidaridad, respetando y promoviendo la autonomía de las personas, sus libertades y garantizando su bienestar.

Valorar la diversidad, la heterogeneidad, la pluralidad nos permite crecer como sociedad. Los prejuicios, las estigmatizaciones y los estereotipos se abandonan cuando reconocemos, entendemos, aprendemos y compartimos con el otro. El odio, la violencia y la discriminación por cualquier motivo se ven cuestionados cuando el compromiso por la vida es inquebrantable.

4. CONCLUSIONES: LUCES Y SOMBRAS DE LA DUDH HOY

La DUDH ha recorrido un camino fructífero pero también de sinsabores; dio origen al desarrollo del Derecho Internacional de los Derechos Humanos y diseminó por todo el mundo la importancia de los DDHH, pero también se ha revelado ineficiente frente a Estados y órganos internacionales que no quisieron y/o no pudieron cumplir con su cometido.

Con estas premisas, viejos problemas y nuevos dilemas cuestionan la eficacia tanto de la Declaración, como del propio sistema de Derechos Humanos. Temas tan disímiles como el flagelo del narcotráfico, la inseguridad creciente, el drama de los refugiados y migrantes, la trata de personas, las fertilizaciones in vitro, el aborto, la irrupción de la inteligencia artificial, las desigualdades socioeconómicas permanentes o la postergada igualdad real de género nos interpelan y conmueven en las convicciones más íntimas y se demuestran como temas de necesario y urgente tratamiento por nuestras sociedades.

Se imponen entonces las palabras de Norberto Bobbio, quien pensaba que los DDHH *"emergen gradualmente de las luchas que el hombre lleva a cabo por su emancipación y de la transformación de las condiciones de vida que esas luchas producen"*. En igual sentido, el jurista Villán Duran señaló que *"el concepto de derechos humanos que dimana de la DUDH, a pesar de englobar valores inherentes al ser humano (…) está abierto a una evolución constante, pues su contenido varía conforme a las necesidades a satisfacer en cada momento histórico de la sociedad internacional"*[24].

Quizás sea entonces nuestro error exigirle a la DUDH más de lo que puede ofrecernos y no comprender que, a 70 años de su sanción, es nuestra tarea como operadores de Derechos Humanos resignificarla para que pueda seguir cumpliendo las nobles metas que se impuso; practicando la convivencia, el vivir con el otro, reconocerlo, descubrirlo asumir las diferencias y valorarlas.

---

[24]. Villán Durán, Carlos: *Curso de derecho internacional de los derechos humanos*

STEVE EASON / *GETTY IMAGES*

IGUALDADE DE GÊNERO E ACESSO À JUSTIÇA: O QUE MUDOU DESDE A DECLARAÇÃO UNIVERSAL DOS DIREITOS HUMANOS?

PAULA MONTEIRO DANESE
Mestre em Direito Internacional pela Faculdade de Direito da Universidade de São Paulo (2018). Possui graduação em Direito pela Universidade Presbiteriana Mackenzie (2014). Atualmente é professora da Escola Brasileira de Direito (EBRADI) e coordenadora do Grupo de Estudos sobre Sistema Interamericano de Direitos Humanos da Universidade Presbiteriana Mackenzie. Também exerce atividade de consultoria na área de educação pela empresa Camelli – Assessoria e Treinamento, especificamente na área de Direito Internacional dos Direitos Humanos. Professora convidada do Exchanging Hemispheres da Universidade Presbiteriana Mackenzie (2017 e 2018). Mediadora e árbitra no Centro Brasileiro de Litígios Econômicos Caraíve Arbitragem.

RESUMO

O presente artigo tem como objetivo apresentar a evolução da proteção dos direitos da mulher, sob os aspectos da igualdade entre homens e mulheres estabelecido na Declaração Universal de Direitos Humanos, bem como o direito de acesso à justiça a ser exercido de forma plena por todos. Nesse sentido, explorou-se também a questão da discriminação e os estereótipos embutidos quando há questões discriminatórias em normas ou contextos sociais e visa a enxergar os avanços legislativos, objetivando uma real igualdade entre os sexos e as dificuldades nesse aspecto. Por fim, trata da problematização da desigualdade e seus reflexos no direito ao acesso à justiça e como o sistema universal de proteção dos direitos humanos vem lidando com a questão.

PALAVRAS-CHAVE

DECLARAÇÃO UNIVERSAL DOS DIREITOS HUMANOS, DIREITOS HUMANOS DA MULHER, PRINCÍPIO DA IGUALDADE, ACESSO À JUSTIÇA.

ABSTRACT

The purpose of this article is to present the evolution of the protection of women's rights under the gender equality aspects established in the Universal Declaration of Human Rights, as well as the right of access to justice to be fully exercised by all. In this sense, the issue of discrimination and embedded stereotypes has also been explored when there are discriminatory issues in social norms or contexts and seeks to see legislative advances aiming at real gender equality and difficulties in this regard. Finally, it addresses the problematization of inequality and its effects on the right to access to justice, and how the universal system of human rights protection has dealt with the issue

KEY WORDS

UNIVERSAL DECLARATION OF HUMAN RIGHTS, HUMAN RIGHTS OF WOMEN, PRINCIPLE OF EQUALITY, ACCESS TO JUSTICE.

1. INTRODUÇÃO

A antiga Comissão de Direito Humanos das Nações Unidas dedicou quase dois anos para desenhar a Declaração Universal de Direitos Humanos (DUDH), aprovada em 1948 em Assembleia Geral.[1]

Como é bem sabido, o pano de fundo da criação do mencionado instrumento foi o genocídio contra os judeus ordenado por Adolf Hitler durante a Segunda Guerra Mundial, o que fez com que a DUDH tivesse algumas características marcantes para responder a tais atrocidades, levando mais em consideração direitos individuais do que coletivos. Entretanto, muito embora a DUDH tivesse tais características, direitos até então pouco desenvolvidos pelo Direito Internacional ganharam espaço, destacando-se a igualdade entre homem e mulher.

Eleanor Roosevelt, diplomata e ativista dos direitos humanos, assumiu a presidência da Comissão de Direitos Humanos nas Nações Unidas, hoje Conselho de Direitos Humanos, sendo peça-chave para que a DUDH elencasse em seu artigo 1 que "todos os seres humanos nascem livres e iguais em dignidade e direitos". Foi também por sua intervenção que o artigo 2 proclamou a proibição da discriminação por razão do sexo.[2]

O artigo 7 elenca, ainda, o acesso à justiça, que deve ser igual a todos os indivíduos ao afirmar que "Todos são iguais perante a lei e, sem distinção, têm direito igual proteção da lei", reafirmando que a discriminação não pode ser um impedimento para a fruição dos direitos humanos.[3]

Muito embora a DUDH tenha elaborado a igualdade entre os seres humanos, sem distinção de seu sexo, a questão da proteção das mulheres não foi precisa no texto, que levantou formal e legalmente a questão quando tratou da igualdade e não discriminação, abrindo portas para o Direito Internacional Público trazer diretrizes que pudessem aclarar o significado de igualdade almejada no texto na DUDH.

O presente trabalho pretende demonstrar a evolução do direito à igualdade e igualdade de direitos no que se refere à mulher, principalmente quando falamos sobre acesso à justiça, fazendo uma análise dos instrumentos internacionais posteriores à DUDH, que disseram respeito à implementação do que fora idealizado pela Declaração em 1948.

2. A IGUALDADE DE GÊNERO VERSUS DISCRIMINAÇÃO NO DIREITO INTERNACIONAL

Historicamente, quando se fala em inclusão do tema de igualdade de gênero no âmbito da normativa do direito internacional, percebe-se que tal embate tardou para angariar espaço normativo.

---

1. MUÑOS SANCHEZ, C., *Feminismo y ciudadanía*" in DÍAZ, E. e COLOMER, J.L. (eds), *Estado Justicia, derechos*. Madrid, Alianza Editorial, 2002, pp. 347-370
2. *Ibidem*.
3. OHCHR, *Declaração Universal dos Direitos Humanos*. Disponível em: < https://www.ohchr.org/EN/UDHR/Documents/UDHR_Translations/por.pdf>. Acesso em: 23 de julho de 2018.

IGUALDADE DE GÊNERO E ACESSO À JUSTIÇA: O QUE MUDOU DESDE A DECLARAÇÃO UNIVERSAL DOS DIREITOS HUMANOS?

Muito embora a Liga das Nações tenha disposto no pacto que o instituiu a garantia de igualdade de acesso para homens e mulheres para todas a funções ou serviços relacionados à Sociedade das Nações, grande parte de seus países-membros ainda não tinham sequer concedido o direito a voto às mulheres.[4]

Foi com Organização Internacional do Trabalho, em 1919, que foi consagrado pela primeira vez em um texto internacional, o princípio da igualdade de remuneração sem distinção de sexo, por igual trabalho[5].

Também em 1919, as primeiras convenções foram aprovadas no âmbito da OIT para salvaguardar a saúde das mulheres trabalhadoras, com especial à maternidade, a saber: Convenções nº 3 sobre a proteção de maternidade e Convenção n. 4 que proibiu o trabalho noturno na indústria.[6]

A primeira metade do século 20 tem poucas tentativas reais de proteção mais específica das mulheres, mas verificamos algumas quando a comunidade internacional celebrou uma série de acordos internacionais, entre 1910 e 1933, para garantir a liberdade sexual de mulheres e unir forças na luta contra todas as formas de tráfico de mulheres e exploração da prostituição.[7]

Posteriormente, esse conjunto de tratados foi incorporado à Convenção para Supressão do Tráfico de pessoas e a exploração da prostituição, adotada apenas em 1949.

Pode-se dizer, portanto, que a primeira onda de feminização na esfera internacional não correspondeu tanto ao interesse em proclamar ou garantir direitos iguais em benefício das mulheres, ou para reconhecer proibição de discriminação baseada no sexo, o que somente veio a ocorrer com a Carta de São Francisco e posteriormente com a Declaração Universal dos Direitos Humanos.

O artigo 55 da Carta de São Francisco[8] estabelece o respeito à igualdade de direitos com base no respeito universal e efetivo dos direitos humanos e das liberdades fundamentais para todos, sem distinção de raça, sexo, língua ou religião. Entretanto, enquanto a proteção de crianças e a luta contra a discriminação baseada na raça tinham, no plano internacional reconhecimento precoce, a luta contra as discriminações que têm origem no sexo tropeçou em muito mais obstáculos e as primeiras conquistas importantes não são verificadas até que entrada a segunda metade do último século 20.

Alguns autores sustentam que a feminização do Direito Internacional ainda é escassa, uma vez que a trativa do tema ainda caminha muito em paralelo com a evolução da proteção dos direitos humanos. Para exemplificar, trazemos o entendimento do renomado autor Brownlie, que pontua

---

4. MARTÍNEZ, Aída González. *Human Rights of Women*. Journal of Law and Policy, 2001. Disponível em: < https://law.wustl.edu/harris/documents/p157_Martinez.pdf>. Acesso em: 5 de agosto de 2018.

5. Ibidem.

6. ONU, *Carta das Nações Unidas*. Disponível em: <https://nacoesunidas.org/docs/carta_da_onu.pdf>. Acesso em 20 de agosto de 2018.

7. Marco A. Abarca, Discurso y Politica de Genero en el Derecho Internacional, 79 Rev. Jur. U.P.R., 2010. Disponível em: < http://revistajuridica.uprrp.edu/wp-content/uploads/2016/05/%C3%8Dndice.pdf>. Acesso em 20 de agosto de 2018.

8. Ibidem

que a discriminação baseada no sexo não figura nas violações de direitos humanos incluídas no catálogo de normas *ius cogens* junto com o genocídio, escravidão, assassinatos, desparecimento forçado, tortura, detenção arbitrária ou discriminação racial, muito embora deveria estar[9].

Tal afirmativa traz consigo um questionamento: O que se pode entender por discriminação? E como a discriminação impede a igualdade? São essas perguntas que devem ser respondidas quando falamos sobre a intenção de a DUDH ter inserido em seu texto tais pontos.

De acordo com Rebecca Cook, estereotipar presume que todos os membros de um determinado grupo social têm o atributo particular ou característica ou um papel específico a ser exercido. Quando se está estereotipando, desconsidera-se as características de um indivíduo particular[10].

Levando em consideração os estereótipos da mulher na sociedade, a mencionada autora nos ilumina com seus ensinamentos:

> *Considere também a crença estereotipada que "maternidade é o papel e o destino da mulher". Isso é um exemplo que generaliza a visão de que toda mulher deve se tornar mãe, independentemente de sua capacidade saudável reprodutiva e circunstância físicas e emocionais, ou suas prioridades individuais. (...) A extensão desses estereótipos ignora as particularidades dos indivíduos, suas necessidades, desejos, habilidades e circunstâncias, impactando significativamente em suas capacidades de criar e/ou moldar suas identidades de acordo com seus próprios valores e ambições. Eles também limitam a total e diversas expressões da personalidade humana.[11] (tradução nossa)*

Estereótipos, portanto, impedem o gozo dos direitos das mulheres, o que demonstra a razão de a DUDH ter se preocupado com a questão de discriminação (que é um reflexo de estereótipos) e determinar a igualdade entre homens e mulheres. Porém, verifica-se que os mecanismos de implementação de tal normativa tiveram que se desenvolver e evoluir desde 1948, uma vez que apenas as afirmações contidas na DUDH não são autoaplicáveis pelos Estados, necessitando de uma complementação à regra já instaurada pelo documento considerado como a Magna Carta dos Direito Humanos.

A DUDH estabelece um marco básico para uma adoção concreta de ações no sentido de igualdade de gênero quanto determina, também, que todos os seres humanos nascem livres e iguais. O princípio da igualdade permitiu a reivindicação da igualdade perante a lei e, com ela, a concessão de direitos que parecia pertencer apenas a um grupo da sociedade.

As questões que estão implicadas na implementação do que fora idealizado na DUDH são mais complexas do que simplesmente jurídicas.

---

9. BROWNLIE, I. *Principle of Public International Law*. 7ª ed. Oxford University Press, 2008, p.511.
10. COOK, Rebecca J. CUSACK, Simone. *Gender Stereotyping – Transational Legal Perspectives*. University of Pennsylvania Press. 2010. p.9/10.
11. *Ibidem*. P. 11 Texto original: *"Consider also the stereotyped belief that "motherhood is the role and destiny of the woman." This is an example that generalizes the view that every woman should become a mother regardless of her healthy reproductive capacity and physical and emotional circumstances or her individual priorities. (...) The extent of these stereotypes ignores the particularities of individuals, their needs, desires, abilities and circumstances, significantly impacting their ability to create and / or shape their identities according to their own values and ambitions. They also limit the total and diverse expressions of the human personality."*

As fronteiras culturais, religiosas, econômicas e/ou fatores legais são propulsores de estereótipos de gênero, em parte por refletirem os valores patriarcais da sociedade. Normalmente a mudança deste cenário são difíceis, uma vez que os aplicadores da lei e os atores sociais estão influenciados pelo contorno social, necessitando-se apelar para os órgãos internacionais de direitos humanos para que uma nova política seja inserida.[12]

Como bem explica Rebecca Cook "nomear o estereótipo, identificar a sua forma, expor as consequências negativas e desenvolver recursos apropriados para sua eliminação são necessários para seguir adiante na erradicação de estereótipos de gênero."[13]

A igualdade somente será alcançada quando os estereótipos não mais fornecerem base para a discriminação da melhor, sendo um impeditivo para o exercício dos seus direitos. Nesse sentido, com a abertura da construção dos direitos humanos e já com os princípios de igualdade e não discriminação inseridos pela DUDH, foi possível a construção dos direitos das mulheres no âmbito internacional, tendo-se como marco a elaboração da Convenção sobre Eliminação de todas as formas de Discriminação contra a Mulher, de 1979.

3. IGUALDADE DE GÊNERO PÓS DECLARAÇÃO UNIVERSAL DOS DIREITOS HUMANOS

Dentre os instrumentos fundamentais das Nações Unidas em matéria de direitos humanos, podemos destacar os Pactos Internacionais sobre Direitos Civis e Políticos e sobre os de Direitos Econômicos, Sociais e Culturais, ambos de 16 de dezembro de 1966, que consagram o princípio da igualdade entre homens e mulheres e criminalização a discriminação com base no sexo. O primeiro Pacto mencionado consagra o princípio de igualdade perante a lei em seu artigo 26,[14] no entanto não menciona os mecanismos para que tal igualdade ocorra.

Na seção de prevenção geral discriminação também vale a pena mencionar a Convenção da OIT sobre Igualdade de Remuneração entre Homens e Mulheres, de 29 de junho, 1951, e da Convenção sobre Emprego e Ocupação, de 25 de junho 1958.[15] Acrescenta-se, ainda, a Convenção relativa à Luta contra a Discriminação no campo da Educação, aprovado pela UNESCO em 14 de dezembro de 1960, que coloca em seu artigo I:

> *Para os fins da presente Convenção, o termo "discriminação" abarca qualquer distinção, exclusão, limitação ou preferência que, por motivo de raça, cor, sexo, língua, religião, opinião pública ou qualquer outra opinião, origem nacional ou social, condição econômica ou nascimento, tenha por objeto ou efeito destruir ou alterar a igualdade de tratamento em matéria de ensino (...).*[16]

---

12. *Ibidem*, p. 175.
13. *Ibidem*, p. 175.
14. ONU, *Pacto Internacional sobre Direitos Civis e Políticos*. Disponível em: <http://www.planalto.gov.br/ccivil_3/decreto/1990-1994/D0592.htm>. Acesso em 23 de julho de 2018.

Desta feita, as Convenções de diferentes áreas de proteção dos direitos humanos visaram à proteção do direito da mulher pela via da não discriminação, tendo em vista ser esse um fator chave para que as mulheres possam exercer seus direitos de forma plena.

Embora o maior ou menor sucesso de algumas dessas convenções fosse, em grande medida, condicionada pelo número de ratificações que atingiram ou devido à ausência de mecanismos de supervisão, não se pode minimizar sua importância, já que a elaboração levou à discussão mais ampla do que sobre o *status* legal da mulher e suas necessidades específicas foram realizadas, até naquele momento, dentro da organização.

A partir de 1960, com o processo de descolonização, a ONU começa a desviar sua atenção para questões de natureza mais social e cultural. Por isso, suas atividades voltam-se para a defesa dos direitos do indivíduo. Pelo que se refere ao nosso objeto de estudo, o renascimento dos movimentos feministas na América do Norte e na Europa[17], favoreceu, por sua vez, a recuperação dos *lobbies* mulheres que irão exercer uma influência notável no desempenho da ONU. Assim, em 7 de novembro de 1967, a Assembleia Geral, por meio da Resolução 2.263 (XXII), adotou a Declaração sobre a Eliminação de Discriminação contra as mulheres, que deixou claro no seu preâmbulo a manifesta ausência de efetivação plana do direito à igualdade prevista na DUDH:

> Preocupada porque, apesar da Carta das Nações Unidas, da Declaração Universal dos Direitos Humanos, dos Pactos Internacionais de Direitos Humanos e de outros instrumentos das Nações Unidas e dos organismos especializados e apesar dos progressos realizados em matéria de igualdade de direitos, continua existindo considerável discriminação contra a mulher.[18]

Ainda sendo apenas uma Declaração, acabou tocando em temas sensíveis e trazendo para a discussão a questão de cumprimento das leis de proteção de direitos humanos previstos em instrumentos anteriores, dentre eles a DUDH, em específico a questão dos direitos das mulheres, proclamando que a discriminação contra a mulher constitui uma ofensa à dignidade humana ao limitar a sua igualdade de direitos, bem como estipulou que os Estados deverão tomar medidas apropriadas para abolir leis, costumes, regras e práticas existentes que constituam discriminação contra a mulher, e para estabelecer a adequada proteção legal à igualdade de direitos entre homens e mulheres.[19]

A Declaração supramencionada deu abertura para que um instrumento juridicamente vinculantes viesse em seguida para tratar do tema, qual seja: a Convenção para eliminação da Discriminação contra a Mulher, dando seguimento à dimensão da igualdade proclamada e almejada pela DUDH.

---

15. OIT, *Convenção sobre Emprego e Ocupação*. Disponível em: <http://www.planalto.gov.br/ccivil_03/Decreto/1950-1969/D62150.htm>. Acesso em 22 de julho de 2018.

16. UNESCO, *Convenção relativa à Luta contra a Discriminação no campo do Ensino*. Disponível em: http://unesdoc.unesco.org/images/0013/001325/132598por.pdf. Acesso em: 20 de julho 2018.

17. No clima contestatório da década de 1960, diversos grupos que clamavam por mudanças foram encontrando brechas para seus questionamentos. Reforçava-se o movimento das feministas nos Estados Unidos e na Europa, com repercussões no Brasil. Este foi o momento em que começou a se destacar a norte-americana Betty Friedan que fundou a NOW (Nacional Organization for Women), que deu origem ao Movimento de Libertação da Mulher. Foi assim que surgiu o Novo feminismo, ou a chamada First Wave Feminism (Primeira Onda feminista) conclamando as militantes para atuarem nas lutas feministas, mas, também nas lutas pelos direitos civis dos negros norte-americanos e pelo fim da Guerra do Vietnã. Dessa forma, o movimento feminista foi ganhando corpo, e passou a garantir o seu espaço no mundo ocidental. (Carmen Regina Bauer Diniz, MOVIMENTOS FEMINISTAS DA DÉCADA DE SESSENTA E SUAS MANIFESTAÇÕES NA ARTE CONTEMPORÂNEA. Disponível em: <http://anpap.org.br/anais/2009/pdf/chtca/carmen_regina_bauer_diniz.pdf>. Acesso em 20 de julho de 2018.

18. ONU, *Declaração sobre a eliminação da discriminação contra a Mulher*. Disponível em: <http://www.direitoshumanos.usp.br/index.php/Direitos-da-Mulher/declaracao-sobre-a-eliminacao-da-discriminacao-contra-a-mulher.html>. Acesso em 20 de Julho de 2018.

19. *Ibidem*, artigos 1º e 2º.

4. MULHERES E ACESSO À JUSTIÇA: PARÂMETROS DO COMITÊ SOBRE A ELIMINAÇÃO DA DISCRIMINAÇÃO CONTRA A MULHER

São diversas as questões enfrentadas pelas mulheres quando falamos em discriminação, e uma delas consiste exatamente no acesso à justiça, e aqui fazemos referência ao sentido amplo, que vai desde acesso à justiça na ocorrência de violência, quando ao acesso à justiça por questões cotidianas, nas quais as mulheres ainda sofrem discriminação.

As mulheres que buscam justiça são confrontadas por um panorama complexo de leis, sistemas e instituições, dificultando seu acesso e pleno gozo de direitos.

Segundo o Programa para as Nações Unidas para o Desenvolvimento (UNDP), acesso à justiça é conjuntamente um direito humano básico e um meio de implementação de outros direitos e assim o define: "a habilidade das pessoas de procurarem e obterem um recurso por meio de instituições formais e informais da Justiça, em conformidade com os parâmetros de direitos humanos."[20]

Acesso à justiça é um importante fator de mudança e mecanismo de implementação de desenvolvimento sustentável, uma vez que permite com que a sociedade seja mais inclusiva, fazendo com que ela seja mais pacífica. Quando falamos sobre a questão das mulheres nesse sentido, a problematização do acesso à justiça é ainda mais crítica, pois instituições jurídicas são sensíveis ao gênero, dando apoio para que as mulheres reivindiquem seus direitos sociais, econômicos, políticos e culturais e quando tal mecanismo de proteção é falho, o acesso à justiça não cumpre o seu papel de implementar direitos, conforme sublinhado anteriormente.

É importante ressaltar que as mulheres são vítimas de inúmeras violações que necessitam de reparação mediante o sistema de justiça de cada país, e o enfrentamento de discriminação tem sido um dos maiores obstáculos. Conforme relatado pela própria ONU Mulheres e do Programa das Nações Unidas para o Desenvolvimento (PNUD), o fenômeno de agressão a mulheres persiste apesar da aprovação de leis severas para freá-lo na região. "O tema da violência contra a mulher na América Latina é crítico. É a região mais violenta do mundo contra as mulheres fora de um contexto de guerra", declarou Eugenia Piza-López, líder da equipe de gênero do PNUD para a América Latina.

Segundo o relatório, América Latina e Caribe apresentam a maior taxa do mundo de violência sexual contra as mulheres fora de um relacionamento e a segunda maior por parte do parceiro atual ou anterior. Três dos dez países com as taxas mais altas de estupro de mulheres e meninas estão no Cari-

---

20. ONU, *Fact Sheet on the importance of women's access to justice and family law*. Disponível em: https://www.unssc.org/sites/unssc.org/files/UNWomenFactSheet.pdf. Acesso em 20 de julho de 2018. Texto original: *"the ability of people to seek and obtain a remedy through formal or informal institutions of justice, in conformity with human rights standards."*

be, enquanto o feminicídio está tomando uma magnitude devastadora na América Central", onde duas em cada três mulheres assassinadas morrem simplesmente por serem mulheres.[21]

O acesso à justiça constitui a primeira linha de defesa dos direitos humanos das vítimas qualquer tipo violência de gênero. Os parâmetros mínimos para garantir os direitos se encontram consagrados em numerosos instrumentos internacionais, como mencionado anteriormente, que reafirmam o direito das mulheres a ter acesso ao um recurso judicial simples e eficaz e que conta com as devidas garantias que as proteja quando denunciam qualquer tipo de violação. A obrigação dos Estados, nesse sentido, vai além da sanção e reparação, mas atinge a devida diligência de prevenção de tais atos.

Assim, o acesso à justiça será proporcionalmente eficaz à medida que a não discriminação das mulheres faça parte da agenda política, pois o simples fato de sancionar determinadas violações não acarretará na diminuição da violência. A violência contra a mulher é o exemplo claro sobre a eficácia da justiça na proteção de seus direitos, quanto maior a violência e discriminação significa que o sistema jurídico não está sendo efetivo nos propósitos de igualdade e justiça delineados internacionalmente.

Nesse sentido, segundo a Recomendação Geral n. 19 sobre violência contra a mulher, o Comitê para Eliminação de todas as formas de violência contra a Mulher (CEDAW) afirma que a discriminação contra a mulher, tal qual como definido no artigo I na Convenção para Eliminação de todas as formas de violência contra a Mulher, inclui violência baseada em gênero, isso é "violência que é diretamente direcionada contra a mulher porque ela é mulher ou que a afeta desproporcionalmente" e assim, em violação aos direitos humanos.[22]

A prática dos Estados desde a criação da CEDAW deu bases para a interpretação de que a proibição de violência de gênero se desenvolva em princípio de direito internacional costumeiro.[23]

De acordo com a CEDAW:

> Em muitos Estados, legislações direcionada para questão de violência de gênero contra a mulher continua a não existir, inadequado e/ou mal implementado. Uma erosão dos parâmetros legais e políticos para eliminar discriminação ou violência baseada em gênero, usualmente justificada em nome da tradição, cultura, religião ou ideologias fundamentalistas, e significativas reduções do aporte público, normalmente parte de "medidas de austeridade" seguidas de crises financeiras e econômicas, que enfraquecem a resposta do Estado. Nesse contexto de diminuição de espaços democráticos e a consequente deterioração do ordenamento jurídico, todos esses fatores permitem a disseminação da violência baseado no gênero contra a mulher e leva a uma cultura de impunidade[24].

---

21. CORRE DO POVO, *América Latina é a região mais violenta do mundo para mulheres, segundo a ONU*. Disponível em: <http://www.correiodopovo.com.br/Noticias/Geral/2017/11/635221/America-Latina-e-a-regiao-mais-violenta-do-mundo-para-mulheres,-segundo-a-ONU.> Acesso em: 22 de julho de 2018.

22. CEDAW, Recomendação Geral número 19. Disponível em: <http://unhrt.pdhj.tl/por/violencia-contra-as-mulheres/>. Acesso em 24 de julho de 2018.

23. CEDAW, Recomendação Geral número 35. Disponível: <https://undocs.org/CEDAW/C/GC/35>. Acesso em: 25 de julho de 2018.

24. CEDAW, *General Recommendation 33*. Disponível em: <https://tbinternet.ohchr.org/Treaties/CEDAW/Shared%20Documents/1_Global/CEDAW_C_GC_35_8267_E.pdf>. Aceso em: 22 de julho de 2018. Texto originial: "In many states, legislation addressing gender-based violence against women remains non-existent, inadequate and/or poorly implemented. An erosion of legal and policy frameworks to eliminate gender-based discrimination or violence, often justified in the name of tradition, culture, religion or fundamentalist ideologies, and significant reductions in public spending, often as part of 'austerity measures' following economic and financial crises, further weaken the state responses. In the context of shrinking democratic spaces and consequent deterioration of the rule of law, all these factors allow for the pervasiveness of gender-based violence against women and lead to a culture of impunity."

A Recomendação da CEDAW supra deixa claro que para que se efetive a eliminação da violência contra a mulher é preciso um esforço jurídico-normativo e político, sem o qual qualquer regramento internacional restará inócuo em seus propósitos na medida em que não alcance seus objetivos pela falta de implementação interna pelos Estados de tais diretrizes.

Ainda nesse sentido, o Comitê considera que:

> Violência baseada no gênero é um dos fundamentais meios sociais, políticos e econômicos pelos quais se submete a mulher à posição inferior à do homem e que perpetua seus papéis estereotipados na sociedade. Por meio de seu trabalho, o Comitê deixou claro que a violência é um obstáculo crítico para alcançar-se efetivamente a igualdade entre homens e mulheres, bem como para o gozo dos direitos humanos e liberdade fundamentais estabelecidos na Convenção.[25]

A Recomendação número 33 da CEDAW que trata sobre acesso à justiça, confirma que a discriminação contra a mulher está inexoravelmente ligada a outros fatores que afetam as suas vidas. O marco legal formulado no âmbito do Comitê sublinha que isso também inclui questões étnicas, raciais, minorias, socioeconômicas ou língua e religião, opinião política, etc., que contribuem para uma discriminação ainda maior em relação às mulheres, impedindo-as ou dificultando seu acesso à justiça e por fim traça o paralelo entre discriminação a responsabilidade do Poder Judiciário, citando a própria CEDAW:

> No nível judicial, de acordo com os artigos 2 (d), (f) e 5 (a), todos os os órgãos devem abster-se de se envolver em qualquer ato ou prática de discriminação ou violência baseada em gênero contra mulheres; e aplicar estritamente todas as provisões da lei penal, punir essa violência, garantindo todos os procedimentos legais em casos envolvendo alegações de a violência baseada em gênero contra as mulheres é imparcial e justa, e não é afetada pelo gênero estereótipos ou interpretações discriminatórias de disposições legais, incluindo a aplicação de noções preconcebidas e estereotipadas sobre o que é constituído por gênero que contribui para violência contra as mulheres, bem como quais devem ser as respostas das mulheres a essa violência e o padrão de prova necessário para comprovar sua ocorrência pode afetar o direito das mulheres à gozo de igualdade perante a lei, julgamento justo e direito a um recurso efetivo estabelecidos nos artigos 2 e 15 da Convenção[26].

Nessa linha, quando se diz sobre acesso à justiça, refere-se também ao direito a um recurso judicial efetivo deve ser entendido como direito já mencionado pela DUDH como o direito de todo o indivíduo acessar um tribunal quando algum de seus direitos tenha sido violado e de obter uma investigação judicial realizada por órgão competente, imparcial e independente para posterior processo judicial para que estabeleça a existência ou não de uma violação e fixe a correta compensação.

---

[25]. CEDAW, *General Recommendation 33*. Disponível em: <https://tbinternet.ohchr.org/Treaties/CEDAW/Shared%20Documents/1_Global/CEDAW_C_GC_35_8267_E.pdf>. Aceso em: 22 de julho de 2018. Texto original: "The Committee considers that gender-based violence against women is one of the fundamental social, political and economic means by which the subordinate position of women with respect to men and their stereotyped roles are perpetuated. Throughout its work, the Committee has made clear that this violence is a critical obstacle to achieving substantive equality between women and men as well as to women's enjoyment of human rights and fundamental freedoms enshrined in the Convention."

[26]. CEDAW, General Recommendation 35. Disponível em: <https://tbinternet.ohchr.org/Treaties/CEDAW/Shared%20Documents/1_Global/CEDAW_C_GC_35_8267_E.pdf>. Texto original: "At the judicial level, according to articles 2 (d), (f) and 5 (a), all judicial bodies are required to refrain from engaging in any act or practice of discrimination or gender-based violence against women; and to strictly apply all criminal law provisions punishing this violence, ensuring all legal procedures in cases involving allegations of gender-based violence against women are impartial and fair, and unaffected by gender stereotypes or discriminatory interpretation of legal provisions, including international law.45 The application of preconceived and stereotyped notions of what constitutes genderbased violence against women, what women's responses to such violence should be and the standard of proof required to substantiate its occurrence can affect women's right to the enjoyment of equality before the law, fair trial and the right to an effective remedy established in articles 2 and 15 of the Convention.4."

Quando falamos de violência contra a mulher e sua possibilidade de acessar a proteção dos recursos judiciais inclui a garantia da elucidação da verdade dos fatos. As investigações devem ser sérias, rápidas e imparciais, para que tal violação não reste impune e, além disso, que a condução do devido processo não seja permeada por questões discriminatórias e estereotipadas.

O direito das mulheres a uma tutela judicial efetiva como consagrado na *Convenção sobre a Eliminação de todas as formas de discriminação contra mulher*, consiste fundamentalmente a um acesso à justiça desenhado com o objetivo de promover a igualdade de *jure et facto* entre mulheres e homens no exercício de seus direitos humanos e liberdades fundamentais. A Convenção define em seu artigo 1 o que se entende por discriminação contra as mulheres de maneira ampla, deixando claro que nenhuma discriminação pode existir que possa anular o reconhecimento, gozo e exercício de direitos das mulheres. Esta definição compreende toda a diferença baseada no trato do sexo que intencionalmente ou na prática coloque as mulheres em uma situação de desvantagem ou que impeça o reconhecimento de tais direitos na esfera privada e pública.[27]

Ao elencar as violências contra a mulher, a Convenção supramencionada, elenca as violações dos direitos da mulher referentes ao direito à igualdade perante a lei e a ver-se livre de todas as formas de discriminação, a condições de emprego justas e favoráveis, entre outros. Em seguida, elenca em seu artigo 4, as obrigações específicas que os Estados devem assumir no âmbito legislativo, penal, civil ou administrativo e enfatiza a necessidade de devida diligência para prevenir, investigar e sancionar qualquer ato de violência contra a mulher.

Novamente citando a Recomendação Geral n. 28, esta estabeleceu que a obrigação do Estado compreende medidas que assegurem que as mulheres possam apresentar denúncias em caso envolvendo violações de direitos consagrados na Convenção e que tenham acesso a recursos efetivos, o estabelecimento de mecanismos de proteção jurídica dos direitos da mulher em igualdade com os dos homens e assegurar, mediante seus tribunais nacionais ou outras instituições públicas competentes, a proteção efetiva da mulher contra atos de discriminação. Ademais, cabe aos Estados a obrigação de garantir que as mulheres estejam protegidas de discriminação cometidas pelas próprias autoridades públicas e poder judiciário, proteção a ser garantida pelos tribunais competentes e outras instituições públicas.[28]

Acrescenta-se à Recomendação nº 28, o disposto na Recomendação nº 19, que afirmou que "... as leis contra a violência e os maus-tratos na família, a violação, ataques sexuais e outro tipo de violência contra a mulher protejam de maneira adequada a todas as mulheres e respeitem sua integridade

---

27. CEDAW, *Recomendación General 25*. Disponível em: <http://www.un.org/womenwatch/daw/cedaw/recommendations/General%20recommendation%2025%20(Spanish).pdf>. Acesso em: 22 de julho de 2018.

28. ONU, *Naciones Unidas, Comité para la Eliminación de la Discriminación contra la Mujer, Recomendación General 28, Relativa al Artículo 2 de la Convención sobre la Eliminación de Todas las Formas de Discriminación contra la Mujer*. Disponível em: <http://www.right-to-education.org/es/resource/cedaw-recomendaci-n-general-28>. Acesso em 20 de agosto de 2018.

e dignidade. O Estado deve proporcionar às vítimas proteção e apoio apropriados. Nesse sentido, é indispensável que se capacitem os funcionários judiciários, os agentes de ordem pública e outros funcionários públicos para que apliquem a Convenção.[29]

Resta claro que a falta de igualdade e a persistência de atitudes discriminatórias geral agravam a situação de violência sexista e impedem o gozo pleno dos direitos pelas mulheres.

O Comitê, na mesma Recomendação Geral n.19 já mencionada, considerou que existe uma clara vinculação entre tal violência e as atitudes tradicionais que consideram a mulher como uma pessoa subordinada ao homem que consequentemente levam a violações dos direitos humanos e liberdade fundamentais, como seu próprio acesso à justiça quando não vem a efetividade na proteção de seus direitos e/ou quando não se tem a devida diligência respeitada no momento da violação de um ou mais direitos.[30]

A afirmação de que a violência contra a mulher afeta o valor primordial da dignidade da pessoa aparece de forma concreta na Conferência Mundial sobre Direitos Humanos celebrada em Viena, em 1993, que considerou o problema com magnitude significativa e requereu aos Estados uma atitude inequívoca para erradicar essa violência em seu ordenamento interno e nas distintas esferas de cooperação internacional.[31]

Desde o estabelecimento dos Oito Objetivos de Desenvolvimento do Milênio (ODMs), que se constituem um conjunto de metas organizadas pelos governos de 191 países-membros da ONU, que foram ordenadas em setembro de 2000. Os objetivos foram propostos como forma de solucionar alguns problemas da humanidade como a desigualdade entre os gêneros. Os ODMs estão implicados com a melhoria da condição de vida das mulheres: igualdade entre os sexos, valorização da mulher e o objetivo de melhoria da saúde da gestante e a redução da mortalidade materna. Ressalta-se que os ODMs surgem a partir da Declaração do Milênio das Nações Unidas, de um esforço para sintetizar acordos internacionais alcançados em várias cúpulas mundiais ao longo anos 1990.[32]

Em 2015 foram comemorados os 20 anos da IV Conferência das Nações Unidas da Mulher, de 1995 realizada em Beijing/China e em sequência às Conferências Organizadas anteriormente (México-1995, Copenhague-1980 e Nairobi-1985). Além de ter mobilizado grande número de mulheres, introduzidos novos conceitos referentes às questões de gênero, com vistas à autonomia e equidade da mulher. [33]

Importante mencionar a realização da IV Conferência Mundial sobre a Mulher coincidiu com os 50 anos da ONU por meio do subtema "igualdade,

---

29. CEDAW, Recomendação Geral número 19. Disponível em: < http://unhrt.pdhj.tl/por/violencia-contra-as-mulheres/>.. Acesso em 24 de julho de 2018.

30. YOUNG Brigitte, Scherrer Christoph, *Violence against Women: State responsibilities in international human rights law to address harmful "masculinities*, Netherlands Quarterly of Human Rights, vol. 26, núm. 2, 2008, pp. 173-197. Disponível em: <*https://www.unikassel.de/fb05/fileadmin/datas/fb05/FG_Politikwissenschaften/Dateien/pdf/Gender_Knowledge_and_Knowledge_Networks_in_International_Political_Economy.pdf*>. Acesso em 22 de julho de 2018.

31. ONU, *Objetivos de Desenvolvimento do Milênio*. Disponível em: <*https://nacoesunidas.org/tema/odm/*>. Acesso em: 20 de agosto de 2018.

32. *Ibidem*

33. *Ibidel*

desenvolvimento e paz", reafirmou o compromisso com os direitos humanos das mulheres. A conferência destaca os esforços internacionais na proteção do direito das mulheres que se refletiu na elaboração de instrumentos internacionais de direitos humanos.

> Dada a relevância da questão, o 5º dos 17 Objetivos de Desenvolvimento Sustentável (ODS) apresentados pela Agenda 2030, estipula como meta o alcance da igualdade de gênero e o empoderamento de todas as mulheres e meninas. Além dele, outros 12 ODS incorporam explicitamente metas desagregadas por sexo, sendo que todos podem ser lidos a partir da perspectiva de gênero. A Agenda 2030 reafirma princípios contidos nas principais normas internacionais relativas aos direitos humanos das mulheres, tais como a Convenção para Eliminar Todas as Formas de Discriminação contra a Mulher (CEDAW) e a Plataforma de Ação de Pequim. Além destas, destacam-se no tema uma série de Convenções adotadas pela Organização Internacional do Trabalho (OIT), que definem as normas internacionais mínimas do trabalho; o Plano de Ação de Cairo adotado na Conferência Mundial de População e Desenvolvimento; e a própria Declaração Universal dos Direitos Humanos. Documentos como a Convenção pela Eliminação da Discriminação Racial, Declaração dos Povos Indígenas e a Declaração e Plano de Ação da III Conferência Mundial pela Eliminação do Racismo, Discriminação Racial, Xenofobia e Intolerâncias Correlatas, versam sobre a forma como mulheres negras e indígenas vivenciam de forma diferenciada o racismo e o sexismo.[34]

Ademais, cabe a nota que em âmbito regional, houve a comemoração da Convenção de Belém do Pará em 2014:

> Progressivamente, as convenções e os tratados assinados no âmbito internacional foram conquistando maior espaço para as demandas feministas no delineamento das políticas públicas. Finalmente, dentre eventos e comemorações passados e em andamento, a centralidade deste artigo recai sobre as duas décadas da Convenção Interamericana para Prevenir, Punir e Erradicar a Violência Contra a Mulher, nominada Convenção de Belém do Pará (1994-2014). De 22 a 24 de outubro de 2014, foi realizada, na cidade do México, a 1ª. Conferência Extraordinária dos Estados Partes da Convenção que contou com a presença de representantes de 35 países, majoritariamente da América Latina e do Caribe. A reunião integrou as atividades de competência do Mecanismo de Seguimento da Convenção de Belém do Pará (Mesecvi), coordenada pela Comissão Interamericana de Mulheres (CIM). Na ocasião, foi lançado o Guía para la Aplicación de la Convención Interamericana para Prevenir, Sancionar y Erradicar la Violencia contra la Mujer[35]

Das mais variadas formas de violência contra a mulher o impedimento de acesso à justiça e igualdade de gênero são as mais graves violações, uma vez que são esses mesmos fatores que permitem e favorecem o contexto de violação de direitos fundamentais e a perpetuação da discriminação contra a mulher.

---

34. ONU, Direitos Humanos das Mulheres. Disponível em: <https://nacoesunidas.org/wp-content/uploads/2018/08/Position-Paper-Direitos-Humanos-das-Mulheres.pdf>. Acesso em 20 de agosto de 2018.
35. BANDEIRA, Lourdes Maria; CAMPOS DE ALMEIDA, Tânia Mara. Disponível em: <http://www.scielo.br/pdf/ref/v23n2/0104-026X-ref-23-02-00501.pdf>. Acesso em: 20 de agosto de 2018. P. 502.

Desde a criação da DUDH o impacto da desigualdade entre homens e mulheres verifica-se em vários setores da sociedade e em vários seguimentos jurídicos, seja na formulação de leis, seja na aplicação delas, fazendo com que os organismos internacionais mobilizem os Estados na busca por soluções concretas para a mudança no cenário discriminatório que ainda vivemos, 70 anos após a DUDH existir no seio das Nações Unidas.

5. CONCLUSÃO

O século 20 rompe com um pensamento de que o Direito é apenas uma ferramenta para regular as relações humanas para ser uma ferramenta que promova a real igualdade entre os indivíduos, trazendo à tona uma corrente de pensamento feminista que põe acento ao caráter androcêntrico do Direito Internacional.

A Declaração Universal dos Direitos Humanos abre espaço para o desenvolvimento dos direitos fundamentais e elenca de forma explícita a igualdade entre homens e mulheres, deixando claro que para a efetivação de qualquer direito é preciso que haja paridade de acesso e exercício de direitos entre indivíduos para que não haja perda do caráter universal dos direitos humanos, originalmente vislumbrado na DUDH.

Nesse sentido, o ordenamento jurídico internacional tomou uma postura em favor dos direitos das mulheres e as questões atinentes ao gênero formam parte de extensa agenda de trabalho da comunidade internacional hoje. O processo de humanização e especialização do Direito Internacional trouxe consigo o debate sobre o direito das mulheres e seus desdobramentos. A defesa dos direitos da mulher cobrou maior impulso a partir da criação das Nações Unidas e da DUDH. A partir deste momento, instrumentos internacionais passam a consagrar o princípio da igualdade, prevendo a proibição à discriminação baseada no sexo. O tratado mais representativo na matéria, a Convenção sobre a Eliminação de todas as formas de Discriminação contra a Mulher de 1979. Sua importância para o direito da mulher é incontestável, principalmente na medida em que visa a estabelecer mecanismos para que a igualdade na DUDH seja eficaz.

Ademais, previu a DUDH o acesso à justiça a todos os seres humanos, porém sem estabelecer os mecanismos para tanto, principalmente em relação aos grupos mais vulneráveis da sociedade, tal qual as mulheres. Os instrumentos internacionais relacionados ao longo do trabalho demonstraram o que é acesso à justiça quando falamos sobre mulheres e como se verifica a eficácia da resposta jurídica quando nos deparamos com violações dos direitos humanos das mulheres.

É certo que muito ainda há por fazer no âmbito da eficácia das normas dos direitos humanos das mulheres, mas a comunidade internacional já vem buscando mecanismo para fazer valer os direitos estabelecidos nos instrumentos internacionais. Cabe aos Estados e atores sociais de impacto a inclusão e incorporação das diretrizes dos tratados de direitos humanos referentes aos direitos das mulheres para que a igualdade e acesso à justiça um dia vislumbrados em 1948 possam ser efetivados no século 21.

REFERÊNCIAS BIBLIOGRÁFICAS

ACCIOLY, Hildebrando. **Tratado de Direito Internacional Público**. 3. ed. São Paulo: Quartier Latin, 2009.

_____; CASELLA, Paulo Borba; SILVA, Geraldo Eulalio do Nascimento e. **Manual de Direito Internacional Público**. São Paulo: Saraiva, 2011.

ALVES, José Augusto Lindgren. A Declaração dos Direitos Humanos na pós-modernidade. In: _____. **Os direitos humanos na pós-modernidade**. São Paulo: Perspectiva, 2005. p. 21-41. (Coleção Estudos).

_____. **Os direitos humanos como tema global**. 2. ed. São Paulo: Perspectiva, 2003.

AMARAL JÚNIOR, Alberto do. **Curso de Direito Internacional Público**. 5. ed. São Paulo: Atlas, 2015.

BANDEIRA, Lourdes Maria; CAMPOS DE ALMEIDA, Tânia Mara. VINTE ANOS DA CONVENÇÃO DE BELÉM DO PARÁ E A LEI MARIA DA PENHA. Disponível em: <http://www.scielo.br/pdf/ref/v23n2/0104-026X-ref-23-02-00501.pdf>. Acesso em: 20 de agosto de 2018.

CANÇADO TRINDADE, Antônio Augusto. **A humanização do Direito Internacional**. São Paulo: Del Rey, 2006.

CAROZZA, Paolo G. Subsidiarity as a structural principle of International Human Rights Law. **Scholarly Works**, n. 564, 2003.

COOK, Rebecca J. CUSACK, Simone. *Gender Stereotyping – Transational Legal Perspectives.* University of Pennsylvania Press. 2010.

CORREIA, Miguel Brito. *1907 – Cem anos das Convenções de Haia.* Disponível em: <http://www.gecorpa.pt/Upload/Revistas/Rev37_Artigo%2009.pdf>.

CRUZ ROJA, *Estatuto del Tribunal de Nuremberg.* Disponível em: <http://www.cruzroja.es/principal/documents/1750782/1852538/estatuto_del_tribunal_de_nuremberg.pdf/20090fa2-e5bf-447a-aa96-612403df2a66>.

ESTEVES, María Leonor Machado. USC. *Contributo para uma reflexão em torno do sentido e fundamento dos crimes Contra a Humanidade.* P. 46 Disponível em: <https://minerva.usc.es/xmlui/bitstream/10347/14724/1/rep_1144.pdf>.

FLINTERMAN, Cees; ANKUMAH, Evelyn. The Inter-American Human Rights System. In: HANNUM, Hurst (Ed.). **Guide to international human rights practice**. 4. ed. [S.l.]: Trasnational, 2004.

GROSSMAN, Claudio. *The Inter-American Sytem and Its evolution, 2 Inter-Am. & Eur. Hum. J. 49 (2009).* Disponível em: <https://papers.ssrn.com/sol3/papers.cfm?abstract_id=2209876>. Acesso em: 21 de julho de 2018.

HAMPSON, Françoise. **Working paper on the implementation in domestic law of the right to an effective remedy**. Commission on Human Rights, Sub-Commission on the Promotion and Protection of Human Rights, 57th Session, UN.DOC.E/CN.4/Sub 2/2005/15, Genebra, 2005.

MARTÍNEZ, Aída González. *Human Rights of Women.* Journal of Law and Policy, 2001. Disponível em: <https://law.wustl.edu/harris/documents/p157_Martinez.pdf> Acesso em: 5 de agosto de 2018.

OHCHR, *Declaração Universal dos Direitos Humanos*. Disponível em: <https://www.ohchr.org/EN/UDHR/Documents/UDHR_Translations/por.pdf>. Acesso em: 23 de julho de 2018.

ONU, *Naciones Unidas, Comité para la Eliminación de la Discriminación contra la Mujer, Recomendación General 28, Relativa al Artículo 2 de la Convención sobre la Eliminación de Todas las Formas de Discriminación contra la Mujer*. Disponível em: < http://www.right-to-education.org/es/resource/cedaw-recomendaci-n-general-28>. Acesso em 20 de agosto de 2018.

_____, Direitos Humanos das Mulheres . Disponível em: <https://nacoesunidas.org/wp-content/uploads/2018/08/Position-Paper-Direitos-Humanos-das-Mulheres.pdf>. Acesso em 20 de agosto de 2018.

PIOVESAN, Flávia (Coord.). **Código de Direito Internacional dos Direitos Humanos anotado**. São Paulo: DPJ, 2008.

_____. **Direitos humanos e justiça internacional**: um estudo comparativo dos sistemas regionais europeu, interamericano e africano. 7. ed. São Paulo: Saraiva, 2017.

RAMOS, André de Carvalho. **Curso de direitos humanos**. São Paulo: Saraiva, 2014.

_____. **Processo internacional de direitos humanos**. 4. ed. São Paulo: Saraiva, 2015.

_____; SOARES, Inês Virgínia Prado (Coord.). **Impacto das decisões da Corte Interamericana de Direitos Humanos na jurisprudência do STF**. São Paulo: Juspodivm, 2016.

SHAW, Malcolm L. **International Law**. Cambridge: Cambridge University Press, 2008.

SEITENFUS, Ricardo. **Manual das organizações internacionais**. 4. ed. Porto Alegre: Livraria do Advogado, 2005.

SHELTON, Dinah L. The Inter-American Human Rights System. In: HANNUM, Hurst (Ed.). **Guide to international human rights practice**. 4. ed. [S.l.]: Trasnational, 2004.

STEINER, Henry J.; ALSTON, Philip. **Human rights in context**: law, politics, morals. 2. ed. Oxford: Oxford University Press, 2000.

_____. **International human rights**. 2. ed. Oxford: Oxford University Press, 2010.

WALD, Patricia M. *Genocide and Crimes Against Humanity*. 6 Wash. U. Global Stud. L. Rev. 621 (2007). Disponível em: <https://heinonline.org/HOL/Page?handle=hein.journals/wasglo6&collection=journals&id=629&startid=&endid=642>.

WHITE, Nigel D. **The United Nations System**: toward international justice. Colorado: Lynne Rienner Publishers, 2002.

DANIEL GARCIA / *GETTY IMAGES*

O BIODIREITO E OS 70 ANOS DA DECLARAÇÃO UNIVERSAL DE DIREITOS HUMANOS

RENATA DA ROCHA

Doutora em Filosofia do Direito e do Estado pela Pontifícia Universidade Católica de São Paulo PUC/SP. Mestre em Filosofia do Direito e do Estado pela Pontifícia Universidade Católica – PUC/ SP. Especialista em Direitos Fundamentais pela Universidade de Coimbra – Portugal. Professora de Biodireito e Bioética na Pós Graduação em Direito Médico – Escola Paulista de Direito – EPD. Professora da Graduação em Direito nas disciplinas Linguagem Jurídica, Biodireito, Teoria Geral do Direito e Filosofia. Membro da Comissão de Biotecnologia e Estudos sobre a Vida da OAB/SP. Membro Consultivo do Comitê de Bioética do Hospital do Coração – HCOR. Coordenadora do Curso de Extensão em Biodireito e Bioética: Dilemas Acerca da Vida Humana oferecido pelo Hospital do Coração – HCOR. Coordenadora da Pós em Bioética e Biodireito – Escola Paulista de Direito – EPD. Pesquisadora do Grupo BIÓS- Biodireito. Bioética e Biopolítica CNPQ/PUC-SP. Membro do IBDC.

PALAVRAS-CHAVE
INTRODUÇÃO, O BIODIREITO NO ÂMBITO DAS DECLARAÇÕES, O RECONHECIMENTO DO BIODIREITO COMO DIREITO HUMANO, DA EXIGIBILIDADE DAS DECLARAÇÕES DE DIREITOS HUMANOS, CONCLUSÕES, BIBLIOGRAFIA.

1. INTRODUÇÃO

A revolução biotecnológica iniciada no século passado com a união que se operou entre a engenharia, a medicina e a biologia constitui um marco divisório na história da humanidade, especialmente no que concerne aos diagnósticos e terapias.

Nos últimos 20 anos, o homem passou a interferir direta e determinantemente em processos que, até então, eram regidos apenas e tão somente pelas leis da natureza.

A ciência autônoma, tal e qual fora concebida ao final do Medievo, quando apartada da Filosofia, passou a instrumentalizar, para o bem ou para o mal, a vida humana, da concepção à morte, passando, assim, a se apropriar do último refúgio humano, qual seja, o *gene*.

Eis a consagração definitiva do projeto inaugural da razão moderna emancipadora. Se com Descartes, Bacon, Hobbes, Diderot e D'Alembert, entre outros, viveu-se a genealogia do materialismo, da instrumentalização do mundo e forjou-se um homem capaz de se afirmar como *dono e senhor da natureza*, hoje esse mesmo homem não é apenas dono e senhor de seu entorno, de forma inversa, tornou-se parte da natureza física observável e objeto manipulável.

Nesse sentido, François Ost anuncia: "A vida torna-se objecto de ciência: uma ciência não mais simplesmente descritiva (anatômica), como vimos, mas realmente criadora (genética)"[1].

As questões relacionadas à infertilidade humana consubstanciam emblemático exemplo do referido acima, pois foram profundamente alteradas com o desenvolvimento da genética e com o advento das técnicas de reprodução assistida, nomeadamente, a inseminação artificial e a fertilização *in vitro*[2].

Deste desenvolvimento nasceu, de um lado, a possibilidade de casais inférteis realizarem o sonho do projeto parental, e, de outro lado, toda sorte de pesquisas e testes com embriões humanos, tanto aquelas relacionadas com as células-tronco embrionárias, quanto os chamados diagnósticos genéticos pré-implantacionais, os quais podem ser realizados já nas primeiras etapas do desenvolvimento embrionário humano e dão origem à medicina preditiva e à terapia gênica[3] que, auxiliada pela técnica da engenharia genética, passou a manipular os genes de forma a alterar-lhes as características.

Zygmunt Bauman, ao se debruçar sobre a questão, assevera:

> *Atualmente a medicina compete com o sexo pela responsabilidade da 'reprodução'. Os médicos competem com os* homini sexuali *pelo papel de autores principais do drama. O resultado da disputa é uma conclusão inevitável: agradece-se pelo que a medicina pode fazer, mas também pelo que se espera que ela faça e pelo que dela desejam os estudantes e ex-alunos da escola de marketing da vida dos consumidores. A possibilidade fascinante que se encontra bem ali na esquina é a oportunidade (para citar Sigusch novamente) de 'escolher um filho num catálogo de doadores atraentes quase da mesma forma como eles [os consumidores contemporâneos] estão acostumados a comprar pelo correio ou por meio de revistas de moda' — e adquirir a criança escolhida no momento preferido. Seria contrário à natureza de um consumidor experiente não ter o desejo de dobrar aquela esquina*[4].

A temeridade do procedimento vem à tona se se considerar que a manipulação genética em nível germinativo é capaz de modificar o patrimônio genético não somente do indivíduo, mas da Humanidade. Deste contexto emerge o risco de uma nova eugenia[5].

Os aspectos relacionados à terminalidade da vida também não escaparam à lógica cientificista. A ideia de morte natural como parte integrante e inexorável de um *processo vital*, na acepção que José Afonso da Silva confere à expressão, cedeu lugar à busca obstinada de práticas terapêuticas capazes de adiar ao máximo, através do uso de equipamentos, a morte de pacientes acometidos por doenças incuráveis e terminais, mantendo artificialmente suas vidas, postergando o momento da morte[6]. Eclodem, então, as discussões acerca da distanásia[7], da eutanásia[8], do suicídio assistido[9], da ortotanásia[10] e das diretivas antecipadas de vontade[11].

Nota-se, com isso, que essas novas tecnologias produziram significativas alterações no que diz respeito à origem, ao desenvolvimento e ao término da vida humana.

Há nesses procedimentos, implícito, um poder que se traduz, em última instância, na capacidade que a engenharia, associada à medicina genética e à

---

1. OST. François. *A natureza à margem da lei. A ecologia à prova do direito.* Lisboa: Instituto Piaget. 1995, p. 83.

2. A inseminação artificial processa-se pelo método GIFT (*Gametha Intra Fallopian Transfer*), através do qual ocorre a inoculação do sêmen na mulher sem que haja qualquer manipulação externa de óvulo ou embrião. A ectogênese ou fertilização *in vitro*, conhecida pela sigla ZIFT (*Zibot Intra Fallopian Transfer*), concretiza-se na retirada de óvulo da mulher, na sua fecundação em uma proveta, com o sêmen do marido ou de outro homem, e na introdução do embrião no útero da mulher ou no de outra. Cf. DINIZ, Maria Helena *O estado atual do Biodireito.* São Paulo: Saraiva, 2004, p. 551 e ss.

3. A terapia gênica ou geneterapia consiste na supressão, alteração ou troca do gene relacionado ao aparecimento de determinadas enfermidades, por outro, geneticamente modificado. Na geneterapia os cientistas utilizam "... genes em lugar de drogas para tratamento de doenças genéticas e não genéticas." AZEVÊDO, Eliane. Aborto. In: GARRAFA, Volnei.; COSTA, Sergio Ibiapina. (Org.). *A bioética do século XXI.* Brasília: UnB, 2000, p. 91.

4. BAUMAN, Zygmunt. *Amor Líquido: sobre a fragilidade dos laços humanos.* Trad. Carlos Alberto Medeiros. – Rio de Janeiro: Jorge Zahar Ed. 2004. Pág. 57-58.

5. Japiassu aduz que com o advento da Biotecnologia "O velho eugenismo é substituído pela noção de dons (talentos) e pela concepção de desigualdades programadas." JAPIASSU, Hilton. *As paixões da ciência: estudos de história das ciências.* São Paulo: Letras & Letras, 1991, p. 290.

6. "Não intentaremos dar uma definição disto que se chama vida, porque é aqui que se corre o grave risco de ingressar no campo da metafísica suprarreal, que não nos levará a nada, mas alguma palavra há de ser dita sobre esse *ser* que é objeto de direito fundamental. *Vida*, no texto constitucional (art. 5º, *caput*), não será considerada apenas no seu sentido biológico de incessante autoatividade funcional, peculiar à matéria orgânica, mas na sua acepção biográfica mais compreensiva. Sua riqueza significativa é algo de difícil compreensão, porque é algo dinâmico, que se transforma incessantemente sem perder sua própria identidade. É mais um processo (processo vital), que se instaura com a concepção (ou germinação vegetal), transforma-se, progride, mantendo sua identidade,

até que muda de qualidade, deixando, então, de ser vida para ser morte. Tudo que interfere em prejuízo deste fluir espontâneo e incessante contraria a vida." SILVA, José Afonso da. *Curso de direito constitucional positivo*. 16ª ed. São Paulo: Malheiros, 1999, p. 200.

7. "[...] uma forma de prolongar a vida de modo artificial, sem perspectiva de cura ou melhora. PESSINI, Leonir. *Distanásia: até quando prolongar a vida*. São Paulo: Loyola, 2001.

8. O vocábulo eutanásia é formado pela junção de duas palavras gregas "*eu*", que designa "bem", "bom", "pleno", seguida do termo *thanasia*, que deriva de *thânatos*, equivalente à morte. Em sentido literal, eutanásia significa a "boa morte". De forma sucinta podemos dizer que a eutanásia consiste na prática de abreviar a vida de um doente incurável, terminal ou não, a seu pedido, de maneira controlada, por exemplo, utilizando-se uma medicação que induza a morte ou desligando os aparelhos que mantém o paciente vivo.

9. Por ser a vida considerada um bem jurídico inviolável, aquele que prestar assistência ao suicídio será responsabilizado pelo crime de induzimento, instigação ou auxílio ao suicídio, elencado art. 122, do Código Penal, ainda que o faça por piedade.

10. Etimologicamente ortotanásia significa morte correta – *orthos* – do grego, *reto, correto*, acrescido do vocábulo *thanatos* – igualmente do grego – *morte* – conforme expusemos anteriormente. Significa, em apertada síntese, o não prolongamento artificial da vida, ou, dito de outro modo, o processo natural da morte.

11. As Diretivas Antecipadas de Vontade (DAV's) podem assumir duas formas, que não se excluem entre si, a saber: "[...] ou se manifesta a vontade que se pretende fazer valer no futuro num documento escrito (testamento vital) ou se delega a manifestação dessa vontade num procurador especificamente instituído para esse efeito (o Procurador de Cuidados de Saúde). O Testamento Vital é um documento escrito no qual uma pessoa dispõe acerca da sua vontade quanto aos cuidados médicos que pretende receber quando perca a capacidade de exprimir seus desejos, ou se encontrar em estado de incapacidade que não possa decidir por si". RAPOSO, Vera Lúcia. Directivas Antecipadas de Vontades: em busca da Lei perdida In *Revista do Ministério Público*. I 25, Jan-Março 2011, Ano 32, Separata, p. 173.

biologia, tem de transformar o homem e não apenas de cuidá-lo e curá-lo. João Pereira Coutinho refere-se a essas transformações em tom apreensivo:

> Corrigir uma visão deficiente faz parte da missão da medicina. 'Curar' é o verbo. Mas 'alterar' ou 'manipular' a natureza humana, proporcionando ao sujeito uma supervisão, uma superforça, uma supervelocidade, é mais do que curar. É entender que o ser humano pode ser objeto de ambições prometeicas[12].

Os meandros e as circunstâncias nas quais se origina e se observa o desenvolvimento desse poder, bem como no qual seu domínio parece escapar à observação de qualquer limite, encontram-se ilustrados na advertência feita por Paul Ricoeur:

> A ciência já não se define sem o cientista como homem. Sua atividade não é solitária, mas implica um trabalho de equipe em gabinetes de estudo, laboratórios, clínicas, lugares de pesquisa, interesses do poder interferem em projetos de pesquisa; a ética da discussão é posta à prova durante uma atividade comunicacional muito específica, com seus jogos de linguagem específicos, sob a divisa da honestidade intelectual. Essas relações interpessoais e institucionais, que engendram a dinâmica compartilhada pelo conjunto da comunidade científica, fazem da pesquisa científica a busca aleatória magnificamente descrita por Jean Ladrière: imersa na história, ligada a fatos intelectuais, tais como as grandes descobertas, mudanças de paradigmas, achados, avanços, mas também polêmicas e jogos de poder. Sobre essa busca, definida com razão como busca da verdade e apreendida em sua normatividade imanente à atividade científica como prática teórica, pode-se dizer que somente reconhece o destino de seu caminho ao traçá-lo. A questão ulterior consiste em saber como essa prática se insere entre outras práticas não propriamente científicas nem mesmo teóricas [...] a saber, práticas tais como técnicas, atividade moral, jurídica, política. É em seu ponto de junção que a prática teórica e não teórica projetam, de modo arriscado e sempre revisável, o horizonte de sentido em relação ao qual se define a humanidade do homem"[13].

Em outro ponto o autor pondera:

> Não há identificação entre a dimensão veritativa da reflexão e essa vigilância inspirada pelo respeito, mas sim cruzamento no mesmo ponto: assim, os debates atuais sobre a experimentação com embriões humanos e até sobre a clonagem terapêutica se situam no nível em que o espírito científico de descoberta interage com a interrogação acerca do grau de respeito devido à vida humana em seu início. O que se toca aí indiretamente não são as pressuposições antropológicas cuja posição em relação ao juízo moral destacamos acima; está agora em causa a sua posição em relação ao espírito de pesquisa, impaciente com coerções e censuras [...] onde houver poder, haverá possibilidade de contaminar, portanto necessidade de vigilância [...][14].

A constatação dessas e de outras realidades relacionadas ao avanço da Biomedicina, bem como o caráter ambíguo inerentes às técnicas a ela associadas, é que traz à tona não somente os (com) prováveis benefícios, como também o potencial lesivo desse *Admirável mundo novo*[15].

Essa potencialidade lesiva é o que leva a refletir acerca dos direitos do homem e das instâncias normativas aptas a informar os limites capazes de compatibilizar as conquistas oriundas da revolução promovida pelas biociências, em geral, e pela Biomedicina, em particular.

A reflexão perpassa também pela tutela jurídica, não apenas da vida humana *in* útero, mas, sobretudo, do *processo vital* do ser humano, tornando efetiva, desse modo, a garantia da dignidade, não apenas da *pessoa*, na clássica acepção do termo, mas também do *ser* humano, isto é, do *ontos*, onde quer que este se encontre, independentemente do *locus* e do estágio de seu desenvolvimento.

Tudo de forma a permitir que os benefícios que tais técnicas anunciam, suplantem os prejuízos que podem vir a provocar e que a ciência possa evoluir, sem que esta evolução consubstancie ameaça à própria espécie humana.

2. O BIODIREITO NO ÂMBITO DAS DECLARAÇÕES

Partindo da premissa de que o Biodireito constitui um novo ramo do Direito, relacionado aos avanços na área da Biomedicina e da Biotecnologia[16], e que essa nova dimensão da tutela da vida compreende o homem como um *continuum do mesmo ser*[17], aí inseridos os diversos estágios de desenvolvimento comuns à espécie humana, zigoto, mórula, blástula, concepto, embrião, feto, recém-nascido, a criança, o adolescente, o homem adulto e o idoso – e, por outro lado, afirmando a vida humana como um *processo*[18], que se inicia com a concepção, tranforma-se, progride, mantém sua identidade e individualidade até que deixa de ser vida e se tranforma em morte, ou seja, todo o percurso que envolve o surgimento, a manutenção e a extinção da vida, alcançando assim o domínios anteriores à aquisição da personalidade e ao nascimento completo e com vida[19] –, far-se-á uma incursão pelas Declarações de Direitos que, desde a segunda metade do século 20, reconhecem essa nova dimensão, bem como a necessidade de regulamentá-la.

Refletindo acerca dessa realidade insurgente, Daniel Serrão anuncia:

> [...] a construção de órgãos bioartificiais em que se conjugam células vivas com suportes inertes já está em franco desenvolvimento. O fígado e o pâncreas bioartificiais estão já disponíveis para situações agudas[20].

Resguardar essa realidade a partir da proteção de um conteúdo normativo que envolva, entre outros temas, a pesquisa científica em seres humanos, o aborto terapêutico, os transplantes de órgãos, a mudança de sexo, o diagnóstico genético pré-implantacional, a medicina preditiva e regenerativa, a

---

12. COUTINHO, João Pereira. *Problemas de Visão. Folha de S. Paulo.* Ilustrada. p. E12.

13. RICOEUR, Paul. *O Justo: justiça e verdade e outros estudos.* São Paulo: Martins Fontes, 2008, p. 17-18.

14. *Ibidem.*, p. 15-16.

15. O *Admirável mundo novo* é uma "fábula" escrita no ano de 1931, por Aldous Huxley, acerca do totalitarismo político-científico ainda por vir. Na obra o autor descreve uma sociedade cientificamente ordenada, hierarquizada e condicionada através de doses regulares da satisfação química que se verificava pela ingestão periódica de pílulas de "felicidade", bem como de manutenção da servidão voluntária alcançada por meio de ideologias incutidas durante o sono. A construção dessa sociedade "perfeita" a serviço de um sistema totalitário "soft" e quase sem sofrimento passa, segundo o autor, necessariamente pelo aperfeiçoamento biológico da espécie humana onde se vislumbravam crianças sendo concebidas e gestadas em laboratórios, em linhas de produção artificiais, com um controle total sobre o desenvolvimento dos embriões pelos cientistas do Estado. A manipulação genética desses embriões garantiria a produção de poucos dotados, destinados ao trabalho braçal e também daqueles (pré) destinados socialmente a comandar. Esse controle "não violento" garantia que as pessoas aceitassem pacificamente seu papel social. Cf. HUXLEY, Aldous. *Admirável mundo novo*. São Paulo, Globo, 2009. O texto se converteu no prenúncio da eugenia praticada alguns poucos anos depois, pelo regime nazista hitlerista, assim como também revelou a função "clarividente" da literatura.

16. "A biotecnologia traz, de facto, algo de novo: o seu crescente poder de intervenção no ser vivo, que se traduz na manipulação da natureza a níveis profundos – como o patrimônio genético –, na capacidade de antecipar o futuro, na criação de estruturas vivas/organismos que, por sua vez, se tornam objeto de estudo". MATOS, Augusta Clara; MOURÃO, José Augusto. Bioética e Poder Político: A retórica da biotecnologia *In Comunidade Científica e Poder.* GOLÇALVES, Maria Eduarda (Org.). Lisboa: Edições 70, 1993, p. 87.

17. SANTOS, Maria Celeste Cordeiro Leite dos. *Op. cit.*, p. 152.

manipulação genética, a terapia gênica, a reprodução assistida, a clonagem, a terminalidade da vida, a eugenia, enfim, práticas que em certa medida permitem recriar o homem[21] é o desiderato desses textos.

Tratar-se-á, então, da normatização desses novos conteúdos no âmbito universal, por meio da análise das Declarações, dos Tratadados, dos Relatórios, das Convenções, dos Acordos e das Diretrizes e Diretivas internacionais que contemplam direta ou indiretamente a questão.

3. O RECONHECIMENTO DO BIODIREITO COMO DIREITO HUMANO

Com efeito, o Código de Nuremberg, instituído em 1947 pelo Tribunal Internacional, incumbido de julgar os crimes contra a humanidade praticados durante a Segunda Guerra, constitui um marco na normatização internacional destes novos conteúdos que aqui estamos afirmando estarem sob a égide do Biodireito.

Elaborado em resposta às atrocidades cometidas durante o regime nazista que, em nome da pesquisa científica e do avanço da medicina, inoculou propositadamente sífilis, gnococos por via venosa, tifo, células cancerosas e vírus em prisioneiros; que efetuou esterilizações e experimentos genéticos com o objetivo de obter uma raça superior; que provocou em crianças queimaduras de 1º e 2º graus através da exposição aos compostos de fósforo; que submeteu idosos ao contato com altas doses de substâncias tóxicas a fim de conhecer os decorrentes efeitos colaterais; que permitiu que mulheres com lesões pré-cancerosas no colo do útero fossem deixadas sem tratamento com o escopo de analisar a evolução da moléstia[22], o Código passou a determinar expressamente a necessidade do consentimento livre e esclarecido dos sujeitos de pesquisa nos seguintes termos:

> *As pessoas que serão submetidas ao experimento devem ser legalmente capazes de dar consentimento; essas pessoas devem exercer o livre direito de escolha sem qualquer intervenção de elementos de força, fraude, mentira, coação, astúcia ou outra forma de restrição do posterior; também devem ter conhecimento suficiente do assunto do estudo para tomar uma decisão*[23].

Assim, com o propósito de estabelecer diretrizes gerais que inibissem os experimentos nos quais não houvesse uma bem-definida finalidade diagnóstica, profilática ou terapêutica, o Código de Nuremberg estabeleceu não apenas a necessidade do consentimento pessoal, prévio, livre e esclarecido, como também a proteção da vulnerabilidade e a precedência da vida e da saúde do sujeito da pesquisa sobre os avanços da Biomedicina.

Registre-se que no Código não havia referência expressa às pesquisas envolvendo seres humanos já concebidos e não nascidos, isto porque à época

---

18. Novamente a ideia de *processo vital* formulada por José Afonso da Silva, referida anteriormente, encontra-se em harmonia com a etimologia do vocábulo Biodireito – *biós* – originário do vocabulário grego, significa *vida*. Contudo, não possui a mesma conotação de *vida* designada pela língua portuguesa. Isso porque, no uso corrente da língua portuguesa a *vida* é considerada como a antítese de *morte* e, no vocabulário grego, a antítese de *morte* – *thanatos* – não é *biós*, e sim, *zoé*, ou seja, os gregos, por atribuírem dois sentidos à palavra vida, possuem duas expressões distintas para designá-los. Desse modo, *biós* corresponde ao decurso da vida, ao seu período de duração, a sua continuidade, relaciona-se com o tempo, *chronos*, apresenta-se interligada, portanto, à consideração dos meios e das condições nas quais a vida evolui, condições essas no sentido de posse, propriedade, opulência, recursos que a vida possui para desenvolver-se. Para a civilização grega, *biós* está diretamente relacionado à ética, posto que enfatiza a condição qualificada do ser, o *status* do ser Cf. AGAMBEN, Giorgio. *Homo Sacer: O poder soberano e a vida nua*. Belo Horizonte: UFMG, 2002, p. 09-10. SILVA, José Afonso da. *Curso de direito constitucional positivo*. 16ª ed. São Paulo: Malheiros, 1999, p. 200.

19. Tal como prenuncia Paulo Otero o "Direito da Vida" – o mestre português adota esta expressão para designar o que aqui chamamos de Biodireito – "[...] incide sobre a vida e não sobre a personalidade, daí que procure chegar aos domínios relacionados com a pessoa humana cronologicamente anteriores à aquisição da personalidade – todo o sector anterior ao 'nascimento completo e com vida' – e projectar-se para além do termo personalidade jurídica". OTERO, Paulo. *Direito da Vida: Relatório sobre o Programa, Conteúdos e Métodos de Ensino*. Coimbra: Almedina, 2004, p. 30-31.

20. SERRÃO, Daniel. Questões para o século XXI In *Estudos de Direito da Bioética*. ASCENSÃO, José de Oliveira. (Coord.). Coimbra: Almedina, 2005, p. 13.

de sua elaboração ainda não se cogitava a realização de pesquisas que envolvessem embriões humanos e, sendo assim, o desafio era proteger a vida do ser humano nascido.

Todavia, os primeiros sinais de preocupação da comunidade científica em torno dessa questão, isto é, da tutela da vida antes do nascimento completo, pode ser notada já no ano de 1969, com o estabelecimento do Código Internacional de Ética Médica que passou a determinar expressamente que "[...] o médico há de sempre lembrar-se da importância de preservar a vida humana, desde a concepção até a morte".

No mesmo sentido, a Declaração da Associação Médica Mundial, em outubro de 1996, na 48ª Assembleia Geral da Associação Médica Mundial, realizada na África do Sul, sobre os direitos do Não Nascido propugnando "[...] a vida de um ser humano individual começa com a concepção e termina com a morte".

Ainda com relação à contribuição da Associação Médica Mundial destacamos a sua 18ª Assembleia, realizada na Finlândia, em 1964, que se propôs a elaborar uma Declaração que orientasse a pesquisa biomédica envolvendo seres humanos.

Denominada Declaração de Helsinque e revista em sete sessões desde a sua primeira versão – 1964, 1975, 1983, 1989, 1996, 2000, 2008 e 2013 –, a referida Declaração segue os parâmetros éticos anteriormente estipulados pelo Código de Nuremberg, destacando que os interesses dos indivíduos se sobrepõem aos interesses da coletividade, o que implica dizer, "[...] os interesses individuais devem prevalecer sobre os interesses da ciência e da sociedade".

A Declaração Universal dos Direitos do Homem promulgada um ano após a edição do Código de Nuremberg, em 1948, pela Organização das Nações Unidas é documento de cunho internacional que reconhece certos direitos como essenciais a todos os seres humanos.

Importante frisar que tal documento limitou-se a proclamar a existência desses direitos e não a criá-los, por isso o fez sob a epígrafe de "declaração"[24].

Embora, tecnicamente, a Declaração Universal dos Direitos do Homem inicialmente representasse uma recomendação[25] efetuada pela Assembleia Geral das Nações Unidas aos Estados membros, seu valor histórico fez com que quase todas as nações do mundo acabassem por reconhecer a *máxima* contida em seu art. 1º, segundo a qual "Todos os seres humanos nascem livres e iguais em dignidade e direitos".

Uma interpretação açodada do dispositivo poderá dar margem a entendimentos equivocados, já que o preceito emprega o termo *nascem* como

---

21. "É velho o sonho de criar a vida. Até há pouco tempo estas eram tão-só fábulas, como mostram abundantes obras literárias – como por exemplo *Franknestein or The Morden Prometheus (1818)*, de M. Shelley [...] agora o sonho está a tornar-se realidade". INFANTE, Ascensión Cambrón. Entre o Poder e a Razão: Novas técnicas reprodutivas e decisões éticas e jurídicas. *In Comunidade Científica e Poder. Op. cit.*, p. 102. No mesmo sentido, Daniel Serrão se referindo aos avanços da Medicina no século XXI adverte "A ética e o direito vão ter muitas dificuldades para lidar com estes novos problemas que não são as fantasias da engenharia genética, mas são aplicações, diria bizarras, de tecnologia já disponíveis hoje". SERRÃO, Daniel. *Op. cit.*, p. 14.

22. No Japão, a realidade não era muito diferente, prisioneiros chineses foram infectados com bactérias causadoras da peste bubônica, antraz, febre tifoide e cólera e, em seguida, expostos a vivissecções sem anestesia.

23. Código de Nuremberg - disponível em *http://www.bioetica.ufrgs.br/nuremcod.htm* Acesso em 1º-9-2011.

24. É assim que Schooyans expressa seu posicionamento acerca da DUDH: "é uma declaração de direitos, e não uma atribuição de direitos aos homens, porque esses direitos os homens possuem por natureza, sejam eles reconhecidos ou não; a declaração é igualmente universal porque tais direitos todos os homens os possuem, e ninguém está autorizado a exercê-los em detrimento de outrem." SCHOOYANS, Michel. *Dominando a vida, manipulando os homens*. São Paulo: IBRASA, 1993, p. 19-20.

25. É tema pacífico hoje que a vigência dos direitos humanos consagrados na Declaração Universal dos Direitos do Homem independe de sua declaração em constituintes, leis e tratados internacionais, haja vista o direito internacional não se esgotar somente neles, mas por ser constituído também por costumes e princípios gerais de direito, conforme declara o art. 38 do Estatuto da Corte Internacional de Justiça. Assim, os direitos humanos enunciados na Declaração de 1948 correspondem, na sua totalidade, àquilo que os costumes e princípios jurídicos internacionais reconhecem como elementos básicos de reverência à dignidade humana Cf. COMPARATO, Fabio Konder. *A afirmação histórica dos direitos humanos*. 4ª ed. São Paulo: Saraiva, 2005, p. 22.

se houvesse sido considerada pela Assembleia a possibilidade de dispensar tratamento diferenciado entre os seres humanos nascidos e aqueles ainda por nascer.

Não obstante, oportuno recordar que a determinação contida no art. 7º do mesmo diploma legal é capaz de dissipar qualquer interpretação distorcida que venha a fugir ao espírito igualitário que anima a Declaração Universal dos Direitos do Homem. Desse modo, o referido artigo acentua que "Todos são iguais perante a lei e têm direitos, sem qualquer distinção, a igual proteção da lei...".

Com efeito, se todos devem ser igualmente protegidos pela lei, descabido o entendimento de acordo com o qual distinguem-se os homens nascidos dos homens ainda não nascidos, mas já concebidos. Tal interpretação colidiria com o direito amplo e irrestrito à vida, proclamado no art. 3º da Declaração que estabelece categoricamente que "todo homem tem direito à vida, à liberdade e à segurança pessoal"[26], ou seja, todo *ser* humano é titular desses direitos.

Em continuidade ao objetivo perseguido inicialmente pela Declaração de 1948, a saber, a institucionalização dos direitos fundamentais do homem em âmbito universal, a Assembleia Geral das Nações Unidas adotou, em 1966, dois pactos internacionais de direitos humanos: o Pacto Internacional de Direitos Civis e Políticos e o Pacto Internacional de Direitos Econômicos, Sociais e Culturais.

Ao primeiro deles foi anexado um Protocolo Facultativo, atribuindo ao Comitê de Direitos Humanos, instituído por aquele Pacto, competência para receber e processar denúncias de violação de direitos humanos, formuladas por indivíduos contra qualquer dos Estados-Partes.[27]

Em conformidade com a Declaração Universal dos Direitos do Homem, estabelecem os Pactos, em seu art. 6º, que "O direito à vida é inerente à pessoa humana. Este direito deverá ser protegido pela lei. Ninguém deverá ser arbitrariamente privado de sua vida". Mais à frente, por meio do art. 16, determina-se o reconhecimento do direito da personalidade jurídica a qualquer pessoa, onde quer que esta se encontre.[28]

A Convenção Americana de Direitos Humanos, que também ficou conhecida como Pacto de São José, foi aprovada na Conferência Interamericana de Direitos Humanos, realizada em 22 de novembro de 1969, na Costa Rica.

Subscrita pelo Brasil nessa mesma data, a Convenção somente foi aprovada pelo Congresso Nacional em 26 de maio de 1992, através do Decreto Legislativo n. 27, sendo ordenada sua integral observância em 25 de setembro

---

26. Declaração Universal dos Direitos do Homem de 10/12/1948.
27. Ambos os pactos foram ratificados pelo Brasil por meio do Decreto Legislativo n. 226, de 12 de dezembro de 1991, e promulgado pelo Decreto n. 595, de 6 de dezembro de 1992. Cf. COMPARATO, Fabio Konder. *Op. cit.*, p. 275.
28. *Ibidem*, p. 290.

de 1992 pelo Decreto executivo n. 678, incorporando-se, assim, definitivamente ao ordenamento jurídico pátrio[29].

De início, é taxativa ao determinar em seu art. 1º, § 2º, que, para efeitos da Convenção, "pessoa é todo ser humano", não determinando, assim, qualquer desigualdade ao trato para com a vida intra ou extrauterina. Mais adiante, em seu art. 4º, § 1º, expressamente anuncia "Toda pessoa tem direito a que se respeite sua vida. Esse direito deve ser protegido pela lei e, em geral, desde o momento da concepção".

No concernente ao emprego da expressão "em geral", constante do referido artigo, existe a possibilidade de, afastando-se da intenção da Comissão que redigiu o texto, interpretar que, se há uma regra "geral" que implica a observância do respeito do direito à vida, haveria, da mesma forma, uma "exceção" que autorizaria, em certos casos, a não observação do preceito.

É nesse sentido a interpretação de muitos Estados tendentes a legalizar o aborto. Não obstante, é preciso recordar que, em seguida, o § 5º do mesmo dispositivo faz uma ressalva capaz de dirimir qualquer dúvida, pois proíbe aplicação da pena de morte, para os Estados que ainda não a aboliram, à mulher em estado de gravidez.

Importante consignar que o artigo 29, visando a evitar qualquer entendimento isolado e dissonante do espírito da Convenção, ao tratar das regras de interpretação, é determinante ao proibir quaisquer interpretações que suprimam ou limitem os direitos e as liberdades nela previstos (§ 1º); excluam outros direitos e garantias inerentes aos seres humanos ou que decorram da forma democrática representativa de governo (§ 3º); e excluam ou limitem a Declaração dos Direitos e Deveres do Homem e demais atos internacionais de idêntica natureza em seus efeitos (§ 4º)[30].

Oportuno recordar o ensinamento de Hélio Bicudo para quem "[...] a Convenção de 1969 quis afirmar, simplesmente, que o direito à vida deve ser protegido ordinariamente, comumente (em geral) a partir do momento da concepção"[31].

Em sentido análogo, Fábio Konder Comparato afirma: "[...] tal como redigido, o artigo proíbe também [...] as práticas de produções de embriões humanos [...] bem como da clonagem humana para finalidades não reprodutivas e, portanto, com destruição do embrião"[32].

Desse modo, no que diz respeito ao estatuto da concepção humana, forçoso admitir, juntamente com Reinaldo Pereira e Silva, que três são as diretivas enunciadas no Pacto de São José da Costa Rica: "a primeira, prevê o respeito universal à vida; a segunda, esclarece que a vida deve ser

---

29. No que concerne aos órgãos de fiscalização e julgamento, a Convenção atribuiu competência ao Tribunal Europeu de Direitos Humanos. O Protocolo n. 11 à Convenção Europeia de Direitos Humanos extinguiu a Comissão prevista no art. 44 do Pacto de São José da Costa Rica, atribuindo sua competência ao Tribunal Europeu de Direitos Humanos (TEDH). O mesmo protocolo vinculou, de pleno direito, todos os Estados Membros à jurisdição do tribunal. Cf. VASCONCELOS, Cristiane Beuren. *Op. cit.*, p. 96.

30. Cf. VASCONCELOS, Cristiane Beuren. *Op. cit.*, p. 96.

31. BICUDO, Hélio Pereira. *Direitos humanos e sua proteção*. São Paulo: FTD, 1997, p. 62.

32. COMPARATO, Fábio Konder. *Op. cit.*, p. 364.

respeitada desde o momento da concepção; e a terceira, afirma o respeito incondicional à vida"[33].

A Declaração de Valência sobre Ética e o Projeto Genoma Humano foram elaborados no ano de 1990, mesma ocasião em que teve início o consórcio internacional de pesquisadores de diversos países da Europa, bem como do Japão e da Austrália que, liderados pelos Estados Unidos, fizeram surgir o PGH – Projeto Genoma Humano – iniciativa científica reconhecida mundialmente pela sigla HUGO (*Human Genome Organization*), que tinha como objetivo identificar, até o ano 2005, cada um dos aproximadamente 100 mil genes e 3 bilhões de pares de nucleotídeos que compõem a molécula de DNA, tudo com base no mapeamento do código genético, isto é, no registro da posição de cada um dos genes nos 23 pares de cromossomos humanos[34], em seu sequenciamento, ou determinação da ordem precisa de ocorrência dos nucleotídeos que compõem cada gene, segundo Celeste Gomes e Sandra Sordi representava:

> [...] a possibilidade de se personalizar a medicina, ou seja, realizar tratamentos que se baseiam em conhecimento mais detalhado da fisiologia de cada pessoa, uma vez que o código genético da pessoa determina, em muitos casos, sua reação a um medicamento, inclusive efeitos colaterais[35].

A partir desse acesso ao material genético, os pesquisadores identificariam e isolariam os *genes* responsáveis por milhares de doenças genéticas que acometem os seres humanos, tanto nas diversas etapas de seu desenvolvimento, quanto na fase pré-embrionária, não somente as moléstias de caráter hereditário, como também aquelas advindas da interação entre os genes e o meio ambiente.

Diante dessas reais possibilidades de manipulação e alteração do material genético humano, a Declaração de Valência manifestou-se favoravelmente às terapias gênicas em células somáticas[36] para o tratamento de enfermidades humanas específicas e tratou de registrar a falta de consenso ético no que diz respeito à terapia em células germinativas.

Isto porque na terapia genética de célula somática, o genoma do indivíduo é modificado, todavia, a referida alteração não é transmitida para as gerações futuras. A finalidade terapêutica consiste em possibilitar que as células cumpram a função para a qual foram destinadas desde o início e que, por falhas na informação hereditária, não puderam se desenvolver. Portanto, por não comprometer o patrimônio genético das gerações futuras e por se traduzir em uma prática que visa a proporcionar ao paciente melhor qualidade de vida, revela-se jurídica e eticamente aceitável[37].

Em contrapartida, a terapia genética em células germinativas realiza-se na

---

33. SILVA, Reinaldo Pereira e. *Op. cit.*, p. 252.
34. "El genoma es el conjunto de todos los genes de una especie. El genoma humano, el de la especie humana". BERIAIN, Íñigo de Miguel. *El embrión y la biotecnología: um análisis ético-jurídico*. Granada: Editorial Comare, 2004, p. 364.
35. GOMES, Celeste Leite dos Santos Pereira; SORDI, Sandra. Aspectos atuais do Projeto Genoma Humano. In: SANTOS, Maria Celeste Cordeiro Leite dos. *Biodireito: ciência da vida, novos desafios*. São Paulo: Revista dos Tribunais, 2001, p. 169.
36. Do grego – *soma* – quer dizer corpo e não designa apenas as células coletadas em um corpo adulto, podem ser também as células-tronco extraídas de uma criança, do sangue, do cordão umbilical, da medula óssea, etc., significa, especificamente, que são células que não possuem mais a potencialidade de se diferenciar em um embrião e são quanto à capacidade de diferenciação, classificadas em células multipotentes. A respeito de sua capacidade de diferenciação, as células-tronco podem ser classificadas como: totipotentes, pluripotentes, multipotentes e unipotentes. As células-tronco totipotentes são aquelas que apresentam a capacidade de se desenvolver em um embrião e em tecidos e membranas extraembrionárias. Contribuem para a formação de todos os tecidos celulares de um organismo adulto. As células-tronco pluripotentes, presentes nos estágios iniciais do desenvolvimento embrionário, podem gerar todos os tipos de célula no feto e no adulto e são capazes de autorrenovação, no entanto, não são capazes de se desenvolver em um organismo completo, isto é, não dão origem a um embrião, nem tampouco aos anexos embrionários. A pluripotência é a capacidade funcional que uma célula tem de gerar várias linhagens celulares e tecidos diferentes. As células-tronco unipotentes, são aquelas que apresentam a capacidade de se converter em apenas um tipo de célula, mas que possuem a habilidade de se autorrenovar, o que as distingue das células que não são células-tronco. (cont. p. 403)

fase pré-implantatória do embrião, quando ainda dotado de células-tronco totipotentes, ou mesmo, antes da fertilização, atuando sobre o espermatozoide ou sobre o óvulo, tendo por finalidade o tratamento das patologias nele identificadas.

Contudo, a interferência nos gametas masculinos ou femininos, bem como nas fases iniciais do desenvolvimento embrionário, resultaria em uma modificação não somente no indivíduo, mas também alcançaria seus descendentes, posto que há interferência na constituição de seu código genético.

Ao se permitir alterações de qualquer natureza nessas células humanas germinais, ou no embrião ainda dotado de células não especializadas, estar-se-ia interferindo de maneira irreversível e imprevisível no patrimônio genético da Humanidade, isto é, no futuro da espécie humana.

Na sequência dos debates iniciados com o Projeto Genoma Humano, a Universidade de Deusto, em maio de 1993, reuniu cientistas, filósofos e juristas para analisar os potenciais riscos e benefícios suscitados com o mapeamento do código genético humano. Tratava-se, pois, de se refletir acerca do "Direito ante o Projeto Genoma Humano". As conclusões acerca dessa reflexão deram origem à Declaração de Bilbao.

Em linhas gerais, pode-se afirmar que as considerações apresentadas neste documento informam que o mapeamento do genoma humano abre uma nova etapa na investigação da natureza, estrutura e função dos genes, capaz de promover uma revolução no estudo da fisiologia humana, no conhecimento prévio de doenças genéticas e na identidade genética individual com precisão nunca vista até então.

Reconhece-se também que essa potencialidade, surgida com o Projeto Genoma Humano, engendra perigos já conhecidos — práticas eugênicas que tiveram lugar no regime nazista — e outros que somente podem ser intuídos[38], razão pela qual indicam os princípios que devem ser observados não somente na pesquisa, como também por ocasião da utilização das informações genéticas.

Entre esses princípios destacam-se aqueles segundo os quais todas as sociedades civilizadas devem se pautar, juridicamente, pelo respeito à dignidade humana e pela proteção dos direitos humanos individuais, pela compreensão de que a diversidade genética, do mesmo modo que a diversidade cultural, constitui atributos dos seres humanos livres, pela refutação à ideia de eliminação das variações genéticas e pela repulsa de qualquer procedimento que implique "perfeição genética" e resvale em qualquer tipo de discriminação[39].

(cont. da p. 402) Para aprofundamento dessa questão consultar ROCHA, Renata da. *O Direito à vida e a pesquisa com células-tronco: limites éticos e jurídicos*. Rio de Janeiro: Campus Elsevier, 2008. LACADENA, Juan Ramón. Experimentação com embriões: o dilema ético dos embriões excedentes, os embriões somáticos e os embriões partenogenéticos. In: MARTÍNEZ, Julio Luis (Org.). *Células-tronco humanas: aspectos científicos, éticos e jurídicos*. São Paulo: Loyola, 2005. MARQUES, Marília Bernardes. *O que é célula-tronco*. São Paulo: Brasiliense, 2006.

37. No Brasil somente é lícita a terapia genética em células somáticas, vedando-se a manipulação genética de células germinais humanas. Cf. Lei n. 11.105/05, art. 6º, III.

38. "Incidência da genética na liberdade da pessoa, na formação da vontade, na conduta humana e, como consequência, em sua responsabilidade ou culpabilidade, o que tem especial repercussão no direito penal [...] Proteção à intimidade pessoal ou confidencialidade na informação genética [...] Patenteamento dos genes e sequencias humanas fixando limites, direito de propriedade, benefícios econômicos [...] Fixação de limites precisos para certas formas de engenharia genética que afetam a individualidade, a identidade e a variabilidade do ser humano por grave risco que supõem para a dignidade pessoal e para a evolução natural da herança genética [...] Utilização da informação genética no campo dos seguros e utilização de provas genéticas no campo trabalhista [...] Tensão entre a demanda de liberalização total na utilização ou aplicação da investigação e experimentação científica e a proteção de certas liberdades humanas que podem correr riscos pela difusão e utilização não autorizada da informação genética." São estes os jurídicos que decorrerão do acesso às informações contidas no genoma humano segundo SANTOS, Maria Celeste Cordeiro Leite. *O equilíbrio do pêndulo: bioética e a lei: implicações médico-legais*. São Paulo: Ícone, 1998, p. 67.

39. SANTOS, Maria Celeste Cordeiro Leite. *Op. cit.* p. 65-66.

O BIODIREITO E OS 70 ANOS
DA DECLARAÇÃO UNIVERSAL
DE DIREITOS HUMANOS

40. Comparato, ao refletir acerca da extensão da Declaração Universal sobre o Genoma Humano e os Direitos Humanos, assinala que se o genoma humano constitui um patrimônio da humanidade, a ninguém seria permitido reivindicar direitos de propriedade intelectual sobre suas sequenciais como vem sendo feito, sistematicamente, desde 1991 "segundo o mais vulgar espírito capitalsta". Cf. COMPARATO, Fabio Konder. Op. cit., p. 228.

41. Vide artigo 1º da aludida Declaração.

42. Cf. BARBAS, Stela Marcos de Almeida Neves. Direito ao patrimônio genético. Coimbra: Almedina, 1998, p. 21-22. É da mesma autora a referência a Daniel Serrão (A Unesco e o genoma humano), o qual ressalta: "na realidade o genoma é assumido como um recurso humano cuja utilização ficará submetida a um Comitê Internacional das Nações Unidas. Pode dizer-se que este recurso tem um lugar físico que é a estrutura físico-química do gene e é constituído pela informação que nele está depositada. Esta informação, que é um componente constitutivo da pessoa humana, passará a ser patrimônio comum da humanidade e será entregue à guarda da humanidade pelo seu órgão representativo, as Nações Unidas."

43. Cf. BARBAS, Stela Marcos de Almeida Neves. Op. cit., p. 21- 22.

44. BARBAS, Stella Marcos de Almeida Neves. Op. cit., p. 78.

45. "É preciso lembrar que essa declaração transita no confuso campo – ainda que de ordem transacional – das recomendações éticas que não têm força de lei e, destarte, sem exigibilidade jurídica, seguindo o exemplo das cartas de boas intenções e dos códigos deontológicos do direito interno posto." VASCONCELOS, Cristiane Beuren. Op. cit., p. 98.

46. "O Convênio de Biomedicina foi firmado por 30 Estados. Dos quinze membros da União Europeia, dez o firmaram: Dinamarca, Finlândia, França, Grécia, Itália, Luxemburgo, Países Baixos, Portugal, Suécia e Espanha; não o fizeram Áustria, Bélgica, Alemanha, Irlanda e o Reino Unido. Também não o firmaram as Comunidades Europeias, nem os Estados não membros que participaram da elaboração (Austrália, Canadá, Vaticano, Japão e Estados Unidos); entrou em vigor em 14 Estados dia primeiro de janeiro do ano 2000: Dinamarca, Grécia, San Marino, Eslováquia, Eslovênia, Espanha, Suécia, Chipre, República Tcheca, Estônia, Geórgia, Hungria, Portugal e Romênia". *(cont. p. 405)*

Ainda com foco nos riscos que surgem com a decodificação do DNA humano e com a manipulação da informação genética é instituída a Declaração Universal do Genoma Humano e dos Direitos Humanos originária da 29ª sessão da Conferência Geral da Organização das Nações Unidas para a Educação, a Ciência e a Cultura – UNESCO -, realizada de 21 de outubro a 12 de novembro de 1997, que em seu art. 1º determina: "O genoma humano subjaz à unidade fundamental de todos os membros da humanidade e também ao reconhecimento de sua dignidade e de sua diversidade inerentes [...]".

A particular preocupação em tutelar os direitos das gerações futuras ficou registrada em seguida, quando se estabeleceu que o genoma humano "[...] num sentido simbólico é herança comum da humanidade"[40]. Assim, resta evidente, pois, o caráter inclusivo do dispositivo, uma vez que se destina a "todos os membros da humanidade" que, por sua vez constituem, conforme a redação, explicitamente uma "unidade fundamental".[41]

Para Stela Marcos de Almeida Neves Barbas a Declaração de 1997 – ao proclamar o genoma humano e a informação nele contida como patrimônio comum da Humanidade – deu origem a uma noção e a um conceito inteiramente novo em termos de Direito Internacional, na medida em que passou a reconhecer a Humanidade, presente e futura, como titular de direitos[42].

Doravante, ao lado da figura jurídica da pessoa humana como sujeito de direitos, acrescenta-se agora o *genoma humano*. Cada país, segundo seus próprios valores culturais, éticos, sociais, religiosos e econômicos deverá tutelar o conjunto de genes de cada pessoa, não somente no aspecto tangível (DNA e RNA) como também no aspecto intangível, a saber, a informação nele inserida, desde o momento em que essa informação possa ser objeto de manipulação científica, isto é, desde a formação do zigoto.[43]

No que diz respeito a quaisquer discriminações, em seu artigo 2º a Declaração estabelece que "Todos têm o direito ao respeito por sua dignidade e seus direitos humanos [...]" não especificando, o documento, qualquer distinção no tratamento para com o ser humano de acordo com o estágio evolutivo no qual se encontre. Não é admissível, portanto, imaginar que o ente nascido mereça mais respeito ao direito fundamental à vida que o ente em devir. O ser humano é, pois, único e indivisível, da concepção à morte, e por isso a unidade da vida adquire, sobretudo, valor[44].

No tocante à delineação dos limites intransponíveis que devem ser observados na atividade científica, o art. 10 da referida Declaração enuncia, *in verbis*:

> *Nenhuma pesquisa ou aplicação relativa ao genoma humano, em especial nos campos da biologia, genética e medicina, deve prevalecer sobre o respeito aos direitos humanos, às liberdades fundamentais e à dignidade humana.*[45]

A Convenção sobre os Direitos do Homem e da Biomedicina, bem como suas Recomendações 1.046 e 1.100, que são frutos do Conselho da Europa, o qual se reuniu em 4 de abril de 1997, em Oviedo, capital do principado de Astúrias, e promoveu o Convênio do Conselho da Europa para a Proteção do Ser Humano em relação às aplicações da Biologia e da Medicina, também chamado de Convênio de Biomedicina[46], assim proclama em seu art. 1º, *in verbis*:

> *As partes na presente convenção protegerão a dignidade e a identidade de todos os seres humanos e garantirão a todas as pessoas, sem discriminação, o respeito pela sua integridade e pelos seus direitos e liberdades fundamentais face às aplicações da biologia e da medicina.*[47]

Antes, porém, da aprovação da citada Convenção sobre os Direitos do Homem e da Biomedicina, o Conselho da Europa havia sancionado, em 24 de setembro de 1986, por intermédio da sua Assembleia Parlamentar, a Recomendação 1.046 sobre "O uso de embriões e fetos humanos para fins de diagnóstico, terapêuticos, científicos e industriais."

Reconhecendo que "O progresso (em particular na embriologia humana) tornou precário o *status* do embrião"[48], destarte, em seu considerando V, a Recomendação afirma que desde o momento da fertilização do óvulo a vida humana se desenvolve como um projeto contínuo, que não é possível fazer uma distinção nítida entre as fases (embrionárias) do seu desenvolvimento e a definição do *status* do embrião é, portanto, necessária.

Ao assumir publicamente a preocupação com a tutela de todos os *entes* que pertençam ao gênero humano, a Recomendação 1.046 pugna pela "Proibição da geração de embriões *in vitro* para fins de pesquisa durante a sua vida ou depois da morte"[49]; pela "Proibição da geração de seres humanos idênticos por clonagem ou qualquer outro método, seja ou não para aprimoramento da raça";[50] e pela "Proibição de experimentos em embriões humanos vivos, quer vitais, quer não vitais."[51]

Para fins diagnósticos, a Recomendação 1.046 não permite intervenções em embriões e fetos humanos vivos, tanto *in vitro*, como no útero[52], a menos que tal intervenção seja para o bem do ser humano que deve nascer e para a promoção do seu desenvolvimento[53]. Para fins terapêuticos, a Recomendação 1.046 segue a mesma orientação antecedente, não permitindo experimentação em embriões e fetos humanos vivos, tanto *in vitro* quanto *in útero*, exceto para favorecer-lhe o nascimento[54].

Quanto à Recomendação nº 1.100, merece destaque por ter afirmado que "É correto determinar a tutela jurídica a ser assegurada ao embrião humano desde a fertilização do óvulo"[55], pela seguinte razão:

(cont. da p. 404) JIMÉNEZ, Pilar Nicolás. A regulamentação da clonagem humana no Conselho da Europa: o Protocolo de 12 de janeiro de 1998. In: ROMEO CASABONA, Carlos María; QUEIROZ, Juliane Fernandes (Orgs.). *Biotecnologia e suas implicações técnico-jurídicas*. Belo Horizonte: Del Rey, 2005, p. 324.

47. "Deliberadamente, acentua Daniel Serrão, o artigo traz uma sutil distinção entre ser humano e pessoa, sem definir tais conceitos. Para o autor, trata-se de uma mostra da diversidade legislativa sobre o estatuto da concepção humana na União Europeia. Segundo o mesmo, a contrapartida para a aceitação de tal redação foi 'a aprovação de uma proposta para a futura elaboração do protocolo sobre a vida humana antes do nascimento'. Rosário Sapienza, ao contrário de Daniel Serrão, advoga que o fato de o art. 1º falar, inicialmente, da proteção do ser humano (protezione dell'essere umano) e, depois, de direitos da pessoa (dirritti della persona) não implica uma distinção que admita exclusão dos seres humanos já concebidos e não nascidos da titularidade de direitos. O argumento de Rosário Sapienza ganha ainda mais consistência com a análise dos considerandos do Protocolo Adicional n. 168 à Convenção sobre os Direitos do Homem e da Biomedicina do Conselho da Europa, de 12 de janeiro de 1998, que versa especificamente sobre o veto à clonagem humana. Em um de seus considerandos, o Protocolo Adicional, ao tratar do objeto da Convenção europeia, utiliza a expressão *ser humano* para identificar o titular dos direitos ameaçados pela clonagem, pela lógica de Daniel Serrão, o correto seria o emprego da expressão *pessoa*. Eis a redação do considerando na sua versão italiana: 'Considerato l'oggetto della Convenzione sui diritti dell'uomo e la biomedicina, in particolare il principio enunciato all'articolo 1 che tende a proteggere l'essere umano nella sua dignità e nella sua identità'". SILVA, Reinaldo Pereira e. *Op. cit.*, p. 253.

48. Considerando VI da aludida Recomendação.

49. Item, 14, letra "a", inciso III, da aludida Recomendação.

50. Item, 14, letra "a", inciso IV, da aludida Recomendação.

51. Item, 14, letra "a", inciso IV, da aludida Recomendação.

> *O embrião humano, embora se desenvolva em fases sucessivas indicadas com nomes diversos (zigoto, mórula, blástula, embrião prefixado, embrião, feto), manifesta também uma diferenciação progressiva do seu organismo, mantendo continuamente a própria identidade genética*[56].

A Declaração Ibero-Latino-Americana sobre Ética e Genética, conhecida como Declaração de Manzanillo, de 1996, revisada em Buenos Aires, no ano de 1998, adere aos valores e princípios elencados na Declaração Universal sobre o Genoma Humano e os Direitos Humanos da Unesco e no Convênio sobre Direitos Humanos e Biomedicina do Conselho da Europa asseverando, contudo, que "O genoma humano constitui parte do patrimônio comum da humanidade como uma realidade e não como uma expressão simbólica"[57].

Além de destacar a real importância da informação genética contida no genoma humano, a referida Declaração também denuncia que nos países em que grande parte destas Declarações teve origem já são correntes as manipulações e aplicações genéticas "[...] sem uma adequada e completa regulamentação jurídica", chamando a atenção, desse modo, para a premente necessidade de normatização da matéria.

Merece registro, ainda, a Declaração e o Programa de Ação de Viena. A primeira Conferência da Organização das Nações Unidas dedicada aos direitos humanos realizou-se no auge da Guerra Fria, de 22 de abril a 13 de maio de 1968, 20 anos, portanto, após a Declaração Universal dos Direitos do Homem de 1948, e ocorreu na capital do Irã. Em contraste com apenas 58 Estados soberanos que participaram da votação da Declaração em Paris, 84 nações soberanas fizeram-se representar por seus líderes no encontro ocorrido em Teerã[58].

Na segunda Conferência da ONU, dedicada aos direitos humanos, realizada de 14 a 25 de junho de 1993, em Viena, na Áustria, mais de 170 países representando as mais diversificadas culturas, religiões e sistemas socioeconômicos e políticos adotaram, por consenso e sem reservas, o documento final oriundo do encontro. Lindgren Alves refere-se à Declaração como o documento mais abrangente e legítimo sobre os direitos humanos de que a Humanidade dispõe[59].

Prevê a Conferência, em seu art. 1º, a promoção, o respeito, a observância e a proteção em nível universal de todos os direitos humanos e liberdades fundamentais, enfatizando, ao final, que "A natureza universal desses direitos e liberdades está fora de questão"[60]; também se faz presente no documento o aprofundamento da noção de invisibilidade dos direitos humanos, expresso no art. 5º, *in verbis*:

---

52. A recomendação excepciona as intervenções autorizadas pela legislação nacional.
53. Apêndice, letra "a", inciso I, da aludida Recomendação.
54. Apêndice, letra "b", inciso I, da aludida Recomendação.
55. Considerando VI da aludida Recomendação.
56. Considerando VII da aludida Recomendação.
57. DIEDRICH, Gislayne Fátima. Genoma Humano: Direito Internacional e Legislação Brasileira In *Biodireito: Ciência da vida, novos desafios*. SANTOS, Maria Celeste Cordeiro Leite (Org.) São Paulo: RT, 2001, p. 224.
58. Durante a primeira Conferência da ONU, dois terços da humanidade viviam em territórios coloniais. Cf. SILVA, Reinaldo Pereira e. *Op. cit.*, p. 206.
59. ALVES, José Augusto Lindgren. A Declaração dos Direitos Humanos na pós-modernidade. In: BOUCAULT, Carlos Eduardo de Abreu; ARAÚJO, Nadia de (Orgs.). *Os Direitos Humanos e o Direito Internacional*. Rio de Janeiro: Renovar, 1999. p. 144.
60. Artigo 1º da aludida Conferência.

> *Todos os direitos humanos são universais, indivisíveis, interdependentes e inter-relacionados. A comunidade internacional deve tratar os direitos humanos globalmente de forma justa e equitativa, em pé de igualdade e com a mesma ênfase. As particularidades nacionais e regionais devem ser levadas em consideração assim como os diversos contextos históricos, culturais e religiosos, mas é dever dos Estados promover e proteger todos os direitos humanos e liberdades fundamentais, independentemente de seus sistemas políticos, econômicos e culturais*[61].

Prossegue afirmando, em seu art. 10, que a *pessoa* é "[...] sujeito central do desenvolvimento", e, ainda, que "Todas as pessoas têm direito de desfrutar dos benefícios do progresso científico e de suas aplicações", ressalvando a posição já assumida pela Conferência Mundial sobre Direitos Humanos, que reconhece em "[...] determinados avanços, principalmente na área das ciências biomédicas e biológicas, a capacidade de implicação de consequências, potencialmente adversas para a integridade, dignidade e os direitos humanos do indivíduo", solicitando, assim, conforme o art. 11, a cooperação da comunidade internacional no sentido de garantir o "[...] pleno respeito dos direitos humanos e à dignidade, nessa área de interesse universal."

Por fim, antes de dar-se por encerrada essa incursão pelas Declarações, Pactos e Convenções, não se poderia deixar de mencionar a mais recente iniciativa de regulamentar a matéria relacionada à Biomedicina, o Tratado de Lisboa, que propõe uma Carta de Direitos Fundamentais para a União Europeia.

Aprovada no Conselho Europeu de Nice, em dezembro de 2000, como solene proclamação política, a Carta de Direitos Fundamentais da União Europeia (CDFUE) somente veio a ser dotada de força jurídica vinculativa com o Tratado de Lisboa, no ano de 2007, tornado-se então verdadeiro *bill of rights* da União. Para utilizarmos a expressão de Vital Moreira essa "positivação constitucional" da Carta encerra uma evolução de várias décadas no que diz respeito à complexa relação entre a União Europeia – e as suas antecessoras, a Comunidade dos Estados Europeus e a Comunidade Europeia – e os direitos fundamentais.[62]

Para além dos aspectos econômicos, sociais, políticos e jurídicos que constituíram o núcleo substancial dos debates, no âmbito europeu, em torno da aprovação da Carta de Direitos Fundamentais, em especial nos últimos 50 anos, contados da adoção do Tratado de Roma de 1957, passando pelo Tratado de Maastricht de 1992 e culminando com a adesão dos Estados Membros ao Tratado de Lisboa, em vigor desde 1º de dezembro de 2009, interessa, particularmente, sobrelevar a expressa previsão, no texto da Carta, e cotejá-la com aquilo que reiteradamente chamamos de "novos"

---

61. Artigo 5º da aludida Conferência.
62. MOREIRA, Vital. *Introdução à Carta de Direitos Fundamentais da União Europeia*, p. 1. Material cedido pelo autor durante a realização da Pós-Graduação em Direitos Fundamentais realizada pelo *Ius Gentium Conimbrigae* – IGC da Faculdade de Direito da Universidade de Coimbra, em parceria com o INSTITUTO BRASILEIRO DE CIÊNCIAS CRIMINAIS. 2011.

conteúdos jurídicos, de quarta dimensão de direitos humanos, de "nova" dimensão da tutela da vida humana, de Biodireito, como um direito que reconhecidamente abarca um conteúdo fundamental.

De organização reconhecidamente ousada, a Carta opta deliberadamente pela unidade e integração de todos os direitos fundamentais, independentemente da sua natureza "negativa" – dever do Estado de se abster –, cerne das liberdades individuais dos direitos de primeira dimensão, ou da sua natureza "positiva" – dever do Estado de prover –, essência dos direitos sociais ou de segunda dimensão, preferindo agrupar os direitos fundamentais nela expressos, em seis capítulos temáticos que, se bem compreendidos, estão a (re) consagrar os três ideais modernos que representaram o espírito da Revolução Francesa, quais sejam, a liberdade, a igualdade e a fraternidade (solidariedade).

Todavia, não se limita a eles, trata, pois, de consagrar outra tríade de valores que simbolizam, por assim dizer, a coluna vertebral dos Estados Democráticos de Direito na contemporaneidade, são eles: a dignidade, a cidadania e a justiça.

Essa "nova" dimensão dos direitos do homem, à qual chamamos Biodireito, é referida por Vital Moreira como "última geração de direitos"[63], relacionados aos avanço da genética, direitos esses que se encontram positivados na Carta de Direitos Fundamentais, no capítulo intitulado *Dignidade* e em cujo artigo 1º se afirma a "[...] inviolabilidade da dignidade do ser humano"; que em seu artigo 2º reconhece que "[...] todas as pessoas têm direito à vida"; e que no artigo 3º explicitamente determima o respeito à integridade física do ser humano, proíbindo-se a adoção de práticas eugênicas com o fito de selecionar pessoas, a transformação do corpo humano em fonte de lucro e a prática da clonagem humana reprodutiva, em suma, proibindo a reificação do homem pela ciência, tal como segue, *in verbis*:

> Art. 3.º *Direito à integridade do ser humano*
> 1. *Todas as pessoas têm direito ao respeito pela sua integridade física e mental.*
> 2. *No domínio da medicina e da biologia, devem ser respeitados, designadamente:*
> *a) O consentimento livre e esclarecido da pessoa, nos termos da lei;*
> *b) A proibição de práticas eugênicas, nomeadamente das que têm por finalidade a seleção das pessoas;*
> *c) A proibição de transformar o corpo humano ou as suas partes, enquanto tais, numa fonte de lucro;*
> *d) A proibição da clonagem reprodutiva dos seres humanos*[64]

A par do recente reconhecimento desse novo conteúdo jurídico na Carta de Direitos Fundamentais da União Europeia e da força jurídica vinculante que seus preceitos exercem sobre os Estados Membros da União – regis-

---

63. MOREIRA, Vital. Introdução à Carta de Direitos Fundamentais da União Europeia, p. 1. Material cedido pelo autor durante a realização da Pós-Graduação em Direitos Fundamentais realizada pelo *Ius Gentium Conimbrigae* – IGC da Faculdade de Direito da Universidade de Coimbra em parceira com o INSTITUTO BRASILEIRO DE CIÊNCIAS CRIMINAIS em julho de 2011.

64. *Carta de Direitos Fundamentais da União Europeia*. Disponível em: http://www.europarl.europa.eu/charter/pdf/text_pt.pdf Acesso em 10/10/2011.

65. Cf. MONTAL, Zélia Maria Cardoso. Constituição Europeia: encontros e desencontros. Surgimento e Ressurgimento In Revista Brasileira de Direito Constitucional Internacional. Ano 17. Julho-Setembro. 2009, n. 68. São Paulo: Revista dos Tribunais, p. 334 e ss.

tre-se novamente que a Carta integra o Tratado de Lisboa e que o Tratado representa o ponto culminante de um ambicioso projeto que consiste no estabelecimento de uma Constituição para a Europa[65].

4. DA EXIGIBILIDADE DAS DECLARAÇÕES DE DIREITOS HUMANOS

Antes de tecer quaisquer considerações acerca da exigibilidade dos direitos fundamentais afirmados no âmbito da legislação supranacional, cumpre esclarecer que, independentemente da designação adotada pelos documentos internacionais indicados no item anterior, inexiste diferença substancial no que diz respeito à conceituação que as tipificam.

Desse modo, quer como tratado, quer como estatuto, carta, protocolo, ato, pacto, acordo, entre tantos outros termos adotados, todos eles são, para efeito dos art. 49[66], inciso I, e art. 84[67], inciso VIII, da Constituição Federal de 1988, indistintos entre si.

Feita essa ressalva, uma vez que os tratados lançam suas considerações com base naqueles direitos clássicos, isto é, no direito à vida, à dignidade, à liberdade, à igualdade etc., cumpre esclarecer como se dá sua recepção no direito interno posto. Para tanto, há necessidade de se confrontar o disposto no art. 5º, § 2º, da Constituição Federal de 1988, que estabelece, *in verbis*:

> *Os direitos e garantias fundamentais expressos nesta Constituição não excluem outros decorrentes do regime e dos princípios por ela adotados ou dos tratados internacionais em que a República Federativa do Brasil seja parte.*

Sem deixar de considerar, ainda, o dispositivo que, com a Emenda Constitucional nº 45/2004, passou a integrar a Carta Política pátria, § 3º, *in verbis*:

> *Os tratados e convenções internacionais sobre direitos humanos que forem aprovados, em cada casa do Congresso nacional, em dois turnos, por três quintos dos votos dos respectivos membros, serão equivalentes às emendas constitucionais.*[68]

Destarte, é possível inferir que a expressão "decorrentes do regime dos princípios" constante do § 2º evidencia a existência de direitos fundamentais não escritos, isto é, que não foram objeto de previsão expressa pelo direito positivo – seja ele constitucional seja internacional –, mas que estão ou podem ser contidos, via interpretação, naqueles já existentes implicitamente na Carta ou coerentes com seu regime democrático e princípios.[69]

É assim, pois, que a fórmula se constitui em conceito "materialmente aberto" e de uma "amplitude ímpar", por encerrar, expressa e simultaneamente, "a possibilidade de identificação e construção jurisprudencial

---

66. "Art. 49. É da competência exclusiva do Congresso Nacional:
    I – resolver definitivamente sobre tratados, acordos ou atos internacionais que acarretem encargos ou compromissos gravosos ao patrimônio nacional."

67. "Art. 84. Compete privativamente ao Presidente da República:
    VIII – celebrar tratados, convenções e atos internacionais, sujeitos a referendo do Congresso Nacional."

68. "No que concerne ao § 3º do art. 5º da Constituição, acrescido por ocasião da Emenda Constitucional nº 45/2004, referido parágrafo teve o condão de regulamentar definitivamente a posição hierárquica dos tratados e convenções internacionais, guiando-os à categoria de emendas constitucionais desde que aprovados, em cada Casa do Congresso Nacional, em dois turnos, por três quintos dos votos dos respectivos membros. Dessa forma, pretende-se suplantar a atual miríade interpretativa instalada em torno do § 2º do texto constitucional, ratificando-se o entendimento daqueles que vislumbram o reconhecimento expresso dos tratados que versem sobre direitos humanos ao patamar constitucional ou, como preleciona Mazzuoli, com 'índole e nível materialmente constitucional. Os demais tratados, na forma preconizada pelo art. 102, III, b, da CF/88, esses sim, equiparam-se às leis ordinárias federais. Pela utilização do contido no § 3º do texto, os tratados transformados em Emendas Constitucionais passariam a produzir efeitos mais amplos pois *reformariam* a Constituição e todos os seus textos conflitantes; além disso, não poderiam ser denunciados nem pelo Congresso Nacional sob pena de responsabilidade do Presidente da República –, nem pelo próprio presidente, de forma unilateral, pois as emendas constitucionais referentes aos direitos humanos constituem-se em *cláusulas pétreas* insculpidas no art. 60, § 4º, IV, da CF/88." VASCONCELOS, Cristiane Beuren. *Op. cit.*, p. 104.

69. "Também entre nós, não é a lei a única fonte do direito, porque o 'regime', quer dizer a forma de associação política (Democracia Social), e os 'princípios' da Constituição (República Federal Presidencialista) geram direitos". SARLET, Ingo Wolfgang. *Op. cit.*, p. 99.

[70] Cf. SARLET, Ingo Wolfgang. *Op. cit.*, p. 99.

[71] Entre os autores que não reconhecem o *status* constitucional dos tratados internacionais dos direitos humanos dos quais o Brasil é signatário, atribuindo-lhes, assim, força de lei ordinária federal, estão: Manuel Gonçalves Ferreira Filho, Ivo Dantas, Pinto Ferreira, Alcino Pinto Falcão e José Cretella Jr. Cf. MELLO, Celso Albuquerque de. O § 2º do art. 5º da Constituição Federal. In: TORRES, Ricardo Lobo (Org.) *Teoria dos direitos fundamentais*. 2ª ed. Rio de Janeiro: Renovar, 2001, p. 17-18. Em sentido oposto, isto é, pelo reconhecimento do patamar constitucional desses direitos, entre outros: Flávia Piovesan, Antonio Augusto Cançado Trindade, José Afonso da Silva, José Carlos de Magalhães, Christian Courtis, Vitor Abramowich, Hélio Bicudo e Valério de Oliveira Mazzuoli. Cf. VASCONCELOS, Cristiane Beuren. *Op. cit.*, p. 101-102.

[72] BICUDO, Hélio. Direitos humanos no parlamento brasileiro. In: PENTEADO, Jacques de Camargo; BRANDÃO, Denirval da Silva; MARQUES, Ricardo Henry Dip et. al. *A vida dos direitos humanos: bioética médica e jurídica*. Porto Alegre: Sérgio Antonio Fabris, 1999, p. 88.

[73] ARENDT. Hannah. *A condição humana*. São Paulo: Forense Universitária, 10ª ed. 2003, p. 318.

[74] Na lição de Nicola Abbagnano "Por princípio da dignidade humana entende-se a exigência enunciada por Kant como segunda fórmula do seu imperativo categórico: 'age de tal forma que trates a humanidade tanto na tua pessoa como na pessoa de qualquer outro, sempre também como um fim e nunca unicamente como meio'. Esse imperativo estabelece que todo homem, aliás, todo ser racional, como fim em si mesmo, possui um valor não relativo (como é, p. ex., um preço), mas intrínseco, ou seja, a dignidade. 'O que tem preço pode ser substituído por outra coisa equivalente; o que é superior a qualquer preço, e por isso não permite nenhuma equivalência, tem dignidade'. Substancialmente, a dignidade de um ser racional consiste no fato de ele 'não obedecer a nenhuma lei que não seja também instituída por ele mesmo.'" ABBAGNANO, Nicola. *Dicionário de Filosofia*. São Paulo. Martins Fontes, 2003, p. 276. Por todos consultar CASSIRER, Ernst. *Kant, vida y doctrina*. *(continua na p. 411)*

---

de direitos materialmente fundamentais" ainda não positivados, além daqueles já dispostos em outras partes da Constituição Federal de 1988 e nos tratados internacionais[70].

A parte final do preceito estabelecido no § 2º do art. 5º, que se refere aos tratados em que "a República Federativa do Brasil fizer parte", reforça a prevalência dos direitos humanos como um dos princípios pelo qual se rege o Brasil nas suas relações internacionais, conforme prevê o inciso II do art. 4º, *in verbis*:

> *A República Federativa do Brasil rege-se nas suas relações internacionais pelos seguintes princípios:*
>
> *[...]*
>
> *II – prevalência dos direitos humanos;*

Assim, feitas essas considerações e estabelecidas essas premissas, o Brasil, à luz da Declaração Universal de Direitos Humanos, enquanto signatário do Pacto de São José da Costa Rica – Convenção Americana de Direitos Humanos – e dos Direitos Civis, Políticos, Econômicos, Sociais e Culturais, pela ordem emanada do aludido § 2º do art. 5º da Constituição Federal de 1988, deve contar como recepcionadas todas aquelas disposições ao seu catálogo.[71]

Ao analisar a questão, Hélio Bicudo infere[72] que se não compartilharmos da ideia de que tratados assinados são meros farrapos de papel, estamos na obrigação ética e moral de nortear a legislação ordinária no sentido por eles apontado, o que implica dizer: na defesa do processo vital e no respeito à diginidade do ser.

5. CONCLUSÕES

Desse modo, percebemos, de um lado, o esforço para que o ser humano, independentemente do estágio em que se encontre – zigoto, embrião, feto, criança, adolescente e adulto – não seja reduzido, em hipótese alguma, à condição de matéria-prima. Porém, de outro lado, verificamos que vivemos nos dias atuais ainda sob os ditames da Modernidade, da lógica Moderna, e sentimos isso quando constatamos que impera, ainda na contemporaneidade, a ética do *homo faber* arendtiano. Nesse sentido, a autora ensina:

> *...entre as principais características da era moderna, desde o seu início até o nosso tempo, encontramos as atitudes típicas do* homo faber: *a instrumentalização do mundo, a confiança nas ferramentas e na produtividade do fazedor de objetos artificiais; a confiança no caráter global da categoria de meios e fins e a convicção de que qualquer assunto pode ser resolvido e que qualquer motivação humana pode ser reduzida ao princípio da utilidade; a soberania que vê todas as coisas dadas como matéria-prima e toda a natureza como um imenso tecido do qual podemos cortar qualquer pedaço e tornar a coser como quisermos.*[73]

Podemos inferir que a tônica dos dispositivos em comento ao longo desta reflexão é no sentido de reconhecer que a *dignidade* constitui atributo do *ser* humano e, não, apenas da *pessoa*, sentido civil do termo, e, por designar um traço singular do ser humano, acaba por configurar limite intransponível à liberdade de pesquisa científica, donde se retira que as práticas que envolvam o homem, enquanto espécie, independentemente da etapa em que se encontre o seu desenvolvimento evolutivo, e não tenham finalidade terapêutica, mas reificante e instrumentalizante do ser humano, mostram-se incompatíveis com a noção de *dignidade* legada por Immanuel Kant.[74]

São, portanto, em virtude das razões expostas, inadmissíveis todas as formas de clonagem e intervenções no patrimônio genético das células embrionárias e em embriões humanos, tais como: a eugenia, a fecundação interespécies, a fertilização de óvulos em desacordo com o número recomendado ao ulterior implante[75] e, por fim, o uso e, ou, a comercialização de embriões ou células-tronco embrionárias[76].

É flagrante a preocupação da comunidade internacional com relação aos avanços das técnicas de manipulação genética, à aplicação destes procedimentos às ciências da vida e às (im)previsíveis consequências que o uso dessas tecnologias podem acarretar aos seres humanos.

Pode-se inferir que o esforço comum é no sentido de definir normas que, seja no âmbito dos tratados de direitos humanos seja no plano jurídico constitucional, tenham como substrato inarredável o respeito pelos direitos do homem.

REFERÊNCIAS BIBLIOGRÁFICAS

ABBAGNANO, Nicola. Dicionário de Filosofia. São Paulo. Martins Fontes, 2003, p. 276. Por todos consultar CASSIRER, Ernst. Kant, vida y doctrina. México: Fondo de Cultura Econômica, 1993.

AGAMBEN, Giorgio. *Homo Sacer: O poder soberano e a vida nua*. Belo Horizonte: UFMG, 2002.

ALVES, José Augusto Lindgren. A Declaração dos Direitos Humanos na pós-modernidade. In: BOUCAULT, Carlos Eduardo de Abreu; ARAÚJO, Nadia de (Orgs.). Os Direitos Humanos e o Direito Internacional. Rio de Janeiro: Renovar, 1999.

ARENDT. Hannah. A condição humana. São Paulo: Forense Universitária, 10ª ed. 2003.

AZEVÊDO, Eliane. Aborto. In: GARRAFA, Volnei.; COSTA, Sergio Ibiapina. (Org.). *A bioética do século XXI*. Brasília: UnB, 2000.

BARBAS, Stela Marcos de Almeida Neves. Direito ao patrimônio genético. Coimbra: Almedina, 1998.

BAUMAN, Zygmunt. *Amor Líquido: sobre a fragilidade dos laços humanos*. Trad. Carlos Alberto Medeiros. – Rio de Janeiro: Jorge Zahar Ed. 2004.

BLACKBURN, Simon. Dicionário Oxford de Filosofia, Rio de Janeiro: Jorge Zahar, 1997.

BERIAIN, Íñigo de Miguel. El embrión y la biotecnología: um análisis ético-jurídico. Granada: Editorial Comare, 2004.

BICUDO, Hélio Pereira. Direitos humanos e sua proteção. São Paulo: FTD, 1997.

(cont. da p. 410) México: Fondo de Cultura Econômica, 1993. KANT, Immanuel. *Fundamentação da metafísica dos costumes*. Lisboa: Edições 70, 2005, p. 69.

75 A RESOLUÇÃO CFM nº 2.168/2017 determina: "Quanto ao número de embriões a serem transferidos, fazem-se as seguintes determinações de acordo com a idade: a) mulheres até 35 anos: até 2 embriões; b) mulheres entre 36 e 39 anos: até 3 embriões; c) mulheres com 40 anos ou mais: até 4 embriões; d) nas situações de doação de oócitos e embriões, considera-se a idade da doadora no momento da coleta dos oócitos. O número de embriões a serem transferidos não pode ser superior a quatro."

76 A par destes questionamentos jurídicos e éticos, incontáveis pesquisas envolvendo células-tronco embrionárias vêm sendo permitidas atualmente. Entre as muitas existentes destacamos uma recentemente divulgada por um jornal de grande circulação e que faz referência à utilização de embriões humanos e a produção de quimeras. Neste sentido: "O governo britânico afirmou ontem que não proibirá a criação de embriões humanos híbridos de humanos com animais para fins científicos. A decisão foi tomada após uma comissão parlamentar ter pedido a liberação da prática, em nome dos cientistas. Em dezembro, o governo havia proposto uma proibição na criação de embriões híbridos com receio de que ela criasse uma 'inquietude pública considerável' [...] Poderão ser criados 'quimeras' (pela injeção de células animais em um embrião humano), transgênicos (com DNA animal injetado no embrião) e híbridos nos quais as células humanas são fundidas a óvulos animais sem núcleo...". *Folha de S. Paulo*. Reino Unido libera uso de embrião híbrido, p. A-18 em 18 de maio. 2007. Acreditamos que seria de grande valia, neste momento, trazer à lume o conceito de quimera. Assim, por quimera compreende-se "... na mitologia grega, um monstro que cuspia fogo e que tinha cabeça de leão, corpo de cabra e cauda de serpente". BLACKBURN, Simon. Dicionário Oxford de Filosofia, Rio de Janeiro: Jorge Zahar, 1997, p. 330.

_____. Direitos Humanos no parlamento brasileiro. In: PENTEADO, Jacques de Camargo; BRANDÃO Denirval da Silva; MARQUES, Ricardo Henry Dip et. al. A vida dos direitos humanos:bioética médica e jurídica. Porto Alegre: Sérgio Antonio Fabris, 1999.

Carta de Direitos Fundamentais da União Europeia. Disponível em: *http://www.europarl.europa.eu/charter/pdf/text_pt.pdf*.

COMPARATO, Fabio Konder. *A afirmação histórica dos Direitos Humanos*. 4ª ed. São Paulo: Saraiva, 2005.

COUTINHO, João Pereira. *Problemas de Visão*. Folha de São Paulo. Ilustrada. p. E12.

Código de Nuremberg – disponível em *http://www.bioetica.ufrgs.br/nuremcod.htm*.

Declaração Universal dos Direitos do Homem de 10/12/1948.

DIEDRICH, Gislayne Fátima. Genoma Humano: Direito Internacional e Legislação Brasileira In Biodireito: Ciência da vida, novos desafios. SANTOS, Maria Celeste Cordeiro Leite (Org.) São Paulo: RT, 2001.

DINIZ, Maria Helena. *O estado atual do biodireito*. 3ª ed. São Paulo: Saraiva, 2006.

GOMES, Celeste Leite dos Santos Pereira; SORDI, Sandra. Aspectos atuais do Projeto Genoma Humano. In: SANTOS, Maria Celeste Cordeiro Leite dos. Biodireito: ciência da vida, novos desafios. São Paulo: Revista dos Tribunais, 2001.

HUXLEY, Aldous. *Admirável mundo novo*. São Paulo, Globo, 2009.

JAPIASSU, Hilton. *As paixões da ciência*: estudos de história das ciências. São Paulo: Letras & Letras, 1991.

JIMÉNEZ, Pilar Nicolás. A regulamentação da clonagem humana no Conselho da Europa: o Protocolo de 12 de janeiro de 1998. In: ROMEO CASABONA, Carlos María; QUEIROZ, Juliane Fernandes (Orgs.). Biotecnologia e suas implicações técnico-jurídicas. Belo Horizonte: Del Rey, 2005.

KANT, Immanuel. Fundamentação da metafísica dos costumes. Lisboa: Edições 70, 2005.

LACADENA, Juan Ramón. Experimentação com embriões: o dilema ético dos embriões excedentes, os embriões somáticos e os embriões partenogenéticos. In: MARTÍNEZ, Julio Luis (Org.). Células-tronco humanas: aspectos científicos, éticos e jurídicos. São Paulo: Loyola, 2005.

LEITE, Marcelo. Fuga de células. Caderno Mais! Folha de São Paulo, 20 ago. 2006.

MARQUES, Marília Bernardes. *O que é célula-tronco*. São Paulo: Brasiliense, 2006.

MATOS, Augusta Clara; MOURÃO, José Augusto. Bioética e Poder Político: A retórica da biotecnologia In Comunidade Científica e Poder. GOLÇALVES, Maria Eduarda (Org.). Lisboa: Edições 70, 1993.

MOREIRA, Vital. Introdução à Carta de Direitos Fundamentais da União Europeia, p. 1. Material cedido pelo autor durante a realização da Pós-Graduação em Direitos Fundamentais realizada pelo Ius Gentium Conimbrigae – IGC da Faculdade de Direito da Universidade de Coimbra em parceria com o INSTITUTO BRASILEIRO DE CIÊNCIAS CRIMINAIS. 2011.

MONTAL, Zélia Maria Cardoso. Constituição Europeia: encontros e desencontros. Surgimento e Ressurgimento In Revista Brasileira de Direito Constitucional Internacional. Ano 17. Julho--Setembro. 2009, n. 68. São Paulo: Revista dos Tribunais.

OTERO, Paulo. *Direito da Vida: Relatório sobre o Programa, Conteúdos e Métodos de Ensino*. Coimbra: Almedina, 2004.

_____. Personalidade e identidade pessoal e genética do ser humano: um perfil constitucional da bioética. Coimbra: Almedina, 1999.

OST, François. *A natureza à margem da lei. A ecologia à prova do direito*. Lisboa: Instituto Piaget. 1995.

PESSINI, Leonir. *Distanásia: até quando prolongar a vida*. São Paulo: Loyola, 2001.

RAPOSO, Vera Lúcia. Directivas Antecipadas de Vontades: em busca da Lei perdida In *Revista do Ministério Público*. I 25, Jan-Março 2011, Ano 32, Separata.

RESOLUÇÃO CFM nº 2.168/2017.

RICOEUR, Paul. *O Justo 2 : justiça e verdade e outros estudos*. São Paulo: Martins Fontes, 2008.

ROCHA, Renata da. O Direito à vida e a pesquisa com células-tronco: limites éticos e jurídicos. Rio de Janeiro: Campus Elsevier, 2008.

SANTOS, Maria Celeste Cordeiro Leite. O equilíbrio do pêndulo: bioética e a lei: implicações médico-legais. São Paulo: Ícone, 1998.

SARLET, Ingo Wolfgang. A eficácia dos direitos fundamentais. 5ª ed. Porto Alegre: Livraria do Advogado, 2005.

_____. Dignidade da Pessoa Humana e "Novos" Direitos na Constituição Federal de 1988: Algumas Aproximações In Estudos Contemporâneos de Direitos Fundamentais.

SCHOOYANS, Michel. *Dominando a vida, manipulando os homens*. São Paulo: IBRASA, 1993.

SERRÃO, Daniel. Questões para o século XXI *In Estudos de Direito da Bioética*. ASCENSÃO, José de Oliveira. (Coord.). Coimbra: Almedina, 2005.

SILVA, Reinaldo Pereira e. *Introdução ao biodireito: investigações político-jurídicas sobre o estatuto da concepção humana*. São Paulo: LTr, 2002

VASCONCELOS, Cristiane Beuren. *A proteção jurídica do ser humano in vitro na era da biotecnologia*. São Paulo: Atlas, 2006.

SIMONE PADOVANI / *GETTY IMAGES*

416 OS DIREITOS SOCIAIS E A DIGNIDADE DA PESSOA HUMANA NA DECLARAÇÃO UNIVERSAL DOS DIREITOS HUMANOS

"De tanto ver crescer a injustiça,
De tanto ver agigantar-se o poder nas mãos dos maus,
O homem chega a rir-se da honra,
Desanimar-se de justiça e ter vergonha de ser honesto" [1].

1. INTRODUÇÃO

A Declaração Universal dos Direitos Humanos, proclamada pela Assembleia Geral da Organização das Nações Unidas em 10 de dezembro de 1948 completa 70 anos. Em idade madura, sabemos que ainda há muito a fazer para implementá-la. O texto, esboçado por juristas preocupados com a temática da internacionalização dos direitos humanos segue a premissa de que a dignidade humana adota características universais, que transcendem aos problemas internos das nações[2].

Tal característica universal dada ao texto relaciona-se com o objeto de sua proteção: o ser humano e a garantia de sua dignidade. Em seu preâmbulo e nos 30 artigos que seguem, observamos a clara preocupação em garantir a dignidade humana nos seus diversos aspectos. Entretanto, um ponto nos traz a necessidade de destaque especial: os direitos sociais.

O artigo 25 dessa Carta destaca a importância de garantir a todos um nível de vida suficiente para o bem-estar próprio e de sua família. Desta a importância de garantir, textualmente, o "direito à segurança no desemprego, na doença, na invalidez, na viuvez, na velhice ou noutros casos de perda de meios de subsistência por circunstâncias independentes da sua vontade."

Os direitos à saúde, previdência e assistência são chamados no Brasil de Seguridade Social. Nossa atual Constituição parece alinhada com os ditames da Declaração. Contudo ambas falham pela falta de efetividade. Assim, em tempos de ímpeto reformista, acreditamos que fortalecer e compreender melhor a dignidade humana nos seus múltiplos aspectos poderá entregar ao legislador, à população e aos juristas de modo geral uma visão ampla da importância dos direitos sociais na garantia da dignidade humana.

De fato, revisões e reformas podem ser salutares e válidas para atualização e garantia de direitos às gerações futuras considerando, em especial, as ameaças ao orçamento atual. Entretanto, o mero ímpeto reformista, de-

---

RICARDO PIRES CALCIOLARI

Bacharel, Mestre em Direito pela Faculdade de Direito da USP (Largo São Francisco) e doutorando pela PUC/SP. É professor universitário, palestrante, conferencista, autor de livros, artigos e pareceres. Atuou na implementação do controle interno no Município de Itapevi, exercendo os cargos de Corregedor e Controlador-Geral e hoje atua na implementação de modelos de controle, gestão de riscos e *compliance*.

satento aos efeitos que pode produzir, pode trazer mais dificuldades do que garantias futuras. Ponderam os riscos e observar as consequências são atitudes que dependem sempre, do reforço à dignidade humana, fim último do Estado, das nações e dos homens em geral.

2. A NOÇÃO ATUAL DE DIGNIDADE HUMANA

A dignidade da pessoa humana, termo de difícil definição, tem suas raízes no pensamento clássico e no ideário cristão. A própria premissa religiosa contida no Antigo Testamento de que o homem foi feito à imagem e semelhança de Deus, superior às demais coisas na Terra[3], é a afirmação de que o ser humano é dotado de um valor próprio.

No pensamento da antiguidade clássica a noção de dignidade expressava-se na liberdade pessoal de cada indivíduo. Em Roma podemos destacar o pensamento de Cícero, que desenvolveu uma interpretação da dignidade desvinculada de qualquer cargo ou posição social. O ilustre jurisconsulto, contemporâneo de Júlio César e Pompeu, afirmava que todos os homens estão sujeitos à mesma lei da natureza e, por isso, iguais por excelência (CÍCERO, 1999, p. 137).

Durante a Idade Média destacamos o pensamento de Tomás de Aquino, o qual sedimenta a noção de dignidade humana no fato de o homem constituir um gênero único, designado pela sua essência de "humanidade"[4]. Posteriormente, já num contexto renascentista, Giovani Pico della Mirandola (1986, p. 52-53) justificava que ao homem foi outorgado o livre-arbítrio, para que fosse seu próprio soberano, dotado da capacidade de ser e obter o que deseja.

No século 16 destacamos a defesa dos ameríndios por parte do espanhol Francisco de Vitória, que criticava o processo de aniquilação e escravização dessas populações argumentando em função do direito natural, embasado no pensamento estoico e cristão. Em bases próximas, mas mais tarde (fim do século 19), destaca-se no Brasil o pensamento de Joaquim Nabuco, que com bases jusnaturalistas refutava o regime escravocrata. Afirmou Nabuco, de forma revolucionária para o Brasil da época, que não era necessário provar a ilegalidade do regime escravocrata, contrário aos princípios fundamentais do Direito. Frisou, tomando em conta a doutrina do Direito Natural, em voga na doutrina jurídica brasileira da época, que *"(...) nenhum Estado deve ter a liberdade de pôr-se assim fora da comunhão civilizada do mundo, e não tarda, com efeito, o dia em que a escravidão seja considerada legalmente como já o é moralmente, um atentado contra a humanidade toda"*. (NABUCO, 2000, p. 79).

Já no âmbito do pensamento jusnaturalista nos século 17 e 18 apontamos Samuel Pufendorf, que fundamenta sua visão de dignidade humana na

---

1. Extraído do clássico discurso de Rui Barbosa no Senado Federal intitulado "O Triunfo das Nulidades" (BARBOSA, 1914, p. 86).

2. Em abril de 1945, ao fim da 2ª Grande Guerra, delegados de 50 países reuniram-se em San Francisco para a "Conferência das Nações Unidas", que marca o surgimento da ONU. Em 1948 a Comissão Internacional das Nações Unidas, que já tinha adquirido atenção mundial propõe o documento sob a presidência de Eleanor Roosevelt, defensora dos Direitos Humanos e delegada dos Estados Unidos na ONU. Dentre os juristas que participaram da elaboração do texto destacou-se John Peters Humphrey (1905, 1995), que ocupava o cargo de diretor de Direitos Humanos para o Secretaria das Nações Unidas e já havia lecionado em diversas Universidades.

3. Consta no Antigo Testamento: *"E criou Deus o homem à sua imagem; criou-o à imagem de Deus, e criou-os varão e fêmea. E Deus os abençoou, e disse: Crescei e multiplicai-vos, e enchei a terra, e sujeitai-a, e dominai sobre os peixes do mar e sobre as aves do céu, e sobre todos os animais que se movem sobre a terra."* Gênesis 1:1. Bíblia Sagrada: Antigo Testamento. Tradução do Pe. Matos Soares. São Paulo: Paulinas, p. 26.

4. Analisando o conceito de essência em Aristóteles e as suas interpretações anteriores (principalmente a de Averróis – Ibn Ruchd, o Comentador), Santo Tomás busca afirmar que Deus é essência e existência e, para isso, analisa a essência humana afirmando que há no homem uma essência própria, comum a todos, designada justamente pelo termo "homem", diferenciando-o de "humanidade" (homem enquanto homem, considerado globalmente, e não individualmente). Observar Santo Tomás de Aquino (2004, p. 35).

OS DIREITOS SOCIAIS E A DIGNIDADE DA PESSOA HUMANA NA DECLARAÇÃO UNIVERSAL DOS DIREITOS HUMANOS

autonomia ética do ser humano, afirmando, assim, ser impossível sustentar o tratamento do ser humano como objeto.

Nessa época surge a doutrina do filósofo Immanuel Kant, sustentada também pela autonomia ética do ser humano. Aqui se verifica que a dignidade da pessoa humana, como conceito, valor e princípio, distancia-se das justificativas meramente religiosas, adquirindo condão científico.

Tal filósofo afirma que todo o ser racional *"(...) existe como um fim em si mesmo, não simplesmente como meio para o uso arbitrário desta ou daquela vontade".* (KANT, 1980, p. 134). Desse modo o ser humano não deve ser considerado como meio ou mero objeto para uso arbitrário de determinada vontade, mas, como fim. Kant tem como ponto de partida para as suas divagações a natureza racional do ser humano, e tomando a autonomia da vontade como algo intrínseco à humanidade, a qual possibilita a autodeterminação de agir em conformidade com a representação de determinados mandamentos, constitui o fundamento da dignidade humana, afastando o uso da pessoa humana como se objeto fosse.

Para Kant, a impossibilidade de se valorar ou quantificar a vida humana dá a ela uma posição superior às demais coisas, um *status* de dignidade. De fato, seguindo o raciocínio de Kant (1980, p. 134), as coisas têm um preço ou uma dignidade, e, *"(...) quando uma coisa tem um preço, pode pôr-se em vez dela qualquer outra como equivalente; mas, quando uma coisa está acima de todo o preço, e, portanto, não permite equivalente, então tem ela dignidade (...)".* Assim, a dignidade, característica íntima do ser humano, é valor superior a todo e qualquer preço; nunca poderá ser calculada ou colocada em confronto com outras coisas que têm o seu preço, sob pena de o seu valor ("santidade", na tradução da obra consultada) ser ferido. É justamente no pensamento desse filósofo alemão que se fincam as bases doutrinárias e do qual emerge a fundamentação da dignidade da pessoa humana[5].

Embora tal concepção kantiana da dignidade não fique alheia às críticas (talvez pelo excesso de antropocentrismo[6]), ela influencia fortemente o constitucionalismo moderno. Assim, pela evolução histórica observada nesse processo, tanto a concepção jusnaturalista (que teve seu apogeu no século 18) quanto a fundamentação metafísica influenciaram sobremaneira a manifestação jurídica da dignidade humana[7].

Hodiernamente, a dignidade da pessoa humana emerge como base do ordenamento jurídico do Estado moderno, fundamentando a sua existência[8]. Diversas Constituições vigentes apontam para a dignidade humana, tomando-a como seu fundamento[9]. A própria Declaração Universal da ONU afirma, em seu art. 1º: *"todos os seres humanos nascem livres e iguais em dig-*

---

5. Podemos identificar, *verbi gratia*, alguns autores que sofreram forte influência da filosofia kantiana: Ingo Wolfgang Sarlet (2006 e 2007); Cármen Lúcia Antunes Rocha (1999); Fábio Konder Comparato (1999); Fernando Ferreira dos Santos (1999); José Afonso da Silva (1998). Na literatura jurídica lusitana destacamos Jorge Miranda (2000).

6. Alguns questionam a superioridade humana em relação aos demais seres vivos, tanto em termos filosóficos quanto em termos jurídicos. Contudo, podemos afirmar que tais concepções não reduzem a dignidade humana: *"Para além disso, sempre haverá como sustentar a dignidade da própria vida de um modo geral, ainda mais numa época em que o reconhecimento da proteção do meio ambiente como valor fundamental indica que não mais está em causa apenas a vida humana, mas a preservação de todos os recursos naturais, incluindo todas as formas de vida existentes no planeta, ainda que se possa argumentar que tal proteção da vida em geral constitua, em última análise, exigência da vida humana e de uma vida humana com dignidade".* (Sarlet, 2006. p. 34-35) Destacamos o instigante ensaio sobre o direito dos animais e proteção da fauna e flora de Cass Sunstein (2003).

7. Observar, sob o prisma histórico, Fábio Konder Comparato (2004). Também confrontar a excelente síntese das diversas teorias que embasam a concepção moderna de dignidade humana que consta em Ingo Wolfgang Sarlet (2006).

8. Nas palavras de Canotilho (2003, p. 225): *"Perante as experiências históricas da aniquilação do ser humano (inquisição, escravatura, nazismo, stalinismo, polpotismo, genocídios étnicos) a dignidade da pessoa humana como base da República significa, sem transcendências metafísicas, o reconhecimento do homo noumenoun, ou seja, do indivíduo como limite e fundamento do domínio política da República. Neste sentido, a República é uma organização política que serve ao homem, não é o homem que serve aos aparelhos político-organizatórios."*

nidade e direitos. Dotados de razão e consciência, devem agir uns para com os outros em espírito e fraternidade". O inc. III do art. 1º da Constituição Federal brasileira de 1988 aponta a dignidade da pessoa humana como um dos fundamentos da República Federativa do Brasil. Acerca dessa disposição salienta Ingo Sarlet (2006, p. 65):

> (...) o nosso Constituinte de 1988 – a exemplo do que ocorreu, entre outros países, na Alemanha –, além de ter tomado uma decisão fundamental a respeito do sentido, da finalidade e da justificação do exercício do poder estatal e do próprio Estado, reconheceu categoricamente que é o Estado que existe em função da pessoa humana, e não o contrário, já que o ser humano constitui a finalidade precípua, e não meio da atividade estatal.

Podemos então afirmar que a dignidade da pessoa humana tem função central nos ordenamentos jurídicos modernos, atuando simultaneamente como elementos de legitimação do Estado e como unidade de sentido, alicerce axiológico de determinada ordem constitucional. Ingo Sarlet (2006, p. 77) salienta que "(...) *dentre as funções exercidas pelo princípio fundamental da dignidade da pessoa humana, destaca-se, pela sua magnitude, o fato de ser, simultaneamente, elemento que confere unidade de sentido e legitimidade a uma determinada ordem constitucional (...)*"[10].

Embora a dignidade da pessoa humana seja algo real, mostrando-se clara nas situações em que há uma ofensa ou violação, sua conceituação é sempre genérica e abstrata, já que é impossível estabelecermos um rol exaustivo das situações em que a dignidade pode ser agredida. Assim, temos um conceito de natureza polissêmica[11] e em constante processo de construção e desenvolvimento. Sobre a abertura conceitual da dignidade humana Ingo Sarlet (2006, p. 41) esclarece:

> Neste contexto, costuma apontar-se corretamente para a circunstância de que a dignidade da pessoa humana (por tratar-se, à evidência – e nisto não diverge de outros valores e princípios jurídicos – de categoria axiológica aberta) não poderá ser conceituada de maneira fixista, ainda mais quando se verifica que uma definição desta natureza não harmoniza com o pluralismo e a diversidade de valores que se manifestam nas sociedades democráticas contemporâneas, razão pela qual correto afirmar-se que (também aqui) nos deparamos com um conceito em permanente processo de construção e desenvolvimento.

Irrenunciável e inalienável[12], a dignidade humana é designada pelos juristas ora como valor ora como princípio ou até como sobreprincípio. A caracterização da dignidade como princípio ou valor depende muito do que se entende pelas duas figuras. De fato, classificar é sobretudo um exercício de praticidade, que deve levar em conta os fins para que determinada classificação se presta[13]. Entendemos valores como objetos ideais, realizáveis

9. A título exemplificativo: na América as Constituições do Peru e Venezuela afirmam a dignidade em seu preâmbulo, enquanto em Cuba a encontramos em seu art. 8º, no Peru no art. 4º, no Chile no art. 1º. Na Rússia a proteção à dignidade da pessoa consta em seu art. 12-1 e a própria União Europeia, por meio da "Carta dos Direitos Fundamentais da União Europeia", promulgada em Nice em dezembro de 2000, destaca a dignidade humana em seu art. 1º.

10. No âmbito da doutrina espanhola, ALEGRE Martinez (1996, p. 29 e s.) salienta que a dignidade da pessoa humana constitui mínimo invulnerável que toda a ordem jurídica deve assegurar, já que constitui elemento imprescindível para a legitimação da atuação do Estado. Na doutrina italiana destacamos Franco Bartolomei (1987, p. 14 e ss.).

11. Sobre a polissemia dos direitos fundamentais observar Francis Delpérée (1999, p. 153).

12. A dignidade humana, "(...) *compreendida como qualidade integrante e irrenunciável da própria condição humana, pode (e deve) ser reconhecida, respeitada, promovida e protegida, não podendo, contudo (no sentido ora empregado) ser criada, concedida ou retirada (embora possa ser violada), já que existe em cada ser humano como algo que lhe é inerente*". (Sarlet, 2006, p. 42)

13. Temos que "(...) *las clasificaciones tienen únicamente valor cuando responden a exigencias de orden práctico o a necesidades sistemáticas (...)*", assim "*las clasificaciones no son ni verdaderas ni falsas, son serviciales o inútiles; sus ventajas o desventajas están supeditadas al interés que guía a quien las formula, y a su fecundidad para presentar un campo de conocimiento de una manera más fácilmente comprensible, más rica en consecuencias prácticas deseables. (...) Decidirse por una clasificación es más bien como optar por el sistema métrico decimal frente al sistema de medición de los ingleses. Si el primero es preferible al segundo no es porque aquél sea verdadero y este falso, sino porque el primero es más cómodo, más fácil de manejas más apto para satisfacer con menor esfuerzo ciertas necesidades o conveniencias humanas*". As citações referem-se, respectivamente, a Eduardo Garcia Maynez (1971, p. 78) e Genaro Carrió (1972, p. 72-73).

ou não, no mundo do ser, sendo possível também a sua própria negação (o chamado desvalor ou antivalor) e, como qualidades ideais, podem ser positivos ou negativos (SICHES, 1936, p. 64 e s.). Os valores, como aqui entendemos, são produtos da historicidade social. Apresentam-se objetivamente como objetos ideais próximos aos conceitos e aos objetos matemáticos, que são, *per se*, independentes da coisa valorada[14].

O próprio ato de valorar as coisas, intrínseco ao ser humano e ao seu modo de pensar o mundo ao seu entorno, é tão antigo quanto a própria consciência humana[15]. Embora o ato de valorar as coisas tenha certo grau de subjetivismo[16], o valor em si é sempre algo objetivo, como bem expôs Shakespeare afirmando poeticamente: *"o valor não depende do querer individual; tem sua própria estima e dignidade, que compete não menos em si mesmo que na apreciação do homem"*[17].

Os princípios são categorias próximas, com qualidades específicas e dirigidas a um fim (o qual constitui, na maioria das vezes, valores). Já os valores são verificados socialmente (de forma histórico-cultural), não necessariamente postos no ordenamento (embora a historicidade constitucional moderna aponte a jurisdicização de valores socialmente importantes). Sobre a incorporação de valores socialmente importantes no ordenamento esclarece Ricardo Lobo TORRES (2005, p. 197): *"A atual filosofia do direito vem chamando a atenção para o fato de que houve a incorporação dos valores e do próprio direito natural ao ordenamento jurídico democrático pela intermediação dos princípios constitucionais."*

A diferenciação mais marcante entre os princípios e valores diz respeito à eficácia. Os princípios estão fixados no ordenamento (inferidos por indução ou dedução), têm eficácia jurídica direta, seu caráter é eminentemente deontológico. Já os valores estão destituídos de eficácia jurídica direta, são axiológicos. Nas palavras de Robert Alexy (2001, p. 141): *"Los principios son mandatos de un determinado tipo, es decir, mandatos de optimización. En tanto mandatos, pertenecen al ámbito deontológico. En cambio, los valores tienen que ser incluidos en el nivel axiológico."*

Assim, *"não pode o juiz sacar diretamente da ideia de justiça ou de segurança jurídica o fundamento de sua decisão"* (TORRES, 2005, p. 196), é por meio dos princípios que os valores recebem sua concretude na ordem jurídica.

Outra distinção entre princípios e valores é que estes possuem um grau de abstração maior[18], enquanto aqueles são mais objetivos, apesar de serem relativamente abertos quando comparados às regras. A abstração é também um critério clássico diferenciador de princípios e regras, pois aqueles teriam maior grau de abstração. Notar a lição clássica acerca do tema: *"Principles*

---

14. O que pretendemos com a afirmação de que os valores são próximos dos conceitos ou das entidades matemáticas é afirmar que os valores independem das coisas que são valoradas. Assim, podemos classificar determinada ação de justa ou injusta, mas podemos observar, sem necessidade de um suporte fático correspondente, a própria justiça, de forma análoga como acontece com os conceitos matemáticos. Assim, *"la experiencia de valores es independiente de la experiencia de cosas. Pero, además, es de índole muy distinta. Las cosas, las realidades son por naturaleza opacas a nuestra percepción. No hay manera de que veamos nunca del todo una manzana: tenemos que darle vueltas, abrirla, dividirla, y nunca llegaremos a percibirla íntegramente. Nuestra experiencia de ella será cada vez más aproximada, pero nunca será perfecta. En cambio, lo irreal – un número, un triángulo, un concepto, un valor – son naturaleza transparentes. Las vemos de una vez en su integridad. Meditaciones sucesivas nos proporcionarán nociones más minuciosas de ellas, pero desde la primera visión nos entregaron entera su estructura"*. (Ortega y Gasset, 1941-1946, p. 333)

15. Esclarece o filósofo: *"La conciencia del valor es tan general y primitiva como la conciencia de objetos. Difícil es que ante cosa alguna nos limitemos a aprehender su constitución real, sus cualidades entitativas, sus causas, sus efectos. Junto a todo esto, junto a lo que una cosa es o no es, fue o puede ser, hallamos en ella un raro, sutil carácter en vista del cual nos parece valiosa o despreciable. El círculo de cosas que nos son indiferentes es mucho más reducido y anómalo de lo que a primera vista parece. y lo que llamamos indiferencia apreciativa suele ser una menor intensidad de nuestro interés positivo o negativo que, en comparación con más vivos intereses, consideramos prácticamente como nula."* (Ortega y Gasset, 1941-1946, p. 319-320)

are normative propositions of such a high level of generality that they can as a rule not be applied without the addition of further normative premises and are usually subject to limitation on account of other principles" (ALEXY, 1989, p. 260)[19].

É claro que tais valores influenciam o Direito. Mais notadamente a partir da virada kantiana (*kantische Wende*) vemos uma reaproximação entre ética e direito, a busca da justiça fundada no imperativo categórico[20]. Atualmente é inegável a influência dos valores na ponderação jurídica, como bem expõe Recasens Siches (1973, p. 71):

> *El derecho positivo no es la idea pura de la justicia, ni las demás ideas de valor que él aspire realizar: pretende constituir una interpretación o aplicación práctica de esos valores a una realidad histórica. Contiene por ende elementos de esa realidad histórica y referencias a ella. Pero además su relación con los valores que trata de plasmar no es de correspondencia perfecta: podrá ser justo, menos justo o injusto: la justicia – y los demás valores que puedan venir en cuestión – se realizarán en él positivamente en mayor o menor medida, o negativamente. Así, le Derecho, en sus múltiples manifestaciones históricas o imaginarias, no se identifica con las puras esencias ideales de los valores con que se relaciona: el Derecho será el objeto que puede servir de soporte o substrato a unos determinados valores (la justicia, la utilidad colectiva etc.), pero no esos puros valores mismos.*

Também o Direito, na interpretação moderna, contém elementos internos para constituir uma interpretação e aplicação desses valores. Ensina Tércio Sampaio Ferraz Jr. que *"(...) a presença de valores no texto dogmático faz dele um discurso eminentemente persuasivo, cuja força repousa na objetividade que pretendem manifestar. Não são os valores do autor, mas os da comunidade que estariam em jogo"* (1978, p. 187), e, para neutralizar os valores próprios do intérprete/aplicador da norma, propõe a valoração ideológica, a qual *"atua no sentido de que a função seletiva do valor no controle da ação se torna consciente, isto é, a valoração ideológica é uma metacomunicação que estima as estimativas, valora as próprias valorações, seleciona as seleções, ao dizer ao interessado com este deve vê-las"* (1978, p. 188).

De fato, temos que a dignidade humana deve ser entendida como um valor, pois, como acentua Junqueira de Azevedo (2002, p. 12), *"(...) o conceito, além normativo, é axiológico, porque a dignidade é valor – a dignidade é a expressão do valor da pessoa humana. Todo 'valor' é a projeção de um bem para alguém; no caso, a pessoa humana é o bem e a dignidade, o seu valor, isto é a sua projeção"*. É valor legitimador do próprio Estado e fundamento axiológico do ordenamento jurídico[21], possuindo generalidade, abstração, polaridade e interação com outros valores e também será sempre aberta, variável e indefinível. Não obstante, é também um princípio, a ser instrumentalizado com vistas a um fim, o de prover dignidade à existência humana. Assim, a dignidade humana é multidimensional[22].

16. É patente a dedicação da doutrina filosófica moderna em retirar o subjetivismo das análises valorativas. Em parte, isto se deve ao subjetivismo exagerado imposto pelo pós-positivismo. De fato, valorar não é como gostar ou não gostar de algo, mas sim uma operação bem diversa e bem mais objetiva. José Ortega y Gasset ensina de forma clara: "*La sentencia **de gustibus non disputandum** es craso error. Supone que en el orbe de los 'gustos', es decir, de las valoraciones, no existen objetividades evidentes a las cuales poder referir en última substancia nuestras disputas. La verdad es lo contrario: todo 'gusto' nuestro gusta un valor (las puras cosas no ofrecen posibilidad al gustar y disgustar), y todo valor es un objeto independiente de nuestros caprichos.*" Embora o filósofo deixe clara a objetividade intrínseca aos valores afirma também um certo grau de subjetividade, porém aqui de forma mitigada: "*El estimar es una función psíquica real – como el ver, como el entender – en que los valores se nos hacen patentes y viceversa, los valores no existen sino para sujetos dotados de la facultad estimativa, del mismo modo que la igualdad y la diferencia sólo existen para seres capaces de comparar. En este sentido, y sólo en este sentido, puede hablarse de cierta subjetividad en el valor.*" (Ortega y Gasset, 1941-1946, p. 333)

17. É o nosso entendimento do diálogo: "*Hector: Brother, she is not worth what she doth, cost the keeping. Troilus: What's aught but as 'tis valued? Hector: But value dwells not in particular will: It holds his estimate and dignity as well wherein 'tis precious of itself as in the prizer. 'Tis mad idolatry to make the service greater than the god-I and the will dotes that is attributive to what infectiously itself affects, without some image of th' affected merit*" (Shakespeare). Também nesse sentido, o *"valor, portanto, não é projeção da consciência individual, empírica e isolada, mas do espírito mesmo, em sua universalidade, enquanto se realiza e se projeta para fora, como consciência histórica, no **processo dialógico da histórica** que traduz a interação das consciências individuais, em um todo de superações sucessivas"*. (Reale, 2002, p. 206)

OS DIREITOS SOCIAIS E A DIGNIDADE DA PESSOA HUMANA NA DECLARAÇÃO UNIVERSAL DOS DIREITOS HUMANOS

18. Na dicção de Ricardo Lobo Torres: "*Enquanto os valores são ideias absolutamente abstratas, supraconstitucionais e insuscetíveis de se traduzirem em linguagem constitucional, os princípios se situam no espaço compreendido entre os valores e as regras, exibindo em parte a generalidade e abstração daqueles e a concretude das regras*". (Torres, 2005, p. 195)

19. Este caráter diferenciador é criticado com veemência, contudo acreditamos que as críticas, embora construtivas, não o invalidem totalmente. Humberto Ávila (2004, p. 32) salienta que "*o critério diferenciador referente ao caráter hipotético-condicional é relevante na medida em que permite verificar que as regras possuem um elemento frontalmente descritivo, ao passo que os princípios apenas estabelecem uma diretriz. Esse critério não é, porém, infenso a críticas*".

20. Sobre a virada kantiana e a reaproximação entre direito e ética segue a lição de Ricardo Lobo Torres: "*A 'virada kantiana' traz as seguintes novidades principais: a inclusão da regra de justiça, ao lado da liberdade, no imperativo categórico; a positivação jurídica da norma ética abstrata; o equilíbrio entre justiça e direitos humanos; a projeção da ética tributária para as dimensões cosmopolita, nacional e local; a efetividade jurídica do mínimo ético; a perspectiva orçamentária do justo tributário.*" (Torres, 2005, p. 5)

21. Comparato (2005, p. 59), dissertando acerca do reconhecimento universal dos direitos humanos afirma que tais direitos só encontram fundamento dentro do próprio Estado. Para além dos limites estatais o fundamento desses direitos é ético ou filosófico, e não jurídico: "É irrecusável, por conseguinte, encontrar um fundamento para a vigência dos direitos humanos além da organização estatal. Esse fundamento, em última instância, só pode ser a consciência ética coletiva, a convicção, longa e largamente estabelecida na comunidade, de que a dignidade da condição humana exige o respeito a certos bens ou valores em qualquer circunstância, ainda que não reconhecidos no ordenamento estatal, ou em documentos normativos internacionais."

Na sua feição principiológica, a dignidade da pessoa humana tem as mesmas características dos princípios, operados a partir da ponderação no choque entre outros princípios, nunca de forma absoluta[23]. Contudo, afirmar a dignidade da pessoa humana como princípio e, portanto, passível de ser relativizada em determinada aplicação concreta (quando em cotejo com outro princípio) não significa descaracterizá-la como princípio fundamental, pois a dignidade, vista como valor intrínseco do ser humano, insubstituível e inalienável, jamais poderá ser sacrificada. É dizer, no cotejo entre os princípios no caso concreto e, em especial, nos casos extremos (*hard cases*, numa concepção dworkiana), os princípios que se referem a valores mais relevantes sobressaem-se. Assim, o valor dignidade, por ser o fundamento axiológico do próprio Estado tende a, nas situações concretas, prevalecer. É justamente nesse processo de aplicar/interpretar a norma que a dignidade-princípio adquire força ao se referir à própria dignidade-valor, prevalecendo na valoração ideológica existente entre demais princípios que a contrariem em determinada situação concreta. Nesse sentido esclarece Ingo Sarlet (2006, p. 74):

> *No mínimo – e neste sentido já não se poderá falar de um princípio absoluto – impende reconhecer que mesmo prevalecendo em face de todos os demais princípios (e regras) do ordenamento, não há como afastar (...) a necessária relativização (ou, se preferirmos, convivência harmônica) do princípio da dignidade da pessoa em homenagem à igual dignidade de todos os seres humanos.*

Como princípio jurídico fundamental a dignidade humana apresenta-se de forma dúplice, seja como limite à atuação estatal, seja como circunstância que, ao contrário, enseja sua atuação[24]. Assim, tanto impede abuso do poder estatal como impõe deveres ao próprio Estado para que o valor dignidade possa ser efetivado.

Como limite à atuação estatal abusiva ela concede autonomia, vinculada à própria ideia de autodeterminação. Já como tarefa do Estado (e também da própria comunidade), a dignidade humana apresenta também uma feição protetiva, assistencial. Tais facetas são representadas pragmaticamente por regras de direitos fundamentais, de caracterização e determinação de sentido mais fáceis do que a do enunciado "dignidade humana"[25].

Assim, os ditos direitos fundamentais têm papel de relevo na formulação e aplicação da dignidade humana em determinado ordenamento. Contudo, a abrangência de alguns direitos, sua aplicabilidade e sua classificação como fundamentais são discutidas pela doutrina e pela jurisprudência. Desse modo, passamos a fazer breves apreciações acerca do tema no tópico que segue.

3. DIREITOS FUNDAMENTAIS E DIREITOS SOCIAIS

Os ditos direitos fundamentais, da forma como vistos aqui, são direitos relativos aos seres humanos, reconhecidos e positivados constitucionalmente por determinado Estado. Aqui cabe ressalvarmos a nossa opção terminológica. As expressões "direitos do homem", "direitos humanos", "direitos fundamentais" e "direitos humanos fundamentais", no mais das vezes, encontram conceituações semelhantes. Preferimos o termo "direitos fundamentais" já que a nossa abordagem se preocupa com a efetivação dos direitos do ser humano, reconhecidos e positivados na esfera do Direito constitucional de nosso Estado. Rejeitamos, então, a terminologia "direitos do homem", pois esta se aplicaria aos direitos inerentes ao ser humano com tal, com validade universal e supranacional, o que nos remete ao estudo dos direitos humanos internacionais, que não será nosso objeto. Seguimos aqui a orientação terminológica traçada por Canotilho (2003, p. 292), que afirma:

> As expressões 'direitos do homem' e 'direitos fundamentais' são frequentemente utilizadas como sinónimas. Segundo a sua origem e significado poderíamos distingui-las da seguinte maneira: **direitos do homem** são direitos válidos para todos os povos e em todos os tempos (dimensão jusnaturalista-universalista); **direitos fundamentais** são direitos do homem, jurídico-institucionalmente garantidos e limitados espacio-temporalmente. Os direitos do homem arracariam da própria natureza humana e daí o seu caráter inviolável, intemporal e universal; os direitos fundamentais seriam os direitos objectivamente vigentes numa ordem jurídica concreta.

Esse reconhecimento constitucional dos direitos fundamentais ocorreu de forma paulatina, por um de um processo histórico cumulativo e complementar[26]. A doutrina costuma identificar na evolução histórica da positivação interna dos direitos fundamentais três dimensões. Aqui também optamos pelo termo "dimensões" ao invés do termo "gerações", ao nos referirmos à evolução histórica dos direitos fundamentais. Cabem aqui os esclarecimentos de Cançado Trindade (2000):

> Eu não aceito de forma alguma a concepção de Norberto Bobbio das teorias do Direito. Primeiro, porque não são dele. Quem formulou a tese das gerações de direito, foi o Karel Vasak, em conferência ministrada em 1979, no Instituto Internacional de Direitos Humanos, em Estrasburgo (...). Em primeiro, essa tese das gerações de direitos não tem nenhum fundamento jurídico, nem na realidade. Essa teoria é fragmentadora, atomista e toma os direitos de maneira absolutamente dividida. (...) Essa conceituação de que primeiro vieram os direitos individuais e, nesta ordem, os direitos econômico-sociais e o direito da coletividade correspondem à evolução do direito constitucional. É verdade que isso ocorreu no plano dos direitos internos dos países, mas no

22. Observar o interessante ensaio de Humberto Ávila (2005), que aborda a legalidade como valor, como princípio e como regra, apresentando sua característica multidimensional, característica também presente na dignidade da pessoa humana, embora esta última não apresente a feição de regra como a primeira.

23. Nesse sentido, apontamos aqui a tradicional doutrina de Robert Alexy, que afirma de forma firme que nenhum princípio é absoluto. Tal característica é exclusiva das regras, que se orientam por critérios específicos, seguindo uma lógica binária de aplicável ou não aplicável ("tudo ou nada"), já os princípios são analisados no caso concreto, em cotejo com outro (ou outros) princípio, seguindo uma lógica de ponderação ("mais ou menos"). Nas palavras do referido autor: "*Absoluto no es el principio sino la regla que, debido a su apertura semántica, no necesita una limitación con respecto a ninguna relación de preferencia relevante.*" (Alexy, 2001, p. 108). Humberto Ávila (2004) traz interessante crítica às diferenciações entre princípios e regras embasadas nas concepções dworkianas de *more or less* e *all or nothing*. Confrontar também nota 17 supra. Em sentido contrário, há quem defenda o princípio da dignidade humana em termos absolutos, embora acreditemos que se trate, na verdade, de divergência no conceito de princípio e de ponderação adotados. Nesse último sentido, observar Fernando Ferreira dos Santos (1999).

24. Interessante observar que, por vezes, a dimensão da dignidade apresentada como agir estatal prevalece sobre sua dimensão autonômica (limite ao agir estatal): "*Assim, a dignidade, na sua perspectiva assistencial (protetiva) da pessoa humana, poderá, dadas as circunstâncias, prevalecer em face da dimensão autonômica, de tal sorte que, todo aquele a quem faltarem as condições para uma decisão própria e responsável (de modo especial no âmbito da biomedicina e bioética) poderá até mesmo perder – pela nomeação eventual de um curador ou submissão involuntária a tratamento médico e/ou internação – o exercício pessoal de sua capacidade de autodeterminação, restando-lhe, contudo, o direito a ser tratado com dignidade (protegido e assistido).*" (Sarlet, 2006, p. 49)

OS DIREITOS SOCIAIS E A DIGNIDADE DA PESSOA HUMANA NA DECLARAÇÃO UNIVERSAL DOS DIREITOS HUMANOS

plano internacional a evolução foi contrária. No plano internacional, os direitos que apareceram primeiro foram os econômicos e sociais (...). Segundo, é uma construção perigosa, porque faz analogia com o conceito de gerações. O referido conceito se refere praticamente a gerações de seres humanos que se sucedem no tempo. Desaparece uma geração, vem outra geração e assim sucessivamente. Na minha concepção: Quando surge um novo direito, os direitos anteriores não desaparecem. Há um processo de cumulação e de expansão do 'corpus iuris' dos direitos humanos. Os direitos se ampliam, e os novos direitos enriquecem os direitos anteriores.

Daí o autor citado referir-se ao termo como *"fantasia das chamadas gerações de direito"* (TRINDADE, 1997, p. 24-25)[27].

Os ditos direitos fundamentais de primeira dimensão surgiram do pensamento clássico liberal-burguês do século 18, francamente individuais e de caráter protetivo do indivíduo em face do Estado. Assim, são mais comumente conclamados como direitos de defesa e de não intervenção do Estado na autonomia individual[28]. Justamente por essas características alguns doutrinadores preferem utilizar a denominação "liberdades públicas" aos direitos fundamentais individuais (ou de primeira dimensão)[29].

Os chamados direitos de segunda dimensão são os direitos econômicos, sociais e culturais. Oriundos das pressões sociais e econômicas que acompanharam o processo de industrialização já no decorrer do século 19, os direitos de segunda dimensão buscam não mais evitar a intervenção do Estado na esfera particular do indivíduo, mas possibilitar esta liberdade a partir das atuações estatais. Assim, temos a outorga pelo Estado de prestações específicas, como assistência, saúde, educação e previdência. Devemos frisar, contudo, que tais direitos

> (...) não englobam apenas direitos de cunhos positivo, mas também as assim denominadas "liberdades sociais", do que dão conta os exemplos da liberdade de sindicalização, do direito de greve, bem como do reconhecimento de direitos fundamentais aos trabalhadores, tais como o direito a férias e ao repouso semanal remunerado, a garantia de um salário mínimo, a limitação da jornada de trabalho, apenas para citar alguns dos mais representativos. (SARLET, 2001b, p. 57)

A terceira dimensão refere-se aos direitos fraternidade ou solidariedade, de titularidade coletiva ou difusa (*verbi gratia*: os direitos à paz, à autodeterminação dos povos, ao desenvolvimento, ao meio ambiente e qualidade de vida, ao patrimônio histórico e cultural). Contudo, há que se notar que os direitos dessa dimensão ainda não foram positivados constitucionalmente, embora já encontrem sua consagração internacional.

---

25. Apesar de aberta, a conceituação dos direitos fundamentais é mais simples do que a conceituação do termo "dignidade humana", sendo este necessariamente mais abrangente do que aquele. Sobre o tema salienta Canotilho (2003, p. 248): "A classificação do sentido constitucional dos direitos, liberdades e garantias é mais fácil do que a determinação do sentido específico do enunciado 'dignidade da pessoa humana'. (...) Pela análise dos direitos fundamentais, constitucionalmente consagrados, deduz-se que a raiz antropológica se reconduz ao homem como **pessoa**, como **cidadão**, como **trabalhador** e como administrado."

26. Para a análise da evolução histórica gradativa dos direitos fundamentais, consultar os autores referidos na nota 7 supra.

27. No mesmo sentido, temos Ingo Sarlet (2007, p. 54-55). Carlos Weis (1999, p. 37) utiliza a terminologia "gerações" e divide as dimensões em direitos liberais (civis e políticos), direitos sociais, econômicos e sociais e direitos globais (albergando os direitos de terceira dimensão).

28. Assim, esses direitos referem-se a um não fazer estatal, verdadeiros "*direitos de resistência e oposição ao Estado*". (Bonavides, 2006, p. 562 e s). Também nesse sentido Celso Lafer (1991, p. 126).

29. Ao afirmar a coincidência entre os termos liberdades públicas e direitos individuais, Ferreira Filho (2000, p. 28-29) salienta que tais liberdades constituem o núcleo dos direitos fundamentais e analisa seu caráter negativo: "*Em termos técnico-jurídicos essas liberdades são direitos subjetivos. São poderes de agir reconhecidos e protegidos pela ordem jurídica a todos os seres humanos. E, eventualmente, a entes a eles assimilados. Porém, são direitos subjetivos oponíveis ao Estado*".

30. Alguns autores arrolam o que chamam de "novos" direitos fundamentais (*verbi gratia*: os direitos contra a manipulação genética e à mudança de sexo) enquadrando-os em novas dimensões. Acreditamos que tais direitos são, a bem da verdade, direitos de primeira dimensão que, em virtude dos

Há ainda autores que preconizam a existência de uma quarta dimensão[30] dos direitos fundamentais, ligados à cidadania, ao pluralismo e à democracia, mas que, em nossa opinião, ainda carecem de reconhecimento no direito positivo[31].

Já afirmamos que as classificações têm objetivos práticos, destinam-se a uma utilidade específica[32]. Classificar os direitos fundamentais em dimensões tem finalidade predominantemente didática e investigativa. A classificação exposta tem como característica distintiva a ordem cronológica de positivação interna desses direitos nas Constituições[33]. Assim, concluímos que tal visão dimensional dos direitos fundamentais aponta para um progressivo crescimento de amplitude dos direitos fundamentais, o que ocorre não somente no âmbito de sua positivação, mas também (e talvez principalmente), na sua interpretação e aplicação diária. Ao correr da história não apenas novos direitos fundamentais foram surgindo com também se ampliou a interpretação dos direitos fundamentais anteriores, o que lhes garante maior efetividade e abrangência. Vemos que

> (...) esta evolução se processa habitualmente não tanto por meio da positivação destes 'novos' direitos fundamentais no texto das Constituições, mas principalmente em nível de uma transmutação hermenêutica e da criação jurisprudencial, no sentido do reconhecimento de novos conteúdos e funções de alguns direitos já tradicionais. (SARLET, 2007, p. 63)

Outra característica distintiva, em especial, entre os direitos de primeira e segunda dimensões, é a postura do Estado em relação à efetivação desses direitos. Os direitos de primeira dimensão teriam conteúdo negativo, isto é, corresponderiam a limites da atuação estatal, enquanto os de segunda dimensão teriam caráter positivo, no qual o Estado age positivamente, como principal agente garantidor dos mesmos.

O paradigma exposto, que apregoava um *status negativus* aos direitos de primeira dimensão, empregando-lhe características de autonomia e liberdade[34], hodiernamente é afastado pela interpretação moderna do direito[35]. Atualmente ocorre uma profunda interdependência dos *status negativus* e *status activus* nos direitos fundamentais. Assim, concluímos que todos os direitos, para que sejam juridicamente exigíveis, devem ser também positivos, como bem acentuam Stephen Holmes e Cass Sunstein (2000, p. 45):

> Se un diritto esiste, esiste anche la possibilità di tutelar-lo in giudizio", cosè afferma una classica massima giuridica. Gli individui godono di diritti, in senso giuridico piuttosto che in senso morale, solamente se l'ordinamento cui appartengono pone riparo in modo equo e prevedibile alle violazioni che essi subiscono. Questa semplice affermazione la dice lunga sull'inadeguatezza della distinzione tra diritti negativi i diritti positivi. Ciò che sta a dimostrare, infatti, è che tutti i diritti giuridicamente pretetti sono necessariamente diritti positivi.

---

30. avanços tecnológicos, devem ser protegidos de forma diversa e, por isso, descaracterizamos a formulação de uma nova dimensão com esse conteúdo. Nesse sentido, Oliveira Júnior (2003, p. 97) destaca o que chama de direitos de quarta e quinta dimensões.

31. Aqui fazemos uma clara referência à doutrina apregoada por Paulo Bonavides (2006, p. 571). Tal autor salienta: "*São direitos da quarta geração o direito à democracia, o direito à informação e o direito ao pluralismo. Deles depende a concretização da sociedade aberta do futuro, em sua dimensão de máxima universalidade, para a qual parece o mundo inclinar-se no plano de todas as relações de convivência.*"

32. Observar as citações na nota 11 supra.

33. Frisamos: a evolução cronológica exposta nas dimensões dos direitos fundamentais só pode ser apontada no âmbito interno (de cada país específico), já que na esfera internacional os direitos fundamentais sociais foram positivados antes mesmos dos direitos fundamentais de primeira geração, no Tratado de Versalhes, conforme salienta Cançado Trindade, em citação supra transcrita.

34. É justamente esse critério distintivo que fundamenta a utilização da terminologia "liberdades públicas", a qual não adotaremos pelo simples fato de acreditarmos que hodiernamente soma-se ao papel "negativo" do Estado na garantia da efetividade dos direitos fundamentais de primeira dimensão também um papel "positivo".

35. Aqui nos referimos à chamada interpretação pós-positivista, que se pauta não só na dicção literal dos textos positivados, mas busca principalmente garantir efetividade aos princípios e valores constitucionalmente postos. Sobre tal visão do Direito observar o item 1.1.1 supra, especialmente a nossa exposição sobre a influência dos valores na interpretação moderna do Direito. Sobre a temática, complementando as notas apontadas, segue o enxerto: "*O discurso acerca dos princípios, da supremacia dos direitos fundamentais e do reencontro com a Ética – ao qual, no Brasil, se deve agregar o da transformação social e o da emancipação – deve ter repercussão sobre o ofício dos juízes, advogados e promotores, sobre a atuação do Poder Público em geral e sobre a vida das pessoas. Trata-se de transpor a fronteira de reflexão filosófica, ingressar na*

OS DIREITOS SOCIAIS E A
DIGNIDADE DA PESSOA
HUMANA NA DECLARAÇÃO
UNIVERSAL DOS DIREITOS
HUMANOS

Contudo, devemos salientar que, apesar de o papel positivo do Estado mostrar-se também presente na proteção dos direitos de primeira dimensão, os direitos de garantia ou de liberdade têm uma aplicabilidade direta, já que a determinabilidade constitucional de seu conteúdo aponta para uma exequibiliade autônoma. É dizer: os chamados direitos de primeira dimensão também requerem um agir estatal para sua concretização, mas seu traço caracterizador, distintivo, é o direito subjetivo de defesa. Canotilho (2003, p. 402) exemplifica o que explicamos com o direito à vida, direito fundamental de primeira dimensão:

> Assim, por exemplo, o direito à vida (CRP, art. 24º) é um direito subjectivo de defesa, cuja determinabilidade jurídico-constitucional não oferece dúvidas, pois reconhece-se, logo em nível normativo-constitucional, o direito de o indivíduo afirmar, sem mais, o direito de viver, com os correspondentes deveres jurídicos dos poderes públicos e dos outros indivíduos de não agredirem o "bem da vida" ("dever de abstenção"). Isto não exclui a possibilidade de neste direito coexistir uma dimensão protectiva, ou seja, uma pretensão jurídica à proteção, por intermédio do Estado, do direito à vida (dever de protecção jurídica) que obrigará este, por ex., à criação de serviços de polícia, de um sistema prisional e de uma organização judiciária. Todavia, o traço caracterizador do direito à vida é o primeiro – direito de defesa – e é esse traço caracterizador que, **prima facie**, justifica o enquadramento deste direito no catálogo de direito, liberdades e garantias. Pelo contrário, o "direito à escola" ("o direito à universidade", "o direito aos graus mais elevados de ensino") não é um direito, liberdade e garantia, pois trata-se de um direito necessariamente dependente de *prestações* ("criação de universidades", criação de "institutos superiores"), não podendo o respectivo titular, a partir da norma constitucional, retirar um direito subjetivo *self executing*.

Assim, temos que os direitos de segunda dimensão ostentam predominantemente a característica prestacional, positiva, e dependem quase que exclusivamente de políticas públicas para sua efetivação. Na esteira de Canotilho, e reiterando a afirmação de Ingo Sarlet já transcrita, não negamos a existência de direitos sociais com característica de garantia. Assim, podemos falar em direitos de "natureza análoga", os quais "(...) *são direitos que, embora não referidos no catálogo dos direitos, liberdades e garantias, beneficiam de um regime jurídico constitucional idênticos ao destes*" e também "*podem encontrar-se entre os direitos econômicos, sociais e culturais como entre os restantes direitos fundamentais dispersos ao longo da Constituição*" (CANOTILHO, 2003, p. 405). Assim, no direito brasileiro apontamos como exemplo o direito de greve que, embora seja um direito social (de segunda dimensão), ostenta natureza análoga aos direitos, liberdades e garantias, ou seja, de limite à atuação estatal.

Dogmática Jurídica e na prática jurisprudencial e, indo mais além, produzir efeitos positivos sobre a realidade". (Barroso, 2003, p. 108). Observar também outra obra de Luis Roberto Barroso (1999).

36. Lima Lopes (2002, p. 131-132) traz um conceito de política pública, o qual adotaremos para fins desse estudo: "*Uma política pública, juridicamente, é um complexo de decisões e normas de natureza variada. Para promover a educação ou a saúde o que deve fazer o Estado? Quais os limites constitucionais, quais as direções impostas pela Constituição? A falta de reflexão sobre o complexo de normas que aí se entrelaçam pode ser fonte de trágicos mal-entendidos. Comecemos afirmando que ao Estado não são dadas muitas opções; uma política de educação, ou saúde, ou preservação de meio ambiente dependerá sempre, mais ou menos do seguinte: gastos públicos, de curto, médio e longo prazo e legislação disciplinadora das atividades inseridas em tais campos. A legislação terá ou o caráter de organização do serviço público, ou a promoção indireta do serviço de saúde ou educação por particulares (empresas, não nos enganemos). Esta última opção significa, claramente, promover alguma legislação sobre o assunto, e exercer, de certa forma, o poder de polícia, seja autorizando, fiscalizando ou coordenando e estimulando coordenação das atividades estatais, privadas e todas entre si.*"

Também a característica coletiva dos direitos de segunda dimensão, somada à característica predominante de direitos prestacionais, aponta para a necessidade de atuação legislativa e executiva para a sua efetiva fruição, o que insere a discussão da legitimidade do Judiciário na implementação de políticas públicas. Sobre essa temática, Lima Lopes (2002, p. 129) esclarece:

> Os novos direitos, que aliás nem são tão novos, visto que já se incorporaram em diversas constituições contemporâneas, inclusive brasileiras anteriores à 1988, têm característica especial. E esta consiste em que não são fruíveis, ou exequíveis individualmente. Não quer isto dizer que juridicamente não possam, em determinadas circunstâncias, ser exigidos como se exigem judicialmente outros direitos subjetivos. Mas, de regra, dependem, para sua eficácia, de atuação do Executivo e do Legislativo por terem o caráter de generalidade e publicidade. Assim é o caso da educação pública, da saúde pública, dos serviços de segurança e justiça, do direito a um meio ambiente sadio, o lazer, à assistência aos desamparados, à previdência social, e a outros previstos no artigo 6º, no artigo 7º, sem contar as disposições dos incisos do artigo 170, do artigo 182, do artigo 193, do artigo 225, e muitas outras espalhadas ao longo do corpo de toda a Constituição de 1988. Ora, todos os direitos aí previstos têm uma característica que durante muito tempo assombrou os que foram formados em nossa dogmática herdeira do século 19: não se trata de direitos individuais, não gozam, aparentemente, da especificidade de proteção proposta no artigo 75 do Código Civil: qual ação, quem o seu titular, quem o devedor obrigatório? Naturalmente, a dogmática do século 19, que ainda prevalece entre nós, teve enormes dificuldades para dar a resposta a isto. Tratava-se, como já disseram alguns entre nós, parafraseando Pirandello, de direitos à procura de um autor. De fato, a dificuldade deriva materialmente do modelo social do mercado, ao qual corresponde um modelo jurídico de relações interpessoais.

A efetivação das políticas públicas que objetivam garantir os direitos sociais depende muito seja de legislação específica, traçando as diretrizes de determinada política; seja do agir estatal administrativo, no exercício do poder de polícia; prestando diretamente um serviço público ou na fiscalização dos particulares[36].

Assim, é essencial para a efetivação dos direitos sociais uma ampla visão financeira e orçamentária, que possibilite traçar as orientações dessas políticas públicas, primeiramente em âmbito constitucional, para depois analisarmos com maior ênfase os regramentos legais e as possíveis intervenções do judiciário nesse aspecto. Lima Lopes (2002, p. 132-133) também analisa esse aspecto, afirmando:

> Assim, para a compreensão das políticas públicas é essencial compreender-se o regime das finanças públicas. E para compreender estas últimas é preciso inseri-las nos princípios constitucionais que estão além dos limites ao poder de tributar. Elas precisam estar inseridas no direito que o Estado recebeu de

37. Respectivamente: art. 1º, inc. III, e art. 3º, incs. I e III, da Constituição da República Federativa do Brasil de 1988.

*planejar não apenas suas contas, mas também de planejar o desenvolvimento nacional, que inclui e exige a efetivação de condições de exercício dos direitos sociais pelos cidadãos brasileiros. Assim, o Estado não somente deve planejar seu orçamento anual, mas também suas **despesas de capital** e **programas de duração continuada** (art. 165, § 1º).*

Contudo, não se pode simplesmente pautar e condicionar esses direitos ao Direito financeiro ou à necessidade de planejamento estatal. A bem da verdade, o próprio planejamento estatal, a intervenção do Estado na ordem social e o Direito financeiro, todos com norte constitucional, servem, primordialmente, para a garantia da dignidade humana dos cidadãos componentes do Estado. Os dispositivos constitucionais devem ser entendidos de forma sistêmica. Nos princípios fundamentais da Constituição vigente encontramos a dignidade da pessoa humana como fundamento da República e a erradicação da pobreza e construção de uma sociedade justa como objetivos fundamentais da República[37]. Os próprios direitos sociais são topologicamente colocados dentro do título II, o qual se intitula "Dos Direitos e Garantias Fundamentais".

Assim, a Carta que completa, no lançamento dessa obra, 70 anos, consagra importante marco ao afirmar que é papel das nações a garantia de dignidade aos seres humanos, dando-lhe caráter universal. O combate às mazelas sociais e a busca por uma sociedade justa e igualitária, para além de embasamentos da Constituição pátria, são fundamentos da própria vivência humana, consagrada pelas nações do mundo.

REFERÊNCIAS BIBLIOGRÁFICAS

AQUINO, Santo Tomás de. *O Ente e a Essência.* Tradução de José Cretella Júnior. São Paulo: Nova Cultural, 2004.

ALEGRE MARTINEZ, Miguel Angel. *La dignidad de la persona como fundamento del ordenamiento constitucional español.* León: Universidad de Leon, 1996.

ALEXY, Robert. *Teoría de los Derechos Fundamentales.* Madrid: Centro de Estudios Políticos y Constitucionales, 2001.

_____. Colisão de Direitos Fundamentais e Realização de Direitos Fundamentais no Estado de Direito Democrático. *Revista de Direito Administrativo*, Rio de Janeiro, Renovar, v. 217, p. 72. jul./set. 1999.

_____. *A Theory of Legal Argumentation:* the theory of rational discourse as theory of legal justification. Oxford: Clarendon Press, 1989.

ÁVILA, Humberto. Legalidade Tributária Multidimensional. *In*: FERRAZ, Roberto (Coord.). *Princípios e Limites da Tributação.* São Paulo: Quartier Latin, 2005.

_____. *Teoria dos Princípios* – da Definição à Aplicação dos Princípios Jurídicos. 3. ed. São Paulo: Malheiros, 2004.

AZEVEDO, Antoni Junqueira de. Caracterização Jurídica da Dignidade da Pessoa Humana. *Revista dos Tribunais.* V. 797, p. 3-24. mar. 2002.

BARBOSA, Rui. *Discursos Parlamentares*: obra completa de Rui Barbosa, v. 41, t. 3, Senado Federal: Rio de Janeiro, 1914.

BARROSO, Luis Roberto. *Interpretação e aplicação da constituição*: fundamentos de uma dogmática constitucional transformadora. 3. ed. São Paulo: Saraiva, 1999.

BARTOLOMEI, Franco. *La dignitá umana come concetto e valore constituzionale*. Torino: Gippichelli, 1987.

BONAVIDES, Paulo. *Curso de Direito Constitucional*. 18. ed. São Paulo: Malheiros, 2006.

CANOTILHO, José Joaquim Gomes. *Direito Constitucional e Teoria da Constituição*. 7. ed. Coimbra: Almedina, 2003.

CARRIÓ, Genaro. *Notas sobre derecho y lenguaje*. Buenos Aires: Abeledo-Perrot, 1972.

CÍCERO, Marco Túlio. *Dos Deveres*. São Paulo: Martins Fontes, 1999.

COMPARATO, Fábio Konder. *A afirmação histórica dos direitos humanos*. 3. ed. São Paulo: Saraiva, 2004.

DELPÉRÉE, Francis. O Direito à Dignidade Humana. *In*: Barros, Fernando Rezende de; Zilveti, Fernando Aurélio (Coords.). *Direito Constitucional*: estudos em homenagem a Manoel Gonçalves Ferreira Filho. São Paulo: Dialética, 1999.

FERRAZ JÚNIOR, Tércio Sampaio. *Função Social da Dogmática Jurídica*. Tese de Livre-docência, São Paulo: Edição do autor, 1978.

FERREIRA FILHO, Manoel Gonçalves. *Direitos Humanos Fundamentais*. 4. ed. São Paulo: Saraiva, 2000.

HOLMES, Stephen; Sunstein, Cass R. *Il costo dei diritti*: perché la libertà dipende dalle tasse. Tradução de Elisabetta Caglieri. Bologna: Mulino, 2000.

KANT, Immanuel. *Fundamentação da Metafísica dos Costumes*. Tradução de Paulo Quintela. São Paulo: Abril Cultural, 1980.

LAFER, Celso. *A Reconstrução dos direitos Humanos*. São Paulo: Companhia das Letras, 1991.

LOPES, José Reinaldo de Lima. Direito Subjetivo e Direitos Sociais: o Dilema do Judiciário no Estado Social de Direito. *In*: FARIA, José Eduardo (Org.). *Direitos Humanos, Direitos Sociais e Justiça*. São Paulo: Malheiros, 2002.

MAYNEZ, Eduardo Garcia. *Introducción al estudio del derecho*. 18. ed.

MIRANDA, Jorge. *Manual de direito constitucional*. 2. ed. Coimbra: Coimbra, 1982. 3 v.

MIRANDOLA, Giovani Pico della. *Discurso Sobre a Dignidade do Homem*. Lisboa: Edições 70, 1986.

NABUCO, Joaquim. *O Abolicionismo*. Rio de Janeiro: Nova Fronteira, 2000.

OLIVEIRA JÚNIOR, José Alcebíades de. *Teoria Jurídica e Novos Direitos*. Rio de Janeiro: Forense, 2003.

ORTEGA Y GASSET, José. *Obras completas*: brindis y prólogos. Madrid: Revista de Occidente, 1941-1946, t. VI.

REALE, Miguel. *Filosofia do Direito*. 20. ed. São Paulo, Saraiva, 2002.

ROCHA, Cármen Lúcia Antunes. O Princípio da Dignidade da Pessoa Humana e a Exclusão Social. *Revista Interesse* Público. v. 148, p. 135-154. 1999.

SANTOS, Fernando Ferreira dos. *Princípio Constitucional da Dignidade da Pessoa Humana*. São Paulo: Celso Bastos, 1999.

SARLET, Ingo Wolfgang. *A eficácia dos direitos fundamentais*. 7. ed. Porto Alegre: Livraria do Advogado, 2007.

_____. *Dignidade da pessoa humana e direitos fundamentais*. Porto Alegre: Livraria do Advogado, 2006.

SHAKESPEARE, William. *The history of Troilus and Cressida.* Disponível em: <http://www.online-literature.com/booksearch.php>. Acesso em: 12 jun. 2006.

SICHES, Luis Recasens. *Estúdios de Filosofia Del Derecho.* Barcelona: Bosch, 1936

SILVA, José Afonso da. A Dignidade da Pessoa Humana como Valor Supremo da Democracia. *Revista de Direito Administrativo.* v. 212, p. 89-94. 1998.

SUNSTEIN, Cass R. *The Partial Constitucion.* The Rights of Animals. *The University of Chicago Law Review.* v. 70, p. 387-401, 2003.

TORRES, Ricardo Lobo. *Tratado de Direito Constitucional Financeiro e Tributário.* Rio de Janeiro: Renovar, 2005, v. 6.

TRINDADE, Antonio Augusto Cançado. Seminário dos Direitos Humanos das Mulheres: a proteção internacional. *In*: V Conferência Nacional de Direitos Humanos. 25 maio 2000, Câmara dos Deputados, Brasília-DF. *Cançado Trindade Questiona a Tese de "Gerações de Direitos Humanos" de Norberto Bobbio.* DHnet: redes de direitos humanos. Disponível em: <http://www.dhnet.org.br/ direitos/militantes/cancado trindade/cancado_bob.htm>. Acesso em: 15 out. 2008.

_____. *Tratado de Direito Internacional dos Direitos Humanos.* v. 1, Porto Alegre: Sergio Antonio Fabris, 1997.

WEIS, Carlos. *Diretos Humanos Contemporâneos.* São Paulo: Malheiros, 1999.

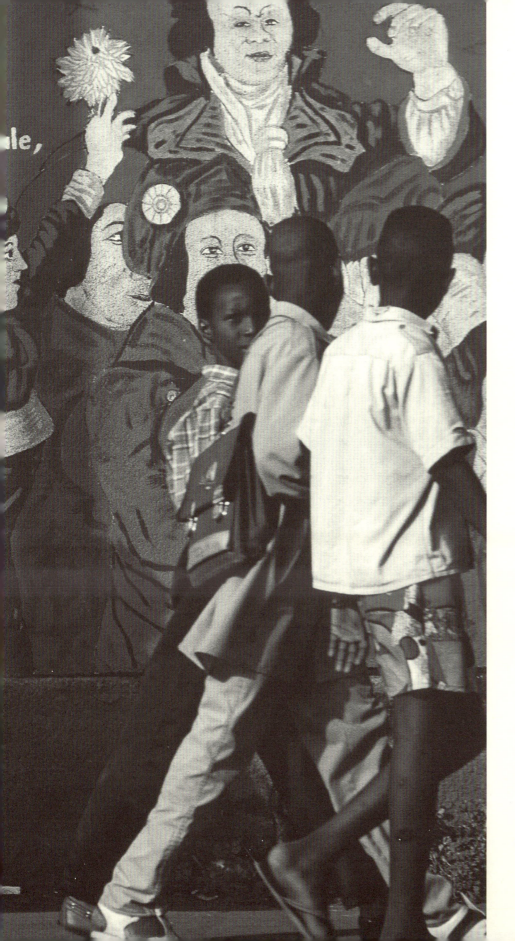

JEAN-LUC MANAUD / *GETTY IMAGES*

434 O ESTUDO DO HOLOCAUSTO EM TEMPOS DE INTOLERÂNCIA

SAMUEL FELDBERG
Graduado em Ciência Política e História pela Universidade de Tel Aviv – Israel e Doutor em Ciência Política pela Universidade de São Paulo – Brasil.
É professor de Relações Internacionais da Universidade de São Paulo, autor de dezenas de artigos sobre o Oriente Médio e o conflito israelo-palestino e comentarista dos mais importantes meios de comunicação do Brasil.
É membro do Núcleo de Estudo das Diversidades, Intolerâncias e Conflitos da USP
Desde 2017 trabalha como pesquisador do Centro Moshe Dayan da Universidade de Tel Aviv – Israel.

Há alguns meses a ministra Carmen Lúcia fez um pronunciamento alertando-nos sobre os riscos de polarização na sociedade brasileira. Desde então os ânimos têm se acirrado com um aumento exponencial da intolerância, potencializado pelos absurdos de uma campanha eleitoral que extrapola todos os limites.

Em sua fala, a ministra faz considerações atemporais que nos lembram da importância de estudarmos a história para impedir que os erros do passado sejam repetidos. Entre seus alertas mencionou que:

> *Fora da democracia não há respeito ao direito nem esperança de justiça e ética.*
>
> *Vivemos tempos de intolerância e de intransigência contra pessoas e instituições.*
>
> *Violência não é justiça. Violência é vingança e incivilidade.*
>
> *Somos um povo, formamos uma nação. O fortalecimento da democracia brasileira depende da coesão cívica para a convivência tranquila de todos. Há que serem respeitadas opiniões diferentes.*
>
> *Problemas resolvem-se com racionalidade, competência, equilíbrio e respeito aos direitos. Superam-se dificuldades fortalecendo-se os valores morais, sociais e jurídicos. Problemas resolvem-se garantindo-se a observância da Constituição, papel fundamental e conferido ao Poder Judiciário, que o vem cumprindo com rigor.*
>
> *Gerações de brasileiros ajudaram a construir uma sociedade, que se pretende livre, justa e solidária. Nela não podem persistir agravos e insultos contra pessoas e instituições pela só circunstância de se terem ideias e práticas próprias. Diferenças ideológicas não podem ser inimizades sociais. A liberdade democrática há de ser exercida sempre com respeito ao outro.*
>
> *A efetividade dos direitos conquistados pelos cidadãos brasileiros exige garantia de liberdade para exposição de ideias e posições plurais, algumas mesmo contrárias. Repito: há que se respeitar opiniões diferentes. O sentimento de brasilidade deve sobrepor-se a ressentimentos ou interesses que não sejam aqueles do bem comum a todos os brasileiros.*

Começo minha apresentação com esta reflexão porque considero que o ensino do Holocausto esteja diretamente ligado à tentativa de evitar a repetição de eventos que somente se tornam possíveis porque a intolerância é permitida.

Segundo a definição do Museu do Holocausto de Washington, o Holocausto foi a perseguição e extermínio de 6 milhões de judeus, burocrático, sistemático e promovido pelo estado nazista e seus colaboradores.

Enquanto o Holocausto era perpetrado, as autoridades alemãs atacaram também outros grupos vistos como "racialmente" inferiores e perseguiram aqueles diferenciados por suas identidades políticas, ideológicas ou por seu comportamento.

Temos que estar conscientes, na nossa posição de educadores, que as explicações encontradas para a ocorrência do Holocausto não sejam entendidas como o reconhecimento de que aquela trajetória era inevitável, estava predestinada. O Holocausto ocorreu porque indivíduos, grupos e governos decidiram posicionar-se ou não em uma determinada conjuntura, e é a análise destas decisões e atitudes que nos permite fornecer a nossos alunos os instrumentos para balizar seu futuro comportamento.

Obviamente ninguém pode colocar-se na posição dos atores de então, especialmente em situações limítrofes; mas parte significativa do estudo do Holocausto concentra-se nas nuanças do comportamento humano, seja dos perpetradores, das vítimas, dos colaboradores ou daqueles "observadores" que optaram por não se envolver.

Ensinar sobre o Holocausto implica numa jornada às profundezas de um período conturbado da história, que começa com a negação dos direitos civis aos judeus, finaliza com a negação de seu direito à vida, e nos mostra como esta evolução pode ser rápida e inesperada.

Mais de 80 anos após a ascensão do partido nazista ao poder, sabemos que as lições não foram aprendidas: Hutus massacraram os Tutsis em Ruanda, os líderes cambodianos assassinaram milhões de compatriotas e, ainda que em menor escala, os sérvios cometeram crimes contra a humanidade em sua guerra contra os bósnios. Lamentavelmente, estes episódios são cada vez menos conhecidos e já pouco servem de alerta diante de um crescente aumento da alienação e da intolerância.

Não nos faltam hoje instrumentos pedagógicos para ensinar sobre o Holocausto e outros genocídios. A tecnologia nos oferece uma gama de possibilidades, com uma riqueza de elementos que chegam a representar um desafio: a que expor os alunos? Chocá-los com as imagens indescritíveis, registradas por russos e norte-americanos, quando os campos de extermínio foram liberados? Utilizar os filmes de propaganda nazista, correndo o risco de sermos criticados por fazer a apologia da doutrina? Realizar simulações, colocando-os no lugar dos diversos atores? Diferentemente do ensino genérico da história, ensinar o Holocausto implica lidar com valores e conceitos que venham a influenciar o comportamento dos estudantes e sua formação. Para tanto, temos que ressaltar as mudanças pelas quais passaram as sociedades envolvidas no período e alertar para diferenças e semelhanças com nosso contexto contemporâneo.

A complexidade envolvida pode provocar uma tentativa de simplificação, que geraria uma distorção dos fatos: assim, temos que diferenciar campos de concentração e de extermínio, perpetradores e colaboradores, discriminação e preconceito, resistência armada e simbólica, entre outros.

Não cabe dúvida de que o Holocausto foi um fenômeno único. Não se trata de "graduar" sofrimento nem de quantificar vítimas e podemos, sim, comparar o Holocausto com outros genocídios, mas não equipará-lo. O genocídio armênio, que precedeu o Holocausto durante a Primeira Guerra Mundial, enquadra-se perfeitamente nos critérios determinados por Lemke para a definição de genocídio: atos cometidos com a intenção de destruir, na sua totalidade ou em parte, um grupo étnico, nacional, racial ou religioso.

Mas ainda que os turcos tenham se engajado na destruição dos armênios, o processo diferencia-se do Holocausto em vários aspectos:

I. A sociedade alemã foi preparada ao longo de anos para a desumanização dos judeus, para vê-los como sub-humanos, despojados de todos os direitos.

II. O regime nazista implementou um programa legal, respaldado pelo judiciário, que culminou com o extermínio.

III. O processo foi escalonado, com vários retrocessos, dificultando a percepção de que a "solução final" fosse mais que um instrumento de propaganda racial.

IV. Todos os meios ao dispor do estado foram utilizados para cometer o genocídio.

V. Toda a sociedade, com algumas exceções, ou participou do processo ou absteve-se de condená-lo.

O objetivo de qualquer projeto de ensino é engajar os estudantes e despertar sua curiosidade para permitir seu desenvolvimento intelectual. Um dos principais desafios no ensino sobre o Holocausto está na limitação do tempo disponível para a abordagem de um tema tão complexo e na escolha dos tópicos imprescindíveis no currículo.

Algumas questões estarão sempre presentes:

I. Por que estudar este tema?

II. Quais os ensinamentos que os alunos adquirirão a partir desta abordagem?

III. Que meios devem ser utilizados? Imagens, textos, testemunhos, filmes ou documentários?

Através do estudo do Holocausto podemos abordar de forma efetiva a maior parte das questões morais que permeiam nossa sociedade. Uma compreensão do fenômeno, em suas várias dimensões, permite analisar em vários contextos o comportamento humano, ajudando a definir parâmetros que caracterizam o cidadão responsável e solidário.

Entre as lições que poderão ser transmitidas estão:

I. Instituições e valores democráticos não são garantidos, têm que ser valorizados e protegidos.

II. A indiferença frente ao sofrimento do outro ou a violação dos direitos em qualquer sociedade, ainda que sem uma intenção explícita, perpetua estes problemas.

III. O Holocausto não ocorreu por acaso: foi possível porque indivíduos, organizações e governos permitiram e estimularam a prática de preconceitos e legalizaram a discriminação, o ódio e, finalmente, sancionaram o assassinato em massa de uma minoria.

IV. Qualquer sociedade pode abrigar as raízes do preconceito, do racismo e dos estereótipos.

V. Temos que estar atentos para os valores do pluralismo e para a aceitação da diversidade.

VI. Não podemos nos manter apáticos e indiferentes à opressão. Um dia, poderemos ser o alvo.

VII. Ainda que o genocídio possa ser praticado de forma primitiva, como em Ruanda, uma nação moderna e tecnologicamente avançada tem instrumentos muito mais efetivos à sua disposição, seja para promover algum tipo de planejamento social ou a discriminação e o genocídio.

A compreensão por parte dos estudantes dos vários fatores históricos, sociais, religiosos, econômicos e políticos que levaram ao Holocausto fará com que se deem conta da complexidade do tema e de como a convergência de vários destes elementos pode contribuir para a destruição dos valores democráticos. Idealmente, os estudantes entenderão que é responsabilidade dos cidadãos reconhecer os sinais de perigo e reagir enquanto é tempo; identificando ideologias nacionalistas extremas e racistas e intervindo para impedir seu avanço.

Uma as dificuldades inerentes a nossa era de informação abundante e inesgotável está na identificação das fontes; parte do processo de ensino está em diferenciar os fatos de opiniões, propaganda ou ficção, aprender a identificar fontes primárias e outros instrumentos, como depoimentos legais, a história oral ou documentos oficiais preservados. Diferentes fontes de informação podem levar a diferentes conclusões, reforçando estereótipos ou preconceitos, e é função do educador trabalhar esta variedade e treinar o estudante para exercer seu pensamento crítico.

Mas o acesso à informação facilita também o fenômeno da "negação do Holocausto". Tornou-se tão fácil "produzir" qualquer tipo de notícia, e manipular imagens e outros elementos propagandísticos, que somente através de um trabalho sério e responsável será possível impedir que a história seja deturpada e que, com o passar do tempo, a imaginação não dê lugar aos fatos e às evidências.

Esta é nossa missão como educadores.

GILBERT UZAN / GETTY IMAGES

440 SEM AS MULHERES, OS DIREITOS NÃO SÃO HUMANOS

"Os direitos humanos constituem a plataforma emancipatória contemporânea." (Silvia Pimentel e Flávia Piovesan)[1]

PREÂMBULO

"SEM AS MULHERES OS DIREITOS NÃO SÃO HUMANOS" é o título da Campanha desenvolvida pelo Comitê Latino-Americano e do Caribe para a Defesa dos Direitos das Mulheres (CLADEM), por ocasião do **Cinquentenário da Declaração Universal dos Direitos Humanos**, de 1948, em 1998.

Hoje, em 2018, setenta anos após 1948, ao escrever este artigo, pretendo socializar um pouco mais o conhecimento de uma das "façanhas feministas latino-americanas e caribenhas mais engenhosas e atrevidas" em que tive a oportunidade de participar ativamente, com Valéria Pandjiarjian.

O presente texto resgata documentos históricos – alguns parcialmente – que, por si sós, em meu entender, expressam mais e melhor do que eu poderia fazê-lo, ao descrevê-los. Documentos estes que contam a nossa ousadia feminista de construir um processo coletivo de elaboração de uma Declaração Universal de Direitos Humanos na Perspectiva de Gênero.

Nessa linha, valho-me de trecho da apresentação da publicação *As Mulheres e a Construção dos Direitos Humanos*, de 1993, em homenagem aos 200 anos da morte de Olympe de Gouges,[2] que escrevi como coordenadora do CLADEM-Brasil.

"Ousar é preciso.

Ousar é o que tantas mulheres no decorrer da história têm feito.

Entretanto, essas mulheres, em sua maioria, salvo raríssimas exceções, não conquistaram os espaços de liberdade e poder que pleitearam. Quase todas receberam, como resposta social, sanções punitivas, variando estas desde eliminações radicais como as punições do tipo apedrejamento, fogueira, guilhotina e outros suplícios em praça pública, até discriminações, as mais variadas.

Hoje, podemos dizer que a ousadia das mulheres das últimas décadas, principalmente aquela que é fruto de uma ação conjunta e organizada, tem obtido alguns avanços significativos. É crescente a solidariedade dentro do movimento de mulheres, em nosso continente e nos quatro cantos do mundo.

SILVIA PIMENTEL

Silvia Pimentel: Professora doutora na Faculdade de Direito da Pontifícia Universidade Católica de São Paulo – PUC/SP, onde ministra as disciplinas "Introdução ao Estudo do Direito", "Filosofia do Direito" e "Direito, Gênero e Igualdade". Integrante do Comitê sobre a Eliminação da Discriminação contra as Mulheres, da Organização das Nações Unidas (CEDAW/ONU) de 2005 a 2016, e sua presidente em 2011-2012. Membro do Conselho Consultivo do Comitê Latino-Americano e do Caribe para a Defesa dos Direitos das Mulheres (CLADEM).

Esta realidade nos induz a acreditar ser possível, hoje, a nós mulheres, a ousadia de escrever uma nova Declaração dos Direitos Humanos que, incorporando nossa fala, expresse nossas necessidades e sentimentos, nossa visão de mundo.

A crença neste ambicioso projeto reforçou-se quando tomamos conhecimento de que companheiras asiáticas do Asian Women's Human Rights Council-AWHRC já estavam cogitando o mesmo."[3]

1. RESGATE DE ALGUNS ARTIGOS DE JORNAL SOBRE A PROPOSTA FEMINISTA DE UMA DECLARAÇÃO UNIVERSAL DOS DIREITOS HUMANOS NA PERSPECTIVA DE GÊNERO

1.1. DECLARAÇÃO DE DIREITOS HUMANOS A PARTIR DE UMA PERSPECTIVA DE GÊNERO: UMA CONTRIBUIÇÃO AO 50° ANIVERSÁRIO DA DECLARAÇÃO UNIVERSAL DE DIREITOS HUMANOS[4] – (*FOLHA DE S. PAULO*, JANEIRO DE 1998)

O 50° aniversário da Declaração Universal em 1998 abre uma especial oportunidade para que os Estados renovem o seu compromisso com o reconhecimento e a vigência dos direitos humanos.

Inspirados neste propósito o CLADEM (Comitê Latino-Americano e do Caribe para a Defesa dos Direitos da Mulher) e demais entidades do movimento de mulheres vêm impulsionando uma proposta orientada à adoção de um instrumento internacional que incorpore as perspectivas e os direitos conquistados nas últimas décadas, desde a aprovação da Declaração de 1948. Esta ideia nasceu a partir do projeto "Declaração dos Direitos Humanos das Mulheres", redigido na Conferência Satélite de São José da Costa Rica, em dezembro de 1992, quando se buscou elaborar um documento que incorporasse a perspectiva de gênero. Esta proposta foi então difundida na Conferência preparatória latino-americana de Mar del Plata, em setembro de 1994 e na IV Conferência Mundial da Mulher, em Beijing, em setembro de 1995. Trata-se, assim, de uma contribuição de grupos de mulheres da região da América Latina e do Caribe à construção teórica dos direitos humanos.

Não resta dúvida de que a Declaração Universal de 1948 significou e significará sempre um marco na história da construção dos direitos humanos, ao consagrar a **universalidade** e a **indivisibilidade** destes direitos. A Declaração Universal inovou substantivamente a gramática dos Direitos Humanos, ao afirmar serem eles universais, decorrentes da dignidade inerente a toda e qualquer pessoa e indivisíveis, conjugando assim, imediatamente, os direitos civis e políticos com os direitos sociais, econômicos e culturais.

A partir da indivisibilidade dos direitos humanos, os valores da liberdade e da igualdade são integrados, compondo uma **unidade indivisível, inter-**

---

1. O documento traduz sobretudo a crença de que os direitos humanos constituem a plataforma emancipatória contemporânea simbolizando a busca de inclusão ante o processo [crescente] de exclusão social, em prol da revitalização e do resgate da dignidade humana." Trecho extraído do texto: PIMENTEL, Silvia; PIOVESAN, Flávia. Mulheres e direitos humanos. *Folha de S. Paulo*, São Paulo, 31 dez. 1998, Folha Vale, Opinião, Caderno 3, p. 2.

2. No art. X de sua "Declaração dos Direitos da Mulher e da Cidadã" ela afirma que se "a mulher tem o direito de subir ao cadafalso; ela deve ter igualmente o direito de subir a tribuna". Olympe viveu o exercício trágico do direito de subir ao cadafalso, sem ter subido aos púlpitos.

3. PIMENTEL, Silvia (coord. da ed.); DORA, Denise D. (coord. da ed.). *As Mulheres e a Construção dos Direitos Humanos*. São Paulo: Cladem-Brasil, 1993, p.5.

4. PIMENTEL, Silvia; PIOVESAN, Flávia; PANDJIARJIAN, Valéria. Declaração de Direitos Humanos a partir de uma perspectiva de gênero: uma contribuição ao 500 aniversário da Declaração Universal dos Direitos Humanos. *Fêmea Especial*, Brasília, n. 60, p. 5-6, jan. 1998. Flávia Piovesan, a época da publicação do artigo, era Membro do CLADEM-Brasil, Professora de Direitos Constitucionais e de Direitos Humanos da Faculdade de Direito da PUC/SP, Procuradora do Estado, Coordenadora do Grupo de Trabalho de Direitos Humanos da Procuradoria-Geral do Estado de São Paulo e membro do Conselho Estadual da Condição Feminina. Silvia Pimentel, à época da publicação do artigo, era Coordenadora do CLADEM-Brasil, Professora Doutora em Filosofia de Direito da PUC/SP, Conselheira do Conselho Estadual da Condição Feminina. Membro do Conselho Diretor da Comissão de Cidadania e Reprodução, membro do International Women 's Rights Action Watch (IWRAW) e membro do Instituto para a Promoção da Equidade (IPE). Valéria Pandjiarjian, à época da publicação do artigo, era Pesquisadora do CLADEM-Brasil, Advogada e membro do Instituto para a Promoção da Equidade (IPE).

SEM AS MULHERES OS
DIREITOS NÃO SÃO HUMANOS

dependente e inter-relacionada. Esta concepção foi reiterada em 1993, quando a Declaração de Viena, em seu parágrafo 50, afirmou que todos os Direitos Humanos são universais, indivisíveis, interdependentes e inter-relacionados.

Esta gramática de direitos humanos anunciada pela Declaração Universal e reiterada pela Declaração de Viena é que orienta a proposta apresentada pelo CLADEM, concernente a uma Declaração de Direitos Humanos a partir de uma Perspectiva de Gênero. Nesta proposta reforça-se e amplia-se a concepção da universalidade e da indivisibilidade dos direitos humanos, à luz dos avanços ocorridos nos últimos 50 anos e sob o enfoque de gênero.

Seis são as categorias de direitos que embasam a proposta: - o direito à cidadania, ao desenvolvimento, à paz e a uma vida livre de violência, os direitos sexuais e reprodutivos, o direito ao meio ambiente, o direito das pessoas e dos povos em razão de sua identidade étnica-racial. Estes seis grandes temas são fundamentais para uma concepção renovada e ampliada de direitos humanos, condizente com a dinâmica histórica das últimas décadas.

Quanto ao **direito à cidadania**, destaca-se o direito de toda pessoa à própria identidade, gozando de autonomia e autodeterminação em todas as esferas de sua vida. Afirma-se que o direito à identidade das mulheres não pode ser afetado em razão de união de casal ou vínculo matrimonial. Além disso, no tocante ao exercício dos direitos políticos, proclama-se o direito à participação, cabendo aos Estados a adoção de políticas destinadas a garantir a participação equitativa e igualitária de ambos os sexos em todos os cargos públicos.

Quanto ao **direito ao desenvolvimento**, assegura-se o direito ao desenvolvimento sustentável, devendo os Estados adotar políticas que assegurem a erradicação da pobreza e justa distribuição de renda. Determina-se também o dever dos Estados de modificar os programas de ajuste estrutural para corrigir e superar seus efeitos negativos, bem como de fortalecer políticas públicas de igualdade de oportunidades e tratamento. Neste último aspecto, merece destaque o dispositivo que prevê o dever dos Estados de promover a equidade de gênero e a formulação de políticas para a eliminação de todos obstáculos que obstruam a plena participação da mulher nos planos social, familiar, social, econômico e político. Adiciona-se ainda o direito à educação para a cidadania, de forma a propiciar uma educação livre de estereótipos e preconceitos, baseada na igualdade entre os seres humanos, no respeito e na tolerância.

Quanto ao **direito à paz e a uma vida livre de violência**, afirma-se que toda e qualquer violência contra a mulher constitui atentado aos direitos humanos fundamentais, devendo ser assegurado o direito à uma vida livre de violência, tanto na esfera pública, como na esfera privada. A proposta também aponta para a necessidade de esforços para eliminar o tráfico de mulheres e meninas e a prostituição forçada, bem como as práticas e costumes que atentem contra a dignidade humana, a integridade física e psíquica das pessoas, como é a prática de mutilação genital feminina.

Quanto aos **direitos sexuais e reprodutivos**, destaca-se o direito à autodeterminação no exercício da sexualidade, incluindo o direito à livre orientação sexual, à informação sobre sexualidade e o direito à educação sexual, lembrando que os direitos reprodutivos fundamentam-se no direito de decidir livre e de maneira informada sobre sua vida reprodutiva. Os direitos sexuais e reprodutivos são concebidos, assim, como direitos humanos fundamentais, já que estão estreitamente vinculados à liberdade e desenvolvimento da personalidade.

Quanto ao **direito ao meio ambiente**, fica consagrada a busca do equilíbrio entre a conservação ambiental e o desenvolvimento sustentável.

Por fim, quanto aos **direitos das pessoas e dos povos em razão de sua identidade étnico-racial**, objetiva-se assegurar o respeito à diversidade étnico-racial, que há de ser vivida como equivalência e não como superioridade ou inferioridade.

Em síntese a proposta objetiva: I) introduzir a perspectiva de gênero na concepção de direitos humanos, reforçando a universalidade destes direitos e 2) ampliar a noção de indivisibilidade dos direitos humanos, incluindo os direitos de 3º geração (como o direito ao desenvolvimento e ao meio ambiente). Logo, os pilares da Declaração de 1948 são observados e respeitados pela proposta, que busca expandir as noções de universalidade e invisibilidade, à luz dos avanços ocorridos nos últimos 50 anos.

A proposta de uma Declaração Universal de Direitos Humanos a partir de uma Perspectiva de Gênero busca conferir visibilidade às novas categorias de direitos emergentes nas últimas décadas, sob o enfoque de gênero e sob o enfoque histórico de que os direitos humanos não são um dado, mas um construído.

1.2 UMA NOVA UNIDADE[5] (*FOLHA DE S. PAULO*, 11 DE OUTUBRO DE 1998)

A Declaração Universal dos Direitos Humanos, assinada logo depois da Segunda Guerra Mundial, em 1948, significou o início de uma era de compromisso por parte dos Estados de respeitar os direitos dos cidadãos e de realizar todos os esforços necessários para garantir a paz no mundo.

Depois de 50 anos de vigência dessas normas, nós, mulheres, cremos ser necessário criar um novo instrumento, que nos viabiliza como sujeitos e incorpore os avanços conquistados na área dos direitos humanos neste período, especialmente a partir da perspectiva de gênero.

---

[5] PIMENTEL, Silvia; PANDJIARJIAN, Valéria. Uma nova unidade. *Folha de S. Paulo*, São Paulo, 11 out. 1998, Mais! Caderno 5, p.12. Silvia Pimentel, à época da publicação, era professora Doutora em Filosofia do Direito na Faculdade de Direito da PUC/SP, Coordenadora do CLADEM-Brasil e integrante diretora do Instituto para a Promoção da Equidade (IPE); e Valéria Pandjiarjian, à época da publicação, era advogada e pesquisadora, integrante do CLADEM-Brasil e IPE.

SEM AS MULHERES OS DIREITOS NÃO SÃO HUMANOS

A nosso ver, o 50º aniversário da Declaração Universal, em dezembro de 1998, antevéspera do novo milênio, é o momento mais oportuno para o encaminhamento à ONU (Organização das Nações Unidas) de documento que contemple a voz da mulher, sua visão de mundo e de direitos, para homens e mulheres no século 21.

Nesse sentido, reconhecendo ainda os esforços das Nações Unidas para incorporar a perspectiva de gênero nos sistemas e mecanismos de proteção dos direitos humanos, O CLADEM — Comitê Latino-Americano e do Caribe para a Defesa dos Direitos da Mulher — elaborou a sua proposta intitulada **"Declaração dos Direitos Humanos a partir de uma Perspectiva de Gênero"**, que se integra de forma absoluta à nova gramática dos direitos humanos introduzida pela Declaração de Viena, de 1993, pela Declaração de Cairo, de 1994 e pela Declaração e Plataforma de Ação de Beijing, de 1995. Ela busca assimilar as perspectivas e direitos que emergem nas décadas passadas.

A propósito, matéria publicada no *Mais*! de 23 de agosto, intitulada "Mulheres Reveem Direitos da Humanidade", revela que na Itália há preocupação análoga. Vale a pena ressaltar alguns pontos principais da nossa Declaração e assim deixar claro o quanto avançou o pensamento das mulheres do "Terceiro Mundo" quanto a esse tema.

A Declaração do CLADEM, em seu preâmbulo, contém várias considerações, dentre as quais, assinalamos o contexto histórico em que emergiu a formação contemporânea dos Direitos Humanos, na qual o conceito de ser humano se encontrava limitado ao de homem, ocidental, branco, adulto, heterossexual e dono de um patrimônio; a necessidade de um conceito holístico e inclusivo de humanidade; as [crescentes] pobreza, desigualdade e violência, [bem como] a indivisibilidade, a universalidade e a independência dos Direitos Humanos.

A Declaração possui cinco eixos principais: 1. Direitos de identidade e cidadania; 2. Direito à paz e a uma vida livre de violência; 3. Direitos sexuais e reprodutivos; 4. Direito ao Desenvolvimento; e 5. Direitos ambientais.

Embora somente a íntegra da proposta possa transmitir a riqueza de seu "espírito", em que a tolerância e a solidariedade são os seus grandes valores fundantes.

Quanto ao primeiro eixo, a afirmação de que todas as mulheres e homens nascem livres e iguais em dignidade e direitos, como indivíduos, como membros de grupos com os quais se identificam, como membros de uma nação ou mesmo como cidadãos do mundo. Autonomia, autodeterminação, autovalia, diversidade, ausência de preconceitos e discriminações são conceitos presentes expressamente neste eixo e que perpassam toda a Declaração.

Como não poderia ser diferente, em um documento elaborado por mulheres da América Latina e do Caribe, afirma-se que todas as pessoas pertencentes a minorias étnicas, raciais, religiosas ou linguísticas têm direito a estabelecer suas próprias associações, a praticar sua própria religião e a utilizar seu próprio idioma.

No segundo eixo, a paz e a violência são consideradas no âmbito público e privado. Quanto a este último, há que se pontuar o relevante trabalho do movimento de mulheres das recentes últimas décadas no sentido de levantar o véu de silêncio que milenarmente encobriu a violência no recesso do lar.

Há também referências expressas às pessoas migrantes, deslocadas ou refugiadas, às pessoas em situação de desvantagem gênero, etnia, idade. Uma das mais belas e utópicas afirmações é a seguinte: "Todas as cidadãs e cidadãos têm o direito a um orçamento nacional dirigido ao desenvolvimento urbano sustentável e à promoção da paz por parte dos governos, incluindo medidas dirigidas a redução de despesas militares, à eliminação de todas as armas de destruição massiva, à limitação de armamentos para estritas necessidades. Da segurança nacional e à realocação destes fundos para o desenvolvimento."

Marca muito inovadora diz respeito ao terceiro eixo, dos direitos sexuais e reprodutivos, temática imprescindível ao relacionamento saudável respeitoso e digno entre os seres humanos. É corajosa a linguagem destes preceitos, dos quais ressalta-se o seguinte: "Todos os seres humanos têm direito à autonomia e à autodeterminação no exercício da sexualidade, o que inclui o direito ao prazer físico, sexual e emocional, o direito à liberdade na orientação sexual, o direito à informação e educação sobre a sexualidade e o direito à atenção da saúde sexual e reprodutiva para a manutenção do bem-estar físico, mental e sexual", o que inclui o acesso ao aborto seguro e legal.

Paras mulheres do "Terceiro Mundo", certos aspectos não poderiam ter sido relegados, tais como o do desenvolvimento sustentável, erradicação da pobreza, plena realização dos direitos econômicos, sociais e culturais, incluindo a saúde física e mental, educação, moradia adequada, garantia à alimentação, igual e equitativo acesso à terra, ao crédito, tecnologia, água potável e energia, todos mencionados no quarto eixo da Declaração.

Em relação aos direitos ambientais, o quinto eixo expressamente estabelece a relevância da responsabilidade transgeracional, da igualdade de gênero, da solidariedade, da paz, do respeito pelos direitos humanos e da cooperação entre os Estados, enquanto bases para a conservação do meio ambiente.

Em suma, a proposta tem por objetivos incorporar a perspectiva de gênero no conceito de direitos humanos, reforçando a universalidade desses direitos, com respeito à diversidade, e ampliar a noção de indivisibilidade dos direitos humanos, incluindo os chamados direitos de terceira geração que deverão, juntamente com os direitos civis, político, sociais, econômicos e culturais, compor uma unidade indivisível e interdependente.

Este documento já foi entregue às Nações Unidas e circulou oficialmente na 50ª sessão da Comissão de Direitos Humanos, realizada de 16 de março a 24 de abril de 1998, em Genebra, Suíça, por meio do Documento E/CN.4/1998/NGO/3.

A propósito, a **"Campanha Sem as Mulheres os Direitos Não São Humanos"**, que contempla inclusive adesões pessoais e institucionais a esta declaração, está sendo impulsionada pelo CLADEM em nível internacional, regional e nacional. No Brasil, contamos com a parceria do Conselho Nacional dos Direitos da Mulher e com o apoio de diversas organizações não governamentais, como o CFEMEA (Centro Feminista de Estudos e Assessoria), a Rede Nacional Feminista de Saúde e Direitos Reprodutivos e a Comissão de Cidadania e Reprodução.

Esperamos que a adesão à proposta contida neste documento seja levada em conta pela Assembleia Geral das Nações Unidas, na celebração do 50° Aniversário da Declaração Universal dos Direitos Humanos, de maneira que a voz das mulheres do "Terceiro Mundo" possa ser ouvida e incorporada.

1.3 MULHERES E DIREITOS HUMANOS[6]
(*FOLHA DE S. PAULO*, 31 DE DEZEMBRO DE 1998)

O aniversário de 50 anos da Declaração Universal de Direitos Humanos, no último dia 10 de dezembro, suscita um balanço dos desafios e das perspectivas para a proteção dos direitos humanos.

Se a barbárie e as atrocidades da Segunda Guerra significaram a ruptura com os direitos humanos, a declaração haveria de significar o marco para sua reconstrução. Ela introduz a concepção contemporânea de direitos humanos, caracterizada pela universidade e indivisibilidade. Universalidade porque clama pela extensão universal desses direitos, sob a crença de que a condição de pessoa é o requisito único para sua dignidade e titularidade. Indivisibilidade porque a garantia dos direitos civis e políticos é condição para a observância dos direitos sociais, econômicos e culturais, e vice-versa. Quando um deles é violado, os demais também o são. Os direitos humanos compõem, assim, uma unidade indivisível, interdependente e inter-relacionada.

---

6. PIMENTEL, Silvia; PIOVESAN, Flávia. Mulheres e direitos humanos. *Folha de S. Paulo*, São Paulo, 31 dez. 1998, Folha Vale, Opinião, Caderno 3, p. 2. Flávia Piovesan, à época de publicação deste artigo, era Procuradora do Estado. Doutora em Direito Constitucional. Coordenadora do Grupo de Trabalho de Direitos Humanos da Procuradoria Geral do Estado (SP), Professora de Direito Constitucional da PUC/SP e integrante do CLADEM-BRASIL. Silvia Pimentel, à época da publicação deste artigo, era professora Doutora em Filosofia do Direito na Faculdade de Direito da PUC/SP, Coordenadora do CLADEM-Brasil.

Ao longo desses 50 anos, observa-se que a universalidade dos direitos humanos tem como maior desafio o padrão discriminatório que impede o pleno exercício de direitos em razão da pertinência a determinados gênero, raça, etnia e outros critérios. Como exemplo, cabe lembrar os conflitos étnicos que marcaram os genocídios da Bósnia e de Ruanda, na década de 90, ou a discriminação sofrida por mulheres no Afeganistão, imposta pelo grupo extremista Taleban. Esses casos se refletem na lógica da intolerância, que viola o direito à indiferença, o que, por sua vez, obsta a extensão universal da cidadania.

Quanto à indivisibilidade dos direitos humanos, o maior desafio contemporâneo atém-se à efetivação dos direitos sociais em face da globalização, pautada por políticas neoliberais, que impõem a redução dos gastos públicos em prol da austeridade econômica. A grave afronta aos direitos sociais básicos afeta a observância dos direitos civis, sendo que o processo de exclusão tem como alvo preferencial os grupos socialmente mais vulneráveis — o que exige seja esse processo compreendido sob o enfoque de raça, gênero, etnia, idade, entre outros critérios.

Para responder a esses desafios, o Comitê Latino-Americano e do Caribe para a Defesa dos Direitos da Mulher apresentou em sessão da ONU, no último dia 10, o documento "Declaração dos Direitos Humanos desde uma perspectiva de gênero" como contribuição do movimento de mulheres ao 50º aniversário da Declaração.

A proposta é estruturada em cinco importantes eixos: 1. Direitos de identidade e cidadania; 2. Direito à paz e a uma vida livre de violência; 3. Direitos sexuais e reprodutivos; 4. Direito ao Desenvolvimento; e 5. Direitos ambientais. O objetivo central é estimular o debate da universalidade e da indivisibilidade dos direitos humanos a partir do enfoque de gênero e das transformações históricas ocorridas nos últimos 50 anos.

Propõe-se que seja ampliada a indivisibilidade dos Direitos Humanos, com o reforço da imperatividade dos Direitos Sociais, Econômicos e Culturais, sob o lema de um desenvolvimento sustentável, que observe os direitos ambientais. Propõe-se também que seja repensada a universalidade dos Direitos Humanos, com ênfase nos Direitos de Identidade e Cidadania e a uma vida livre de violência.

Tanto na esfera pública como na privada, como nos direitos sexuais e reprodutivos. Todas essas pautas são essenciais à plenitude dos direitos humanos, sob a perspectiva de uma relação de equidade entre os gêneros [e igualdade].

O documento traduz sobretudo a crença de que os direitos humanos constituem a plataforma emancipatória contemporânea simbolizando a busca

SEM AS MULHERES OS
DIREITOS NÃO SÃO HUMANOS

de inclusão ante o processo [crescente] de exclusão social, em prol da revitalização e do resgate da dignidade humana.

2. A QUESTÃO DE GÊNERO NA 54ª SESSÃO DA COMISSÃO DE DIREITOS HUMANOS DA ONU[7]

A Conferência Mundial de Direitos Humanos, realizada em Viena, em 1993, incorporou expressamente a violência contra a mulher – enquanto violência de gênero – no marco conceitual do Direito Internacional dos direitos humanos.

Passados cinco anos, a 54ª sessão da Comissão de Direitos Humanos (CDH) da ONU, realizada em Genebra, de 9 de março a 24 de abril desse ano, no 50º aniversário da Declaração Universal dos Direitos Humanos, revela o avanço e integração contínuos da temática de gênero em todo o sistema de proteção aos direitos humanos das Nações Unidas.

Longe de atingir um consistente nível de interpenetração com os demais temas tratados pela Comissão, à questão de gênero foi dada relevante atenção nessa sessão anual.

O tema da mulher na 54ª sessão da Comissão foi tratado sob o genérico item 9 de sua agenda, sobre promoção dos direitos humanos. Mais especificamente, sob o subitem a), no qual duas questões receberam maior atenção: I) integração dos direitos das mulheres em todo o sistema de direitos humanos da ONU e 2) eliminação da violência contra a mulher. Vale ressaltar que esses tópicos têm composto a agenda da Comissão desde sua 50ª sessão, em 1994 (Resolução 1994/45).

Quanto ao primeiro tópico, foi submetido à apreciação da Comissão o relatório do Secretário Geral da ONU, cujo teor contempla as atividades dos principais organismos e mecanismos de direitos humanos das Nações Unidas (por exemplo, Comitê contra a Tortura, Relatorias Especiais), levando-se em conta a perspectiva de gênero. Quanto ao segundo tópico, a Relatora Especial sobre a Violência Contra a Mulher, Sra. Radhika Coomaraswamy, nomeada em 1994, submeteu relatório anual em que analisa a violência contra a mulher em situações de conflito armado, encarceramento e enquanto refugiadas. Também apresentou relatório específico sobre sua visita à Ruanda, analisando as nefastas consequências dos atos de violência contra a mulher praticados durante o genocídio no país.

Embora o tema da mulher estivesse concentrado sob o item 9, outros itens da agenda também dedicaram atenção a essa questão, como o item 5, que tratou dos direitos econômicos, sociais e culturais; o item 11, que tratou especificamente da violência contra as mulheres trabalhadoras migrantes

---

7. PIMENTEL, Silvia; PANDJIARJIAN, Valéria. A questão de gênero da 54a sessão da Comissão de Direitos Humanos da ONU. *Fêmea*, n. 63, p. 10, abr. 1998.

e o item 15, que analisou o relatório da Subcomissão de Direitos Humanos quanto à questão do tráfico de mulheres e meninas, entre outros.

Vale ressaltar, entretanto, que a Comissão, esse ano, foi além do que tradicionalmente fez nos anos anteriores. Uma abordagem foi dada ao tema ao se promover um diálogo especial sobre gênero e direitos humanos na grande plenária. Essa sessão contou com a participação da Presidente da Comissão do Status da Mulher, da Alta Comissariada para os Direitos Humanos e da Relatora Especial sobre a Violência contra a Mulher. Sob esse novo formato, as delegações dos Governos, as agências especializadas da ONU, as organizações intergovernamentais e não governamentais foram convidadas a participar, não para apresentarem declarações formais sobre políticas públicas ou denúncias de violações, mas sim para fazer questionamentos, sugestões e apresentar reflexões que pudessem ser debatidas e comentadas pelos componentes da mesa, em um diálogo interativo.

O papel das ONGs de mulheres na Comissão ganhou maior visibilidade com as atividades do "Caucus de Mulheres e Crianças", sessões informais paralelas às da Comissão que buscavam articular pessoas e grupos interessados em introduzir a perspectiva de gênero e a problemática infantil em vários temas discutidos na Comissão.

O crescente número de relatórios, decisões e deliberações adotados pela Comissão que incorporam, em maior ou menor medida, preocupações específicas referentes à situação de mulheres é um dos principais indicadores dos avanços acima mencionados. Por fim, vale mencionar que na resolução adotada sobre a reforma da agenda da Comissão, o tema da mulher passará a ser tratado sob um item específico e não mais como subitem, dando assim maior visibilidade e relevância à questão.

Apesar do pequeno número de ONGs de mulheres presentes, a articulação do "Caucus" permitiu uma atuação significativa. Nesse sentido, vale destacar a experiência do Comitê Latino-Americano e do Caribe para a Defesa dos Direitos da Mulher (CLADEM-Brasil) em relação à sua proposta de Declaração dos Direitos Humanos desde uma Perspectiva de Gênero, documento que busca contribuir à comemoração do cinquentenário da Declaração Universal dos Direitos Humanos. Essa proposta, anteriormente enviada à Comissão, circulou oficialmente nas três línguas (inglês, francês e espanhol), sob a forma do documento E/CN.4/1998/ NGo/3, tendo sido entregue a todas as delegações e centenas de organizações. Esta proposta também foi apresentada oralmente perante a plenária, no espaço dedicado à fala de ONGs, sob o item 9, que tratou da questão de gênero e, inclusive, contou com a especial atenção da delegação oficial brasileira.

SEM AS MULHERES OS
DIREITOS NÃO SÃO HUMANOS

Essa foi a forma que o CLADEM encontrou para dar sua contribuição, em nome de mulheres do "Terceiro Mundo", ao processo de incorporação da perspectiva de gênero no conceito de direitos humanos. Assim, busca reforçar a universalidade desses direitos com respeito à diversidade, bem como ampliar a noção de indivisibilidade dos direitos humanos, incluindo a terceira geração de direitos, que deve, juntamente aos direitos civis, políticos, econômicos, sociais e culturais, compor uma unidade interdependente e indivisível. Muitas outras ações e estratégias podem e devem ser desenvolvidas de forma articulada por parte das organizações de mulheres e de direitos humanos nos fóruns internacionais para fazer com que essa incorporação seja efetiva.

3. FRAGMENTOS DA CONTRIBUIÇÃO ASIÁTICA À NOSSA PROPOSTA DE DECLARAÇÃO

O processo de construção da proposta de Declaração Universal dos Direitos Humanos na Perspectiva de Gênero, a partir da iniciativa latino-americana do CLADEM, nutriu-se muito especialmente das reflexões e do espírito crítico de feministas de redes asiáticas irmãs.

Alguns dos mais belos termos de questionamento e justificativa da proposta estão reproduzidos abaixo, em excertos do texto de Corinne Kumar-D'Souza, *O Vento do Sul: em direção a novas cosmologias*,[8] que problematiza: a 'universalidade' ocidental dos direitos humanos; a hegemonização de todos os povos, tribos, minorias e grupos étnicos; a ignorância/negação de todas as diversidades; a relegação das mulheres ao domínio do privado e, por fim, a necessidade urgente de desafiar o conceito de direitos humanos existente a partir de uma perspectiva feminista.

> *"O Sul, por muito tempo aceitou uma visão do mundo que dominou suas culturas, decidiu seu modelos de desenvolvimento, decidiu suas categorias estéticas, delineou sua esfera militar, determinou sua ciência e tecnologia, suas opções nucleares. Uma concepção construída na base do que conhecemos como valores universais; uma construção cujas raízes filosóficas, ideológicas e políticas estiveram incrustadas em um contexto histórico específico da cultura do ocidente.*
>
> *O que, então, qualifica-o para ser chamado **universal**? A visão do mundo na qual o centro do mundo foi a Europa e, em seguida, a América do Norte encapsulou todas as civilizações dentro do seu próprio corpo ocidental: isto reduziu suas diversidades culturais dentro de um esquema chamado "civilizações"; isto fez universais as experiências históricas específicas do ocidente. Isto anunciou que o que era relevante para o ocidente deveria ser um modelo para o resto do mundo; que o que era bom para o centro deveria ser significante para a periferia. **Tudo o que era ocidental, então, simplesmente se converteria em universal.***

[8]. Ver PIMENTEL, Silvia (coord. da ed.); DORA, Denise D. (coord. da ed.). *As Mulheres e a Construção dos Direitos Humanos*. São Paulo: Cladem-Brasil, 1993, p. 31-44.

Toda outra civilização, todo outro sistema de conhecimento viria a ser definido e comparado em relação ao paradigma eurocêntrico.

O 'outro' era, nesta cosmologia, as civilizações da Ásia, África e América Latina."[9]

"*Qualquer outra civilização, qualquer outro sistema de conhecimento, qualquer outra cosmologia foi analisada na base deste paradigma. Hegemonizaram-se todos os povos, tribos, minorias, grupos étnicos, segundo a política do Estado Nação. Fez-se, de todos, cidadãos do Estado. Configurou-se a civilização do homem ocidental, negando todas as diversidades, ignorando todas as aspirações em normas universais de independência e igualdade.*

(...)

No discurso tradicional sobre os direitos humanos não há lugar para as mulheres. *Os direitos humanos nasceram de um ponto de vista mundial que apoiou a relegação das mulheres ao domínio privado. Os crimes contra mulheres são entendidos e tratados como domésticos, como violência pessoal e, portanto, pertencem ao âmbito privado. Com essa privatização, as violações contra as mulheres se fizeram invisíveis. Negou-se a esses crimes sua dimensão pública e, assim, sua significação política. Até mesmo, sua reparação social. De modo que, quando os acordos internacionais sobre direitos humanos se articulavam (em 1948), o que pairava no pensamento mundial, de forma intrincada, eram suposições de gênero que legitimavam a exclusão de mulheres. Os pais dos princípios da tradição liberal, de Hegel a Rousseau, entenderam como feminina a natureza biológica das mulheres, sua carência de consciência política, sua emocionalidade, sua irracionalidade (...).*"[10]

"**Há uma necessidade urgente de desafiar os conceitos de direitos humanos existentes a partir de uma perspectiva feminista. Para olhar com novos olhos. Através dos olhos das mulheres (...).**"[11]

Há contradição de nosso comprometimento e reconhecimento aos avanços da Conferência de Viena, de 1993 – em que os direitos humanos afirmaram-se como universais, indivisíveis e interdependentes – com nossa valorização entusiasmada à crítica das companheiras asiáticas à ideia de universalidade?

Sim e Não.

Porque admito os grandes equívocos da hegemonia ocidental e, mesmo assim, sou ativista na luta para que os direitos que compõem o sistema internacional de proteção aos direitos humanos da ONU sejam valiosos para todas e todos os seres humanos que habitam o Planeta Terra.

Porque sou ferrenha lutadora em prol do respeito às diversidades, todas, inclusive reconhecendo ser, a diversidade, a característica mais bela e lúdica do nosso existir de pessoas humanas – mulheres e homens cis, lésbiscas, *gays*, bissexuais, transgêneros, e intersexuais.

---

9 *Ibidem*, p. 35.
10. *Ibidem*, p. 37.
11. *Ibidem*, p. 38.

4. PROPOSTA DE DECLARAÇÃO UNIVERSAL DOS DIREITOS HUMANOS A PARTIR DA PERSPECTIVA DE GÊNERO[12]

4.1 INTRODUÇÃO

Nos últimos anos, vários grupos de mulheres de diversas partes do mundo têm desenvolvido reflexões e impulsionado ações pelo reconhecimento dos direitos humanos das mulheres. Nos últimos meses, esse processo intensificou-se devido à Conferência Mundial de Direitos Humanos realizada em Viena, junho de 1993. Entre as diversas iniciativas que a antecederam, podemos citar a campanha dos "16 dias de ativismo contra a violência de gênero"; a coleta de assinaturas solicitando às Nações Unidas "o reconhecimento dos direitos humanos das mulheres" (a partir do Center for Women's Global Leadership); os esforços para as formulações de projeto da Convenção Interamericana destinada a Prevenir, Sancionar e Erradicar a Violência contra as Mulheres.

Como parte deste processo, na Conferência Satélite "La Nuestra", realizada em dezembro de 1992, em São José da Costa Rica, que congregou 58 organizações de mulheres da América Latina e Caribe, por sugestão de Laura Guzman, do Instituto Interamericano de Direitos Humanos, criou-se um grupo de trabalho, composto por Milu Vargas, Dilcia Marroquin, Mercedes Rodrigues e Rose Mary Madden, que elaborou uma proposta de Declaração de Direitos Humanos para as Mulheres. Esta, por resolução da Conferência Satélite, deveria continuar sendo trabalhada e receber as contribuições das pessoas e grupos em seus respectivos países.

Em janeiro de 1993, por ocasião do Encontro Regional Preparatório da América Latina e Caribe, reuniu-se parte deste grupo de trabalho que continuou desenvolvendo tal Proposta.

A partir do CLADEM, particularmente da Coordenação Brasileira, a proposta assumiu nova configuração.

Entendeu-se que o encaminhamento mais correto seria a fusão/integração entre o texto esboçado na "La Nuestra" e a Declaração Universal dos Direitos Humanos de 1948, a fim de torná-la mais abrangente, incluindo, efetivamente, os direitos de mulheres e homens.

Esta iniciativa foi impulsionada pelo CLADEM Regional no sentido de sua apresentação na Conferência de Viena, no "taller" realizado em conjunto com Lourdes Sajor e Corinne Kumar-D'Souza do Asian Women's Human Rights Council.

4.2 JUSTIFICATIVA

A ideia de se propor uma reconstrução da Declaração Universal dos Direitos Humanos, nestes termos, ao invés de apresentar uma Proposta de Declaração Universal dos Direitos Humanos das Mulheres, nos parece muito mais

---

12. Esta é a versão inicial da Proposta, do ano de 1993. A versão final encontra-se no documento E/CN.4/1998/NGO/3.

condizente com a nova configuração política de nossas sociedades e, principalmente, muito mais coerente com o novo discurso feminista que se tem desenvolvido. Ainda, essa proposta de reconstrução da Declaração já existente nos parece aproximar-se mais, em termos práticos, de uma ação que busque diretamente trabalhar a reconceitualização dos Direitos Humanos.

Esta postura em nada desvaloriza nosso reconhecimento pela heroica tentativa de Olympe de Gouges, ao pretender ter aprovada pela Assembleia Nacional Francesa, a "Declaração dos Direitos da Mulher e da Cidadã", vindo a ser guilhotinada em 1793.

O texto da Declaração Universal, de 1948, embasa-se em um conceito de direitos humanos historicamente construído a partir do paradigma do homem branco e ocidental, reificado como universal. E, como toda construção histórica, é passível de críticas e novas interpretações a partir das vivências práticas de diferentes setores e grupos sociais. Este processo esta em curso, com a constatação por parte das mulheres de que os instrumentos e mecanismos internacionais de Direitos Humanos são insuficientes e inadequados para as necessidades e demandas femininas. Embora os direitos humanos das mulheres sejam reiteradamente violados das mais diversas maneiras, essas situações não são consideradas como violatórias aos direitos humanos. "**O sexismo presente na concepção de direitos humanos exclui as mulheres da condição de humanas**", diz a jurista costa-ricense Alda Facio.

Aliás, esta constatação é fruto de um criativo movimento histórico em relação ao qual Norberto Bobbio, no seu livro *A Era dos Direitos*, Ed. Campus refere-se nos seguintes termos:

> "*Manifestou-se nestes últimos anos uma nova linha de tendência, que se pode chamar de especificação; ela consiste na passagem gradual, porém cada vez mais acentuada, para uma ulterior determinação dos sujeitos titulares de direitos. Ocorreu, com relação aos sujeitos, o que desde o início ocorrera com relação à ideia abstrata de liberdade, que se foi progressivamente determinando em liberdades singulares e concretas (de consciência, de opinião, de imprensa, de reunião, de associação), numa progressão ininterrupta que prossegue até hoje...*".

Acrescenta Bobbio,

> "*essa especificação ocorreu com relação seja ao gênero, seja às várias fases da vida, seja à diferença entre estado normal e estados excepcionais na existência humana. Com relação ao gênero, foram cada vez mais reconhecidas as diferenças específicas entre a mulher e o homem*".

A criação de novos instrumentos específicos em relação à mulher como a "Declaração Sobre a Eliminação da Discriminação a Mulher", em 1967, e a Convenção pela Eliminação de Todas as Formas de Discriminação Contra a

Mulher [Convenção CEDAW], em 1979, são ilustrações significativas da fala do grande jus-filósofo italiano. Estes textos, embora tenham atenuado tal excludência feminina, não enfrentaram completamente a questão.

Assim, partiu-se da generalidade do ser humano para a definição de especificidades das diferentes condições humanas: das mulheres, das crianças, dos idosos, dos deficientes, entre outros. Os setores discriminados passaram, então, a postular a condição de sujeitos sociais diferenciados e, portanto, de sujeitos de direitos específicos. O vetor deste processo encontra-se na relação/passagem do abstrato para o singular concreto, do genérico para o singular específico.

Este movimento, embora tenha atenuado excludências, ainda não resolveu de forma absoluta a problemática. Há que se retornar ao todo, mas de forma tal que ele, dialeticamente, compreenda na abstração todo e cada ser concreto e, na generalidade, todo e cada ser singular.

Justifica-se, assim, a necessidade de redefinição do conceito de direitos humanos sob uma perspectiva de gênero, a partir de uma leitura da realidade que torne visível a complexidade das relações entre homens e mulheres, revelando as causas e efeitos das distintas formas em que se manifestam estereotipias e discriminações.

As experiências femininas específicas devem ser levadas em consideração não apenas através da complementação dos instrumentos e mecanismos existentes, buscando-se, por meio de uma crítica radical, a reconstrução destes mesmos instrumentos e mecanismos.

A proposta de uma "Declaração Universal dos Direitos Humanos sob uma Perspectiva de Gênero" aponta para esta reconstrução, e exclui a ideia de Declarações separadas – uma para homens e outra para mulheres –, o que não expressaria o processo de reflexão feminista que se tem concretizado.

Tornar visíveis as diferenças existentes entre os diversos setores sociais e indivíduos não traz como consequência a fragmentação da condição humana. Ao contrário, aponta para uma real universalização dos sujeitos e dos direitos humanos.

4.3 ESTRATÉGIAS

Sugerimos que este documento seja tomado como instrumento de trabalho. Pedimos seja difundido e discutido por todas que trabalham pelos direitos das mulheres de todo o mundo, em seus respectivos países e regiões. Contamos também com a solidariedade de todos aqueles envolvidos na luta pelos direitos humanos.

A ideia é reunir as contribuições de todas as partes do mundo e com elas elaborar uma primeira proposta de Declaração Universal de Direitos Humanos, a partir de uma perspectiva de gênero.

Esta Proposta global retornaria aos diferentes países e regiões para ser analisada e aprimorada onde necessário, para que, então, finalmente possa alcançar sua forma final. Nossa meta é apresentá-la na 4ª Conferência Internacional da Mulher em Pequim, em 1995, visando a sua posterior adoção pela Assembleia Geral das Nações Unidas, em 1998 – no aniversário de 50 anos da Declaração Universal dos Direitos Humanos.

Para tanto, devem ser planificadas as estratégias das várias etapas desse processo.

O que se busca é construir uma proposta una do movimento de mulheres que, incorporando a nossa fala, expresse nossas necessidades e sentimentos.

A proposta é ambiciosa, mas, importa ousar. Principalmente se acreditamos na crescente solidariedade e articulação do movimento de mulheres em todo o mundo, particularmente em nosso continente e entre as mulheres do terceiro mundo.

4.4 A PROPOSTA

Considerando que tanto nos ordenamentos nacionais, como nos documentos, convenções, declarações e pactos internacionais o sujeito de quem se fala e a quem se refere é o HOMEM, como paradigma do humano;

Considerando que todos, mulheres, homens, sociedade e a comunidade internacional, quando falam de direitos humanos, referem-se aos direitos de alguns homens (brancos, heterossexuais e com recursos econômicos);

Considerando que esse paradigma masculino do humano implica a hegemonia do poder patriarcal, não somente no âmbito da linguagem em termos formais, mas principalmente na linguagem enquanto expressão de concepções, valores, hábitos e costumes;

Considerando que isto significa não somente a invisibilidade das mulheres nos documentos internacionais, mas também a de outros setores sociais, a exemplo dos indígenas, negros, crianças, homossexuais, idosos e outros;

Considerando que nossa meta é que, algum dia, o conceito do Humano seja a síntese das pessoas indígenas, negras, deficientes, homossexuais, crianças, idosos e de todos aqueles que têm estado historicamente excluídos deste conceito;

Considerando que para podermos ser sujeitos de direitos humanos, o primeiro que temos a fazer é existir para nos mesmos e existir para os demais, em nível local, nacional e internacional;

Considerando que essa reconceitualização dos direitos humanos deve ocorrer a partir de nossas próprias experiências de vida, incorporando os direitos que temos pelo fato específico de que sentimos, pensamos, lutamos, vivemos e sobrevivemos como mulheres, direitos estes que estão totalmente ausentes da atual Declaração Universal dos Direitos Humanos;

Considerando que uma Declaração Universal dos Direitos Humanos deve estar fundamentada sob o princípio da pluralidade, o que implica captar a universalidade das diferenças humanas,

Propomos a reconstrução da Declaração Universal dos Direitos Humanos nos seguintes termos:

Todos nascem livres e iguais em valor

Art. I. 1. Todos os seres humanos, mulheres e homens, nascem livres e iguais em valor, dignidades e direitos. São dotados de sentimentos, razão e consciência, devendo reconhecer a solidariedade como princípio fundamental da convivência humana.

2. Todos têm direito a ser diferentes, sem que isso represente ou justifique hierarquia alguma que permita o menosprezo, a opressão, a discriminação ou a violência de indivíduos, grupos, organizações, instituições ou Estados.

Direitos e liberdades sem discriminação

Art. II. 1. Todas as pessoas têm os direitos e liberdades proclamados nesta Declaração, livres de discriminação por razões de etnia, cor, sexo, espiritualidade, opção sexual, idade, idioma, religião, cultura, opinião política ou de qualquer índole, origem nacional ou social, posição econômica, nascimento ou qualquer outra condição.

2. Não será também feita nenhuma distinção fundada na condição política, jurídica ou internacional do país ou território a que pertença uma pessoa, quer se trate de um país ou território independente, sob tutela, não autônomo, ou sujeito a qualquer limitação de soberania.

Direito à vida, à liberdade e à segurança

Art. III. 1. Todos os homens e mulheres têm direito a uma vida digna, à liberdade, à integridade física, psíquica, sexual e à segurança pessoal.

2. Ninguém será submetido à tortura nem a tratamento ou castigo cruel, desumano ou degradante.

Direito à identidade, à autonomia e à autodeterminação

Art. IV. 1. Todas as mulheres e todos os homens têm direito a sua identidade, autonomia e autodeterminação em todos os âmbitos de sua vida: sexual, familiar, educativo, laboral, religioso, econômico, político, jurídico e outros.

2. Todas as formas de escravidão e servidão de pessoas estão proibidas, incluindo aquelas que podem desenvolver-se no interior das relações entre parceiros e de família.

3. O consentimento que qualquer pessoa preste para submeter-se a condições de escravidão não será válido.

Direito à liberdade sexual

Art. V. 1. Todos têm direito ao livre desenvolvimento e desfrute de sua sexualidade.

2. Todos têm direito à identidade e à autodeterminação sexual e afetiva.

3. Todas as pessoas têm direito a uma educação sexual e liberadora e responsável que garanta o direito a própria sexualidade.

4. Todo ser humano tem direito à livre opção sexual, que inclui a decisão de ter ou não parceiro, seja afetivo e, ou, sexual, de igual ou diferente sexo.

Direitos reprodutivos

Art. VI. Todas as mulheres e homens têm direitos reprodutivos, aos quais deve ser garantida plena capacidade para decidir sobre as funções reprodutivas, autonomamente. Estes direitos incluem, mas não se limitam a/ao:

a. conhecimento básico de sua saúde;

b. decisão de ter ou não ter filhos/filhas;

c. decisão sobre o número de filhas/filhos que desejam ter;

d. vivência de uma maternidade voluntária e em condições dignas;

e. planejamento familiar;

f. acesso a condições seguras de contracepção;

g. interrupção da gravidez;

h. esterilização voluntária;

i. autonomia sexual;

j. uma vida sem violência por razões de sexualidade e, especialmente, por consequência da gravidez.

Direito ao prazer

Art. VII. 1. Todas as mulheres e homens têm direito as diversas formas de prazer físico, sexual, emocional e espiritual, que é uma parte essencial de nossa condição humana. Este direito inclui todas as possibilidades da fruição responsável do prazer no contexto individual, de parceria familiar e comunitário.

2. Não constituirá forma legítima de exercer o direito ao prazer aquela que violente a integridade, a confiança ou a voz de outrem.

Direito de viver livre de violência

Art. VIII. Ninguém deverá ser submetido a nenhum tipo de violência, intimidação, ameaça, instigação ou assédio sexual, estupro, incesto, abuso sexual, maus-tratos físicos ou psicológicos, prostituição, nem a torturas físicas ou psíquicas, nem a tratamentos cruéis, desumanos ou degradantes em todos os âmbitos da vida cotidiana.

Reconhecimento da personalidade jurídica

Art. IX. Todo ser humano tem direito ao reconhecimento de sua personalidade jurídica em todos os lugares em que estejam, especialmente, naqueles onde habitem.

Igualdade perante a lei

Art. X. Todos são iguais perante a lei e têm, sem qualquer distinção, direito a sua eficaz e justa proteção contra toda discriminação que infrinja esta Declaração.

Direito aos recursos legais

Art. XI. Toda pessoa tem o direito a ações e recursos efetivos, justos e imediatos perante os tribunais nacionais competentes, que os amparem contra atos violatórios dos direitos fundamentais reconhecidos pela Constituição, pelas leis e pelos instrumentos internacionais.

Proibição de detenção arbitrária

Art. XII. Ninguém, qualquer que seja sua condição, poder ser arbitrariamente detida, presa ou exilada.

Direito a um procedimento legal

Art. XIII. Todos têm direito, em condições de plena equidade, a um procedimento justo, eficaz e imediato, onde seus depoimentos como pessoas interessadas tenham seu verdadeiro valor. Ademais, todos têm direito a serem ouvidos publicamente por tribunais independentes e imparciais, para fazer valer seus direitos e obrigações para o exame de qualquer acusação em matéria penal.

Presunção de inocência e princípio de legalidade

Art. XIV. 1. Toda pessoa acusada de ato delituoso tem direito a que se presuma sua inocência enquanto não se prove sua culpabilidade, conforme a lei, em julgamento público, no qual lhes tenha assegurado todas as garantias necessárias para a sua defesa.

2. Ninguém será condenado por qualquer ação ou omissão que, no momento de sua prática, não constituíam delitos perante o Direito Nacional ou Internacional. Também não será imposta pena mais forte do que aquela que, no momento da prática, era aplicável ao ato delituoso.

Direito a não sofrer interferências na vida privada

Art. XV. Ninguém será sujeito a interferências arbitrárias de nenhum tipo em sua vida íntima, privada, familiar, domiciliar ou em sua correspondência, nem a ataques a sua honra ou reputação. Todas as pessoas têm direito à proteção da lei contra tais interferências ou ataques.

Direito à locomoção livre e escolha de residência

Art. XVI. 1. Todas as pessoas têm direito de se locomover livremente e de escolher sua residência dentro das fronteiras de cada Estado.

2. Todos os homens e mulheres têm direito de deixar qualquer país, inclusive o próprio, e a ele regressar, sem nenhum tipo de restrição.

Direito ao refúgio e ao asilo político

Art.XVII. 1. Mulheres e homens têm direito a solicitar e obter refúgio e asilo político em caso de perseguição ou ameaça a sua segurança pessoal ou integridade sexual, física e psíquica e, ou, de suas filhas e filhos ou dependentes, em um lugar e país que garanta a mais adequada proteção.

2. Este direito não pode ser invocado em caso de perseguição legitimamente motivada por crimes de direito comum ou por atos contrários aos objetivos e princípios das Nações Unidas. A não ser que tais delitos ou atos tenham sido cometidos em legítima defesa do valor, integridade e dignidade humana das pessoas e, ou, de seus dependentes.

3. Homens e mulheres que tenham saído de seu país de origem ou que se vejam impedidos de regressar ao mesmo por motivos de discriminação e violência, tendo assim comprometida sua segurança e, ou, a de seus dependentes, terão direito a pedir asilo político em qualquer outro país.

Direito à nacionalidade

Art. XVIII. 1. Toda pessoa tem direito a uma nacionalidade.

2. Ninguém será arbitrariamente privado de sua nacionalidade nem do direito de mudar de nacionalidade.

Matrimônio, união de fato e família

Art. XIX. 1. As pessoas têm o direito de unir-se livre e voluntariamente em relações afetivas com a finalidade de constituir família, sem que sofram restrições por qualquer motivo.

2. As pessoas que se unem através do matrimônio ou da união de fato desfrutarão de equitativos direitos e obrigações durante a permanência da relação ou de sua dissolução.

3. Mulheres e homens têm direito a constituir família e a serem reconhecidos como chefes de família, assim como os diversos grupos têm o direito de constituir suas próprias formas de convivência familiar.

4. Cada um dos membros do grupo familiar tem o direito à proteção da sociedade e do Estado, cabendo a estes criar mecanismos que coíbam a violência doméstica.

5. Os acordos pré-matrimoniais, matrimoniais e os que resultam da dissolução de vínculos não poderão conter, explícita ou implicitamente, condições opressivas, discriminatórias ou violentas que comprometam o direito à vida, à segurança, à integridade e à paz das mulheres, dos homens, de seus filhos/filhas e dependentes.

Direito a propriedade individual e coletiva

Art. XX. 1. Toda pessoa tem direito à propriedade, a título individual ou coletivo.

2. Ninguém será arbitrariamente privado de sua propriedade.

3. As sociedades e os Estados deverão tomar medidas afirmativas para viabilizar o acesso de todas as mulheres e homens aos instrumentos sociais, econômicos e jurídicos que lhes permitam garantir o direito à propriedade, individual e coletiva, livres de toda e qualquer discriminação.

Direito à liberdade de pensamento e religião

Art. XXI. Toda pessoa tem o direito à liberdade de pensamento, crença, consciência, religião e espiritualidade. Este direito inclui a liberdade de manutenção ou modificação de crenças e pensamentos sem coação por parte de indivíduos, parceiros, família, organizações, instituições ou Estados.

SEM AS MULHERES OS
DIREITOS NÃO SÃO HUMANOS

Direito à liberdade de opinião e expressão

Art. XXII. 1. Todo ser humano tem direito à liberdade de opinião e de expressão em todos os âmbitos de sua vida cotidiana. Este direito inclui o de não ser molestado, isolado, intimado, ameaçado, maltratado ou de sofrer qualquer violência por causa de suas opiniões.

2. Não constitui direito à liberdade nem ao pensamento individual a recreação à custa da exploração e degradação sexual de outros indivíduos.

Liberdade de informação

Art. XXIII. 1. Todos têm direito à informação. Este direito compreende a liberdade de receber e difundir informações e ideias por escrito ou oralmente ou, ainda, por qualquer outro meio de sua livre escolha.

2. Todos os homens e mulheres têm direito a receber informação que não distorça sua imagem ou dignidade nem a de outras pessoas (refugiadas, homossexuais, deficientes, indígenas, negras, etc.).

Liberdade de associação e reunião

Art. XXIV. 1. Todas as pessoas têm direito a organizar-se, sem discriminação alguma, segundo seus próprios interesses e aspirações. Ninguém pode ser obrigado a pertencer a qualquer organização.

2. Todos têm o direito de reunir-se livremente.

Direito à participação no poder estatal

Art. XXV. 1. Todas as mulheres e homens têm direito a pleitear, participar e exercer o poder.

2. Todos, homens e mulheres, têm direito à participação, direta e indireta nas diferentes esferas do Poder Estatal.

3. Todas as pessoas têm o direito a pleitear e ocupar cargos de direção nas funções públicas de seu país.

4. A vontade do povo, do qual as mulheres representam a metade da população, é a base da autoridade do Poder Público. Esta vontade se expressará, dentre outras formas, mediante eleições que haverão de realizar-se periodicamente, por sufrágio universal e igual e por voto secreto ou outro procedimento equivalente que garanta a liberdade do voto.

5. Os partidos políticos não são os únicos canais de acesso e participação no poder; também o são as organizações autônomas do movimento social.

Direitos econômicos, sociais e culturais

Art. XXVI. Todos, homens e mulheres, têm direito a viver em sociedade onde as opções de desenvolvimento tenham como objetivo fundamental a justiça, o bem-estar de todos os indivíduos e a realização de formas harmônicas de convivência como única via de tornar efetivos os direitos econômicos, sociais e culturais, indispensáveis à dignidade e ao livre desenvolvimento da personalidade dos seres humanos.

Direito ao trabalho

Art. XXVII. 1. O trabalho - remunerado ou não – é o meio fundamental para satisfazer as necessidades das pessoas e da sociedade e é a fonte de riqueza e prosperidade da nação.

2. Todas as mulheres e homens têm direito a igual acesso e controle de recursos e oportunidades para poderem ser independentes e autossuficientes.

3. Deve ser reconhecido, materialmente, pela sociedade todo trabalho que as mulheres realizam, inclusive e principalmente aqueles em virtude da maternidade e da família. Deve ser abolida toda e qualquer discriminação que exista em relação a gênero no mercado formal e informal de trabalho, nas atividades sazonais, assim como quanto ao trabalho voluntário.

4. Toda pessoa tem direito à livre escolha do trabalho em condições equitativas e satisfatórias e à proteção contra o desemprego, sem qualquer discriminação.

5. Todas as mulheres e homens têm direito a salário igual por trabalho igual ou comparável.

6. Todos que trabalham têm direito a uma remuneração equitativa e satisfatória que assegure, a si e a sua família, uma existência conforme a dignidade humana e que será complementada, caso necessário, por quaisquer outros meios de proteção social.

7. Todas as pessoas têm direito a fundar sindicatos e a sindicalizar-se para a defesa de seus interesses.

Direito ao descanso, tempo livre e férias

Art. XXVIII. Todos os homens e mulheres têm direito ao descanso, a fruição de seu tempo livre, a uma razoável jornada de trabalho, a férias periódicas e ao décimo terceiro salário.

Direito a um nível de vida adequado

Art. XXIX. 1. Toda pessoa tem direito a um nível de vida adequado que os assegure, assim como a sua família, saúde integral, bem-estar, alimentação, vestuário, moradia, assistência, serviços médicos e serviços sociais necessários. Têm, ainda, direito aos seguros em caso de desemprego, enfermidade, invalidez, viuvez, velhice, licenças por maternidade e paternidade e outros casos de perda dos meios de subsistência por circunstâncias independentes de sua vontade.

2. A maternidade e a infância têm o direito a cuidados e assistência justa. Todas as meninas e meninos nascidos têm o direito a igual proteção social. Não se utilizarão designações discriminatórias em matéria de filiação.

Direito à educação

Art. XXX. 1. Todas as mulheres e homens têm direito a uma educação não sexista, que tenha como objetivo a formação plena e integral do ser humano, com consciência científica, crítica e humanista que desenvolva sua personalidade e o sentido de dignidade.

2. A educação deve fortalecer o respeito aos direitos humanos e às liberdades fundamentais, o respeito às minorias, à diversidade e às diferenças, à solidariedade entre as pessoas, grupos étnicos e religiosos, para o fortalecimento da paz.

3. A educação deve ser gratuita, ao menos na instrução elementar e básica, que será obrigatória.

4. A instrução técnica e profissional haverá de ser generalizada para todos; o acesso aos estudos superiores será igual para ambos os sexos.

Direito a participar da vida cultural

Art. XXXI. 1. Todos os homens e mulheres têm direito a participar livremente da vida cultural de sua comunidade e seu povo, a desfrutar das diversas expressões artísticas e culturais e a participar do progresso científico e dos benefícios que deste resultem.

2. Todas as mulheres e homens têm direito à proteção de seus interesses intelectuais/existenciais, traduzidos por suas produções científicas, literárias, artísticas ou culturais.

3. Estas produções científicas, literárias, artísticas ou culturais para consumo individual ou coletivo não poderão contrapor-se aos direitos consagrados nesta Declaração.

Direito à identidade étnica e cultural

Art. XXXII. 1. Todo ser humano tem direito à sua identidade, à autodeterminação étnica e cultural e a desenvolver sua personalidade de acordo com elas.

2. Indígenas e negros, assim como todos os grupos discriminados por razão da etnia e cultura, têm direito a resgatar e afirmar suas etnias e culturas, a recuperar a riqueza libertadora de seus antepassados e a viver livres de discriminação.

3. Homens e mulheres indígenas e negros, assim como todos os grupos discriminados por razão de etnia e cultura, têm direito a ações afirmativas que reconheçam sua identidade, autodeterminação, língua e território, entre outros. Cabe ao Estado e à sociedade erradicar as práticas violentas e opressoras que tradicionalmente se têm justificado sobre estas bases, a fim de se reparar/remediar os efeitos e danos que representam produto da exclusão, discriminação e da violência étnica.

Direito a uma ordem social e internacional de direitos e liberdades

Art. XXXIII. Todas as pessoas devem lutar por uma vida livre de violência e pelo estabelecimento de uma ordem social e internacional justa e equitativa, na qual se estabeleçam e se façam plenamente efetivos os direitos e liberdades proclamados nesta Declaração.

Deveres da comunidade

Art. XXXIV. 1. Toda pessoa tem deveres em relação à comunidade, pois é nela que devemos buscar desenvolver livre e plenamente sua personalidade.

2. No exercício de seus direitos e liberdades, mulheres e homens devem respeitar os direitos e liberdades fundamentais de todas as pessoas.

3. Estes direitos e liberdades estarão em concordância com os princípios de justiça e equidade.

5. A TÍTULO DE CONCLUSÃO

Agradeço a Eloísa Arruda pela oportunidade de resgatar momentos históricos e propostas valiosas da luta feminista pelos direitos humanos, democracia, cidadania, igualdade e não discriminação.

Convido a vocês, todas e todos, defensoras e defensores de direitos humanos, que nos acompanharam na leitura desse esforço "em busca de um tempo nada perdido",[13] ao contrário, muito bem vivido e aproveitado, a se integrarem à luta feminista por direitos humanos que transcende, em muito, a defesa dos direitos específicos das mulheres.

Concluo, reproduzindo a epígrafe deste artigo: "Os direitos humanos constituem a plataforma emancipatória contemporânea."

REFERÊNCIAS BIBLIOGRÁFICAS

BOBBIO, Norberto. A Era dos Direitos. Tradução Carlos Nelson Coutinho. Rio de Janeiro, 19ª Reimpressão, Elservier 1992.

FACIO, Alda; FRIES, Lorena (Editoras). *Género y Derecho*. Santiago de Chile: CIMA/ LOM Ediciones/ La Morada, 1999.

PIMENTEL, Silvia (coord. da ed.); DORA, Denise D. (coord. da ed.). *As Mulheres e a Construção dos Direitos* Humanos. São Paulo: Cladem-Brasil, 1993, p. 49.

PIMENTEL, Silvia; PIOVESAN, Flávia; PANDJIARJIAN, Valéria. Declaração de Direitos Humanos a partir de uma perspectiva de gênero: uma contribuição ao 50o aniversário da Declaração Universal dos Direitos Humanos. *Fêmea Especial*, Brasília, n. 60, p. 5-6, jan. 1998.

PIMENTEL, Silvia; PANDJIARJIAN, Valéria. A questão de gênero da 54a sessão da Comissão de Direitos Humanos da ONU. *Fêmea*, n. 63, p. 10, abr. 1998.

PIMENTEL, Silvia; PANDJIARJIAN, Valéria. Uma nova unidade. *Folha de S. Paulo*, São Paulo, 11 out. 1998, Mais! Caderno 5, p. 12.

PIMENTEL, Silvia; PIOVESAN, Flávia. Mulheres e direitos humanos. *Folha de S. Paulo*, São Paulo, 31 dez. 1998, Folha Vale, Opinião, Caderno 3, p. 2.

PROUST, Marcel. A la recherche du temps perdu. Gallimard, 240.

---

13. PROUST, Marcel. *A la recherche du temps perdu.* Gallimard, 2400 p.

serà obligatòria. L'ensenyament tècnic i professional
ament superior serà igual per a tots en funció dels m
nvolupament de la personalitat humana i a l'enforti
ats fonamentals; promourà la comprensió, la tolerà
ics o religiosos, i fomentarà les activitats de les Nac
are i la mare tenen dret preferent d'escollir la mena
e 27 1.Everyone has the right freely to participate in
rts and to share in scientific advancement and its be
of the moral and material interests resulting from any
is the author. Artículo 27 Toda persona tiene derech
ional en el que los derechos y libertades proclam
e efectivos. Article 29 rsona té deures envers
le el lliure i ple des ment de la seva perso
tothom estarà sotm s a les limitacions esta
ssegurar el reconei respecte deguts als d
exigències de la moral e públic i del benestar
drets i llibertats mai n ser exercits en oposici
icle 30 Nothing in this ation may be interpret
right to engage in a vity or to perform any a
and freedoms set fort n. Declaració Universal dels Drets Humans Declaración Unive

ADRIAN DENNIS / AFP / *GETTY IMAGES*

BIBLIOTECA DA IMPRENSA OFICIAL DO ESTADO

70 ANOS DA DECLARAÇÃO UNIVERSAL DOS DIREITOS HUMANOS / ELOISA DE SOUSA ARRUDA E FLÁVIO DE LEÃO BASTOS PEREIRA ORGANIZADORES;

468 P. ILUSTRADO

VÁRIOS AUTORES
NOTAS BIBLIOGRÁFICAS EXPLICATIVAS

ISBN 978-85-401-0168-5 (IMPRENSA OFICIAL)

1. BRASIL - DIREITOS HUMANOS - 70 ANOS. 2. DIREITOS HUMANOS.

TODOS OS DIREITOS RESERVADOS E PROTEGIDOS,
LEI Nº 9.610, DE 19/02/1998

FEITO O DEPÓSITO LEGAL NA BIBLIOTECA NACIONAL,
LEI Nº 10.994, DE 04/12/2004
IMPRESSO NO BRASIL 2018

IMPRENSA OFICIAL DO ESTADO S/A – IMESP
RUA DA MOOCA, 1.921 MOOCA
03103 902 SÃO PAULO SP
SAC 0800 01234 01
WWW.IMPRENSAOFICIAL.COM.BR

1948 | 2018
70 ANOS DECLARAÇÃO UNIVERSAL
DOS DIREITOS HUMANOS

ELOISA DE SOUSA ARRUDA
FLÁVIO DE LEÃO BASTOS PEREIRA
(ORGANIZADORES)

ASSISTÊNCIA EDITORIAL E PROJETO GRÁFICO
BERENICE ABRAMO

EDITORAÇÃO
FERNANDA BUCCELLI
ISABEL FERREIRA

REVISÃO
HELEUSA ANGÉLICA TEIXEIRA
JOSÉ VIEIRA DE AQUINO

FOTOGRAFIAS
GETTY IMAGES
ACERVO PORTINARI.ORG

TRATAMENTO DE IMAGENS
LEONÍDIO GOMES

IMPRESSÃO E ACABAMENTO
IMPRENSA OFICIAL DO ESTADO S/A – IMESP

ESTA PUBLICAÇÃO FOI PRODUZIDA EM 2018, COM 468 PÁGINAS, NO FORMATO DE 220 X 250 MM, TIPOLOGIA MERRIWEATHER, IMPRESSA SOBRE OS PAPÉIS CARTÃO TRÍPLEX 250 G/M2 (CAPA), POLEN SOFT 90G/M2 (MIOLO), COM UMA TIRAGEM DE 1 500 MIL EXEMPLARES.